C. G. JUNG
GESAMMELTE WERKE
VIERZEHNTER BAND
Ergänzungsband

C. G. JUNG

MYSTERIUM CONIUNCTIONIS

UNTERSUCHUNG ÜBER DIE
TRENNUNG UND ZUSAMMENSETZUNG
DER SEELISCHEN GEGENSÄTZE
IN DER ALCHEMIE

ERGÄNZUNGSBAND
«AURORA CONSURGENS»
EIN DEM THOMAS VON AQUIN ZUGESCHRIEBENES DOKUMENT
DER ALCHEMISTISCHEN GEGENSATZPROBLEMATIK
VON DR. M.-L. VON FRANZ

WALTER-VERLAG
SOLOTHURN UND DÜSSELDORF

URSPRÜNGLICH HERAUSGEGEBEN ALS
PSYCHOLOGISCHE ABHANDLUNGEN XII VON C. G. JUNG
(MYSTERIUM CONIUNCTIONIS III)

DIE DRUCKLEGUNG DIESES WERKES
ERFOLGTE MIT UNTERSTÜTZUNG DES SCHWEIZERISCHEN
NATIONALFONDS ZUR FÖRDERUNG DER
WISSENSCHAFTLICHEN FORSCHUNG

Die Deutsche Bibliothek – CIP-Einheitsaufnahme

Jung, Carl G.:
Gesammelte Werke / C. G. Jung. – [Sonderausg.]. – Düsseldorf: Walter
NE: Jung, Carl G.: [Sammlung]
[Sonderausg.]
14. Jung, Carl G.: Mysterium Coniunctionis.
3. Erg.-Bd. «Aurora consurgens». – 1995

Jung, Carl G.:
Mysterium Coniunctionis : Untersuchungen über die Trennung und
Zusammensetzung der seelischen Gegensätze in der Alchemie / C. G. Jung.
Unter Mitarb. von Marie-Louise von Franz. – Düsseldorf : Walter
Gesammelte Werke / Carl G. Jung ; 14)

3. Erg.-Bd. «Aurora consurgens» : ein dem Thomas von Aquin
zugeschriebenes Dokument der alchemistischen Gegensatzproblematik /
von M.-L. von Franz. – 1995
ISBN 3-530-40091-2
NE: Franz, Marie-Louise von [Bearb.]

Sonderausgabe
1. Auflage 1995

Alle Rechte vorbehalten
Druck und Einband:
Clausen & Bosse, Leck
Printed in Germany
ISBN 3-530-40091-2

INHALT

Vorwort von Dr. M.-L. von Franz

I. Einordnung des Textes

1. Einleitung 1
2. Die Überlieferung 3
3. Die Quellen 4
4. Das Datierungsproblem 20
5. Die Handschriften 22
6. Die Textgestaltung 25

II. *Aurora Consurgens* / Der Text

1. Beginn des Traktates des Seligen THOMAS VON AQUINO:
   Die aufsteigende Morgenröte 30
2. Was die Weisheit ist 38
3. Von denen, die diese Wissenschaft nicht kennen und leugnen . 40
4. Vom Namen und Titel dieses Buches 44
5. Von der Anspornung der Unwissenden 46
6. Die erste Parabel von der schwarzen Erde,
   in der die sieben Planeten ihre Wurzeln schlugen 48
7. Die zweite Parabel von der Wasserflut und dem Tode,
   den das Weib hereingebracht und auch vertrieben hat . . . 56
8. Die dritte Parabel vom ehernen Tor und dem eisernen Riegel
   der babylonischen Gefangenschaft 60
9. Die vierte Parabel vom philosophischen Glauben,
   der auf der Dreizahl beruht 66
10. Die fünfte Parabel vom Schatzhaus, das sich die Weisheit
    auf dem Felsen erbaute 84
11. Die sechste Parabel vom Himmel und der Welt
    und der Anordnung der Elemente 102
12. Die siebte Parabel vom Gespräch des Liebenden
    mit der Geliebten 114

INHALT

Seite

III. Kommentar

- A. Allgemeines 131
- B. Kommentar zu Kapitel 1 132
- C. Kommentar zum zweiten Kapitel 132
- D. Kommentar zum dritten Kapitel 184
- E. Kommentar zum vierten Kapitel 186
- F. Kommentar zum fünften Kapitel 192
- G. Kommentar zur ersten Parabel (6. Kapitel) 200
- H. Kommentar zur zweiten Parabel (7. Kapitel) 231
- I. Kommentar zur dritten Parabel (8. Kapitel) 250
- K. Kommentar zur vierten Parabel (9. Kapitel) 268
- L. Kommentar zur fünften Parabel (10. Kapitel) 308
- M. Kommentar zur sechsten Parabel (11. Kapitel) 334
- N. Kommentar zur siebenten Parabel (12. Kapitel) 358

IV. Ist Thomas von Aquin der Verfasser der *Aurora Consurgens?* . . . 407

Anhang:

Ergänzungen zum Apparat 435
Autoren- und Textregister 441
Sachregister 457

VORWORT

Professor C. G. Jung hat den vorliegenden alchemistischen Traktat, die «Aurora consurgens», entdeckt, und wieder ans Licht gebracht. Von ihm erhielt ich den Auftrag, die vorliegende Herausgabe vorzunehmen, wofür er mir die Photokopien der Manuskripte und zudem sein ganzes umfangreiches, in Bibliotheken kaum zugängliches Material über Alchemie zur Verfügung stellte. Hiefür und für seine weitere große Hilfe und Förderung bei der Arbeit möchte ich ihm an dieser Stelle meinen herzlichsten Dank aussprechen. Was die Hypothese betrifft, daß der Text die letzten Worte des Hl. Thomas von Aquin wiedergeben könnte, so muß ich hervorheben, daß ich mich in erster Linie um die alchemiegeschichtliche und psychologische Einordnung des Textes bemüht habe und mir bewußt bin, daß mir zu einem solchen Übergriff in die Hagiographie die gründlicheren Kenntnisse fehlen – aber leider zwingt der Text selber zu diesem Querschnittsverfahren durch getrennte Fakultäten. Es handelt sich daher auch in meinem Schlußkapitel um nichts weiteres als die Erörterung einer *Hypothese,* die ich in der Hoffnung vorlege, daß weitere Forschungsergebnisse die Frage werden abklären helfen.

Wichtiger scheint es mir zu sein, daß dieser bedeutende Text an sich, von wem immer er stammt, zugänglich und bekannt werde.

Ich möchte ferner Fräulein Dr. Melanie Staerk an dieser Stelle für ihre Hilfe bei der Herstellung des Registers herzlich danken.

Im März 1957   Dr. M.-L. v. Franz

I

EINORDNUNG DES TEXTES

1. EINLEITUNG

Wie C. G. Jung in «Psychologie und Alchemie» dargelegt hat [1], sind die frühen lateinischen Texte des Abendlandes noch, wie die früheren griechischen und arabischen alchemistischen Werke, aus einer Haltung heraus geschrieben, in welcher der Alchemist, das göttliche Geheimnis der Materie suchend, sein eigenes Unbewußtes in das ihm unbekannte Wesen des Stoffes projiziert [2]. Daher sind diese frühen Texte für uns heute wertvollste Dokumente für die Symbolbildung im allgemeinen und insbesondere des Individuationsprozesses geworden [3], während ihr chemischer Inhalt mehr nur historisch noch von Bedeutung ist. Schon unter diesen frühen Texten, die vor der Spaltung der Alchemie in Chemie einerseits und Hermetik andererseits geschrieben sind, gibt es solche, in denen mehr τὰ φυσικὰ und andere, in denen mehr τὰ μυστικὰ im Vordergrund stehen [4], d. h. solche Texte, die eher «chemisch» und andere, die eher «psychologisch» wichtig sind. Zu denjenigen Texten, die fast ausschließlich psychologisch bedeutsam sind, gehört der nachfolgende Traktat, die «Aurora Consurgens», welcher auch innerhalb der zeitgenössischen alchemistischen Literatur inhaltlich und stilistisch ein Unikum darstellt. Jung hat zuerst die Bedeutung dieses Traktates entdeckt und in «Psychologie und Alchemie» kurz dargelegt [5]. Während andere Texte nur bisweilen konventionelle Stellen der Hl. Schrift nebenbei zitieren, ist dieser Traktat fast gänzlich aus Bibelzitaten zusammengesetzt, auf deren «alchemistischen» Sinn durch dazwischengewobene klassische Alchemistenzitate angespielt wird, so

---

1. Rascher 1944.
2. Vgl. ebda. p. 337 ff. und p. 349 ff.
3. Vgl. ebda. p. 349 ff.
4. Vgl. ebda. p. 334.
5. Vgl. ebda. p. 510–516.

daß man annehmen muß, daß der Autor mit «seiner Alchemie», was immer er darunter verstand, ein *religiöses Erlebnis* oder – psychologisch formuliert – eine *unmittelbare Erfahrung des Unbewußten zu beschreiben* oder zu gestalten versuchte. Daß die Schrift «blasphemisch» sei, ist ein Urteil späterer «aufgeklärter» Jahrhunderte [6] – mir selber jedenfalls scheint es unzweifelhaft, daß der Verfasser völlig ernst und ergriffen ein «mysterium ineffabile» ausdrücken wollte.

2   Es ist nicht Zufall, daß diejenigen Schriften und Stellen des Alten Testamentes besonders häufig angeführt sind, in denen die geheimnisvolle Frauengestalt der *Sapientia Dei* eine zentrale Rolle spielt, und daß diese gnostische Figur mit Maria und der «Seele im Stoffe» identifiziert und in den Mittelpunkt gerückt ist. Die Anima als Vermittlerin des Erlebnisses des Unbewußten tritt als erster Inhalt über die Schwelle und übermittelt jene Bilder des Unbewußten, welche die im Bewußtsein vorherrschenden kirchlich-christlichen Vorstellungen kompensieren [7]. Angesichts der heute erfolgten «Declaratio sollemnis» kann man nicht umhin, diese Glorifikation einer weiblichen göttlichen Gestalt auch als eine prophetische Vorahnung einer kommenden Entwicklung anzusehen. Hinter dieser Frauengestalt in der Aurora aber tut sich andeutungsweise jener Abgrund der Nigredo, d. h. des Schattens und des chthonischen Menschen auf, dessen Integrierung die Ethik schon seit einiger Zeit beunruhigt. Allerdings ist das Problem der Dunkelheit, wie Text und Kommentar erweisen werden, in der Aurora zwar berührt, aber nicht gelöst worden.

3   Die Überlieferung nennt THOMAS VON AQUIN als Verfasser der Schrift – eine so überraschende und zunächst fernliegend scheinende Zuschreibung [8], daß sie bisher nie ernst genommen wurde. Dies ist unter anderem dem Umstand zuzuschreiben, daß man bisher die Bedeutung der Schrift nicht gesehen hat. Das Für und Wider der Zuschreibung soll nicht hier, sondern erst nach der Kommentierung und historischen Einordnung des Textes erörtert werden. Wer immer jener Verfasser gewesen sein mag, so ist es wohl ein Mensch gewesen, dem sich ein überwältigender Inhalt des Unbewußten offenbart hat, welchen er nicht im üblichen kirchlichen Stil, sondern nur mit Hilfe der alchemistischen

---

6. Vgl. Psychologie und Alchemie, p. 510.
7. Vgl. Psychologie und Alchemie, Einleitung.
8. Vgl. ebda. p. 511.

Symbolwelt zu umschreiben vermochte. Die Schrift blieb von einem Hauch der Seltsamkei nd «Einsamkeit» umgeben, der wohl damals den Verfasser selber berührt und isoliert hat.

2. DIE ÜBERLIEFERUNG

Eine Neuveröffentlichung des als «Aurora Consurgens» oder «De Alchimia» und auch «Liber Trinitatis» betitelten Traktates rechtfertigt sich schon durch den Umstand, daß diese bedeutende Schrift kaum bekannt geworden ist, weil sie bisher nur in einem einzigen seltenen Abdruck in der Sammlung des JOHANNES RHENANUS, «Harmoniae imperscrutabilis Chymico-Philosophicae sive Philosophorum Antiquorum Consentientium Decades duae», Frankf. 1625 (apud C. Eifridum), und in einigen verstreuten Handschriften erreichbar war.

Der Nachwelt besser erhalten blieb nur der sog. zweite Teil der «Aurora», der in dem Sammelwerk «Artis Auriferae, quam Chemiam vocant, Volumina duo», Basel 1593 und 1610, und in weiteren Ausgaben größere Verbreitung fand. Dieser zweite Teil ist jedoch m. E. ein *von anderer Hand verfaßter Kommentar zum ersten Teil*. Neben seinem völlig anders gearteten Stil beweisen dies die Wiederholung von Zitaten aus dem ersten Teil [1], die Nennung des im ersten Teil nie mit Namen angeführten ALBERTUS MAGNUS [2] und auch die für einen Kommentar typischen Einleitungsworte: «In praelibatis ostensum est [3]...». Auch ist noch im *Rosarium philosophorum* nur der erste Teil zitiert [4]. Im Gegensatz zum völlig originellen, bekenntnishaften, poetisch-rhetorischen Stil des ersten Teiles hat der zweite einen prosaisch lehrhaften Charakter, der dem zeitgenössisch üblichen Stil alchemistischer Traktate folgt. Die Tatsache, daß in diesem zweiten Teil eine personifizierte «Mater Alchemia» auftritt, daß GEBER oft zitiert ist und die medizinischen Konsiderationen stärker im Vordergrund stehen, scheinen mir

---

1. z. B. die Sentenz: «Irrisio scientiae est causa ignorantiae». Und ein Citat von AVICENNA (vgl. Artis. Aurif. I Basel 1610, p. 147), von ALPHIDIUS (ebda. p. 140) u. a. m.
2. ebda. p. 153.
3. Im Vorhergehenden wurde gezeigt...
4. *Rosarium Philosophorum* Artis Aurif. 1610 II. J. RUSKA weist das *Rosarium* zuerst dem 14., später 15. Jahrhundert zu.

evtl. als Abfassungszeit auf das 14. oder 15. Jahrhundert hinzuweisen. Dieser Kommentar, der allerdings schon in den Handschriften des 15. Jahrhunderts dem ersten Teil angegliedert erscheint, wurde vom Herausgeber der «Artis Auriferae» usw., CONRAD WALDKIRCH, getrennt publiziert, weil der erste Teil, wie er sagt [5], eine Profanierung der christlichen Mysterien in ihrer Anwendung auf die Alchemie darstelle. In ähnlicher Art mag der Text schon früher Anstoß erregt haben und daher zur Seite geschoben worden sein [6], trotzdem er zweifellos ein bedeutendes Dokument der mittelalterlichen Alchemie darstellt.

3. DIE QUELLEN

[6] DIE meisten Alchemisten-Zitate der Aurora, die der Verfasser fast immer mit Namensangabe anführt, konnten identifiziert werden. Nur ein sehr allgemeiner, einem «ALPHONSUS» zugeschriebener Satz und eine Quelle, die im Druck als «Liber quintae essentiae» angeführt ist, sowie einige MORIENUS- und CALID-Zitate waren mir nicht auffindbar. Bei den nachweisbaren Quellen handelt es sich *durchwegs um frühlateinische Werke* und zwar größtenteils um lateinische Übersetzungen arabischer Traktate. Zu diesen gehört in erster Linie das Werk *Lumen luminum,* das später auch unter dem Titel ARISTOTELIS *De perfecto Magisterio* kursierte oder dem Araber RAZI zugeschrieben wurde [1]. Als

---

5. ebda. p. 118.
6. Er wird allerdings ohne Quellenangabe in späteren Werken manchmal citiert.
1. Ein *«De perfecto Magisterio»* ist im III. Band des *Theatrum Chemicum* von 1659, p. 128, ebenso in J. J. Mangeti Bibliotheca Chemica Curiosa Vol. I, p. 630 ff. abgedruckt. Dort verweist der Autor auf sein *«Lumen luminum»* (!), sodaß es sich keineswegs um wirklicher Identität handelt, vielmehr scheint der Autor des «De perfecto Magisterio» gewisse Partien des «Lumen luminum» übernommen zu haben. Auch im Consilium Coniugii, Mangeti Bibliotheca Chemica Curiosa II, p. 235, ist derselbe Satz wie der Schlußsatz des Kapitels der Aurora mit gleichen Worten citiert. Vgl. Anm. zum Text. – Vgl. hiezu ferner M. BERTHELOT, La Chimie du Moyen-Age Bd. I. p. 145, 269, 234, 312 und Vol. II. p. 311 ff. und p. 273. E. v. LIPPMANN, Entstehung und Ausbreitung der Alchemie. Berlin 1919, 1923, und 1954. (3 Vols.) Vol. I. p. 489. – M. STEINSCHNEIDER. Die europäischen Übersetzungen aus dem Arabischen bis Mitte des 17. Jahrh. Sitzungsberichte der k. und k. Akademie der Wissenschaften, Phil.-hist. Classe, Bd. 149, Wien 1904. Vgl. ferner J. RUSKA, Tabula Smaragdina a. a. O. p. 192, Anm. 5, er bezweifelt wohl zu Unrecht, daß diese Schrift auf ein arabisches Original zurückgeht: «Dies auch sonst häufig genannte Buch soll von GERHARD VON CREMONA übersetzt sein. Auch F. WUESTENFELD vermutet (Abh. der Göttinger Gesellsch. d. Wissensch. 1877,

Werk des ARISTOTELES wird diese Schrift bereits bei THOMAS VON CHANTIMPRE angeführt, und letzterer ist bei VINCENT DE BEAUVAIS erwähnt [2], so daß sie schon vor Mitte des 13. Jahrhunderts in lateinischer Form verbreitet war [3]. In der Aurora sind nur einige allgemeinere Sentenzen daraus zitiert [4]. Des weiteren stammen vermutlich auch die wenigen Anführungen der *Tabula Smaragdina* nicht aus einem Original, sondern aus diesem «Lumen luminum», da die Sentenzen mit den genau gleichen Einführungsworten angeführt werden [5]. Damit ist das ganze Überlieferungs- und Datierungsproblem der *Tabula Smaragdina* für unsere Zwecke unwichtig [6]. Auch der von der Aurora als Ausspruch des MORIENUS angeführte Schlußsatz des dritten Kapitels stammt vermutlich aus diesem Text und nicht direkt aus einem MORIENUS-Traktat [7].

Ebenfalls bereits zu Beginn des 12. Jahrhunderts allgemein als hohe Autorität bekannt und verbreitet [8] war die *Turba philosophorum* [9], welche einige Male in der Aurora angeführt wird. Für die Geschichte dieses interessanten Traktates verweise ich auf J. RUSKAS Arbeit. Von den verschiedenen ARISTOTELES-Zitaten stammt eines aus der echten Schrift, de anima II, lectio 8. Schon vor 1215 bestand hievon eine griechisch-lateinische Teilübersetzung, die in ALFRED VON SARESHELS Werken benützt ist [10]. Eine arabisch-lateinische Übersetzung wurde (nach 1217) von MICHAEL SCOTUS verfertigt [11]. Das Aurorazitat formuliert die Stelle

Bd. XXII, p. 75), daß kein arabisches Original zugrunde liegt ...» Aber so einfach ist die Sache nicht, es *liegen* arabische Quellen vor. Vgl. L. THORNDIKE, History of Magic and Experimental Science. New York, 1929. Vol. II p. 252 sq.

2. Vgl. CHRISTOPH FERCKEL, Thomas von Chantimpré über die Metalle, in Studien zur Geschichte der Chemie. Festgabe E. O. v. LIPPMANN, ed. J. Ruska, Berlin 1927, p. 76.

3. Vgl. LYNN THORNDIKE, l. c. Vol. II p. 458 sq. Nach F. PELSTER, Krit. Studien zum Leben und zu den Schriften ALBERTS DES GROSSEN. Freiburg i. Br. 1920, p. 98 ff. ist das «Speculum» zwischen 1241–1264 entstanden und fortlaufend erweitert worden. Die erste Fassung war 1241 vollendet. 1264 starb VINCENT V. BEAUVAIS. Das Speculum naturale ist vor 1241 verfaßt worden. (ebda. p. 99.)

4. Theatr. Chem. 1659, Vol. III, p. 79.

5. So die Worte «et hoc innuit HERMES in suo secreto». Vgl. Theatr. Chem. 1659 Vol. III, p. 80.

6. Vgl. J. RUSKA, Tabula Smaragdina, Heidelberg 1926, p. 186 ff.

7. Vgl. Anm. zum Text, Ende Kap. 3.

8. Vgl. E. v. LIPPMANN, Alchemie, Bd. I, p. 484.

9. Vgl. J. RUSKA, Turba philosophorum, Berlin 1931, bes. pp. 13 und 46.

10. Vgl. CHARLES H. HASKINS, List of Textbooks from the close of the Twelfth Century. Harvard Studies in Class. Phil. Vol. XX, 1909, p. 86.

11. Vgl. A. H. QUERFELD, Michael Scotus und seine Schrift De secretis naturae. Diss. Leipz. 1919. p. 7. Vgl. GEORGE SARTON, Introduction to the History of Science. Washing-

wie die älteren Übersetzungen – näher sogar an diejenige *vor* WILHELM VON MOERBEKE gebräuchliche Version sich anlehnend [12] –, d. h. so wie sie z. B. noch THOMAS VON AQUIN vorlag [13], der in seinem De-anima-Kommentar noch, wie ALBERTUS MAGNUS, eine ältere Übersetzung verwendete [14]. Diese Tatsache spricht entscheidend für eine frühe Datierung der Aurora, da diese älteren Übersetzungen nach 1280 bald ganz außer Gebrauch kamen [15].

Der Schlußsatz des elften Kapitels stammt aus den pseudo-Aristotelischen *Secreta Secretorum* [16], einer frühlateinischen Übersetzung des

ton 1950 Vol. II p. 561 und p. 579 ff und die dort angegebene Literatur. Vgl. ferner Ch. H. HASKINS, The Sicilian translators of the 12. Cent. etc. Harvard Studies in Class. Phil. Vol. XXI 1910. bes. p. 85.

12. Die «vetus translatio» der Bibl. Mazarinea 3462 Paris, XIII. Jahrh. fol. 21 ᵛ sq. formuliert: «Ignis autem augmentum in infinitum est, quousque est combustibile, natura autem constantium omnium terminus est ratio magnitudinis et augmenti. Haec autem animae sunt et non ignis et rationis magis quam materiae sunt. Die neue Übersetzung WILHELM VON MOERBEKES hat hier (Paris Bibl. Nat. 6296 XIII. Jahrh. fol. 247 ᵛ): Ignis vero augmentum in infinitum est quousque fuit combustibile. Natura autem constantium omnium terminus ratio est et ratio et magnitudinis et augmenti. Haec autem animae sunt, non ignis et id rationis magis quam materiae. Vgl. zu den Versionen das Corpus Philosophorum Medii Aevi, Aristoteles Latinus Codd. von GEORGIUS LACOMBE Pars. I Rom. 1939 p. 50 ff. Noch neuere Übersetzungen ersetzen das Wort «augmenti» durch actionis oder accretionis (SOPHIANUS).

13. Vgl. z. B. THOMAS VON AQUIN, De anima lib. II lect. 8. S. Thomae A. Opera Paris 1660 Vol. III p. 60: Illud igitur quod est causa determinationis magnitudinis et augmenti est principalis causa augmenti. Hoc autem non est ignis. Manifestum est enim quod ignis augmentum non est usque ad determinatam quantitatem sed in infinitum extenditur si in infinitum materia combustibilis inveniatur. Manifestum est igitur quod ignis non est principale agens in augmento et alimento sed magis anima. Et hoc rationabiliter accidit quia determinatio quantitatis in rebus naturalibus est ex forma quae est principium speciei, magis quam ex materia. *Anima autem cooperatur ad elementa quae sunt* in corpore vivente sicut forma ad materiam. Magis igitur terminus et *ratio magnitudinis et augmenti* est ab anima quam ab igne.

14. Vgl. F. PELSTER S. J., Kritische Studien zum Leben und zu den Schriften Alberts des Großen, Freiburg i. Br., 1920, p. 150, p. 87 und p. 133 ff. und G. SARTON l. c. II. p. 829 ff.

15. PELSTER l. c. p. 106.

16. Ich benützte die Ausgabe von 1528 ohne Angabe des Druckortes (vermutlich Lugduni), De proprietatibus originalium et lapidum. Vgl. auch L. THORNDIKE History etc., Vol. II, p. 267, und R. FOERSTER, De Aristotelis quae feruntur secreta secretorum Commentatio, Kiliae 1888; über Handschriften und Ausgaben der Pseudo-Aristotelischen Schriften vgl. CLEMENS BAEUMKER, Der Platonismus im Mittelalter, München 1916, p. 42; «Centralblatt für Bibliothekswesen», VI, 1889, p. 1–22 und p. 57–76, und M. STEINSCHNEIDER, Die hebr. Übersetzungen des Mittelalters und die Juden als Dolmetscher, Berlin 1893, p. 245 f. und p. 248–250, und derselbe: Die europ. Übersetzung. a. a. O. Wien, Bd. 151 und 149, p. 41–42, und ders.: Die pseudoepigraph. Lit. des

gleichnamigen arabischen Traktates (Sirr-al-asrâr). Der medizinische Teil dieser Schrift wurde von JOHANNES HISPALENSIS schon in der ersten Hälfte des 12. Jahrhunderts übersetzt [17]. Dann folgte Ende des 12. oder zu Beginn des 13. Jahrhunderts eine Übersetzung von einem PHILIPP (von Tripoli oder Salerno) [18], dessen genauere Identität noch umstritten ist. Jedenfalls aber muß die Datierung der lateinischen Version zwischen 1150–1220 angesetzt werden. ROGER BACON hat zu dieser Schrift, die er für echt hielt, einen eigenen Kommentar verfaßt [19]. ALBERTUS MAGNUS zitiert das Werk ebenfalls als ein Werk von ARISTOTELES.

Ein weiteres ARISTOTELES-Zitat: «Mit diesem Stein ist nicht gut kämpfen», konnte ich nicht wörtlich wiederfinden, eventuell handelt es sich um eine freie Wiedergabe des Satzes der «Secreta» vom Steine Alchahat: «Und es kann ein Mensch nicht kämpfen mit einem, der diesen in der Hand hat.» Der Text der «Secreta» zeigt nämlich große Variationen in den Manuskripten und Drucken. Die ebenfalls ARISTOTELES zugeschriebene Sentenz, daß «die glorifizierte Erde Coagulum heiße», stammt vermutlich aus SENIORS Schrift (s. u.) und erscheint dort als ein Zitat von MARIA DER JUEDIN [20]. Es ist eine schon in der arabischen Literatur beliebte und verbreitete Sentenz. Wie der erwähnte, CALID zugeschriebene Schlußsatz der Aurora beweist, ist auf die Autorennamen nicht viel Verlaß, d. h. es kursierten die Manuskripte in jener Zeit oft unter verschiedenen Namen.

Das HERMES-Zitat vom «Säen des Goldes in die weiße Blättererde (= Silbererde)» ist ebenfalls ein solcher verbreiteter Spruch und findet sich u. a. bei SENIOR [21] (= MOHAMMED IBN UMAIL AT-TAMIMI). Auch

Mittelalters, p. 83–84. J. RUSKA, Tabula Smaragdina a. a. O. p. 186 und F. WUESTENFELD, Die Übersetzung. arab. Werke ins Lateinische seit dem 11. Jahrh., 1877, p. 81. Vgl. ferner M. GRABMANN, Forschungen über die lateinischen Aristotelesübersetzungen des 13. Jahrh. in: Beiträge zur Gesch. der Philos. des Mittelalters 1916, Bd. 17, Heft 5–6, p. 246 f., p. 143–144, p. 175–176, p. 186–187. Vgl. ferner UEBERWEG-BAUMGARTNER, Grundriß der Geschichte der Philosophie der patristischen und scholastischen Zeit. 10. Aufl., p. 369: Die Schrift hieß auch «Theologie des Aristoteles» oder «De secretiori Aegyptiorum philosophia». Vgl. ferner JOURDAIN, Recherches critiques sur l'age et l'origine des traductions latines d'Aristote Paris 1643 und VALENT. ROSE, De Aristotelis librorum ordine et auctoritate, Berlin 1854, p. 183–185.
17. Vgl. THORNDIKE, History a. a. O. II, p. 269.
18. Vgl. THORNDIKE l. c. II, p. 270.
19. J. STEELE cit. bei THORNDIKE a. a. O. II, p. 268.
20. De Chemia a. a. O. p. 34–35.
21. De Chemia ebda.

bei zwei weiteren Zitaten ist dies der Fall, daß ich sie unter einem anderen Autorennamen auffinden konnte. Es kann das mit Überlieferungsfehlern zusammenhängen oder mit den oft vagen Autorenzuschreibungen dieser frühlateinischen Traktate. Ein HERMES-Zitat konnte ich nicht direkt auffinden, nämlich den Satz, daß der Lapis eine ewige Speise sei, der viele tausend Jahre lang die Menschen ernähren könnte [22]. Derselbe Satz findet sich auch im *Consilium Coniugii* [23] und im *Rosarium philosophorum* [24], in letzterem ist er aber vermutlich der Aurora entnommen. Ein ähnlicher Gedanke findet sich im «Buch der Alaune und Salze [25]», nämlich daß der Mercurius dem Menschen zur Erhaltung eines unendlich langen Lebens ausreiche.

11   Die alchemistischen Traktate von AVICENNA (IBN SINA 980–1037) «De Mineralibus» und «De de recta ad Hasen regem Epistola» und die «Declaratio Lapidis Physici Filio suo ABOALI [26]» werden zwar allgemein nicht als echte Werke IBN SINAS angesehen [27], waren aber auf jeden Fall um die Mitte des 13. Jahrhunderts in lateinischer Sprache bekannt und verbreitet, da sie im «Speculum» des VINCENT DE BEAUVAIS und in ALBERT DES GROSSEN «De mineralibus» angeführt sind [28].

12   Von CALID (angeblich dem berühmten Omajadenprinzen KHALID IBN YAZID (8. Jahrhundert) [29], der nach der Legende griechische alchemistische Traktate ins Arabische übertragen ließ [30], und der schon als

---

22. Text 1. Kapitel, Anfang.

23. Ars. Chemica 1566, p. 116, Mangetus, Bibl. Chem. II, p. 244–245: prout dicit HERMES sufficiet homini per mille millia annorum et si quotidie duo millia hominum pasceres non egeres; tingit enim in infinitum. Cf. item ebda. col. 2: Assiduus: Nisi hic vapor ascendet nihil habes ex eo quia ipse est opus et absque quo nihil.

24. Manget, Bibl. Chem. II, p. 92 a und Theatr. Chem. 1659, Bd. IV, p. 866.

25. ed. J. RUSKA, Berlin 1935, p. 92.

26. Theatr. Chem. 1659, Vol. IV, p. 875.

27. Vgl. E. v. LIPPMANN, Alchemie Bd. I, p. 405 f. und II, p. 15 und p. 28. und Vol. III unter «Avicenna». Und J. RUSKA, Die Alchemie des Avicenna. «Isis» Vol. XXI, 1934 p. 14 sq. bes. p. 45.

28. Vgl. die Traktate in Artis. Aurif. 1610, Pars I, p. 240 ff. Theatr. Chem. 1659, Bd. IV, p. 875 und p. 866. Vgl. auch M. BERTHELOT, Moyen-Age a. a. O. I, p. 293. Die Epistola ad Hasem wird auch von ALBERTUS MAGNUS (?) in: De rebus metallicis Lib. III, cap. 4 (Cöln 1569, p. 201) angeführt.

29. Vgl. E. v. LIPPMANN, Alchemie I, p. 357–359 und II, p. 122. J. RUSKA. Die arab. Alchem. I, p. 11–12 (Heidelberger Akten Nr. 6) und ders. Tabula Smaragdina a. a. O. p. 49.

30. J. RUSKA, Arab. Alchemisten II, hat erwiesen, daß dies wahrscheinlich reine Legende ist.

Quelle in SENIORS Werk (11. Jahrhundert) genannt wird, ist in der Aurora eine Schrift angeführt, welche meistens als eine lateinische Fälschung angesehen wird [31], nämlich der *Liber trium verborum,* dem der Schlußsatz der Aurora entnommen ist [32]. Ein anderes CALID-Zitat wie «Erwärmet die Kälte des Einen mit der Wärme des Andern» ist in meiner gedruckten Ausgabe und der von dieser stark abweichenden Fassung in Manget [33] nicht wörtlich nachweisbar und ist eine Sentenz von so allgemeinem Inhalt, daß sie von überallher stammen könnte [34]. Der weitere in der Aurora als CALID-Zitat angeführte Gedanke von der Hegung des Embryo im Mutterleib durch die Elemente und Planeten ist bei MOHAMMED IBN UMAIL [35] zitiert und ist daher zweifellos arabisches Gedankengut. Ein weiteres CALID-Zitat der Aurora: «Drei Dinge sind notwendig, nämlich Geduld, Bedächtigkeit und geschickte Handhabung der Werkzeuge», ist in den erhaltenen gedruckten zwei CALID-Traktaten nicht zu finden, doch ist der Satz in den «Secreta Alchimiae» (Theatr. Chem. 1659, Bd. III, p. 278), einer dem THOMAS VON AQUIN zugeschriebenen Schrift als AVICENNA-Zitat angeführt: «Quomodo tandem fit substantia una, ut dicit AVICENNA, habere oportet patientiam moram et instrumentum.» In der Aurora ist «instrumentum» durch «aptitudo instrumentorum» ersetzt, was an einen Ausdruck in AVICENNAS echtem «Liber sextus naturalium» erinnert [36]. Dem Autor der «Secreta Alchimiae» scheint die Aurora bekannt gewesen zu sein [37].

RUSKA dürfte recht haben, daß die gedruckt vorliegenden CALID-Schriften späte Kompilationen sind; was dem Autor der Aurora davon vorlag, waren vermutlich verstreute Traktate, die unter verschiedenen anderen Namen kursierten.

31. E. v. LIPPMANN, Alchemie, Vol. I, p. 357, Anm. 6.
32. Artis Auriferae etc. 1610, I, p. 228 ff. Vgl. E. v. LIPPMANN, Alchemie a. a. O. II, p. 148–149. HOLMJARD J., Soz. Chem. Ind. XLIV 75 (1925).
33. Vol. II, p. 189.
34. Vielleicht stammt sie von dem Tractat: KHALID Rex et Morienus Romanus. II. Version, welche D. W. SINGER Catalogue etc. l. c. Vol. I p. 64, Nr. 67 anzeigt, leider konnte ich diese Version nicht einsehen.
35. De Chemia, p. 88.
36. AVICENNE perhypatetici etc. opera. Venetiis 1508, fol. 3: ergo ipsa vis animae habet alias vires... quae omnes operantur ad hoc ut perveniat aptitudo instrumentorum ad perfectiones secundas ipsius animae...
37. Theatr. Chem. 1659, Vol. III, p. 279 steht nämlich der dem letzten Aurora-Kapitel entnommene und in diesem Zusammenhang sinnlos wirkende Satz: «Inprimis etiam diebus oportet mane surgere et videre si vinea floruit...»

14   Etwas Ähnliches ist auch der Fall mit dem Aurora-Zitat: «Qui patientiam non habet manum ab opere suspendat», welches MORIENUS in den Mund gelegt ist. Dieses steht nämlich gerade in der Fortsetzung der oben genannten «Secreta Alchimiae» als ein Wort des GEBER: «Patientiam, quia secundum Gebrum festinantia a Diabolo est: Ideo qui patientiam non habet ab operatione manum suspendat.» Der Ausdruck «festinatio enim ex parte Diaboli est» steht zwar bei MORIENUS [38] sowie eine Mahnung zur Geduld und Hoffnung des MORIENUS an CALID [39], so daß in der Aurora die Verwechslung davon herkommt, daß an dieser Dialogstelle CALID spricht [40]. Dem Traktat «Secreta Alchimiae» entsprechend findet sich das Wort wirklich auch in der *Summa perfectionis* des GEBER [41], einer Schrift, von welcher E. DARMSTAEDTER [42] vermutet, sie sei im 12. oder 13. Jahrhundert in Süditalien oder in Spanien entstanden. Sie scheint aber VINCENT VON BEAUVAIS, ALBERTUS MAGNUS und ROGER BACON noch nicht unter dem Namen GEBER bekannt gewesen zu sein [43]. Ich glaube, daß die Teile dieser Schrift vorher anonym kursierten oder AVICENNA und CALID zugeschrieben waren, und daß sie erst später den Autorennamen GEBER erhielten. Wie DARMSTAEDTER vermutet, dürfte es sich um einen Autor handeln, der sich vor der Kirche in acht zu nehmen hatte und darum anonym blieb. Falls das Zitat der Aurora aus der *Summa perfectionis* stammen sollte, so wußte der Autor der Aurora um diese Anonymität, wahrscheinlicher ist es aber, daß dem Autor der Aurora GEBER nicht bekannt war und daß er diese Aussprüche noch aus kursierenden sog. AVICENNA- und MORIENUS-Traktaten schöpfte.

38. MANGET I, p. 512. Wie RUSKA betont, (Arab. Alchemisten I, p. 41, Anm. 2) ist dieses arabische Sprichwort ungeheuer verbreitet, kann also überall vorkommen.
39. ebda. Et maxime sapientem timere aliquid non decet. Nam si timuerit cito desperabit. Quod si desperaverit eius animus vacillabit . . . Ad haec subrisit Rex (scil. CALID) et ait: Nunc vere scio quod nisi homini praestat Deus patientiam crudeliter confunditur. Festinatio enim ex parte Diaboli est etc.
40. Vielleicht bestätigt dies RUSKAS Ansicht, daß die Schriften meist unter dem Namen CALID kursierten und erst im 13. bis 14. Jahrh. mit Morienus verbunden wurden. Die Literatur zu diesem Fragencomplex findet sich bei D. W. SINGER, Catalogue etc. Vol. I p. 62–63.
41. Vgl. Cap. 12 in De Alchimia 1541, p. 17, und Manget I, p. 562: Qui patientiam non habet manus ab opere suspendat quia impediet eum festinantem credulitas . . . Ad hanc tria necessaria sunt patientia mora et instrumentorum aptatio.
42. Die Alchemie des Geber, J. Springer-Verl. Berlin 1922, p. 5.
43. ebda. p. 6–7 und p. 134 Anm.

Auch ein anderer Ausspruch, der in der Aurora dem MORIENUS zu- 15
geschrieben wird, der Schlußsatz des dritten Kapitels, findet sich zwar
nicht in der uns bekannten Schrift des MORIENUS, ist uns aber bei
PETRUS BONUS [44] und verschiedenen anderen (z. B. im *Consilium Coniugii*) als ein *Lumen-luminum*-Zitat erhalten [45].

Die MORIENUS-Sentenzen «Hoffe und hoffe, so wirst du zum Ziel 16
gelangen» und «Wer die Seele emporsteigen läßt, wird ihre Farben
sehen» konnte ich nicht nachweisen [46].

Der Ausspruch hingegen: «Schon haben wir die Schwärze entfernt» 17
usw., findet sich tatsächlich im dritten Abschnitt des uns erhaltenen
MORIENUS-Traktates [47], d. h. in demjenigen Teil, der auf arabische Vorlagen zurückgeht [48]. J. RUSKA [49] sieht die Schrift als Ganzes für eine
lateinische Fälschung an, glaubt jedoch, daß der erwähnte dritte Abschnitt auf arabische Grundlagen zurückgeht. Gewisse Zitate finden sich
auch bei ABU'L QASIM, dem offenbar im 13. Jahrhundert ähnliche Quellen vorlagen [50]. Daß der dritte Abschnitt von anderer Herkunft ist als
die zwei ersten, scheint auch durch die Tatsache bewiesen, daß er in
Handschriften gesondert vorkommt und nur teilweise mit dem gedruckten Text übereinstimmt [51].

44. Pretiosa Margarita Novella ed. LACINIUS, p. 42. Vielleicht stand es in der mir nicht zugänglichen Schrift. MORIENUS, Secretum maximum ad FLODIUM, erwähnt bei M. STEINSCHNEIDER I, 1904, p. 40–41.
45. Nicht erhalten in der De-perfecto-Magisterio-Version.
46. Aber im Liber ALPHIDII, Cod. Ashmole 1420 fol. 1 ff. und im «Consilium coniugii» findet sich folgendes ALPHIDIUS- bzw. ASSIDUUS-Zitat (Manget II, 245 item Ars. Chemica 1566, p. 108 ff.): «Nisi hic vapor ascendet, nihil habes ex eo quia ipse est opus et absque eo nihil. Et sicut anima corpori ita est ipse qui fit Quelles.» Die Seele ist auch bei Senior und in der Turba als Vapor bezeichnet. Vgl. auch *Clangor Buccinae*, Artis Auriferae. 1610. Pars I. p. 317. Außerdem ist zu betonen, daß dieser gedruckte MORIENUS-Traktat von gewissen Handschriftenversionen stark abweicht, so z. B. vom Cod. Ashmole 1450, fol. 49. Oxford Bodleian Libr. Questiones Calid Regis ad Morienum Romanum.
47. Artis Aurif. 1610, Pars II, p. 22.
48. Näheres siehe E. v. LIPPMANN, Alchemie Bd. II, p. 148–149. Vgl. ferner J. HOLMYARD, Soc. Chem. Ind. XLIV, 75 (1925) und R. REITZENSTEIN, Alchemistische Lehrschriften und Märchen bei den Arabern, Religionsgeschichtliche Versuche und Vorarbeiten, Bd. XIX, Heft 2, Gießen 1923, p. 63 ff.
49. Arabische Alchemisten, Heidelberg 1924, Teil I, p. 35 ff.
50. Vgl. E. v. LIPPMANN, Alchemie l. c. Vol. II, p. 149.
51. So z. B. im Ms. Ashmole 1450, fol. 49 in Oxford, Bodleian Library. Incipit: Questiones CALID Regis ad MORIENUM Romanum. Von diesem Ms. stand mir eine Photokopie zur Verfügung. Vgl. auch zu diesen Fragen D. W. SINGER, Catalogue etc. Vol. I p. 62 sq.

18   J. RUSKA vermutet, daß die gedruckte Version von einem Mönch des 13. oder 14. Jahrhunderts geschaffen wurde [52]. Demnach ist es sehr bedeutsam, daß das, was dem Autor der Aurora als Schriften des MORIENUS vorlag, *nicht jene heute bekannte Fassung sein kann, sondern daß ihm noch Vorstadien der Kompilation vorlagen.* Damit müßte die Aurora früher als die von Ruska vermutete Zeit der Kompilation (*13. bis 14. Jahrhundert*) anzusetzen sein. In diesen noch nicht zum heutigen Text zusammengesetzten Schriften dürften auch jene zwei MORIENUS-Sentenzen, die ich nicht mehr nachweisen konnte [53], gestanden haben.

19   Sicher um eine arabische Quelle handelt es sich bei dem Autor ALPHIDIUS, dessen Aussprüche in der frühmittelalterlichen Literatur allgemeine Berühmtheit erlangten. Die ungedruckte Schrift war mir in einer Version im Oxforder Cod. Ashmole 1420 (Bodleian library, fol. 1 ff.) zugänglich. Es ist dieselbe Schrift, die auch L. THORNDIKE in «Speculum», Journal of Medieval Studies, July 1936, n° 3, p. 378, als im Cod. Riccard. 1165, fol. 163a–166b, in Florenz vorhanden signalisiert [54]. In letzterer Version fehlen viele Stücke, die im Codex Ashmole 1420 enthalten sind. Letzterer enthält auch alle die in der Aurora zitierten Stellen. Leider sind meines Wissens noch keine arabischen Originale dieses interessanten Traktates publiziert [55].

20   J. FERGUSON [56] verweist ALPHIDIUS ins 12. Jahrhundert, doch dürfte diese Datierung nur für die lateinische Übersetzung seiner Werke gel-

---

52. RUSKA glaubt auch, daß die Vorrede von ROBERT V. CHESTER von 1144 gefälscht sei, jedenfalls gehört sie nicht zu *dieser* Compilation.

53. Spera et spera et sic consequeris und Qui animam (suam) ascenderit, eius colores videbit. Dies erinnert immerhin an den Ausspruch des III. Abschnitts: Quicumque animam dealbaverit et eam rursum ascendere fecerit et corpus bene custodierit et ab eo omnem obscuritatem abstulerit etc. ipsam in corpore infundere poterit. Et in hora coniunctionis maxima miracula apparebunt. (Artis Auriferae 1610 l. c. p. 24.) In der Schrift Cod. Ashmole 1450 fol. 53, steht hingegen: Quicumque animam dealbaverit et eam sursum ascendere fecerit et corpus a combustione bene custodierit etc.... animam poterit a corpore extrahere et ipsum corpus obscurum relinquitur et in hora coniunctionis maximum apparebit miraculum.

54. Dasselbe Incipit: Scito fili... Ich möchte an dieser Stelle P. A. ALBAREDA, dem Praefekten der Vatikanischen Bibliothek herzlichst für seine diesbezüglichen Auskünfte danken. Vgl. auch L. THORNDIKE, Hist. of Exp. Science etc. Vol. III. p. 43.

55. Vgl. auch DOROTHY WALEY SINGER, Catalogue of Latin and Vernacular Alch. Manuscripts. Brussels (Lamertin) 1928–1930, 3 Vols., p. 127, und J. RUSKA, Turba a. a. O. p. 339.

56. J. FERGUSON, Bibliotheca Chemica, Catalogue of the Alchemistic Books in the Collection of James Young, Glasgow 1906, Vol. I, p. 27.

ten. Er war auf jeden Fall bereits ALBERTUS MAGNUS bekannt. Es ist wahrscheinlich, daß ALPHIDIUS mit dem bei SENIOR (10. Jahrhundert) zitierten ALCIDES oder ASSIDUUS identisch ist [57]. An anderen Orten erscheint er als ASPHIDUS, was M. BERTHELOT als ein ursprüngliches ASKLEPIOS deutet [58].

Die Idee, daß der Lapis ein Haus mit vier Wänden sei, findet sich schon bei SENIOR und geht wohl auf die Vision des ZOSIMOS vom Marmortempel aus *einem* weißen Stein zurück [59]. 21

Ein klareres Bild als von ALPHIDIUS haben wir von dem als SENIOR zitierten Autor [60]. Es handelt sich um den Araber MUHAMMED IBN UMAIL AT-TAMIMI (ca. 900–960), dessen Originalschrift «Silberwasser und Sternenerde» (lat. De Chemia) von E. STAPLETON und M. HIDAYAT HUSAIN SHAMS AL-'ULAMAR im zwölften Band der «Memoirs of the Asiatic Society of Bengal», Calcutta 1933, ediert wurde [61]. STAPLETON 22

---

57. De Chemia, p. 111.
58. La Chimie au Moyen Age III, p. 16. Erhalten ist ein «Liber Methaurorum» oder «De Lapide philosophico» in einem Ms. Bodl. Digby 164 [13]. Vgl. M. STEINSCHNEIDER, Die europ. Übers. etc., 1905, p. 4, und CARINI, Rivista Sic. VII 176. Zeile 4. – Eine größere Partie über das Schatzhaus der Alchemie, das mit vier Schlüsseln geöffnet werden kann, auf der wohl der Schlußsatz des 10. Kapitels der Aurora anspielt, ist im *Consilium coniugii seu de Massa Solis et Lunae* (vgl. über diese Schrift M. BERTHELOT, Moyen Age I, p. 249, und J. Ruska, Turba a. a. O. p. 343) unter dem Namen Assiduus zitiert, (abgedruckt in *Ars Chemica* 1566, p. 55 ff, bes. p. 108–109): Nota de domo thesaurorum de qua dixit author in primo. Assiduus loquitur de ea sic: ergo fili locum huius lapidis tibi ostendam ...»

Ebenso wird bei THEOB. DE HOGHELANDES De Alchimiae Difficultatibus (Manget I, p. 340) folgendermaßen zitiert: Unde Alphidius in Clav. Phil. Hanc scientiam habere non potes quousque mentem tuam Deo purifices et sciat Deus te habere mentem contritam – und später: Et ALPHIDIUS (in Clav. Phil.) Si humilis fueris eius Sophia et Sapientia perficietur. – Da diese Fassungen weder mit der Aurora noch dem Consilium coniugii noch dem Rosarium übereinstimmen und THEOB. DE HOGHELANDE den Titel Clavis Philosophorum angibt, dürfte ihm noch die der Aurora zugrundeliegende Schrift vorgelegen haben. Ebenda findet sich auch ein Teil des auf p. 30 wiedergegebenen ALPHIDIUS-Zitates: Et. Alphid. (in Clav. Phil.) Cum dicut lapis noster ex vilis re est in oculis hominum pretio carente fastidita quam homines pedibus conculcant in viis. – Somit ist die Oxforder Version auch identisch mit der auch als *Clavis philosophorum* citierten Schrift.
59. Vgl. M. BERTHELOT, Coll. des Alch. Grecs. III, I, 3.
60. Ich benützte «De Chemia», eine undatierte Ausgabe, von der J. RUSKA vermutet, sie stamme von Perna, Basel 1560–1570. (Vgl. *Isis*, Quarterly Review of History of Science etc. ed. G. SARTON 1935, Bd. 24, Nr. 67, p. 320 f.) Sie ist auch in J. J. Manget und im Theatr. Chem. von 1622 und 1660 abgedruckt.
61. Vgl. auch die Besprechungen von J. RUSKA in «Isis» 24 l. c. Vgl. auch D. W. SINGER, Catalogue a. a. O. Vol. I, p. 122. Nr. 136.

signalisiert das Vorhandensein weiterer Werke desselben Autors [62]. Im Abendland bekannt wurde er nur durch die *eine* Schrift [63], deren Abdrucke alle auf eine Fassung zurückgehen, desgleichen vermutlich auch die Manuskripte [64]. Dementsprechend stehen auch die SENIOR-Zitate der Aurora nahe an der Originalversion. Da die Übersetzung IBN ROSCHD (AVERROES, gest. 1098) erwähnt, dürfte sie etwa dem 12. oder Beginn des 13. Jahrhunderts zugewiesen werden [65]. SENIOR, d. h. MUHAMMED IBN UMAIL hat auch Anmerkungen zur *Turba* verfaßt und scheint der schiitischen Sekte nahegestanden zu haben; denn einer seiner Freunde, ABUL HASAN ALI IBN ABDULLA [66], wurde (nach dem Fihrist) um seines Glaubens willen in Bagdad verbrannt [67]. MUHAMMED IBN UMAIL selber lebte sehr zurückgezogen und war ein ausgesprochener Mystiker. Er hatte dementsprechend einen nicht unbedeutenden Einfluß auf den Verfasser der Aurora, welcher ihn oft anführt.

23   Nicht nachweisen konnte ich das ALPHONSUS-Zitat «nur der sei ein wahrer Freund, der einen in der Not nicht verläßt». In den erhaltenen Schriften des ALPHONSUS, Rex Castiliae [68], jedenfalls konnte ich nichts Derartiges finden, auch sind die ihm zugeschriebenen Traktate unecht [69] und spät.

24   Ebenfalls unauffindbar waren mir die Zitate, welche nach dem Druck aus einem «Liber quintae essentiae» stammen sollen [70]; in den Hand-

---

62. STAPLETON l. c. p. 126–127 u. a. eine «Verbindung der Geister», «Erklärung des umhegten Geheimnisses und verborgenen Wissens», «Das Buch der Lampe», «Buch der Schlüssel (oder des Schlüssels) von der großen Weisheit», «Das verborgene Buch», «Klärung von Rätseln», «Die erwählte Perle», «Buch der Kapitel» usw. und verschiedene Gedichte auf Dāl, Rā, Mīm, Nūn, Lām usw. reimend. Vielleicht ist noch ein zweites Werk SENIORS unter dem Titel «Clavis maioris Sapientiae» (Manget, Bibl. Chem. 1, 503–507) übersetzt worden, falls dieser Traktat mit dem arabischen «Buch der Schlüssel von der großen Weisheit»: Kitâb Mafâtiḥ al-Ḥikmat al-'Uzmâ identisch sein sollte, was leider bisher noch nicht untersucht worden ist (vgl. STAPLETON, Memoirs l. c. p. 126, Anm. 1).
63. Evtl. stammt allerdings auch die «Clavis maioris Sapientiae» von ihm, s. o. Fn. 62. Sie ist sonst als Werk eines ARTEPHIUS zitiert.
64. Vgl. D. W. SINGER, Catalogue l. c. I, p. 122.
65. Vgl. STAPLETON l. c. p. 126.
66. Vgl. STAPLETON l. c. p. 123.
67. Ebda. p. 124.
68. Vgl. über diesen E. v. LIPPMANN, Alch. l. c. I, p. 498 und FERGUSON I, p. 24.
69. Vgl. E. v. LIPPMANN, l. c. wonach ALFONS, König von Castilien, gegen die Alchemie eingestellt war.
70. Es handelt sich um folgende Stellen: erstens, daß das Feuer durch seine Wärme alle irdischen Teile durchdringt und verfeinert und das Materielle daran verzehrt, da

schriften ist dasselbe Werk als Liber sextus σχ^{ee} und σcχ̃^u bezeichnet, im Wiener Manuskript als Liber sexagesimae [71] und im zweiten Teil der Aurora als liber sextarius [72].

In schwierige Probleme führt endlich das Zitat, das in den Handschriften als Ausspruch eines SPECULATOR figuriert. Es handelt sich um eine Textpartie, die mit Ausnahme des ersten Satzes «Derisio scientiae est causa ignorantiae» in drei Werken von ROGER BACON (1214 bis ca. 1292) auftaucht, im «Opus maius» pars I, cap. IV; im «Compendium Studii [73]», cap. 3, und in der «Epistola de secretis artis et naturae et de nullitate magiae», cap. VIII [74], einem Werk, dessen Echtheit angefochten ist, das aber LYNN THORNDIKE für eine Kompilation aus echten Schriften hält [75]. A. G. LITTLE führt es unter seinen echten Schriften an [76]. BACON zitiert das Sprichwort, man solle dem Esel keinen Lattich

es, solange es Stoff habe, der passiven Sache seine Form einprägen wolle. Text p. 75. Ferner, daß die Luft die Erde öffne zur Aufnahme der Kraft von Feuer und Wasser. (Text p. 77.) Dann der Ausspruch: Du siehst ein wunderbares Licht in der Finsternis. (Text p. 79.) Vielleicht frei nach ALBERTUS MAGNUS, De mineral. Lib. I Tract 2. qui vere dicitur carbunculus et ideo ille qui vere speciem suam attingit lucet in tenebris sicut noctiluca. Ferner: Da ich mich nicht genug wundern konnte über die große Kraft dieser Sache, die ihr vom Himmel eingegeben war. Und endlich: Wenn der Stein des Sieges hergestellt ist, werde ich zeigen, wie man daraus Smaragde usw. macht, welche an Farbe usw. die natürlichen übertreffen (Text p. 95).

71. Einmal im Cov. Rhenovac auch als oñh σo². Ein Liber sacerdotum ist im zweiten Teil der Aurora erwähnt. Vgl. hiezu M. BERTHELOT, Moyen Age, I, p. 179 ff. Oder ist es der bei VINCENT DE BEAUVAIS angeführte (Lib. 7. cap. 96) Liber de septuaginta?

72. Artis Aurif. 1610 I, p. 156–157: De tertio scribitur quod lapides in gemmas pretiosas transmutat, ut superius allegatum est in libro sextario ubi dicitur quod lapides Jacinti, Coralli rubei et albi, Smaragdi, Chrysoliti, Saphyri ex ipsa materia formari possunt. Et in charta sacerdotum traditur quod ex christallo carbunculus sive rubinus aut topazius per eam fieri potest qui in colore et substantia excellunt naturales.

73. ed. Jebb Venet. 1750, p. 5.

74. ed. Brewer, tom. I, p. 543.

75. l. c. Vol. II. p. 630.

76. A. G. LITTLE, Roger Bacon Essays. Oxford Clarendon Press 1914, p. 395. The work consists of ten or eleven chapters, the last five of which CHARLES considered doubtful (Fußnote: Apparently merely because they are «enigmatic». But see the ingenious explanation by Lieut. Col. Hime, Gunpowder and Ammunition 1904, p. 141–142.) addressed perhaps to WILLIAM OF AUVERGNE (died 1248) or to JOHN OF LONDON whom CHARLES identifies with JOHN OF BASINGSTOKE (died 1252). – In «Sanioris medicinae magistri D. ROGERII BACONIS Angli de arte chymica scripta etc.» Frkf. 1603, konnte ich nichts auf die Aurora Bezügliches finden. Dort finden sich aber bemerkenswerterweise p. 7: Excerpta de libro AVICENNAE de anima I und p. 36: Explicit exempla cum laude Deo et exempla dico Abhuali Principis cognomine Avicennae ad Hasen Regem patrem suum de re tecta.

geben, wo ihm doch Disteln genügten, als einen Ausspruch des AULUS GELLIUS, «Noctes Atticae», wo sich jedoch diese Stelle nicht findet [77]. Auch sonst hat man sie bisher nirgends gefunden [78]; das Sprichwort figuriert aber u. a. in einem Inquisitionsbericht über die Waldenser und scheint somit einfach ein verbreitetes Volkssprichwort gewesen zu sein [79].

Unter den alchemistischen Schriften ROGER BACONS ist unter anderem ein Traktat erhalten «De Alchemia», der in der Ausgabe des MANGETUS [80] *Speculum Alchimiae* heißt. Das Aurora-Zitat ist dort nicht vorhanden, doch könnte trotzdem das «Speculator» dort «Speculi autor» heißen und damit in verhüllter Form auf BACON zielen. Die kleineren Traktate BACONS gehören fast alle seiner früheren Lebenszeit an [81], sind jedoch leider bisher noch nicht bezüglich ihrer Echtheit und vermutlichen Abfassungszeit untersucht worden [82]. Wenn die Dedikation der «Epistola de secretis naturae» echt ist, wäre diese Schrift schon vor 1249 abgefaßt. Es ist ferner in diesem Zusammenhang zu bemerken, daß BACON bei der Anführung der ganzen Partie als Quellen anführt: ARISTOTELIS secreta secretorum (eine Schrift, die BACON für echt hielt [83]) und A. GELLIUS, wobei letztere Angabe aber nicht stimmt. Er muß also dieses Zitat geschrieben haben, ohne den Originaltext vor Augen zu haben, so wie er auch sonst für unexakte Angaben bekannt ist (weshalb er besonders gerne andere, u. a. ALBERTUS MAGNUS und THOMAS VON AQUIN in dieser Hinsicht kritisierte [84]!). Der Autor der Aurora vermeidet den Fehler entweder unbewußt oder aus besserem Wissen. In der Aurora steht außerdem eigentlich ein Gemisch der beiden BACONstellen,

---

77. Vgl. MARTIN HERTZ Ausgabe des GELLIUS, Berlin 1885, Einleitung zum 2. Band, p. XXXVIII, auch p. XXXIX.
78. C. E. GEORGES, (Hertz l. c. p. XXXVIII, Fußnote) verweist auf LUCILIUS. CXLI, p. 157. L. M. ex HIERONYMI ad CHROMATIUM, wo es heißt: secundum illud quoque de quo semel in Vita Crassum ait risisse Lucilius «similem habere labra lactucam (de asino Fr.) carduos comedente».
79. Vgl. CHR. HAHN, Ketzergeschichte des Mittelalters, Bd. II, p. 257, ein Bericht des Inquisitoren W. MAPEUS, De nugis Curialium etc. de secta Waldensium XXXI Ms. Bibl. Bodl. 851, wo MAPEUS sagt: igitur proposui levissima, quae nemini licet ignorare sciens quod asino, cardones edente dignam habent labra lactucam.
80. Tom. I, p. 613.
81. Vgl. L. THORNDIKE, a. a. O. Vol. II, p. 630 ff.
82. Vgl. den Artikel in der Encyclopaedia Britannica von R. ADAMSON.
83. Vgl. L. THORNDIKE, History a. a. O. Vol. II, p. 633.
84. F. PELSTER, Kritische Studien zum Leben und zu den Schriften Alberts des Großen. Freiburg i. Br. 1920, p. 50. L. THORNDIKE a. a. O. Vol. II, p. 642–643.

insofern diese lauten: im Opus maius 1, 4: in quo etiam dicit (scil. GELLIUS) stultum est asino praebere lactucas cum ei sufficiant cardui etc., in der Epistola de Secretis, cap. 8, hingegen [85]: Atque ipsemet ARISTOTELES enim dicit in libro secretorum quod esset fractor sigilli coelestis qui communicaret secreta naturae et artis... Caeterum in hoc casu dicit A. GELLIUS in lib. Noctium Atticarum de collatione Sapientium quod stultum est asino praebere lactucas cum ei sufficiant cardui. Im Compendium Studii endlich sagt BACON: «Da man nicht die Perlen der Weisheit vor die Säue streuen soll nach dem Ev. Matth. 7. 6. und es dumm ist, einem Esel Lattich zu geben, wenn ihm Disteln genügen, wie in diesem Fall AULUS GELLIUS schreibt im Buch der Attischen Nächte usw.» In der Aurora erscheinen all diese Zitate kombiniert, das ARISTOTELES-Zitat mit dem Eselsprichwort und mit Matth. VII, 6. Es läßt sich hieraus der Schluß ziehen, entweder: daß BACON und dem Verfasser der Aurora eine gemeinsame Quelle (genannt Speculi autor?) vorlag, aus der ROGER BACON willkürlich bald diese, bald jene Kombination zitierte. Eine andere Möglichkeit wäre, daß der Autor der Aurora *alle* Stellen in den Schriften BACONS kannte und kombinierte, oder daß er die Epistola de secretis usw. im Kopf hatte, das Zitat bezüglich der Verfasserschaft des GELLIUS korrigierte und mit der Stelle Matth. VII, 6, seinem Stil (einer Mischung von Bibelzitaten und alchemistischen Sentenzen) entsprechend erweiterte.

Ein weiterer Fragenknäuel wird durch eine Textstelle der Aurora konstelliert, die leider auf einer unsicheren Überlieferung der Handschriften beruht. Es handelt sich um ein SENIOR-Zitat im zweiten Kapitel, wo es heißt: die Sapientia Dei werde nur von demjenigen erkannt, «der weise und scharfsinnig und erfinderisch ist im Überlegen, *indem die Geister geklärt worden sind aus dem Liber aggregationum* [86]». Statt aggregationum steht im späteren Druck und in der späteren Leydener Handschrift: ex libris agnitionum – also: «aus den Büchern der Erkenntnisse». Die Originalstelle bei SENIOR hingegen lautet: «aus den überlieferten Büchern, welche die Philosophen verborgen haben». Vermutlich ist die spätere Version von Druck und Leydener Codex eine Korrektur, welche eine Angleichung an das SENIOR- Zitat erstrebt und welche deshalb vorgenommen wurde, weil man das Wort *«Liber aggregationum»*

---

85. Vgl. auch die Variante Theatr. Chem 1622, Vol. V, p. 956.
86. Vgl. Text p. 37.

nicht mehr verstehen konnte. Nun existiert aber tatsächlich ein *Liber aggregationis seu Secretorum* unter den Schriften des ALBERTUS MAGNUS, welches eine Auseinandersetzung mit aller Magie von Pflanzen, Talismanen usw. und auch der Alchemie enthält. Diese Schrift gehört in eine Gruppe von drei Aufsätzen: «Experimenta ALBERTI» (oder eben Secreta ALBERTI oder Liber aggregationis benannt), *«De mirabilibus mundi»* und *«De secretis mulierum»*, die alle um ihres okkulten oder «obszönen» Inhaltes willen für unecht erklärt worden sind, obwohl sie zu seinen meist verbreiteten Schriften gehörten [87]. Vom Liber aggregationis existieren Handschriften aus dem 13. Jahrhundert, von «De mirabilibus mundi» allerdings erst aus dem 14. Jahrhundert, doch wurden beide Werke schon in den frühesten Drucken zusammengestellt [88]. Der Widerstand dagegen – nämlich diese Schriften als echt anzusehen – kommt hauptsächlich davon, daß man bisher den Inhalt als «unseriös» und schlecht ansah, doch hat LYNN THORNDIKE mit Recht hervorgehoben, daß die darin vertretenen Anschauungen keineswegs zu denjenigen von ALBERTS DES GROSSEN unbestritten echten Werken in Widerspruch stehen [89]. Auch hat er betont, daß wir *keinerlei stichhaltige stilistische oder quellenkritische Gründe haben, diese Werke dem Albertus abzusprechen* [90], dennoch läßt THORNDIKE schließlich die Frage offen [91]. Er bemerkt nur noch, daß «De mirabilibus mundi» «noch näher an den üblichen Stil der Werke ALBERTS herankäme». Diese letztere

---

87. Vgl. allgemein darüber LYNN THORNDIKE, History l. c. Vol. II, p. 720.
88. Vgl. den Gesamtkatalog der Wiegendrucke Leipz. 1925, Bd. I, Nr. 617 ff. Schon in den frühesten Abdrucken von Ferrara 1471, Straßburg 1478, Bologna 1478, Reutlingen 1483, Speyer 1483, Köln 1485, sind diese Schriften unten jenem Titel zusammengestellt.
Bei einem ALBERTUS-Biographen des 15. Jahrhunderts, RUDOLF VON NYMWEGEN, (Legenda litteralis Beati Alberti Magni Köln 1490, P. 3 c. 7) findet sich folgende Notiz: Frater HERMANNUS DE MYNDA Saxo genere ... in libro historiarum, qui De mirabilibus mundi inscribitur, libro quarto de vita domini Alberti sub brevi, verborum compendio multa comprehendit, quae suis in locis nostro opusculo inserta sunt. FRANZ PELSTER, Kritische Studien zum Leben und zu den Schriften Alberts des Großen, Freib. i. Br. 1920 p. 33 hält diese Schrift für verschollen, d. h. nicht identisch mit dem vorliegenden Tractat. Er vermutet, der Autor dieses verschollenen De mirabilibus mundi heiße HERMANN VON LERBECKE. Wie dies mit den Secreta Alberti zusammenhängt, ist mir undurchsichtig.
89. THORNDIKE History II, p. 724 ff.
90. Vgl. ebda. p. 725 ff.
91. Vgl. die ganze Frage und die Literatur pro et contra die Verfasserschaft ALBERTS in: J. R. PARTINGTON: Albertus Magnus on Alchemy, «Ambix» Journal of the Soc. for the Study of Alchemy and Early Chemistry. Vol. I. 1. (1937).

Schrift aber enthält nun eine theoretische Auseinandersetzung mit dem Wesen der Magie von so überragender Bedeutung, daß wir im Kommentar noch näher darauf eingehen müssen.

Zunächst ist festzuhalten, daß in den ältesten und bekannten Handschriften der Aurora wirklich Liber aggregationum steht, da wo SENIOR von «Büchern, welche die Philosophen verborgen haben», spricht, so daß der Autor offenbar meint, der Liber aggregationum sei ein solches wesentliches und geheimzuhaltendes Buch. Die in dieser Schriftsammlung vertretenen Ansichten über das eigentliche Wesen der Alchemie passen m. E. völlig in den Gedankenzusammenhang der Aurora, so daß ich geneigt bin, die Lesung aggregationum bzw. aggregationis beizubehalten. Das Buch soll nämlich nach der Aurora zu einer vorbereitenden Klärung des Geistes und zur Befähigung, subtile Unterscheidungen zu machen, dienen. Nun enthält, wie gesagt, der Traktat «De mirabilibus mundi», der dem «Liber aggregationis» in den Inkunabeln immer zugeordnet ist, *eine prinzipielle Auseinandersetzung mit dem Wesen aller Magie inklusive der Alchemie* und erfüllt somit in der Tat die in der Aurora inhaltlich erforderte Rolle [92].

Zusammenfassend ergibt sich bezüglich der Quellen der Aurora folgendes Bild: Alle nachweisbaren Zitate (neben den Bibelstellen) wie die Zitate aus SENIOR, ALPHIDIUS, *der Turba, De perfecto magisterio,* ARISTOTELIS Secreta secretorum, GREGOR DEM GROSSEN, sind gewissenhaft und korrekt zitiert. Daß bezüglich MORIENUS- und CALID-Zitaten keine Übereinstimmung mit den heute erhaltenen Texten sich nachweisen läßt, beruht vermutlich auf der Tatsache, daß diese Werke erst nach der Abfassung der Aurora in die heutige Form gebracht wurden. Von den fehlenden Nachweisen hoffe ich, daß es anderen Forschern gelingen möge, die Stellen zu finden und so das Bild der Quellen, die der Autor der Aurora benützte, zu vervollständigen.

---

92. Schwierig bleibt es, die Tatsache einzuordnen, daß die Tractate «Secreta ALBERTI» und «De mirabilibus» etc. bis heute nur in späten Handschriften und in den Inkunabeldrucken als «Liber aggregationis» zusammengefaßt auftauchen, auch als «Speculum secretorum» und «Practica» bezeichnet (vgl. THORNDIKE, Vol. II, p. 569–570), in den früheren uns bekannten Handschriften hingegen getrennt erscheinen, doch müssen sie wohl schon früher unter diesem einen Titel zusammengebracht worden sein, da die frühesten Inkunabeldrucke verschiedenster Druckorte sie alle konsequent unter diesem Titel zusammenstellen. (Vgl. die Angaben bei THORNDIKE II, p. 721.) Als verwandte «current works» erwähnt THORNDIKE (ebda. p. 569–570) eine «Semita recta» und ein «Speculum secretorum Alberti» Ms. 138 aus dem 15. Jahrhundert in Bologna.

4. DAS DATIERUNGSPROBLEM

30   DA nicht *alle* Quellen (besonders der Liber quintae essentiae) von mir nachgewiesen werden konnten, läßt sich kein abschließendes Urteil über die Entstehungszeit der Aurora fällen. Alle *nachweisbaren* Quellen sind frühe lateinische Traktate oder Übersetzungen arabischer Schriften, von denen keine später als in die Mitte des 13. Jahrhunderts anzusetzen sind. Dies spricht für ein relativ hohes Alter der Aurora, besonders auch weil Autoren, wie ARNALDUS DE VILLANOVA (1235 bis 1311) und RAYMUNDUS LULLUS (1235–1315), die fast in allen Traktaten der späteren Zeit figurieren, in der Aurora nicht erwähnt werden.

31   LYNN THORNDIKE hat allerdings in seiner «History of Magic and Experimental Science» die Aurora dem 15. Jahrhundert zugewiesen [1]. Meiner Ansicht nach stimmt aber diese Datierung nur für den II. Teil. In letzterem sind ALBERTUS MAGNUS (1193–1280) und GEBER erwähnt, welche im ersten Teil nicht zitiert sind [2]. Daß das Aurora-Zitat des ARISTOTELES De anima II. 8. sich an die alten Übersetzungen anlehnt, spricht für ein höheres Alter. Aus dem Verhältnis des SPECULATOR-GELLIUS-Zitates mit den ähnlichen Stellen in ROGER BACONS Schriften werden sich erst weitere Schlüsse ziehen lassen, wenn das Problem der Echtheit und Datierung der kleinen Schriften BACONS abgeklärt sein wird. Auf jeden Fall weist die Verwandtschaft der Zitate auf die Zeit BACONS, d. i. das 13. Jahrhundert, hin.

32   Einen terminus ante quem für die Datierung der Aurora könnte das *Rosarium philosophorum* bieten, falls letztere Schrift in ihrer Datierung sicher stünde, da sie die Aurora, und *zwar nur den ersten Teil,* anführt [3].

---

1. Vol. IV, 1934, p. 335: «Some anonymous works, distinguishable by their titles may also probably be assigned to the fifteenth century, such as the «Soliloquy of Philosophy» or «The Burst of Dawn» 25 ... The latter Treatise gives four reasons for its title and then seven parables of which the last is a confabulation of the lover with his beloved. Its second part is in 3 chapters on astronomy, arithmetic and the natural process of first doctrine. Note 25 Vienna 5230, 1565 AD fols 239r–249v. Incipit Aurora consurgens: Venerunt mihi ... sanguine menstruali per cursum eius. (S. Marco IV 25) VALENTINELLI XVI. 4. 1475 AD fols 65r–161r. With the same title and incipit: The latter part of the work was printed in Artis Auriferae I 185.»

2. Vgl. über diese Autoren u. a. J. RUSKA, Tabula Smaragdina, p. 186 ff.

3. Artis Aurif. 1610, II, p. 149. Mangetus Bibl. Chem. a. a. O. Vol. II. p. 87 ff. Dies liefert keinen *Beweis,* wohl aber eine weitere Evidenz dafür, daß der I. Teil von anderer Hand und früher ist als der II.

Leider ist die Datierung des *«Rosariums»* umstritten: M. BERTHELOT verlegt es in die Mitte des 14. Jahrhunderts [4], J. RUSKA stimmte zuerst zu [5], meinte aber später, es in die Mitte des 15. Jahrhunderts ansetzen zu müssen [6], doch führt er dafür keine entscheidenden Argumente an [7].

Eine Anspielung auf den Anfang der Aurora findet sich in der Schrift, die als «Compositum de Compositis» unter dem Namen des ALBERTUS MAGNUS abgedruckt ist [8]. Insofern es in der Aurora zum durchgehenden Stil gehört, biblische Zitate anzuwenden, während es hier nur in der Vorrede der Fall ist [9] und der Text nachher in einen prosaisch-naturwissenschaftlichen Ton übergeht, ist anzunehmen, daß dieser Teil des ALBERTUS-Traktates von der Aurora und nicht umgekehrt abhängig ist.

Ferner ist die Aurora in JOH. VON MENNENS Aureum Vellus sive Sacra Vatum Philosophia (gedr. Antwerpen 1604) zitiert [10], während JOH. GRASSEUS in seiner Arca Arcani (17. Jahrhundert) [11] nur indirekte Kenntnis des Titels [12] besaß, den Text aber nicht kannte [13]; hingegen war er vermutlich noch seiner Quelle, dem Augustinermönch DEGENHARDUS bekannt [14]. Die SALOMON TRISMOSIN (um 1490) zugeschrie-

4. La Chimie du Moyen-Age I, p. 234.
5. Tabula Smaragdina, a. a. O. p. 193.
6. Turba, p. 342. ebenso THORNDIKE l. c. Vol. IV p. 56.
7. Die Citierung der Aurora in MICHAEL MAIERS Symbola aureae mensae 1617, p. 65, stimmt mit dem *Rosarium* überein und dürfte daher von dort stammen.
8. Theatr. Chem. 1659 Vol. IV, p. 825 ff.
9. Es heißt dort: Et ideo scientiam quam sine fictione didici sine invidia communico, qua invidia latescente (sic) deficit, quoniam talis homo non erit particeps amicitiae Dei. Omnis sapientia et scientia a Domino Deo est, sed hoc quocumque modo semper a Spiritu Sancto est... Itaque qui habet aures audiendi: tantam gratiam Deificam audiat secretum, quod mihi desponsatum gratia Dei et indignis nullatenus revelat...
10. Theatr. Chem. 1622, Vol. V, p. 267.
11. Theatr. Chem. 1661, Vol. VI, p. 314.
12. Manget II, p. 594: 19 *Aurora consurgens* in *Turba* (!) Ecce etc. Kein Aurora-Citat.
13. Seine Anklänge könnten durch den *Clangor Buccinae* vermittelt sein, dessen Autor die Aurora kannte: Artis Aurif. 1610 Pars I, p. 148 dasselbe Sextarius-Citat! Vgl. auch pp. 309, 311, 325.
14. MANGET II, p. 593. Magister DEGENHARDUS Augustini Ordinis Monachus: verus lapidis possessor in suo libro de Via Universali ait... Est donum Spiritus Sancti. In ipso latet mysterium veniendi ad thesaurum sapientum. Et hoc est plumbum Philosophorum, quod plumbum aeris appelant, in quo splendida columba alba inest, quae sal metallorum vocatur, in quo magisterium operis consistit. Haec est casta sapiens et dives illa regina ex Saba velo alba induta, quae nulli nisi Regi Salomoni se subicere volebat. Nullius hominis cor haec omnia satis scrutari potest.

bene Schrift «Splendor Solis» ist voll von der Aurora entlehnten Partien, nennt aber nicht den Titel der Aurora [15].

35 Ferner halte ich es für beinahe unzweifelhaft, daß GEORGE RIPLEY die Aurora kannte. Er nennt sie zwar nicht mit Titel, aber sein Liber duodecim portarum enthält zuviele gleiche Bibel- und SENIOR-Zitatkombinationen, um unabhängig zu sein [16].

36 Weniger eindeutig liegt der Fall beim «Aquarium Sapientum [17]», doch halte ich es für möglich, daß evtl. diesem Autor die Aurora vorlag. Auch JAKOB BOEHMES Aurora scheint mir nicht unabhängig von der Aurora consurgens zu sein, wenn BOEHME auch, wie immer, das Gelesene sehr frei neugestaltete und gleichsam nur zur Amplifikation seiner eigenen inneren Erlebnisse heranzog.

37 Im großen Ganzen ist die Aurora, soweit ich ersehen konnte, in der späteren Literatur wenig bekannt, weil sie offenbar zu weit vom üblichen alchemistischen Stil abwich und nicht verstanden wurde. Zusammenfassend läßt sich sagen, daß für die Aurora als Terminus a quo etwa 1230, als Terminus ante quem die Mitte des 15. Jahrhunderts (*Rosarium*, RIPLEY) gelten muß. Ich selber neige dazu, sie etwa in die Mitte bzw. zweite Hälfte des 13. Jahrhunderts anzusetzen.

5. DIE HANDSCHRIFTEN

38 EIN vollständiges Manuskript des Traktates befindet sich in der Bibliothèque Nationale in Paris, Lat Nr. 14006: fol. 1ᵛ–12ᵛ: «Incipit tractatus Aurora consurgens Intitulatus»; fol. 12ᵛ folgt der zweite Traktatteil [1]. Die Handschrift, die mir in einer Photokopie zur Verfügung

---

15. ed. J. K. London. Kegan Paul. In der Quellenangabe des anonymen Herausgebers fehlt die Aurora.
16. Manget II, p. 280 col. 2. oder Opera Omnia Chemica, Cassel 1649 ed. Köhlers. z. B. Vers 3: Efficias ut sapientia sit tua soror et ut Prudentia sit tua amica, item Vers 3, 6, 8 (lapis triunus) bes. 9, p. 159: quousque exsiccata fluminibus (hac enim operatione abierunt flumina in siccum iuxta Psalmistam... p. 259 dasselbe SENIOR-Citat p. 300. Scriptum enim est: constituisti terminos qui praeteriri non possunt auf die menschliche Lebensdauer bezogen, wie in der Aurora!
17. Musaeum Hermet. Frankfurt 1678, p. 83.
1. Es folgen weitere alchemistische Traktate, die wichtigsten sind der Liber secretorum des CALID, die Correctio fatuorum von BERNARDUS MAGNUS, die Rotatio elemen-

stand, gehört ungefähr dem 15. Jahrhundert an und stammt aus der Bibliotheca M. S. S. Coisliniana (olim Seguenona), welche HENRI DU CAMPOUT, DUC DE COISLIN, Pair de France, dem Kloster St. Germain des Prés im Jahre 1732 vermacht hatte [2]. Das Manuskript ist sehr sauber und lesbar geschrieben und enthält auf den ersten zwei Seiten am Rande die Wiederholung der zitierten Eigennamen und kurze Inhaltsangaben. Sie ist im Apparat mit P angeführt, Korrekturen als P2.

2. In seinen Lesungen P am nächsten verwandt ist eine Handschrift in Wien von der Österreichischen Nationalbibliothek, Cod. Nr. 5230, worin unser Traktat auf fol. 239^r beginnt mit «Incipit aurora consurgens» bis fol. 248^v, wo der zweite Teil anfängt, der nur verkürzt wiedergegeben ist, bis fol. 249^v. Dann folgen Rezepte. Der vorhergehende Traktat endet: Explicit lapidarius raymundi magici 1467, 16. Junii. Erwähnt ist die Handschrift in LYNN THORNDIKE: A History of Magic and Experimental Science 1923, 1934, Vol. IV, p. 335 [3]. Diese Handschrift ist im Apparat als V (Vindobonensis) angeführt, seine Randkorrekturen als V 2.

3. Zur selben Gruppe von Manuskripten (ein Stammbaum ließ sich nicht herstellen) gehört auch die Handschrift in der Marciana in Vene-

torum des ALANUS, eine Collectio ex nobili libro Margaritae pretiosae Novellae des PETRUS BONUS, das Buch «Flos regis», die «Propositiones Maximae in Arte Alchimae» des ALBERTUS MAGNUS, die «Epistola Avicennae ad Hazen philosophum», der «Liber intitulatus Lilium evulsum e spinis», das «Problema» von JOH. THONENSIS, ein Colloquium magistri cum discipulo, die «Herba incognita ortalona von Joh. THONENSIS sowie Rezepte und kleine Traktate.

2. Vgl. die Beschreibung und Untersuchung der Handschrift in L. DELISLE, Inventaire des Ms. de St. Germain des Prés p. 124 ff. und in CORBETT, Catalogue des Ms. alchimiques latins, Bruxelles 1939 Vol. I p. 178–179.

3. Codex 5230. Es ist eine Sammelhandschrift auf Papier, 222 x 159 mm, in braunem Kalbsledereinband mit Holzdeckeln. Außer den zahlreichen chemischen Abhandlungen enthält die Handschrift auch viele Zeichnungen, die zum Text gehören (chemische Symbole, Darstellung von chemischen Versuchen). Die einzelnen Teile des Ms. stammen aus verschiedenen Zeiten des 15. u. 16. Jahrhunderts. Es kommen die Jahreszahlen 1465, 1467, 1481 und 1516 vor. Vgl. «Tabulae Codicum Manuscriptorum... in Bibl. Palat. Vindobonensi asservatorum ed. Acad. Caes. Vindob. Vol. IV Wien 1870 p. 67. Vgl. auch LYNN THORNDIKE und PEARL KIBRE Catalogue of Incipits of Medieval scientific writings in Latin. Cambridge 1937 unter «Venerunt mihi...» Fortsetzungen zu dieser Publikation finden sich im «Speculum» A Journal of Medieval Studies Vol. XIV Jan. 1939 Nr. 1: L. THORNDIKE: Additional Incipits of Medieval Scientific writings, und derselbe in Vol. XVII July 1942 Nr. 3: More Incipits etc. THORNDIKE datiert die Handschrift 1505 (History etc. Vol. 4 Fußnote 25).

dig [4], die im Apparat als M figuriert, Korrekturen als M2. Es handelt sich um den Cod. 4 membr. 215 (J. VALENTINELLI), Bibliotheca Manuscripta ad S. Marci Venetiarum 1872, Vol. V, Abschn. XVI 4, pag. 555) aus dem Jahre 1475. Der Traktat steht fol. 65^r–161^r: Incipit tractatus Aurora consurgens tract. duo und ist außerordentlich lesbar und sorgfältig geschrieben.

4. Ebenfalls von guter Qualität, aber leider unvollständig, ist die Handschrift der Zentralbibliothek in Zürich, der Codex Rhenoviensis 172, der aus dem Kloster Rheinau stammt, und den Prof. C. MOLBERG [5] ins 15. Jahrhundert verweist. Er ist im Apparat als Rh, Korrekturen als Rh 2, angeführt und beginnt gegen Schluß des 9. Kapitels der Aurora mit dem Wort – «sitates tollit de corpore...» Die Handschrift enthält weitere, alchemistische Traktate [6]. Sie stammt von einer einzigen Hand, hat rote Titel und vereinzelte blaue und goldene Initialen und ist außerdem *mit sehr schönen symbolischen Bildern illustriert.* Die Beziehung der Bilder zum Text ist allerdings relativ locker.

5. Mit denselben Bildern in schlechterer Wiedergabe versehen ist auch der Codex Vossianus Chemicus Nr. 29 (520) der Universitätsbibliothek von Leyden (als L angeführt), der etwa dem 16. Jahrhundert angehören dürfte und relativ nachlässig geschrieben ist. Der Titel lautet dort: «Tractatus qui dicitur *Thomae Aquinatis* de Alchimia modus extrahendi quintam essentiam Liber Alchimiae, qui a nonnullis dicitur Aurora consurgens latine scriptus cum figuris.» Es folgen weitere alchemistische Abhandlungen [7]. Der Codex steht dem späten Druck in seinen Lesungen am nächsten und ist für die Textherstellung nur selten von Bedeutung.

---

4. Erwähnt bei L. THORNDIKE, History etc. Vol. 4 p. 335 Note 25. Ich erhielt Mitteilung über diese Handschrift durch die Freundlichkeit von Prof. A. M. ALBAREDA, von der vatikanischen Bibliothek. In A. G. LITTLEs Initia operum Lat. quae saeculis XIII, XIV, XV attribuntur, Manchester 1904 ist keine Aurorahandschrift erwähnt.

5. Vgl. den Katalog der Ms. der Zentralbibliothek 1. Teil: Mittelalterl. Handschriften von LEO CUNIBERT MOLBERG, 1951, p. 246.

6. So: ALBERTUS MAGNUS: Kallisthenus unus de antiquioribus... dicit. 2. Questio curiosa de natura solis et lunae, PETRUS DE ZOLENTO, Secreta Hermetis, JO. DE GARLANDIA, Clavis sap. maioris. Auszüge aus GEBERS Schriften, Aurea massa, Visio ARISLEI und weitere Tractate. Näheres vgl. C. MOLBERG l. c.

7. So ein deutscher Traktat des ALBERTUS MAGNUS, die «Schemata» des GRATUS, eine Abh. de Lapide. Recepte, das Elucidarium testamenti RAYMUNDI LULLI, Lexikalische Notizen etc.

6. Unzuverlässig und außerdem voll großer Lücken ist das Manuskript der Universitätsbibliothek von Bologna Ms. 747 (Jahr 1492), dessen Kenntnis ich der freundlichen Mitteilung von Dr. G. GOLDSCHMIDT verdanke. Ich benützte eine Photokopie, die als B im Apparat figuriert. Es enthält unseren Traktat auf den fol. 97^u–120^r mit dem Titel: Incipit aurea mora quae dicitur Aurora consurgens vel liber trinitatis compositus a Sancto Thoma de aquino. Besonders gegen Schluß enthält dieser nachlässig geschriebene Traktat so viele Auslassungen, daß ich sie im Apparat nicht mehr anführte. Vollständigkeitshalber sind diese auf p. 437 ff. zu finden.

7. Schließlich ist auch noch unter D der Abdruck im Apparat angeführt nach einer Photokopie des Exemplares im British Museum der «Harmoniae imperscrutabilis Chymico-Philosophicae sive Philosophorum Antiquorum Consentientium Decades duae» apud Conr. Eifridum, Francofurti 1625, pag. 175 ff. Incipit: «Beati THOMAE DE AQUINO Aurora sive Aurea Hora.» Es fehlen die Kapitelüberschriften. Diese Version zeigt Spuren von gelehrter Überarbeitung (wohl vor dem Druck) im Sinne einer humanistischen Korrektur des Lateins und Angleichung an die Vulgatazitate, die in den Mss. viel freier zitiert sind [8]. Auch enthält der Text Wiederholungen, die wohl in den Text geratene Randglossen darstellen [9]. Dasselbe gilt für den Marcianus und kommt vereinzelt auch in P und Rh vor.

6. DIE TEXTGESTALTUNG

Da die Handschriften P, M, V ziemlich gleichwertig waren und bald die eine oder andere bessere Lesungen enthielt [1], konnte ich mich nicht eindeutig auf eine derselben stützen, sondern mußte sie gleichmäßig

---

8. Beispiele sind p. 30, Zeile 10, das «ut intelligat» statt des schwerverständlichen «et intelligit», p. 38, Z. 5, wo ein aus vacabit verdorbenes vocabit mit «te» ergänzt wurde, p. 38, Z. 8–9, wo die religiös anstößige Bezeichnung der Alchemie als sacramentum in sanctuarium abgeändert ist, p. 46, Z. 11, wo durch «volens» die Lesung der Infinitive erleichtert werden sollte, p. 68, Z. 6–7, die Glosse quod philosophus vult esse, weil die Gleichsetzung der alchemistischen Triade mit der Trinität offenbar Anstoß erregte usw.

9. z. B. p. 64, Z. 11, salvabitur et salvus vocabitur.

1. M ist z. B. besser p. 42, Z. 13, p. 44, Z. 14, p. 46, Z. 2. P ist besser p. 40, Z. 12 und 13, V ist einzig richtig p. 32, Z. 8, p. 38, Z. 5 vacabit.

berücksichtigen. Auch Rh war im zweiten Teil ebenso wichtig als die anderen. Bei Vulgatazitaten wurde der Bibeltext nicht immer als ausschlaggebend betrachtet, da der Autor frei oder mit bewußt nüancierten Abwandlungen zitiert. Manche Stellen stammen wohl auch aus der Meßliturgie, da oft dieselben Bibelzitate gleich kombiniert erscheinen. Da der Autor mit dem Sinn der Bibelzitate bewußt spielt, mag es für den Leser reizvoll sein, seine Worte mit den in den Fußnoten angebrachten Originalstellen zu vergleichen. Andere spätere Versionen, z. B. das lange Zitat aus der Aurora im *«Rosarium philosophorum»* (Näheres s. u.), wurden nur konsultiert, wenn eine Konjektur notwendig schien ².

46 Nicht aufgeführt im Apparat sind die größeren Auslassungen in B, Variationen in der Schreibung der Namen und einmalige unbedeutende Schreibfehler, doch werden diese vollständigkeitshalber vor dem Register aufgeführt.

47 Eine Übersetzungsschwierigkeit bildete die Wahl des deutschen Bibeltextes, weil einerseits die Verwendung der relativ unbekannten modernen Vulgataübersetzungen nicht angezeigt schien, und andererseits es doch wünschenswert war, daß dem Leser das Anklingen an bekannte Bibelstellen, wie es im Latein der Fall ist, erhalten bleibe. Leider weichen die Lutherbibel und die Zürcher Bibel oft so weit von der Vulgata ab (indem sie auf den hebräischen Text zurückgehen), daß alchemistische Anspielungen, die auf dem Wortlaut der Vulgata fußen, verloren gegangen wären. Daher habe ich die Übersetzung im Prinzip an die Lutherbibel angelehnt, aber doch bisweilen die Vulgata selber direkt übersetzt, in den Fußnoten aber den Luthertext und in Klammern die wörtliche Version angeführt.

48 Da mein Manuskript Oktober 1955 dem Verlag zugestellt wurde, konnte die neuere Literatur von diesem Zeitpunkt an nicht mehr berücksichtigt werden.

---

2. So p. 32, Z. 10 «operationes» für «comparatione».

AURORA CONSURGENS

ZEICHENERKLÄRUNG

P   – Codex Parisinus, Bibl. Nat. Latin. No. 14006.
P_2 – Korrekturen zweiter Hand in P.
V   – Codex Vindobonensis, Öster. National-Bibliothek No. 5230.
V_2 – Korrekturen zweiter Hand in V.
M   – Codex Marcianus Venetiarum (Valentinelli, V, 555)
M_2 – Korrekturen zweiter Hand in M.
Rh   – Codex Rhenoviensis 172, Zentralbibl. *Zürich*
Rh_2 – Korrekturen zweiter Hand in Rh.
B   – Codex der Universitätsbibl. Bologna No. 747.
L   – Codex Vossianus, Chem. 520 Leyden, Universitätsbibl. No. 29.
L_2 – Korrekturen zweiter Hand in L.
D   – Abdruck in: «Harmoniae Imperscrutabilis etc.», Frankfurt, 1625
[ ]   – vom Edit. getilgt
⟨ ⟩   – vom Edit. ergänzt
( )   – Varianten einzelner Codices, die zu gut waren, um nur im Apparat angeführt zu sein
∞   – längere, nicht zitierte Partie von – bis
coni.   – Coniectur
om.   – Auslassung
add.   – Zufügung
codd.   – *alle* Manuskripte.

II

DER TEXT
(lateinisch und deutsch)

I. Incipit tractatus Aurora consurgens intitulatus.
II. Quid sit sapientia.
III. De ignorantibus et negantibus hanc scientiam.
IV. De nomine et titulo huius libri.
V. De irritatione insipientum.
VI. Parabola prima de terra nigra in quam septem planetae radicaverunt.
VII. Parabola secunda de diluvio aquarum et morte quam femina intulit et fugavit.
VIII. Parabola tertia de porta aerea et vecte ferreo captivitatis Babylonicae.
IX. Parabola quarta de fide philosophica quae numero ternario consistit.
X. Parabola quinta de domo thesauraria quam sapientia fundavit supra petram.
XI. Parabola sexta de coelo et mundo et sitibus elementorum.
XII. Parabola septima de confabulatione dilecti cum dilecta.

I. BEATI THOMAE DE AQUINO
AURORA SIVE AUREA HORA. INCIPIT TRACTATUS
AURORA CONSURGENS
INTITULATUS

VENERUNT mihi omnia bona pariter cum illa [1] sapientia austri [2], quae foris praedicat, in plateis dat vocem suam, in capite turbarum clamitat, in foribus portarum urbis profert verba sua dicens [3]: Accedite ad me et illuminamini et operationes vestrae non confundentur [4]; omnes qui concupiscitis me divitiis meis adimplemini [5]. Venite (ergo) filii, audite me, scientiam Dei docebo vos [6]. Quis sapiens et intelliget hanc [7], quam ALPHIDIUS dicit homines et pueros in viis et plateis praeterire et cottidie a iumentis et pecoribus in sterquilinio conculcari [8].

---

7. orbis – PVM / 10. «ergo» add. D / 10. ut intelligat D, et intelligens B, intelliget V

1. Sap. 7, 11: Venerunt autem mihi omnia bona pariter cum illa et inumerabilis honestas per manus illius ... Cf. Ordo missae, ed. P. A. SCHOTT, Freiburg, 19. Aufl. p. 554.

2. Cf. Matth. 12, 42: Regina austri surget in iudicio ... Cf. Ordo missae l. c. p. 165. Cf. Zach. 9, 14: Deus in tuba canet et vadet in turbine austri ...

3. Prov. 1, 20–22: Sapientia foris praedicat, in plateis dat vocem suam, in capite turbarum clamitat, in foribus portarum urbis profert verba sua dicens: Usque quo parvuli diligitis infantiam?

4. Ps. 33, 6: Accedite ad eum (sc. Dominum) et illuminamini et facies vestrae non confundentur. Cf. Ordo missae l. c. p. 425.

5. Eccli. 24, 26–30: Transite ad me omnes qui concupiscitis me et a generationibus meis implemini ... Qui audit me non confundetur. Cf.Ordo missae l. c. p. 727.

6. Ps. 33, 12: Venite filii, audite me, timorem Domini docebo vos. Cf. Ordo missae l. c. p. 425.

7. Hos. 14, 10: Quis sapiens et intelliget ista intelligens et sciet haec? Quia rectae viae Domini ... Cf. Ordo missae l. c. p. 458.

8. Liber ALPHIDII. Ms. Ashmole 1420. Oxford. fol. 18: homines pedibus conculcant in viis et aqua prolongant cuius Dei vilissime gratia. fol. 21: Thezaurizatum est in viam ejectus vileque et carum ... quae homines ac pueri in viis praetereunt. Vgl. auch das *Consilium Conjugii*. Ars Chemica 1566 l. c. p. 88: ASSIDUUS: Et scito fili quod hunc lapidem de quo hoc archanum extrahitur Deus non emendum praecio posuit quoniam in viis ejectus invenitur ut a paupere et divite haberi possit.

Et ibidem p. 62–63: Quidam (dixerunt lapidem) vile et carum et stercore tectum ad quod vix poterit perveniri quod homines ac pueri in plateis et viis praetereunt. Cf. item *Rosarium Philosophorum*. Manget: Bibliotheca Chemica, Lib. III, p. 88b–89a: Scito quod hunc lapidem, de quo hoc arcanum agitur, Deus non posuit magno pretio

I. BEGINN DES TRAKTATES DES SELIGEN THOMAS VON AQUINO. «DIE AUFSTEIGENDE MORGENRÖTE» (AURORA), WIE DAS BUCH IN DER KUNST HEISST, GLEICHSAM ALS EINE BALDIGE «GOLDENE STUNDE» (AUREA HORA)

Es kam mir zugleich alles Gute mit ihr [1], jener Weisheit des Südwindes [2], welche draußen klagt und sich hören läßt auf den Gassen, welche ruft vorn unter dem Volk und in dem Eingang des Tores der Stadt ihre Worte redet [3]: Kommt her zu mir und laßt euch erleuchten, und eure Operationen werden nicht zu Schanden werden [4]. Ihr alle, die ihr mein begehrt, werdet von meinen Reichtümern erfüllt [5]. Kommt also her, Söhne, höret mir zu, ich will euch die Wissenschaft Gottes lehren [6]. Wer ist weise und versteht diese [7], von der ALPHIDIUS sagt, daß Erwachsene und Kinder auf Wegen und in den Gassen daran vorbeigehen, und daß sie täglich von den Zugtieren und dem Vieh im Straßenkot zertreten werde [8]? Und SENIOR sagt: Nichts ist äußerlich ge-

---

1. Weish. 7. 11: Es kam mir aber alles Gute (wörtl. zugleich) mit ihr und unzähliger Reichtum in ihrer Hand... Vgl. Meßbuch, herausgegeben von P. A. SCHOTT, Freiburg i. Br., 19. Aufl. p. 554.

2. Vgl. Matth. 12, 42: Die Königin von Mittag (wörtl. des Südens oder Südwindes) wird auftreten am jüngsten Gericht... Meßbuch a. a. O. p. 165.

Vgl. Zach. 9, 14: Der Herr wird die Posaune blasen und wird einhertreten im Wetter von Mittag (wörtl. im Wirbel des Südwindes).

3. Sprüche 1, 20-22: Die Weisheit klagt draußen und läßt sich hören auf den Gassen, sie ruft in dem Eingang des Tores, vorn unter dem Volke, sie redet ihre Worte in der Stadt: Wie lange wollt ihr unverständig sein?...

4. Ps. 34, 6: Welche auf ihn sehen, die werden erquickt und ihr Angesicht wird nicht zu Schanden. Meßbuch a. a. O. p. 425.

5. Jes. Sirach 24, 26-30: Kommt her zu mir alle, die ihr mein begehrt und sättiget euch von meinen Früchten. Wer mir gehorcht, der wird nicht zu Schanden. Meßbuch a. a. O. p. 727.

6. Ps. 34, 12: Kommt her Kinder, höret mir zu, ich will euch die Furcht des Herrn lehren. Vgl. Meßbuch a. a. O. p: 425.

7. Hos. 14, 10: Wer ist weise, der dies verstehe? und klug, der dies merke? Denn die Wege des Herrn sind richtig... Vgl. Meßbuch a. a. O. p. 458.

8. Vgl. Liber ALPHIDII philosophi etc. cod. Ashmole Bodleian-Bibr. Oxford. Ashmole 1420, fol. 18 und 21. Vgl. *Rosarium Philosophorum*, Manget: Bibl. Chem. Lib. III, p. 88b-89a: Wisse, daß Gott diesen Stein, von dem dies Geheimnis handelt, billig käuflich sein ließ, da man ihn auf die Straße weggeworfen findet, sodaß er von Armen und Reichen erlangt werden kann. Vgl. ebenda II, p. 594b. Vgl. ferner *Con-*

1 Et SENIOR: Nihil ea aspectu vilius et nihil ea in natura pretiosius, et Deus etiam eam pretio emendam non posuit [9]. Hanc SALOMON pro luce habere proposuit et super omnem pulchritudinem et salutem; in comparatione illius lapidis pretiosi virtutem illi non comparavit [10]. Quoniam omne
5 aurum tamquam arena exigua et velut lutum aestimabitur argentum in conspectu illius, et sine causa non est. Melior est enim acquisitio eius negociatione argenti et auri purissimi. Et fructus illius est pretiosior cunctis opibus huius mundi et omnia, quae desiderantur, huic non valent comparari. Longitudo dierum et sanitas in dextera illius, in
10 sinistra vero eius gloria et divitiae infinitae. Viae eius operationes pulchrae et laudabiles non despectae neque deformes et semitae illius moderatae et non festinae, sed cum laboris diuturni instantia [11]. Lignum vitae est his, qui apprehenderint eam et lumen indeficiens, si tenuerint beati [12],

---

1. «et» nihil — om. BDLV / «nihil» om. MP / 2. composuit B / 3. operatione B, compositione M, operationibus L / 4. «virtutem» om. MPBL / 5. arenam et exiguum VPM, arena etiam exigua D / 6. causa non melior est enim DB, sine causa non est melior. Est M / 7. ‚Et' om. VMP. / 8. operibus DLMP / 9. valeant MP / 9. illius: eius DL om. B / 10. ‚operationes' conieci e Rosario, comparatione codd. om. B, comparatione eius V / 12. diurni VMP / 13. apprehendunt MPV, apprehenderunt L /

---

emendum, quoniam in via eiectus invenitur, quatenus tam a paupere quam a divite haberi possit... (ibid. II, p. 594b: Nam ALPHIDIUS dicit hoc secretum pretio non comparari sed inveniri proiectum in via...) Cf. item ROSINUS ad Sarratantam, Artis Auriferae 1610 a. a. O. I, p. 188, MORIENUS Romanus De transmutatione metallorum ebda. II, p. 25, AVICENNA, Declaratio Lapidis Physici Filio suo Aboali, Theatrum Chemicum 1659, Vol. IV, p. 875. Vgl. zu dieser ganzen ersten Partie C. G. JUNG: Psychologie und Alchemie, 1944, p. 412–414.

9. Cf. SENIOR: De Chemia libellus antiquissimus... Argentorati 1566, p. 117: ...Philosophus filius Hamuel Zadith extraxit a fundo eorum margaritas praetiosas et ostendit tibi manifeste et aperte hoc secretum caelatum quod appropriavit dominus gloriosus huic lapidi vili et inpraeciabili et est praeciosius in mundo et vilius. Cf. *Ros. Phil.* l. c. p. 102. Cf. ibid. p. 106: ... de quo dixit Viemon: Proiicitur in sterquiliniis hoc est, est vile in oculis omnis ignorantis.

10. Cf. *Ros. Phil.* p. 100.
Cf. Sap. 7, 7: ... venit in me spiritus sapientiae et praeposui illam regnis et sedibus et divitias nihil esse duxi in comparatione illius nec non comparavi illi lapidem pretiosum, quoniam omne aurum in comparatione illius arena exigua et tamquam lutum aestimabitur argentum in conspectu illius... Cf. Ordo missae l. c. p. 554.

11. Cf. PETRUS BONUS: Pretiosa Margarita novella... ed. Lacinius, Veneti 1546, p. 45: ... et tu quidem exerciteris ad illud cum laboris instantia maxima et cum diuturnitate meditationis immensae, cum illa enim invenies et sine illa non.

12. Prov. 3, 14–18: Melior est acquisitio eius negociatione argenti et auri primi et purissimi fructus eius. Pretiosior est cunctis opibus et omnia quae desiderantur huic non valent comparari. Longitudo dierum in dextera eius et in sinistra illius divitiae

ringer und nichts ist in der Natur wertvoller als sie, und Gott hat sie auch nicht für Geld käuflich werden lassen [9]. Sie ist es, die SALOMON als Leuchte zu brauchen (verkündete) und die er über alle Schönheit und alles Heil gestellt hat, und im Vergleich zu ihr hat er den Wert des Edelsteins ihr nicht gleichgestellt [10]. Denn alles Gold ist im Vergleich zu ihr wie geringer Sand, und Silber ist wie Lehm gegen sie einzuschätzen, und dies nicht ohne Grund, denn sie zu erlangen ist besser als der Ertrag von reinstem Gold und Silber. Und ihre Frucht ist wertvoller als alle Reichtümer dieser Welt, und alles, was du wünschen magst, ist ihr nicht zu vergleichen. Langes Leben und Gesundheit sind in ihrer Rechten, und in ihrer Linken sind Ruhm und unendlicher Reichtum. Ihre Wege sind schöne und lobenswerte Werke, nicht verächtlich oder häßlich, und ihre Pfade sind maßvoll und nicht hastig, sondern mit der Beharrlichkeit ausdauernder Arbeit verbunden [11]. Sie ist ein Baum des Lebens für alle, die sie erfassen, und ein nie erlöschendes Licht. Selig sind die sie verstanden haben [12]; denn die Weisheit Gottes wird niemals

silium Conjugii, Ars. Chemica 1566 a. a. O. p. 88 = dieselben Stellen vom Autor ASSIDUUS. Vgl. ferner ROSINUS ad Sarratantam, Artis Auriferae a. a. O. 1610, p. 188. MORIENUS Romanus. De transmutatione metallorum ebda II. p. 25. Ferner AVICENNA, Declaratio Lapidis Physici Filio suo Aboali, Theatrum Chemicum, 1659, Vol. IV, p. 875. Vgl. zu dieser ganzen ersten Partie C. G. JUNG, Psychologie und Alchemie, 1944, p. 412–414.

9. Vgl. SENIOR: De Chemia antiquissimus libellus... Argentorati 1566, p. 117: ...der Philosoph Zadith, Sohn Hamuels, hat von deren Grund wertvolle Perlen extrahiert und dir offen und klar dies verborgene Geheimnis gezeigt, das der ruhmreiche Gott diesem wertlosen und unschätzbar wertvollen Stein beigegeben hat und er ist in der Welt völlig wertvoll und völlig billig (zugleich). – Und *Ros. phil.* l. c. p. 106: Davon sagt Viemon: Man wirft es weg auf den Mist, d. h. es ist wertlos in den Augen aller Ignoranten.

10. Vgl. *Ros. Phil.* p. 100.
Vgl. ferner Weish. 7, 7: ... und mir kam der Geist der Weisheit. Und ich hielt sie teurer denn Königsreiche und Fürstentümer, und Reichtum hielt ich für nichts gegen sie. Ich verglich ihr keinen Edelstein, denn alles Gold ist gegen sie wie geringer Sand und Silber ist wie Kot gegen sie zu rechnen. Vgl. Meßbuch a. a. O. p. 554.

11. Vgl. PETRUS BONUS: Pretiosa Margarita novella... ed. Lacinius, Veneti 1546, p. 45: Du aber arbeite daran mit größter, beharrlicher Anstrengung und langem, grenzenlosen Meditieren, mit ihm wirst du es finden und ohne es nicht.

12. Sprüche 3, 13–18: Wohl dem Menschen, der Weisheit findet und dem Menschen, der Verstand bekommt! Denn es ist besser sie zu erwerben, als Silber, und ihr Ertrag ist besser als Gold. Sie ist edler denn Perlen, und alles, was du wünschen magst, ist ihr nicht zu vergleichen. Langes Leben ist zu ihrer rechten Hand, zu ihrer Linken ist Reichtum und Ehre. Ihre Wege sind liebliche Wege und alle ihre Steige sind Friede. Sie ist ein Baum des Lebens allen, die sie ergreifen und selig

quia scientia Dei numquam peribit, ut ALPHIDIUS testatur, ait enim: Qui hanc scientiam invenerit, cibus erit eius legitimus et sempiternus [13]. Et HERMES atque ceteri (philosophi) inquiunt, quod si viveret homo habens hanc scientiam milibus annis, omnique die deberet septem milia hominum pascere, numquam egeret [14]. Hoc affirmat SENIOR dicens; quia esset ita dives, sicut ille, qui habet lapidem [15], de quo elicitur ignis, qui potest dare ignem cui vult et inquantum vult et quando vult sine suo defectu [16]. Hoc idem vult ARISTOTELES in libro secundo de anima, cum dicit: Omnium natura constantium positus est terminus magnitudinis et augmenti [17] ignis vero appositione combustibilium crescit in infinitum [18]. Beatus homo, qui invenerit hanc scientiam et cui affluit prudentia haec [Saturni] [19]; in omnibus viis tuis cogita illam et ipsa ducet gressus tuos [20].

1. testatur: dicit BD, om. L / 2. legitimus: longaevus VP, longus M / 3. ceteri: alii B Geber, Ros. / «inquiunt» om. B / «philosophi» add. DL / 4. deberet pascere: pasceret BDL / 5. numquam: non BDL / confirmat BDL / 6. Quia esset: Est enim hic BDL / 7. ‚sui' BDL / 10. appositionem D, compositione P / 11. «cui» om. MP / prudentia haec MPVB, «haec» om. L, providentia Saturni D / 12. ducit MPV /

et gloria. Viae eus viae pulchrae et omnes semitae illius pacificae. Lignum vitae est his, qui apprehenderint eam et qui tenuerit eam beatus.
13. Liber ALPHIDII l. c. Scito fili quod qui hanc invenit scientiam et victum inde habuerit cibus eius legitimus erit. Und: quod thesaurus Dei numquam perit nec deficit. Item citatur in *Rosario Philosophorum*, Manget: Lib. III, p. 100b–101a: Qui hanc scientiam invenerit cibus erit eius legitimus et sempiternus (item M. MAIER Symbola Aureae Mensae p. 65).
14. Cf. *Consilium Conjugii*, Ars Chemica 1566, p. 116: ... nec est necesse ut reiteretur, prout dicit Hermes: Sufficiet homini per mille millia annorum et si quotidie duo milia hominum pasceres non egeres, tingit enim in infinitum. Cf. item *De Aluminibus et Salibus*, RUSKA, Berlin 1935, p. 59: (Mercurius) Et si quis junxerit me fratri meo vel sorori meae vivet et gaudebit et ero sufficiens ei usque in aeternum et si viveret millies millenos.
15. *Rosarium Phil.* Manget: Lib. III, p. 92a: Hermes et Geber: Qui hanc artem semel perfecerit, si deberet vivere mille millibus annis et singulis diebus nutrire quatuor milia hominum non egeret. Hoc confirmat Senior dicens: Est ita dives habens lapidem, de quo Elixir fit, sicut qui habet ignem potest dare ignem cui vult et quando vult et quantum vult sine suo defectu et periculo.
16. *Ros. Phil.* Manget: Lib. III, p. 92a.
17. Anonymus in *Rosario*, ibidem p. 102a, positus est certus terminus ...
18. *De Anima* B 4. 416a: ἡ μὲν τοῦ πυρὸς αὔξησις εἰς ἄπειρον, ἕως ἂν ᾖ τὸ καυστόν, τῶν δὲ φύσει συνισταμένων πάντων ἐστὶ πέρας καὶ λόγος μεγέθους τε καὶ αὐξήσεως· ταῦτα δὲ τῆς ψυχῆς ἀλλ' οὐ πυρός, καὶ λόγου μᾶλλον ἢ ὕλης.
19. Prov. 3, 13: Beatus homo qui invenit sapientiam et cui affluit prudentia.
20. Prov. 3, 5–6: Habe fiduciam in Dominum ... In omnibus viis tuis cogita illum et ipse diriget gressus tuos ...

vergehen, wie ALPHIDIUS bezeugt, indem er sagt: Wer einmal diese Weisheit gefunden hat, dessen rechtmäßige und ewige Speise wird sie sein [13]. Und HERMES und die übrigen Philosophen sagen [14], daß wenn ein Mensch im Besitz dieses Wissens 1000 Jahre lang lebte und täglich 7000 Menschen ernähren müßte, er dennoch niemals Mangel leiden würde. Dies bestätigt SENIOR, wenn er sagt: Ein solcher sei so reich, wie jener, der den Stein besitzt [15], aus dem man Feuer schlägt, so daß er Feuer geben kann, wem er will und wieviel er will und wann er will, ohne eigenen Verlust [16]. Das Gleiche meint ARISTOTELES im 2. Buch «Von der Seele», wenn er schreibt: Allen natürlichen Dingen ist eine Begrenzung ihres Umfanges und ihres Wachstums gesetzt [17], das Feuer hingegen wächst durch Nachlegen von brennbarem Stoff ins Unendliche [18]. Wohl dem Menschen, der diese Wissenschaft findet und dem diese Klugheit (des Saturn) zufließt [19]. Gedenke ihrer in allen deinen Wegen, und sie selbst wird deine Schritte lenken [20]. Wie SENIOR sagt: Es wird sie aber nur der verstehen, der weise ist und scharfsinnig und erfinderisch im Überlegen, indem die Geister geklärt worden sind aus

---

sind, die sie halten. Vgl. auch das *Speculum Sapientiae* des Bischof CYRILLUS, ed. J. G. GRAESSE, Tübingen 1880. p. 5–7.

13. Cod. Ashmole 1420. Vgl. auch das *Rosarium Philosophorum*, Manget, Lib. III. p. 100b–101a. Und M. MAIER, Symbola aureae Mensae l. c. p. 65.

14. *Consilium Conjugii*, Ars. Chemica 1566, p. 116: Und man braucht es nicht wiederholen, wie ja Hermes sagt: Es wird einem Menschen während tausendmal tausend Jahren genügen und wenn du täglich zweitausend Menschen ernährtest, würdest du keinen Mangel leiden; denn es «färbt» in Ewigkeit weiter.

15. *Rosarium Phil*. Manget: III, p. 92a: Hermes und Geber: Wer diese Kunst einmal vollendet hat, wenn er eine Million Jahre leben müßte und täglich 4000 Menschen ernähren müßte, würde er nicht Mangel leiden. Dies bestätigt Senior, indem er sagt: Wer den Stein hat, aus dem das Elixir gemacht wird, ist so reich, wie der, der Feuer hat, solches geben kann, wem er will, und wann er will und wie viel er will, ohne eigenen Verlust oder Gefahr.

16. *Ros. Phil*. Manget: III, p. 92a.

17. ebenda p. 120a.

18. *De Anima* B 4. 416a.

19. Sprüche 3, 13: Wohl dem Menschen, der Weisheit findet und dem Menschen, der Verstand bekommt... (wörtl. dem Verstand zufließt.)

20. Sprüche 3, 5–6: Verlaß dich auf den Herrn... gedenke an ihn in allen deinen Wegen, so wird er dich recht führen (wörtl. selber deine Schritte lenken).

Ut SENIOR dicit: Intelligit eam autem sapiens et subtilis et ingeniosus arbitrando, quando clarificati fuerint animi ex libro aggregationis [21]. Tunc omnis fluens animus sequitur concupiscentiam suam [22], beatus qui cogitat in eloquio meo [23]. Et SALOMON: Fili, circumda eam gutturi tuo [24] et scribe in tabulis cordis tui et invenies; dic Sapientiae: soror mea es et prudentiam voca amicam tuam [25]; cogitare namque de illa sensus est valde naturalis et subtilis eam perficiens [26]. Et qui vigilaverint constanter propter eam, cito erunt securi [27]. Clara est illis intellectum habentibus et numquam marcescet nec deficiet; facilis videtur his, qui eam sapiunt [28], quoniam dignos se ipsa circuit et in viis ostendit se hilariter et in omni providentia occurrit [29]; initium namque ipsius verissima est natura, cui non fit fraus.

---

1. Intelliget BDL / 2. animum P, cum M, om. B / «aggregationis» conieci, aggregationum MP, congregationum V, ex libris agnitionum BDL / 4. Et: etc. D om. BL / «tuo» om. MPV / 9. marcescit MPVBD / 11. prudentia MP scientia L / occurret MPV / verissima est cui natura PVB / 12. sit B /

---

21. Cf. De Chemia. SENIORIS antiquissimi libellus, Argentorati 1566, p. 11: ... intelliget ipsam ingeniosus, subtiliter arbitrando quando fuerint clarificati animi ex libris relictis, quos occultaverunt philosophi ... Cf. item Ps. ARISTOTELES, Secreta Secretorum 1528: Quoniam illi qui fuerunt velocis apprehensionis et intellectus eorum fuerunt clarificati ad suscipiendam scientiam investigaverunt. Cf. liber aggregationis seu secretorum ALBERTI MAGNI, H. Quentell, Köln ca. 1485 (Incunabel).
22. SENIOR: De Chemia, l. c. p. 12: Facta ignota (scil. praeparatio) propter hoc ne cognoscat omnis animus concupiscentiam suam. Fluit quod videntes dicant.
23. ibidem p. 9: Beatus qui cogitat in eloquio meo, nec dignitas mea ipsi negabitur nec vilescet per ca[r]nem infirmatus Leo.
24. Prov. 3, 3-4: Misericordia et veritas te non deserant, circumda eas gutturi tuo et describe in tabulis cordis tui et invenies gratiam et disciplinam bonam coram Deo ...
25. Prov. 7, 3-4: ... scribe illam (scil. sapientiam) in tabulis cordis tui. Dic sapientiae: soror mea es, et prudentiam voca amicam tuam ut custodiat te a muliere extranea ...
26. Cf. PETRUS BONUS: Pretiosa margarita novella, l. c. p. 53: Et quia veritas nihil aliud est, quam adaequatio intellectus ad res ipsas, et p. 100: Et ars eodem modo ut natura operatur.
27. Sap. 6, 16-18: Cogitare ergo de illa sensus est consummatus et qui vigilaverit propter illam (scil. sapientiam) cito securus erit. Quoniam dignos se ipsa circuit quaerens et in viis ostendit se illis hilariter et in omni providentia occurrit illis. Initium enim illius verissima est disciplinae concupiscentia ...
28. Sap. 6, 13: Clara est et quae numquam marcescit sapientia et facile videtur ab his, qui diligunt eam et invenitur ab his, qui quaerunt eam ...

dem Liber aggregationis [21]. Dann nämlich gerät jeder Geist in Fluß und folgt seinem Begehren [22] – selig ist, wer über meine Worte nachdenkt [23]! Und SALOMON: Mein Kind, hänge sie um deinen Hals und schreibe sie auf die Tafeln deines Herzens, und du wirst finden [24]. Sprich zur Weisheit: Du bist meine Schwester! und die Klugheit nenne deine Freundin [25]. Denn über sie nachzudenken ist ein völlig der Natur entsprechendes und feines (subtiles) Wahrnehmen, das sie (die Weisheit) zur Vollendung bringt [26]. Und diejenigen, die ständig ihretwegen wachbleiben, werden bald geborgen sein [27]. Sie ist klar für die, welche Einsicht besitzen, und sie welkt und vergeht nie. Sie erscheint denen leicht, die um sie wissen [28], denn sie geht ja selbst umher und sucht, wer ihrer wert sei, und erscheint ihm voll Freude unterwegs und eilt ihm in aller Voraussicht entgegen. Denn ihr Anfang ist die wahrste Natur, von der kein Betrug kommt.

21. Vgl. SENIOR: De Chemia. Straßburg, 1566, p. 11: Es versteht sie, der der erfinderisch ist durch subtiles Überlegen, wenn die Geister geklärt worden sind aus den überlieferten Büchern, die die Philosophen verborgen haben... Vgl. Ps. ARISTOTELES. Secreta secretorum 1528. Cap. De Hora eligendi... Es handelt sich um den Liber Aggregationum des ALBERTUS MAGNUS, ed. H. Quentell, Köln ca. 1485. Näheres vgl. Kommentar.

22. Vgl. SENIOR, De Chemia l. c. p. 12: Es (de Tinctur) wurde verborgen, damit nicht jeder Geist sein Begehren erkennen könne. Er «fließt» (dann), wie die Sehenden wohl sagen würden.

23. Vgl. ebenda p. 9: Selig ist, wer über meine Worte nachdenkt, dann wird ihm meine Würde nicht verweigert werden und der Löwe wird nicht vom [Fleische] (Hunde) geschwächt verderben.

24. Sprüche 3, 3–4: Gnade und Treue (wörtl. Mitleid und Wahrheit) werden dich nicht verlassen. Hänge sie an deinen Hals und schreibe sie auf die Tafel deines Herzens, so wirst du Gunst und gute Zucht finden, die Gott und den Menschen gefällt.

25. Sprüche 7, 3–4: Sprich zur Weisheit: Du bist meine Schwester! und nenne die Klugheit deine Freundin...

26. Vgl. PETRUS BONUS: Pretiosa margarita novella a. a. O. p. 53: Die Wahrheit ist nichts anderes als die Angleichung des Verstehens an die Dinge selbst, – und p. 100: Die Kunst verfährt auf dieselbe Art wie die Natur.

27. Weish. 6, 16–18: Wer nach ihr trachten, das ist die rechte Klugheit (wörtl. über sie nachzudenken ist ein vollendeter Sinn) und wer ihretwegen wacht, darf nicht lange sorgen (wörtl. wird geborgen sein). Ja sie begegnet und gibt sich selbst zu erkennen denen, die sie gerne haben. Wer sie gern bald hätte, bedarf nicht viel Mühe, er findet sie vor seiner Tür auf ihn warten... denn sie geht umher und sucht wer ihrer wert sei und erscheint ihm gern unterwegs und hat acht auf ihn, daß sie ihm begegne (wörtl. und eilt ihnen in aller Vorsehung entgegen). Denn ihr Anfang ist der wahrste Wunsch nach Zucht...

28. Weish. 6, 13: Denn die Weisheit ist schön und unvergänglich und läßt sich gerne sehen von denen, die sie liebhaben und läßt sich finden von denen, die sie suchen.

II. QUID SIT SAPIENTIA

SI ergo nunc delectamini sedibus et sceptris regalibus, ut in perpetuum regnetis, diligite lumen scientiae [1] omnes et perquirite, qui literis naturae estis insigniti, vobis enim sapientiam omnium antiquorum exquir⟨e⟩t sapiens et in prophetis vacabit et in versutias parabolarum si⟨mul⟩ introibit occulta proverbiorum exquiret et in absconditis parabolarum conversabitur [2]. Quid scientia sit et quemadmodum facta sit referam et non abscondam a vobis. Est namque donum et sacramentum Dei atque res divina, quae maxime et diversimode a sapientum sermonibus typicis est occultata. Quare pono in lucem scientiam eius et non praeteribo ⟨veritatem⟩ neque cum invidia tabescente [3] iter habebo, quoniam ab initio nativitatis hanc investigavi et ignoravi quoniam mater omnium scientiarum esset illa, quae me antecedebat. Et innumerabiles honestates mihi condonavit, quam sine fictione didici et absque invidia communicabo et non abscondendo honestatem illius [4]. Est enim thesau-

---

5. «exquiret» conieci, «exquirit» D, exquerit L, requiris P, requirit MV / vocabit MPL, vocabit te D, versutiis vocabit L / 6. «simul» conieci, sinum MP, suarum DLVB / 8. reseram DL / 8.–9. sanctuarium Deitatis res divina est maxime D, sanctuarium Dei atque res divina quia maxime L / 10. semitam MPB / 11. «veritatem» addidi / 14.–15. invidia non abscondendo honestatem illius communicabo L / 15. communico V, communicando BMV / abscondo V / illius «praeservando» add. VP, «praesumendo» add. M /

---

1. Sap. 6, 22–23: Si ergo delectamini sedibus et sceptris, o reges populi, diligite sapientiam, ut in perpetuum regnetis. Diligite lumen sapientiae omnes qui praeestis populis.
2. Eccli. 39, 1–3: Sapientiam omnium antiquorum exquiret sapiens et in prophetis vacabit... et in versutias parabolarum simul introibit. Occulta proverbiorum exquiret et in absconditis parabolarum conversabitur.
3. Sap. 6, 24–25: Quid est autem sapientia et quemadmodum facta sit referam et non abscondam a vobis sacramenta Dei, sed ab initio nativitatis investigabo et ponam in lucem scientiam illius et non praeteribo veritatem neque cum invidia tabescente iter habebo.
4. Cf. ALBERTI MAGNI Compositum de Compositis, Theatr. Chem. 1659. Vol. IV. p. 825: Et ideo scientiam quam sine fictione didici sine invidia communico, qua invidia labescente (!) deficit, quoniam talis homo non erit particeps amicitiae Dei. Omnis sapientia et scientia a Domino Deo est, sed hoc quocumque modo semper a Spiritu Sancto est... Itaque qui habet aures audiendi tantam gratiam Deificam audiat secretum mihi desponsatum gratiā Dei et indignis nullatenus revelat.

II. WAS DIE WEISHEIT IST

WENN ihr also jetzt Gefallen habt an Thron und Königszepter, so liebt das Licht der Wissenschaft, auf daß ihr ewiglich herrschet [1], und ergründet sie alle, die ihr euch in der Naturgelehrsamkeit auszeichnet: Denn für euch erforscht der Weise alles Wissen der Alten, und er wird bei den Propheten seine Zeit verbringen und mit dir in die Fallstricke der Gleichnisse eindringen, das Verborgene der Weisheitssprüche erforschen und bei den dunklen Stellen der Parabeln verweilen [2]. Was also die Wissenschaft ist und wie sie hergestellt wird, will ich verkündigen und nicht vor euch geheimhalten. Den sie ist eine Gabe und ein Sakrament Gottes und eine göttliche Sache, die von den Weisen am allermeisten und auf die verschiedenste Art in Bildern verhüllt wurde. Deshalb will ich ihre Wissenschaft ans Licht bringen und nicht (an der Wahrheit) vorbeigehen, noch will ich mit dem giftigen Neid zu tun haben [3]; denn von Anfang an, seit meiner Geburt, habe ich sie gesucht und wußte nicht, daß es die Mutter aller Wissenschaften sei, die mir voranging. Und sie hat mir unendliche Werte geschenkt, und ich habe sie ohne Falsch erlernt und werde sie ohne Neid mitteilen, ohne ihren Wert geheimzuhalten [4]. Denn sie ist ein unerschöpflicher Schatz für

---

1. Weish. 6, 22–23: Habt ihr nun Gefallen und Thron und Zepter, ihr Herrscher der Völker, so habet die Weisheit in Ehren auf daß ihr ewiglich herrschet...
2. Jesus Sirach 39, 1–3: Wer sich aber darauf geben soll, daß er das Gesetz des Höchsten lerne, der muß die Weisheit aller Alten erforschen und in den Propheten studieren. Er muß die Geschichten der berühmten Leute merken und denselben nachdenken, was sie bedeuten und lehren. Er muß die geistlichen Sprüche lernen und in den tiefen Reden sich üben. (Wörtl.: Die Weisheit aller Alten wird der Weise erforschen und bei den Propheten seine Zeit verbringen ... und er wird zugleich in die Tiefen der Gleichnisse eindringen, das Verborgene der Sprichworte erforschen und in den dunklen Stellen der Parabeln verweilen.)
3. Weish. 6, 24–25: Was aber Weisheit ist und woher sie komme (wörtl. wie sie entstanden ist), will ich euch verkündigen und will euch die Geheimnisse (wörtl. Sakramente Gottes) nicht verbergen, sondern forschen von Anfang der Kreatur (wörtl. der Geburt) und will sie öffentlich zu erkennen geben (wörtl. ihr Wissen ans Licht bringen) und will die Wahrheit nicht sparen (wörtl. übergehen). Denn ich will mit dem giftigen Neid nichts zu tun haben, denn der hat nichts an der Weisheit.
4. Vgl. ALBERTI MAGNI Compositum de Compositis. Theatr. Chem. 1659. Vol. IV. p. 825.

rus infinitus omnibus [5], quem, qui homo invenit, abscondit et prae gaudio illius dicit [6]: Laetare Jerusalem et conventum facite omnes qui diligitis me, gaudete cum laetitia, quia Dominus [Deus] pauperum suorum miseritus est [7]. Etiam SENIOR dicit: Est enim lapis, quem qui cognoscit ponit super oculos suos qui vero non, in sterquilinium projicit illum [8], et est medicina, quae fugat inopiam, et post Deum homo non habet meliorem [9].

III. DE IGNORANTIBUS ET NEGANTIBUS HANC SCIENTIAM

HANC gloriosam scientiam Dei et doctrinam sanctorum et secretum philosophorum ac medicinam medicorum despiciunt stulti [1] cum ignorent quid sit. Hi nolunt benedictionem et elongabitur ab eis [2] nec decet imperitum scientia talis quia omnis, qui est eam ignorans, est eius

---

3. «Deus» add. DL / 4. Etiam: Et MBDL / 6. et mediam quam (V: quae) fugat inopia MPV illum mediamque fugat B / 13. scientiam talem MP, sapientia talis BD /

---

5. Sap. 7, 12–14: ... et laetatus sum in omnibus quoniam antecedebat me ista sapientia et ignorabam quoniam horum omnium mater est. Quam sine fictione didici et sine invidia communico et honestatem illius non abscondo. Infinitus enim thesaurus est hominibus, quo qui usi sunt participes facti sunt amicitiae Dei. Cf. Ordo missae l. c. p. 554.
6. Math. 13, 44: Simile est regnum caelorum thesauro abscondito in agro: quem qui invenit homo abscondit et prae gaudio illius vadit et vendit universa quae habet et emit agrum illum. Cf. Ordo missae l. c. p. (68).
7. Ordo missae l. c. p. 195: Laetare Jerusalem et conventum facite omnes, qui diligitis eam: gaudete cum laetitia, qui in tristitia fueritis ...
Cf. Jes. 66, 10: Laetamini cum Jerusalem et exsultate in ea omnes, qui diligitis eam, gaudete cum ea gaudio universi, qui lugetis super eam.
8. Cf. SENIOR: De Chemia, l. c. p. 63: ... lapidem, quem qui cognoscit ponit illum super oculos suos et qui non cognoscit proiicit illum.
9. Cf. *Consilium Conjugii*, Ars. Chemica 1566, l. c. p. 119: Et alibi dicit (Senior): et post Deum non habes aliam medicinam. Ipsa est enim aurum sapientum, quod fugat paupertatem. Cf. item AVICENNA, Declaratio Lapidis Physici Filio suo ABOALI, Theatr. Chem. 1659. Vol. IV. p. 879: Et haec est vera hominum et metallorum medicina laetificans ac transformans nec post Deum est alia, quae fugat paupertatem.
1. Prov. I. 7: Sapientiam et doctrinam stulti despiciunt ...
2. Ps. 108, 18: Et dilexit maledictionem et veniet ei, et noluit benedictionem et elongabitur ab eo.

alle [5], und wenn ein Mensch ihn findet, so verbirgt er ihn und sagt in seiner Freude über denselben [6]: Freue dich, Jerusalem, versammelt euch, ihr alle, die ihr mich liebet, seid fröhlich in Freuden, alle, denn der Herr und Gott hat sich seiner Elenden erbarmt [7]. Auch SENIOR sagt: Es gibt nämlich einen Stein, den jeder, der ihn kennt, über seine Augen legt und ihn beileibe nicht auf den Mist wirft [8]; und es ist das Heilmittel, welches die Not vertreibt, und nach Gott besitzt der Mensch kein besseres [9].

III. VON DENEN, DIE DIESE WISSENSCHAFT NICHT KENNEN UND LEUGNEN

DIESE ruhmreiche Wissenschaft Gottes und Lehre der Heiligen, dieses Geheimnis der Philosophen und Heilmittel der Ärzte verachten die Toren [1], weil sie nicht wissen, was es ist. Sie verschmähen den Segen, und so wird er auch ferne von ihnen bleiben [2]; auch geziemt eine solche Weisheit einem Unkundigen nicht; denn jeder, der sie nicht kennt, ist

---

5. Weish. 7, 12–14: (Es kam mir aber alles Gute mit ihr...) Ich war in allen Dingen fröhlich, das macht die Weisheit ging mir darin vor, ich wußte es aber nicht, daß solches von ihr käme (wörtl. daß sie von allem dem die Mutter sei). Einfältig (wörtl. ohne Falsch) habe ich sie gelernt und mild (wörtl. ohne Neid) teilte ich sie mit, ich will ihren Reichtum nicht verbergen. Denn sie ist ein unendlicher Schatz und die ihn gebrauchen, werden Gottes Freunde (wörtl. teilhaftig der Freundschaft Gottes). Meßbuch a. a. O. p. 554.

6. Math. 13, 44: Abermals ist gleich das Himmelreich einem verborgenen Schatz im Acker, welchen ein Mensch fand und verbarg ihn und ging hin vor Freuden über denselben und verkaufte alles was er hatte und kaufte den Acker. Meßbuch a. a. O. p. (68).

7. Meßbuch a. a. O. p. 195: Freue dich, Jerusalem, versammelt euch, ihr alle, die ihr es liebet, seid fröhlich in Freuden alle, die ihr in Trauer waret...

Cf. Jes. 66, 10: Freuet euch mit Jerusalem und seid fröhlich über sie alle, die ihr sie lieb habt, freuet euch mit, ihr alle, die ihr über sie traurig gewesen seid.

8. Vgl. SENIOR: De Chemia, p. 63: ... den Stein, den jeder, der ihn kennt, über seine Augen legt, wer ihn aber nicht kennt, wegwirft.

9. *Consilium Conjugii*. Ars. Chemica 1566, a. a. O. p. 119: Und anderswo sagt er (SENIOR): Und nach Gott hast du keine andere Medizin. Sie selber ist nämlich das Gold der Weisen, welches die Armut vertreibt. Vgl. ebenso AVICENNA, Declaratio Lapidis Physici Filio suo ABOALI. Theatr. Chem. 1659, Vol. IV, p. 879.

1. Sprüche 1, 7: Die Ruchlosen (wörtl. Toren) verachten Weisheit und Lehre.

2. Ps. 109, 17: Er wollte den Segen nicht, so wird er auch ferne von ihm bleiben.

inimicus et non sine causa. Ait enim SPECULATOR: Derisio scientiae est causa ignorantiae, nec sunt asinis dandae lactucae, cum eis sufficiant ⟨cardui⟩ 3, neque panis filiorum mittendus est canibus ad manducandum neque margaritae inter porcos sunt seminandae 4, nec tales derisores sunt participes [inclytae] huius scientiae: hic enim fractor esset sigilli coelestis qui arcana huius scientiae revelaret indignis 5; neque in grossum corpus introibit spiritus sapientiae huius nec insipiens potest eam percipere propter rationis suae perversitatem; quia non sunt sapientes locuti insipientibus, qui enim cum insipiente loquitur cum dormiente loquitur 6. MORIENUS (enim) ait: Si omnia vellem enodare prout se habent, nullus umquam ultra prudentiae locus esset, cum insipiens sapienti aequaretur; neque sub globo lunari aliquis mortalium paupertate noverca ⟨inediarum⟩ angustias defleret 7, quia stultorum numerus est infinitus in hac scientia 8.

---

1. «Et non sine causa ait» VD / 3. «cardui» coni. carabe MVP caribe B caules DL / 2. sufficiunt MP / 5. «inclytae» add. DL / 8. parvitatem BDL / 10. «enim» add. L / enudare MPV / 13. «inediarum» conieci, medias et angustias B medias PVMBD, modicis L /

---

3. Cf. Fratris ROGERII BACHONIS Anglici, De Mirabili potestate artis et naturae Libellus. Artis Auriferae 1610. II. p. 327 sq. et p. 340. Item Epistula ROGERII BACHONIS, Theatr. Chem 1622. Vol. V. p. 956: Ipsemet enim dicit in secreto secretorum, quod esset fractor sigilli coelestis qui communicaret secreta naturae et artis adjungens quod multa mala sequuntur eum, qui occulta detegit et arcana revelat. Caeterum in hoc casu dicit AULUS GELLIUS in libro Noctium Atticarum de collatione sapientum, quod stultum est asino praebare lactucas cum ei sufficiant cardui.

4. Math. 7, 6: Nolite dare sanctum canibus: neque mittatis margaritas vestras ante porcos ... Cf. Ordo missae. p. 400.
Math. 15, 26: Non est bonum sumere panem filiorum et mittere canibus. Cf. Ordo missae pp. 166, 400,

5. ARISTOTELES, Secreta secretorum, 1528. fol. V,2: Ego sane transgressor essem divinae gratiae et fractor coelestis secreti occultae revelationis, quapropter tibi sub attestatione divini judicii illud detego sacramentum eo modo quo mihi revelatum ...

6. Eccli. 22, 9: Cum dormiente loquitur, qui enarrat stulto sapientiam ..,

7. Cf. PETRUS BONUS, Pretiosa Margarita Novella l. c. p. 42: Idem (scil. RASIS) in lumine luminum: Si enim omnia prout se habent, vellem enodare, nullus ultro prudentiae esset locus, cum insipiens sapienti aequaretur. Neque sub lunari circulo quisquam mortalium paupertate noverca inediarum ulterius defleret angustias. Cf. item Consilium Conjugii, Ars Chem. 1566, l. c. p. 50. Item De Arte Chemica, Artis Auriferae 1610, I. p. 374. Identisch mit dem MARSILIO FICINO zugeschriebenen Tractat in Manget l. c. II. p. 172. cap. VII. Cf. THEOBALDUS DE HOGHELANDE, De Alchimiae Difficultatibus, Manget l. c. I p. 347.

8. quod stultorum est infinitus numerus. cf. BISCHOF CYRILLUS, Speculum Sapientiae, ed. Grässe. Titel s. a. Seite.

ihr Feind und dies nicht ohne Grund. Es sagt nämlich SPECULATOR[2a]: Die Verhöhnung der Wissenschaft ist die Ursache der Ignoranz, und man soll den Eseln keinen Lattich zu fressen geben, wo ihnen doch Disteln genügen[3], auch soll man das Brot der Kinder nicht den Hunden vorwerfen und Perlen vor die Säue ausstreuen[4], und niemals werden solche Spötter dieser ruhmreichen Wissenschaft teilhaftig sein, denn der bräche das Siegel des Himmels, der die Geheimnisse dieser Wissenschaft Unwürdigen offenbaren würde[5]; auch wird der Geist dieser Weisheit nicht in einen groben Körper eindringen können, noch kann sie ein Tor erfassen infolge der Verdrehtheit seines Verstandes. Die Weisen haben nämlich nicht für die Dummen gesprochen, denn wer mit einem Toren redet, der redet mit einem Schlafenden[6]. MORIENUS sagt nämlich: Wenn ich alles enträtseln wollte, wie es sich wirklich verhält, dann wäre nirgends mehr Raum für die Klugheit, denn der Dumme wäre dem Weisen gleichgestellt, und kein Sterblicher unter dem Kreise des Mondes würde mehr, wenn ihn die Armut stiefmütterlich behandelte, die Qual seines Hungers beweinen[7], weil die Zahl der Toren unendlich groß ist in dieser Wissenschaft[8].

2a. Ein sonst nicht nachweisbarer Autor.
3. Vgl. ROGER BACON: De mirabili potestate artis et naturae. Artis Auriferae 1610. l. c. II, p. 340 und ROGERII BACONIS Epistula. Theatr. Chem. 1622. Vol. V. p. 956.
4. Math. 7, 6: Ihr sollt das Heiligtum nicht den Hunden geben und eure Perlen sollt ihr nicht vor die Säue werfen. Vgl. Meßbuch p. 400.
Math. 15, 26: Es ist nicht fein, daß man den Kindern ihr Brot nehme und werfe es vor die Hunde. Meßbuch p. 166, 400.
5. Vgl. ARISTOTELES Secreta secretorum 1528, fol. V (2).
6. Jesus Sirach 22, 8: Wer mit einem Narren (wörtl. Toren) redet, der redet mit einem Schlafenden.
7. Vgl. denselben Ausspruch des RASIS im Lumen luminum, zitiert in PETRUS BONUS: Pretiosa Margarita novella, 1546 a. a. O. p. 42, und ebenso: *Consilium Conjugii*, Ars. Chemica 1566, p. 50, auch als RASISzitat. Ebenso: *De Arte Chimica*, Artis Auriferae 1610, I, p. 374 (als RASISzitat).
8. Vgl. J. G. GRAESSE: Die beiden ältesten Fabelbücher des Mittelalters des Bischofs CYRILLUS Speculum Sapientiae und des Nicol. PERGAMENUS Dialogus Creaturarum. Tübingen 1880, p. 27.

IV. DE NOMINE ET TITULO HUIUS LIBRI

Huius autem voluminis titulus Aurora consurgens baptizatur, et hoc quatuor de causis: Primo aurora dicitur quasi aurea hora, sic haec scientia habet horam in finem aureum recte operantibus. Secundo aurora est medium inter noctem et diem rutilans in colore duplici, scil. rubeo et citrino, sic haec scientia dat colores citrinos et rubeos, qui sunt medii inter nigrum et album. Tertio quia in aurora ab omnibus infirmitatibus nocturnalibus patientes allevantur et quiescunt, sic in aurora huius scientiae omnes odores et vapores mali mentem laborantis inficientes deficiunt et senescunt, ut Psalmus ait: Ad vesperum demorabitur fletus et ad matutinum laetitia [1]. Quarto et ultimo aurora dicitur finis noctis et principium diei vel mater solis, sic nostra aurora in rubedine summa est finis totius tenebrositatis et fugatio noctis, longiturnitatis hiemalis illius, qui in ea ambulat, si non caverit, offendetur [2]. De illa namque scriptum est: Et nox nocti indicat scientiam, dies diei eructat verbum [3] et nox sicut dies illuminabitur in deliciis suis [4].

---

3. et scientia haec V / horas et finem MPV horam finem L / 7.–8. omnes infirmitates nocturnales (M naturales) patientis (M parientes) BVPM / 10. vesperam DL / 14. cavet P caveat M, cavit V / 16. «in deliciis suis» om. MPV etc. B /

---

1. Ps. 29, 6: Ad vesperum demorabitur fletus et ad matutinum laetitia.
2. Joh. 11, 9–10: Respondit Jesus: Nonne duodecim sunt horae diei? Si quis ambulaverit in die, non offendit, quia lucem huius mundi videt, si autem ambulaverit in nocte offendit, quia lux non est in eo. Cf. Ordo missae p. 205.
3. Ps. 18, 3: Dies diei eructat verbum et nox nocti indicat scientiam.
4. Ps. 139, 12: ... et nox sicut dies illuminabitur in deliciis meis. Cf. Ordo missae p. 295: O vere beata nox, quae sola meruit scire tempus et horam, in qua Christus ab inferis resurrexit! Haec nox est, de qua scriptum est: Et nox sicut dies illuminabitur: ex nox illuminatio mea in deliciis suis.

IV. VOM NAMEN UND TITEL DIESES BUCHES

DER Titel dieses Buches wurde «die aufsteigende Morgenröte» getauft und zwar aus vier Gründen: Erstens heißt Morgenröte (aurora) gleichsam «goldene Stunde» (aurea hora); und so hat auch diese Wissenschaft eine (günstige) Stunde zu einem goldenen Ziel für diejenigen, die das Opus richtig bewerkstelligen. Zweitens ist diese Morgenröte das Mittlere zwischen Nacht und Tag, und sie leuchtet in zwei Farben, nämlich Gelb und Rot, und ebenso erzeugt auch diese Wissenschaft die gelbe und rote Farbe, welches die mittleren sind zwischen Schwarz und Weiß. Drittens (heißt das Buch so), weil in der Morgenröte die Kranken von allen nächtlichen Leiden erleichtert werden und einschlafen, so verschwinden und verduften auch in der Morgenröte dieser Wissenschaft alle üblen Gerüche und Dämpfe, die den Geist des Laborierenden infizieren, wie es im Psalm heißt: Den Abend lang währt das Weinen, aber des Morgens ist Freude [1]. Viertens und letztens bedeutet die Morgenröte das Ende der Nacht und den Anfang des Tages, oder die Mutter der Sonne, und so ist auch unsere Morgenröte im Höhepunkt der Rötung das Ende aller Finsternis und die Vertreibung der Nacht, jener winterlichen Dauer, in der einer, wenn er darin wandelt und sich nicht in acht nimmt, anstoßen wird [2]. Von ihr heißt es in der Schrift: Und eine Nacht tut die Wissenschaft kund der andern und ein Tag sagt das Wort dem andern [3], und die Nacht wird lichthell wie der Tag in ihrer Wonne [4].

---

1. Ps. 30, 6: Den Abend lang währt das Weinen, aber des Morgens ist Freude.
2. Joh. 11, 9–10: Jesus antwortete: Sind nicht des Tages 12 Stunden? Wer des Tages wandelt, der stößt sich nicht, denn er sieht das Licht dieser Welt, wer aber des Nachts wandelt, der stößt sich, denn es ist kein Licht in ihm. Meßbuch p. 205.
3. Ps. 19, 3: Ein Tag sagt's (wörtl. das Wort) dem andern, und eine Nacht tut's (wörtl. das Wissen) kund der andern.
4. Ps. 139, 12: ... und die Nacht leuchtet wie der Tag (in meiner Wonne). Meßbuch p. 295: O wahrhaft selige Nacht, die allein gewürdigt worden, Zeit und Stunde zu erfahren, da Christus vom Reiche der Toten erstanden! Dies ist die Nacht, von der geschrieben steht: Die Nacht wird lichthell wie der Tag, und die Nacht ist meine Leuchte bei meiner Wonne!

V. DE IRRITATIONE INSIPIENTUM

Numquid sapientia non clamitat in plateis et prudentia dat vocem in libris sapientum dicens: O viri, ad vos clamito et vox mea ad filios intelligentiae [1]: Intelligite insipientes et animadvertite parabolam et interpretationem verba sapientum et aenigmata eorum [2]; sapientes enim usi sunt diversis locutionibus in assimilatione de omni re [3], quae est supra terram, et sub globo lunari multiplicaverunt parabolas in hac scientia. Audiens autem sapiens [sapientes] sapientior erit et intelliget, intelligens sapientiam hanc possidebit illam. Haec est sapientia, regina scilicet austri, quae ab Oriente dicitur venisse, ut *aurora consurgens* [4], audire intelligere nec non videre [volens] sapientiam Salomonis [5] et data est in manu eius potestas honor virtus et imperium [6], ferens regni coro-

---

2. «non» om. PVBLD / 5. verborum MPBV / 8. «sapientes» add. D, «sapientem» add. L, «sapientum» M / 9.–10. quae regina austri... dicitur venisse MPV, scilicet quae... B / 11. volens» add. DL /

---

1. Prov. 8, 1–6: Numquid non sapientia clamitat et prudentia dat vocem suam... in mediis semitis stans iuxta portis civitatis... dicens: O viri ad vos clamito et vox mea ad filios hominum, intelligite parvuli astutiam et insipientes animadvertite: Audite, quoniam de rebus magnis locutura sum...
2. Prov. 1, 5–7: Audiens sapiens sapientior erit et intelligens gubernacula possidebit. Animadvertet parabolam et interpretationem verba sapientum et aenigmata eorum. Timor Dei principium sapientiae. Sapientiam atque doctrinam stulti despiciunt.
3. Cf. Petrus Bonus Pretiosa margarita novella l. c. p. 54: Lilium: Nostri lapidis tot sunt nomina, quot sunt res vel rerum vocabula. Et Alphidius: In hoc opere est parabolarum diversitas et nominum... ut ab imperitis celent...
4. Cant. 6, 9: Quae est ista, quae progreditur quasi aurora consurgens pulchra ut luna, electa ut sol...? Cf. Ordo missae p. 720, 751, 789.
5. Math. 12, 42: Regina austri surget in iudicio cum generatione ista et condemnabit eam, quia venit a finibus terrae audire sapientiam Salomonis et ecce plus quam Salomon hic. Cf. Luc. 11, 31, et Ordo missae p. 165.
6. Ordo missae p. 108: Ecce advenit Dominator Dominus: et regnum in manu eius et potestas et imperium. Cf. Maleach. 3.

V. VON DER ANSPORNUNG DER UNWISSENDEN

Ruft (also) nicht die Weisheit öffentlich am Wege und läßt nicht die Klugheit sich hören in den Büchern der Weisen, indem sie sagt: Oh ihr Männer, ich schreie zu euch und rufe zu den Söhnen des Verstehens [1]: Merkt ihr Unwissenden und nehmt zu Herzen die Parabel und ihre Deutung, die Worte der Weisen und ihre Rätsel [2]. Die Weisen haben nämlich verschiedene Ausdrücke gebraucht in Angleichung an alle Dinge auf Erden [3] und haben unter dem Kreise des Mondes die Parabeln vermehrt in dieser Wissenschaft. Wenn aber ein Weiser die Weisen hört, so wird er wissender werden und verstehen, und wenn er diese Wissenschaft versteht, so wird er sie besitzen. Das ist die Weisheit, d. h. die Königin des Südwindes, welche von Sonnenaufgang (vom Orient) gekommen sein soll, gleich der *aufsteigenden Morgenröte* [4], um die Weisheit Salomons zu hören und zu begreifen und auch zu sehen [5], und es ruht in ihrer Hand Macht, Ehre, Kraft und Herrschaft [6]. Und

---

1. Sprüche 8, 1–6: Ruft nicht die Weisheit und die Klugheit läßt sich hören? Oeffentlich am Wege und an der Straße steht sie. An den Toren der Stadt, da man zur Türe eingeht schreit sie: O ihr Männer, ich schreie zu euch und rufe den Leuten. Merkt ihr Unverständigen auf Klugheit und ihr Toren nehmt es euch zu Herzen!...
2. Sprüche 1, 5–6: Wer weise ist, der hört zu und bessert sich (wörtl. wird weiser werden) und wer verständig ist, der läßt sich beraten, daß er verstehe die Sprüche und ihre Deutung, die Worte der Weisen und ihre Beispiele (wörtl. Rätsel).
3. Vgl. Petrus Bonus Pretiosa Margarita novella a. a. O. p. 54: Es sagt Lilium: Von unserem Stein gibt es so viele Namen als es Dinge gibt oder Bezeichnungen von Dingen. Und Alphidius: In diesem Werk besteht eine (große) Verschiedenheit der Parabeln und Bezeichnungen ... um es vor den Unerfahrenen zu verbergen.
4. Hohes Lied 6, 9: (Meßbuch) Wer ist diese, die dort hervortritt, gleich der aufsteigenden Morgenröte, schön wie der Mond, auserlesen wie die Sonne ...? Meßbuch p. 751, 789, 720.
Hiob 3, 9: (wörtl. ... noch den Aufgang der kommenden Morgenröte).
Vgl. auch Meßbuch p. 720: Die aufglänzende Morgenröte am Himmel der Erlösung und Gnade aus deren Schoße sich tausendfach sie überstrahlend die Sonne erhebt ist Maria ...
5. Math. 12, 42: Die Königin von Mittag (wörtl. des Südwindes) wird auftreten am Jüngsten Gericht mit diesem Geschlecht und wird es verdammen, denn sie kam vom Ende der Erde, Salomons Weisheit zu hören. Und siehe, hier ist mehr denn Salomons Weisheit zu hören. Und siehe, hier ist mehr denn Salomo. Vgl. Lukas 11, 31. Meßbuch p. 165.
6. Meßbuch p. 108: Siehe, es ist gekommen der Herrscher, der Herr, die Königswürde ruht in seiner Hand und Macht und Herrschaft. Vgl. Maleachi 3.

nam in capite suo radiis duodecim stellarum rutilantem [7], tamquam sponsa ornata viro suo [8] habensque in vestimentis suis scriptum litteris aureis graecis, barbaris et latinis: Regnans regnabo et regnum meum non habebit finem [9] omnibus invenientibus me et perquirentibus subtiliter ingeniose et constanter [10].

VI. PARABOLA PRIMA DE TERRA NIGRA, IN QUAM SEPTEM PLANETAE RADICAVERUNT

ASPICIENS a longe vidi nebulam magnam totam terram denigrantem, quae hanc exhauserat meam animam tegentem et ⟨quia⟩ aquae intraverant usque ad eam, quare putruerunt et corruptae sunt a facie inferni inferioris et umbra mortis, quoniam tempestas dimersit me [1]; tunc coram me procident Aethiopes et inimici mei terram meam lingent [2]. Ideo non est sanitas in carne mea et a facie iniquitatis meae conturbata sunt omnia

---

2. sponsam ornatam MPVD / 3.–4. regni mei non est finis BDL / 4. et per alios perquirentibus facientibus D, percipientibus MPVB / salubriter MPV / 9. quae: qui PVBL, q̃ M / exhausit B, exhauserit MPLV / anima M / regentem MPV, tingentem L / «quia» coni. q̃ M, q̃ B, et quae aquae intraverint P, intraverunt MVB, aquae quae intraverant D, aquae quae intraverunt L / 10. quare: quae D, quia VL /

---

7. Apocal. 12, 1: Mulier amicta sole et luna sub pedibus eius et in capite eius corona stellarum duodecim. Cf. Ordo missae p. 539.

8. ibidem 21, 2: Vidi sanctam civitatem Jerusalem novam; descendentem de coelo ... sicut sponsam ornatam viro suo.

9. Luc. 1, 32–33: ... et regnabit in domo Jacob in aeternum et regni eius non erit finis. Cf. Ordo missae p. 48.

10. Cf. *Rosarium Phil.* Manget: Lib. III, p. 103 b: Salomon Rex: Haec filia, ob quam Regina austri ab Oriente dicitur venisse ut aurora consurgens audire et intelligere et videre sapientiam Salomonis posset et data est in manu eius potestas, honor, virtus et imperium et florens regnis corona in capite suo radiis septem stellarum rutilantium, tamquam sponsa ornata a viro suo habens in vestimentis suis scriptum literis aureis Graecis et Barbaris et Latinis: Ego sum unica filia sapientum stultis penitus ignota. Ueber die Abwandlung dieses Zitates vgl. C. G. JUNG: Psychologie und Alchemie, 1944, p. 412–414.

1. Ps. 68, 2–4: Salvum me fac Deus: quoniam intraverunt aquae usque ad animam meam. Infixus sum limo profundi et non est substantia. Veni in altitudinem maris et tempestas dimersit me. Laboravi clamans raucae factae sunt fauces meae ... Cf. Ordo missae p. 146.

2. Ps. 71, 9: Coram illo procident Aethiopes et inimici eius terram lingent.

sie trägt eine Königskrone aus den Strahlen von zwölf leuchtenden Sternen auf ihrem Haupt [7], wie eine Braut, die für ihren Bräutigam geschmückt ist [8]. Und auf ihren Gewändern hat sie eine goldene Inschrift auf Griechisch, Fremdländisch und Lateinisch: Als Königin werde ich herrschen und meines Reiches ist kein Ende [9] für alle, die mich finden und scharfsinnig (subtil) erforschen mit Erfindungsgeist und Beharrlichkeit [10].

VI. DIE ERSTE PARABEL VON DER SCHWARZEN ERDE, IN DER DIE SIEBEN PLANETEN IHRE WURZELN SCHLUGEN

VON weitem betrachtend sah ich eine große Wolke, welche die ganze Erde schwarz überschattete, indem sie diese aufgesogen hatte, die meine Seele bedeckte, und weil die Wasser bis zu ihr (der Seele) eingedrungen waren, weshalb sie faulig und verderbt wurden vom Anblick der untersten Hölle und vom Schatten des Todes, da die Flut mich ersäuft hat [1]. Dann werden die Äthiopier vor mir niederfallen, und meine Feinde werden meine Erde lecken [2]. Deshalb ist nichts Gesundes an meinem Leib, und vor dem Anblick meiner Sündhaftigkeit sind meine Ge-

---

7. Offenbarung 12, 1: (Und es erschien ein großes Zeichen im Himmel): ein Weib mit der Sonne bekleidet und der Mond unter ihren Füßen und auf ihrem Haupte eine Krone von zwölf Sternen.
8. ebenda 21, 2: Und ich Johannes sah die heilige Stadt, das neue Jerusalem ... herabfahren als eine geschmückte Braut ihrem Manne (wörtl. wie eine Braut für ihren Bräutigam geschmückt ist). Meßbuch p. 72.
9. Lukas 1, 33: ... und er wird ein König sein über das Haus Jakobs ewiglich und seines Königreichs wird kein Ende sein. Meßbuch p. 48.
10. Vgl. *Rosarium Phil.* Manget: Bibl. Chem. Lib. III, p. 103 b; Ueber die Abwandlungen dieses Zitates vgl. die Ausführungen in C. G. JUNG: Psychologie und Alchemie 1944, a. a. O. p. 412–414.
1. Ps. 69, 2–4: Gott hilf mir, denn das Wasser geht mir bis an die Seele. Ich versinke in tiefem Schlamm, da kein Grund ist, ich bin im tiefen Wasser und die Flut will mich ersäufen (wörtl. hat mich ersäuft). Ich habe mich müde geschrien, mein Hals ist heiser. Meßbuch p. 146.
2. Ps. 72, 9: Vor ihm werden sich neigen die Aethiopier und seine Feinde werden Staub (wörtl. Erde) lecken.

ossa mea ³. Ergo laboravi per singulas noctes clamans, raucae factae sunt fauces meae: quis est homo, qui vivit sciens et intelligens, eruens animam meam de manu inferi ⁴? Qui me elucidant habebunt vitam (aeternam) ⁵ daboque ei edere de ligno vitae, quod est in paradiso et sedere mecum in solio regni mei ⁶. Qui me effoderit sicut pecuniam et acquisierit sicut thesaurum ⁷ et lacrimas oculorum meorum non turbaverit vestimentumque meum non arriserit ⁸, cibum et potum meum non intoxicaverit, atque cubiculum requiei meae stupro non foedaverit, necnon totum corpus meum, quod est valde delicatum non violaverit atque supra omnia animam meam [sive columbam], quae est sine felle tota pulchra (et) decora, in qua macula non est ⁹, qui mihi sedes et thronos non laeserit, cuius amore langueo, ardore liquesco, odore vivo, sapore convalesco, cuius lacte nutrimentum suscipio, amplexu iuvenesco, osculo spiraculum vitae recipio, cuius condormitione totum corpus meum exinanitur, illi

---

3.–4. «aeternam» add. DL / 10. «sive columbam» add. MPV / 13. amplexo MPDL, amplexus et oscula investigio spiraculum L, investigo D / osculum MPVDL / spiritum MPB, spiritui V / 14. «exinanitur» coni. exinanito DL, exitañito MP, excitamento V /

---

3. Ps. 37, 4–6: Non est sanitas in carne mea a facie irae tuae. Non est pax ossibus meis a facie peccatorum meorum ... Putruerunt et corruptae sunt cicatrices meae a facie insipientiae meae ...
Ps. 6, 3–4: Sana me Domine, quoniam conturbata sunt ossa mea et anima mea turbata est valde.
4. Ps. 88, 49: Quis est homo qui vivet et non videbit mortem: eruet animam suam de manu inferi.
5. Eccli. 24, 30–31: ... qui operantur in me non peccabunt, qui elucidant me vitam aeternam habebunt. Cf. Ordo missae p. 727.
6. Apoc. 2, 7: Vincenti dabo edere de ligno vitae, quod est in Paradiso Dei mei. ibidem 3, 21: Qui vicerit dabo ei sedere mecum in throno meo.
7. Prov. 2, 3–5: Si enim sapientiam invocaveris et inclinaveris cor tuum prudentiae, Si quaesieris eam quasi pecuniam et sicut thesauros effoderis illam, tunc intelliges timorem Domini et scientiam Dei invenies.
8. Cf. *Turba Philosophorum* ed. J. Ruska, Berlin 1931 (Springer) p. 132: Omnes huius scientiae investigatores operis nummi et auri arcanum est tenebrosa vestis et nemo novit, quae philosophi in libris suis narraverunt absque lectionum et tentationum frequentatione ac sapientum inquisitione.
9. Cantic. 4, 7: Tota pulchra es amica mea et macula non est in te. Cf. Ordo missae p. 540: Tota pulchra es, Maria: et macula originalis non est in te.

beine erschrocken ³. Daher habe ich mich müde geschrien in allen Nächten, mein Hals ist heiser geworden: Wer ist der Mensch, der da lebt, wissend und verstehend, und der meine Seele aus der Hand der Unterwelt errettet ⁴? Wer mich erleuchtet, wird das [ewige] Leben haben ⁵, und ich will ihm zu essen geben von dem Holz des Lebens, das im Paradiese ist und ihn teilhaben lassen am Thron meines Reiches ⁶. Wer mich ausgräbt wie Silber und mich erwirbt wie einen Schatz ⁷ und die Tränen meiner Augen nicht trübt und mein Gewand nicht verspottet ⁸ und meine Speise und Trank nicht vergiftet und mein Ruhelager nicht durch Hurerei entweiht und auch meinem Körper, der sehr zart ist, nicht Gewalt antut und vor allem, wer meine Seele, die ohne Bitterkeit ganz schön und rein ist, und an der sich kein Makel findet ⁹, nicht verletzt, und meine Sitze und Throne nicht beschädigt – er, nach dessen Liebe ich lechze, in dessen Glut ich zerfließe, von dessen Duft ich lebe und an dessen Geschmack ich gesunde; von dessen Milch ich mich nähre, und in dessen Liebesumarmung mein ganzer Leib vergeht –, ihm werde ich

---

3. Ps. 38, 4–6: Es ist nichts Gesundes an meinem Leibe vor deinem Drohen und ist kein Friede in meinen Gebeinen vor meiner Sünde ... Meine Wunden stinken und eitern vor meiner Torheit.
Ps. 6, 3–4: Herr sei mir gnädig, denn ich bin schwach, heile mich Herr, denn meine Gebeine sind erschrocken und meine Seele ist sehr erschrocken (wörtl. verwirrt).
4. Ps. 89, 49: Wo ist jemand, der da lebt und den Tod nicht sähe? der seine Seele errette aus des Todes Hand (wörtl. aus der Hand der Unterwelt)?
5. Jesus Sirach 24, 30–31: Wer mir gehorcht, der wird nicht zu Schanden, und wer mir folgt, der wird unschuldig bleiben (wörtl. wer in mir seine Werke tut, wird nicht sündigen, die mich erleuchten, werden das ewige Leben haben). Meßbuch p. 727.
6. Offenb. 2, 7: Wer überwindet, dem will ich zu essen geben von dem Holz des Lebens, das im Paradiese Gottes ist.
ebenda 3, 21: Wer überwindet, dem will ich geben, mit mir auf meinem Stuhl (Thron) zu sitzen ...
7. Sprüche 2, 4–5: So du sie (die Weisheit) suchest wie Silber und nach ihr forschest (wörtl. sie ausgräbst), wie nach Schätzen, alsdann wirst du die Furcht des Herrn verstehen und Gottes Erkenntnis finden.
8. Vgl. *Turba Philosophorum* ed. J. Ruska, Berlin 1931, p. 207: Alle Erforscher dieser Wissenschaft, das Geheimnis des Silbers und des Goldes ist ein dunkles Gewand und niemand lernt verstehen, was die Philosophen in ihren Büchern erzählt haben, ohne häufiges Lesen und Anstellen von Versuchen und Befragung der Weisen.
9. Hohes Lied 4, 7: Du bist allerdings schön, meine Freundin, und ist kein Flecken (wörtl. Makel) an dir. Meßbuch p. 540: Ganz schön bist du Maria, und der Makel der Erbsünde ist nicht in dir.

vero ero in patrem et ipse mihi in filium [10], sapiens, qui laetificat patrem [11], hunc quem primum pono et excelsum prae regibus terrae et in aeternum servabo illi testamentum meum fidele [12]. Si autem dereliquerit legem meam [13] et in viis meis non ambulaverit et mandata praedicta non custodiverit. [nil] proficiet inimicus in eo et filius iniquitatis [non] apponet nocere illi [14], si autem in viis meis ambulaverit, tunc non timebit a frigoribus nivis. Omnibus enim domesticis suis erit indumentum [15], byssus et purpura et ridebit in die illa dum satiabor et apparuerit gloria mea, quia consideravit semitas meas et panem otiosum non comedit [16]. Ideo

---

2.–3. terrae in aeternum. Servabo MP, «terrae et» om. V / 3.–4. «dereliquerit legem meam et» om. MPV, dereliquerunt L / 4. «et mandata ... in viis meis ambulaverit» om. MPV / ambulaverint L / 7. nivis: o nobis MP, o vobis V, nimis L, om. B / 9. quia: qui PV /

---

10. Hebr. 1, 5: Ego ero illi in patrem et ipse erit mihi in filium, item I Chron. 17, 13. Cf. Ordo missae p. 83. Cf. item: Apoc. 21, 7: Qui vicerit, possidebit haec, et ero illi Deus et erit mihi filius. Cf. ALPHIDIUS in PETRUS BONUS: Pretiosa Margarita novella, l. c. p. 40: Adhuc etiam noverunt quod deus fieri debebat homo, quia in die novissima huius artis in qua est operis complementum generans et generatum fiunt omnino unum: et senex et puer et pater et filius fiunt omnino unum. Cf. item *Turba Philos.* ed. Ruska l. c. p. 161: Dico quod ille senex de fructibus arboris comedere non cessat... quousque senex ille iuvenis fiat ... ac pater filius factus est.

11. Prov. 29, 3: Vir qui amat Sapientiam laetificat patrem suum.

12. Ps. 88, 27–28: Ipse invocabit me: Pater meus es tu: Deus meus et susceptor salutis meae. Et ego primogenitum ponam illum excelsum prae regibus terrae. In aeternum servabo illi misericordiam meam et testamentum meum fidele ipsi.

13. Ps. 88, 31–33: Si autem dereliquerint filii eius legem meam et in iudiciis meis non ambulaverint, si iustitias meas profanaverint et mandata mea non custodiverint, visitabo in virga iniquitates eorum...

14. Ps. 88, 22–23: Manus enim mea auxiliabitur ei et bracchium meum confortabit eum. Nihil proficiet inimicus in eo et filius iniquitatis non apponet nocere ei. Cf. Ordo missae p. (4).

15. Prov. 31. 21–22: Non timebit domui suae a frigoribus nivis, omnes enim domestici eius vestiti sunt duplicibus. Stragulatam vestem fecit sibi, byssus et purpura indumentum eius. Cf. Ordo missae p. [66].

16. Prov. 31, 25–27: ... et ridebit in die novissimo, os suum aperiet sapientiae et lex clementiae in lingua eius. Consideravit semitas domus suae et panem otiosa non comedit. Cf. Ordo missae p. [67].

Vater sein, und er wird mir Sohn sein [10]; weise ist, wer den Vater erfreut [11], ihn, den ich zum Ersten mache zuallerhöchst vor den Königen auf Erden und dem ich ewiglich meinen Bund bewahren werde [12]. Wo er aber mein Gesetz verläßt [13] und nicht in meinen Ordnungen wandelt und meine erwähnten Gebote nicht hält, so soll ihn der Feind überwältigen, und der Sohn der Bosheit soll ihm durch seinen Widerstand schaden [14]. Wenn er hingegen in meinen Ordnungen wandelt, so wird er die Kälte des Schnees nicht fürchten, denn seine Hausgenossen werden Kleider haben, Leinwand und Purpur [15]. Und an jenem Tage wird er lachen, da ich gesättigt sein werde und mein Ruhm zutage treten wird, weil er auf meine Wege Acht hatte und nicht das Brot der Faulheit aß [16]. Daher wurden die Himmel über ihm aufgetan, und wie Don-

---

10. Hebr. 1, 5: Ich werde sein (wörtl. ihm) Vater und er wird mein (wörtl. mir) Sohn sein, ebenso I Chron. 17, 13. Vgl. Meßbuch p. 83. Vgl. ferner Offenb. 21, 7: Wer überwindet, der wird es alles erben und ich werde sein (wörtl. für ihn) Gott sein und er wird mein (wörtl. für mich) Sohn sein. Vgl. ALPHIDIUS in PETRUS BONUS: Pretiosa margarita novella a. a. O. p. 40: Sie (die Alten) wußten auch, daß Gott Mensch werden mußte, weil am jüngsten Tag dieser Kunst, an dem die Vollendung des Werkes ist, das Erzeugende und das Erzeugte völlig Eines werden: der Greis und der Knabe, der Vater und der Sohn werden völlig Eines. – Vgl. *Turba Philos.* ed. J. Ruska, p. 246: Ich sorge, daß jener «Greis» von den Früchten jenes Baumes nicht aufhört zu essen ... bis jener Greis ein Jüngling wird ... sodaß der Vater zum Sohn geworden ist.
11. Sprüche 29, 3: Wer Weisheit liebt, erfreut seinen Vater ...
12. Ps. 89, 28–29: Und ich will ihn zum ersten Sohn machen allerhöchst unter den Königen auf Erden. Ich will ihm ewiglich bewahren meine Gnade und mein Bund soll ihm fest bleiben.
13. Ps. 89, 31–33: Wo aber seine Kinder mein Gesetz verlassen und in meinen Rechten nicht wandeln, so sie meine Ordnungen entheiligen und meine Gebote nicht halten, so will ich ihre Sünde mit der Rute heimsuchen ...
14. Ps. 89, 22–23: Meine Hand soll ihn erhalten und mein Arm soll ihn stärken. Die Feinde sollen ihn nicht überwältigen und die Ungerechten sollen ihn nicht dämpfen (wörtl. Nichts wird der Feind an ihm vermögen, der Sohn der Bosheit ihm nicht schaden). Meßbuch p. [4].
15. Sprüche 31, 21–22: Sie fürchtet nicht für ihr Haus, nicht den Schnee (wörtl. die Kälte des Schnees), denn ihr ganzes Haus (wörtl. alle ihre Hausgenossen) hat zwiefache Kleider ... feine (wörtl. weiße) Leinwand und Purpur ist ihr Kleid. Meßbuch p. [66].
16. Sprüche 31, 25–27: Kraft und Schöne sind ihr Gewand und sie lacht des kommenden Tages (wörtl. sie wird lachen am letzten Tage). Sie schaut wie es in ihrem Hause zugeht und ißt ihr Brot nicht mit Faulheit (wörtl. sie hatte Acht auf den Wandel ihres Hauses und aß ihr Brot nicht müßig). Meßbuch p. [67].

aperti sunt coeli super eum et vox intonuit [17] illius, qui habet septem stellas in manu sua [18], qui sunt septem spiritus missi in omnem terram praedicare et testificari. Qui crediderit et bene baptizatus fuerit salvus erit, qui vero non crediderit, condemnabitur. Signa autum eorum, qui crediderint et bene baptizati fuerint sunt haec [19]: dum discernit coelestis rex super eos [19a], nive dealbabuntur in Selmon et pennae columbae deargentatae et posteriora dorsi eius in pallore auri [20]. Talis erit mihi filius dilectus [21] ipsum videte, speciosum forma prae filiis hominum [22], cuius pulchritudinem Sol et Luna mirantur [22a]. Ipse vero est privilegium amoris et heres in quem confidunt homines [23] et sine quo nihil possunt facere. Qui autem aures habet audiendi audiat, quid dicat spiritus doctrinae

3. testificare MPL, om. B / 4. eos PL / 5. «sunt» om. L / discurit MP, cernit L / 6. «eos» coni. eam DL, eum MPV / dealbuntur L, dealbantur M / Salomon D, Selomen M / 7. mihi: noster D / 8. spectaculum fore M, om. B / pro D / 9. admiratur D / 9.–10. amoris: amborum P, amborum amorum M / 10. sine quo nihil potest fieri sine quo nihil possunt (V: potes) facere MPV /

17. Apoc. 4, 1: ... ecce ostium apertum in caelo et a vox prima, quam audivi tamquam tubae loquentis mecum dicens... Cf. Ps. 17, 14: Intonuit de coelo Dominus et Altissimus dedit vocem suam et apparuerunt fontes aquarum. Cf. Ordo missae p. 376.
18. Apoc. 1, 4: ... et a septem spiritibus, qui in conspectu throni eius sunt.
1, 6: ... et habebat in dextera sua stellas septem...
2, 1: Haec dicit, qui tenet septem stellas in dextera sua...
3, 1: Haec dicit, qui habet septem Spiritus Dei et septem stellas...
19. Marc. 16, 16–17: Qui crediderit et baptizatus fuerit salvus erit, qui vero non crediderit condemnabitur. Signa autem eos, qui crediderint haec sequentur: In nomine meo daemonia eiicient... Cf. Ordo missae p. 358.
20. Es muß sich eher um eine Mehrheit handeln, da eine solche sowohl im vorhergehenden wie nachfolgenden Satze vorausgesetzt ist. Es handelt sich wohl um die Vorstellung eines postmortalen, verklärten Zustandes, in welchem die Erlösten als Jungfrauen (Taube) dem Lamme folgen. (Vgl. Apoc. 7, 14: ... et laverunt stolas suas et dealbaverunt eas in sanguine Agni, – und Apoc. 14, 4: Virgines enim sunt. Hi sequuntur Agnum...)
21. Ps. 67, 14–15: Si dormiatis inter medios cleros pennae columbae deargentatae et posteriora dorsi eius in pallore auri. Dum discernit coelestis reges super eam nive dealbabuntur in Selmon Mons Dei mons pinguis... Vielleicht eine Anspielung auf die «Columba deargentata» des Hugo v. St. Victor, Migne, P. L. tom. 177 col. 17 ff. Libellus cuiusdam ad Rainerum corde benignum qui Columba deargentata inscribitur. Incipit de tribus columbis: Si dormiatis inter medios cleros...
21. Cant. 5, 16: ... talis est dilectus meus...
22. Ps. 44, 3: (Epithalamium christianum, sponsus Christus): Speciosus forma prae filiis hominum. Cf. Ordo missae p. 101.
22a. Cf. Honorius v. Autun, Expos. in Cant. P. L. 172 col. 380: mirantur.
23. Baruch 3, 18: ... et aurum, in quo confidunt homines. Cf. Ordo missae p. 363.

ner ertönte die Stimme [17] Jenes, der da die sieben Sterne in seiner Hand hält, welches die sieben Geister [18] sind, die in alle Welt ausgesandt wurden, um zu weissagen und Zeugnis abzulegen. Wer da glaubt und richtig getauft wurde, der wird selig werden, wer aber nicht glaubt, der wird verdammt werden. Die Zeichen derjenigen aber, die da geglaubt haben und richtig getauft worden sind, sind die [19] (wenn der himmlische König über sie richtet): vom Schnee werden sie weiß werden am Zalmon und die Federn der Taube silberglänzend und ihre Schwingen hinten am Rücken im Goldglanz strahlend [20]. Ein solcher wird mein geliebter Sohn sein [21], sehet ihn an, wie er schön an Gestalt ist vor allen Menschenkindern [22], ihn, den Sonne und Mond bewundern. Er ist aber das Vorrecht der Liebe und der Erbe, auf den die Menschen ihr Vertrauen setzen [23] und ohne den sie nichts tun können. Wer aber Ohren hat zu hören, der höre, was der Geist der Wissenschaft den Söhnen der

---

17. Offenb. 4, 1: Darnach sah ich und siehe, eine Tür war aufgetan im Himmel und die erste Stimme, die ich gehört hatte mit mir reden wie eine Posaune, die sprach: ... Vgl. Ps. 17, 14: Vom Himmel donnerte der Herr, da zeigten sich Wasserquellen. Meßbuch p. 376.

18. Offenb. 1, 4: ... und der da kommt und von den sieben Geistern, die da sind vor seinem Stuhl.
1, 16: ... und er hatte sieben Sterne in seiner rechten Hand ...
2, 1: Das sagt, der da hält die sieben Sterne in seiner Rechten ...
3, 1: Das sagt, der die sieben Geister Gottes hat und die sieben Sterne ...

19. Mark. 16, 16–17: Wer da glaubet und getauft wird, der wird selig werden, wer aber nicht glaubt, der wird verdammt werden. Die Zeichen aber, die da folgen werden denen, die da glauben, sind die: in meinem Namen werden sie Teufel austreiben ... Meßbuch p. 693.

20. Ps. 68, 14–15: Wenn ihr zwischen den Hürden laget, so glänzte es wie der Taube Flügel, die wie Silber und Gold schimmern. Als der Allmächtige die Könige im Lande zerstreute, da ward es helle wo es dunkel war ... (Zürcher Bibel): Flügel der Taube überzogen mit Silber und ihre Schwingen mit gelbem Golde! Als der Allmächtige Könige daselbst zerstreute, fiel Schnee auf dem Zalmon. Ein Gottesberg ist der Basansberg ...
Vgl. Offenb. 7, 14: ... und haben ihre Kleider gewaschen und haben ihre Kleider hell (wörtl. weiß) gemacht im Blut des Lammes. Und 14, 4: ... denn sie sind Jungfrauen, und folgen dem Lamme nach, wohin es geht.

21. Hohes Lied 5, 16: Ein solcher ist mein Freund; mein Freund ist ein solcher, ihr Töchter Jerusalems!

22. Ps. 45, 3: Du bist der Schönste unter den Menschenkindern (wörtl. an Gestalt vor den Menschenkindern), holdselig sind deine Lippen ... Meßbuch p. 101.

23. Baruch 3, 17: ... und Gold ... darauf die Menschen ihr Vertrauen setzen. Meßbuch p. 363.

filiis disciplinae [24] de septem stellis, quibus opus divinum peragitur. Quas SENIOR tradit in libro suo, capitulo Solis et Lunae, dicens: Postquam feceris illa septem quae divisisti per septem stellas (et dedisti septem stellis) ⟨et⟩ novies purgasti donec videantur margaritae (in similitudine) haec est dealbatio [25].

VII. PARABOLA SECUNDA DE DILUVIO AQUARUM ET MORTE, QUAM FEMINA INTULIT ET FUGAVIT

QUANDO conversa fuerit ad me multitudo maris [1] et torrentes inundaverunt [2] super faciem meam et sagittae pharetrae meae sanguine inebriatae fuerint [3] et torcularia mea optimo vino fragraverint [4] et horrea mea frumento tritici repleta fuerint et sponsus cum decem virginibus sapientibus in thalamum meum introierit [5] et postea venter meus a tactu dilecti

---

1. percipitur L, tradidit BV, om. MP / 3. feras illas P, feras illa M / «divisisti» coni. dividisti D, dimisisti MPVBL / et dedisti opem stellis M, et septem dedisti septem stellis D, om. B / 4. novem D (der arab. Text: novem statt septem) / purgati M, compurgasti L, purgasti eas B / in similitudinem D, om. MPV / 5. dealbo M, dealbationem D / 10. et pharetrae MP, om. L / sanguineae MPV / 11. inebriati D / «fuerint» om. MPV / fragraverunt MPL / 12. frumenti MPV, frumentis B / repletum fuerit L, repleta fuerit M / sponsum MP / 13. «in» om. BDL / introiverit DL / tacta MP /

---

24. Apoc. 2, 7: Qui habet aurem audiat, quid Spiritus dicat Ecclesiis: ... Cf. Math. 11, 15: Qui habet aures audiendi audiat ...

25. Cf. SENIOR: De Chemia, l. c. p. 10/11: Posteaquam feceris illa septem quae divisisti per septem stellas purgasti et hoc tritum minute donec videantur sicut margaritae in similitudinem, haec est dealbatio. Cf. Memoirs of the Asiatic Society of Bengal. STAPLETON. Bd. XII, p. 149–150.

1. Jes. 60, 5: Tunc videbis et afflues, mirabitur et dilatabitur cor tuum, quando conversa fuerit ad te multitudo maris fortitudo Gentium venerit tibi ... Cf. Ordo missae p. 109.

2. Ps. 77, 20: Quoniam percussit petram et fluxerunt aquae et torrentes inundaverunt. Cf. Jona 2, 3–6: ... de ventre inferi clamavi et exaudisti vocem meam. Et proiecisti me in profundum, in corde maris et flumen circumdedit me ... Omnes fluctus tui super me transierunt ... circumdederunt me aquae usque ad animam, abyssus vallavit me pelagus operuit caput meum ...

3. Deut. 32, 42: Inebriabo sagittas meas sanguine ...

4. Prov. 3, 10: ... et implebuntur horrea tua et vino torcularia redundabunt. Cf. Ordo missae p. 437, et Joel 2, 24, Ordo missae p. 383.

5. Cf. Math. 25, 1 et sq.

Lehre von den sieben Sternen sagt [24], durch die das göttliche Werk vollbracht wird. Von diesen spricht SENIOR in seinem Buch, im Kapitel von Sonne und Mond folgendermaßen: Nachdem du jene Sieben [24a], die du durch die sieben Sterne eingeteilt und den sieben Sternen zugeordnet hast, hergestellt hast, und sie neunmal gereinigt hast, bis daß sie aussehen wie Perlen – das ist die Weißung [25].

VII. DIE ZWEITE PARABEL VON DER WASSERFLUT UND DEM TODE, DEN DAS WEIB HEREINGEBRACHT UND AUCH VERTRIEBEN HAT

WENN sich die Menge des Meeres zu mir gewandt hat [1] und die Ströme sich über mein Antlitz ergossen haben [2] und die Pfeile meines Köchers vom Blute trunken sein werden [3], und wenn meine Kelter vom besten Weine duften und meine Scheunen mit Weizen gefüllt sein werden [4], und wenn der Bräutigam mit den zehn Jungfrauen in mein Gemach eingetreten ist [5], und darnach mein Leib von der Berührung meines Geliebten angeschwollen sein wird, und wenn der Rie-

---

24. Offenb. 2, 7: Wer Ohren hat, der höre, was der Geist den Gemeinden sagt ... Vgl. Math. 11, 15 usw.
24a. Nämlich Metalle.
25. Vgl. SENIOR: De Chemia a. a. O. p. 10/11; und Memoirs of the Asiatic Soc. of Bengal, Vol. XII, p. 149–150: Nachdem du jene sieben (Metalle) hergestellt hast, die du durch die sieben Sterne eingeteilt hast und sie gereinigt hast und zwar sorgfältigst zerrieben, bis daß sie aussehen wie Perlen, das ist die Weissung.
1. Jes. 60, 5: ... dein Herz wird sich wundern und ausbreiten, wenn sich die Menge dem Meer (wörtl. des Meeres zu dir bekehrt (wörtl. gewandt) hat und die Macht der Heiden zu dir kommt. Meßbuch p. 109.
2. Ps. 78, 20: Siehe er hat wohl den Felsen geschlagen, daß Wasser flossen und Bäche sich ergossen ...
Vgl. Jonas 2, 4: Du warfest mich in die Tiefe mitten im Meer, daß die Fluten mich umgaben, all deine Wogen und Wellen gingen über mich.
3. Deut. 32, 42: Ich will meine Pfeile mit Blut trunken machen ...
4. Sprüche 2, 10: So werden deine Scheunen voll werden und deine Kelter vom Most übergehen (wörtl. vom Weine überströmen). Meßbuch p. 437 und Joel 2, 24, Meßbuch p. 383.
5. Vgl. Math. 25, 1 ff.

mei intumuerit et pessulum ostii mei dilecto apertum fuerit [6], et postquam iratus Herodes multos pueros in Bethlehem Judaeae occiderit et Rachel omnes filios suos ploraverit [7] et lumen in tenebris exortum fuerit [8] et Sol justitiae de coelo apparuerit [9], tunc veniet plenitudo temporis, in qua Deus mittet filium suum [10], sicut locutus est, quem constituit heredem universorum, per quem fecit et saecula [11], cui dixit olim: Filius meus es tu, ego hodie genui te [12]: cui magi ab oriente tria munera pretiosa obtulerunt [13]; in die illa, quam fecit Dominus, exultemus et laetemur in ea [14], quia hodie afflictionem meam Dominus [15] respexit et redemptionem misit [16], quia regnaturus est in Israel. Hodie mortem quam foemina intulit foemina fugavit et claustra inferni fracta sunt; mors enim ultra non dominabitur [17] nec portae inferi amplius praevalebunt adversus eam [18], quia drachma decima, quae perdita fuerat est inventa et ovis decima ultra

---

1. intimuerit P / 2. iratus «fuerit» add. L / 2. Judaeae: iude MPV / occidit P / 4. tunc: dunc MP / venierit M / 5. quo DL / «quem» om. L / 6. cui: qui PDLV / 10. Hodie: Homini D / 11. confracta BD / 12. dominabitur «illi» add. L / inferni vel inferi VP, vel inferni M₂, inferni D / 13. ultra: atque MPV /

---

6. Cant. 5, 6: Pessulum ostii mei aperui dilecto meo, at ille declinaverat atque transierat...
7. Cf. Math. 2, 16–18 et Ordo missae p. 98.
8. Ps. 111, 4: Exortum est in tenebris lumen rectis... Cf. Ordo missae p. 721: Felix es sacra Virgo Maria... quia ex te ortus est sol iustitiae Christus Deus.
9. Maleachi 4, 2: ... et orietur vobis timentibus nomen meum Sol iustitiae.
10. Gal. 4, 4: At ubi venit plenitudo temporis, misit Deus Filius suum. Cf. Ordo missae p. 101.
11. Hebr. 1, 2: Novissime diebus istis locutus est nobis in Filio, quem constituit heredem universorum, per quem fecit et saecula... Cf. Ordo missae p. 82. Cf. AVICENNA Declaratio Lapidis Physici Filio suo Aboali. Theatr. Chem. 1659, Vol. IV, p. 876.
12. Hebr. 1, 5: Cui enim dixit aliquando Angelorum: Filius meus es tu, ego hodie genui te. Cf. Ordo missae p. 72.
13. Cf. Math. 2, 11.
14. Ps. 117, 24: Haec dies, quam fecit Dominus exultemus et laetemur in ea... Cf. Ordo missae p. 316, 329.
15. Cf. Gen. 31, 42 (Jacob): afflictionem meam... respexit Deus.
16. Ps. 110, 9: Redemptionem misit populo suo... Cf. Ordo missae p. 341.
17. Rom. 6, 9: Scientes quod Christus resurgens ex mortuis iam non moritur, mors illi ultra non dominabitur. Cf. Ordo missae p. 326, 344.
18. Math. 16, 18: ... et super hanc petram aedificabo ecclesiam meam et portae inferi non praevalebunt adversus eam... Cf. Ordo missae p. 510.

gel meiner Türe für meinen Geliebten geöffnet worden ist [6], und nachdem Herodes in seinem Zorne viele Kinder von Bethlehem in Judaea ermordet, und Rachel all ihre Kinder beweint haben wird [7], und wenn das Licht in der Finsternis aufgegangen ist [8] und die Sonne der Gerechtigkeit vom Himmel erschienen sein wird [9], dann wird die Zeit erfüllet sein, in der Gott seinen Sohn senden wird [10], wie er gesagt hat, welchen er gesetzt hat zum Erben über alles, durch welchen er auch die Welt gemacht hat [11] (und) zu dem er einst sprach: «Du bist mein Sohn, heute habe ich dich gezeugt [12]»; dem auch die Magier vom Morgenlande drei kostbare Gaben darbrachten [13]. An jenem Tage, den der Herr gemacht hat, lasset uns freuen und fröhlich darinnen sein [14], weil heute der Herr mein Elend angesehen hat [15] und die Erlösung sandte [16], da er herrschen wird in Israel. Heute hat das Weib den Tod, den es hereinbrachte, auch wieder vertrieben, und die Riegel der Hölle sind zerbrochen. Der Tod wird nämlich hinfort nicht herrschen [17], und die Pforten der Hölle sollen sie fürderhin nicht überwältigen [18]; denn die zehnte Drachme, welche verloren war, ist gefunden, und das hundertste Schaf ist in der Wüste wie-

---

6. Hohes Lied 5, 6: Da ich meinem Freund aufgetan hatte, war er weg (wörtl. Ich habe den Riegel meiner Tür dem Geliebten geöffnet, doch er war weg.)

7. Vgl. Math. 2, 16–18 und Meßbuch p. 98.

8. Ps. 112, 4: Den Frommen geht das Licht auf in der Finsternis. Vgl. Meßbuch p. 721: Selig bist du heilige Jungfrau Maria, weil aus dir ist aufgegangen die Sonne der Gerechtigkeit, Christus unser Gott.

9. Maleachi 4, 2: Euch aber, die ihr meinen Namen fürchtet, soll aufgehen die Sonne der Gerechtigkeit . . .

10. Gal. 4, 4: Da aber die Zeit erfüllet war, sandte Gott seinen Sohn, geboren von einem Weibe . . . Meßbuch p. 101.

11. Hebr. 1, 2: . . . hat er am letzten in diesen Tagen zu uns geredet durch den Sohn, welchen er gesetzt hat zum Erben über alles, durch welchen er auch die Welt gemacht hat. Meßbuch p. 82. Vgl. AVICENNA: Declaratio Lapidis Physici Filio Aboali. Theatr. Chem. 1659, IV, p. 876.

12. Hebr. 1, 5: Denn zu welchem Engel hat er jemals gesagt: Du bist mein Sohn, heute habe ich dich gezeugt. Meßbuch p. 72.

13. Vgl. Math. 2, 11.

14. Ps. 118, 24: Dies ist der Tag, den der Herr gemacht hat, lasset uns freuen und fröhlich darinnen sein . . . Meßbuch p. 316, 329.

15. Gen. 31, 42: Aber Gott hat mein Elend und meine Mühe angesehen.

16. Ps. 111, 9: Er sendet eine Erlösung seinem Volke . . . Vgl. Meßbuch p. 341.

17. Röm. 6, 9: . . . und wissen, daß Christus von den Toten erweckt, hinfort nicht stirbt, der Tod wird hinfort über ihn nicht herrschen. Meßbuch p. 326, 344.

18. Math. 16, 18: Du bist Petrus, und auf diesen Felsen will ich bauen meine Gemeinde und die Pforten der Hölle sollen sie nicht überwältigen. Meßbuch p. 510.

nonaginta in deserto est restaurata et numerus fratrum nostrorum de lapsu angelorum est plenarie integratus [19]. Oportet te ergo hodie fili gaudere, quia amplius non erit clamor neque ullus dolor, quoniam priora transierunt [20]. Qui habet aures audiendi audiat quid dicat spiritus doctrinae filiis disciplinae de foemina quae mortem intulit et fugavit, quod philosophi innuunt his verbis: Aufer ei animam et redde ei animam, quia corruptio unius est generatio alterius [21] hoc est: priva ipsum humore corrumpente et augmenta humore connaturali, per quod erit ipsius perfectio et vita.

VIII. PARABOLA TERTIA
DE PORTA AEREA ET VECTE FERREO
CAPTIVITATIS BABYLONICAE

QUI portas aereas et vectes meos ferreos confregit [1] candelabrum quoque meum de loco suo moverit [2] nec non vincula carceris tenebrositatis dirupuerit atque animam meam esurientem, quae cucurrit in siti oris sui adipe frumenti et ⟨de⟩ petra melle cibaverit [3] ac peregrina-

---

1. nonaginta: nona MPV, de qua L / 6. Infer L / 7. hoc est priva ipsum: hoc primo cum L, corr. L₂ / 7.–8. humorem corrumpentem MPV / 8. «cum» humore add. L / cum naturali MP / 11. ferrae L / 13. meas ferreas DL / 15. disrumpit MPB / 15.–16. in siti: in sit M / 16. «de» coni. / cibavit MPV / atque DL /

---

19. Cf. Luc. 15, 1–10; Cf. item Ordo missae p. 414–415.
20. Apoc. 21, 4: ... et mors ultra non erit neque luctus neque clamor, neque dolor erit ultra, quia prima abierunt. Cf. Ordo missae p. [73].
21. Cf. *Consilium Coniugii,* Ars Chemica, 1566, p. 259: Quia corruptio unius est generatio alterius secundum Philosophos. Stammt aus dem arab. Tractat: Le livre de la terre et de la pierre. BERTHELOT: Chimie du Moyen Age, III, p. 223. Wird u. a. zitiert von THOMAS V. AQUINO, Summa Pars I qu. 118 art. II, und ALBERTUS MAGNUS, De lapide Philosoph. Theatr. Chem. 1659, Vol. IV, p. 355.
1. Jes. 45, 2–3: Ego ante te ibo et gloriosos terrae humiliabo: portas aereas conteram et vectes ferreos confringam et dabo tibi thesauros absconditos et arcana secretorum ... Cf. Ordo missae, p. 61.
2. Apoc. 2, 5: Venio tibi et movebo candelabrum tuum de loco suo, nisi poenitentiam egeris.
3. Ps. 80, 17: Et cibavit eos ex adipe frumenti et de petra melle saturavit eos.

der heimgeholt, und die Zahl unserer Brüder vom Engelssturz ist wieder vollständig ergänzt worden [19]. Also sollst du dich heute freuen, mein Sohn, denn hinfort wird keine Klage noch Schmerz mehr sein, denn alles Frühere ist vergangen [20]. Wer Ohren hat zu hören, der höre was der Geist der Lehre den Söhnen der Wissenschaft sagt, von dem Weib, das den Tod hereinbrachte und ihn vertrieb, was die Philosophen mit folgenden Worten andeuten: Nimm ihm die Seele weg und gib ihm die Seele wieder zurück, denn die Zersetzung des Einen ist die Erzeugung des Andern [21], das bedeutet: beraube ihn seiner zersetzenden Feuchtigkeit und mehre ihn mit seiner ihm von Natur eigenen Feuchtigkeit, wodurch seine Vollendung und sein Leben entstehen wird.

VIII. DIE DRITTE PARABEL
VOM EHERNEN TOR UND DEM EISERNEN RIEGEL
DER BABYLONISCHEN GEFANGENSCHAFT

WER meine ehernen Pforten sprengt und meine eisernen Riegel zerbricht [1] und auch meinen Leuchter von seiner Stätte bewegt [2] und die Fesseln meines Kerkers der Finsternis sprengt und meine lechzende Seele, die dahineilt im Durst ihres Mundes, mit dem Marke des Weizens und mit Honig aus dem Felsen speist [3], und wer meiner Wan-

---

19. Vgl. Lukas 15, 1–10 und Meßbuch p. 414–415.
20. Offenb. 21, 4–5: ... und der Tod wird nicht mehr sein, noch Leid, noch Geschrei, noch Schmerz wird mehr sein, denn das Erste ist vergangen. Meßbuch p. [73].
21. Vgl. *Consilium Coniugii*, Ars Chemica 1566, p. 259. Das Wort stammt aus dem arab. «Buch über die Erde und den Stein». M. BERTHELOT: Chimie du Moyen Age, III, p. 223.

1. Jes. 45, 2–3 (Meßbuch p. 61): Ich werde vor dir hergehen und die Herrlichkeiten der Erde demütigen, eherne Pforten sprengen und eiserne Riegel zerbrechen. Und ich gebe dir versteckte Schätze ...
2. Offenb. 2, 5: Wo aber nicht, werde ich dir bald kommen und deinen Leuchter wegstoßen von seiner Stätte, wo du nicht Buße tust.
3. Ps. 80, 17: ... und ich würde sie mit dem besten Weizen (wörtl. dem Mark des Weizens) speisen und mit Honig aus dem Felsen sättigen. Meßbuch p. 374.

tioni meae grande coenaculum praeparaverit [4], ut in pace dormiam et requiescant super me septem dona spiritus sancti [miseritus]. Quia congregabunt me de universis terris, ut effundant super me aquam mundam [5], et mundabor a delicto maximo et a daemonio meridiano [6], quia a planta pedis usque ad verticem [capitis] non est (inventa) sanitas [7]. Ideo ab occultis et ab alienis sordibus meis me mundabunt [8], postea omnium iniquitatum mearum non recordabor, quia unxit me Deus oleo laetitiae [9] ut inhabitet in me virtus penetrationis et liquefactionis in die resurrectionis meae [10], quando (a) Deo gloriabor [11]. Quia generatio haec advenit et praeterit [12] donec veniat qui mittendus est [13] qui et aufert iugum captivitatis nostrae, in qua sedebamus septuaginta annis super flumina Baby-

---

1. praeparavit MPV / 2. quiescam MVD, quiescunt L, requiescam P / «super me septem» om. DL / «miseritus» add. D / 3. ut: et MPV / 4. emundabor MVBDL / «a» daem. om. BDL / 5. «capitis add. B / «inventa» om. MPVB / 8.–9. refectionis MPV / 9. quando: quantum MPDL, cum B / «a» add. D, cum V / Domino DL /

---

4. Luc. 22, 12: (Paschamahl) Et ipse ostendet vobis coenaculum magnum stratum et ibi parate...

5. Ezech. 36, 25: Congregabo vos de universis terris et adducam vos in terram vestram. Et effundam super vos aquam mundam et mundabimini ab omnibus iniquamentis vestris... Cf. Ordo missae p. 364.

6. Ps. 90, 6: ...non timebis... ab incursu et daemonio meridiano... Cf. Ordo missae p. 159.

7. Jes. 1, 6: A planta pedis usque ad verticem non est in eo sanitas...

8. Ps. 18, 13–14: Ab occultis meis munda me Domine et ab alienis parce servo tuo.

9. Ps. 44, 8: Propterea unxit te Deus Dominus tuus oleo laetitiae prae consortibus tuis... Cf. Ordo missae p. 679.

10. Cf. Ordo missae l. c. p. 334: Alleluja, Alleluja. Vgl. Math. 28: In die resurrectionis meae dicit Dominus, praecedam vos in Galileam. Vgl. Joh. cap. 20: Post dies octo ianuis clausis, stetit Jesus in medio discipulorum suorum et dixit: Pax vobis. Alleluja.

11. Cf. Pretiosa Margarita novella, l. c. p. 39: Unde dicit RASIS in quadam epistola: Cum hoc autem scilicet lapide rubeo magnificaverunt se philosophi super alios et vaticinati sunt futura... Ita quod cognoverunt diem iudicii et consumationis saeculi debere venire et mortuorum resurrectionem in ipsa, in qua una quaeque anima suo primo corpori coniungetur et de caetero ab invicem non separabuntur in perpetuum. Et erit tunc omne corpus glorificatum ad incorruptibilitatem translatum et ad luciditatem et subtilitatem fere incredibilem et penetrabit omne solidum, quia eius natura tunc erit natura spiritus sicut corporis.

12. Eccl. 1, 4: Generatio praeterit et generatio advenit; terra autem in aeternum stat.

13. Gen. 49, 10: Non auferetur sceptrum de Juda et dux de femore eius, donec veniat, qui mittendus est et ipse erit expectatio gentium...

derung einen großen Speisesaal bereitet [4], damit ich in Frieden ruhen kann, und die sieben Gaben des Heiligen Geistes über mir ruhen, der hat sich meiner erbarmt. Denn man wird mich von allen Landen her sammeln, um reines Wasser über mich zu sprengen, auf daß ich rein werde [5] von größtem Vergehen und vom Dämon des Mittags [6], denn von der Fußsohle bis aufs Haupt ist nichts Gesundes an mir gefunden [7]. So also wird man mich von meiner verborgenen und nicht zugehörigen Fehl reinigen [8] und dann werde ich mich an all meine Sünden nicht mehr erinnern, da mich Gott gesalbt hat mit Freudenöl [9], auf daß die Fähigkeit des Eindringens und des Verflüssigens in mir wohne am Tage meiner Auferstehung [10], wenn ich in Gott verherrlicht sein werde [11]. Denn dies Geschlecht kommt und vergeht [12], bis derjenige kommt, der gesandt werden soll [13], und aufhebt das Joch meiner Gefangenschaft, in der wir

4. Luk. 22, 12: (Paschamahl) Und er wird euch einen großen Saal zeigen, der mit Polstern versehen ist; daselbst bereitet es.
5. Hesekiel 36, 24–25: Denn ich will euch aus den Heiden holen und euch aus allen Landen versammeln und wieder in euer Land führen. Und will reines Wasser über euch sprengen, daß ihr rein werdet; von allen euren Unreinigkeiten und von allen euren Götzen will ich euch reinigen. Meßbuch p. 364.
6. Ps. 91, 6: (und du wirst dich nicht fürchten) vor der Pestilenz, die im Finstern schleicht und vor der Seuche, die im Mittag verderbt (wörtl. dem Daemon des Mittags) ... Meßbuch p. 159.
7. Jes. 1, 6: Von der Fußsohle bis aufs Haupt ist nichts Gesundes an ihm ...
8. Ps. 19. 13–14: Verzeihe mir (reinige mich von) die verborgenen Fehle! Bewahre auch deinen Knecht vor den Stolzen (= Fremden) ...
9. Ps. 45, 8: Darum hat dich Gott, dein Gott, gesalbt mit Freudenöl mehr denn deine Gesellen. Meßbuch p. 679.
10. Vgl. Meßbuch a. a. O. p. 334: Math. 28: Am Tage meiner Auferstehung, spricht der Herr, will ich euch vorangehen nach Galilaea, Alleluja V. (Joh. c. 20) Nach acht Tagen da die Türen verschlossen waren, stand Jesus in der Mitte seiner Jünger und sprach: Friede sei mit euch! Alleluja.
11. Vgl. Pretiosa Margarita novella a. a. O. p. 39: Weshalb RASIS in einem Briefe sagt: Mit diesem ... roten Stein haben sich die Philosophen über alle erhöht und die Zukunft geweissagt ... Z. B. wußten sie daß der Tag des Gerichtes kommen müsse und an ihm die Auferstehung der Toten, wo jede Seele mit ihrem früheren Körper verbunden werden wird ... Dann wird jeder Körper verklärt und zur Unverweslichkeit überführt sein und zur Durchsichtigkeit und einer fast unglaublichen Feinstofflichkeit (subtilitas) und wird jedes feste Ding durchdringen, weil seine Beschaffenheit dann die des Geistes, so wie eines Körpers, sein wird.
12. Prediger 1, 4: Ein Geschlecht vergeht, das andere kommt; die Erde bleibt aber ewiglich.
13. Gen. 49, 10: Es wird das Zepter von Juda nicht entwendet werden, noch der Stab des Herrschers von seinen Füßen, bis daß der Held komme (wörtl. bis derjenige kommt, der gesandt werden soll), und demselben werden die Völker anhangen.

lonis [14]; ibi flevimus et suspendimus organa nostra, pro eo, quod elevatae sunt filiae Sion et ambulaverunt extento collo et nutibus oculorum ibant et plaudebant et pedibus suis composito gradu incedebant. Decalvabit ergo Dominus verticem filiarum Sion et crines earum nudabit [15], quia de Sion exibit lex et verbum Domini de Jerusalem [16]. In die illa quando apprehenderunt septem mulieres virum unum dicentes: Panem nostrum comedimus et vestimentis nostris cooperimur [17], quare non defendis sanguinem nostrum, qui effusus est tamquam aqua in circuitu Jerusalem [18]? et divinum receperunt responsum: Adhuc sustinete modicum tempus, donec numerus fratrum nostrorum impletus sit, qui scriptus est in libro hoc [19]; tunc omnis, qui relictus fuerit in Sion salvus vocabitur [20], cum abluerit Dominus sordem filiarum suarum Sion spiritu sapientiae et

2. nutibus: mittibus P, mitibus M / oculis V / 5. rex L / 6. apprehendent D / 7. comedemus MP / 9. temporis L / 12. abluit MD / «suarum» om. VDL / spiritus MPV / «et» om. P /

14. Ps. 136, 1–3: Super flumina Babylonis, illic sedimus et flevimus cum recordaremur Sion. In salicibus in medio eius suspendimus organa nostra... Cf. Ordo missae p. 471. Cf. Liber Quartorum PLATONIS, Theatr. Chem. 1622, V, p. 144: Sedentes super flumina Eufrates sunt Caldaei... priores, qui adinvenerunt extrahere cogitationem.
15. Jes. 3, 16–17: (Et dixit Dominus) pro eo quod elevatae sunt filiae Sion et ambulaverunt extento colle et nutibus oculorum ibant et plaudebant, ambulabant pedibus suis et composito gradu incedebant. Decalvabit Dominus verticem filiarum Sion et Dominus crinem earum nudabit.
16. Jes. 2, 3: Quia de Sion exibit lex et verbum Domini de Jerusalem. Cf. Ordo missae p. 57.
17. Jes. 4, 1–2: Et apprehendent septem mulieres virum unum in die illa dicentes: Panem nostrum conedemus et vestimentis nostris operiemur... aufer opprobrium nostrum. Cf. Ordo missae p. 363.
18. Ps. 78, 3: Effuderunt sanguinem eorum tamquam aqua in circuitu Jerusalem. Cf. Ordo missae p. 97.
19. Cf. Apoc. 6, 9–11: Vidi... animas interfectorum propter verbum Dei... dicentes: Usque quo Domine sanctus et verus non iudicas, non vindicas sanguinem nostrum de iis, qui habitant in terra? Et datae sunt illis singulae stolae albae et dictum est illis ut requiescerent adhuc tempus modicum donec compleantur conservi eorum et fratres eorum, qui interficiendi sunt sicut et illi.
20. Jes. 4, 3–4: Et erit: Omnis qui relictus fuerit in Sion et residuus in Jerusalem sanctus vocabitur omnis qui scriptus est in vita Jerusalem. Si abluerit Dominus sordes filiarum Sion et sanguinem Jerusalem laverit de medio eius in spiritu iudicii et spiritu ardoris...

während siebzig Jahren saßen über den Wassern zu Babel [14]; dort weinten wir und hingen unsere Harfen auf, darum, weil die Töchter Zions stolz waren und gingen mit aufgerichtetem Nacken und mit den Augen Winke gaben und schwänzelten [14a] und mit tänzelnden Schritten einhergingen. Daher wird der Herr den Scheitel der Töchter Zions kahl machen und wird ihren Haarschmuck wegnehmen [15], denn von Zion wird das Gesetz ausgehen und des Herren Wort von Jerusalem [16]. An jenem Tage, an dem sieben Weiber *einen* Mann ergreifen werden und sagen werden: Wir haben unser Brot gegessen und bedecken uns mit unseren Kleidern [17], weshalb verteidigst du unser Blut nicht, das wie Wasser vergossen ist um Jerusalem [18]? Und die göttliche Antwort empfangen haben: Harret noch eine kleine Zeit aus, bis daß die Zahl unserer Brüder, die in diesem Buch angegeben wird, vollständig ist [19], wer dann übrig sein wird zu Zion, der wird gerettet heißen, weil dann der Herr den Unflat der Töchter Zions abgewaschen haben [20] wird durch den

14. Ps. 137, 1–2: An den Wassern zu Babel saßen wir und weinten, wenn wir an Zion gedachten. Unsere Harfen hingen wir an die Weiden, die daselbst sind. (Meßbuch p. 471). Möglicherweise liegt darin auch eine Anspielung auf die «Chaldaei» des Liber Quartorum PLATONIS, Theatr. Chem. 1622, V, p. 144: Die, die über den Strömen des Eufrat sitzen, sind die Chaldäer ... die ersten, die erfanden, wie man das Denken extrahiert.
14a. Vulgata: plaudebant = klatschten. LUTHER übersetzt «schwänzten».
15. Jes. 3, 16–17: Und der Herr spricht: Darum, daß die Töchter Zions stolz sind und gehen mit aufgerichtetem Halse, mit geschminkten Angesichtern einhertreten (wörtl. mit den Augen Winke geben) und schwänzen und haben köstliche Schuhe an ihren Füßen (wörtl. mit tänzelnden Schritten einhergehen). So wird der Herr den Scheitel der Töchter Zions kahl machen und der Herr wird ihr Geschmeide (wörtl. Haarschmuck) wegnehmen.
16. Jes. 2, 3: Denn von Zion wird das Gesetz ausgehen und des Herren Wort von Jerusalem. Meßbuch p. 57.
17. Jes. 4, 1: ... daß sieben Weiber werden zu der Zeit einen Mann ergreifen und sprechen: Wir wollen uns selbst nähren und kleiden, laß uns nur nach deinem Namen heißen, daß unsere Schmach von uns genommen werde. Meßbuch p. 363.
18. Ps. 79, 3: Sie haben Blut vergossen um Jerusalem her wie Wasser. Meßbuch p. 97.
19. Vgl. Offenb. 6, 9–11: ... sah ich unter dem Altar die Seelen derer, die erwürgt waren um des Wortes Gottes willen und um des Zeugnisses willen ... Und sie schrien mit großer Stimme und sprachen: Herr ... wie lange richtest du nicht und rächest unser Blut an denen, die auf der Erde wohnen? Und ihnen wurde gegeben einem jeglichen ein weißes Kleid und ward zu ihnen gesagt, daß sie ruhten noch eine kleine Zeit, bis daß vollends dazu kämen (vollständig gemacht würden) ihre Mitknechte und Brüder, die auch sollten noch getötet werden, wie sie.
20. Jes. 4, 3–4: Und wer da wird übrig sein zu Zion und übrigbleiben zu Jerusalem, der wird heilig heißen, ein jeglicher, der geschrieben ist unter die Lebendigen zu Jerusalem. Dann wird der Herr den Unflat der Töchter Zions waschen und die Blutschulden Jerusalems vertreiben von ihr durch den Geist, der richten und ein Feuer anzünden wird.

intellectus [21]; tunc decem iugera vinearum faciunt lagunculam et triginta modii sementis faciunt modios tres [22]. Qui intelligit hoc, non commovebitur in aeternum [23]. Qui habet aures audiendi audiat, quid dicat spiritus doctrinae filiis disciplinae de captivitate Babylonica, quae septuaginta durabat annos, quam philosophi insinuant his verbis: Multiplices sunt septuaginta praeceptorum alternationes [24].

IX. PARABOLA QUARTA DE FIDE PHILOSOPHICA, QUAE NUMERO TERNARIO CONSISTIT

QUI fecerit voluntatem patris mei et eiecerit hunc mundum in mundum, dabo illi sedem mecum in throno regni mei [1] super solium David et super sedes tribus Israel [2]. Haec est voluntas patris mei, ut cognoscant ipsum esse verum [Deum] et non alium, qui dat affluenter

---

1. et: sed P / tres triginta MP / 2. «faciunt» om. MP / 5. durabit M / «sunt» om. MPV / altercationes P, operationes V, om. M / 9.–10. in hunc modum D, om. L / 10. «mecum» om. MP / 12. «Deum» add. D / dat. ditat DL / effluenter PL, affirentur M /

---

21. Eccli. 15, 5: ... et adimplebit illum spiritu sapientiae et intellectus. Cf. Ordo missae p. 91.
22. Jes. 5, 10: Decem enim iugera vinearum facient lagunculam unam et triginta modii sementis facient modios tres. Vae, qui consurgit...
23. Ps. 124, 1: Qui confidunt in Domino sicut mons Sion: non commovebitur in aeternum... Cf. Ordo missae p. 80 et 197.
24. Cf. Pretiosa Margarita novella l. c. p. 45: RASIS in libro septuaginta praeceptorum... Es gab im Mittelalter eine dem RAZI zugeschriebene Schrift: Liber divinitatis oder Septuaginta, die auch unter dem Titel Liber Alternationum praeceptorum RASIS philosophi in Alkimiam etc. hieß und auf eine Schrift von GEBER zurückgeht. Vgl. M. STEINSCHNEIDER, Die europäischen Übersetzungen aus dem Arabischen bis Mitte des 17. Jahrhunderts. Sitzgsber. der kais. Akad. der Wiss. (phil.-hist. Cl.) Wien 1905, p. 28, und BERTHELOT MA. III p. 34.
1. Math. 12, 15: Quicumque enim fecerit voluntatem Patris mei... ipse meus frater et soror et mater est. Cf. Ordo missae p. 556.
Apocal. 3, 31: Qui vicerit dabo ei sedere mecum in throno meo... Cf. Ordo missae p. 622.
2. Jes. 9, 7: Super Solium David et super Regnum eius sedebit...
Math. 19, 28: Vos qui secuti estis me... Sedebitis... super sedes duodecim iudicantes duodecim tribus Israel. Cf. Ordo missae p. 545.

Geist der Weisheit und Einsicht [21]. Dann werden zehn Acker Weinberg einen Eimer geben und dreißig Malter Samen drei Scheffel [22]. Wer dies versteht, wird unerschütterlich bleiben in Ewigkeit [23]. Wer Ohren hat zu hören, der höre, was der Geist der Lehre den Söhnen der Wissenschaft sagt von der babylonischen Gefangenschaft, welche siebzig Jahre dauerte, und auf welche die Philosophen mit folgenden Worten hinweisen: Vielfältig sind die Abwandlungen der siebzig Vorschriften [24].

IX. DIE VIERTE PARABEL VOM PHILOSOPHISCHEN GLAUBEN, DER AUF DER DREIZAHL BERUHT

WER den Willen tut meines Vaters, und diese Welt in die Welt hinauswirft, dem will ich geben, mit mir auf dem Thron meines Reiches zu sitzen [1] über dem Stuhl Davids und den Stühlen des Volkes Israel [2]. Dies ist der Wille meines Vaters, auf daß man erkenne, daß er wahr sei und kein anderer, der da gibt im Ueberfluß und ohne Zö-

---

21. Jes. Sirach 15,5: (Vulgata wörtl.) ... und erfüllte ihn mit dem Geiste der Weisheit und Einsicht. Meßbuch p. 37.
22. Jes. 5, 10: Denn zehn Acker Weinberg sollen nur *einen* Eimer geben und ein Malter Samen soll nur *einen* Scheffel geben.
23. Sprüche 10, 30: Der Gerechte wird nimmer mehr umgestoßen (wörtl. in Ewigkeit unerschütterlich bleiben). Meßbuch p. 80 und 197 nach Ps. 124, 1: Die auf den Herrn vertrauen sind wie Sions Berg; nicht wanken wird in Ewigkeit, wer wohnt in Jerusalem.
24. Nach der Pretiosa Margarita novella a. a. O. p. 45 verfaßte RASIS ein «Buch der siebzig Vorschriften». Es gab im Mittelalter eine dem RAZI zugeschriebene Schrift, der Liber divinitatis oder Septuaginta, die auch unter dem Titel Liber Alternationum praeceptorum RASIS philosophi in Alkimiam etc. auf eine Schrift von GEBER zurückgeht. Vgl. M. STEINSCHNEIDER, Die europäischen Übersetzungen aus dem Arabischen bis Mitte des 17. Jahrh. Sitzgsber. der k. k. Akademie der Wiss, phil.-hist. Classe, Wien, 1905, p. 28 und BERTHELOT M. A. III, p. 34.
1. Math. 12, 50: Denn wer den Willen tut meines Vaters im Himmel, der ist mein Bruder, Schwester und Mutter.
Offenb. 3, 21: Wer überwindet, dem will ich geben mit mir auf meinem Stuhl zu sitzen, wie ich überwunden habe und mich gesetzt mit meinem Vater auf seinen Stuhl.
2. Jes. 9, 7: ... auf daß seine Herrschaft groß werde und des Friedens kein Ende auf dem Stuhl Davids ...
Math. 19, 28: Ihr, die ihr mir nachgefolgt seid, werdet sitzen auf 12 Stühlen und richten die 12 Geschlechter Israels. Vgl. Meßbuch p. 545.

et non improperat in omnibus gentibus³ in veritate, et filium eius unigenitum, Deum de Deo, lumen de lumine, et Spiritum Sanctum ab utroque procedentem⁴, qui aequalis est patri et filio in Deitate, nam in patre manet aeternitas, in filio aequalitas, in Spiritu sancto (est) aeternitatis aequalitatisque connexio; quia sicut dicitur qualis pater, talis filius, talis et Spiritus Sanctus et hi tres unum sunt⁵ [quod philosophus vult esse] corpus spiritus et anima⁶, quia omnis perfectio in numero ternario consistit, hoc est mensura, numero et pondere⁷. Nam pater a nullo est, filius a patre est, Spiritus Sanctus ab utroque est procedens, quoniam patri attribuitur sapientia, qua omnia regit et disponit suaviter, cuius viae investigabiles sunt et incomprehensibilia iudicia⁸. Filio attribuitur

---

1. in veritate: unitate P, om. B / 4. «est» add. M / 6.–7. «quod philosophus vult esse» add. BDL / 7. spiritum et animam BDL / trinario VP / 10. quae D /

---

3. Jac. 1, 5: Si quis autem vestrum indiget sapientia postulet a Deo, qui dat omnibus affluenter et non improperat.
4. Credo: Credo in unum Deum, Patrem omnipotentem, factorem coeli et terrae visibilium omnium et invisibilium. Et in unum Dominum Jesum Christum, Filium Dei unigenitum. Et ex Patre natum ante omnia saecula. Deum de Deo, lumen de lumine, Deum verum de Deo vero. Genitum, non factum, consubstantialem Patri: per quem omnia facta sunt. Qui propter nos homines et propter nostram salutem descendit de coelis. Et incarnatus est de Spiritu Sancto ex Maria Virgine: et homo factus est. Crucifixus etiam pro nobis... Et in Spiritum Sanctum Dominum et vivificantem qui ex Patre Filioque procedit. Qui cum Patre et Filio simul adoratur et conglorificatur...
5. Ordo missae p. 33–34: Domine sancte, Pater omnipotens, aeterne Deus. Qui cum unigenito Filio tuo, et Spiritu Sancto, unus es Deus, unus es Dominus: non in unius singularitate personae, sed in unius Trinitate substantiae. Quod enim de tua gloria, revelante te, credimus, hoc de Filio tuo, hoc de Spiritu Sancto, sine differentia discretionis sentimus. Ut in confessione verae sempiternaeque Deitatis et in personis proprietas, et in essentia unitas, et in maiestate adoretur aequalitas. Ordo missae p. 648 / et 334: Tres sunt qui testimonium dant in coelo: Pater Verbum et Spiritus Sanctus et hi tres unum sunt. Et tres sunt qui testimonium dant in terra: Spiritus, aqua et sanguis et hi tres unum sunt.
6. SENIOR: De Chemia, p. 45: Ars nostrum est sicut homo habens spiritum, animam et corpus. Proptera dicunt sapientes: Tria et tria sunt unum. Deinde dixerunt in uno sunt tria et spiritus anima et corpus sunt unum et omnia sunt ex uno.
7. Sap. 11, 21. Omnia fecit Deus in pondere et mensura et numero.
8. Rom. 11, 33: O altitudo divitiarum sapientiae et scientiae Dei: quam incomprehensibilia sunt iudicia eius et investigabiles viae eius. Cf. Jes. 45, 15. Cf. Ordo missae p. 391.

gern³ bei allen Völkern in Wahrheit, und sein eingeborener Sohn, Gott von Gott, Licht vom Lichte, und der Heilige Geist, der von beiden ausgeht, der dem Vater und dem Sohne gleichkommt an Göttlichkeit. Denn im Vater ist die Ewigkeit, im Sohne die Gleichheit und im Heiligen Geist die Verbindung von Ewigkeit und Gleichheit. Es heißt nämlich: wie der Vater, so der Sohn und so auch der Heilige Geist⁴, und diese Drei sind Eins⁵, nämlich Körper, Geist und Seele⁶; denn alle Vollendung beruht auf der Dreizahl, d. i. Maß, Zahl und Gewicht⁷. Denn der Vater stammt von keinem, der Sohn kommt vom Vater, und der Heilige Geist geht von beiden aus; dem Vater wird nämlich die Weisheit beigegeben, durch die er alles milde lenkt und ordnet, dessen Wege unerforschlich und dessen Gerichte unbegreiflich sind⁸; dem Sohne wird

---

3. Jakobus 1, 5: So aber jemand unter euch Weisheit mangelt, der bitte Gott, der da gibt einfältig jedermann und rückets niemand auf (wörtl. im Überfluß und ohne Zögern) so wird sie ihm gegeben werden.
4. Apost. Glaubensbekenntnis: Ich glaube an einen Gott, den allmächtigen Vater ... Und an einen Herrn Jesus Christus, Gottes eingeborenen Sohn und aus dem Vater geboren von Ewigkeit her, Gott von Gott, Licht vom Lichte, wahren Gott vom wahren Gott, gezeugt, nicht erschaffen, einer Wesenheit, mit dem Vater, durch den alles gemacht ist, der wegen uns Menschen und um unseres Heiles willen herabgestiegen ist vom Himmel, Fleisch geworden durch den Heiligen Geist aus Maria, der Jungfrau, und Mensch geworden ist ... Und an den Heiligen Geist, den Herrn und Lebendigmacher, der vom Vater und Sohne ausgeht, der mit dem Vater und dem Sohne zugleich angebetet und verherrlicht wird ...
5. Meßbuch p. 33-34: Heiliger Herr, allmächtiger Vater, ewiger Gott, der du mit deinem eingeborenen Sohne und dem Heiligen Geiste ein einiger Gott, ein einiger Herr bist, nicht in der Einzigkeit einer Person, sondern in der Dreifaltigkeit einer Natur; denn was wir nach deiner Offenbarung von deiner Herrlichkeit glauben, dasselbe glauben wir auch von deinem Sohne, dasselbe von dem Heiligen Geiste, ohne Verschiedenheit in der Unterscheidung, so daß in dem Bekenntnis der wahren und ewigen Gottheit in den Personen die Eigentümlichkeit in der Natur die Einheit und in der Majestät die Gleichheit angebetet wird ... Meßbuch p. 334 und 648: Denn drei sind die Zeugnis geben im Himmel: Der Vater, das Wort und der Heilige Geist und diese drei sind Eins. Und drei sind, die Zeugnis geben auf Erden: der Geist, das Wasser und das Blut, und diese drei sind Eins.
6. Vgl. SENIOR: De Chemia a. a. O. p. 45: Unser Erz hat wie der Mensch Geist, Seele und Körper. Deshalb sagen die Weisen: Drei und Drei sind Eins. Ferner sagten sie: In Einem sind Drei, und: Geist, Seele und Körper sind Eins und Alles ist aus Einem.
7. Vgl. Weish. 11, 21: Aber du hast alles geordnet mit Maß, Zahl und Gewicht.
8. Röm. 11, 33: O welch eine Tiefe des Reichtums, beides der Weisheit und Erkenntnis Gottes! Wie gar unbegreiflich sind seine Gerichte und unerforschlich seine Wege! Vgl. Jes. 45, 15. Vgl. Meßbuch p. 391.

veritas [9], ipse enim apparens id quod non erat assumpsit, perfectus Deus et homo existens ex humana carne et anima rationali, qui praecepto patris cooperante Spiritu Sancto [10] mundum peccato [parentum] perditum restauravit. Spiritui Sancto datur bonitas, quo terrena fiunt coelestia et hoc tripliciter: baptizando flumine sanguine et flammis: flumine vegetando et abluendo, quando squalores omnes abluit expellendo fumositates de animabus, sicut dicitur: Tu animabus vivificandis aquas foecundas [11]. Nam omnium vegetabilium nutrimentum est aqua [12], unde cum aqua de coelo descendit inebriat terram [13] et terra per eam vim suscipit omni metallo imminentem [14], ob hoc postulat eam dicens: Emitte spiritum tuum, hoc est aquam et creabuntur et renovabis faciem terrae, quoniam inspirat terram quando facit eam tremere et tangit montes et fumigant [15]. Cum autem sanguine baptizat, tunc nutrit, ut dicitur: Aqua sapientiae salutaris potavit me [16], et iterum: Sanguis eius vere est

---

1. ipso DLV / «apparens» coni. enim apparente DL, om. B, omnia operante illud MPV / «non» om. PB / absumpsit M / 2. humana natura rationae subsistens B / quae VP / 3. «parentum» add. DL / 4. qua DL / 5. haec MD / flumine flaminee et sanguine MPVB, «et flammis» add. MV, flamen L / 6. expellit P / «atque» fum. MP / 7. de: ab MPB / 10. ob: ab PV, ad M / 11. «Et» quoniam PV / 13. fumigabunt DL / 14. verus D, om. P /

---

9. Cf. Ordo missae p. 29: ... quo Unigenitus tuus in tua tecum Gloria coaeternus in veritate carnis nostrae visibiliter carnalis apparuit ...
10. ibidem p. 22: Domine Jesus ... qui ex voluntate Patris cooperante Spiritu Sancto per mortem tuam mundum vivificasti ...
11. Cf. NOTCERUS BALBULUS: Hymnus in die Pentecostes. (MIGNE P. L. CXXXI col. 1012–1013). Tu animabus Vivificandis Aquas foecundas, Tu aspirando Das spiritales Esse homines. Cf. item Benedictio fontis. Ordo missae, p. 300/301.
12. Cf. SENIOR: De Chemia, p. 70: ... et dixit HERMES: ... vita cuiuslibet rei est aqua et aqua suscipit nutrimentum hominum et aliorum ...
13. Jes. 55, 10: Et quomodo imber ... non revertitur sed inebriat terram et infundit eam ...
Ps. 64, 10: Visitasti terram et inebriasti eam. Cf. Ordo missae p. 540.
14. Cf. *Turba* l. c. p. 140: ... quousque lapis fiat, quem tunc invidi nuncupant lapidem omni metallo imminentem.
15. Ps. 103, 30–32: Emittes spiritum tuum et creabuntur et renovabis faciem terrae. Sit gloria Domini in saeculum, laetabitur Dominus in operibus suis. Qui respicit terram et facit eam tremere, qui tangit montes et fumigant. Cf. Ordo missae p. 365.
16. Eccli. 15, 3: Cibabit illum pane vitae et intellectus et aqua salutaris sapientiae potavit illum. Cf. Ordo missae p. 776.

die wirklich gewordene Wahrheit zugeordnet [9], denn indem er in Erscheinung trat, hat er etwas, was er nicht war, angenommen, völlig Gott und zugleich Mensch von menschlichem Fleische und vernunftbegabter Seele; der auf Geheiß des Vaters und unter Mitwirkung des Heiligen Geistes [10] die Welt, die durch die Sünde der Eltern verloren war, erlöst hat. Dem Heiligen Geist wird die Güte zugeschrieben – Er, durch den alles Irdische himmlisch wird und dies dreifach: indem er im Flusse, im Blut und in Feuerflammen tauft. Im Flusse wirkt er belebend und reinigend, indem er allen Schmutz abwäscht und alles Rauchige von den Seelen entfernt, wie es heißt: Du befruchtest die Wasser zur Belebung der Seelen [11]. Denn das Wasser ist die Nahrung alles Lebendigen [12], weshalb auch das Wasser vom Himmel herabfließend die Erde berauscht [13] und sie dadurch jene Kraft erhält, welche jedes Metall auflösen kann [14]. Deshalb verlangt sie nach ihm und sagt: Sende aus deinen Geisthauch, d. i. das Wasser, und sie werden neu geschaffen; und neu gestaltest du das Angesicht der Erde, denn er haucht seinen Odem in die Erde, wenn er sie erbeben läßt, und wenn er die Berge anrührt, so rauchen sie [15]. Wenn er aber im Blute tauft, dann wirkt er ernährend, wie es heißt: Das Wasser heilbringender Weisheit hat mich getränkt [16], und: sein Blut

---

9. Meßbuch p. 29: ... dein Eingeborener gleich ewig mit dir ... in der Wirklichkeit unseres Fleisches im Leibe sichtbar erschienen ist.
10. Meßbuch p. 22: Herr Jesus, ... der du nach dem Willen des Vaters, unter Mitwirkung des Heiligen Geistes durch deinen Tod der Welt das Leben gegeben hast ...
11. NOTKER DER STAMMLER: Pfingstlied. (MIGNE P. L. CXXXI col. 1012–1013.) Du beseelst Leben zu geben des Wassers Flut, Du beseelst Menschen zum Leben durch deines Atems Glut. Vgl. auch die Benedictio fontis, Meßbuch p. 300/301.
12. Vgl. SENIOR: De Chemia, p. 70: Und Hermes hat gesagt: ... Das Leben aller Dinge ist im Wasser und dieses nimmt die Nahrung der Menschen ... auf.
13. Jes. 55, 10: Denn gleich wie der Regen ... feuchtet (wörtl. berauscht) die Erde und macht sie fruchtbar ... also soll das Wort ... auch sein.
Ps. 65, 10: Du suchest das Land heim und wässerst es (wörtl. machst es trunken).
14. (Ich übersetze imminere = drohen hier als «auflösen können».) Vgl. *Turba* a. a. O. p. 218: Bis daß es ein Stein wird, den dann die Neider den Stein nennen, «der jedes Metall bedrängt».
15. Ps. 104, 30–32: Du lässest aus deinem Odem, so werden sie (neu) geschaffen, und du erneuerst die Gestalt der Erde ... Er schaut die Erde an, so bebt sie; er rührt die Berge an, so rauchen sie. Meßbuch p. 365.
16. Jes. Sirach 15, 3: (Vulgata wörtl.): und mit dem Wasser heilbringender Weisheit tränkte er ihn. Meßbuch p. 776.

potus [17], quia sedes animae est in sanguine, ut SENIOR dicit: Mansit autem ipsa anima in aqua [18], (quae [hodie] sibi similis est in caliditate et humiditate [19],) in qua consistit omnis vita [20]. Cum autem flammis baptizat, tunc infundit animam et dat perfectionem vitae [21], quia ignis dat formam et complet totum, ut dicitur: Inspiravit in faciem eius spiraculum vitae et factus est homo, qui prius erat mortuus in animam viventem [22]. De primo, secundo et tertio testantur philosophi dicentes [23]: aqua tribus mensibus foetum in matrice [conservat] fovet, aer tribus secundis nutrit, ignis tribus tertiis [et] custodit. Infanti numquam patebit ortus, donec hi menses consumantur, tunc nascitur et a sole vivificatur, quoniam ipse vivificator est omnium mortuorum. Unde praedictus spiritus propter

---

2.–3. (quae hodie ∾ humiditate) add. DL / 3. Cum: Quando MPD / flumine P, flamine MV, flumen L / 7. «et secundum» D / 8. «conservat» add. DL / 9. «et» add. DL / Infans MPV / exitus vel ortus L / 10. consumentur BDL / 11. «mortuorum» om. DL /

---

17. Joh. 6, 56: Caro enim mea vere est cibus et sanguis meus vere est potus. Cf. Ordo missae p. 398, 401.
18. SENIOR: De Chemia, p. 31: ... mansit ipsa (scil. anima) in aqua sibi simili quae pater est eius in praeparatione ... tunc nominaverunt animam et sanguinem aeris ...
19. ibidem p. 19: Intendit quod terra suscipit animam in aqua existentem per illud quod habet ex anima in spiritu atque similis est animae, quae est aqua.
20. ibidem p. 31: Et sicut aer est vita uniuscuiusque rei, similiter aqua eorum est caput operis ... et sicut aer est calidus et humidus similiter aqua eorum est calida et humida et est ignis lapidis ...
ibidem p. 33: Aer vero ex aqua est ... et ex ambobus consistit vita uniuscuisque rei. Cf. item *Consilium Coniugii*, Ars. Chem. 1566, p. 60.
ibidem p. 58: Anima facta calida et humida in natura sanguinis et aeris ...
21. ibidem p. 44: ... cum spiritu humido ... et ipse est reductor ad corpus suum quod vivificabit post mortem suam per hanc vitam. Postea nulla erit mors. Propterea quod vita infunditur sicut spiritus corpori.
22. Gen. 2, 7: ... et inspiravit in faciem ei spiraculum vitae et factus est homo in animam viventem.
23. Manget, l. c. lib. III, p. 135, b: Igitur sciendum quod tribus mensibus aqua foetum in matrice conservat. Aer quoque tribus mensibus fovet ignis vero totidem custodit. Igitur infanti numquam patebit egressus, quousque aeris flatus exhauriat. Cf. item CALID: Liber trium verborum. Artis Auriferae 1610, p. 228/229. Cf. item *Consilium Coniugii*, Ars. Chem. 1566, l. c. p. 203 et 233.

ist der wahre Trank [17]; denn der Sitz der Seele ist im Blute, wie SENIOR sagt: Es verblieb aber die Seele selber im Wasser [18], das ihr ähnlich ist in der Wärme und Feuchtigkeit [19] und in dem alles Leben besteht [20]. Wenn er aber in Feuerflammen tauft, dann flößt er die Seele ein und verleiht die Vollendung des Lebens [21]. Denn das Feuer gibt Gestalt und vollendet das Ganze, wie es heißt: Und er blies ihm ein den lebendigen Odem ins Antlitz, und also ward der Mensch, der vorher tot gewesen war, eine lebendige Seele [22]. Die erste, zweite und dritte Wirkung bezeugen die Philosophen, indem sie sagen [23]: Das Wasser bewahrt den Foetus während drei Monaten im Mutterleibe, die Luft hegt und nährt ihn drei Monate lang, und in den letzten drei Monaten bewacht ihn das Feuer. Und das Kind wird niemals ans Licht kommen, bevor diese Monate verstrichen sind; dann aber wird es geboren und von der Sonne belebt, denn diese ist das Belebende aller toten Dinge. Aus diesem Grunde heißt es von dem erwähnten Geist infolge der Vortrefflichkeit

---

17. Joh. 6, 55–56: Denn mein Fleisch ist die rechte (wahre) Speise und mein Blut ist der rechte (wahre) Trank. Wer mein Fleisch isset und trinket mein Blut, der bleibt in mir und ich in ihm. Meßbuch p. 401.
18. SENIOR: De Chemia p. 31: Sie (die Seele) verblieb aber im Wasser, das ihr ähnlich ist und das ihr Vater ist in der Praeparation ... so nannten sie die Seele auch «Blut der Luft».
19. ebenda p. 19: Er meint, daß die Erde die Seele, die im Wasser ist, aufnimmt durch jenes, was er aus der geistigen Seele hat, die der Seele gleicht, welche das Wasser ist.
20. ebenda p. 31: Und wie die Luft das Leben jedes Wesens bedeutet, so ist auch ihr (der Philosophen) Wasser die Hauptsache des Werkes ... und wie die Luft warm und feucht ist, so ist auch das Wasser warm und feucht und ist das Feuer des Steins.
ebenda p. 33: Die Luft aber kommt aus dem Wasser ... und aus diesen beiden besteht das Leben eines jeden Wesens. (Vgl. *Consilium Coniugii,* Ars. Chem. 1566, p. 60).
ebenda p. 58: Die Seele ist warm und feucht geworden in der Art des Blutes und der Luft.
21. ebenda p. 44: ... mit dem feuchten Geist, ... und dieser ist der, der (die Seele) zu ihrem Körper zurückführt, den er nach seinem Tod durch dieses Leben belebt. Nachher wird kein Tod mehr existieren, weil das Leben eingeflößt wurde, wie der Geist dem Körper.
22. Genesis 2, 7: Und Gott der Herr machte den Menschen aus einem Erdenkloß und er blies ihm ein den lebendigen Odem in seine Nase (wörtl. Antlitz). Und also ward der Mensch eine lebendige Seele.
23. Vgl. Manget, Buch III, p. 135 b; und Calid: Liber trium verborum. Artis Auriferae 1610, a. a. O. Basel, p. 228/229 und *Consilium Coniugii,* Ars Chem. 1566 a. a. O. p. 203 und 233.

excellentiam sui septiformis muneris [24] dicitur habere septem virtutes operando in terram: Primo calefacit terram (ut patet in calce) frigiditate mortuam et aridam. Unde propheta: Concaluit cor meum intra me et operatione mea exardescit ignis [25]. Et in libro Quintae essentiae: Ignis suo calore penetrando et subtiliando omnes partes terrestres multum materiales et mimine formales consumit; quamdiu enim ignis materiam habet, non cessat agere volens rei passivae imprimere suam formam. Et CALET MINOR: Calefacite frigiditatem unius caliditate alterius [26]. Et SENIOR: Facite masculum super foeminam, hoc est calidum super frigidum [27]. Secundo extinguit intensum ignem impressum in adustione [28], de qua Propheta: Exarsit ignis in synagoga eorum et flamma combussit peccatores in terra [29], hunc ignem extinguit suo temperamento unde subditur: In aestu temperies [30]. Et CALET MINOR: Extinguite ignem unius

---

2. ut in calce V, ut patet in tale M, om. DL / 6.–7. ignis in materiam non cessat agere DL / 7. «volens» om. LV, vultus P / passae MPV, posse L / 8. «Et» Cal. om. MPVB / «Ut» Sen. D / 9. «et» hoc DL / 10. in tersum M, intensivum D, extensum V, extensivum L / impressum: in ipsum P /

---

24. Ordo missae p. [142]: Veni Creator Spiritus: Tu septiformis munere...
25. Ps. 38, 4: Concaluit cor meum intra me et meditatione mea exardescet ignis. Cf. Ordo missae p. 608.
26. Cf. CALID: Liber trium verborum in Artis Auriferae. Basilea 1610. l. c. p. 226/227: Opportet ergo quod frigidum et humidum recipiant caliditatem et siccitatem quod erat in occultum et fiant una substantia. Cap. I.: Hic est liber Trium verborum, liber lapidis pretiosi, qui est corpus aereum et volatile, frigidum et humidum... et in eo est caliditas, siccitas frigiditas et humiditas, alia virtus in occulto et alia in manifesto. Quod ut illud quod est in occulto fiat manifestum et illud quod est manifestum fiat occultum per virtutem Dei, et caliditatem ut siccitas... caliditas et siccitas destruit frigidum et humidum aquosum et adustivum virtute divina... p. 228: ... sed virtute Dei fieri potest cum molli temperamento et moderativo termino ignis. Cf. item *Turba* l. c. p. 110.
27. SENIOR: De Chemia, l. c. p. 33: Proiicite foeminam super masculum et ascendet masculus super foeminam, et p. 96: Commisce calidum cum frigido... Masculus est calidus et siccus foemina autem est frigida et humida. Cf. item Margarita Pretiosa novella l. c. p. 123 et *Consilium Coniugii*, Ars Chem. 1566, p. 86: Facite masculum super foeminam et ascendet masculus super foeminam.
28. Cf. *Aurora Consurgens II*, Artis Aurif. 1610, I, p. 148: Dicitur etiam occisio sive mortificatio ratione vitae vegetabilis et ordinatae et accidentis hoc est caloris impressi.
29. Ps. 105, 17–19: Aperta est terra et deglutivit Dathan, et operuit super congregationem Abiron. Et exarsit ignis in synagoga eorum, flamma combussit peccatores. Et fecerunt vitulum in Horeb...
30. Ordo missae p. 370: In labore requies, in aestu temperies, in fletu solacium.

seiner siebenfältigen Gabe [24], daß er sieben Kräfte besitze bei seiner Einwirkung auf die Erde: Erstens erwärmt er die Erde, die vor Kälte tot und kahl ist, (wie man es zum Beispiel beim ⟨ungelöschten⟩ Kalk sehen kann), weshalb der Prophet sagt: Es glühte mein Herz in mir und Feuer entbrannte bei meinem Werke [25]. Und im Buch von der Quintessenz heißt es: Das Feuer dringt ein und verfeinert durch seine Wärme, und es verzehrt alle erdhaften und allzu materiellen und formlosen Bestandteile. Solange nämlich das Feuer Stoff hat, hört es nicht auf zu wirken, indem es der passiven Substanz seine Form einprägen will. Und CALED MINOR sagt: Erwärmt die Kälte des Einen durch die Wärme des Anderen [26]; ebenso sagt SENIOR: Verfertigt das Männliche über dem Weiblichen, und das heißt das Warme über dem Kalten [27]. Zweitens löscht der Geist das (einmal) ausgedehnte innewohnende Feuer (gerade) durch die Entzündung [28], wovon der Prophet sagt: Und Feuer ward unter ihrer Versammlung angezündet, und die Flamme verbrannte die Gottlosen auf Erden [29]; er löscht dieses Feuer in seinem eigenen inneren Maß, weshalb angedeutet wird: In der Hitze Glühen ist Kühlung [30].

24. Meßbuch p. [142]: Veni Creator Spiritus: Du siebenfältiger Gaben Pfand...
25. Ps. 39, 4: Mein Herz ist entbrannt in meinem Leibe und wenn ich daran denke, werde ich entzündet. (Meßbuch p. 608): Es glühte mein Herz in mir und Feuer brannte bei meinem Sinnen.
26. Nicht wörtlich nachweisbar. Bezieht sich aber wohl gedanklich auf CALIDS Liber trium verborum in Artis Auriferae, Basel 1610, p. 226/227: Es muß also das Kalte und Feuchte die Wärme und Trockenheit aufnehmen, die im Verborgenen war und zu einer Substanz werden... Cap. I.: Dies ist das Liber Trium verborum, das Buch des wertvollen Steins, der ein luftiger, flüchtiger Körper ist, kühl und feucht ... und in ihm ist Wärme, Trockenheit, Kälte und Feuchtigkeit; die eine Eigenschaft ist im Verborgenen, die andere manifest. Sodaß das was verborgen ist, manifest werden muß, und das was manifest ist, verborgen durch die Kraft Gottes und so daß die Kälte wie die Trockenheit (werden soll) ... Die Wärme und Trockenheit zerstört das Kalte und Feuchte Wässerige und Verbrennbare durch göttliche Wirkung... p. 228: ... aber dies kann durch die Wirkung Gottes geschehen mit sanfter Mäßigung und gemäßigter Begrenzung des Feuers. Vgl. auch *Turba Philosophorum* a. a. O. p. 175.
27. SENIOR: De Chemia, p. 33: Werft die Frau über den Mann und der Mann wird über die Frau steigen... p. 96: Mische das Warme mit dem Kalten... Der Mann ist warm und trocken, die Frau hingegen kalt und feucht. Vgl. ebenso Margarita Pretiosa novella, a. a. O. p. 123 und *Consilium Coniugii*, Ars Chem. 1566, a. a. O. p. 86.
28. Zur Textgestaltung vgl. *Aurora Consurgens II*, Artis Auriferae 1610, I, p. 148.
29. Ps. 106, 17–19: Die Erde tat sich auf und verschlang Dathan und deckte zu die Rotte Abirams. Und Feuer ward unter ihrer Rotte (wörtl. Versammlung) angezündet, die Flamme verbrannte die Gottlosen. Sie machten ein Kalb am Horeb...
30. Meßbuch p. 370: Sequenz an Pfingsten: Veni Sancte Spiritus: Ruhe in der Arbeit Mühn, Kühlung in der Hitze Glühn, Trost in Tränen und in Schmerz...

frigiditate alterius. Et AVICENNA: Res, in qua est adustio, primum quod resolvitur, ex ea est virtus ignea, quae lenior et dignior est, quam virtutes aliorum elementorum [31]. Tertio mollificat, id est liquefacit duritiem terrae et resolvit partes eius condensas et multum compactas, de quo scribitur: Imber sancti spiritus liquefacit [32]. Et Propheta: Emittet verbum suum et liquefaciet eam, flabit spiritus eius et fluent aquae [33]. Et in libro Quintae essentiae scribitur, quia aer poros partium terrae adaperiet ad suscipiendam virtutem ignis et aquae. Et alibi scribitur: Mulier solvit virum et ipse figit eam, hoc est spiritus solvit corpus (et mollificat) et corpus spiritum indurat. Quarto illuminat, quando omnes tenebrositates tollit de corpore, de quo canitur: Horridas nostrae mentis purga tenebras [34], accende lumen sensibus [35], et Propheta: fuit eis dux tota nocte in illuminatione ignis [36] et tunc nox sicut dies illuminabitur. Et SENIOR: Et facit omne nigrum album et omne album rubeum, quia aqua dealbat et ignis illuminat [37]. Nam lucet in colore ut rubinus per animam tingentem, quam

---

2. ex: in D / 3. alterum MPV / liquescit MPV / 5. Imber: Geber P, in libro B / liquefecit me MP / Emittit DL, emitte M / 6. ea DBLV / flavit BDLV / 9. solvit: mollificat MVB / (et mollificat) add. DL / 10. – sitates: Incipit Rh / 10.–11. quod omnis tenebrositas tollitur MP / 12. ei MPV / lux D / 15. quas MPV, aquam B /

---

31. AVICENNA: De re recta ad Hasen regem epistola (Theatr. Chem. 1659, vol. IV, p. 866): Et scivimus quod res in qua est adustio, cum decoquitur primum quod de ea resolvitur est virtus ignea, quae est in ipsa, quoniam est levior et dignior vaporatione et separatione, quam virtus reliquorum elementorum.

32. Cf. Eccli. 39, 9: ... et ipse tamquam imbres mittet eloquia sapientiae suae. Cf. Ordo missae p. [41].

33. Ps. 147, 18: Emittet verbum suum et liquefaciet ea, flabit spiritus eius et fluent aquae. Cf. Ordo missae p. 365.

34. Cf. NOTCERUS BALBULUS: Hymnus in die Pentecostes. (MIGNE P. L. CXXXI, col. 1012–1013): Spiritus alme, Illustrator hominum, Horridas nostrae Mentis purga tenebras. Cf. Ordo missae l. c. p. 53 et 173.

35. Ordo missae p. [143]: Veni Creator Spiritus: Accende lumen sensibus, Infunde amorem cordibus ...

36. Ps. 77, 14: Et deduxit eos in nube diei et tota nocte in illuminatione ignis. Cf. Sap. 10, 17: ... et fuit illis in velamento diei et in luce stellarum per noctem. Cf. Ordo missae p. 680.

37. SENIOR: De Chemia, p. 63: et tingit omne nigrum et facit album et tingit omne album et facit rubeum et ideo res magnificatur ...

Und CALED MINOR: Löscht das Feuer des Einen durch die Kälte des Andern. Und AVICENNA: Es gibt ein Ding, in welchem die Entzündung vorhanden ist, und das erste, was sich ⟨beim Kochen⟩ herauslöst, ist eine Feuerkraft, welche milder und würdiger ist, als die Kräfte aller anderen Elemente [31]. Drittens weicht der Geist auf, d. h. er verflüssigt die Härte der Erde und löst deren allzu dichte und kompakte Teile auf, wovon geschrieben steht: Der Regen oder Geist verflüssigt [32]. Und der Prophet: Er wird sein Wort aussenden und sie verflüssigen, sein Geisthauch wird wehen und die Wasser werden strömen [33]. Und im Buch von der Quintessenz steht geschrieben, daß die Luft die Poren der erdigen Teile öffnet, damit sie die Kraft des Feuers und des Wassers aufnehmen können. Und anderswo heißt es: Die Frau löst den Mann auf, und dieser macht sie gerinnen, d. i. der Geist löst den Körper auf und macht ihn weich, und der Körper läßt den Geist fest werden. Viertens erleuchtet der Geist, da er dem Körper alle Dunkelheit nimmt, wovon der Hymnus handelt: Reinige die schauerlichen Finsternisse unseres Geistes [34], die Sinne laß erleuchtet sein [35]. Und der Prophet [36]: Er führte sie die ganze Nacht im Leuchten des Feuers, und dann wird die Nacht lichthell wie der Tag werden. Auch SENIOR sagt: Und es macht alles Schwarze weiß und alles Weiße rot [37], da das Wasser weiß macht und das Feuer Leuchtkraft verleiht. Denn er leuchtet in der Farbe wie ein Rubin durch die

---

31. AVICENNA: De re recta ad Hasen regem epistola. Theatr. Chem. 1659, Vol. IV, p. 866.
32. Vgl. Jes. Sirach 39, 9: ... und wie Regen wird er die Reden der Weisheit entsenden. Meßbuch p. [41].
33. Ps. 147, 18: Er spricht, so verschmilzt es, er läßt seinen Wind wehen, so taut es auf. (Wörtl.: Er wird sein Wort aussenden und es verflüssigen, sein Geisthauch wird wehen und die Wasser werden strömen.) Meßbuch p. 365.
34. NOTKER BALBULUS (MIGNE P. L. CXXXI col. 1012–1013) Pfingstlied. Meßbuch p. 53 und 173.
35. Meßbuch p. [143]: Veni Creator Spiritus: Die Sinne laß erleuchtet sein. Gieß unsern Herzen Liebe ein...
36. Ps. 78, 14: Er leitet sie des Tages mit einer Wolke und des Nachts mit einem hellen Feuer (wörtl.: im Leuchten des Feuers).
Weish. 10, 17: ... und ward ihnen des Tages ein Schirm und des Nachts eine Flamme wie das Gestirn. Meßbuch p. 680.
37. SENIOR: De Chemia p. 63: ... und es färbt alles Schwarze und macht es weiß und es färbt alles Weiße und macht es rot und so wird die Substanz verherrlicht.

acquisivit ex virtute ignis; propter hoc ignis dicitur tinctor [38]. Et in libro Quintae essentiae: Vides mirabile lumen in tenebris [39]. Et in libro Turbae philosophorum scribitur, quod si nubes superficiem dealbaverint, procul dubio eorum intima dealbabuntur [40]. Et MORIENUS ait: Jam abstulimus nigrum et fecimus album, cum sale [et] anatron [41], id est cum spiritu. Quinto separat purum ab impuro, quando omnia accidentia animae removet, quae sunt vapores scil. odores mali sicut dicitur: quod ignis separat heterogenea et cumulat homogenea [42]. Ob hoc Propheta: Igne me examinasti, et non est inventa in me iniquitas [43], et idem: Transivimus per ignem et aquam, eduxisti nos in requiem et refrigerium [44]. Et HERMES: Separabis spissum a subtili, terram ab igne [45]. ALPHIDIUS: Terra liquefit et in aquam vertitur, aqua liquefit et in aerem vertitur, aer lique-

---

2. essentiae «dicit» add. MP / Videns PV / 3. superfaciem ML / dealbaverit MD / 4. «Et» om. MPVB / 5. «et» an. add. MPVRhLB / 7. malos MPVBD / 9. exanimasti L / 10. «in requiem et» om. MPB / 12. liquescit MPVB / aer liq. etc. om. P /

---

38. SENIOR: De Chemia p. 66: Et quod dixit Rubinus per hoc vult Animam tingentem propter quod acquisivit virtutem ex igne... Cf. p. 35; Anima tingens latet in aqua... alba.
39. Vgl. evtl. ALBERTI MAGNI, De rebus metall. Cöln 1569, lib. I cap. 1. p. 65: Carbunculus... lucet in tenebris sicut noctiluca, item p. 126: Carbunculus lucet in tenebris sicut carbo et talem vidi ego.
40. Turba l. c. p. 120: (Parmenides): ... et scitote quod si superficies dealbetur intima eius dealbabuntur. Et si (RUSKA: aeris) superficiem nubes dealbaverunt procul dubio intima dealbabuntur.
41. MORIENI Romani: De Transmutatione metallorum, in Artis Auriferae, II, Basileae 1593, p. 31: (Datin dicit ad Euthicen...): Jam abstulimus nigredinem et cum sale [a]natron, id est sale nitri et almizadir, cuius complexio est frigida et sicca, fiximus albedinem.
42. Cf. Pretiosa Margarita novella, l. c. p. 86: quia calor homogenea congregat et segregat etherogenea, et Consilium Coniugii, Ars Chemica 1566, p. 252: Ignis enim hetherogenea separat et homogenea cumulat. Cf. ALBERTI MAGNI, De mineralibus et rebus metallicis, Cöln 1569. lib II. cap. 2, p. 98: ... calorem ignis et quod congregat homogenea et disgregat etherogenea sicut dictum est in II. metheor.
43. Ps. 16, 3: Igne me examinasti et non est inventa in me iniquitas. Cf. Ordo missae p. 694.
44. Ps. 65, 12: Transivimus per ignem et aquam, eduxisti nos in refrigerium.
45. Tabula Smaragdina, ed J. Ruska, p. 2: Separabis terram ab igne, subtile a spisso, suaviter cum magno ingenio.

färbende Seele, die er aus der Kraft des Feuers erhielt [38], deshalb heißt das Feuer auch das Färbende. Und im Buch von der Quintessenz heißt es: Du erschaust ein wunderbares Licht in der Finsternis [39]. Und in der Turba Philosophorum steht, daß, wenn einmal die Wolken die Oberfläche weiß gemacht haben, ohne Zweifel auch das Innere weiß werden wird [40]. Und MORIENUS sagt: Schon haben wir das Schwarze beseitigt und das Weiße hergestellt mit dem Salz [A]natron, d. h. mit Geist [41]. Fünftens scheidet der Geist das Reine vom Unreinen, da er alle Accidentien der Seele beseitigt, welches sind die Dämpfe oder üblen Gerüche; so wie es heißt, daß das Feuer das Verschiedenartige trennt und das Gleichartige zusammenhäuft [42]. Deshalb sagt der Prophet: Du hast im Feuer mich erprobt, und Unrecht fand sich nicht an mir [43]. Und ebenso sagt er: Wir sind durch Feuer und Wasser hindurchgegangen, und du hast uns zur Ruhe und Erquickung geführt [44]. Und HERMES sagt: Du wirst das Dichte vom Feinen scheiden, die Erde vom Feuer [45]. Und ALPHIDIUS: Die Erde wird flüssig und wandelt sich in Wasser; das Wasser wird flüssig und wandelt sich in Luft; die Luft wird flüssig und wan-

---

38. SENIOR: De Chemia p. 66: Und wenn er «Rubin» sagt, so meint er die färbende Seele, da sie ihre Kraft aus dem Feuer erworben hat. Vgl. p. 35: Die färbende Seele ist im weißen Wasser verborgen.
39. Vgl. ähnlich (nicht wörtlich) ALBERTUS MAGNUS, De rebus metallicis, Cöln 1569 lib. I cap. 1. p. 65 und p. 126.
40. Vgl. Turba a. a. O. p. 190: Und wenn die Wolken die Oberfläche (RUSKA: des Kupfers) geweißt haben, so wird ohne Zweifel (auch) das Innere geweißt werden.
41. MORIENUS Romanus: Von der Verwandlung der Metalle in Artis Auriferae, II, Basel, 1593, p. 31: (Datin sagt zu Euthice...): Schon haben wir die Schwärze entfernt und mit dem Salz [A]natron, d. h. mit dem Salz des Nitrum und Almizadir, dessen Beschaffenheit kalt und trocken ist, die Weissung verfestigt. Anatron = an-natron = arabisch Natron.
42. Vgl. Pretiosa Margarita novella, a. a. O. p. 86, und Consilium Coniugii, Ars Chemica 1566, a. a. O. p. 252.
43. Ps. 17, 3: (wörtl.) Du hast im Feuer mich erprobt, und Unrecht fand sich nicht an mir. Meßbuch p. 694.
44. Ps. 66, 12: (wörtl.) Wir sind durch Feuer und Wasser hindurchgegangen und du hast uns zur Erquickung geführt.
45. Tabula Smaragdina, ed J. Ruska, p. 3.

fit et in ignem vertitur, ignis liquescit et in terram vertitur glorificatam [46]. Super hoc dicit RASIS, quod perfectae praeparationis operationem praecedit quaedam rerum purificatio, quae a quibusdam administratio vel mundificatio nuncupatur, a quibusdam rectificatio et a quibusdam ablutio vel separatio nuncupatur. Ipse enim spiritus, qui est septiformis munere [47] puriores partes separat ab impuris, ut abiectis impuris partibus opus cum puris compleatur [48]. Et hanc quintam virtutem innuit HERMES in suo secreto, cum dicit: Separabis terram ab igne, subtile a spisso suaviter (etc.) [49]. Sexto infima exaltat, quando profundam animam et occultam in visceribus terrae ad faciem ducit, de quo Propheta: Qui educit vinctos in fortitudine sua [50]. Iterum: Eduxisti animam meam ex inferno inferiori [51]. Et Jesaias: Spiritus Domini levavit me [52]. Et philosophi: Quicumque occultum fecerit manifestum [53] totum opus novit et qui novit

---

1. «– fit et in ignem vertitur» om. P, «ignis liq. ∞ glorificatam» om. DLRhB / 7. quartam v. MP, «virtutem» om. M / 8. cum: et MP / a grosso a spisso V /9. «etc.» add. DRh / 11. Item DL, vel B /

---

46. Die eingeklammerte Version steht in P statt des vorhergehenden Satzes. Vgl. *Clangor buccinae*, Artis Auriferae 1610, I, p. 317: Dicit ASSIDUUS philosophus: Ignis coagulatur et fit aer, aer coagulatur et fit aqua, aqua vero coagulatur et fit terra. Ecce enim in unam naturam convenerunt inimici. Cf. item *Consilium Coniugii*, Ars. Chem. 1566, p. 288 et 29 und Excerpta ex DEMOCRITO v. NICOL. FLAMEL Theatr. Chem. 1604, I, p. 891: ... elementa transmutantur ... ignis fit terra, terra aqua, aqua aer, aer aqua, aqua terra, terra ignis etc.

47. Ordo missae p. [143]: Veni creator spiritus: Tu septiformis munere, Digitus paternae dexterae ...

48. Cf. ARISTOTELES, De perfecto magisterio. Theatr. Chem. 1659, Vol. III, p. 79: Praecedit autem operationem perfectae operationis quaedam rerum purificatio quae a quibusdam mundificatio a quibusdam administratio a quibusdam rectificatio a quibusdam ablutio et a quibusdam separatio nuncupatur. Ipsa enim puriores rerum partes disgregat ab impuris ut gravioribus abiectis partibus cum levioribus opus compleatur. Cf. item Manget: Bibl. Chem. III, p. 134 a, *Scala philosophorum*, item partim ARISTOTELIS Tractatulus, Artis Auriferae 1610, I, p. 233 et *Rosarium* eod loco. II, 271 et ALBERTUS MAGNUS. De lapide Philos. Theatr. Chem. 1659, Vol. IV, p. 847.

49. *Tabula Smaragdina*, ed. RUSKA, l. c. p. 2. Cf. p. 20 Annot. 4.

50. Ps. 67, 7: Qui educit vinctos in fortitudine.

51. Ps. 85, 13: ... eruisti animam meam ex inferno inferiori.

52. Jes. 61, 1: Spiritus Domini super me ... Cf. Luc. 4, 18; Ordo missae p. 685. Cf. Ezechiel 3, 14: Spiritus quoque levavit me ...

53. Cf. AVICENNA: Declaratio Lapidis Physici Filio suo Aboali, Theatr. Chem. 1659, IV, p. 878.

delt sich in Feuer, (das Feuer wird flüssig und wandelt sich in verklärte Erde) [46]. Hierauf Bezug nehmend sagt RASIS, daß der eigentlichen (und) endgültigen Zubereitung eine gewisse Reinigung der Substanzen vorangeht, welche von Manchen Behandlung oder Säuberung, von Anderen Richtigstellung, und noch von Anderen Abwaschung oder Scheidung genannt wird. Der Geist selber nämlich, der von siebenfältiger Wirkung ist [47], trennt die reinen Bestandteile von den unreinen, damit das Werk dann nach Ausscheidung der unreinen Bestandteile mit den reinen durchgeführt werden kann [48]. Und eben diese Wirkung meint HERMES, wenn er in seinem «Geheimnis» sagt: Du wirst die Erde vom Feuer scheiden, das Feine vom Dichten und zwar gelinde, usw. [49]. Sechstens erhöht der Geist das Niedrige, da er die tief im Erdinnern verborgene Seele an die Oberfläche emporführt, wovon der Prophet sagt: Der die Gefangenen hinausführt in seiner Stärke [50], und auch: Du hast meine Seele hinausgeführt aus der tiefsten Hölle [51]. Auch Jesaias sagt: Der Geisthauch des Herrn hat mich emporgehoben [52]. Und die Philosophen: Wer immer das Verborgene sichtbar machen kann [53], der ver-

---

46. Die eingeklammerte Version steht in P. statt des vorhergehenden Satzes. Vgl. *Clangor buccinae*, Artis Auriferae a. a. O. 1610, p. 317, und *Consilium Coniugii*, Ars Chemica 1566, a. a. O. p. 228/229 und Excerpte des NIC. FLAMEL aus DEMOKRIT. Theatr. Chem. 1604, I, p. 891.

47. Vgl. Meßbuch, p. [143]: Veni creator spiritus: Du siebenfältiger Gabenpfand, Du Finger an des Vaters Hand ...

48. Vgl. ARISTOTELES, De perfecto magisterio, Theatr. Chem. 1659, Vol. III, p. 79 und Manget: Bibl. Chem. III, p. 134 a, *Scala philosophorum*. Ebenso teilweise ARISTOTELIS Tractatulus, Artis Aurif. 1610, I, p. 233 und das *Rosarium* ebda II, p. 271.

49. *Tabula Smaragdina*, ed. RUSKA, a. a. O. p. 3. Vgl. p. 20, Anm. 4.

50. Ps. 68, 7: Der die Gefangenen (hin)ausführt zu rechter Zeit (wörtl. in seiner Stärke).

51. Ps. 86, 13: ... du hast meine Seele errettet aus der tiefen Hölle.

52. Jes. 61, 1: Der Geist des Herrn ist über mir ...
Ezechiel 3, 14: Da hob mich der Wind (wörtl. Geist) auf ...

53. Vgl. AVICENNA: Declaratio Lapidis Physici Filio suo Aboali. Theatr. Chem. 1659, IV, p. 878.

nostrum cambar (i. e. ignem) hic [noster] philosophus est [54]. MORIE-
NUS: Qui animam [suam] sursum levaverit, eius colores videbit. Et
ALPHIDIUS: Nisi hic vapor ascenderit, nil habebis eo [55], quod per ipsum
et cum ipso et in ipso totum [56] opus fit. Septimo et ultimo inspirat,
quando suo flatu corpus terrenum spirituale facit, de quo canitur: Tu
aspirando das spiritales esse homines [57]. SALOMON: Spiritus Domini replevit orbem terrarum [58]. Et Propheta: Et spiritu oris eius omnis virtus
eorum [59]. Et RASIS in lumine luminum: Non possunt gravia nisi levium
consortio levigari (nec levia nisi combinatione gravium ad ima detrudi) [60]. Et [in] *Turba:* Facite corpora incorporea [61] et fixum volatile; haec
autem omnia nostro spiritu peraguntur et adimplentur, quia ipse solus

1. «i. e. ignem» add. MP / «noster» add. DRhLV / philosophus: filius DRh² /
2. «suam» add. D / 5. «dicitur vel» canitur add. MPV, dicitur B / 8. «Rasis in» om.
MPVB, «et Rasis» om. B / 9. (nec levia ∞ detrudi) add. RhLD / 10. «in» add. RhLB /

54. *Turba,* l. c. p. 130: Qui ergo scit cambar philosophorum occultum, iam ei est
notum arcanum. Cambar wird oft in der *Turba* erwähnt und ist die arab. Transkription
für griechisch: kinnabaris = Zinnober. Vgl. RUSKA: *Turba,* l. c. p. 28. Cf. *Consilium
Coniugii,* Ars Chem. 1566, l. c. p. 198.
55. Cf. *Consilium Coniugii,* Ars. Chem. 1566, l. c. p. 121: als Assiduuscitat: Nisi
hic vapor ascendet, nihil habes ex eo quia ipse est opus et absque quo nihil. Et sicut
anima corpori ita est ipse, qui fit quelles. Cf. *Rosarium phil.* Artis Aurif. 1610, II,
p. 247: ALBERTUS: Nisi anima corpus suum exierit et in coelum sursum ascenderit, nihil
proficies in hac arte.
56. ALPHIDIUS Cod. Ashmole 1420 l. c. fol. 26: Nisi hic vapor ascendat nihil habe-
tis eo quod ipse est opus et per ipsum et in ipso absque quo nihil fit. cf. Ordo missae,
p. 19/20 Nobis quoque peccatoribus ... Per ipsum et cum ipso et in ipso est tibi Deo
Patri omnipotenti in unitate spiritus sancti omnis honor et gloria. Cf. Rom. 11, 33–36:
Quoniam ex ipso et per ipsum et in ipso sunt omnia. Ipsi gloria in saecula. Amen.
57. NOTCERUS BALBULUS, Hymnus in die Pentecostes (MIGNE P. L. CXXXI col.
1012–1013): Tu animabus vivificandis aquas fecundas. Tu aspirando das spiritales
esse homines.
58. Sap. 1, 7: Quoniam spiritus domini replevit orbem terrarum ... Cf. Ordo
missae p. 366.
59. Ps. 32, 6: Verbo Domini caeli firmati sunt et spiritu oris eius est omnis virtus
eorum. Cf. Ordo missae p. 380, (78).
60. ARISTOTELES: De perfecto magisterio, Theatr. Chem. 1659, III, p. 79: Et hoc
dedit HERMES intelligere in suo secreto ... dicens: Separabis terram ab igne et subtile
a spisso. Quia non possunt gravia nisi levium consortio levigari nec levia nisi combinatione gravium ad ima detrudi. Cf. item AVICENNA: Declaratio Lapidis Physici Filio suo
Aboali. Theatr. Chem. 1569, IV, p. 880 et Manget, Lib. III, p. 129 a; *Rosarium phil.,*
II, et p. 133 b.
61. Cf. *Turba,* l. c. p. 141, 155, 151.

steht das ganze Werk, und wer unseren Cambar [54] (d. i. Feuer) kennt, der ist ⟨unser⟩ Philosoph. Auch MORIENUS sagt: Wer die (seine) Seele emporsteigen macht, der wird ihre Farben sehen. Und ALPHIDIUS: Wenn dieser Dampf nicht aufsteigt, dann wirst du nichts erreichen [55], denn durch ihn und mit ihm und in ihm [56] geschieht das ganze Werk. Siebtens und letztens verleiht er lebendigen Geist (inspiriert er), da er durch seinen Hauch den irdischen Körper geistig macht, wovon es heißt: Du lässest die Menschen geistig werden durch deinen Anhauch [57]. Und SALOMON: Der Geist des Herrn erfüllte den Erdkreis [58]. Auch der Prophet sagt: Und durch den Geisthauch seines Mundes besteht all ihre Pracht [59]. Und RASIS sagt im «Lumen Luminum»: Das Schwere kann nur mit dem Leichten vereint zum Aufsteigen gebracht werden und das Leichte nur in Verbindung mit dem Schweren in die Tiefe hinabgedrückt werden [60]. Und in der Turba heißt es: Macht die Körper unkörperlich [61] und das Feste flüchtig; dies Alles wird aber mit *unserem* Geist ausgeführt und vollendet, denn er allein kann rein machen, was von

---

54. Vgl. *Turba*, a. a. O. p. 205: Wer also den «verborgenen Zinnober» (cambar) der Philosophen kennt, dem ist das Geheimnis schon bekannt. Cambar wird oft in der *Turba* erwähnt und ist die arab. Transkription für griech. kinnabaris, Zinnober. Vgl. RUSKA, a. a. O. p. 28. Vgl. auch *Consilium Coniugii*, Ars. Chem. a. a. O. p. 198.
55. Vgl. *Consilium Coniugii*, Ars. Chem. 1566, a. a. O. p. 121. Wenn dieser Dampf nicht aufsteigt, wirst du nichts erreichen. Deshalb, weil er selber das opus ist und ohne ihn nichts geschieht. Vgl. auch *Rosarium phil*. Ars Aurif. 1610, II, p. 247, den Ausspruch des ALBERTUS MAGNUS.
56. Cod. Ashmole 1420 fol. 26. l. c. Vgl. die Worte des Priesters beim Schluß der Bitte um Gemeinschaft der Heiligen i. d. Messe. Meßbuch p. 20: Durch ihn und mit ihm und in ihm ist dir O Gott allmächtiger Vater in Einheit mit dem heiligen Geiste alle Ehre und Herrlichkeit. Amen. – Vgl. Röm. 11, 34–36: Denn von ihm und durch ihn und in ihm ist alles. Ihm sei Ehre und Herrlichkeit in Ewigkeit. Amen.
57. NOTKER DER STAMMLER: Pfingstlied. (MIGNE P. L. CXXXI c. 1012–1013.)
58. Weish. 1, 7: Denn der Weltkreis ist voll Geistes des Herrn. Meßbuch, p. 366.
59. Ps. 33, 6: Die Himmel sind gemacht durch das Wort des Herrn, und all ihr Heer (wörtl. ihre Pracht) durch den Geist(hauch) seines Mundes. Meßbuch p. 380 (78).
60. Vgl. ARISTOTELES: De perfecto Magisterio. Theatr. Chem. 1659, III, p. 79 und Manget: Bibl. Chem. III, p. 129 a und 133 b *(Rosarium II)*.
61. *Turba*, a. a. O. p. 220/221 und p. 236.

est, qui potest facere mundum de immundo conceptum semine [62]. Nonne dicit scriptura: Lavamini in eo et mundi estote [63]. Et ad Naaman (Syrum) dictum est: Vade et lavare septies in Jordane et mundaberis [64]. Nam ipse est unum baptisma in ablutionem peccatorum, ut fides et Propheta testantur [65]. Qui habet aures audiendi audiat, quid dicat spiritus (sanctus) doctrinae filiis disciplinae de spiritus septiformis virtute, quo omnis impletur scriptura, quod philosophi insinuant his verbis: Distilla septies et separasti ab humiditate corrumpente.

X. PARABOLA QUINTA DE DOMO THESAURARIA, QUAM SAPIENTIA FUNDAVIT SUPRA PETRAM

SAPIENTIA aedificavit sibi domum [1], quam quis introierit salvabitur et pascua inveniet [2] teste propheta: Inebriabuntur ab ubertate domus tuae [3], quia melior est dies una in atriis tuis super millia [4]. O quam beati,

---

2. «Syrum» add. Rh₂ / 4. absolutionem D / 5. «sanctus» add. D / 6. spiritu MRhL / virtutis D / 7. septies: semel Rh₂ / 9. thesaurizaria MP / 10. «firmam» petr. add. L, «supra petram» om. MPV / 12. testante MPV / 13. tuis: eius RhDML, tuis corr. eius V /

---

62. Job. 14. 4: Quis potest facere mundum de immundo conceptum semine? Nonne tu, qui solus es? Cf. Ordo missae: Orationes ante missam dicendae: Sed scio veraciter et credo ex toto corde ... quia potes me facere dignum, qui solus potes mundum facere de immundo conceptum semine et de peccatoribus iustos facis et sanctos.
63. Jes. 1, 16: Lavamini, mundi estote ...
64. IV. Reg. 5, 10: Vade et lavare septies in Jordane et recipiet sanitatem caro tua atque mundaberis.
65. Apost. Credo. Ordo missae p. 8: ... et in unum baptisma in remissionem peccatorum ... Cf. Marc. 1,4; Luc. 3, 3; Acta Ap. II, 38; Eph. IV, 5.
1. Prov. 9. 1–5: Sapientia aedificavit sibi domum, excidit columnas septem. Immolavit victimas suas, miscuit vinum et proposuit mensam suam. Misit ancillas suas, ut vocarent ad arcem et ad moenia civitatis: Si quis est parvulus, veniat ad me. Et insipientibus locuta est: Venite, comedite panem meum et bibite vinum, quod miscui vobis ... Cf. Ordo missae, p. 788. Cf. SENIOR, De Chemia, l. c. p. 21: Dixit filius Hamuel author huius operis: Feci inimicos in carmine figurarum ... quas praedixi fuisse in gremio sapientis ... sedentis iuxta hostium thalami in domo quam sibi aedificaverat ... p. 107: Lapis est sicut domus cum suis 4 parietibus et tecto ...
2. Joh. 10, 9: Ego sum ostium. Per me si quis introierit salvabitur et ingredietur et egredietur et pascua inveniet. Cf. Ordo missae p. 379.
3. Ps. 35, 9: Inebriabuntur ab ubertate domus tuae et torrente voluptatis tuae potabis eos.
4. Ps. 83, 11: ... quia melior est dies una in atriis tuis super millia ... Cf. Ordo missae p. 444.

unreinem Samen empfangen wurde [62]. Sagt nicht die Schrift: Waschet euch in ihm, und ihr sollt rein sein [63]. Und zu Naeman wurde gesagt: Geh und tauche dich siebenmal im Jordan, und du wirst rein werden [64]. Denn es gibt *eine* Taufe zur Abwaschung der Sünden [65], wie der Glaube und der Prophet bezeugen. Wer Ohren hat zu hören, der höre, was der (heilige) Geist der Lehre den Söhnen der Wissenschaft von der Wirkungskraft des siebenfältigen Geistes sagt, von dem die ganze Schrift erfüllt ist, was die Philosophen mit folgenden Worten andeuten: Destilliere siebenmal, und dann hast du die Scheidung von aller verderblichen Feuchtigkeit vollzogen.

X. DIE FÜNFTE PARABEL VOM SCHATZHAUS DAS SICH DIE WEISHEIT AUF DEM FELSEN ERBAUTE

DIE Weisheit baute sich ein Haus [1], wer in dieses eingeht, der wird selig werden und Weide finden [2] nach dem Zeugnis des Propheten: Sie werden trunken sein vom Überfluß deines Hauses [3]; denn besser ist ein Tag in deinen Vorhöfen, als tausend andere [4]! Oh wie glückselig

62. Hiob 14, 4: Kann wohl ein Reiner kommen von den Unreinen? Auch nicht einer (Wörtl.: Wer kann das rein machen, was von unreinem Samen empfangen wurde? Nicht du allein?) Vgl. Meßb.: Vorbereitende Gebete: Ich weiß wahrlich und glaube von ganzem Herzen, daß du mich würdig machen kannst, der du allein rein machen kannst was von unreinem Samen empfangen wurde und aus Sündern Gerechte und Heilige machst.
63. Jes. 1, 16: Waschet, reiniget euch, (seid rein), tut euer böses Wesen von meinen Augen ...
64. IV. Könige 5, 10: Gehe hin und wasche dich siebenmal im Jordan, so wird dir dein Fleisch wieder rein werden.
65. Apost. Credo. Meßb. p. 8: Ich bekenne eine Taufe zur Nachlassung der Sünden ...
1. Sprüche 9, 1–5: Die Weisheit baute ihr Haus und hieb sieben Säulen (aus), schlachtete ihr Vieh und trug ihren Wein auf und bereitete ihren Tisch und sandte ihre Diener aus, zu rufen oben auf den Höhen der Stadt: Wer unverständig ist, der komme zu mir! und zum Narren (Toren) sprach sie: Kommet, zehret von meinem Brot und trinket meinen Wein, den ich schenke ... Vgl. Meßbuch p. 788. Vgl. SENIOR: De Chemia p. 21: Es sagte der Sohn Hamuels, der Autor dieses Werkes: Ich habe mir Feinde gemacht im Gedicht der Figuren, von denen ich sagte, sie seien im Schoß eines Weisen gewesen, der beim Eingang des Gemaches saß im Hause, das er sich erbaut hatte. p. 107: Der lapis ... ist wie ein Haus mit seinen 4 Wänden und dem Dache.
2. Joh. 10, 9: Ich bin die Tür; so jemand durch mich eingeht, der wird selig werden und wird ein und aus gehen und Weide finden. Vgl. Meßbuch p. 379.
3. Ps. 36, 9: Sie werden trunken von den reichen Gütern (wörtl. Überfluß) deines Hauses und du tränkest sie mit Wonne als mit einem Strom.
4. Ps. 84, 11: ... denn ein Tag in deinen Vorhöfen ist besser denn sonst tausend! Meßbuch p. 444.

qui habitant in domo hac [5]: in ea namque qui petit, accipit et qui quaerit invenit et pulsanti aperietur [6]. Nam Sapientia stat ad ostium dicens: Ecce sto ad ostium et pulso, si quis audierit vocem meam et aperuerit ianuam, introibo ad illum et ipse ad me et satiabor cum illo et ipse mecum [7]. O quam magna multitudo dulcedinis tuae, quam abscondisti introeuntibus domum hanc [8], quam oculus non vidit nec auris audivit nec in cor hominis ascendit [9]. Domum hanc reserantibus erit ea quae decet sanctitudo et utique longitudo dierum [10], quia fundata est supra firmam petram [11], quae non potest scindi nisi ungatur optimo sanguine hircino [12] vel percutiatur virga mosaica ter, ut aquae effluant largissimae, ita ut omnis populus virorum ac mulierum bibat [13]; et amplius non sitient neque esu-

---

2. Ecce: Ego VP / 5. «ab» introeunt. add. L / 6. quae VP, quem M / 7. «erit ea» om. MPVB / 10. fluant MPVB /

---

5. Ps. 83, 5: Beati qui habitant in domo tua Domine, in saecula saeculorum laudabunt te. Cf. Ordo missae p. 515.
6. Math. 7, 7–8: Petite et dabitur vobis, quaerite et invenietis, pulsate et aperietur vobis. Omnis enim qui petit, accipit, et qui quaerit inveniet et pulsanti aperietur... Cf. Ordo missae p. 352.
7. Apoc. 3, 20: (angelus Laodiceae ecclesiae): Ecce sto ad ostium et pulso, si quis audierit vocem meam et aperuerit mihi ianuam, intrabo ad illum et coenabo cum illo et ipse mecum...
8. Ps. 30, 20: O quam magna multitudo dulcedinis tuae, quam abscondisti timentibus te. Cf. Ordo missae p. 619.
9. I. Cor. 2, 9: ...quod oculus non vidit nec auris audivit nec in cor hominum ascendit, quae praeparavit Dominus iis, qui diligunt eum.
10. Ps. 92, 5: Domum tuam decet sanctitudo, Domine in longitudinem dierum. Cf. Ps. 22, 7: ...ut inhabitem in domo Domini in longitudinem dierum.
11. Math. 7, 24: Assimilabitur viro sapienti, qui aedificavit domum suam supra firmam petram...
12. Levit. 16, 18: Cum autem exierit ad altare quod coram Domino est... sumptum sanguinem vituli atque hirci fundat super cornua eius per gyrum... Cf. SENIOR: De Chemia p. 9: Igitur desinet lux mea quoniam capient... a pinguedine... absque sanguine hircorum et discernit verum a falso. Cf. item p. 78–79.
13. Num. 20, 11: Cumque elevasset Moyses manum percutiens virga bis silicem, egressae sunt aquae largissimae...
Exod. 17, 6: Percuties petram et exibit ex ea aqua, ut bibat populus...

sind die, welche in diesem Hause wohnen [5], denn wer da bittet, der empfängt, und wer sucht, der findet, und wer anklopft, dem wird aufgetan [6]. Die Weisheit steht nämlich am Tore und spricht: Siehe, ich stehe vor der Tür und klopfe an; so jemand meine Stimme hören wird und die Tür auftut, zu dem werde ich eingehen und er zu mir, und ich werde das Mahl mit ihm halten und er mit mir [7]. Oh wie groß ist die Fülle deiner Süßigkeit, die du verborgen hältst für die, die dieses Haus erschließen [8], eine Süßigkeit, wie sie kein Auge gesehen hat und kein Ohr gehört hat und in keines Menschen Herz gekommen ist [9]. Die dieses Haus aufschließen, werden Heiligkeit und zudem die Fülle der Tage erlangen [10], die ihnen zusteht, denn es ist auf einen starken Felsen gebaut [11], der sich nur mit bestem Bocksblut spalten läßt [12], oder wenn er dreimal mit dem Stabe des Moses geschlagen wird, auf daß ihm viel Wasser entströme und das ganze Volk, Männer und Frauen, trinke [13],

---

5. Ps. 84, 5: Wohl denen (Selig sind), die in deinem Hause wohnen, Herr, Meßbuch p. 515.
6. Math. 7, 7–8: Bittet und ihr werdet empfangen, suchet, so werdet ihr finden, klopfet an, so wird euch aufgetan. Denn wer da bittet, der empfängt, und wer da sucht, der findet, und wer da anklopfet, dem wird aufgetan. Meßbuch p. 352.
7. Offenb. 3, 20: Siehe ich stehe vor der Tür und klopfe an. So jemand meine Stimme hören wird und die Tür auftun, zu dem werde ich eingehen und das Abendmahl (wörtl. Mahl) mit ihm halten und er mit mir.
8. Ps. 31, 20: Wie groß ist deine Güte (wörtl. Herr, die Fülle deiner Süßigkeit), die du verborgen hast für die, so dich fürchten. Vgl. Meßbuch p. 619.
9. I. Cor. 2, 9: Was kein Auge gesehen hat und kein Ohr gehört hat und in keines Menschen Herz gekommen ist, was Gott bereitet hat denen, die ihn lieben.
10. Ps. 93, 5: Heiligkeit ist die Zierde deines Hauses (wörtl. Deinem Hause gebührt Heiligkeit) O Herr, ewiglich (wörtl. in die Länge der Tage).
Ps. 23, 6: (Wörtl. so gibst du ihm langes Leben immer und ewiglich). Meßbuch p. 731.
11. Math. 7, 24: ... den vergleiche ich dem klugen Mann, der sein Haus auf einen (starken) Felsen baute ...
12. Levit. 16, 18: Wörtl.: Und wenn er herausgeht zum Altare des Herrn, soll er vom Blute des Kalbs und des Bockes nehmen und es auf des Altares Hörner ausgießen im Kreise ... Vgl. SENIOR: De Chemia, a. a. O. p. 9: Mein Licht möge versagen, da sie nehmen werden ... vom Fetten ... ohne Bocksblut, und es unterscheidet das Wahre vom Unwahren. Vgl. auch p. 78–79.
13. Num. 20, 11: Und Moses hob seine Hand auf und schlug den Fels mit dem Stab zweimal. Da ging viel Wasser heraus, daß die Gemeinde trank und ihr Vieh.
Exod. 17, 6: ... da sollst du den Fels schlagen, so wird Wasser herauslaufen, daß das Volk trinke.

rient [14]. Quicumque domum hanc aperuerit sua scientia, in ea inveniet fontem vivum indeficientem et iuvenescentem [15], in quo quis baptizatus fuerit, [hic] salvus erit [16] nec amodo senescere potest. Prochdolor pauci [tamen eam] reserant, qui parvuli sunt et ut parvuli sapiunt [17]; si autem enarraverint illa qui parvuli sunt et sedilia viginti quatuor seniorum ipsis usurpaverint, procul dubio dignitate eorum et gradu domum aperient [18] ita ut facie ad faciem [19] oculo ad oculum omnem claritatem solis et lunae speculabuntur, absque autem ipsis minime valebunt. Qui enim habent claves regni coelorum quodcumque ligaverint et solverint [20]; fiet ita. Nam

3. «hic» add. MPV / 4. «tamen eam» add. D / eis reseratur D / 5. quae MPVL / si autem ipsis qui parvuli sunt enarraverint illa ... D / sedecim MPV, seniorem M / 6. gradus ipsius domus MPV / aperirent P, aperuerunt M / 8. absque hoc autem ipsi RhL / 9. quaecumque P, quemcumque M, quidcumque Rh /

14. Apoc. 7, 16: ... non esurient neque sitient amplius nec cadet super illos sol. Cf. Ordo missae p. 735. Cf. item Jes. 49, 10 et Joh. 4, 13–14: Omnis qui bibit aqua ex hac sitiet iterum, qui autem biberit ex aqua quam ego dabo ei non sitiet in aeternum. Sed aqua quam ego dabo ei fiet in eo fons aquae salientis in vitam aeternam.
15. Cf. Sach. 13, 1: In die illa erit fons patens domui David ... in ablutionem peccatoris ...
16. Marc. 16, 16: Qui crediderit et baptizatus fuerit salvus erit.
17. Ps. 118, 130: Declaratio sermonum tuorum illuminat et intellectum dat parvulis ...
I. Cor. 13, 11: Cum essem parvulus loquebar ut parvulus, sapiebam ut parvulus ...
18. Cf. Ps. 106, 32: Exaltent eum ... et in cathedra seniorum laudent eum. Cf. Ordo missae p. 510.
Cf. Apoc. 4, 4 sq.: Et in circuitu sedis sedilia vigintiquattuor: et super thronos vigintiquattuor seniores sedentes circumamicti vestimentis albis et in capitibus eorum coronae aureae ... 10: procidebant vigintiquattuor seniores ante sedentem in throno et adorabant viventem ... 5,6: Et vidi, et ecce in medio ... seniorum agnum stantem tamquam occisum habentem cornua septem et oculos septem, qui sunt septem spiritus Dei missi in omnem terram ... 5, 8: seniores ... habentes ... phialas aureas plenas odoramentorum ... Cf. Ordo missae p. 787.
Cf. SENIOR De Chemia (Epistola Solis ad lunam crescentem) p. 8. (Luna dicit): ... exaltabimur, quando ascend(er)imus ordinem seniorum, lucerna lucis infundetur lucernae meae et (ex) te et (ex) me (fit) sicut commixtio vini et aquae dulcis ... cum intraverimus domum amoris coagulabitur meum corpus ... respondit Sol: ...
19. I. Cor. 13, 12: Videmus nunc per speculum in aenigmate: tunc autem facie ad faciem ... Cf. Ordo missae p. 140.
20. Math. 16, 19: Et tibi dabo claves regni coelorum. Et quodcumque ligaveris super terram, erit ligatum in coelis, et quodcumque solveris super terram, erit solutum in coelis. Cf. Ordo missae p. 511.

und es wird sie fürderhin nicht mehr hungern noch dürsten [14]. Wer immer dieses Haus öffnet, wird in ihm eine lebendige, unversiegliche und verjüngende Quelle finden [15], durch die jeder, der darin getauft wird, selig wird [16] und in Zukunft nicht mehr altern kann. Aber, oh weh, nur wenige können es erschließen, die wie Kinder sind und wie Kinder klug sind [17]; wenn diese aber, die Kinder sind, (sich) jene Dinge mitteilen und die Stühle der vierundzwanzig Ältesten für sich in Besitz nehmen, so werden sie zweifellos mittels ihrer Würde und ihrem Stand das Haus öffnen [18], so daß sie von Angesicht zu Angesicht, Auge in Auge die volle Herrlichkeit von Sonne und Mond schauen werden [19]; ohne diese (Ältesten) aber werden sie nichts ausrichten. Die nämlich die Schlüssel des Himmelreiches innehaben, werden alles, was sie binden werden, auch lösen [20], das wird so geschehen. Denn diese folgen

---

14. Offenb. 7, 16: Sie werden nicht mehr hungern und dürsten... Vgl. ferner Jes. 49, 10 und Joh. 13–14: Wer von diesem Wasser trinkt, den wird wieder dürsten, wer aber von dem Wasser trinken wird, das ich ihm gebe, den wird ewiglich nicht dürsten... sondern wird in ihm ein Brunnen des Wassers werden, der in das ewige Leben quillt.
15. Vgl. Sach. 13, 1: Zu der Zeit wird das Haus David einen freien offenen Born haben wider die Sünde.
16. Mark. 16, 16: Wer da glaubet und getauft wird, der wird selig werden...
17. Ps. 119, 130: Wenn dein Wort offenbar wird, so gibt es den Einfältigen Weisheit und Verstehen.
I. Cor. 13, 11: Da ich ein Kind war, da redete ich wie ein Kind und war klug wie ein Kind...
18. Ps. 107, 32: ... die sollen... ihn bei der Gemeinde preisen und bei den Alten rühmen.
Offenb. 4, 4 ff: Und um den Stuhl waren vierundzwanzig Stühle und auf den Stühlen saßen vierundzwanzig Älteste mit weißen Kleidern angetan und hatten auf ihren Häuptern goldene Kronen... 4, 10: Und da... fielen die vierundzwanzig Ältesten nieder vor dem, der auf dem Stuhl saß und beteten an... 5, 8: da fielen... die vierundzwanzig Ältesten nieder vor dem Lamm und hatten ein jeglicher... goldene Schalen voll Räucherwerk. Meßbuch p. 787.
Vgl. SENIOR: De Chemia... Epistola Solis ad lunam crescentem, p. 8 (Der Mond sagt): Wir werden durch den Geist erhöht werden, *wenn wir die Reihe der Ältesten erstiegen haben,* dann wird die Leuchte deines Lichtes sich in meines ergießen und aus dir und mir wird gleichsam eine Mischung von Wein und süßem Wasser entstehen...
19. I. Cor. 13, 12: Wir sehen jetzt durch einen Spiegel in einem dunkeln Wort, dann aber von Angesicht zu Angesicht. Meßbuch p. 140.
20. Math. 16, 19: Und ich will dir des Himmelreichs Schlüssel geben, alles was du auf Erden binden wirst, soll auch im Himmel gebunden sein und alles was du auf Erden lösen wirst, soll auch im Himmel los sein. Meßbuch p. 511.

ipsi sequuntur agnum quocumque ierit[21]. Huius autem domus decor est inenarrabilis, plateae et muri eius ex auro purissimo, portae vero eius nitent margaritis atque gemmis pretiosis[22] lapides vero eius angulares sunt quatuordecim tenentes virtutes principales totius fundamenti. Primus est sanitas, de qua Propheta: Qui sanat contritos corde et alligat contritiones eorum[23], et philosophi: Qui utitur eo hominem vigoroso corpore conservat[24]. Secundus est humilitas de qua scribitur: Quia respexit humilitatem ancillae suae[25], ecce enim ex hoc beatam me dicent omnes generationes. Et Propheta: Dominus erigit elisos[26]. Et ARISTOTELES ad Alexandrum: Cum isto lapide non est bonum pugnare[27]. ALPHIDIUS dicit: Si humilis fuerit, eius sapientia perficietur[27a]. Tertius est sanctitas, de qua Propheta: Cum sancto sanctus eris[28]. Et iterum: sanctitas et magnificentia in sanctificatione eius[29]. Et ALPHIDIUS: Scito, quod

6. «hominem» om. RhLD / 7. conservatur RhLD / 10. purgare RhLDB / 12. Cum sanctis MP /

---

21. Apoc. 14, 4: Hi sequuntur Agnum quocumque ierit. Cf. Ordo missae p. 96.
22. Apoc. 21, 10 ff: ... et ostendit mihi civitatem sanctam Jerusalem ... habentem portas duodecim ... Et murus civitatis habens fundamenta duodecim ... Et erat structura muri eius ex lapide iaspide, ipsa vero civitas aurum mundum simile vitro mundo ... Et duodecim portae duodecim margaritae sunt ... et platea civitatis aurum mundum ...
23. Ps. 146, 3: Qui sanat contritos corde et alligat contritiones eorum. Cf. Ordo missae p. 136.
24. Cf. *Aurora consurg. II,* Artis aurif. 1610, I, p. 141: Illa tinctura hominem laetificat et cor hominis sanat, ut Senior dicit et reddit hominem hilarem et juvenilem et vigorose corpus conservat.
25. Lucas 1, 48: Quia respexit humilitatem ancillae suae; ecce enim ex hoc beatam me dicent omnes generationes. Cf. Ordo missae p. 305.
26. Ps. 144, 14: Allevat Dominus qui corruunt et erigit omnes elisos.
27. Cf. ARISTOTELES Secreta Secretorum 1528 fol. XXIX. De Lapide Alchahat: et non potest homo proeliari cum habente ipsum in manu. Et fol. XXX: est alia arbor, qui istam secum portaverit, erit laetus probus et audax, cum isto non est bonum luctari vel litigare vel pugnare ...
27a. Cf. THEOBALDUS DE HOGHELANDE De Alchimiae Difficultatibus, Manget. l. c. I p. 340: Et ALPHIDIUS (in clav. Phil.) Si humilis fueris eius Sophia et Sapientia perficietur, sin autem, eius dispositio penitus te latebit.
28. Ps. 17, 26: Cum sancto sanctus eris et cum viro innocente innocens eris.
29. Ps. 95, 6: Confessio et pulchritudo in conspectu eius. Sanctimonia et magnificentia in sanctificatione eius. Cf. Ordo missae p. 693.

dem Lamme wohin es geht [21]. Der Schmuck dieses Hauses ist aber unbeschreiblich: seine Mauern sind aus lauterem Golde, und seine Tore funkeln von Perlen und Edelsteinen [22]; seine Ecksteine aber sind vierzehn an Zahl und enthalten die Grundkräfte des ganzen Fundamentes. Der Erste ist die Gesundheit, wovon der Prophet sagt: Er heilt die zerbrochenen Herzens sind und lindert ihre Schmerzen [23], und die Philosophen: Wer ihn (den Stein) gebraucht, wird den Menschen in voller Körperkraft erhalten [24]. Der Zweite ist die Demut, von der es heißt [25]: Denn er hat die Demut seiner Magd angesehen. Siehe, von nun an werden mich selig preisen alle Generationen. Und der Prophet spricht: Der Herr richtet auf alle, die niedergeschlagen sind [26]. Und ARISTOTELES sagt in seiner Schrift an Alexander: Mit diesem Stein ist nicht gut kämpfen [27]. Auch ALPHIDIUS sagt: Wenn einer demütig ist, so wird seine Weisheit Vollendung erlangen. Der dritte ist die Heiligkeit, von welcher der Prophet sagt: Mit dem Heiligen bist du heilig [28]; und auch: Heiligkeit und Majestät in seiner Heiligung [29]. Und ALPHIDIUS: Wisse,

---

21. Offenb. 14, 4: Diese sinds, die mit Weibern nicht befleckt sind – denn sie sind Jungfrauen – und folgen dem Lamme nach, wo es hingeht. Meßbuch p. 96.
22. Offenb. 21, 10 ff: Und ich... sah die heilige Stadt, das neue Jerusalem von Gott aus dem Himmel herabfahren... Und sie hatte eine große Mauer und hatte zwölf Tore... Und die Mauer der Stadt hatte zwölf Grundsteine... Und der Bau ihrer Mauer war von Jaspis und die Stadt von lauterem Golde gleich dem reinen Glase... Und die Grundsteine der Mauer um die Stadt waren geschmückt mit allerlei Edelgestein... Und die zwölf Tore waren zwölf Perlen und ein jeglich Tor war von *einer* Perle und die Gassen der Stadt waren lauteres Gold...
23. Ps. 147, 3: Er heilt die zerbrochenen Herzens sind, und verbindet ihre Schmerzen... Meßbuch p. 136.
24. Vgl. *Aurora cons.* II. Teil. Artis Aurif. 1610, a. a. O. p. 141: Jene (die Tinktur) erfreut den Menschen und heilt sein Herz und macht, wie Senior sagt, den Menschen heiter und jugendlich und erhält seinen Körper kraftvoll.
25. Lucas 1, 48: ... denn er hat die Niedrigkeit (Demut) seiner Magd angesehen. Siehe von nun an werden mich selig preisen alle Kindeskinder (Generationen). Meßbuch p. 305.
26. Ps. 145, 14: Der Herr erhält alle, die da fallen und richtet auf alle, die niedergeschlagen sind.
27. Vgl. ARISTOTELES Secreta Secretorum 1528, fol. XXIX. Vom Stein Alchahat: Und ein Mensch kann nicht kämpfen mit einem, der diesen Stein in der Hand hält. s. auch fol. XXX.
28. Ps. 17, 26: Mit dem Heiligen bist du heilig und bei den Frommen bist du fromm...
29. Ps. 96, 6: ... es gehet gewaltig und löblich zu in seinem Heiligtum. (wörtl.: Heiligkeit und Majestät in seiner Heiligung). Meßbuch p. 693.

hanc scientiam habere non poteris, nisi mentem tuam Deo purifices, hoc est in corde omnem corruptionem deleas [30]. Et Turba: Voluptates reliqui et Deum exoravi, ut aquam mihi mundam ostenderet, quam novi esse merum acetum [31]. Quartus est castitas, de qua legitur: Quem cum amavero munda sum, (cum tetigero casta sum) [32]. Cuius mater virgo est et pater non concubuit, quia lacte virgineo pastus est etc. [33]. Unde AVICENNA in mineralibus dicit: Quidam ingeniosi utuntur aqua, quae lac virginis dicitur [34]. Quintus est virtus, de qua dicitur: Virtus ornat ani-

---

1. sanctifices D / 5. (cum tetigero casta sum) add. MPV / 5.–6. «Cuius mater ∾ pater non» om. MPV / 6. concumbit MPB /

---

30. ALPHIDIUS, Cod. Ashmole 1420, fol. 15: Inspice Fili in libro meo et mandatum meum respice atque monitionem meam. Et scito quod sapientiam istam habere non potes quousque mentem tuam Deo purifices et sciat te Deus habere certum animum et creatori tuo fidelitatem quod thesaurus Dei numquam perit nec deficit. Cf. item. *Consilium Coniugii,* Ars. Chem. 1566, l. c. p. 56: Hanc enim scientiam inquirentibus necessarium est habere mentes purificatos a Deo, cum sit donum et secretum Dei. Cf. item *Rosarium,* Manget, Lib. III, p. 91 b: Scito fili quod istam scientiam habere non potes, quousque mentem tuam Deo purifices et sciat Deus te habere certum animum ac rectum et tunc Mundo dominari te faciet. Cf. THEOBALDUS DE HOGHELANDE, De Alchimiae Difficultatibus, Manget. l. c. I. p. 340: Unde ALPHIDIUS (in clav. Phil.): Hanc scientiam habere non potes, quousque mentem tuam Deo purifices et sciat te Deus habere mentem contritam.

31. *Turba* l. c. p. 125: FLORITIS: Acetum est acerrimum, quod facit esse merum spiritum... Et iuro vobis per Deum, quod multo tempore in libris investigavi... et Deum oravi ut, quid est, me doceret. Exaudita autem oratione mundam aquam mihi demonstravit, quam novi merum esse acetum.

32. Cf. Math. 9, 21–22.

33. ALPHIDIUS, Cod. Ashmole 1420 l. c. fol. 26: Cuius mater virgo est et pater non concubuit. Cf. das ALPHIDIUScitat bei PETRUS BONUS, Pretiosa Margarita Novella l. c. p. 40: Hic lapis in viis projectus, est in nubibus exaltatus, in aere habitat, in flumine pascitur et in cacumine montium quiescit, cuius mater virgo est, cuius pater foeminam nescit. Item im *Liber de magni Lapidis compositione et operatione,* Theatr. Chem. 1659. Vol. III. p. 37 und p. 44. Item als ASSIDUUScitat im *Consilium Conjugii* l. c. p. 205, 64, 150.

Cf. Margarita pretiosa novella, l. c. p. 40: ... iudicaverunt deum cum homine fieri debere unum et hoc factum fuit in Christo Jesu et virgine matre eius... Et ostendit deus hoc exemplum miraculosum philosophis in hoc lapide.

34. AVICENNAE Mineralia, in Artis Auriferae, 1610, p. 240: Est autem res quaedam, qua utuntur quidam ingeniosi cum volunt rem siccam coagulare, quae componitur ex duabus aquis et dicitur lac virginis. Item in *De Congelatione et Conglutinatione lapidis.* Theatr. Chem. 1659. IV. p. 883. Und ARISTOTELES, Secreta secretorum 1528. cap. De mineralibus. Item als ASSIDUUScitat im Theatr. Chem. 1659. III. p. 37.

daß du diese Wissenschaft nicht haben kannst, falls du nicht deinen Geist für Gott reinigst, d. h. im Herzen alle Verderbnis auslöschest [30]. Und in der Turba heißt es: Ich habe die weltlichen Freuden zurückgelassen und zu Gott gebetet, er möge mir das «reine Wasser» zeigen, von dem ich wußte, daß es lauterer Essig sei [31]. Der vierte ist die Keuschheit, von der zu lesen ist: Wenn ich ihn liebe, werde ich rein sein, und wenn ich ihn berühre, werde ich keusch sein [32]; ihn, dessen Mutter jungfräulich ist und dessen Vater ihr nicht beiwohnte, da er von Jungfrauenmilch [33] ernährt wurde usw. Weshalb AVICENNA in seiner Schrift über die Minerale sagt: Gewisse erfinderische Leute gebrauchen ein Wasser, welches Jungfrauenmilch genannt wird [34]. Der fünfte ist (wirkende)

30. Cod. Ashmole 1420. l. c. fol. 15 l. c. Vgl. *Consilium Coniugii,* Ars. Chem. 1506, a. a. O. p. 56: Für die, welche dieses Wissen suchen, ist es nötig, daß sie von Gott gereinigte Gemüter haben, da es ein Geschenk und Geheimnis Gottes ist. Vgl. ebenso *Rosarium,* Manget, Buch III, p. 91 b: Wisse mein Sohn, daß du diese Wissenschaft nicht haben kannst, bevor du nicht deinen Geist für Gott reinigst, d. h. daß du im Herzen alle Verderbnis auslöschest.

31. *Turba,* a. a. O. p. 198: FLORITIS (SOCRATES): Und ich schwöre euch bei Gott, daß ich lange Zeit in den Büchern geforscht habe, um zu der Wissenschaft dieses einzigen Dinges zu gelangen und daß ich Gott gebeten habe, mich zu lehren, was es ist. Nachdem er aber meine Bitte erhört hatte, zeigte er mir das «reine Wasser», das ich als den lauteren Essig erkannte.

32. Vgl. Math. 9. 21–22.

33. Cod. Ashmole 1420 fol. 26 l. c. Vgl. ALPHIDIUS in PETRUS BONUS, Pretiosa margarita novella, a. a. O. p. 40: Dieser auf die Straße hinausgeworfene Stein ist in die Wolken erhöht, er lebt in der Luft, auf den Gipfeln der Berge, er dessen Mutter jungfräulich ist und dessen Vater die Frau nicht kennt.

Vgl. ebenso das Zitat des ASSIDUUS in *Consil. Coniug.* Ars Chem. 1566, p. 205, 64, 150.

Vgl. Margarita pretiosa novella a. a. O. p. 40: ... sie urteilten, daß Gott mit dem Menschen Eins werden müsse und dies ist geschehen in Jesus Christus und seiner jungfräulichen Mutter. Und Gott hat dies, als ein wunderbares Beispiel, den Philosophen in diesem Stein offenbart.

34. AVICENNA, Mineralia, in Artis Auriferae, 1610, p. 240: Es gibt eine Sache, die gewisse erfinderische Leute gebrauchen, wenn sie etwas Trockenes coagulieren wollen; sie ist aus zwei Wässern zusammengesetzt und wird Jungfrauenmilch genannt. Ebenso in *De Congelatione et Conglutinatione Lapidis.* Theatr. Chem. 1659, Bd. IV, p. 883 und ARISTOTELES, Secreta secretorum 1528, cap. De Mineralibus.

mam. Et HERMES: Et recipit virtutem superiorum et inferiorum planetarum et sua virtute penetrat omnem rem solidam [35]. Et in libro Quintae essentiae dicitur: Cum non suffecissem mirari de tanta rei virtute sibi coelitus indita et infusa [36]. Sextus est victoria, de qua HERMES: Et vincet omnem rem solidam et lapidem pretiosum [35]. Et JOHANNES in Apocalypsi: Vincenti subtile dabo manna absconditum et nomen novum quod os Domini nominavit [37]. Et in libro Quintae essentiae: Cum autem operatus fuerit lapis victoriae, smaragdos jaspides et veros chrysolithos cum lapide ex ea materia facere informabo, qui in colore, substantia et virtute naturales praecellunt et excedunt etc. [38]. Septimus est fides, de qua legitur: Fides salvat hominem [39], quam nisi quisque habuerit, salvus esse non poterit. Fides est intelligere, quod non vides [40]. Et Turba: Est invisibilis quemadmodum anima in humano corpore [41]. Et in eodem dicitur: Duo videntur, terra scilicet et aqua, alia vero non, scilicet aer et ignis [42].

1. recepit D, recipiet RhL / 3. mirari: amanti PV, om. M / sibi: soli MP / 4. induta MP / vincit MPLRh / 5. «solidam» om. MPB / pretiosum «et subtilem» add. V / 6. subtilem M, om. PVB / 8. veros: achites MPV / Crisoliton MPV / 9. «materia» coni. manante DRh, manente MPLV om. B / informabo: Rubinos MPV / 10. «etc.» om. MPL / 12. intelligentia DV / intra P, intus M / «Et» om. MPV /

35. Cf. *Tabula Smaragdina* ed J. Ruska, p. 2: Ascendit a terra in coelum, iterumque descendit in terram, et recipit vim superiorum et inferiorum. Sic habebis gloriam totius mundi. Ideo fugiat (fugiet) a te omnis obscuritas. Hic est totius fortitudinis fortitudo fortis: quia vincet omnem rem subtilem, omnemque solidam penetrabit.

36. Cf. *Aurora consurgens II,* Art. Aurif. 1610, I, p. 151: Quod non sit natus neque nascitur in futurum qui hanc scientiam posset complere sine natura, natura quidem quae coelitus est indita rebus et infusa. Cf. ARISTOTELES Secreta secretorum. 1528. fol. XXVI. 2.

37. Apoc. 2, 17: Vincenti dabo manna absconditum et dabo illi calculum candidum et in calculo nomen novum scriptum quod nemo scit, nisi qui accipit.

38. Cf. *Aurora cons. II,* cap. 22, Artis Aurif. 1610, p. 157: ut superius allegatum est in libro Sextario, ubi dicitur: quod lapides Jacinti Coralli rubei et albi Smaragdi Chrysoliti Saphyri ex ipsa materia formari possunt: Et in charta Sacerdotum traditur, quod ex chrystallo, carbunculus sive rubinus aut topazius per eam fieri potest qui in colore et substantia excellunt naturales item.

39. Cf. inter alia Math. 9, 22: Fides tua te salvam fecit.

40. Joh. 20, 29: Beati qui non viderunt et crediderunt. Cf. Ordo missae p. 336. Cf. THOMAS AQUINATIS Summa theol. Prima secundae Quaest. 72 Art. 73: quia fides est de his, quae non videntur.

41. *Turba* l. c. p. 141: Hic enim spiritus, quem quaeritis, ut eo quodlibet tingatis, in corpore occultus est et absconditus, invisibilis quemadmodum anima in humano corpore. – (Hierin nicht mit dem Ms. der Vadiana übereinstimmend.)

42. *Turba* l. c. p. 117: In his (scil. elementis) est arcanum absconditum, quorum duo tactum habent (et) aspectum apud visum largiuntur, quorum opus et vi[rtu]s sciuntur, quae sunt terra et aqua, alia autem duo elementa nec videntur nec tanguntur ...

Kraft, von der es heißt: Die Kraft ziert die Seele. Auch HERMES sagt: Und er nimmt die Kraft der oberen und unteren Planeten in sich auf, und durchdringt mit seiner Kraft alle festen Dinge [35]. Und im Buch von der Quintessenz heißt es: Da ich mich nicht genug wundern konnte über die große Wirkungskraft der Sache, die ihr vom Himmel her eingegeben und eingeflößt worden war [36]. Der sechste ist der Sieg, wovon HERMES lehrt: Und er (der Lapis) besiegt jedes feste Ding und sogar den Edelstein [35]. Und JOHANNES sagt in der Offenbarung: Wer überwindet, dem will ich das feine (subtile) und verborgene Manna geben und einen neuen Namen, den der Mund des Herrn genannt hat [37]. Und im Buch von der Quintessenz steht: Sobald einmal der Stein des Sieges hergestellt ist, werde ich lehren, wie man mit dem Stein aus dieser Materie Smaragde, Jaspise und echte Chrysolithe machen kann, die an Farbe, Substanz und Kraft die natürlichen Edelsteine überflügeln und übertreffen usw. [38]. Der siebte ist der Glaube, von dem zu lesen steht: Der Glaube erlöst den Menschen [39], und wer ihn nicht besitzt, kann nicht selig werden. Glauben bedeutet Verstehen dessen, was man nicht sieht [40]. Und in der Turba steht: Er ist unsichtbar wie die Seele im menschlichen Körper [41], und ebenda heißt es: Zwei Elemente kann man sehen, nämlich Erde und Wasser, die anderen aber nicht, nämlich Luft und Feuer [42].

---

35. Vgl. *Tabula Smaragdina*, ed. J. Ruska, p. 3.
36. Vgl. *Aurora cons.* II, Artis aurif. 1610, I, p. 151 und ARISTOTELES Secreta secretorum 1528 fol. XXVI 2.
37. Offenb. 2, 17: Wer überwindet, dem will ich zu essen geben von dem verborgenen Manna und will ihm geben einen weißen Stein und auf dem Stein einen neuen Namen geschrieben, welchen niemand kennt, denn der ihn empfängt.
38. Vgl. *Aurora cons. II*, cap. 22, Artis Aurif. 1610. I, p. 157.
39. Vgl. Math. 9, 22: das Wort Jesu: Dein Glaube hat dir geholfen (wörtl. dich heil gemacht).
40. Vgl. Joh. 20, 29: Selig die nicht sehen und doch glauben. Meßbuch p. 336.
41. *Turba* a. a. O. p, 220: Und dieser Geist, den ihr sucht, um damit irgend etwas zu färben, ist im Körper verborgen und unsichtbar versteckt, wie die Seele im menschlichen Körper.
42. *Turba* a. a. O. p. 185: In ihnen (den Elementen) ist nämlich ein Geheimnis verborgen, indem zwei von ihnen tastbar sind und beim Schauen einen Anblick gewähren, von denen Wirkung und Kraft bekannt sind, nämlich Erde und Wasser, während die beiden andern Elemente weder gesehen noch getastet werden ...

Et PAULUS: Qui crediderit in eum, non confundetur, nam non credentibus est lapis offensio et petra scandali [43]. Et Evangelium: Qui non crediderit, iam iudicatus est [44]. Octavus est spes, de qua dicitur: Firma spes laetificat res, spes promittit semper finem bonum. Et MORIENES: Spera et spera et sic consequeris. Et Propheta: Sperate in eum omnis congregatio populi [45], in eum speraverunt patres nostri et liberati sunt [46]. Nonus est caritas, de qua Apostolus: Caritas omnia suffert. Caritas non agit perperam [47]. Et Evangelista: Ego diligentes me diligo [48]. Qui omni tempore diligit, hic amicus est [49]. Et ALPHONSUS (rex): Hic est vere amicus, qui te non deserit, cum omne saeculum tibi deficit. Et GREGORIUS [50]: Probatio dilectionis est exhibitio operis. Et JOB: Omnia, quae homo habet dabit pro anima sua [51], hoc est pro lapide isto. Nam qui parce seminat parce et metet [52]; et qui non fuerit socius passionis non erit consolationis [53]. Decimus est benignitas, de qua dicitur: Nescis, quod beni-

---

1. «in eum» om. PV, omnino M / «non» bis om. MP / 2. ostensio P, offensionis DV / 3. Firma fides RhDL / 9. amicus est «meus» add. D / «rex» add. M / 13. compassionis D / 14. cons. «socius» add. D / «est» om. PL /

---

43. Rom. 9, 33: Ecce pono in Sion lapidem offensionis et petram scandali et omnis qui credit in eum non confundetur. Cf. Ordo missae p. 331.
44. Joh. 3, 18: Qui credit in eum non iudicatur, qui autem non credit, iam iudicatus est. Cf. Ordo missae p. 376.
45. Ps. 61, 9: Sperate in eo omnis congregatio populi, effundite coram illo corda vestra.
46. Ps. 21, 5: In te speraverunt patres nostri, speraverunt et liberasti eos. Cf. Ordo missae p. 229.
47. I. Cor. 13, 7: Charitas ... omnia suffert, omnia credit, omnia sperat ...
I. Cor. 13, 4: Charitas ... non aemulatur, non agit perperam ... Cf. Ordo missae p. 140.
48. Joh. 14, 21: Qui autem diligit me, diligetur a Patre meo, et ego diligam eum et manifestabo ei meipsum. Prov. 8, 17: Ego diligentes me diligo. Cf. Ordo missae p. 586.
49. Prov. 17, 17: Omni tempore diligit, qui amicus est.
50. GREGORIUS MAGNUS, In Evang. Homilia XXX. (Opera ed. Parisiis 1636. Tom II. col. 409 D) Probatio dilectionis est exhibitio operis.
51. Hiob 2, 4: Ait Satan: Pellem pro pelle, et cuncta quae habet homo dabit pro anima sua. Cf. Math. 16, 26: Aut quam dabit homo commutationem pro anima sua? Cf. Ordo missae p. (9).
52. II. Cor. 9, 6: Hoc autem dico, qui parce seminat, parce et metet. Cf. Ordo missae p. 693. Cf. ALBERTUS MAGNUS, De lapide Philos. Theatr. Chem. 1659, Vol. IV, p. 845. Nam quaecumque seminaverit homo, haec et metet.
53. II. Cor. 1, 7: Ut spes nostra firma sit pro vobis: scientes quod sicut socii passionis estis, sic eritis et consolationis.

Und PAULUS sagt: Wer an ihn glaubt, wird nicht zu Schanden werden, denn für die, welche nicht glauben, ist der Stein ein Anstoß und ein Fels des Ärgernisses [43]. Und im Evangelium heißt es: Wer nicht glaubt, der ist schon gerichtet [44]. Der achte ist die Hoffnung, von der es heißt: Feste Hoffnung beseeligt das Werk, die Hoffnung verspricht immer ein gutes Ende. Und MORIENUS sagt: Hoffe und hoffe, und so wirst du zum Ziel gelangen. Und der Prophet: Hoffet auf ihn, das ganze Volk [45], auf ihn hofften unsere Väter und wurden befreit [46]. Der neunte ist die Liebe, von welcher der Apostel sagt: Die Liebe verträgt alles, sie handelt nie verkehrt [47]. Und der Evangelist: Ich liebe, die mich lieben [48]. Wer allezeit liebt, der ist ein Freund [49]. Und ALPHONSUS sagt: Der ist wirklich ein Freund, der dich auch dann nicht verläßt, wenn die ganze Welt von dir abfällt. Und GREGOR spricht: Der Prüfstein der Liebe ist das Vorweisen des Werkes. Und HIOB: Alles, was ein Mensch hat, wird er für seine Seele hingeben [51], d. h. für diesen Stein, denn wer kärglich sät, der wird auch kärglich ernten [52], und wer nicht des Leidens teilhaftig war, wird auch nicht des Trostes teilhaftig werden [53]. Der zehnte

43. Römer 9, 33: Siehe da, ich lege in Zion einen Stein des Anstoßes und einen Fels des Ärgernisses; und wer an ihn glaubt, der soll nicht zu Schanden werden. Meßbuch p. 331.
44. Joh. 3, 18: Wer an ihn glaubt, der wird nicht gerichtet; wer aber nicht glaubt, der ist schon gerichtet; denn er glaubt nicht an den Namen des eingeborenen Sohnes Gottes. Meßbuch p. 376.
45. Ps. 62, 9: Hoffet auf ihn allezeit, liebe Leute(wörtl. das ganze Volk), schüttet euer Herz vor ihm aus ...
46. Ps. 22, 5: Unsere Väter hofften auf dich, und da sie hofften halfst du ihnen aus (wörtl. wurden sie befreit). Meßbuch p. 229.
47. I. Cor. 13, 7: (Die Liebe) verträgt alles, sie glaubt alles ... sie duldet alles ... I. Cor. 13, 4: Die Liebe eifert nicht, sie treibt nicht Mutwillen (wörtl. sie handelt nicht verkehrt), sie blähet nicht auf. Meßbuch p. 140.
48. Joh. 14, 21: Wer mich aber liebt, der wird von meinem Vater geliebt werden und ich werde ihn lieben und mich ihm offenbaren. Sprüche 8, 17: Ich liebe, die mich lieben. Meßbuch p. 586.
49. Sprüche 17, 17: Ein Freund liebt allezeit, und als ein Bruder wird er in der Not erfunden.
50. GREGOR DER GROSSE, In Evang. Homilia. XXX Opera, Parisiis 1636, Vol. II, col. 4091) wörtl. gleich.
51. Hiob 2, 4: Der Satan antwortete dem Herrn und sprach: Haut für Haut, und alles was ein Mensch hat, läßt er für sein Leben (wörtl. wird er für seine Seele hingeben).
52. II. Cor. 9, 6: Wer da kärglich sät, der wird kärglich ernten. Meßbuch p. 693.
53. II. Cor. 1, 7: ... und unsere Hoffnung steht fest für euch, dieweil wir wissen, daß, wie ihr des Leidens teilhaftig seid, so werdet ihr auch des Trostes teilhaftig sein.

gnitas (Dei) te ad poenitentiam ducit. Benignus est iudex, reddere unicuique iuxta opera sua [54]. Nam benignitas reddit bonum pro malo maximum pro pauco, sed bonitas pro bono reddit bonum, parvum pro parvo. Undecimus est patientia, de qua dicitur: Si vis vincere, disce pati. Et Apostolus: Per patientiam et consolationem scripturarum spem habeamus [55]. Et MORIENES: Qui patientiam non habet manum ab opere suspendat [56]. Et CALED MINOR: Tria sunt necessaria, videlicet patientia, mora et aptitudo instrumentorum [57]. Et Apostolus: Patientes estote, quia adventus Domini appropinquabit etc. [58]. Duodecimus est temperantia, de qua scribitur, quod omnia nutrit et fovet et in sanitate conservat. Quamdiu enim elementa sunt in temperantia, anima in corpore delectatur, cum autem discordant, anima in eo abhorret habitare. Nam temperantia est elementorum mixtio adinvicem, ut calidum cum frigido, siccum cum humido temperetur; et ne unum excedat aliud philosophi summo studio prohibuerunt dicentes: Cavete, ne arcanum fugiat [59], cavete, ne acetum in fumum vertatur [60], cavete, ne regem et uxorem suam

---

1. «Dei» add. L, Divinitatis MP / «te» om. M, Dei est quae te L / poenitentiam: praemium MPV₂ / 6. Et: etc. DRh, om. L / 7. suspendit MPVL / «videlicet» om. BPVD / 9. «etc» om. MPVL / 12. discordant in eo abhorret anima DBP / 15. «Cavete» om. MP / fugiet BLRh, fuget P, fumiget M / 16. «cavete» om. PM /

---

54. Rom. 2, 4: ...ignoras, quoniam benignitas Dei ad poenitentiam te adducit? Rom. 2, 6: Dei, qui reddet unicuique secundum opera eius. Cf. Ps. 61, 13.

55. Rom. 15, 4: Quaecumque scripta sunt, ad nostram doctrinam scripta sunt, ut per patientiam et consolationem Scripturarum spem habeamus. Cf. Ordo missae p. 50.

56. Cf. *Rosarium*, Manget Lib. III, p. 114 a.

Cf. item THOMAS DE AQUINO: Thesaurus Alchemiae Secretissimus, Theatr. Chem. 1659, Vol. III, p. 278: ...Quia secundum Gebrum festinantia a Diabolo est. Ideo qui patientiam non habet, ab operatione manum suspendat.

57. *Rosarium*, Manget, lib. III, p. 114 a: Ad hanc tria necessaria sunt, scilicet patientia, mora et instrumentorum aptatio.

Cf. THOMAS DE AQUINO: Thesaurus Alchemiae Secretissimus, Theatr. Chem. 1659, Vol. III, p. 278: Quomodo tandem fit substantia una, ut dicit AVICENNA: habere opportet patientiam, moram et instrumentum.

58. Jac. 5, 8: Patientes igitur estote et vos et confirmate corda vestra quoniam adventus Domini appropinquavit.

59. *Turba phil.* ed. J. Ruska l. c. p. 126: ...et cavete, ne arcanum fumiget... (Cod. N. Vadiana 390: fugiet). Cf. ibidem p. 128: Observate ergo vas ne compositum fugiat...

60. Ibidem: p. 199 ...et cavete ne acetum in fumum vertatur et pereat.

ist die Güte, von der es heißt: Du weißt nicht, daß dich Gottes Güte zur Buße leitet. (Wie) gütig ist der Richter zu geben einem jeglichen nach seinen Werken [54]. Denn die Güte gibt Gutes für Schlechtes, Größtes für Geringes, (die bloße Gutartigkeit hingegen gibt Gutes für Gutes, Geringes für Geringes). Der elfte ist die Geduld, von der es heißt: Wenn du siegen willst, so lerne dich gedulden. Und der Apostel: Durch die Geduld und Trost der Schrift mögen wir Hoffnung haben [55]. Auch MORIENUS sagt: Wer keine Geduld hat, der lasse seine Hände vom Werk [56], und CALED MINOR: Drei Dinge sind von Nöten, nämlich Geduld, Bedächtigkeit und geschickte Handhabung der Werkzeuge [57]. Und der Apostel: Seid geduldig, denn die Ankunft des Herrn ist nahe usw. [58]. Der zwölfte ist das Gleichmaß, von dem geschrieben steht, daß es alles nährt und hegt und in Gesundheit bewahrt. Solange nämlich die Elemente im Gleichmaß sind, fühlt sich die Seele im Körper wohl, aber sobald sie uneins werden, dann haßt sie es, in ihm zu verweilen. Denn das Gleichmaß ist eine solche gegenseitige Vermischung der Elemente, daß das Warme mit dem Kalten und das Trockene mit dem Feuchten im Gleichgewicht bleibt. Und die Philosophen haben mit größtem Nachdruck geboten, daß keines das Übergewicht über ein anderes bekäme, indem sie sagten: Gebt Acht, daß das Geheimnis nicht entweicht [59], habt Acht, daß sich der Essig nicht in Rauch verwandelt [60], habt Acht, daß ihr nicht etwa den König mit seiner Gattin durch allzu

---

54. Röm. 2, 4–6: Weißt du nicht, daß dich Gottes Güte zur Buße leitet? ... des gerechten Gerichtes Gottes, welcher geben wird einem jeglichen nach seinen Werken. Vgl. Ps. 62, 13.
55. Röm. 15, 4: Was aber zuvor geschrieben ist, das ist uns zur Lehre geschrieben auf daß wir durch Geduld und Trost der Schrift Hoffnung haben. Meßbuch p. 50.
56. Vgl. *Rosarium Phil.* Manget, Buch III, p. 114 a.
Vgl. dasselbe als Ausspruch GEBERS in THOMAS VON AQUINO, Thesaurus Alchemiae secretissimus. Theatr. Chem. 1659, Vol. III, p. 278.
57. Vgl. *Rosarium,* Manget, Buch III, p. 114 a. Vgl. THOMAS VON AQUINO: Thesaurus Alchemiae Secretissimus. Theatr. Chem. 1659, Vol. III, p. 278 und GEBER, Summa Perfectionis cap. 12 in De Alchimia 1541. p. 17.
58. Jak. 5, 8: Seid ihr auch geduldig und stärket eure Herzen, denn die Ankunft des Herrn ist nahe.
59. Vgl. *Turba phil.* ed. J. Ruska, a. a. O. p. 200: ... und hütet euch, daß das «Geheimnis» zu rauchen beginnt. Ebenda p. 202: Beobachtet also das Gefäß, damit die Zusammensetzung nicht entweicht.
60. Ebenda p. 199: ... und habet Acht, daß der Essig sich nicht in Rauch verwandelt und zugrunde geht.

fugetis nimio igne [61], cavete omne, quod est extra modum, sed super ignem putredinis hoc est temperantiae ponite quousque sponte iungantur [62]. Tredecimus est spiritualis disciplina sive intellectus, de quo Apostolus: Littera occidit, spiritus autem vivificat [63]. Renovamini spiritu mentis vestrae et induite [novum] hominem [64], hoc est intellectum subtilem [65]. Si spiritualiter intellexeritis, spiritum utique cognoscetis. Unusquisque vestrum opus suum probet [66], utrum sit perficiens an deficiens. Quae enim homo seminat eadem et metet [67]. O quam multi non intelligunt dicta sapientum, hi perierunt propter eorum insipientiam, quia caruerunt intellectu spirituali et nihil invenerunt praeter laborem. Quartusdecimus lapis est oboedientia, de qua scribitur: Oboedientes estote vestris superioribus [68] sicut Christus factus fuit oboediens patri usque ad mor-

---

1. fugietis MPVLRh / 4. spiritu: spiritus MPD / 5. «novum» add. BV / 8. «O» om. MPVD / 9. quia: qui PV / 9.–10. caruerunt: non curaverunt V / 10. intellectum spiritualem LV /

---

61. Ibidem p. 138: ... requiem eis constituite et cavete ne fugetis eos comburendo nimio igne. Veneramini regem et suam uxorem et nolite eos comburere.
62. LIBER ALPHIDII etc. Cod. Ashmole 1420. l. c. fol. 10: Deinde super ignem pone putredinis quousque sponse iungantur et omne corruptum emendatur.
63. II. Cor. 3, 6: Littera enim occidit, Spiritus autem vivificat. Cf. Ordo missae p. 438.
— Wird schon von OLYMPIODOR zitiert (BERTHELOT. Alch. Grecs, II, IV, Vol. I. p. 94.)
64. Ephes. 4, 23–24: Renovamini autem spiritu mentis vestrae et induite novum hominem ... Cf. Ordo missae p. 467.
65. Cf. Pretiosa margarita novella, l. c. p. 38: ... et hoc (fixio et permanentia animae et spiritus) per adiectionem lapidis occulti, qui sensu non comprehenditur, sed intellectu solum per inspirationem vel revelationem divinam aut per doctrinam scientis ... et dixit ALEXANDER: duo sunt in hac arte ordines, scilicet aspectus oculo intellectusque corde, et hic lapis occultus est qui proprie dicitur donum Dei, et hic est lapis divinus occultus sine cuius commixtione lapidi annihilatur alchemia, cum ipse sit ipsa alchemia ... Et hic lapis divinus est cor et tinctura auri quaesita a philosophis.
66. Gal. 6, 4: Opus autem suum probet unusquisque et sic in semetipso tantum gloriam habebit ... Cf. Ordo missae p. 443.
67. Gal. 6, 8: Quae enim seminaverit homo, haec et metet. Cf. Ordo missae p. 443. Cf. item *Rosarium Phil.* Manget, III, p. 107 b. Ps. ARISTOTELES. Item Pretiosa Margarita novella, l. c. p. 116–117.
68. Hebr. 13, 17: Oboedite praepositis vestris et subiacete eis ... Cf. Ordo missae p. 658.

heißes Feuer in die Flucht jagt [61], hütet euch vor allem, was das Maß überschreitet; sondern legt sie vielmehr über das Feuer der Fäulnis, d. h. der Mäßigung, bis daß sie sich von selber verbinden [62]. Der dreizehnte ist die geistige Disziplin oder Einsicht, von der der Apostel sagt: Der Buchstabe tötet, aber der Geist macht lebendig [63]. Erneuert euch durch den Geist eures inneren Wesens und ziehet den neuen Menschen an [64], d. i. das subtile Verstehen [65]. Wenn ihr auf eine geistige Art versteht, dann werdet ihr sicherlich den Geist erfahren. Ein jeglicher unter euch prüfe sein eigen Werk [66], ob es zur Vollendung oder zur Zerstörung gereicht. Was nämlich der Mensch säet, das wird er auch ernten [67]. Oh wie Viele verstehen die Worte der Weisen nicht; sie alle gingen an ihrem eigenen Unverstand zugrunde, weil sie das geistige Verständnis nicht hatten, und sie fanden nichts außer Arbeit und Mühe. Der vierzehnte Stein ist der Gehorsam, von dem geschrieben steht: Seid gehorsam euren Vorgesetzten [68], so wie Christus seinem Vater gehorsam war

---

61. Ebenda p. 216: ... verschaffet ihnen Ruhe und hütet euch, sie in die Flucht zu schlagen, indem ihr sie im zu heißen Feuer verbrennt. Verehret den König und seine Gattin und wollet sie nicht verbrennen.

62. ALPHIDIUS s. Cod. Ashmole 1420. l. c. fol. 10 l. c.

63. II. Cor. 3, 6: Denn der Buchstabe tötet, aber der Geist macht lebendig. Vgl. Meßbuch p. 438. – Wird schon von OLYMPIODOR zitiert (BERTHELOT: Alch. Grecs, II, IV, Vol. I. p. 94).

64. Ephes. 4, 23: Erneuert euch aber im Geist eures Gemütes (Zürcher Bibel: durch den Geist eures inneren Wesens) und zieht den neuen Menschen an, der nach Gott geschaffen ist... Meßbuch p. 467: Erneuert euch im Geiste eures Gemütes...

65. Vgl. Pretiosa Margarita novella, a. a. O. p. 38: ... und dies (die Festmachung und Dauer von Seele und Geist) geschieht durch die Beifügung des verborgenen Steins, der nicht sinnlich wahrnehmbar ist, sondern nur im Geist durch göttliche Eingebung oder Offenbarung oder durch Belehrung eines Wissenden... und Alexander hat gesagt: es gibt in dieser Kunst zwei Ordnungen, erstens die Wahrnehmung durch das Auge und zweitens die Einsicht durch das Herz, und dies ist der verborgene Stein, der eigentlich ein Geschenk Gottes bedeutet und das ist der göttliche Stein, ohne dessen Beimischung zum Stein die Alchemie annulliert wird, da er die Alchemie selber ist... Und dieser göttliche Stein ist das Herz und die Tinctur des Goldes, die die Philosophen suchen.

66. Gal. 6, 4: Ein jeglicher aber prüfe sein eigen Werk, alsdann wird er an sich selber Ruhm haben... Meßbuch p. 443.

67. Gal. 6, 7: Denn was der Mensch säet, das wird er ernten. Meßbuch p. 443. Vgl. auch *Rosarium*, Manget, III, p. 107 b, und Pretiosa Margarita novella, a. a. O. p. 116–117.

68. Hebr. 13, 17: Gehorchet euren Lehrern (wörtl. Vorgesetzten) und folget ihnen (wörtl. seid ihnen untertan) ... Meßbuch p. 658.

tem [69]. Sic oboedite praeceptis et dictis sapientum, tunc omnia promissa eorum vobis oboediunt et proveniunt Deo Domino annuente. Qui habet aures audiendi audiat, quid dicat spiritus doctrinae filiis disciplinae de domo, quam fundavit sapientia super quattuordecim lapides angulares [70], quam vigintiquattuor seniores clavibus regni coelorum reserant et quam SENIOR in prologo libri sui declaravit: Ubi ponit quod ⟨est⟩ aquila in tecto et diversarum in lateribus imagines proprietatum [71]. Et ALPHIDIUS in libro suo dicit de domo thesaurizaria, quam docet quattuor clavibus posse reserari, quae sunt quattuor elementa [72].

XI. PARABOLA SEXTA DE COELO ET MUNDO ET SITIBUS ELEMENTORUM

QUI de terra est, de terra loquitur, qui de coelo venit super omnes est [1]. Hic iam etiam locatur terra pro principio elementorum, coeli vero pro tribus superioribus denotantur [principiis], quare libet pauca de terra et de coelo perorare, cum ipsum sit principium et mater aliorum elementorum testante Propheta: Initio tu Domine terram fundasti et opera manuum tuarum sunt coeli [2], id est aqua, aer et ignis. Nam a terra

5. reservant MP / 6. dicit seu ponit L / «est» coni. / 7. et «etc» Alph. MPB, «Et» om. V / 8. thesaurorum M, thesaurariorum PBV, thesaurisariaram L, thesaurarcha D / dicit BDLRh / 13. pro primum P, corr. P₂ / 14. «principiis» add. D / libent P, libentur V / 15. procreare PV, parare M / principium: primum L, om. B / 17. «et» om. LBRh /

69. Phil. 2, 8: Humiliavit semetipsum factus oboediens usque ad mortem, mortem autem crucis ... Cf. Ordo missae p. 247–248.
70. Ordo missae p. 445: Duodecim fructus Spiritus. (Gal. 5, 16–24.)
71. Cf. SENIOR: De Chemia, l. c. p. 3 et sqq.: Intravi ... in domum quandam subterraneam ... et vidi in tecto imagines novem aquilarum pictas ... et in pariete domus a dexteris et a sinistris intrantis imagines hominum stantium, pro ut possent esse perfectiores et pulchriores induti diversis vestimentis et coloribus ... Cf. p. 109: Est enim lapis Aquilae ...
72. Cod. Ashmole 1420 fol. 22–24. Größere Fragmente der Lehre des Schatzhauses von ALPHIDIUS finden sich auch im *Consilium Coniugii*. Ars. Chem. 1566, a. a. O. p. 108 ff.

1. Joh. 3, 31: Qui desursum venit super omnes est. Qui est de terra de terra est et de terra loquitur. Qui de caelo venit, super omnes est.
2. Ps. 101, 26–27: Initio tu Domine terram fundasti, et opera manuum tuarum sunt coeli, ipsi peribunt, tu autem permanes. Cf. Ordo missae p. 83.

bis zum Tode [69]. So gehorchet auch ihr den Vorschriften und Worten der Weisen, dann werden all ihre Versprechungen euch zu Willen sein und in Erfüllung gehen, falls es Gott der Herr erlaubt. Wer Ohren hat zu hören, der höre was der Geist der Lehre den Söhnen der Wissenschaft sagt vom Haus, das sich die Weisheit auf dem Felsen erbaute, auf den vierzehn Ecksteinen [70], welche die vierundzwanzig Ältesten mit den Schlüsseln des Himmelreiches erschließen, und das SENIOR im Prolog seines Buches klar darlegte, wo er die Adler auf dem Dache und die Bilder der verschiedenen Eigenschaften auf den Seiten anordnete [71]. Auch ALPHIDIUS spricht von einem Schatzhause, das, wie er lehrt, mit vier Schlüsseln geöffnet werden kann, welches sind die vier Elemente [72].

XI. DIE SECHSTE PARABEL VOM HIMMEL UND DER WELT UND DER ANORDNUNG DER ELEMENTE

WER von der Erde ist, der redet von der Erde, der vom Himmel kommt, der ist über alle [1]. Schon hier wird die Erde ebenfalls als das Grundprinzip der Elemente hingestellt, die Himmel hingegen stehen für die drei oberen Prinzipien, weshalb also Einiges von der Erde und dem Himmel gesagt sein möge, da jene das Grundprinzip und die Mutter der anderen Elemente ist, wie der Prophet bezeugt: Du hast im Anfange, oh Herr, die Erde gegründet, und die Werke deiner Hände sind die Himmel [2], d. i. Wasser, Luft und Feuer. Denn von der Erde

69. Phil. 2, 8: ... er erniedrigte sich selbst und ward gehorsam bis zum Tode, ja zum Tode am Kreuz.
70. Vgl. Meßbuch p. 306 und 445: Die Früchte des Hl. Geistes: Liebe, Freude, Friede, Geduld, Milde, Güte, Langmut, Sanftmut, Treue, Mäßigung, Enthaltsamkeit, Keuschheit.
71. Vgl. SENIOR: De Chemia p. 3 ff.: Ich kam in ein unterirdisches Haus ... und sah auf dessen Dach die Abbildungen von neun Adlern ... und auf den Wänden des Hauses zur Rechten und zur Linken des Einganges die Bilder von Menschen, die dastanden ... bekleidet in verschiedenfarbigen Gewändern ... p. 109: Der Lapis ist nämlich die Adler ...
72. Cod. Ashmole 1420 fol. 22–24. Fragmente der Lehre vom Schatzhaus von ALPHIDIUS finden sich auch im *Consilium Coniugii*, Ars. Chemica 1566, a. a. O. p. 108 ff.
1. Joh. 3, 31: Der von oben herkommt, ist über alle. Wer von der Erde ist, der ist von der Erde und redet von der Erde; der vom Himmel kommt, der ist über alle.
2. Ps. 102, 26–27: Du hast vormals (im Anfang) die Erde gegründet und die Himmel sind deiner Hände Werk. Sie werden vergehen, aber du bleibest. Meßbuch p. 83.

elementa moriendo separantur et ad eam vivificando revertuntur [3], quia a quo res habet componi, in illud habet resolvi testante sacro eloquio: Homo cinis est et in cinerem revertetur [4]. Talem cinerem praeceperunt philosophi commisceri aqua permanente, quae est fermentum auri, et aurum eorum est corpus scilicet terra, quod vocavit ARISTOTELES coagulum, cum sit coagulans aquam, quae est terra sanctae promissionis [5], in quam iussit HERMES filium suum seminare aurum [6], ut pluvia viva ascenderet de eo et aqua ipsum calefaciens [7], ut SENIOR dicit: Cumque voluerint extrahere hanc aquam divinam, quae est ignis, calefaciunt igne suo,

---

2. compositionem P, composi M / 5. est: in M / 7. ut: et VD / 8. de eo et aqua: de ipsa aqua MPV / ut: et etc. MP, om. V / 9. quam DML, quem M₂ /

---

3. Cf. MORIENUS Romanus: De Transmut. met. Artis Aurif. 1610, II, p. 19: Hermes quoque ait: Terra est mater elementorum: de terra procedunt et ad terram revertuntur.
    Cf. item Margarita pret. nov. l. c. p. 107: HERMES: terra est elementum et de terra omnia facta sunt et ad terram convertuntur. Moyses: terra est mater elementorum, omnia de terra procedunt et ad terram convertuntur. Sic recitat MORIENUS: Haec autem terra est corpus et fermentum . . .
    4. Gen. 3, 19: . . . quia pulvis es, et in pulverem reverteris . . . Cf. Ordo missae, p. 146.
    Eccli. 17, 31: . . . et omnes homines terra et cinis . . .
    Hiob 34, 15: Deficiet omnis caro simul et homo in cinerem revertetur.
    5. Cf. Mos. II, 13, 5. Cf. Ordo missae p. 328.
    6. Cf. SENIOR: De Chemia l. c. p. 34–35: Secundo quod vocat terram benedictam sitientem et cinerem, qui est fermentum. Auri aqua est fermentum et corpora sunt terra eorum et fermentum huius aquae divinae est cinis, qui est fermentum fermenti. Quod vocavit Maria sapiens in quodam loco librorum suorum Coagulum, cum sit coagulans aquam illorum, in terra eorum, quae est corpus secundum . . . Et de hoc cinere et de hoc corpore . . . dixit Hermes filio suo: Semina aurum in terra alba foliata.
    p. 25: Mundus inferior est corpus et cinis combustus ad quem reducunt Animam honoratam. Et cinis combustus et anima sunt aurum sapientum, quod seminant in terra sua alba . . . p. 40: Nominaverunt . . . cinerem . . . et aquam mundam, quia mundata est a tenebris animae. Cf. p. 115. Cf. item *Rosarium*, Manget, III, p. 102 a: Hermes: Seminate aurum vestrum in terram albam foliatam, quae per calcinationem facta est ignea, subtilis, aerea. Et ibidem p. 105 b: Seminate ergo animam in terram albam foliatam, quoniam ipsa retinet eam quoniam cum ascenderit a terra in coelum iterumque descenderit in terram recipiet vim inferiorum et superiorum . . .
    Cf. ARISTOTELIS tractatulus, Artis Aurif. 1610, p. 238: Terram dealbate et igne cito sublimate quousque exeat ex ipsa spiritus, quem in ea invenies, qui dicitur avis Hermetis. Hunc cinerem ne vilipendas, quoniam ipse est diadema cordis tui et permanentium cinis, corona victoriae et coagulum lactis . . . Hic est ergo cinis extractus a cinere et genitum philosophorum, terra alba foliata in quam seminandum est aurum. Unde dicit Hermes: Extrahe e radio suam umbram et faecem, quae ipsum interficit, et seminate aurum in terra alba foliata . . .
    7. Cf. SENIOR: De Chemia p. 108: Et de illo cinere ascendit pluvia viva et vivificans, quae descendit de coelo . . . Cf. item p. 65–66 et p. 38.

trennen sich die Elemente im Tode, und zu ihr kehren sie zu ihrer Neubelebung zurück [3], denn woraus ein Ding seine Zusammensetzung her hat, darin muß es sich naturgemäß auch wieder auflösen, wie der göttliche Ausspruch bezeugt: Der Mensch ist Asche und wird wieder zu Asche werden [4]. Solcher Art ist nämlich die Asche, die nach der Vorschrift der Philosophen mit dem ewigen Wasser vermischt werden soll. Dieses Wasser aber ist das Ferment des Goldes, und «ihr Gold» ist der Körper, nämlich die Erde, welche ARISTOTELES Gerinnungsmittel (coagulum) nannte, da sie das Wasser gerinnen läßt. Dieses ist die Erde des verheißenen Landes [5], in die HERMES seinem Sohn befahl das Gold zu säen [6], auf daß lebendiger Regen aus ihm (dem Gold) aufsteige [7] und Wasser, das es erwärmt, so wie auch SENIOR sagt: Wenn sie (die Philosophen) nämlich dieses göttliche Wasser, welches Feuer ist, herausziehen wollen, erhitzen sie es mit ihrem Feuer, welches Wasser ist, das

---

3. Vgl. MORIENUS Romanus: De Transmutat. metall. Artis Aurif. 1610, II, p. 19. Vgl. ebenso Margarita pret. nov. a. a. O. p. 107: HERMES: die Erde ist ein Element, und aus der Erde ist alles entstanden und wandelt sich auch zu Erde. Moses: die Erde ist die Mutter der Elemente, alles geht aus der Erde hervor und kehrt wieder zur Erde.
4. Gen. 3, 19: Denn du bist Erde (Staub) und sollst zu Erde (Staub) werden.
Jes. Sirach 17, 31: Alle Menschen sind Erde und Staub (Asche).
Hiob 34, 15: ... und der Mensch würde wieder zu Staub (Asche) werden.
5. Vgl. Moses II, 13, 5; Meßbuch p. 328.
6. Vgl. SENIOR: De Chemia p. 34–35: Zweitens weil er die gesegnete durstige Erde auch Asche nennt, welche das Ferment ist. Das Wasser des Goldes ist das Ferment und die Körper (Minerale) sind deren Erde und das Ferment dieses göttlichen Wassers ist die Asche, welche das Ferment des Fermentes ist. Dieses nannte die weise Maria irgendwo in ihren Büchern auch Gerinnungsmittel (coagulum), da es das Wasser jener (Körper) gerinnen macht, in deren Erde, welche den zweiten Körper darstellt. Und betreffs dieser Asche und diesem Körper sagte Hermes zu seinem Sohn: Säe das Gold in die weiße Silbererde... Vgl. ferner p. 115 und p. 25: Die untere Welt ist der Körper und die verbrannte Asche, zu welcher sie die geehrte Seele zurückführen und verbrennen. Asche und die Seele sind das Gold der Weisen, das sie in ihre weiße Erde säen. p. 40: Sie nannten... die Asche... auch reines Wasser, weil es gereinigt ist von den Finsternissen der Seele. Vgl. ARISTOTELIS tractatulus. Artis Aurif. 1610, p. 238: Weißet die Erde und sublimiert sie im Feuer, bis von ihr ein Geist ausgeht, der in ihr ist und der «Vogel des Hermes» genannt wird. Diese Asche achte nicht gering, da sie das Diadem deines Herzens ist und die Asche der dauernden Dinge, die Krone des Sieges und das Coagulum der Milch... Diese Asche aus der Asche extrahiert und das Erzeugte der Philosophen ist die weiße Erde in welche das Gold gesät werden soll. Weshalb Hermes sagt: Entziehe dem Strahl seinen Schatten und den Bodensatz der ihn tötet und säe das Gold in die weiße geblätterte Erde...
7. Vgl. SENIOR: De Chemia p. 108: Und von jener Asche steigt lebendiger und belebender Regen auf, der vom Himmel kam... Vgl. ebenso p. 65 f. und 38.

qui est aqua, quem mensurati sunt usque in finem et occultaverunt propter insipientiam fatuorum [8]. Et super hoc iuraverunt omnes philosophi, ne in aliquo loco scriptotenus ponerent lucide, sed attribuerunt glorioso Deo, ut revelaret cui vult et prohiberet a quo vult [9], quia in ipso est magnum sophisma et obscuritas sapientum. Cumque calor illius ignis ipsi terrae advenerit, solvitur et fit aqua torrens id est vaporans, deinde revertitur ad formam suam priorem terrestrem [10]. Ideo per aquam terra mota est et coeli distillaverunt super eam [11] et melliflui facti sunt per totum mundum et enarrant gloriam eius [12]. Haec enim gloria soli intelligenti est cognita, quomodo de terra facti sunt coeli [13], pro eo terra in aeternum permanet et coeli fundantur supra eam, testante Propheta: Qui fundasti terram super stabilitatem suam, non inclinabitur in saeculum saeculi. Abyssus vestimentum eius, super ipsam stabunt aqua, aer ignis [14], nec non volucres coeli habitabunt in ea, rigantes ipsam de superioribus elementis, ut de fructu operum ipsorum satiaretur, ut quia in centrum

---

2. propter insipientes MPV / 3. «in aliquo loco» om. MPV / tribuunt BDLRh / 4. revelet DLRh / voluerit ... velit DLRh / prohibeat MB / 6. solvetur LRh / 9. et: ut BDLRh / 10. quomodo: Qño MP, quoniam DL / 12. declinabitur MPV / 13. ipsum RhL / «et» ignis add. DL / 15. ut: et BV / ipsorum: suorum DLRh / «satiaretur» coni. satiabitur Codd. / ut quia: utique B /

---

8. SENIOR: De Chemia p. 68: Cumque volunt illa(m) extrahere calefaciunt cum igne suo, quem mensurati sunt illi et occultaverunt et cum invenit illam calor ... ignis solvitur et fit aqua currens.

9. Cf. SENIOR: De Chemia p. 92: ... et hoc est secretum super quo iuraverunt quod non indicarent in aliquo libro nec aliquis eorum declaravit hoc, et attribuerunt illud deo glorioso ut inspiraret illud cui vellet et prohibeatur a quo vellet ...

Cf. item *Consilium Coniugii*. Ars Chem. 1566, l. c. p. 49 et De Arte Chimica, Artis Aurif. 1610, I, p. 174.

10. Cf. ibidem p. 68: ... cum invenit illam (scil. aquam congelatam) calor illius ignis solvitur et fit aqua currens. Cum autem praeparata fuerit revertitur ad formam suam priorem et congelatur ...

11. Ps. 67, 9: Terra mota est et enim caeli distillaverunt a facie Dei Sinai, a facie Dei Israel.

Ps. 95, 4–5, ... vidit et commota est terra. Montes sicut cera fluxerunt a facie Domini ... Cf. Jes. 64, 1.

12. Ps. 18, 2: Caeli enarrant gloriam Domini ... Cf. Ordo missae p. 59.

13. Cf. Prov. 8, 22–35; (Ordo missae p. 493.)

14. Ps. 103, 5–6: Qui fundasti terram super stabilitatem suam, non inclinabitur in saeculum saeculi. Abyssus vestimentum amictus eius, super montes stabunt aquae.

sie genau, bis zum Ende (des Werkes) bemessen haben und verborgen halten wegen der Unwissenheit der Toren [8]. Und zudem haben alle Philosophen geschworen, es nirgends schriftlich klar anzugeben, sondern sie haben es dem Ruhme Gottes überlassen, daß er es jeweils offenbare, wem er wolle und fernhalte von wem er wolle [9]; denn in ihm wohnt große Klugheit und die Heimlichkeit der Weisen. Wenn nun die Hitze jenes Feuers sich der Erde selber nähert, löst diese sich auf und wird ein brodelndes, d. h. verdampfendes Wasser, nachher aber kehrt sie zu ihrer früheren Erdgestalt zurück [10]. Daher ist durch das Wasser die Erde in Bewegung geraten, und die Himmel troffen über ihr [11] und flossen dahin wie Honig durch die ganze Welt und erzählen ihre Ehre [12]. Diese Ehre erkennt aber nur derjenige, der weiß, wie aus der Erde die Himmel geschaffen worden sind [13], und um dessentwillen bleibt die Erde ewig bestehen, und die Himmel gründen sich auf ihr, nach dem Zeugnis des Propheten: Der du die Erde gegründet hast auf ihrer Festigkeit, und sie wird nicht wanken immer und ewiglich; die Tiefe ist ihr Kleid, und auf ihr werden sich Wasser, Luft und Feuer aufschichten [14], und auf ihr werden auch die Vögel des Himmels wohnen, die sie von den oberen Elementen her besprengen, da sie (die Erde) von der Frucht

---

8. SENIOR: De Chemia p. 68: Wenn sie jenes Wasser ausziehen wollen, erwärmen sie es mit ihrem Feuer, das sie bemessen haben und verborgen haben, und wenn die Wärme des Feuers auf jenes (coagulierte Wasser) trifft, löst es sich auf und wird fließendes Wasser.
9. Vgl. SENIOR: De Chemia p. 92: ... und dies ist ein Geheimnis, von dem sie geschworen haben, es in keinem Buche anzugeben, und keiner von ihnen hat es je erklärt und sie haben es dem Ruhme Gottes überlassen es einzugeben wem er wolle und fernzuhalten, von wem er wolle. Vgl. ebenso *Consilium Coniugii*, Ars Chemica, 1566, a. a. O. p. 49 und De Arte Chimica, Artis Aurif. 1610, I, p. 174.
10. Vgl. ebenda p. 68: Wenn die Hitze jenes Feuers es (das congelierte Wasser) findet, löst es sich auf und wird zu fließendem Wasser. Wenn es aber präpariert sein wird, kehrt sie zu ihrer früheren Gestalt zurück und wird fest.
11. Ps. 68, 9: Da erbebte die Erde und die Himmel troffen vor Gott ...
Ps. 96, 4: ... die Berge sind sein. (Wörtl. Berge zerschmelzen wie Wachs vor dem Herrn). Vgl. Jes. 64, 1.
12. Ps. 19, 2: Die Himmel erzählen die Ehre Gottes und die Feste verkündigt seiner Hände Werk. Meßbuch p. 59.
13. Vgl. Sprüche 8, 22–35; Meßbuch p. 493. Die «Weisheit» war dabei, als Gott die Erde schuf. (Das Zitat nimmt zu viel Raum.)
14. Ps. 104, 5–6: ... der du das Erdreich gegründet hast auf seinem Boden (wörtl. Festigkeit), daß es bleibt immer und ewiglich, mit der Tiefe bedecktest du es, wie mit einem Kleide und Wasser standen über den Bergen. (Vgl. Zürcher Bibel.)

terrae septem planetae radicaverunt et virtutes ibi reliquerunt, unde in terra est aqua germinans diversa genera colorum et fructuum et educens panem et vinum laetificans cor hominis nec non producens foenum iumentis et herbam servituti hominum [15]. Haec inquam terra fecit lunam [16] in tempore suo, deinde ortus est sol [17] valde mane una sabbatorum [18] post tenebras, quas posuisti ante ortum solis in ipsa et facta est ⟨nox⟩. In ipsa enim pertransibunt omnes bestiae silvae [19], quia terminum posuisti eis, quem non transgredientur [20] usque ad album, sed ordinatione sua perseverant [dies] usque ad rubeum, quia omnia serviunt terrae [21] et dies annorum eius sunt septuaginta anni [22] ingredientes super ipsam, quia est portans omnia verbo divinitatis suae [23] ut in libro Turbae philosophorum scribitur: Terra, cum sit ponderosa, omnia suffert [24], quoniam est fundamentum totius coeli, pro eo quod ipsa apparuit arida in elementorum separatione. Deinde via est in mari rubro sine impedi-

4. In quam terram MPV / facit MPVL / 5. uno RhD / 7. «nox» coni / quia: qua MPB / 9. «dies» add. BDLRh / rubrum P, album B / 11. verba MP / 14. praeparatione PV /

---

15. Ps. 103, 12–14: Super ea volucres coeli habitabunt, de medio petrarum dabunt voces. Rigans terram de superioribus suis: de fructu operum tuorum satiabitur terra, producens foenum iumentis et herbam servituti hominum. Ut educas panem de terra et vinum laetificet cor hominum. Cf. Ordo missae p. 441.
16. Ps. 103, 19: Fecit lunam in tempora, sol cognovit occasum suum.
17. Ps. 103, 22: Ortus est sol et congregati sunt (scil. bestiae) et in cubilibus suis collocabantur.
Cf. Pret. Marg. nov. l. c. p. 112: Ex quibus omnibus liquide patet quomodo sol et luna sunt eiusdem naturae et quod luna praecedit solem et ordinatur ad ipsum et quomodo sol est occultus in luna et quomodo de ventre lunae sol extrahitur. Ideo dixit SENIOR quod sol est oriens in luna crescente.
18. Marc. 16, 1–2: Maria Magdalena et Maria Jacobi et Salome emerunt aromata ... Et valde mane una sabbatorum veniunt ad monumentum orto iam sole. Cf. Ordo missae p. 312.
19. Ps. 103, 20: Posuisti tenebras et facta est nox, in ipsa pertransibunt omnes bestiae silvae ...
20. Ps. 103, 9: (Montes et valles) ... Terminum posuisti, quem non transgredientur ...
21. Ps. 118, 91: Ordinatione tua perseverat dies ... quoniam omnia serviunt tibi ...
22. Ps. 89, 10: Dies annorum nostrorum in ipsis septuaginta anni.
23. Hebr. 1, 3: Filio ... qui cum sit splendor gloriae, et figura substantiae eius portansque omnia verbo virtutis suae ... Cf. Ordo missae p. 82.
24. *Turba* ed. Ruska l. c. p. 112: ... terra autem cum sit ponderosa et spissa, fert omnia, quae regit ignis.

ihrer Werke satt werden wird, weil ja die sieben Planeten ihre Wurzeln in die Erde senkten und ihre Kräfte dort zurückließen, weshalb sich nun in der Erde das Wasser findet, das die verschiedenen Arten von Farben und Früchten keimen läßt und das Brot hervorbringt und den Wein, der das Herz des Menschen erfreut, das auch Gras wachsen läßt für das Vieh und Gewächse für den Bedarf der Menschen [15]. Diese Erde also ist es, die den Mond gemacht hat zu seiner Zeit [16], dann aber ging die Sonne auf [17], sehr früh am ersten Tage der Woche [18], nach der Finsternis, die du auf Erden gesetzt hast vor Sonnenaufgang, und (so) entstand die Nacht. In ihr streifen vorbei alle Tiere des Waldes [19], da du ihnen eine Grenze gesetzt hast, die sie nicht überschreiten werden [20] bis zum Weißen; sie werden vielmehr in ihrer Ordnung verharren bis zum Roten, da alles der Erde dient [21], und ihr Leben währet siebzig Jahre [22], die über sie hinweggehen, da sie Alles trägt durch das Wort ihrer Göttlichkeit [23], wie auch in der Turba geschrieben steht: Die Erde trägt Alles, da sie schwer ist [24], weil sie das Fundament des ganzen Himmels bildet,

15. Ps. 103, 12–15: ... an denselben «Wassern» sitzen die Vögel des Himmels ... du befeuchtest die Berge von oben her, du machst das Land voll Früchte (wörtl. von deiner Werke Frucht wird satt die Erde), du lässest Gras wachsen für das Vieh und Gewächs zu Nutz den Menschen, daß du Brot aus der Erde bringst und daß der Wein erfreue des Menschen Herz ... Meßbuch p. 441.
16. Ps. 103, 19 ff.: Du hast den Mond gemacht, das Jahr danach zu teilen (wörtl. zu den Zeiten), die Sonne weiß ihren Niedergang ...
17. Ps. 104, 22: Wenn aber die Sonne aufgeht, heben sie sich (die Tiere) davon ... Vgl. Pretios. Marg. Nov. a. a. O. p. 112: Woraus klar hervorgeht, daß Sonne und Mond von derselben Natur sind und der Mond der Sonne vorausgeht und sich an sie reiht und wie die Sonne im Mond verborgen ist und wie sie aus seinem Leib extrahiert wird. Deshalb sagt SENIOR, daß die Sonne aufgeht im zunehmenden Mond.
18. Markus 16, 2: Und sie kamen zum Grabe am ersten Tage der Woche sehr früh, da die Sonne aufging ...
19. Ps. 104, 20: Du machst (die) Finsternis, daß es Nacht wird (wörtl. und es wird Nacht). Da regen sich (wörtl. in ihr gehen vorbei) alle wilden Tiere (des Waldes).
20. Ps. 104, 9: Du hast eine Grenze gesetzt, darüber kommen sie nicht (die sie nicht überschreiten) ...
21. Ps. 118, 91: Es bleibt täglich nach deinem Wort (wörtl. der Tag verharrt in deiner Ordnung), denn es muß dir alles dienen.
22. Ps. 90, 10: Unser Leben währet 70 Jahre (wörtl. die Dauer unserer Jahre währt 70 Jahre) und wenns hoch kommt so sinds 80 Jahre.
23. Hebr. 1, 3: ... und trägt alle Dinge mit seinem kräftigen Wort (wörtl. der durch das Wort seiner Kraft alles trägt). Meßbuch p. 82.
24. *Turba phil.* ed. Ruska, a. a. O. p. 178: ... die Erde aber, da sie schwer und dicht ist, alles trägt, was das Feuer regiert.

mento [25], quoniam hoc mare magnum et spatiosum [26] percussit petram et effluxerunt aquae [metallinae], deinde abierunt in sicco flumina [27], quae laetificant civitatem Dei [28]; cum hoc mortale induerit immortalitatem et corruptio vivorum incorruptelam. Tunc fiet sermo utique qui scriptus est: Absorpta est mors in victoria, ubi est o mors victoria tua [29]? Ubi abundavit delictum tuum, ibi(nunc) superabundat et gratia [30]. Nam sicut in Adam omnes moriuntur, ita et in Christo omnes [homines] vivificabuntur [31], quoniam quidem per hominem mors et per [Jesum] ipsum resurrectio mortuorum advenit [32]. Nam primus Adam et filii eius de elementis corruptibilibus exordium sumpserunt, ideo necesse fuit compositum corrumpi, secundus vero Adam, qui dicitur homo philosophicus de puris elementis in aeternitatem transmeavit. Ideo quod ex simplici

---

2. fluxerunt BPV / «metallinae» add. RhDL / 5. Abscondita MPV / «in» om. MPVRhDL / mortis victoria D, haec mors victoria L / «o» om. MPVD / «tua» om. MP / 6. «nunc» add. MP / abundat RhL / «et» om. MPV / 7. «et» om. PL / et in: de M / «homines» add. MP / 8. ipsum: Jesum MPVRh / 12. quod: quia D, om. M /

---

25. Sap. 19, 7: Nam nubes castra eorum obumbrabat et ex aqua, quae antea erat, terra arida apparuit et in mari rubro via sine impedimento et campus germinans de profundis nimio.
26. Ps. 103, 25: Hoc mare magnum et spatiosum manibus.
27. Ps. 104, 41: Dirupit petram et fluxerunt aquae, abierunt in sicco flumina... Jes. 48, 21: ... et scidit petram et fluxerunt aquae.
28. Ps. 45, 5: Fluminis impetus laetificat civitatem Dei. Cf. Ordo missae p. 534.
29. I. Cor. 15, 53–55: Oportet enim corruptibile hoc induere incorruptionem et mortale hoc induere immortalitatem. Cum autem mortale hoc induerit immortalitatem, tunc fiet sermo, qui scriptus est: Absorpta est mors in victoria. Ubi est mors victoria tua? Cf. Ordo missae p. 314.
30. Rom. 5, 20: ... Ubi autem abundavit delictum, superabundavit gratia.
31. I. Cor. 15, 21–22: ... quoniam quidem per hominem mors, et per hominem resurrectio mortuorum. Et sicut in Adam omnes moriuntur, ita et in Christo omnes vivificabuntur.
32. I. Cor. 15, 21: Quoniam quidem per hominem mors et per hominem resurrectio mortuorum.

darum weil sie trocken erschien bei der Trennung der Elemente. Da ward ein Weg im Roten Meer, ohne Hindernis [25], da dieses große und weite Meer [26] den Felsen erschütterte, und die metallischen Wässer herausflossen. Darauf verschwanden im Trockenen die Ströme [27], welche die Gottesstadt erfreuen [28]; wenn dies Sterbliche angezogen haben wird die Unsterblichkeit und dies Verwesliche des Lebendigen die Unverweslichkeit, dann wahrlich wird das Wort in Erfüllung gehen, das geschrieben steht: Der Tod ist verschlungen in den Sieg, oh Tod, wo ist nun dein Sieg [29]? Wo deine Sünde mächtig war, da ist jetzt auch die Gnade noch viel mächtiger [30]. Denn gleich wie in Adam alle sterben, also werden sie in Christo alle lebendig gemacht werden [31]. Da zwar durch einen Menschen der Tod, aber auch durch ihn (Jesum) die Auferstehung der Toten gekommen ist [32]. Denn der erste Adam und seine Söhne sind aus vergänglichen Elementen entstanden, deshalb mußte das Zusammengesetzte auch notwendigerweise wieder zerfallen, der zweite Adam hingegen, welcher der philosophische Mensch genannt wird, ist aus reinen Elementen entstanden und ging daher in die Ewigkeit ein. Was nämlich aus einfacher und reiner Substanz besteht, bleibt unzer-

---

25. Weish. 19, 7: ... da zuvor Wasser stand, sah man trockenes Land hervorkommen; da ward aus dem (wörtl. im) Roten Meer ein Weg ohne Hindernis und aus den mächtigen Fluten ein grünes Feld.
26. Ps. 104, 25: Das Meer, das so groß und weit ist, da wimmelts ohne Zahl große und kleine Tiere.
27. Ps. 105, 41: Er öffnete den Felsen, da flossen Wasser heraus ...
Jes. 48, 21: Er riß den Fels, daß Wasser herauskam.
28. Ps. 46, 5: (wörtl.): Des Stromes Wogenschwall erfreut die Gottesstadt. (Meßbuch p. 534).
29. I. Cor. 15, 54: Wenn aber dies Verwesliche wird anziehen die Unverweslichkeit, und dies Sterbliche wird anziehen die Unsterblichkeit, dann wird erfüllt werden das Wort, das geschrieben steht: Der Tod ist verschlungen in den Sieg, Tod wo ist dein Stachel, Hölle wo ist dein Sieg? Vgl. Meßbuch p. 314.
30. Röm. 5, 20: ... Wo aber die Sünde mächtig geworden ist, da ist doch die Gnade viel mächtiger geworden.
31. I. Cor. 15, 22: Denn gleichwie sie in Adam alle sterben, also werden sie in Christo alle lebendig gemacht werden.
32. I. Cor. 15, 21: Sintemal durch einen Menschen der Tod und durch einen Menschen die Auferstehung der Toten kommt.

et pura essentia constat, in aeternum manet [33]. Ut SENIOR dicit: Est unum, quod numquam moritur, quoniam augmentatione perpetua perseverat [34], cum corpus glorificatum fuerit in resurrectione novissima mortuorum, unde fides testatur carnis resurrectionem et vitam aeternam post mortem [35]. Tunc Adam secundus dicit priori et filiis suis: Venite benedicti patris mei, percipite regnum aeternum, quod vobis paratum est ab origine operationis [36], et comedite panem meum et bibite vinum, quod miscui vobis [37], quia parata sunt vobis omnia. Qui habet aures audiendi audiat, quid dicat spiritus doctrinae filiis disciplinae de Adam terreno et Adam coelesti, quod philosophi insinuant his verbis: Quando habueris aquam de terra, aerem de aqua, ignem de aere, terram de igne, tunc plene habes artem (nostram) et perfecte [etc.] [38].

1. unum: vivum RhL / 2. augmentatio MPV / 4. unde: ut RhLD / 7. reparationis VPD, temperationis M, mundi scil. operationis B / 8. «vobis» om. RhL / 9. «de» om. MPV / 10. innuunt MP / 12. «nostram» add. DLRh / «et perfecte» om. MPVDB / «etc» add. Rh. /

33. Cf. I. Cor. 15, 45–47: Factus est primus homo Adam in animam viventem, novissimus Adam in spiritum vivificantem... Primus homo de terra, terrenus: secundus homo de coelo coelestis.
Cf. *Turba* l. c. p. 115–116: Ex quatuor autem elementis pater noster Adam et filii eius, (scil.) ex igne aere aqua simul et terra creati sunt. Intelligite, omnes sapientes, quod omne, quod ex una creavit Deus essentia non moritur usque in diem iudicii. Mortis enim definitio est compositi disiunctio... ex duobus autem, tribus vel quatuor unumquodque compositum separari necesse est, quod est mors.
34. SENIOR: De Chemia p. 71–72: Item unum quod non moritur, quamdiu fuerit mundus, et vivificat quodlibet mortuum. Cf. item *Consilium Coniugii*, Ars Chemica, 1566, l. c. p. 66.
35. Apost. Credo: Et exspecto resurrectionem mortuorum. Et vitam venturi saeculi. Amen. Cf. Ordo missae p. 9.
36. Math. 25, 34: Tunc dicet rex his, qui a dextris eius erunt: Venite benedicti Patris mei, possidete paratum vobis regnum a constitutione mundi. Cf. Ordo missae p. 161, 324, 629 etc. – Zitiert als Schlußsatz von ARISTOTELES De perfecto magisterio. Theatr. Chem. 1659, Vol. III, p. 70 ff.
37. Prov. 9, 4–5: Et insipientibus locuta est (Sapientia): Venite, comedite panem meum et bibite vinum, quod miscui vobis.
38. Cf. ARISTOTELES Secreta secretorum, 1528, fol. XXVII. De proprietatibus originalium lapidum: Quum igitur habueris aquam de aere et aerem ex igne et ignem ex terra hunc habebis plene artem.
Cf. *Rosarium,* Manget Lib. III, p. 101 b: De istis quatuor elementis dicit ARISTOTELES in libro de regimine principiorum: Cum habueris aquam ex aere et aerem ex igne et ignem ex terra, tunc plenam habebis artem Philosophiae: et hic est finis primae compositionis. Cf. Art. Aurif. 1610, p. 785.

störbar in Ewigkeit [33]. So wie auch SENIOR sagt: Ein Einziges gibt es, das niemals stirbt, da es in beständiger Zunahme weiterlebt [34], wenn der Leib verklärt sein wird bei der Auferstehung der Toten am jüngsten Tage; weshalb auch der Glaube die Auferstehung des Fleisches und das ewige Leben nach dem Tode bezeugt [35]. Dann wird der zweite Adam zum ersten Adam und dessen Söhnen sagen: Kommt her, ihr Gesegneten meines Vaters, ererbet das ewige Reich, das euch bereitet ist von Anbeginn der Operation [36]; esset mein Brot und trinket den Wein, den ich euch gemischt habe [37], da dies alles für euch bereitet ist. Wer Ohren hat zu hören, der höre, was der Geist der Lehre den Söhnen der Wissenschaft vom irdischen und vom himmlischen Adam sagt, worauf die Philosophen mit folgenden Worten anspielen: Wenn du Wasser aus der Erde, Luft vom Wasser, Feuer von der Luft und Erde von dem Feuer erlangt haben wirst, dann besitzest du unsere Kunst, ganz und vollkommen, usw. [38].

33. Vgl. I. Cor. 15, 45: Wie es geschrieben steht: Der erste Mensch, Adam, «ward zu einer lebendigen Seele» und der letzte Adam zum Geist, der da lebendig macht.
Vgl. *Turba* a. a. O. p. 182–183: Aus vier Elementen aber sind unser Vater Adam und seine Söhne geschaffen, nämlich aus Feuer, Luft, Wasser und Erde. Verstehet all ihr Weisen, daß alles, was Gott aus einer Substanz geschaffen hat, nicht stirbt bis zum Tag des Gerichts. Denn die Definition des Todes ist «Auflösung des Zusammengesetzten».
34. SENIOR: De Chemia, a. a. O. p. 71–72: Ebenso gibt es eines, das nicht stirbt, solange die Welt besteht, und es belebt alles Tote. Vgl. ebenso *Consilium Coniugii*, Ars Chemica, 1566, a. a. O. p. 66.
35. Apost. Credo: (Meßbuch p. 9): Ich bekenne eine Taufe zur Nachlassung der Sünden und erwarte die Auferstehung der Toten und das Leben der zukünftigen Welt. Amen.
36. Math. 25, 34: Da wird dann der König sagen zu denen zu seiner Rechten: Kommt her ihr Gesegneten meines Vaters, ererbet das Reich, das euch bereitet ist von Anbeginn der Welt! Meßbuch p. 162, 324, 629 usw. Vgl. den Schlußsatz von ARISTOTELES: De perfecto magisterio, Theatr. Chem. 1659, Vol. III, p. 70 ff.
37. Sprüche 9, 4: (Die Weisheit sprach): Kommt, zehret von meinem Brot und trinket den Wein, den ich schenke (wörtl. für euch gemischt habe), verlasset das unverständige Wesen ...
38. Vgl. ARISTOTELES: Secretum secret. 1528, fol. XXVII. De proprietatibus originalium lapidum, und *Rosarium*, Manget, Lib. III, p. 101 b: ... es sagt ARISTOTELES im Buch von dem Verfahren mit den Urelementen: Wenn du erst Wasser aus Luft, und Luft aus Feuer und Feuer aus Erde erlangt hast, dann hast du die ganze philosophische Kunst und dies ist das Ende etc. Vgl. Artis Auriferae 1616, II, p. 185.

XII. PARABOLA SEPTIMA DE CONFABULATIONE DILECTI CUM DILECTA

«CONVERTIMINI ad me in toto corde vestro [1] et nolite abiicere me, eo quod nigra sum et fusca, quia decoloravit me sol [2] et abyssi operuerunt faciem meam [3] et terra infecta et contaminata est in operibus meis [4]; quia tenebrae factae sunt super eam [5] pro eo, quod infixa sum in limo profundi et substantia mea non est aperta [6]. Propterea de profundis clamavi [7] et de abysso terrae voce mea ad vos omnes, qui transitis per viam. Attendite et videte me, si quis similem mihi invenerit [8], dabo in manu sua stellam matutinam [9]. Ecce enim in lectulo meo per noctem quaesivi consolantem et non inveni [10], vocavi et nemo respondit mihi.» –

---

5. «in» om. MP / operationibus D / 8. vos: eos MP / 11. non: neminem MP /

---

1. Joel 2, 12: Nunc ergo dicit Dominus: Convertimini ad me in toto corde vestro in ieiunio et in fletu et in planctu.
2. Cant. 1, 4–5: Nigra sum sed formosa filiae Jerusalem sicut tabernacula Cedar, sicut pelles Salomonis. Nolite me considerare, quod fusca sim, quia decoloravit me Sol, filii matris meae pugnaverunt contra me ...
3. Cf. Jona 2, 6: Circumdederunt me aquae usque ad animam, abyssus vallavit me, pelagus operuit caput meum ...
4. Ps. 105, 38: Et infecta est terra in sanguinibus et contaminata est in operibus eorum ...
5. Luc. 23, 44: ... et tenebrae factae sunt in universam terram ... Cf. Mc. 15, 33.
6. Ps. 68, 3: Infixus sum in limo profundi et non est substantia, veni in altitudinem maris, et tempestas dimersit me. Cf. Ordo missae p. 249.
7. Ps. 129, 1: De profundis clamavi ad te Domine, Domine exaudi vocem meam. Cf. Ordo missae p. 130, 474 etc.
8. Thren. 1, 12: O vos omnes qui transitis per viam, attendite et videte, si est dolor, sicut dolor meus ... Cf. Ordo missae p. 614, 569.
9. Apoc. 2, 28: ... dabo illi stellem matutinam ...
10. Ps. 68, 21: Et sustinui, qui simul contristaretur, et non fuit, qui consolaretur et non inveni ... Cf. Ordo missae p. 244, 615.

XII. DIE SIEBTE PARABEL VOM GESPRÄCH DES LIEBENDEN MIT DER GELIEBTEN

WENDET euch zu mir von ganzem Herzen [1] und verwerfet mich nicht, darum weil ich schwarz bin und dunkel, denn die Sonne hat mich so verbrannt [2]; und die Abgründe haben mein Antlitz bedeckt [3] und die Erde ist verdorben und verunreinigt in meinen Werken [4], indem Finsternis ward über ihr [5], da ich versunken bin im Schlamme der Tiefe und meine Substanz nicht erschlossen worden ist [6]. Daher rufe ich aus der Tiefe [7], und aus dem Abgrund der Erde spricht meine Stimme zu euch Allen, die ihr vorübergehet auf dem Wege: Habet acht und schauet mich an, ob jemals einer von euch einen fand, der mir gleicht [8], so will ich ihm den Morgenstern in die Hand geben [9]. Denn siehe des Nachts auf meinem Lager suchte ich einen Tröster und fand keinen [10], ich rief, und niemand gab mir Antwort.» – «Daher will ich aufstehen

---

1. Joel 2, 12: Doch spricht auch jetzt der Herr: Bekehret (wendet) euch zu mir von ganzem Herzen mit Fasten, mit Weinen und mit Klagen...
2. Hohes Lied 1, 5–6: Ich bin schwarz, aber gar lieblich, ihr Töchter Jerusalems, wie die Hütten Kedars, wie die Teppiche Salomons. Sehet mich nicht an, daß ich so schwarz bin, denn die Sonne hat mich so verbrannt...
3. Jona 2, 4 ff: Du warfst mich in die Tiefe mitten im Meer, daß die Fluten mich umgaben; alle deine Wogen und Wellen gingen über mich... Wasser umgaben mich bis an mein Leben, die Tiefe umringte mich... Ich sank zu der Berge Gründen, die Erde hatte mich verriegelt ewiglich...
4. Ps. 106, 38: ...daß das Land (wörtl. Erde) mit Blutschuld befleckt ward und verunreinigten sich mit ihren Werken...
5. Luk. 23, 44: (Kreuzigung) Und es ward eine Finsternis über das ganze Land.
6. Ps. 69, 3: Ich versinke im Schlamm der Tiefe, da kein Grund ist; ich bin im tiefen Wasser... Meßbuch p. 249.
7. Ps. 129, 1: Aus der Tiefe rufe ich, Herr, zu dir, Herr erhöre meine Stimme... Meßbuch p. 130, 474 usw.
8. Klagelieder 1, 12: Euch sage ich allen, die ihr vorübergehet (am Wege): Schauet doch und sehet, ob irgend ein Schmerz sei, wie mein Schmerz. Meßbuch p. 614.
9. Offenb. 2, 28: ...und ich will ihm geben den Morgenstern.
10. Ps. 69, 21: Ich warte, obs jemand jammere, aber da ist niemand, und auf Tröster, aber ich finde keine. Meßbuch p. 244, 615.

«Surgam ergo et introibo civitatem; per vicos et plateas quaerens [11] mihi unam desponsare virginem castam [12], pulchram facie, pulchriorem corpore, pulcherrimam veste, ut revolvat lapidem ab ostio monumenti mei [13] et dabit mihi pennas sicut columbae et volabo cum ea in coelo [14] et dicam tunc: Vivo ego in aeternum [15] et requiescam in ea, quia astitit [regina] a dextris meis in vestitu deaurato circumdata varietate. Audi ergo filia et vide et inclina aurem tuam ad preces meas, quia concupivi toto cordis desiderio speciem tuam [16]. O locutus sum in lingua mea, notum fac mihi finem meum et numerum dierum meorum, quis est, ut sciam quid desit mihi, quoniam mensurabiles posuisti omnes dies meos et substantia mea tamquam nihilum ante te [17]. Tu es enim ipsa, quae introibit per aurem, per regionem meam, et ero indutus stola purpurea ex te et ex me procedam tamquam sponsus de thalamo suo [18], quia circumdabis me vernantibus

1.–2. «facie pulchriorem corpore pulcherrimam» om. MP / 3. revolvet PVRhL / 4. dabo MPV / 5. «regina» add. BD / 10. meos: tuos RhBDL / 11. aurem: auream portam D / 13. quae circumdabit MPV, circumdas L /

11. Cant. 3, 1–2: In lectulo meo per noctes quaesivi, quem diligit anima mea, quaesivi illum et non inveni. Surgam et circuibo civitatem per vicos et plateas quaeram quem diligit anima mea quaesivi illum, et non inveni. Cf. Ordo missae p. 671.
12. II. Cor. 11, 2: Despondi enim vos uni viro virginem castam exhibere Christo.
13. Marc. 16, 3: Et dicebant ad invicem: Quis revolvet nobis lapidem ab ostio monumenti? ... Cf. Ordo missae p. 312.
14. Ps. 54, 7: Ex dixi: Quis dabit mihi pennas sicut columbae et volabo et requiescam? Cf. Marg. pret. nov. l. c. p. 123: Et quia foemina est alba fugiens ... masculus vero est rubeus persequens foeminam et retinens ... dixerunt: Foemina habet alas, masculus vero non. Cf. item SENIOR l. c. p. 38.
15. Deut. 32, 40: Levabo ad coelum manum meam et dicam: Vivo ego in aeternum ... Cf. Ordo missae p. 363.
16. Ps. 44, 10–11: Astitit regina a dextris tuis in vestitu deaurato circumdata varietate. Audi filia et vide et inclina aurem tuam ... et concupiscet rex decorem tuum, (quia concupivit Rex speciem tuam). Cf. Ordo missae p. 567, 674.
17. Ps. 38, 5–6: Locutus sum in lingua mea, notum fac mihi Domine finem meum. Et numerum dierum meorum quis est, ut sciam quid desit mihi. Ecce mensurabiles posuisti dies meos et substantia mea tamquam nihilum est ante te.
18. Ps. 18, 6: In sole posuit tabernaculum suum: et ipse tamquam sponsus procedens de thalamo suo. Cf. Ordo missae p. 60.

und herumgehen in der Stadt; in den Gassen und Straßen will ich suchen [11], daß ich mir eine reine Jungfrau vermähle [12], schön von Antlitz, schöner von Wuchs und noch schöner von Kleidung, damit sie den Stein von der Türe meines Grabes wälze [13], und sie wird mir Flügel geben, wie die der Taube, und ich werde mit ihr am Himmel dahinfliegen [14]. Da werde ich sagen: Ich lebe ewiglich [15] und werde in ihr ruhen, da sie mir zur Rechten steht in goldenem Gewande, gehüllt in bunte Pracht. Höre also, oh Tochter, sieh und neige dein Ohr meinen Bitten, denn ich habe mich von ganzem Herzen nach deiner Schönheit gesehnt [16]. Denn ich rede in meiner Sprache: Tue mir kund mein Ende und welches die Zahl meiner Tage sei, auf daß ich erkenne, was mir mangelt, denn alle meine Tage hast du begrenzt, und meine Substanz ist wie nichts vor dir [17]. Du bist es nämlich, die eingehen wird durch mein Ohr, durch mein Gebiet, und ich werde gekleidet werden in ein Purpurgewand (das) aus dir und aus mir stammt, und werde hervorkommen wie ein Bräutigam aus seiner Kammer [18], denn du wirst mich mit funkelnden Edelsteinen von frühlinghafter Frische schmücken und mir an-

11. Hohes Lied 3, 1–2: Des Nachts auf meinem Lager suchte ich, den meine Seele liebt. Ich suchte, aber ich fand ihn nicht. Ich will aufstehen und in der Stadt umgehen auf den Gassen und Straßen suchen, den meine Seele liebt. Ich suchte, aber ich fand ihn nicht. Meßbuch p. 671.
12. II. Cor. 11, 2: ... daß ich eine reine Jungfrau Christo zubrächte.
13. Mark. 16, 3: (Frauen am Grabe). Und sie sprachen untereinander: Wer wälzt uns den Stein von des Grabes Tür? Meßbuch p. 312.
14. Ps. 55, 7: O hätte ich Flügel wie Tauben, daß ich flöge und wo bliebe, (wörtl. Und ich sprach: Wer wird mir Flügel geben, wie die der Taube, und ich werde fliegen und ruhen?) Vgl. Marg. pret. nov. a. a. O. p. 123: Und weil die weiße Frau flüchtig ist, der rote Mann aber die Frau verfolgt und zurückhält, haben die Philosophen gesagt: Die Frau hat Flügel, der Mann hingegen nicht. Vgl. auch SENIOR a. a. O. p. 38.
15. Deut. 32, 40: Denn ich will meine Hand in den Himmel heben und will sagen: Ich lebe ewiglich ... Meßbuch p. 363.
16. Ps. 45, 10–12: Die Braut steht zu deiner Rechten in eitel köstlichem Gold (wörtl. goldenem Gewand gehüllt in bunte Pracht). (Vgl. Meßbuch p. 615, 674.) Höre, Tochter, sieh und neige dein Ohr, so wird der König Lust an deiner Schöne haben (wörtl. denn der König sehnte sich nach deiner Anmut). Meßbuch p. 567.
17. Ps. 39, 4–5: Aber Herr lehre mich, daß es ein Ende mit mir haben muß usw. (Wörtl. Ich rede mit meiner Zunge. Aber Herr tue mir kund mein Ende und welches die Zahl meiner Tage sei, daß ich erkenne, daß ich vergänglich bin, denn du hast meine Tage begrenzt (meßbar gemacht) und meine Substanz ist wie nichts vor dir.
18. Ps. 19, 5–6: Er hat der Sonne eine Hütte an ihnen gemacht ... und dieselbe geht heraus wie ein Bräutigam aus seiner Kammer ... Meßbuch p. 60.

atque coruscantibus gemmis et indues me vestimentis salutis et laetitiae [19] ad expugnandas gentes et omnes inimicos, nec non corona aurea expressa signo sanctitatis me ornabis et stola iustitiae circumdabis me [20] atque annulo tuo subarrabis me nec non calceamentis aureis calceabis me. Haec omnia faciet amica mea perfecta, pulchra nimis et decora in deliciis suis [21], quia viderunt eam filiae Sion et reginae atque concubinae eam laudaverunt [22]. O regina supernorum, surge propera [amica mea] sponsa mea [23], dic [dilecta] dilecto tuo, quae qualis vel quanta es, propter Sion non tacebis nec propter Jerusalem quiescas [24] loquere mihi, audit (te) enim dilectus tuus: — «Audite omnes gentes, auribus percipite, qui habitatis orbem [25]: dilectus meus rubicundus locutus est [26] mihi, petiit et impetravit. Ego sum flos campi et lilium convallium [27], ego mater pulchrae dilectionis et [timoris et] agnitionis et sanctae spei [28]. Ego vitis fructi-

---

1. induens B, indueris V / vestimento Rh, D / 2. ex purgandas Rh D, pugnandas L / gentes et omnium gentium et nationum (D: hoc loco) inimicos nec non corona RhLD, om. P / «et» inimicos add. M / 3. «iustitiae» om. MPV / 3.–4. «atque annulo ∞ calceabis me» om. MPV / 6. concubinae V₂, columbinae MPV, columbae RhDL, om. B / 7. «amica mea» add. D / 8. «dilecta» add. RhL / 9. «te» add. D / loquere quae audit dilecto tuo MPV, cetera om. MP / 10. Audite «haec» add. VL / 13. «timoris» add. V /

---

19. Jes. 61, 10: Gaudens gaudebo in Domino ... qui induit me vestimentis salutis et indumentis iustitiae circumdedit me, quasi sponsum decoratum corona et quasi sponsam ornatam monilibus suis. Cf. Ordo missae p. 493, 549.
20. Eccli. 45, 14: Corona aurea super mitram eius expressa signo sanctitatis et gloria honoris ... Cf. Ordo missae p. 549.
21. Cant. 7, 6: Quam pulchra est et quam decora charissima in deliciis!
22. Cant. 6, 8: ... Viderunt eam filiae Sion et beatissimam praedicaverunt reginae et concubinae et laudaverunt eam.
23. Cant. 2, 10: En dilectus meus loquitur mihi: Surge, propera amica mea, columba mea ... Cf. Ordo missae p. 539.
24. Jes. 62, 1: Propter Sion non tacebo et propter Jerusalem non quiescam, donec egrediatur ut splendor iustus eius ...
25. Ps. 48, 2: Audite haec omnes Gentes; auribus percipite omnes qui habitatis orbem ...
26. Cant. 5, 10: Dilectus meus candidus et rubicundus electus ex millibus.
27. Cant. 2, 1: Ego flos campi et lilium convallium, sicut lilium inter spinas ...
28. Eccli. 24, 24: (Sapientia loquitur): Ego mater pulchrae dilectionis et timoris et agnitionis et sanctae spei ... Cf. Ordo missae p. 727.

ziehen die Gewänder des Heils und der Freude [19] zur Bezwingung der Stämme und aller Feinde. Du wirst mich auch mit der goldenen Krone aller Völker und Nationen schmücken, versehen mit dem Zeichen der Heiligkeit [20] und mich in das Kleid der Gerechtigkeit hüllen; du wirst mich mit deinem Ringe dir anverloben und mich auch mit goldenen Schuhen bekleiden. Dies alles wird meine vollendete Geliebte, die Schönste und Herrlichste von allen, tun in ihrer Wonne [21], da sie die Töchter Zions sahen und die Königinnen und Nebenfrauen sie gelobt haben [22]. Oh Königin der oberen Welt, mache dich eilig auf, meine Freundin, meine Braut [23], sprich du, Liebste, zu deinem Geliebten, wer und von welcher Art und von welcher Größe du bist; um Zions willen wirst du nicht schweigen, und um Jerusalems willen sollst du nicht innehalten mit mir zu reden [24], denn dein Geliebter hört, was du sagst: – «Hört zu, ihr Völker alle, merket auf alle, die ihr den Erdkreis bewohnet [25]: mein roter Freund [26] hat zu mir gesprochen, er hat gebetet, und seine Bitte wurde erfüllt: Ich bin die Blume des Feldes und die Lilie in den Tälern [27], ich bin die Mutter der schönen Liebe, der Erkenntnis und der heiligen Hoffnung [28]. Ich bin der Weinstock, der wohlriechende,

---

19. Jes. 61, 10: Ich freue mich im Herrn, denn er hat mich angezogen mit Kleidern des Heils und mit dem Rock der Gerechtigkeit gekleidet wie ein Bräutigam ... und wie eine Braut ... Meßbuch p. 549.
20. Jes. Sirach 45, 14: (wörtl.) Eine goldene Krone war auf seinem Haupte, versehen mit dem Zeichen der Heiligkeit, die Herrlichkeit seiner Würde ... Meßbuch p. 549.
21. Hohes Lied 7, 7: Wie schön und wie lieblich bist du, Liebe voller Wonne (in Wonne).
22. Hohes Lied 6, 9: Da sie die Töchter (Zion) sahen, priesen sie dieselbe selig und die Königinnen und Kebsweiber (Nebenfrauen) lobten sie.
23. Hohes Lied 2, 10: Sieh mein Freund spricht zu mir: Stehe auf, meine Freundin, meine Schöne ... Meßbuch p. 539.
24. Jes. 62, 1: Um Zions willen will ich nicht schweigen und um Jerusalems willen will ich nicht innehalten, bis daß ihre Gerechtigkeit aufgehe ...
25. Ps. 49, 2: Höret zu, alle Völker, merket auf alle, die ihr in dieser Zeit lebet (wörtl. den Erdkreis bewohnet).
26. Hohes Lied 5, 10: Mein Freund ist weiß und rot, auserkoren unter vielen Tausenden.
27. Hohes Lied 2, 1: (wörtl.) Ich bin eine Blume des Feldes und eine Lilie in den Tälern.
28. Jes. Sirach 24, 33: (wörtl.) Ich bin die Mutter der schönen Liebe und Frucht der Erkenntnis und heiligen Hoffnung. Meßbuch p. 727.

ficans suavitatem odoris, et flores mei fructus honoris et honestatis [29]. Ego lectulus dilecti mei, quem sexaginta fortissimi ambierunt, omnes tenentes gladios suos super femur suum propter timores nocturnales [30]. Ego tota pulchra et absque macula [31] respiciens per fenestras prospiciens per cancellos dilecti mei [32], vulnerans cor suum in uno oculorum meorum et uno crine colli mei [33]. Ego odor unguentorum super omnia aromata aromatizans et sicut cinnamomum et balsamum et myrrha electa [34]. Ego virgo prudentissima [35] progrediens quasi aurora valde rutilans electa ut sol et pulchra ut Luna [36] absque quod intrinsecus latet [37]. Ego cedrus exaltata et cypressus in monte Sion [38], ego corona, qua coronatur dilectus meus in die desponsationis ipsius et laetitiae [39], quia unguentum effusum est nomen meum [40]. Ego funda David, cuius lapis Goliae magnum ocu-

---

2. Sexaginta: se MP, om. B / 5. uno: ictu RhDL / 6. meo MP / 11. «meus» om. MP / quia «sicut» add. BD / 12. cuius lapis Goliae: quare MP, quia V /

---

29. Eccli. 24, 23: Ego quasi vitis frutificans suavitatem odoris et flores mei fructus honoris et honestatis. Cf. Ordo missae p. 727. cf. Joh. 15, 1: Ego sum vitis vera ...
30. Cant. 3, 7–8: En lectum Salomonis sexaginta fortes ambierunt ex fortissimis Israel omnes tenentes gladios, uniuscuiusque ensis super femur suum propter timores nocturnos ... Cf. Ordo missae p. 549.
31. Cant. 4, 7: Tota pulchra es amica mea et macula non est in te. Cf. Ordo missae p. 540: Tota pulchra es Maria et macula originalis non est in te.
32. Cant. 2, 9: ... en ipse stat post parietem nostrum respiciens per fenestras prospiciens per cancellos. Cf. Ordo missae p. 650.
33. Cant. 4, 9: Vulnerasti cor meum soror mea sponsa ... in uno oculorum tuorum et in uno crine colli tui.
34. Eccli. 24, 20: Sicut cinnamomum et balsamum aromatizans odorem dedi quasi myrrha electa dedi suavitatem odoris. Cf. Ordo missae p. 699.
35. Cf. Math. 25, 1–13; et Ordo missae p. [58/59].
36. Cant. 6, 9: Quae est ista quae progreditur, quasi aurora consurgens, pulchra ut luna, electa ut sol ... Cf. Ordo missae p. 789.
37. Cant. 4, 1: ... .Oculi tui columbarum absque eo quod intrinsecus latet. Cf. Ordo missae p. 549.
38. Eccli. 24, 17: Quasi cedrus exaltata sum in Libano et quasi cypressus in monte Sion. Cf. Ordo missae p. 699.
39. Cant. 3, 11: Egredimini et videte filiae Sion regem Salomonem in diademate quo coronavit eum mater sua ... in die desponsationis illius et in die laetitiae cordis eius ... (parans crucem Salvatori suo. Ordo missae p. 548).
40. Cant. 1, 2: Oleum effusum nomen tuum ...

liebliche Früchte trägt, und meine Blüten sind aus Ehre und Anstand hervorgebracht [29]. Ich bin das Ruhebett meines Geliebten, um das sich sechzig Starke reihen, die alle ihr Schwert um ihre Hüfte tragen, wegen der Schrecknisse in den Nächten [30]. Ganz schön bin ich und ohne Makel [31]; ich sehe durch die Fenster und schaue durch die Gitter meines Geliebten [32] und verwunde sein Herz in *einem* meiner Augen und in *einem* Haar meines Nackens [33]. Ich bin der Duft der Salben, und mir entströmt Wohlgeruch über alle Gewürze, wie Zimmet und Balsam und die erlesene Myrrhe [34]. Ich bin die Klügste der Jungfrauen [35], die hervortritt gleich der leuchtenden Morgenröte, auserwählt wie die Sonne und schön wir der Mond [36], ohne das, was sich innen birgt [37]. Ich bin wie die hochgewachsene Zeder und die Zypresse auf dem Berg Zion [38], ich bin die Krone, mit der mein Geliebter am Tage seiner Hochzeit und seiner Freude gekrönt wird [39], da mein Name eine ausgeschüttete Salbe ist [40]. Ich bin die Schleuder Davids, deren Stein das große Auge

29. Jes. Sirach 24, 23–24: (wörtl.) Wie ein Weinstock trug ich wohlriechende, liebliche Früchte und meine Blüten entstammen Ehre und Anstand. Meßbuch p. 727.
30. Hohes Lied 3, 7–8: Sieh um das Bett Salomons her stehen 60 Starke aus den Starken Israels... (wörtl.): ein jeder hat das Schwert um seine Hüfte wegen der Schrecknisse in den Nächten. Ein Prunkbett ließ sich festigen der König Salomon... dessen Fußgestelle machte er aus Silber, dessen Lehnen aus Gold, dessen Polster aus Purpur. Meßbuch p. 549.
31. Hohes Lied 4, 7: Du bist allerdinge schön, meine Freundin, und ist kein Flecken an dir. Vgl. Meßbuch p. 540: Ganz schön bist du Maria und der Makel der Erbsünde ist nicht in dir.
32. Hohes Lied 2, 9: Sieh, er steht hinter unserer Wand, sieht durchs Fenster und guckt durchs Gitter. Meßbuch p. 649/650.
33. Hohes Lied 4, 9: (wörtl.) Du hast mein Herz verwundet meine Schwester, liebe Braut, mit deiner Augen einem und einem Haar deines Nackens.
34. Jesus Sirach 24, 20: (wörtl.): Wie Zimmet und würziger Balsam gab ich Duft. Wie erlesene Myrrhe gab ich lieblichen Wohlgeruch. Meßbuch p. 669.
35. Vgl. Math. 25, 1–13. Meßbuch p. [58/59].
36. Hohes Lied 6, 10: Wer ist (diese) die (dort) hervorbricht wie die (aufsteigende) Morgenröte, schön wie der Mond, auserwählt wie die Sonne. Meßbuch p. 789.
37. Hohes Lied 4, 1: (wörtl.): Deine Augen sind Taubenaugen, ohne das, was sich innen birgt. Meßbuch p. 549.
38. Jes. Sirach 24, 17: Ich bin hochgewachsen wie eine Zeder auf dem Libanon und wie eine Zypresse auf dem Gebirge Hermon (Zion). Meßbuch p. 699.
39. Hohes Lied 3, 11: Gehet hinaus und schauet an ... den König Salomo in der Krone, damit ihn seine Mutter gekrönt hat am Tage seiner Hochzeit und am Tage der Freude seines Herzens. Meßbuch p. 549.
40. Hohes Lied 1, 3: ... dein Name ist eine ausgeschüttete Salbe ...

lum (eruit) et caput eius demum abstulit [41]. Ego sceptrum domus Israel et clavis Jesse [42], qui aperit et nemo claudit, claudit et nemo aperit [43]. Ego sum illa vinea electa, in quam pater familias misit hora prima, secunda, tertia, sexta et nona operarios suos dicens: Ite et vos in vineam meam et quod iustum fuerit dabo vobis hora duodecima [44]. Ego sum illa terra sanctae promissionis, quae fluit lacte et melle [45] et faciens fructus suavissimos temporibus suis; quare omnes philosophi me commendaverunt et seminaverunt in me aurum eorum et argentum et granum ipsorum incombustibile. Et nisi granum illud cadens in me mortuum fuerit, ipsum solum manebit, si autem mortuum fuerit affert fructum triplicem [46]: primum quidem faciet bonum in terram bonam, scilicet margaritarum, secundum bonum quia in meliorem scilicet foliorum, tertium in millecuplum quia in terram optimam scilicet auri [47]. Ex his enim fructibus grani (huius) cibus vitae conficitur, qui de coelo descendit. Si quis ex eo manducaverit, vivet sine fame [48]. De illo namque pane edent pauperes et saturabuntur et laudabunt Dominum, qui requirunt eum et vivent

---

1. «eruit» add. D / demum: denique P, demumque M, om. V / de domo MPV / 3. qua PRhLM / 5. «duodecima» coni. secunda DRhL, nona MPV, om. B / 6. sancta RhDL / fructus «suos» add. MP / 7. quare: quia RhDL / 8. «in me» om. LV / 9.–10. «ipsum solum ∾ fuerit» om. VLB M, corr. M₂ / 14. «huius» add. RhB / 15. «et» sine add. MP / illa PL / 16. requirent RhL /

---

41. Cf. I. Samuel 17, 49–51.
42. Cf. Jes. 11, 1: Et egredietur virga de radice Jesse et flos de radice eius ...
Cf. Rom. 15, 4–13: Ordo missae p. 51 und 58. Cf. SENIOR: De Chemia, p. 10: Sol est clavis cuiuslibet ianuae ... Cf. item p. 17.
43. Apoc. 3, 7: ... Qui habet clavem David, qui aperit et nemo claudit, claudit et nemo aperit.
44. Cf. Math. 20, 1 sq. et Ordo missae p. 132.
45. Exodus 13, 5: Introduxit vos Dominus in terram fluentem lacte et melle. Cf. Ordo missae p. 315, Cf. Exod. 3, 8: et educam in terram, quae fluit lacte et melle ... Cf. Ordo missae p. 440. Cf. Mos. 26, 1–11. (Ordo missae p. 385).
46. Joh. 12, 24–25: Amen amen dico vobis: nisi granum frumenti cadens in terram mortuum fuerit, ipsum solum manet, si autem mortuum fuerit multum fructum affert. Cf. Ordo missae p. 694, 217.
47. Cf. SENIOR: De Chemia, l. c. p. 51: Quidam vero eorum nomina variant, ut hoc ex tribus terris, quarum prima est margaritarum, secunda terra foliorum, tertia terra est terra auri. Cf. item p. 106.
48. Joh. 6, 33: Panis enim Dei est, qui de coelo descendit et dat vitam mundo. Joh. 6, 51–52: Ego sum panis vivus qui de caelo descendi. Si quis manducaverit hoc pane vivet in aeternum. Cf. Ordo missae p. 381. Cf. Ps. 78. 23–24.

Goliaths ausschlug und schließlich sogar seinen Kopf abriß [41]. Ich bin das Szepter des Hauses Israel und der Schlüssel Jesse [42], der auftut, und niemand schließt zu; der zuschließt, und niemand tut auf [43]. Ich bin jener erlesene Weinberg, in welchen der Hausvater zur ersten, zweiten, dritten, sechsten und neunten Stunde seine Arbeiter sandte, indem er sprach: Gehet auch ihr in meinen Weinberg, und zur zwölften Stunde werde ich euch geben, was recht ist [44]. Ich bin jenes Land der göttlichen Verheißung, darin Milch und Honig fließt [45] und das süßeste Früchte trägt zu seiner Zeit. Darum haben mich alle Philosophen empfohlen und haben ihr Gold und Silber und ihr unverbrennbares Samenkorn in mich gesät. Und wenn dieses Weizenkorn nicht in mich fällt und erstirbt, so bleibt es allein, wo es aber stirbt, so bringt es dreifache Frucht [46]: zum ersten wird es zwar gute Frucht tragen, da es in gute Erde, nämlich Perlenerde ⟨gesät wurde⟩, zum zweiten wird es ⟨ebenfalls⟩ gute Frucht bringen, da es in bessere Erde fiel, nämlich Silbererde, und zum dritten wird es tausendfache Frucht bringen, da es in beste Erde, nämlich Golderde ⟨gesät wurde⟩ [47]. Aus den Früchten dieses Weizenkornes wird nämlich die Speise des Lebens gemacht, die vom Himmel kommt [48]. Wer davon ißt, der wird leben ohne zu hungern. Von diesem Brot werden nämlich die Armen essen und gesättigt werden, und sie werden den Herrn preisen, die ihn suchen, und ihre Herzen werden leben in Ewig-

41. Vgl. I. Samuel 17, 49–51.
42. Vgl. Jes. 11, 1–5: Es wird eine Rute (Reis) hervorgehen aus dem Stamm Isais (wörtl. der Wurzel Jesse). Vgl. Römer 15, 4–14. (Meßbuch p. 51, 58). Vgl. SENIOR a. a. O. p. 101: Die Sonne ist der Schlüssel zu jeder Türe ...
43. Offenb. 3, 7: ... der da hat den Schlüssel Davids, der auftut, und niemand schließt zu, der zuschließt und niemand tut auf.
44. Vgl. Math. 20, 1 ff. und Meßbuch p. 132.
45. Exod. 3, 8: ... und sie ausführe ... in ein gutes und weites Land ... darin Milch und Honig fließt. Vgl. Exod. 13, 5 u. 5. Mos. 26, 1–11. (Meßb. p. 315, 385, 440).
46. Joh. 12, 24: Wahrlich, wahrlich ich sage euch: Es sei denn daß das Weizenkorn in die Erde falle und ersterbe, so bleibts allein, wo es aber erstirbt, so bringt es viele Früchte. (Meßbuch p. 217, 694.)
47. Vgl. SENIOR: De Chemia, a. a. O. p. 51: Manche von ihnen aber verwenden verschiedene Bezeichnungen, wie z. B. von 3 Erdarten, deren erste ist «Perlenerde», die zweite «Silbererde» und die dritte «Golderde». Vgl. ebenda p. 106.
48. Joh. 6, 33: Denn dies ist das Brot Gottes, das vom Himmel kommt und gibt der Welt das Leben.
Joh. 6, 51: Ich bin das lebendige Brot, (der ich) vom Himmel (herab) gekommen (bin). Wer von diesem Brot essen wird, der wird leben in Ewigkeit. Meßbuch p. 381.
Ps. 78, 23–24: (wörtl.) Des Himmels Türen öffnete der Herr und ließ für sie zur Speise Manna regnen und Brot des Himmels gab er ihnen. Meßbuch p. 379.

corda eorum in saeculum [49]. Ego do et non resumo, ego pasco et non deficio, ego securo et non paveo, quid plus referam dilecto meo? Ego sum mediatrix elementorum, concordans unum alteri: illud, quod calidum est frigesco et viceversa, et illud, quod siccum est humecto et viceversa, et illud, quod est durum mollifico et viceversa. Ego finis et dilectus meus principium [50], ego totum opus et tota scientia in me occultatur [51], ego lex in sacerdote et sermo in propheta et consilium in sapiente [52]. Ego occidam et vivere faciam et non est, qui de manu mea possit eruere [53]. Ego porrigo os dilecto meo et compressit ipsius ad me [54], ego et ipse unum sumus [55], quis nos separabit a caritate [56]? Nullus et nemo, quia fortis est ut mors dilectio nostra [57].» – «O dilecta, immo perdilecta, vox tua sonuit in auribus meis, quae dulcis est [58], et odor tuus super cuncta unguenta preciosa [59]. O quam pulchra es facie [60], pulchriora ubera tua vino [60a], soror sponsa, oculi tui piscinae in Esebon [61], capilli tui aurei, genae tuae

---

1. «in saeculum» om. MPV / 2. saturo MP / 5. durum mollifico: asperum lenifico MPV / 7. ego: et MP / 9. «porrigo os» om. MPV / 11. «immo» om. MPDB / 12. insonuit MP / «in» om. RhDL / 13. a facie P, in facie V / pulchriora: pulchra PVD / vino: unica PV /

---

49. Ps. 21, 27: Edent pauperes et saturabuntur et laudabunt Dominum, qui requirunt eum: vivent corda eorum in saeculum saeculi.
50. Apoc. 1, 8: Ego sum Alpha et Omega, principium et finis, dicit Dominus Deus ...
51. Cf. Mercurius in RAZI. De alum. et salibus, ed. Ruska p. 59: Et ego sum totum ipsum absconditum et in me latet sapientia abscondita.
52. Jer. 18, 18: ... non enim peribit lex a sacerdote neque consilium a sapiente neque sermo a propheta.
53. Deut. 32, 39: Videte quod ego sim solus et non sit alius Deus praeter me: Ego occidam et ego vivere faciam, percutiam et ego sanabo et non est qui de manu mea possit eruere.
54. Cf. Cant. 1, 1: Osculetur me osculo oris sui ...
55. Joh. 10, 30: Ego et pater unum sumus. Cf. Ordo missae p. 214.
56. Rom. 8, 35–39: Quis ergo nos separabit a charitate Christi? ... Certus sum quia neque mors neque vita ... poterit nos separare a charitate Dei, quae est in Christo Jesu Domino nostro.
57. Cant. 8, 6: ... quia fortis est ut mors dilectio, dura sicut infernus aemulatio. Cf. Ordo missae p. 616, 672.
58. Cant. 2, 14: ... sonet vox tua auribus meis, vox enim tua dulcis et facies tua decora. Cf. Ordo missae p. 539, 650.
59. Cant. 4, 10: ... odor unguentorum tuorum super omnia aromata ...
60. Cant. 4, 1: Quam pulchra es, amica mea, quam pulchra es!
60a. Cant. 4, 10: Quam pulchra sunt mammae tuae, soror mea sponsa, pulchriora sunt ubera tua vino ... odor unguentorum tuorum super omnia aromata.
61. Cant. 7, 4: Oculi tui sicut piscinae in Hesebon ...

keit [49]. Ich schenke und fordere nicht zurück, ich gebe Speise ohne jemals zu versagen, ich biete Schutz und fürchte mich nie – was soll ich meinem Geliebten noch weiteres sagen? Ich bin die Mittlerin zwischen den Elementen, die eines mit dem andern versöhnt: was warm ist, kühle ich ab; was trocken ist, mache ich feucht; was hart ist, weiche ich auf und umgekehrt. Ich bin das Ende, und mein Geliebter ist der Anfang [50]; ich bin das ganze Werk, und die ganze Wissenschaft liegt in mir verborgen. Ich bin das Gesetz im Priester und das Wort im Propheten und der Rat im Weisen [51]. Ich kann töten und lebendig machen, und da ist niemand, der aus meiner Hand errette [52]. Ich biete meinem Geliebten den Mund, und er küßt mich [53] – er und ich sind Eins [54] – wer will uns scheiden von der Liebe [55]? Niemand, weit und breit – denn stark wie der Tod ist unsere Liebe [56].» – «Oh Liebste, Vielgeliebte, deine Stimme tönte in meine Ohren, und sie ist süß [57], und dein Duft übertrifft alle kostbare Würze [58]. Wie schön bist du von Angesicht [59], deine Brüste sind lieblicher denn Wein [60], du meine Schwester, meine Braut, deine Augen sind wie die Teiche zu Hesbon [61], deine Haare sind wie Gold und deine Wangen wie Elfenbein, dein Schoß ist wie ein Mischkrug, der nimmer des Getränkes

---

49. Ps. 22, 27: (wörtl.) Es werden essen die Armen und gesättigt werden, den Herrn werden preisen, die ihn suchen, und ihre Herzen werden leben in Ewigkeit.
50. Offenb. 1, 8: Ich bin das A und das O, der Anfang und das Ende, spricht Gott der Herr... Vgl. Das Buch der Alaune und Salze, ed. Ruska p. 59.
51. Jer. 18, 18: (wörtl.) ... denn nie wird vergehen das Gesetz im Priester, noch der Rat im Weisen, noch das Wort im Propheten.
52. Deut. 32, 39: Ich kann töten und lebendig machen, ich kann schlagen und kann heilen, und ist niemand, der aus meiner Hand errette.
53. Hohes Lied 1, 2: Er küsse mich mit dem Kusse seines Mundes, denn seine Liebe ist lieblicher als Wein.
54. Vgl. Joh. 10, 30: Ich und der Vater sind eins. Meßbuch p. 214.
55. Röm. 8, 35–39: Wer will uns scheiden von der Liebe Gottes? Trübsal oder Angst? Denn ich bin gewiß, daß weder Tod noch Leben... mag uns scheiden von der Liebe Gottes die in Christo Jesu ist unserem Herrn.
56. Hohes Lied 8, 6: ... denn die Liebe ist stark wie der Tod, und ihr Eifer ist fest wie die Hölle... Meßbuch p. 616, 672.
57. Hohes Lied 2, 14: (wörtl.) Laß mich dein Angesicht schauen, laß deine Stimme in meine Ohren tönen, denn deine Stimme ist süß und dein Angesicht hold. Meßbuch p. 539, 650.
58. Hohes Lied 4, 10: ... und der Geruch deiner Salben übertrifft alle Würze.
59. Hohes Lied 4, 1: Siehe meine Freundin, du bist schön, siehe wie schön bist du!
60. Hohes Lied 4, 10: Deine Liebe (wörtl. Brüste) sind lieblicher denn Wein...
61. Hohes Lied 7, 5: Deine Augen sind wie die Teiche zu Hesbon am Tor Bathrabbims...

eburneae, venter tuus sicut crater tornatilis non indigens poculis [62], vestes tuae candidiores nive, nitidiores lacte, rubicundiores ebore antiquo [63], totumque corpus tuum cunctis est delectabile atque desiderabile. Filiae Jerusalem, venite et videte et ea, quae vidistis narrate, dicite, quid faciemus sorori nostrae, quae parvula est et ubera non habet in die allocutionis [64]? Ponam super eam fortitudinem meam et apprehendam fructus illius et erunt eius ubera sicut botri vineae [65]. Veni mi dilecta et egrediamur in agrum tuum, moremur in villis, mane surgamus ad vineam, quia nox praecessit et dies appropinquabit [66]; videamus si floruit vinea tua [67], si flores tui fructus parturierunt. Ibi dabis ori meo ubera tua et ego omnia poma nova et vetera tibi servavi [68], fruamur ergo ipsis et utamur bonis tamquam in iuventute celeriter, vino pretioso et unguentis nos impleamus et non praetereat flos, quin ipsi nos coronemus, primo liliis, deinde rosis, antequam marcescant. Nullum pratum sit, quod non pertranseat luxuria nostra. Nemo nostrum exsors sit luxuriae nostrae, ubique relin-

---

1. crater tornatilis: tractus cortelis MP, tornalis D / 5. In die allocutionis ∞ ponam MP, ablactationis V, allocutionis V₂ / 8. surgemus MP / 10. flores fructus tui MPD / 11. servam MP, servabo D / 13. praetereat nos floribus ipsis convenimus nos MP / deinde: demum DRhL / 14. marcescunt ML / Nullum: non MPV / p̄ctum MPL, peccum Rh / 15. expers RhDL, exosus MP, exsors Rh₂ V /

---

62. Cant. 7, 2: Umbilicus tuus crater tornatilis numquam indigens poculis. Venter tuus sicut acervus tritici, vallatus liliis.
63. Thren. 4, 7: Candidiores Nazaraei eius nive, nitidiores lacte rubicundiores ebore antiquo saphiro pulchriores ...
64. Cant. 8, 8–9: Soror nostra parva et ubera non habet: quid faciemus sorori nostrae in die quando alloquenda est? ... Si murus est aedificemus super eum ...
65. Cant. 7, 8: Dixi: ascendam in palmam et apprehendam fructus eius et erunt ubera tua sicut botri vineae ...
66. Rom. 13, 12: Nox praecessit, dies autem appropinquavit. Abiiciamus ergo opera tenebrarum et induamur arma lucis.
67. Cf. THOMAS DE AQUINO: Thesaurus Alchemiae secretissimus. Theatr. Chem. 1659, Vol. III, p. 279: In primis etiam diebus oportet mane surgere et videre si vinea floruit ...
68. Cant. 7, 11–13: Veni, dilecte mi, egrediamur in agrum, commoremur in villis mane surgamus ad vineas, videamus si floruerit vinea, si flores fructus parturiunt, si floruerunt mala punica ... Ibi dabo tibi ubera mea ... In portis nostris omnia poma nova et vetera, dilecte mi, servavi tibi ... Cf. Marg. pret nov. l. c. p. 101: ... et terra quae dicitur mater elementorum ... et haec est arbor aurea, de cuius fructu, qui comederit, non esuriet umquam.

mangelt [62], deine Kleider sind reiner denn der Schnee, klarer denn Milch und rötlicher als altes Elfenbein [63], und deine ganze Gestalt ist für alle schön und begehrenswert. Kommt her, ihr Töchter Jerusalems und sehet und verkündet, was ihr gesehen habt; sagt mir, was sollen wir für unsere Schwester tun, die so klein ist und noch keine Brüste hat am Tage der Werbung [64]? Ich will meine Stärke über sie breiten und nach ihren Früchten greifen, und ihre Brüste werden sein wie Trauben am Weinstock [65]. Komm also, meine Geliebte, laß uns auf dein Feld hinausgehen und in den Gehöften weilen, frühmorgens wollen wir aufstehen zum Weinberg, da die Nacht vorgerückt ist, und der Tag bald naht [66]. Wir wollen nachsehen, ob dein Weinberg Blüten trug [67], und ob deine Blüten Frucht getragen haben [68], dort wirst du mir deine Brüste reichen, und ich selber habe für dich alle alten und neuen Früchte aufbewahrt; an ihnen wollen wir uns also erfreuen und ohne Zögern alle Güter genießen, dieweil wir jung sind. Mit köstlichem Wein und Salben wollen wir nicht kargen, und keine Blume soll uns entgehen, uns damit zu bekränzen: zuerst mit Lilien und nachher mit Rosen, eh sie verwelken. An keiner Wiese soll unsere Lust vorbeigehen, und keiner von uns allen bleibe unserer Fröhlichkeit ferne. Allenthalben wollen wir Zeichen unserer Fröhlichkeit zurücklassen, denn dies ist unser Teil und unser

---

62. Hohes Lied 7, 3: Dein Schoß ist wie ein runder Becher (wörtl. Mischkrug), der nimmer des Getränkes mangelt.
63. Klagelieder 4, 7: Ihre Fürsten waren reiner denn Schnee und klarer denn Milch, ihre Gestalt war rötlicher denn Korallen (wörtl. als altes Elfenbein).
64. Hohes Lied 8, 8: Unsere Schwester ist klein und hat keine Brüste. Was sollen wir unserer Schwester tun, wenn man nun um sie werben wird?
65. Hohes Lied 7, 9: Ich sprach, ich muß auf den Palmbaum steigen und seine Zweige ergreifen. Laß deine Brüste sein wie Trauben am Weinstock.
66. Röm. 13, 12: Die Nacht ist vorgerückt, der Tag aber nahe herbeigekommen, so lasset uns ablegen die Werke der Finsternis und anlegen die Waffen des Lichtes.
67. Vgl. THOMAS DE AQUINO: Thesaurus Alchimae secretissimus. Theatr. Chem. 1659, Vol. III, p. 279. (Derselbe Satz inmitten rein chemischer Rezepte.)
68. Hohes Lied 7, 12–14: Komme mein Freund, laß uns aufs Feld hinaus gehen und in den Dörfern (Gehöften) weilen, daß wir früh aufstehn zu den Weinbergen, daß wir sehen ob der Weinstock sprosse und seine Blüten aufgehen... da will ich dir meine Liebe geben... und über unserer Tür sind allerlei edle Früchte. Mein Freund, ich habe dir beide heurige und vorjährige, behalten. Vgl. Marg. pret. nov. a. a. O. p. 101: ... und die Erde, welche «die Mutter der Elemente» heißt, ... und diese ist der goldene Baum; wer von dessen Frucht ißt, der wird niemals hungern.

quamus signa laetitiae, quia haec est pars nostra [69], ut vivamus in coitus nostri amore cum gaudio et tripudio dicentes: Ecce, quam bonum et quam iucundum est habitare duobus in unum [70]. Faciamus ergo nobis tria tabernacula, tibi unum, mihi secundum, filiis nostris tertium [71], quia funiculus triplex difficile rumpitur [72]. Qui habet aures audiendi audiat, quid dicat spiritus doctrinae filiis disciplinae de desponsatione dilecti ad dilectam. Nam semen suum seminaverat, quod maturescat per eum triplex fructus, quod auctor trium verborum dicit esse tria verba pretiosa, in quibus tota occultatur scientia, quae danda est piis videlicet pauperibus a primo homine usque ad ultimum [73].

1. coitus: interitus MP, terris interitus V / 2. «nostri» om. DRhL / 3. «est» om. MRhD / «nobis» om. DL / 4. nostris: meis D. om. MPV / 6.–7. cum dilecta MP / 7. seminat qui MPV / 8. esse: ecce MP / 9. est: sunt DRh / «piis» om. MPV / «videlicet» om. M / 10. ultimum «hominem» add. RhDL /

69. Sap. 2, 5 sq.: (dixerunt luxuriantes): Umbrae enim transitus est tempus nostrum et non reversio finis nostri, quoniam consignata est et nemo revertitur. Venite ergo et fruamur bonis, quae sunt et utamur creatura tamquam in iuventute, celeriter: Vino pretioso et unguentis nos impleamus et non praetereat nos flos temporis. Coronemus nos rosis antequam marcescant, nullum pratum sit, quod non pertranseat luxuria nostra. Nemo nostrum exsors sit luxuriae nostrae, ubique relinquamus signa laetitiae, quoniam haec est pars nostra et haec est sors.

70. Ps. 132, 1: Ecce quam bonum et quam iucundum habitare fratres in unum. Cf. Ordo missae p. 475, 638.

71. Math. 17, 4: ... Si vis faciamus hic tria tabernacula tibi unum, Moysi unum et Eliae unum. Cf. Ordo missae p. 174–175.

Cf. et Apoc. 21, 2–3: Et ego Johannes vidi sanctam civitatem Jerusalem novam descendentem de coelo ... et audivi vocem magnam de throno dicentem: Ecce tabernaculum Dei cum hominibus et habitabit cum eis.

72. Eccles. 4, 12: Vae soli, quia cum ceciderit non habet sublevantem se ... Et si dormierint duo fovebuntur mutuo: unus quomodo calefiet? Et si quispiam praevaluerit contra unum duo resistunt ei: funiculus triplex difficile rumpitur.

73. CALID: Liber trium verborum. Artis Auriferae 1610, l. c. p. 228: Et haec sunt tria verba pretiosa occulta et aperta, data non pravis non impiis non infidelibus, sed fidelibus et pauperibus a primo homine usque ad ultimum.

Los [69], daß wir in liebender Vereinigung leben und im fröhlichen Reigen verkünden: Sieh, wie gut und lieblich ist es, zu zweit in Einem zu wohnen [70]! Wir wollen uns darum hier drei Hütten bauen; dir eine, mir die zweite, und unseren Söhnen die dritte [71], da ein dreifaches Seil schwerlich zerreißt [72]. Wer Ohren hat zu hören, der höre was der Geist der Lehre den Söhnen der Wissenschaft von der Vermählung des Liebenden mit der Geliebten sagt. Denn er hatte seinen Samen gesät, auf daß dreifache Frucht daraus reife; von welcher der Autor der drei Worte sagt, es seien dies drei kostbare Worte, in denen die ganze Wissenschaft verborgen liege, die den Frommen, d. h. den Armen weiterzugeben sei vom ersten Menschen bis zum letzten [73].»

69. Weish. 2, 5 ff. (wörtl.) Unsere Zeit ist, wie ein Schatten dahinfährt, und wenn wir weg sind, ist kein Wiederkehren; denn es ist fest versiegelt, daß niemand wiederkommt. So kommt denn und lasset uns die vorhandenen Güter genießen und unseres Leibes brauchen, dieweil wir jung sind. Mit köstlichem Wein und Salben wollen wir nicht kargen, und keine Frühlingsblume soll uns entgehen. Mit Rosenknospen wollen wir uns bekränzen, ehe sie verwelken, alle Fluren voller Lust durchstreifen. Keiner von uns bleibe unserer Ausgelassenheit fern, allenthalben wollen wir Sinnbilder unserer Fröhlichkeit zurücklassen, denn dies ist unser Teil und unser Los.
70. Ps. 133, 1: Siehe, wie fein (gut) und lieblich ists, daß Brüder einträchtig beieinander (wörtl. in Einem beisammen) wohnen. Meßbuch p. 475, 638.
71. Math. 17, 4: (Verklärung Christi): Herr, hier ist es gut sein! Willst du, so wollen wir hier drei Hütten machen, dir eine, Mose eine und dem Elia eine. Vgl. Meßbuch p. 174–175. Vgl. auch Offenb. 21, 2–3: Und ich Johannes sah die heilige Stadt, das neue Jerusalem von Gott aus dem Himmel herabfahren... Und ich hörte eine große Stimme... die sprach: Siehe die Hütte Gottes bei den Menschen! und er wird bei ihnen wohnen.
72. Prediger 4, 10–12: Weh dem, der allein ist. Wenn er fällt, so ist kein anderer da, der ihm aufhelfe. Auch wenn zwei beieinander liegen, wärmen sie sich; wie kann ein einzelner warm werden? Einer mag überwältigt werden aber zwei mögen widerstehen; und eine dreifältige Schnur reißt nicht leicht entzwei.
73. CALID: Liber trium verborum. Artis Auriferae 1610, a. a. O. p. 228: Und dies sind drei wertvolle Worte, verborgen und offen zugleich, die gegeben sind nicht für die Verkehrten, nicht für die Gottlosen und nicht für die Ungläubigen, sondern für die Gläubigen und Armen vom ersten Menschen bis zum letzten.

III

KOMMENTAR

ALLGEMEINES

LAESST man diesen Text unmittelbar auf sich wirken, so fällt die erregte poetisch-rhetorische Sprache auf, die völlig von dem üblichen Stil alchemistischer Traktate des Mittelalters abweicht. Eine Flut von lose aneinandergereihten biblischen und alchemistischen Zitaten ergießt sich in ungebrochenem Flusse. Die Anschauung oder «Theorie» des Verfassers ist zunächst unersichtlich, obwohl man fühlt, daß er sich um den Ausdruck eines sinnvollen Erlebnisses bemüht. Ist er ein Alchemist, der die Bibelsprache usurpiert, oder ist er ein Kleriker, der sich der alchemistischen Symbolsprache bedient, um Ungewöhnliches zu gestalten? Was kann überhaupt einen Menschen veranlassen, etwas Derartiges zu schreiben? Wenn man die «Aurora» nicht als überhaupt unverständlich in die Vergessenheit zurücksinken lassen will, in der sie bisher existierte, so kann man wohl nur *einen* Weg beschreiten, nämlich annehmen, daß der Autor *deshalb* keine klar verständliche Anschauung vorträgt, *weil er keine hat,* und daß er sich um *die stammelnde Beschreibung eines unbewußten Inhaltes, der in sein Bewußtsein eingebrochen ist,* bemüht.

Insofern ist die obige Frage: war er Alchemist oder Kleriker, gar nicht richtig gestellt, denn wie C. G. JUNG in «Psychologie und Alchemie» gezeigt hat, ist der Alchemist ein Mensch, der das «göttliche Geheimnis», das Geheimnis des Unbewußten sucht, das er in die Materie projiziert, und in diesem Sinne ist jeder ein Alchemist, der sich um eine individuelle, unmittelbare Gestaltung eines Erlebens der Unbewußten bemüht. Das völlige Fehlen jeglicher «technischer» Textpartien läßt mich vermuten, daß der Autor kein laborierender Alchemist war, oder daß er in diesem Text keine praktischen Absichten hatte – er hat die Symbole nicht durch Projektion in den Stoff «geschaut», sondern inhaltlich erlebt, aber ihr Wesen war solchermaßen, daß nur die vorhandene alchemistische Symbolik eine Hilfe bot, das Unaussprechliche zu gestalten; die Bildersprache der Mystik und der kirchlichen Symbolik genügte offenbar nicht – aus Gründen, die sich noch erweisen werden. Der poetisch-rhetorisch gehobene Stil und die logisch gelockerten Zusammenhänge weisen auf eine starke Erregung hin, die ein offenbar numinoses Erlebnis begleitet. Zitate und Gedanken überstürzen sich, so daß der Eindruck der *Ideenflucht* entsteht. Letztere geht aber nicht ins Grenzenlose, sondern kehrt immer wieder zu ihrem Thema zurück. Auch *finden sich keine Anzeichen von schizophrenen Sinnunterbrechungen. Es besteht dagegen die Möglichkeit eines hypomanischen Zustandes.* Leider ist vom Autor nichts Sicheres bekannt. So kann man auch nicht wissen, *ob dieser hypomanische Zustand einen Ausschnitt aus einer manisch-depressiven Psychose darstellt, oder ob die Erregung psychogener Natur und auf die inhaltliche Problematik zurückzuführen ist.*

51   Angesichts eines solchen Dokumentes läßt sich wohl nicht anders vorgehen, als das Ganze *wie ein Produkt des Unbewußten* und somit methodisch *wie einen Traum* anzugehen und durch Amplifikation der Bilder den Sinn des Kontextes zu ermitteln. Dabei könnte sich zeigen, daß die scheinbar lose Kette symbolischer Anspielungen, genau wie ein Traum, einen konsequenten Sinnzusammenhang aufweist und sogar ein psychisches Drama von bedeutender Folgerichtigkeit widerspiegelt.

KOMMENTAR ZU KAPITEL 1

52   DAS erste Kapitel dient der Darstellung einer mystischen Frauengestalt, welche zunächst als personifizierte «Sapientia Dei» oder «Scientia Dei» auftritt [1]. In einem groß angelegten Gemälde ist diese weibliche göttliche Hypostase durch viele Aussagen und Vergleiche amplifiziert. Zunächst tritt die Figur der «Sapientia Dei» in der gleichen Personifikation auf, wie sie uns aus den «Sprüchen», «Jesus Sirach», und der «Weisheit Salomonis» bekannt ist. In der Patristik wurde sie mei-

---

1. Vgl. zu diesem Begriff C. G. JUNG, Psychologie und Alchemie, 1944, p. 511. Parallelen zu dieser Gestalt sind auch die «Mater Alchimia» im II. Teil der Aurora (Artis Auriferae etc. 1610, l. c. I, p. 119 ff.) oder die «Mater Naturae» im *Novum Lumen Chemicum* im *Musaeum Hermeticum*, Frkf. 1678, p. 599 ff.

stens auf Christus als dem präexistenten Logos gedeutet [2], oder man interpretierte sie als Gesamtheit der «rationes aeternae» (ewigen Pläne) oder sich selbst wissenden Ursachen (causae primordiales) oder der exemplaria (Vorbilder) ideae (Ideen) prototypi (Urbilder) im Geiste Gottes [3]. Sie galt auch als «archetypus mundus», nach dessen Vorbild Gott die Schöpfung verwirklichte [4], und durch den er sich Seiner Selbst bewußt wird [5]. Die Sapientia Dei ist somit die *Summe der archetypischen Bilder* im Geiste Gottes [6]. Andere patristische Deutungen der biblischen Personifikation sind ihre Gleichsetzung mit der Seele Christi oder noch häufiger mit Maria [7].

In moderner psychologischer Deutung erscheint die Sapientia Dei als eine weibliche Personifikation des kollektiven Unbewußten. Es handelt sich demnach zu Beginn des Textes *um die Beschreibung einer numinosen Begegnung mit der Anima, deren Einbruch in seine Bewußtseinssphäre der Autor zu bewältigen versucht.* Die sublime, beinahe göttliche

---

2. Vgl. z. B. HONORIUS VON AUTUN, Quaest. et Respons. in Prov. et Eccles. MIGNE P. L. tom. 172 col. 313: Sapientia foris praedicat – Christus Jesus qui est Dei virtus et Dei Sapientia... in foribus portarum urbis sanctae Ecclesiae etc. Und G. THERY, Le commentaire du livre de la sagesse de maître ECKHARDT. Archives d'histoire doctrinale et littéraire du moyen-âge, tom. III–IV, 1928–1929, hier: tom. IV, p. 364.

3. Vgl. JOH. SCOTUS ERIGENA De Divis. Nat. II. 18: primordiales causae se ipsas sapiunt, quoniam in sapientia creatae sunt aeternaliterque in ea subsistunt; ebda II. 20: Simul enim pater et sapientiam suam genuit et in ipsa omnia fecit. ebda II. 31: ... ad similitudinem Dei et Patris, qui de se ipso Filium suum, qui est sapientia sua, gignit, qua se ipsum sapit. cit. nach W. PREGER, Gesch. der deutschen Mystik im Mittelalter. München 1874, Vol. I. p. 161.

4. Vgl. HUGO DE ST. VICTOR, Annot. elucid. in Evang. Joannis (PREGER, l. c. I. p. 238): Unde et a Sapientia Dei omnia et vitam et esse habent... quia iuxta sapientiam Dei, quae vita omnium est factum est, omne quod factum est. Hoc enim exemplar Dei fuit, ad cuius exemplaris similitudinem totus mundus factus est, et est hic ille *archetypus mundus*, ad cuius similitudinem mundus iste sensibilis factus est. Auch ALANUS DE INSULIS vertritt ähnliche Anschauungen.

5. JOH. SCOTUS ERIGENA, De divis. nat. II. 31: sapientiam suam... quā se ipsum sapit.

6. Vgl. THOMAS VON AQUIN, Summa I, 443, cit. M. GRABMANN, Thomas v. Aquin. l. c. p. 95. Vgl. auch Summa (editio Leonina Bd. V, pars prima, Quaest. 56, Art. 2: In verbo autem Dei ab aeterno extiterunt non solum rationes rerum corporalium, sed etiam rationes omnium spiritualium creaturarum. (Diese «rationes» sind auch dem Geist der Engel eingeprägt.) Quaest. 72, Art. 2: (Die menschliche Sapientia hingegen ist eine) intellectualis virtus. (Sie) considerat divina secundum quod sint investigibilia ratione humana. Vgl. auch ebda. Quaest. 72, Art. 3: Et primo quidem quantum at intellectum adduntur homini quaedam principia supernaturalia quae divino lumine capiuntur et haec sunt credibilia, de quibus est fides.

7. Vgl. z. B. HUGO DE ST. VICTORE, Migne P. L. tom. 176, col. 848.

Bedeutung, welche die Anima hier erhält, läßt darauf schließen, daß zuvor eine Unterschätzung ihres Wesens im Bewußtsein geherrscht hatte, die nun durch die Erhabenheit des Bildes kompensiert wird.

54 Der ganze Anfang dieses Kapitels klingt beinahe wörtlich an die Einleitung eines Jugendwerkes ALBERTS DES GROSSEN «De laudibus Mariae [8]» an, in welcher ALBERTUS die gleichen Bibelstellen, welche die Aurora zitiert, zum Preise Marias zusammenstellt [9]. Mir scheint hierin die Aurora von diesem vermutlich echten Werk ALBERTS nicht unabhängig zu sein [10], allerdings mit dem Unterschied, daß unser Verfasser dieselbe weibliche Gestalt weiterhin noch mit der «Seele im Stoff» und dem «Filius philosophorum» bzw. «lapis» gleichsetzt, wodurch er sie aus dem rein kirchlichen Rahmen hinaushebt und in die Erlebnissphäre

8. ALBERTI MAGNI, Opera ed. Borgnet Vol. 37, p. 3 ff. Über die Echtheit dieser Schrift vgl. FR. PELSTER, Kritische Studien zum Leben und zu den Schriften Alberts des Großen. Freib. i. Br. 1920, p. 108–109 ff. Nach Ansicht anderer wird dieses Werk RICHARD VON ST. LAURENT zugesprochen. Vgl. ULR. DAEHNERT, Die Erkenntnislehre des ALB. MAGNUS, Leipz. 1934, p. 233.

9. Vgl. auch *Quaest. super Ev.* CLXIV, Opera ed. BORGNET Vol. 37, p. 244. Er sagt dort u. a.: ... im Haus der Weisheit befände sich die Medizin gegen die Wunden der Sünde, und dies sei die Jungfrau Maria gewesen, die sich Salomo zum Haus machte. (p. 244). Maria sei die Mutter, die Salomo mit der Krone krönte, sie ist das apokalyptische Weib mit den zwölf Sternen, sie ist die Civitas Dei, und sie ist « die Frau, die den Mann umhüllen wird» (Jes. XXXI, 22) p. 246. Sie ist die «Aurora illuminationis» (p. 369).

10. Im Kapitel: De fide philosophica (etc.) der Aurora sind auch einige ähnliche Zitate wie in der Einleitung des ALBERTUS vorhanden. Letztere lautet (Borgnet Bd. XXXVII, pag. 545): «Omnis sapientia a Domino Deo est: et cum illo fuit semper et est ante aevum (Eccli I. 1). Quicumque ergo diligit Sapientiam apud ipsum quaerat et ab ipso petat, quia ipse dat omnibus affluenter et non improperat (Jacob. 1, 6). Ipse est enim altitudo et profunditas omnis scientiae et thesaurus totius sapientiae: quoniam ex ipso et in ipso et per ipsum sunt omnia (Rom. 11, 36). Et sine voluntate eius nihil potest fieri. Ipsi honor et gloria in saecula saeculorum. Amen.

Unde in principio mei sermonis invoco eius auxilium, qui est fons et origo omnium bonorum, ut ipse per suam bonitatem et pietatem dignetur parvitatem scientiae meae supplere per gratiam sui spiritus sancti, ut per meam doctrinam lumen quod in tenebris latet manifestare valeam et errantes ad semitam veritatis perducere ...

Cum in multas regiones et plurimas provincias nec non civitates et castella causa scientiae, quae vocatur Alchimia, maximo labore perlustraverim et a litteratis viris et sapientibus de ipsa arte ab ipsis diligenter inquisierim, ut ipsam plenius investigarem et cum scripta omnia perscriberem et in operibus ipsorum saepissime persudarem, non inveni tamen verum in his, quae libri eorum affirmabant ... Ego vero non desperavi ... quousque, quod quaerebam, inveni non ex mea scientia sed ex Spiritus Sancti gratia. Unde cum saperem et intelligerem quod naturam superaret, diligentius vigilare coepi in decoctionibus ... etc.

der naturwissenschaftlich orientierten, experimentellen Alchemie einfügt. Dadurch ist sie dem *individuellen* menschlichen *Erleben* nähergerückt.

Es ist überhaupt nicht unwesentlich, sich zu erinnern, daß das 13. Jahrhundert, dem die Aurora vermutlich angehört, diejenige Zeit ist, in der die Marienverehrung in zunehmendem Maße an Bedeutung gewann, was psychologisch auf ein aus dem kollektiven Unbewußten auftauchendes Bedürfnis schließen läßt, daß eine weibliche Gestalt als Repräsentantin der Anima des Mannes und des Selbst der Frau in der rein patriarchal-männlichen Trinität einen Platz erhalte. Aber im Gegensatz zur Entwicklung im Dogma haben wir hier im vorliegenden alchemistischen Text ein individuelles unmittelbares Erscheinen dieses archetypischen Bildes einer weiblichen göttlichen Gestalt vor Augen.

Text: Es kam mir zugleich alles Gute mit ihr, jener Weisheit des Südwindes, welche draußen klagt und sich hören läßt auf den Gassen, welche ruft vorn unter dem Volk und in dem Eingang des Tores der Stadt ihre Worte redet: «Kommt her zu mir und laßt euch erleuchten und eure Operationen werden nicht zu Schanden werden. Ihre alle, die ihr mein begehrt, werdet von meinen Reichtümern erfüllt. Kommt also her, Söhne, höret mir zu, ich will euch die Wissenschaft Gottes lehren.»

Die Sapientia ruft in werbenden Worten die Menschen zu sich [11] und verspricht ihnen das Heil und große Reichtümer, wobei der biblische Hintergrund ihrer Worte andeuten soll, daß ihre Schätze geistig-seelischer Natur seien [12]. Deshalb betont auch der Verfasser der Aurora in der Fortsetzung, daß die Sapientia wertvoller sei als der Erwerb von reinstem Gold und Silber.

Sie wird ferner als die «Weisheit des Südens» oder «Südwindes» (austri) bezeichnet und dadurch mit der biblischen «regina austri», d. h. der *Königin von Saba* gleichgesetzt [13], welche in der alchemistischen Tra-

---

11. Vgl. Meister EKHARTS Commentar zu dieser Stelle, THERY l. c. Vol. III., 1928, p. 425: Die Sapientia ist die e i n e perfectio in der alles Andere Gute miteinbeschlossen ist.
12. Dies entspricht dem sonst oft zitierten Ausspruch: Aurum nostrum non est aurum vulgi. Cf. SENIOR, De Chemia l. c. p. 12–13. Ähnlich unterscheidet ORIGENES, in Cant. Cant. lib. II ein Gold, das die natura intelligibilis et incorporea darstelle vom gewöhnlichen Gold.
13. Vgl. Matth. 12, 42.

dition (wie auch SALOMON) [14] als die Verfasserin alchymischer Werke [15] galt und mit *Maria der Jüdin,* «der Schwester Mosis», identifiziert wurde [16]. In der Patristik gilt die Königin von Saba als eine Präfiguration Mariae. Andererseits ist nach der Hermeneutik der Kirchenväter die «regina austri» auch ein Bild der Ecclesia als der «regina» und «concubina Christi [17]», welch letzterer auch selber als «rex austri» bezeichnet wird [18], ja, die Anspielung identifiziert diese weibliche Gestalt sogar mit Gott selber, «der einherfährt im Wirbel des Südwindes [19]». Der Südwind gilt auch als ein Symbol des Heiligen Geistes [20], welcher die Gemüter der Auserwählten «sieden» macht und bewirkt, daß sie das Gute, nach dem sie streben, auch verwirklichen. Die Gleichsetzung des Heiligen Geistes mit dem Südwind besteht vermutlich, wie JUNG betont [21], wegen der heißen und trockenen Eigenschaft dieses Windes. Der Heilige Geist ist feurig und bewirkt die Exaltation. Er wärmt alles mit dem Feuer der Liebe [22]. Nach GREGOR DEM GROSSEN ist der «auster» «das geheimste Innere der Himmelsheimat Gottes, welche der Hl. Geist er-

14. Vgl. z. B. die Sprüche des SULEIMAN im «Buch von der Palme» des ABU AFLAH ed. G. Scholem, Jerusalem, 1927. Vgl. ferner E. V. LIPPMANN, Alchemie, Bd. I, p. 12 und p. 111, 156, 309, 265.

15. J. RUSKA. *Turba* a. a. O. p. 272. Sie ist als BILQIS erwähnt, als Königin von Aegypten und soll u. a. ein Buch verfaßt haben mit dem Anfang: «Nachdem ich auf den Berg gestiegen war ...» Vgl. auch E. J. HOLMYARD ABU'L-QASIM AL'IRAQI. *Isis* VIII, 1926, p. 407.

16. Vgl. M. BERTHELOT. La Chimie au moyen âge. Paris 1893. Vol. III. p. 28. Vol. I. p. 242. III, 125 und E. V. LIPPMANN, Alchemie, l. c. Vol. I. p. 46.

17. HONORIUS V. AUTUN, Expositio in Cant. Cant. Migne, P. L. tom. 172, col. 352–354.

18. Vgl. den Endkampf des guten «Rex austri» und des bösen «Rex aquilonis» in der «Concordia» V cap. 93 des GIOACCHINO DA FIORI cit. CHR. V. HAHN, Geschichte der Ketzer im Mittelalter. Stuttgart 1850. Bd. III. p. 311–313. Ich zitiere im Folgenden GIOACCHINO DA FIORI fast immer nach HAHNS Auszügen, da ich mir keine zuverlässige Ausgabe der Werke GIOACCHINOS verschaffen konnte.

19. Zach. 9, 14.

20. Vgl. z. B. GREGORIUS MAGNUS, Expos. mor. Lib. XXVII in Trigesim. septim. caput Job, Paris 1636, tom. I und: Expos. in Cant. Cant. cap. 5, tom. II, col. 30 c: Per Austrum vero calidum scil. ventum Spiritus Sanctus figuratur, qui dum mentes electorum tangit ab omni topore relaxat et ferventes facit, ut bona, quae desiderant, operentur.

21. Psychologie und Alchemie a. a. O. p. 524.

22. Vgl. auch GIOACCHINO DA FIORI, Concord. V, cap. 93, HAHN a. a. O. Vol. III, p. 312: Filia namque regis austri *(qui in coelis regnat et in calidis amore spiritibus)* etc. u. p. 391: (⟨non⟩ desinit nos igne charitatis accendere ad amandum et ⟨ut⟩ *in calore spiritus sancti* operari valeamus etc.

füllt»[23]. In der arabischen Alchemie heißt der Sublimationsprozeß «der große Südwind», womit die Erhitzung der Retorte und ihres Inhaltes gemeint ist[24]. Aus solchen Amplifikationen geht hervor, daß die Sapientia in unserem Text als ein *weibliches Pneuma* charakterisiert ist, welches den Verfasser bei seinem Werk anfeuert und inspiriert. Sie ist ein «Geist der Wahrheit», der ihn erleuchtet. *Die Anima erscheint hier somit nicht als persönlicher Inhalt, sondern in ihrer überpersönlichen kollektiven Bedeutung,* als eine weibliche Ergänzung des Gottesbildes selber[25]. Ihre feurige Natur erklärt den erregten Zustand des Autors.

Text: Wer ist weise und versteht diese, von der ALPHIDIUS sagt, daß Erwachsene und Kinder auf Wegen und in den Gassen daran vorbeigehen, und daß sie täglich von den Zugtieren und dem Vieh im Straßenkot zertreten werde.

Das ALPHIDIUS-Zitat sagt von derselben Gestalt aus, daß sie von den Ignoranten im Straßenkot zertreten werde, was psychologisch auf die Tatsache hinweist, daß *diese weibliche Personifikation des Unbewußten von den vorherrschenden Kollektivanschauungen verworfen wird,* und mit ihr auch der Lapis, d. h. der *Keim des Individuationsprozesses* erstickt ist[26]. Die an sich von den Alchemisten außerordentlich häufig

23. Expositio moral. in nonum caput Job Lib. IX cap. 6: Opera Paris 1636, Tom I. col. 308: Interiora ergo austri sunt occulti illi angelorum ordines et secretissimi patriae coelestis sinūs, quos implet calor spiritūs sancti ... Ibi per diem quasi in meridiano tempore ardentius solis ignis accenditur, quia conditoris claritas mortalitatis nostrae iam pressa caligine manifestius videtur et velut sphaerae radius ad spatia altiora se elevat: quia de semetipsa veritas subtilius illustrat. Ibi lumen intimae contemplationis sine interveniente cernitur umbra mutabilitatis. Vgl. auch KNORR V. ROSENROTH Kabbala denudata Bd. I p. 266: Meridies est Chesed, unde maiores nostri: Quicumque vult sapiens fieri convertat se ad meridiem.

24. Ebda: E. J. HOLMYARD: «Kitāb al-ilm al-muktasab ... by ABU'L-QASIM MUHAMMAD IBN AHMAD AL-'IRAQI p. 43: «... but what of the speech of Hermes in which he says: ‚The great Southwind when it acts makes the clouds to rise and raises the cloud of the sea'. He said, if the powdering is not successful the compound will not ascend into the top of the retort, and even if it does ascend it will not pour into the receiver. It is necessary to mix with it the first and second waters before it will ascend to the top of the retort. ‚That', he said, ‚is the Great South Wind?' He said: ‚Yea, O King'» etc. Vgl. auch hiezu *Isis* VIII, 1926 p. 403 ff.

25. Auch nach der Weisheit Salomonis VII. 25 f. ist die Sapientia ein «Hauch» und zugleich eine Emanation des ewigen Lichtes (Vapor est enim virtutis Dei et emanatio quaedam est Caritatis Dei sincera ... Candor est enim lucis aeternae (Vulgata).

26. In der lat. Übersetzung RUFINS und des HIERONYMUS von ORIGENES. In Cant. Cant. lib. III heißt es: Verbum enim Dei et «sermo scientiae non in publico et palam

zitierte Sentenz bezieht sich nämlich sonst fast immer auf den Stein der Weisen selber [27], *so daß der Autor offensichtlich bewußt die Sapientia Dei mit dem Stein identifiziert.* Dieselbe Gleichsetzung findet sich auch in einem ALEXANDER-Zitat bei PETRUS BONUS, der in seiner «Pretiosa Margarita Novella» sagt [28], das Werk geschehe «durch die Hinzufügung des *geheimen Steines, der mit den Sinnen nicht faßbar sei,* sondern allein durch den Intellekt, durch Inspiration oder göttliche Offenbarung oder durch die Lehre eines Wissenden... es gebe in dieser Kunst zwei Kategorien: das Anschauen durch das Auge und *das Verstehen durch das Herz, und dies ist der verborgene Stein,* der eigentlich ein *Geschenk Gottes* bedeutet, und das ist der göttliche Stein, ohne dessen Beimischung zum Lapis die Alchemie nicht bestehen könnte, *da er ja die Alchemie selber ist*... Und dieser göttliche Stein ist das Herz und die Tinktur des Goldes, welche die Philosophen suchen.» Hier ist also der Stein als etwas Unsichtbares beschrieben, nämlich als ein von Gott geschenktes Verstehen, und die Alchemie ist nichts anderes, als eben diese Einsicht. Sie ist « γνῶσις ». Aus dieser Auffassung heraus ist es zu begreifen, wieso der Verfasser der Aurora die biblische Sapientia Dei als Urheberin *und* Zielvorstellung des alchemistischen Opus hinstellen kann.

61   Text: Und SENIOR sagt: «Nichts ist äußerlich geringer und nichts ist in der Natur wertvoller als sie, und Gott hat sie auch nicht für Geld käuflich werden lassen. Sie ist es, die SALOMON als Leuchte zu brauchen verkündete und die er über alle Schönheit und alles Heil gestellt hat, und im Vergleich zu ihr hat er den Wert des Edelsteins ihr nicht gleichgestellt. Denn alles Gold ist im Vergleich zu ihr wie geringer Sand, und Silber ist wie Lehm gegen sie einzuschätzen» usw.

positus neque conculcandus pedibus» apparet, sed cum quaesitus fuerit, invenitur... Möglicherweise war diese Stelle dem Autor der Aurora bekannt.
   27. Vgl. J. J. Manget, Bibliotheca Chemica curiosa II, p. 88 b. Vgl. auch *Turba philosophorum* ed. Ruska p. 122, 142 und 165 und «Buch der Alaune und Salze». ed. Ruska, l. c. p. 56.
   28. Theatr. Chem. 1622, Bd. V, p. 647: .. et hoc per adiectionem lapidis occulti qui sensu non comprehenditur sed intellectu solum per inspirationem vel revelationem divinam aut per doctrinam scientis... et dixit ALEXANDER: duo sunt in hac arte ordines scilicet aspectus oculo intellectusque corde, et hic lapis occultus est, qui proprie dicitur donum Dei, et hic est lapis divinus occultus sine cuius commixtione lapidi annihilatur alchemia, cum ipse sit ipsa alchemia... Et hic lapis divinus est cor et tinctura auri quaesita a philosophis.

KOMMENTAR   139

   Diese Textpartie formuliert das bekannte Paradoxon, daß die scientia 62
oder der Lapis sowohl völlig wertlos seien, als auch einen Wert darstellen, der alle weltlichen Güter überragt, wobei von neuem betont ist, daß
es sich um ein «aurum non vulgi» handelt. Die paradoxe Formulierung,
daß der Stein wohlfeil und wertvoll zugleich sei, findet sich schon in den
ältesten griechischen Texten. ZOSIMOS sagt vom Stein [29]: er sei «verachtet
und viel geehrt, nicht geschenkt und von Gott geschenkt». Ähnliche
Paradoxien finden wir auch bei den Kirchenvätern in ihren Aussagen
über Christus; so z. B. bei EPHRAEM SYRUS [30], welcher sagt, Christus
habe im Mist geschlafen, und jener Mist sei dann zur Ecclesia geworden
(sic), welche die Bitten der Menschheit an Gott ausspricht, und die
Allegorien (typi et figurae) Christi seien sein «thesaurus absconditus et
vilis», sein verborgener und wohlfeiler Schatz, der die größten Wunder
enthalte [31]. Psychologisch verstanden bedeutet dies nichts anderes, als
daß die *symbolischen* Bilder in der Kirchenlehre über Christus, d. h. die
Rezeptionserscheinungen der psychischen Matrix [32], gleichsam die ver-
achtete und doch wertvollste «prima materia» unseres Glaubens sind [33].
Bedeutsam ist auch, daß THOMAS VON AQUIN in seinem Kommentar

   29. M. BERTHELOT, Collection des Anciens Alchimistes Grecs. Paris 1887–1888.
III. II. 1. Vol. I. p. 114 und III. VI. 6. Vol. I. p. 122. Vgl. auch die *Turba* (Ruska
p. 122): res ... quae ubique invenitur, quae lapis est et non lapis, vilis et pretiosa,
obscura celata et a quolibet nota. Und p. 165: Quam mira est philosophorum diversitas ... et eorum conventus in hac paula re vilissima qua regitur pretiosum. Et si
vulgus ... istud paulum et vilissimum scirent, non vilipenderent. Vgl. auch p. 142 und:
Das Buch der Alaune und Salze (Ruska a. a. O. p. 56). Et dixerunt alii quod ipsum
arsenicum est lapis gentium vilis pretii et repudiatus et deiectus per fora et per ster-
cora et balnea. Vgl. auch BERTHELOT la Chimie au moyen âge. III. p. 116. in: Le livre
OSTANES dieselben Sentenzen.

   30. Hymni et Sermones, ed. Th. Lamy, Mechliniae 1902, Bd. II, p. 508: Si recumbis
capite super petram dividunt et rapiunt eam, si dormis in sterquilinio illud fit Ecclesia
ad fundendas preces.

   31. Ebda. Hymnus de resurrectione Christi 21, 6. (Bd. II p. 770): Figuris vestitur,
typos portat ... thesaurus eius absconditus et vilis est, ubi autem aperitur mirum visu ...

   32. Vgl. C. G. JUNG, Aion. Zch. 1951, p. 263 ff.

   33. Vgl. ferner HONORIUS V. AUTUN zum Psalmwort 112: Sic Dominus humilia
respicit sic de stercore erigit pauperem: Was von Menschen verworfen wurde, das ist
unserem Herrn genehm ... Siehe, so wird nämlich der wertvolle Edelstein, der im Mist
verborgen liegt, aus der Kloake des Weltgestankes erhoben und in das königliche Diadem, das von feurigen Steinen funkelt, an leuchtender Stelle eingesetzt. Speculum de
mysteriis Ecclesiae, Migne P. L. tom. 172, col. 1032.

zum Hebräerbrief 1.1.9. hervorhebt, daß gerade die «corpora vilia» zur Darstellung der Gottheit besonders geeignet seien [34].

63 Diese «materia vilis» sind, psychologisch gesehen, die im Individuum unmittelbar aus dem Unbewußten auftauchenden Bilder und Symbole, die noch nicht von einem urteilenden, diskriminierenden Kollektivbewußtsein gerichtet, gedeutet und umgewandelt worden sind – wirklich eine «prima materia» jedes religiösen Erlebens, die aber tragischerweise immer wieder von den vorherrschenden Kollektivmeinungen «im Straßenkot zertreten wird».

64 Text: Langes Leben und Gesundheit sind in ihrer Rechten und in ihrer Linken sind Ruhm und unendlicher Reichtum. Ihre Wege sind schöne und lobenswerte Werke... und ihre Pfade sind maßvoll und nicht hastig, sondern mit der Beharrlichkeit ausdauernder Arbeit verbunden. Sie ist ein Baum des Lebens für alle, die sie erfassen, und ein nie erlöschendes Licht – selig sind, die sie verstanden haben; denn die Weisheit Gottes wird niemals vergehn, wie ALPHIDIUS bezeugt, indem er sagt: «Wer einmal diese Weisheit gefunden hat, dessen rechtmäßige und ewige Speise wird sie sein. Und Hermes... sagt: daß wenn ein Mensch im Besitz dieses Wissens 1000 Jahre lang lebte und täglich 7000 Menschen ernähren müßte, er dennoch niemals Mangel leiden würde.

65 Hierin schildert der Autor die Sapientia weiterhin im Rahmen der biblischen Personifikation: er preist sie als Urheberin des langen Lebens und der Gesundheit, als Baum des Lebens, als ewige und unerschöpfliche Speise der Menschheit, als unauslöschliches Licht und als ewiges Feuer. All diese Bilder sind archetypisch und spielen sowohl in der alchemistischen Literatur, als auch bei den Kirchenvätern eine große Rolle [35].

---

34. Vgl. VICTOR WHITE, St. Thomas' Conception of Revelation, Dominican Studies, Blackfriar Publications St. Giles. Oxford, Vol. I. 1948, No. 1, p. 11. Vgl. auch S. BONAVENTURA. In I. Sent. 3, 3 ad 2m. Creature possunt considerari ut res vel ut signa. Im Übrigen liebte es auch der Lehrer von THOMAS, ALBERT DER GROSSE, alchemistische Begriffe in seine Bibelexegese einzustreuen. Vgl. auch ALBERTUS MAGNUS, Quaest. super Evangel. CLXIV (ed. Borgnet vol. 37, p. 242): Transite usw. Aqua cisternae huius est Christus qui est fons vitae saliens in vitam aeternam. Vgl. überhaupt für die alchemistischen Gleichnisse des ALBERTUS bei seiner Bibelinterpretation ebda: crediderunt ⟨Christum⟩ non Deum esse, et qui fuit aurum mundissimum crediderunt esse cuprum. Vgl. ferner p. 243.

35. Unser Text weist in dieser Anfangspartie eine auffallende Verwandtschaft der Zitatzusammenstellung mit der Einleitung des ALBERTUS MAGNUS zugeschriebenen

In der Alchemie ist der Baum in erster Linie ein Bild für die sich im Wandlungsprozeß allmählich entfaltende prima materia, die «sich selber genug ist [36]». Für seine Bedeutung sei hier im Prinzip auf JUNGS Aufsatz «Der philosophische Baum [37]» verwiesen: der Baum symbolisiert den Individuationsprozeß in seinen Aspekten des Gelebtwerdens wie der Bewußtwerdung, der γνῶσις [38].

Mariale auf, was wir für die Erwägung, ob ST. THOMAS als Verfasser in Frage komme, festhalten müssen. − ALBERTUS, ed. Borgnet vol. 37, p. 1. Mariale sive Quaestiones super Evangelium Prooemium:
Clara est et quae nunquam marcescit sicut scriptum est. Sap. VI 13–17 et facile videtur ab his qui diligunt eam et invenitur ab his qui quaerunt illam. Praeoccupat qui se concupiscunt, ut illis se prior ostendat. Qui de luce vigilaverit ad illam non laborabit, assidentem enim illam foribus suis inveniet. Cogitare ergo de illa est sensus consumatus et qui vigilaverit propter illam cito securus erit. Quoniam dignos se ipsa circuit quaerens et in viis ostendit se illis hilariter et in omni providentia occurit illis. Item scriptum est Eccles. XX V 29 et seq: Qui edunt me adhuc esurient et qui bibunt me adhuc sitient. Qui audit me non confundetur, et qui operantur in me non peccabunt. Qui elucidant me vitam aeternam habebunt. − Über die Echtheit dieses Jugendwerkes vgl. F. PELSTER S. J. Kritische Studien zum Leben und zu den Schriften Alberts des Großen, Freiburg i. Br. 1920, p. 108 ff.

36. So heißt es bereits in den griechischen «Orakeln des Apollo» (M. BERTHELOT, Coll. Alch. Grecs IV, VII 2 vol. I, p. 276) − das göttliche Wasser erhebe sich «wie ein jungfräulicher Lorbeer zum Deckel des Gefäßes empor», und ähnlich beschreibt auch ZOSIMOS, wie sich das Wasser im Schalenaltar des Kosmos wie ein Baum entfalte und Blüten und Früchte trage (ebda IV, I p. 261). Auch in der arabischen Literatur spielt der Baum eine große Rolle, so heißt es bei ABU'L-QASIM (Kitāb al-'ilm al Muktasab ... ed. HOLMYARD, Paris 1923, p. 23): Die prima materia komme von einem einzigen Baum, der in den Westlanden wachse... und dieser Baum wachse auf der Meeresoberfläche wie eine Pflanze auf der Erde, und wer von den Früchten dieses Baumes ißt, dem gehorchen die Menschen und Geister, und es ist dies auch der Baum, von dem Adam (Friede sei mit ihm!) nicht essen durfte, und als er es dennoch tat, wurde er deswegen von seiner Engelgestalt in Menschengestalt gewandelt. Und dieser Baum kann sich auch in die Gestalt jeglichen Tieres wandeln. − Bei den Arabern findet sich auch die platonische und orphische Idee vom Menschen als einer umgekehrten Himmelspflanze wieder. Vgl. O. KERN, Orphicor. Frgm. Berlin 1922, p. 244, Nr. 298 a: « ψυχὴ δ'ἀνθρώποισιν ἀπ'αἰθέρος ἐρρίζωται ». Vgl. auch SENIOR, De Chemia l. c. p. 76: «Der Stein der Weisen wird in sich selber hergestellt und aus ihm kommen die Wurzel, die Zweige, die Blätter, Blüten und Früchte; denn *er ist wie ein Baum*, dessen Äste, Blätter, Blüten und Früchte *aus ihm selber stammen*, und die durch ihn existieren und zu ihm gehören, und er ist das Ganze und aus ihm stammt das Ganze.»

Vgl. auch einen solchen Ausspruch von EPHRAEM SYRUS, Hymni et Sermones ed. Th. Lamy, Mechliniae 1902. Vol. II. p. 538: Maria et arbor unum sunt. Agnus in ramis pendebat... Das Kreuz ist der Baum des Lebens, lignum vitae (l. c. p. 612).

37. Von den Wurzeln des Bewußtseins, Zürich 1952, p. 353 ff. und derselbe: Psychologie und Alchemie, p. 119 ff., p. 333 ff. und p. 474–476.

38. Für eine ähnliche Auffassung des Wortes Gnosis vgl. GILLES QUISPEL, Gnosis als Weltreligion, Zürich 1951, p. 17: «Gnosis ist mythische Projektion der Selbsterfah-

67 Auch die Gleichnisse, in denen die Weisheit als ewiges Licht und nie ausgehende «rechtmäßige Speise» bezeichnet wird, bedürfen wohl keiner weiteren Erklärung [39]. Es ist damit der substanzhafte geistige Zustrom von Inhalten aus dem Unbewußten symbolisiert, der nach Anschauung der Alchemisten aus dem «lumen naturae» dem Adepten zufließt und als eine göttliche Erleuchtung empfunden wird [40]. Die Sapientia wirkt dadurch auch wie ein Feuer, das unerschöpflich weiter zündet.

68 Text: Dies bestätigt SENIOR, wenn er sagt: «Ein solcher ist nämlich so reich wie jener, der den Stein besitzt, aus welchem man Feuer schlägt, so daß er Feuer geben kann, wem er will und wieviel er will... ohne eigenen Verlust.» Das gleiche meint ARISTOTELES im II. Buch «Von der Seele», wenn er schreibt: «Allen natürlichen Dingen ist eine Begrenzung ihres Umfanges und ihres Wachstums gesetzt; das Feuer hingegen wächst durch Nachlegen von brennbarem Stoff ins Unendliche.»

69 Die Partie ist ein Zitat aus der echten aristotelischen Schrift «De Anima». ARISTOTELES hebt dort (bei der Widerlegung anderer Theorien) hervor, daß die Seele oder Vernunft die Ursache jeder Begrenzung des Wachstums seien, nicht aber das Feuer. Die Seele sei das Grenzensetzende und dadurch die Form des Körpers. Im Mittelalter wurde diese Auffassung weiter ausgebaut. THOMAS VON AQUIN z. B. faßt die Seele nicht nur als «Form [41]» des Körpers auf, sondern für ihn ist sie eine Form, welche sowohl Substanzialität (eigentliches Sein) besitzt, als auch solche mitteilt [42]. Sie kann von sich aus schöpferisch wirken

rung.» In JUNGscher Terminologie könnte man vielleicht eher sagen: Gnosis ist mythische Projektion der Erfahrung des Selbst, d. h. des Individuationsprozesses.
39. Vgl. z. B. «Das Buch der Alaune und Salze», ed. J. Ruska, Berlin 1935, p. 92, wo der Mercurius von sich sagt: «Wenn jemand mich mit meinem Bruder und meiner Schwester verbindet, wird er leben und sich freuen, und ich werde ihm in Ewigkeit genügen, auch wenn er tausendmal tausend Jahre lebte.»
40. Vgl. zu der Geschichte dieses Begriffes C. G. JUNG, «Theoretische Überlegungen zum Wesen des Psychischen» in «Von den Wurzeln des Bewußtseins» l. c. p. 544 ff.
41. «Form» ist hier im aristotelischen bzw. thomistischen Sinn gebraucht. Vgl. A. D. SERTILLANGES, Der Hl. Thomas von Aquin, Hellerau 1928, p. 124 sq.
42. Vgl. hiezu allgemein ETIENNE GILSON, L'ésprit de la philosophie médievale. Paris. Vrin 1932, I, p. 188 und Anmerkungen. Es ist der «Intellectus», der eine unkörperliche Substanz bildet, der sich die Körpermaterie organisiert und formt (ebda. p. 191) indem er bzw. die Seele mit den Elementen cooperiert. Vgl. De anima II, lect. 8. *Anima autem cooperatur ad elementa,* quae sunt in corpore vivente sicut forma ad materiam. Hiezu sagt THOMAS, Summa theol. I, 75, 2 Resp.: Nihil autem potest per se operari

und ist damit ein «ens in actu 43». Die an sich formlose Materie empfängt ihr aktuelles So-Sein nur insoweit sie durch die Seele Form erhält 44.

Im Lichte solcher Auffassungen ist es klar, daß auch die Sapientia Dei unseres Textes *nicht als eine Personifikation der individuellen Seele* anzusehen ist, denn der Autor vergleicht sie mit einem Feuerstein, der unerschöpflich Feuer spenden kann 45, und betont, daß zwar alle natür-

70

nisi quod per se subsistit. Non enim est operari nisi entis in actu ... Relinquitur igitur animam humanam, *quae dicitur intellectus vel mens, esse aliquid incorporeum et subsistens.* Und: Summa I, 86, 1: Sic ergo ex ipsa operatione intellectūs apparet quod intellectivum principium unitur corpori et forma. Und Summa theol. I, 75, 6 Resp.: Esse autem convenit per se formae, quae est actus. Unde materia secundum hoc acquirit «esse in actu» quod acquirit formam, secundum hoc autem accidit in ea corruptio, quod separetur forma ab ea.

43. Actuell Seiendes.

44. Daher eint sich die Seele zu dem Zweck mit dem Körper, um ihrem Wesen (natura) entsprechend wirken (operari) zu können. Summa theol. I 89. 2. Resp.: Et ideo ad hoc unitur (anima) corpori ut sic operetur secundum naturam suam. – In all diesen Definitionen ist THOMAS (wie ALBERTUS) weitgehend von AVICENNA abhängig. Vgl. derselbe De anima cap. 1: «Dicemus igitur nunc: quod anima potest dici *vis vel potentia* comparatione affectionum quae emanant ab ea ... potest etiam dici perfectio hac comparatione scl. quod perficitur genus per illam et habet esse per illam etc.» Die Seele ist «finis et perfectio» jeder Sache: «Ergo ipsa est vis animae habentis alias vires, quarum una haec est, quae omnes operantur ad hoc ut perveniat *aptitudo instrumentorum ad perfectiones secundas ipsius animae.*»

Dieselbe De-Anima-Stelle wie in der Aurora ist, nebenbei bemerkt, auch im Kommentar zur Weisheit Salomonis des MEISTER ECKHART angeführt, welcher seinerseits Vieles von ST. THOMAS übernommen hat. (Vgl. G. THERY, Le commentaire de Maître Eckhardt sur le livre de la Sagesse (fin). Archives d'Histoire doctrinale et littéraire du Moyen-âge. 1930, p. 237. THERY konnte die De-Anima-Stelle nicht finden. Er sagt: «Nous n'avons pas retrouvé ce texte.» Er legt dort u. a. dar, daß die Bewegung des Himmels die allerschnellste im Kosmos sei, dessen Dinge aber doch Grenzen besitzen. Gott hingegen, der in keiner Bewegung oder realem Wirken gefangen sei, sei noch schneller. Insofern aber auch die Seele mit ihrer imaginatio sich etwas noch schnelleres als die Himmelsbewegungen vorstellen könne, bestehe zu Recht jenes Wort des HL. AUGUSTINUS, daß die Seele etwas Größeres sei als der ganze Kosmos. Vgl. THERY a. a. O. p. 238. Igitur ratione quā motus est et magnitudo sive dimensio, utpote prior forma in materia, ut optime ait Commentator De substantia orbis (AVERROES) infinita sunt, et ob hoc omni mobili potest esse mobilius, Deus igitur cum sit infinitus non receptus in aliquo omni motu et operacione potest operari seu movere velocius. Volens igitur Sapiens ostendere occulte et subtiliter Dei infinitatem et ipsius Sapientiae ait optime: «Omnibus mobilibus mobilior est Sapientia» ... Rursus etiam imaginatio quae circa magnitudinem versatur potest imaginari quolibet magno maius, etiam celo. Unde per hoc AUGUSTINUS libro De quantitate animae probat animam esse maiorem toto mundo.

45. Dies ist sonst auch eine Allegoria Christi. Vgl. C. G. JUNG, Psychologie und Alchemie. l. c. p. 481.

lichen Dinge eine Begrenzung ihrer Ausdehnung (also Form) haben, aber nur gerade das Feuer nicht. Der Feuerstein ist daher ein Bild für die Sapientia Dei in ihrem *Verschiedensein* von den Formen und geformten Dingen, und zwar ist sie von ihnen dadurch unterschieden, daß sie unendliches Leben mitteilen kann, ohne sich selber je zu erschöpfen [46]. Ihre Wirkung zielt nicht (wie die der Seele) auf Einzelformung hin, sondern ist endloser Ausbreitung fähig. Sie gibt den Urimpuls zum Sein und zur Erkenntnis in unendlich vielfacher und möglicher Wiederholung und ist als ein unerschöpflich kraftspendendes Prinzip unbegrenzter Wirkung fähig. *Sie wirkt also überpersönlich, d. h. jenseits des Individuums* und weist letzterem als Ordnungsprinzip den Weg. Sie lenkt nämlich, wie der nachfolgende Satz unseres Textes sagt, die Schritte des Alchemisten. Damit ist bestätigt – was wir schon vorher hervorgehoben hatten –, daß diese weibliche Gestalt psychologisch nicht dem persönlichen Aspekt der Anima des Mannes entspricht (mittelalterlich gesprochen nicht der anima humana als «forma corporis») [47], sondern *daß sie eine rein archetypische Animagestalt ist: der weibliche Aspekt des Gottesbildes* [48]. Als Archetypus ist sie tatsächlich Form ohne Begrenzung, ewig und doch in unendlich vielen Einzelfällen manifest und wiederholbar.

46. Vgl. die vorhergehende Partie in der Aurora cap. 1. Vgl. hiezu z. B. THOMAS VON AQUIN, Summa theol. I, 25. 3. Resp.: Esse autem divinum, super quod ratio divinae potentiae fundatur, *est esse infinitum non limitatum ad aliquod genus entis,* sed praehabens in se totius esse perfectionem.

47. Vgl. hiezu ALBERTUS MAGNUS, De anima, II, 4, worin er die Ansicht gewisser Zeitgenossen widerlegt, wonach die Seele eine «virtus ignis» sei: quia solus ignis inter omnia corpora et aliter virtute propria et augmentatur... per appositionem cremabilium. Und THOMAS VON AQUIN zu ARISTOTELES, De anima II, lectio 8: Illud igitur quod est causa determinationis *magnitudinis et augmenti* est principalis causa augmenti. Hoc autem non est ignis. Manifestum est enim quod ignis augmentum non est usque determinatam quantitatem, *sed in infinitum extenditur, si in infinitum materia combustibilis inveniatur.* Manifestum est igitur quod ignis non est principale agens in augmento et alimento *sed magis anima.* Et hoc rationabiliter accidit quia determinatio quantitatis in rebus naturalibus *est ex forma,* quae est principium speciei magis quam ex materia. Anima autem cooperatur ad elementa quae sunt in corpore vivente sicut forma ad materiam. Magis igitur terminus et ratio magnitudinis et augmenti est ab anima quam ab igne.

48. Das Feuer ist nach ALBERTUS MAGNUS, De anima II, 4: «inter omnia elementa maxime incorporeus et spiritualis». Nach HONORIUS VON AUTUN, Elucidarium. MIGNE P. L. tom. 172, col. 1113, ist die Natur der Engel ein «spiritualis ignis» (Hebr. I. 7.). Das «ewige Feuer» ist ein Symbol Christi (EPHRAEM SYRUS, Hymni et Sermones l. c. Vol. I, p. 350).

Der Vergleich der Sapientia mit dem Feuer ist in diesem Zusammenhang kein zufälliger, sondern spielt auch auf die Konzeption des «ignis occultus» oder «ignis noster» der Alchemisten an, wofür ich auf die Ausführungen von JUNG in «Psychologie und Alchemie» verweisen möchte [49]. Es handelt sich um ein symbolisches Feuer, dessen Bedeutung wohl am ehesten durch den Begriff der «psychischen Energie» wiedergegeben werden könnte [50]. Die Flamme oder das Feuer ist nämlich ein verbreitetes Seelensymbol [51], und als Bild der psychischen Energie scheint es in vielen primitiven Religionen als etwas Göttliches verehrt worden zu sein. Es spielt dann eine ebenso zentrale Rolle im religiösen Leben jener Völker, wie für uns das Gottesbild. (Gott zeigt sich ja Moses im brennenden Dornbusch, und Christus wird als das «ewige Feuer» bezeichnet [52].) Spätere Kapitel unseres Textes kommen dementsprechend auch auf die Feuersymbolik des Heiligen Geistes zu sprechen. [71]

Die archetypische Vorstellung einer kosmischen, göttlichen «bewußtseinsfähigen» Energie ist im Mittelalter nicht nur in gewissen Symbolen des Heiligen Geistes enthalten, sondern lebte auch, teilweise unter modifiziertem Aspekt, im Begriff des «intellectus agens» (νοῦς ποιητικός) wieder auf. Diese Idee und die um sie entstandenen Diskussionen erscheinen mir psychologisch so bedeutsam, daß ich auf sie näher eingehen möchte. [72]

Die Quelle der mittelalterlichen Anschauung über den Begriff des «intellectus agens» bildete in erster Linie IBN SINA (AVICENNA) [53]. Nach dessen Auffassung entsteht nämlich das Erkennen dadurch, daß der Mensch die Einwirkung der sog. «intelligentia agens» (aktiven Intelligenz) empfängt, welch letztere eine *kosmische* [54] *Realität ist, deren Aus-* [73]

---

49. p. 174, 175, 320 etc.
50. Vgl. C. G. JUNG, Die psychische Energetik und das Wesen der Träume, 1948, p. 49 ff.
51. Vgl. C. G. JUNG, Psychologie und Alchemie. l. c. p. 360, Anm. 3.
52. So sagt ein nichtkanonisches Logion: «Wer mir nahe ist, ist nahe dem Feuer, wer mir ferne ist, ist ferne dem Reich.» ORIGENES. In Jer. Hom. XX. 3. cit. nach C. G. JUNG, Psychologie und Alchemie, p. 273. Vgl. auch JUNGs dortige Erläuterungen, auch über den dunklen Aspekt dieses Feuers. p. 232. Der Heilige Geist ist ebenfalls ein Feuer (Pfingstwunder!).
53. Ich gehe auf den aristotelischen νοῦς ποιητικός hier nicht weiter zurück, weil AVICENNA der Hauptvermittler für die vorliegende Zeit war. Vgl. besonders E. GILSON, Pourquoi St. Thomas a critiqué St. Augustin. Archives d'Hist. doctrinale et litéraire du Moyen-Age. Vol. I. 1926/27, p. 559, bes. p. 7.
54. d. h. in der Natur vorhandene.

strahlung mit derjenigen des Lichtes verglichen werden könnte [55]. Diese Intelligentia wohnt in den Planetensphären und ist eine *außerseelische, in der Natur vorhandene Grundkraft und Wurzel des menschlichen Erkennens* [56] (weshalb auch die Erkenntnislehre bei AVICENNA nach peripatetischer Tradition *zur Physik gehört*). Wenn die menschliche Seele mit dem «intellectus agens» in Berührung kommt, so wird sie «denkend», und wenn sie sich «in genialer Vermutung» bis zu ihm erhebt, dann strömt eine *heilige Kraft* in sie ein, welche die Prophetie bewirkt. ALBERT DER GROSSE und MAIMONIDES übernahmen zunächst diese Vorstellung nur wenig verändert [57], während WILHELM VON AUVERGNE [58] und andere sie völlig ablehnten. Vom psychologischen Gesichtspunkt aus betrachtet erscheint mir die Vorstellung sehr bedeutend. Der «intellectus agens» im Kosmos bei AVICENNA entspricht nämlich der Idee eines *bewußtseinsähnlichen Sinnes im objektiven physikalischen Naturgeschehen* [59] und entspricht damit JUNGS Begriff eines «absoluten Wissens» [60].

55. Vgl. B. HANEBERG, Zur Erkenntnislehre von IBN SINA und ALBERTUS MAGNUS, Abh. der K. Bayr. Akad. der Wiss. I. C. Bd. XI, Abt. 1. München 1866, p. 9.

56. Es gibt eigentlich nach AVICENNA viele solche Intelligentiae, die die einzelnen Planetensphären beherrschen; die welche auf den Menschen einwirkt, ist die sublunare Intelligenz. E. GILSON, Pourquoi St. Thomas l. c. p. 38–49. Vgl. ferner allgemein M. GRABMANN: Mittelalterliche Deutung und Umbildung der aristotelischen Lehre vom νοῦς ποιητικός Sitzgsber. d. bayr. Akad. der Wiss. Phil.-hist. Abtl. 1936, Heft 4 passim.

57. Vgl. HANEBERG a. a. O. p. 59. Vgl. ferner das AVICENNA-Citat bei PETRUS HISPANUS, dem nachmaligen Papst JOHANN XXI. cit. aus E. GILSON, Les sources grécoarabes de l'augustinisme avicennisant. Archives d'histoire doctrinale et litéraire etc., p. 106: Quintus modus (cognoscendi) est cognoscere rem per elevationem et abstractionem ipsius animae. Et de hoc modo elevationis nusquam loquitur Philosophus, sed AVICENNA de hoc modo loquitur in libro de anima ubi dicit, quod intellectus duae sunt facies. Una est, quam habet intellectus ad virtutes inferiores secundum quod intellectus agens recipit a possibili. Alia est quam habet intellectus per abstractionem et elevationem ab omnibus condicionibus materialibus et hanc habet per relationem ad Intelligentiam influentem. Et *quando anima sic est elevata*, Intelligentia ei multa detegit. Unde dicit AVICENNA quod recolit praeterita et praedicit futura et potest nocere per malum oculum suum. Unde dicit AVICENNA quod oculus fascinantis facit cadere caniculam in foveam et *sic elevantur illi, qui sunt in ecstasi ut religiosi contemplativi et maniaci et phrenetici, et hoc modo anima cognoscit Primum et se ipsam per essentiam per reflexionem sui ipsius supra se.*

58. E. GILSON, Pourquoi St. Thomas l. c. p. 58.

59. Man könnte «intellectus agens» mit «schöpferischer Sinn» übersetzen.

60. Vgl. C. G. JUNG, Synchronizität als ein Prinzip akausaler Zusammenhänge. In JUNG-PAULI, Naturerklärung und Psyche. Zürich 1952, p. 79 und 91. Dieser νοῦς

Nach AVICENNA ist nun das menschliche Ich dem «intellectus agens» 74
gegenüber receptiv eingestellt [61]. Wir wissen heute, daß tatsächlich jedes
Denken im Ichbewußtsein jenes «absolute Wissen» verdunkelt, und
daß es eines «abaissement du niveau mental» bedarf, um an jenes «Wissen» heran zu kommen.

THOMAS VON AQUIN modifizierte den Begriff des «intellectus agens» 75
als Idee einer kosmischen, *außerpersönlichen* Macht, indem er die Tätigkeit des abstrahierenden Denkens einem innerseelischen menschlichen
(modern interpretiert: im Unbewußten befindlichen) «intellectus agens»,
den er ein «natürliches Licht» nannte, zuschrieb, den andern Aspekt,
nämlich als einer außermenschlichen *Quelle* der Erleuchtung, hingegen identifizierte er mit Gott oder der Sapientia Dei [62]. Für die
subtileren Einzelheiten seiner Auffassung möchte ich auf die hervorragende Arbeit von E. GILSON verweisen. Er formuliert [63]: « Dieu
illumine nos âmes autant qu'il les a douées de la lumière naturelle
grâce a laquelle elles connaissent, et qui est celle même de l'intellect
agens. Ce dernier est véritablement toujours en acte, mais l'âme possède en outre un intellect possible, et elle ne connaît actuellement elle-

ποιητικός scheint mir derjenige westliche Begriff zu sein, der der chinesischen Idee des
«Tao» am nächsten kommt. (In der Antike wäre auch noch das Feuer HERAKLITS als
Parallele zu erwähnen.)

61. Nach AVICENNA wäre das die «intelligentia in potentia» und «consideratio vel
cogitatio». E. GILSON, Pourquoi St. Thomas l. c. p. 41–42.

62. E. GILSON, Pourquoi St. Thomas etc., p. 61 ff. Vgl. auch M. GRABMANN, Die
mittelalterlichen Aristotelesübersetzungen etc. 1928, p. 112–113, und E. GILSON, Les
sources l. c. p. 107. ALBERTUS MAGNUS schloß sich dann hierin nachträglich ST. THOMAS
an (HANEBERG, p. 31). Vgl. auch die Ansicht von ROGER BACON. Auch er unterscheidet einen intellectus, der auf die Seele aktiv einwirkt und einen passiv-aufnehmenden intellectus innerhalb der Seele. Der intellectus agens wirkt als Erleuchtung
gleichzeitig beim Aufnehmen der «species» durch den passiven Intellekt. Er fügt bei:
und alle alten Weisen und die bis heute blieben, sagten daß dies (der intellectus agens)
Gott sei. Das Resultat des Aufnehmens der Species durch den menschlichen Intellekt
und der aktiven Einwirkung Gottes schafft die *scientia*. Vgl. Opus Tertium cap. XXIII.
ed. BREWER: Nam omnes moderni dicunt quod intellectus agens in animas nostras et
illuminans eas *est pars animae* ita quod in anima sunt duae partes: agens. scil. et possibilis; et intellectus possibilis vocatur qui est in potentia ad scientiam et non habet eam
de se, sed quando recipit species rerum et agens influit et illuminat ipsum, tunc nascitur
scientia in eo ... Et omnes sapientes antiqui et qui adhuc remanserunt usque ad tempora
nostra dixerunt quod fuit Deus. Vgl. M. GRABMANN, Die mittelalterliche Lehre
etc. l. c. p. 10.

63. ebda p. 62–63.

même qu'en vertu du concours de son intellect possible [64] avec son intellect agens [65].»

76 Der «intellectus agens» bewirkt im Akt der Kontemplation eine Berührung mit der Sapientia Dei, wodurch eine Assimilierung des menschlichen Geistes an Gott zustandekommen kann [66]. In dieser Theorie von ST. THOMAS wird der νοῦς ποιητικός d. h. das «absolute Wissen» partiell dem menschlichen Wesen integriert. Diese thomistische Aufspaltung des Nous-Begriffes bedeutet, psychologisch betrachtet, einen Bewußtseinsfortschritt. Meistens, wenn ein unbewußter Inhalt bewußt wird, wird er zunächst aufgeteilt, d. h. *ein* Teil des Inhaltes tritt in Assoziation zu dem vom Ich zentrierten Bewußtseinsfeld, der andere verbleibt im Unbewußten und wird deshalb meistens in außerseelische Bereiche projiziert. Der abendländische Intellekt, der in der Zeit der Scholastik sich entwickelte, scheint auch auf diese Art entstanden: damals wurde ein Stück «vorbewußten Denkens» zu einer Operation des Subjektes erklärt, der Rest verblieb vorbewußt und somit ins Nicht-Menschliche projiziert, d. h. personifiziert im «metaphysischen» Wesen der Sapientia Dei. Wichtig ist dabei, daß dieser im außermenschlichen Bereich verbleibende Teil nicht mehr, wie noch bei AVICENNA, ein rein männlicher Begriff (intellectus) blieb, sondern neuerdings mit der Sapientia Dei identifiziert wurde: er gerät, psychologisch gesprochen, in den Bereich des archetypischen Animabildes.

77 Der innerseelische Teil des «intellectus agens» ist nach THOMAS imstande, im Kontakt mit der Sinneserfahrung *jene ersten Prinzipien* zu erzeugen, auf denen der Mensch das System der Wissenschaften errichten kann. Er kann seine Wahrheiten darum formulieren, weil er mit der göttlichen Urwahrheit in *Partizipation* steht [67]: «anima humana cognoscit

---

64. Der «intellectus possibilis» entspräche dem modernen Begriff des Bewußtseins.
65. Vgl. hiezu auch G. SIEWERTH: Die Apriorität der menschlichen Erkenntnis nach THOMAS VON AQUIN, «Aus dem Symposion». Alber-Verlag Freib.-München undatiert. bes. p. 105–106.
66. Summa theol. Prima secundae Quaest. 3, Art. 5: Tertio idem apparet ex hoc quod in vita contemplativa homo communicat cum superioribus scil. cum Deo et angelis, quibus per beatitudinem assimilatur ... Assimilatio intellectus speculativi ad Deum est secundum unionem vel informationem. Der innerseelische intellectus agens ist nach THOMAS ein Geschenk Gottes.
67. Wörtl. nach E. GILSON, Philosophie Med. a. a. O. p. 145: A partir de ST. THOMAS D'AQUIN nous sommes en possession d'une lumière naturelle, celle de l'intellect agent ... Comme l'intellect aristotélien elle est capable au contact de l'expérience sen-

KOMMENTAR   149

in rationibus aeternis, per quarum participationem omnia cognoscimus. Ipsum enim *lumen intellectuale, quod est in nobis,* nihil est aliud quam quaedam *participata similitudo luminis increati,* in quo continentur rationes aeternae [68].» Die Erleuchtung fällt also nicht nur gleichsam «von oben» auf den an sich blinden Menschen herab, sondern es ist nach St. Thomas dem Menschen ein lumen intellectuale eingeboren, das durch *«teilhabende Ähnlichkeit»* die Urprinzipien der Erkenntnis erfassen kann. Darauf beruht z. B. die Prophetie. Nach St. Thomas gibt es zwei Grade von Prophetie: eine erste, die sich auf das bezieht, was alle wissen, und eine zweite, die nur den Vollendeten (perfecti) zuteil wird und die höheren Mysterien betrifft [69]. *Letztere gehört zur Sapientia Dei.* Ebenso gibt es zwei Formen der Wahrheitserkenntnis: erstens eine spekulative Erkenntnis, die darin besteht, daß jemandem göttliche Geheimnisse offenbar werden und zweitens eine *«affektive Erkenntnis», welche die Liebe zu Gott im Menschen hervorruft* und zum *donum Sapientiae* gehört [70]. Die Sapientia enthält daher die höheren Mysterien als der Glaube [71].

Diese Ausführungen sind geeignet, das Wesen der Sapientia Dei in   78

sible d'engendrer les principes premiers à l'aide desquels elle construira progressivement ensuite le système de sciences etc.
    68. Summa theol. I. 84. 5. Resp. Übersetzung: «Die menschliche Seele erkennt nämlich *in den ewigen Ideen,* durch deren *Participation* wir Alles erkennen. Denn das intellektuelle Licht in uns ist nichts Anderes, als eine teilhabende Ähnlichkeit am unerschaffenen Licht, in dem die ewigen Ideen (Archetypen) enthalten sind.»
    69. Summa II. II. 171 prolog. Prophetica revelatio se extendit ... et ad quantum ad ea, quae proponuntur omnibus credenda, quae pertinent ad fidem et quantum ad altiora mysteria, quae sunt perfectorum, quae pertinent ad Sapientiam. Die revelatio ist eine «passio». De ver. 12. 7–8 und Summa I–II, 173. 2 a. Vgl. Victor White l. c. p. 7.
    70. Summa. (editio Leonina.) Pars I Quaest. 64 Art. 1. Duplex est cognitio veritatis, una quidem quae habetur per gratiam, alia vero quae habetur per naturam. Et ista quae habetur per gratiam est duplex: una quae est speculativa tantum sicut cum alicui aliqua secreta divinorum revelantur, alia vero, quae est affectiva producens amorem Dei et haec proprie pertinet ad donum Sapientiae. Vgl. hiezu Victor White, St. Thomas' Conception of Revelation. Dominican Studies Blackfriar Publications St. Giles-Oxford, Vol. I, Jan. 1948, No. 1, p. 5.
    71. In anderem Zusammenhang unterscheidet St. Thomas auch eine perfecte Prophetie: cum ergo aliquis cognoscit se moveri Spiritu Sancto – hoc proprie ad prophetiam pertinet, cum autem movetur sed non cognoscit, non est perfecta prophetia sed quidam *instinctus propheticus* = Summa Theol. II. II. 9. 171. ad 4. Die geringere Prophetie geschieht: per quendam instinctum occultissimum quem nescientes humanae mentes patiuntur. (ebda. a. 5.)

der Aurora, ihren Aspekt als völlig überpersönliche Macht zu beleuchten [72].

79 Der Begriff des «intellectus agens» deckt sich psychologisch weitgehend mit der JUNGschen Auffassung einer «Luminosität» (eines dämmerhaften Bewußtseins) der archetypischen Inhalte im Unbewußten, wobei JUNG zum Schluß kommt, daß die Archetypen entsprechend der kosmischen Funktion des νοῦς, einen nicht-psychischen (psychoïden) Aspekt besitzen müssen, der sie sogar als anordnende Faktoren im physikalischen Zeit-Raum-Kontinuum erscheinen läßt [73]. Wir erinnern uns, daß dasjenige, was ST. THOMAS «intellectus divinus» oder die Weisheit Gottes nennt, bei AVICENNA den Charakter einer *objektiv in der Schöpfung vorhandenen Macht hatte, als «intellectus agens» oder «intelligentia influens»*. Wenn wir diesen Begriff in moderne psychologische Termini zu übersetzen versuchen, so würde dies nichts anderes bedeuten, als daß in der Natur und *im kollektiven Unbewußten eine Art von objektivem Bewußtsein oder Geist, zum mindesten potentiell, existiert, von dem sich das individuelle Ichbewußtsein erst sekundär herleitet und auch dadurch jede Erweiterung erhält*, daß es von ihm «erleuchtet» wird. Dies stimmt überraschend mit den Tatbeständen überein, welche uns von der Tiefenpsychologie her bekannt sind und die JUNG in seinem Aufsatz «Theoretische Überlegungen zum Wesen des Psychischen» dargelegt hat [74]. Bei näherer Untersuchung erweisen sich die Inhalte des Unbewußten tatsächlich nicht als in völlige Dunkelheit getaucht – von einem solchen Aspekt des Unbewußten könnte ja auch nichts ausgesagt werden –, sondern nur als *relativ* unbewußt, so wie andererseits auch die Inhalte des Bewußtseins uns kaum je vollständig in all ihren Aspekten

---

72. Vgl. ferner die interessante Definition des «intellectus» bei GUNDALISSINUS, «De immortalitate animae» in: Beiträge zur Geschichte der Philos. im M. A. Bd. III (1897) p. 35: virtus intellectiva non habet finem in operatione, non habet finem in tempore (was völlig mit dem «Feuer» in der Aurora coinzidiert). Vgl. auch ebda. p. 31: Quod si dixerit quis, quia intellectus omnino non est forma nec habens formam, et ideo impossibile est ipsum agere: respondemus quia intellectus in se ipso, in esse suo et in specie sua, *forma* est. Quemadmodum *humor crystallinus* aut spiritus visibilis in esse suo formatum est et tamen ad lucem et colores quodam modo materiale – sic et intellectus ad omnia intelligibilia quae sunt extra se. Neque agit in quantum est materiale, hoc modo scil. ex essentia sua, sed per formam ...

73. Theoretische Überlegungen etc. «Von den Wurzeln des Bewußtseins» l. c. p. 543 ff. und C. G. JUNG – W. PAULI, Naturerklärung und Psyche. l. c. p. 67 ff. und 78 ff.

74. In: «Von den Wurzeln des Bewußtseins», Zürich 1952, p. 497 ff.

bewußt, sondern auch teilweise unbewußt sind [75]. Der unbewußte Zustand eines psychischen Inhaltes ist daher nur als relativ anzusehen, und wir dürfen uns nicht vorstellen, daß dem Licht des Ichbewußtseins eine völlige Dunkelheit des Unbewußten gegenübersteht [76]. Auch das Licht des Bewußtseins hat vielmehr, wie JUNG betont [77], *viele Helligkeitsgrade,* und der Ichkomplex viele Abstufungen seiner Betonung. Auf animalischer und primitiver Stufe herrscht z. B. *eine bloße «luminositas»,* so wie auch auf infantiler und primitiver Stufe das Bewußtsein keine Einheit ist, indem es noch von keinem festgefügten Ichkomplex zentriert wird, sondern *da und dort aufflackert,* wo es äußere und innere Ereignisse, Instinkte und Affekte gerade wachrufen. Ebenso ist auch

75. Man wäre demnach zunächst versucht, das Unbewußte sogar als einen nicht prinzipiell vom Bewußtsein verschiedenen psychischen Zustand anzusehn, doch die Erfahrung beweist, daß der Zustand der unbewußten Inhalte doch nicht ganz der gleiche ist, wie der der bewußten. Wie JUNG ausführt, werden z. B. gefühlsbetonte Complexe in ihrer ursprünglichen Form conserviert; sie erhalten sogar den unbeeinflußbaren Zwangscharakter eines Automatismus und schließlich nehmen sie *«durch Selbstamplification* einen archaisch-mythologischen Charakter und damit Numinosität an. Vorgänge im Unbewußten pflegen sich der zugrundeliegenden Instinktform anzunähern und die den Trieb kennzeichnenden Eigenschaften anzunehmen, nämlich Unbeeinflußbarkeit, Automatismus, all-or-none-reaction» etc. JUNG fährt fort: «Diese Eigentümlichkeiten des unbewußten Zustandes stehen im Gegensatz zum Verhalten der Komplexe im Bewußtsein. Hier werden sie korrigierbar, d. h. sie verlieren ihren automatischen Charakter und können umgestaltet werden. Sie streifen ihre mythologische Hülle ab, spitzen sich personalistisch zu und, indem sie in den im Bewußtsein stattfindenden Anpassungsproceß hineingeraten, rationalisieren sie sich, so daß eine dialektische Auseinandersetzung möglich wird. Der unbewußte Zustand ist daher offenkundig doch ein anderer als der bewußte.» (l. c. p. 539 ff.)

76. «Das Unbewußte bedeutet demnach ein anderes Medium als das Bewußtsein. In den bewußtseinsnahen Bezirken ändert sich allerdings nicht viel, denn hier wechselt hell und dunkel zu häufig. Es ist aber gerade diese Grenzschicht, welche für die Beantwortung unseres großen Problems von Psyche = Bewußtsein von größtem Werte ist. Sie zeigt uns nämlich, wie relativ der unbewußte Zustand ist, und zwar ist er dermaßen relativ, daß man sich sogar verlockt fühlt, einen Begriff wie «Unter-Bewußtsein» zu verwenden, um den dunklen Seelenteil richtig zu charakterisieren. Ebenso relativ ist aber auch das Bewußtsein, denn es gibt innerhalb seiner Grenzen nicht ein Bewußtsein schlechthin, sondern eine ganze Intensitätsskala von Bewußtsein. Zwischen dem «ich tue» und dem «ich bin mir bewußt, was ich tue» besteht nicht nur ein himmelweiter Unterschied, sondern bisweilen sogar ein ausgesprochener Gegensatz. Es gibt daher kein Bewußtsein, in welchem das Unbewußtsein überwiegt, wie ein Bewußtsein, in welchem die Bewußtheit dominiert... So gelangen wir zu dem paradoxen Schluß, daß es keinen Bewußtseinsinhalt gibt, der nicht in einer anderen Hinsicht unbewußt wäre...» l. c. p. 540.

77. l. c. p. 543.

noch auf höherer und höchster Stufe das Bewußtsein keine völlig integrierte Ganzheit, sondern vielmehr unbestimmter Erweiterung fähig[78].

80   Aus diesem Grunde wird der psychische Hintergrund unseres Bewußtseins in Träumen und Visionen oft durch den Sternenhimmel, durch ein Lichtermeer, viele leuchtende Augen auf dunklem Grund oder ähnliche Motive symbolisiert, und auch in der alchemistischen Bildersprache spielt dieses Motiv der Luminositäten eine wichtige Rolle, als die sog. «scintillae» (Funken), «oculi piscium» (Fischaugen) oder bei PARACELSUS und DORN – als der «innere Sternenhimmel[79]». In der Aurora selber tritt dasselbe Motiv als Bild von «Perlen» oder der «Planeten in der Erde» ebenfalls später auf.

81   Praktisch bedeutet die Luminosität der Archetypen nichts anderes, als daß letztere nicht nur die Formen und den Sinn unserer Instinkte darstellen, sondern gleichzeitig *eine Art von «eigener bewußtseinsähnlicher Intelligenz» entwickeln, die nicht mit derjenigen des Ich-Bewußtseins koinzidiert;* infolgedessen vermittelt ein im Unbewußten eines Individuums konstellierter Archetypus Einfälle, Vorstellungen, Erkenntnisse, Inspirationen, ahnungsvolles Wissen um Dinge, die es «eigentlich» nicht wissen könnte[80].

82   Insofern die Sapientia Dei bei den Scholastikern als die Summe der «rationes aeternae» (ewigen Ideen) definiert ist, stellt sie, wie erwähnt, eine weibliche Personifikation des kollektiven Unbewußten dar, und insofern sie die «rationes» alle in Eines zusammenfaßt, ist sie auch eine weibliche Erscheinungsform der Imago Dei (d. i. des Selbst) in der menschlichen Seele[81]. In der Aurora aber ist diese psychische Wirklichkeit nicht etwa theoretisch dargestellt, sondern *unmittelbar erlebt.* Das Erscheinen der Sapientia Dei bedeutet psychologisch *einen überwältigenden Einbruch* des Unbewußten, wobei der inspirierende, erleuchtende Aspekt dieses Geschehnisses vom Autor zunächst begeistert gepriesen wird.

78. «Man tut daher wohl daran, sich das Ichbewußtsein als von vielen kleinen Luminositäten umgeben zu denken.» (l. c. p. 543.)

79. l. c. p. 544 ff.

80. Oft ist ferner in Träumen und anderem unbewußtem Material ein Zentrum des «inneren Sternenhimmels» dargestellt, z. B. ein «größeres Licht» unter den andern, eine Zentralsonne etc., *die dem Archetypus des Selbst entspricht,* dem Regulationszentrum der gesamten psychischen Vorgänge. (l. c. p. 548 ff.)

81. Vgl. auch das von JUNG über die Sapientia Dei Gesagte in «Antwort auf Hiob». Zürich 1952 passim.

Text: «Wohl dem Menschen, der diese Eigenschaft findet und dem diese Voraussicht (des Saturn) zufließt. Gedenke ihrer in allen deinen Wegen, und sie selbst wird deine Schritte lenken.» 83

Das Wort «des Saturn» ist hier vermutlich die Glosse eines späteren alchemistischen Autors, die nachträglich in den gedruckten Text aufgenommen wurde. Diese Prudentia Saturni meint dasselbe wie die Sapientia oder Scientia, welche dem Alchemisten begegnet. Das Wort «Saturni» deutet an, daß die Sapientia aus dem Stoff selbst (Saturn = Blei = prima materia [82]) dem Autor zufließt. 84

Text: Wie SENIOR sagt: «Es wird sie (die Sapientia) aber nur der verstehen, der weise ist und scharfsinnig und erfinderisch im Überlegen, indem die Geister geklärt worden sind aus dem Liber aggregationis. Dann nämlich gerät jeder Geist in Fluß und folgt seinem Begehren – selig ist, wer über meine Worte nachdenkt!» 85

Bei SENIOR wird dasselbe Geheimnis, das in der Aurora in der Sapientia Dei personifiziert erscheint, als «tinctura» bezeichnet, und letztere ist als dasjenige definiert, *was Dinge aus dem potentiellen ins aktuelle Sein überführen kann* [83], d. h. nach arabischer philosophischer Denkweise, als die *schöpferische Essenz Gottes und der Seele*. Diese wird – nach SENIOR – erst dann «frei», d. h. wirksam, wenn der Alchemist sein Denken durch subtiles Meditieren «geklärt» hat. 86

Für einen mittelalterlichen Menschen des christlichen Kulturbereiches war diese typisch islamisch-mystische Vorstellung nicht ohne wei- 87

---

82. Dem Saturn ist das Blei zugeordnet, in welchem nach alchemistischer Anschauung oft das Geheimnis verborgen liegt. Im Blei, d. i. der Arkansubstanz wohnt ein Dämon (OLYMPIODOR, ed. Berthelot, Coll. Alch. Grecs. II. IV, 38–39, Vol. I, p. 92–93) oder eine Seele, welche befreit werden will. Sie ist bei ZOSIMOS als Jungfrau dargestellt (ebda. III, XXXIV, 1, Vol. I, p. 206 und XLII, Vol. I, p. 213). Auch bei dem späten Autor H. KUNRATH, Von Hylealischem Chaos, 1597, p. 194 ff. ist der Mittelpunkt der Welt «der uhralte Saturnus ... das geheimnisreiche Blei der Weisen». MYLIUS, Philosophia Reformata, 1622, p. 142, nennt das Blei «Wasser der Weisheit». Und JOH. GRASSEUS sagt (Arca Arcani, Theatr. Chem. 1659, IV, p. 314, cit. JUNG, Psychologie und Alchemie, p. 463) das Blei als prima materia sei «die strahlend weiße Taube», welche Salz der Metalle genannt werde. «Sie ist jene keusche weise und reiche Königin von Saba, vom weißen Schleier verhüllt, welche sich nur dem König Salomon ergeben wollte.» Wie JUNG bereits (Psychologie und Alchemie, p. 463) erörtert hat, dürfte GRASSEUS den Aurora-Text gekannt haben.
83. De Chemia l. c. p. 11–12. Vgl. STAPLETON, Memoirs l. c. p. 150.

teres assimilierbar; denn nach *seiner* Auffassung kommt nur Gott allein unmittelbare Schöpferkraft zu: nur Er kann potentiell Existierendes in aktuell Existierendes überführen. Immerhin geht aber doch z. B. nach der Auffassung des ST. THOMAS eine reale Kontinuation der Schöpferkraft Gottes auch durch *die menschliche Seele hindurch* [84]. Allerdings schafft diese nicht so unmittelbar wie Gott, sondern als causa secunda [85] unter Zwischenschaltung spezieller Funktionen [86], welche von der Essenz der Seele «fließen» (fluunt ab essentia animae sicut a principio) [87]. Sie resultieren aus der Seele in natürlicher Art «wie die Farben aus dem Licht [88]». Das hieße in moderne Sprache übersetzt nichts weniger, als daß *die menschliche Seele (wie Gott) schöpferisch in die physikalisch-chemischen Naturvorgänge eingreifen könne*. Wenn somit der Autor der Aurora die SENIORSCHE «liquefactio» innerpsychisch als ein Fließen des Geistes interpretiert, aus dem die alchemistische Metallverwandlung resultieren soll, so ist es naheliegend, anzunehmen, daß auch er an eine solche aus der Essenz der Seele fließende Funktion denkt, welche aktuelles Sein mitteilen und äußere materielle Veränderung vornehmen kann. Es gehört nämlich nach ST. THOMAS besonders zu den Eigenschaften der Seele eines von der Sapientia Erleuchteten [89], daß ihm *per virtutem Dei auch die Materie außerhalb seines Körpers gehorche* [90]. Seine Seele kann in das physische Naturgeschehen verändernd einwirken.

84. Die Seele ist eben actus primus ordinatus ad actum secundum. Summa I, 77, 1. Resp. Näheres vgl. E. GILSON, L'esprit de la philosophie médiévale l. c. p. 248.
85. Vgl. E. GILSON, Pourquoi St. Thomas l. c. p. 11.
86. facultates.
87. Summa I, 77, Art. 5. und Art. 6. et Resp. Die Ansicht von WILHELM VON AUVERGNE ist in dieser Hinsicht extremer: de anima III. pars. 6, wonach die Seele direkt durch ihre einfache, gottähnliche Essenz operiert. Vgl. E. GILSON, Phil. Med. l. c. p. 248.
88. Summa l. c. Art. 6. und Art. 7. per aliquam naturalem resultationem ... ut ex luce color.
89. d. h. Propheten.
90. Quaest. Disp. S. THOMAE AQUINATIS, Lugduni ap. Rovillum. 1568. fol. 292–293. Quaest. Duodemica De Prophetia. Art. III: Praeterea ex causis naturalibus non potest accipi significatio super ea, quae naturaliter non fiunt, sed Astrologi accipiunt significationes super prophetiam ex motibus corporum coelestium, ergo prophetia est naturalis. Praeterea Philosophi in scientia naturali non determinaverunt nisi de his qua naturaliter possunt accidere determinavit autem Avicenna in libro sexto de Naturalibus de prophetia etc. Praeterea prophetiam non requiruntur nisi tria, scilicet claritas intelligentiae et perfectio virtutis imaginativae et potestas *animae, ut ei materia exterior oboediat*, ut Avicenna ponit in sexto de Naturalibus, sed haec tria possunt accidere natu-

Eine interessante Darstellung dieser eigenartigen Auffassung findet sich ferner in dem ALBERTUS MAGNUS zugeschriebenen Traktat, der den Titel «De mirabilibus mundi» trägt und dessen Echtheit, wie LYNN THORNDIKE betont [91], zu Unrecht bestritten wird. ALBERTUS sagt dort [92]:

raliter. – Nach thomistischer Auffassung ist aber Gott das einzige Wesen, das nicht in aktuelles Sein und potentielles Sein zerfällt, sondern das *nur aktuelles Sein und die Quelle alles Seins* darstellt. (Vgl. hiezu GILSON a. a. O., bes. Belege p. B 237 und p. 315: De ente et essentia: *Primum Ens est Actus Purus, omnia vero alia entia constant ex potentia et actu* ... *Solus Deus est suum esse in omnibus autem aliis* differt essentia rei et esse eius.) Gott ist «maxime verum» und «maxime ens» (Compendium theologiae cap. LXIX.) und daher auch Ursache der *materia prima*, die ihr «esse in potentia» von Ihm erhalten hat. Er ist dasjenige Wesen, welches ferner das aktuelle Sein allen anderen Dingen mitteilt (Contr. Gent. II. 15.), und sie durch seine *providentia* (vgl. diesen Begriff in der Aurora cap. I!) im Sein erhält. (Nihil enim dat esse nisi inquantum est ens in actu. Deus autem conservat res in esse per suam providentiam Contr. Gent. III. 66.) Er tut das aber nicht immer direkt, sondern auch indirekt durch Vermittlung von anderen «causae naturales» (Neque est superfluum, si Deus per se ipsum potest omnes effectūs naturales producere quod per quasdam alias causas producantur. Non enim hoc est insufficientia divinae virtutis sed ex immensitate bonitatis ipsius, per quam suam similitudinem rebus communicare voluit, non solum quantum ad hoc quod essent sed ad *hoc quod aliorum causae essent*. (Contr. Gent. III. 70.), denen er aus Güte es verlieh, «Sein» produzieren zu dürfen. Wenn ein Ding aber zur Ursache des Seins (causa essendi) wird, so kann es das nur, wenn es *agiert innerhalb der virtus Dei* (Kraft oder Macht Gottes). (Nihil autem est causa essendi nisi inquantum in virtute Dei ... Contra Gent. III. 66.) *Nur ex virtute divina* kann ein Ding einem anderen Ding Sein geben. (*Ex virtute igitur divina est* quod aliquid det esse. Contra Gent. III. 66.) *Omne igitur operans operatur per virtutem Dei*. (Contr. Gent. III. 67.) «Deus est causa operandi omnibus operantibus». (Contra Gent. III. 67.) Solche intermediären «causae» im Naturgeschehen, deren Gott sich instrumentell bedient, sind z. B. die Himmelskörper. (Vgl. L. THORNDIKE, History of Magic etc. Vol. II a. a. p. 607.) Ebenso besitzt nach St. Thomas die menschliche Seele jene Gabe als «causa secunda» nach Gott zu wirken; sie teilt der Materie das «esse actuale» mit und schafft sich so die individuelle leibseelische Einheitserscheinung; sie gibt als Form der nur potentiā existierenden Körpermaterie den «actum essendi», und ist ihr auch deshalb überlegen, denn das «esse in actu» ist höherstehend als das «esse in potentia». Dieses esse in actu entsteht aber nur durch Berührung mit Gott und durch dessen Gnade und erleuchtende Wirkung. Die Seele kann sogar auch außen materielle Effekte erzeugen. Vgl. Forest, La structure du concret etc. l. c.p. 267–280. Vgl. ferner über die physikalischen Ideen von ST. THOMAS: G. STANGHETTI, Da S. Tommaso a Max Planck. Acta Pont. Academiae Romanae S. Thomae Aq. et Religionis Catholicae. Vol. IX, p. 53 ff. Rom-Turin 1944 passim.

91. History of Magic etc. Vol. II, p. 723.
92. Ich citiere nach einer undatierten Inkunabel der Zentralbibliothek in Zürich Gal. II App. 429₃. Liber aggregationis seu secretorum Alberti etc. Daselbst findet sich auch ein Druck Lugduni 1582 und von H. Quentell, Köln ca. 1485. Vgl. auch hiezu C. G. JUNG, Synchronizität, in C. G. JUNG – W. PAULI, Naturerklärung und Psyche. l. c. p. 34–35.

89 «Ich fand (diesbezüglich scil. der Magie) eine einleuchtende Darlegung im sechsten Buch der Naturalia von AVICENNA, daß der menschlichen Seele eine gewisse Kraft (virtus), die Dinge zu verändern, innewohne und ihr die anderen Dinge untertan seien; und zwar dann, wenn sie in einem großen Exzeß von Liebe oder Haß oder etwas Ähnlichem hingerissen ist [93]. Wenn also die Seele eines Menschen in einen großen Exzeß von irgendeiner Leidenschaft gerät, so kann man experimentell feststellen, daß er (der Exzeß) die Dinge magisch bindet und sie in eben der Richtung hin verändert, wonach er strebt. Und ich habe dies lange nicht geglaubt [94], aber nachdem ich nigromantische Bücher und Bücher über Zauberzeichen (imaginum) und Magie gelesen habe, fand ich, *daß (wirklich) die Emotionalität (affectio) der menschlichen Seele die Hauptwurzel all' dieser Dinge ist* [95], sei es entweder, daß sie wegen ihrer großen Emotion ihren Körper und andere Dinge, wonach sie tendiert, verändert oder daß ihr wegen ihrer Würde die anderen, niedrigeren Dinge untertan sind oder, sei es, daß mit einem solchen über alle Grenzen hinausgehenden Affekt die passende Sternstunde oder die astrologische Situation oder eine andere Kraft parallel läuft und wir (infolgedessen) glauben, daß das, was diese Kraft mache, dann von der Seele bewirkt würde... Wer also das Geheimnis hievon wissen will, um jenes (Phänomen) zu bewirken und aufzulösen, der muß wissen, daß jeder alles magisch beeinflussen kann; wenn er in einen großen Exzeß gerät... und er muß es dann eben gerade in jener Stunde tun, in welcher ihn jener Exzeß befällt und mit den Dingen tun, die ihm dann die Seele vorschreibt [96]. Die Seele selber ist nämlich dann so begierig nach der Sache, die sie bewirken will, daß sie auch von sich aus die bedeutendere und bessere Sternstunde ergreift, die auch über den Din-

---

93. quando ipsa fertur in magnum amoris excessum aut odii aut alicuius talium.

94. fertur in grandem excessum alicuius passionis invenitur experimento manifesto quod ipse ligat res et alterat ad idem quod desiderat et diu non credidi illud.

95. inveni quod affectio animae hominis est radix maxima omnium harum rerum seu propter grandem affectionem alteret corpus suum et altera, quae intendit sive propter dignitatem eius oboediant ei res aliae viliores seu cum tali affectione exterminata concurrat hora conveniens aut ordo coelestis aut alia virtus, quae quodvis faciat, illud reputavimus tunc animam facere...

96. Qui ergo vult scire huius rei secretum ut operetur illud et dissolvat, sciat quod ligare potest omnis omnia quando venit in grandem excessum... et debet facere hoc in illa hora, in qua invadit eum ille excessus et cum illis rebus quas sibi dictat tunc anima.

gen waltet, die besser zu jener Sache passen 97 ... Und so ist es die Seele, die die Sache intensiver begehrt, die die Dinge mehr wirksam und dem ähnlicher macht, was herauskommt. Denn die Wissenschaft ist die Herstellung der Bildzeichen (characteres) ... In ähnlicher Weise nämlich funktioniert die Herstellung bei allem, was die Seele mit intensivem Wunsche begehrt. Alles nämlich, was sie auf jenes zielend treibt, hat Bewegkraft und Wirksamkeit nach dem hin, was die Seele ersehnt 98.»

ALBERTUS kommt somit, AVICENNA folgend, zur Überzeugung, daß alle Magie und okkulten Techniken (inklusive die alchemistische Metallverwandlung) letztlich und prinzipiell aus der menschlichen Psyche zu erklären seien und zwar, daß sie *dann* von ihr erzeugt werden, wenn sich der Mensch in einer Art von Ekstase oder Trance befindet (wir würden sagen in einem völlig unbewußten Zustand), und daß bei solchen Zuständen materielle äußere Begleiterscheinungen zu beobachten sind, wie sie uns heute hauptsächlich durch die parapsychologischen Forschungsergebnisse bekannt sind 99.

Es handelt sich, wie JUNG – der diese ALBERTUS-Stelle anführt – dargelegt hat 100, um ein Phänomen, das er als *Synchronizität* bezeichnet hat, d. h. um die eigenartige Tatsache, daß besonders bei der Konstellation archetypischer unbewußter Inhalte ein nicht-psychisches Geschehen mit dem innerseelischen Geschehen *sinngemäß* koinzidiert, ohne daß ein Kausalzusammenhang festgestellt werden könnte. Das «magische» Denken der Primitiven scheint z. T. auf der Beobachtung solcher Tatsachen zu beruhen. Es ist bemerkenswert, daß sich ALBERT DER GROSSE, der Lehrer von THOMAS, für solche Phänomene experimentell interessierte und sie – wie schon AVICENNA – mit der menschlichen Psyche, wir würden heute sagen, dem Unbewußten, in Verbindung brachte. Der «Herstellung der Charaktere» entspräche nach heutiger Auffassung die Schaffung der passenden Symbole, durch welche das Unbewußte sowohl

---

97. Ipsa enim anima cum sic est avida rei quam ipsa vult operari, arripit ex se horam maiorem et meliorem quae est et super res magis convenientes ad illud ...
98. Et sic anima, quae est magis desiderans rem, ipsa facit eas magis efficaces et magis habentes similitudinem eius quod venit; nam scientia est factio caracterum ... Similiter enim est operatio in omnibus quae desiderat anima forti desiderio. Omnia enim quae tunc agit illud intendens, movent et efficaciam habent ad id, quod anima desiderat.
99. Vgl. u. a. z. B. J. B. RHINE, The Reach of the Mind, New York 1947.
100. C. G. JUNG und W. PAULI, Naturerklärung und Psyche. JUNG, Synchronizität als ein Prinzip akausaler Zusammenhänge. Zürich 1952, p. 34 ff. und passim.

konstelliert, als auch ausgedrückt ist. Was JUNGS Interpretation von der mittelalterlichen unterscheidet, liegt darin, daß die mittelalterlichen Philosophen dieselben Zusammenhänge noch (wie die Primitiven) als «magische Kausalität» deuteten, während JUNG dieselbe Art des Geschehenszusammenhanges als akausal-synchronistisch bezeichnet. Dadurch vermeidet er eine regressive Vermischung des modernen wissenschaftlichen Kausalitätsbegriffes mit der alten vorwissenschaftlichen «magischen Kausalität» und stellt vielmehr im Begriff der Synchronizität eine neue grundlegende Kategorie der Naturerklärung auf.

Leider konnte ich mir von der Quelle des ALBERTUS, d. h. von AVICENNAS Traktat «De Anima», der damals meistens als «Liber sextus naturalium» zitiert wurde, nur die Venediger Ausgabe von 1508 verschaffen[101], in welcher die Abschnitte über Magie, Alchemie und okkulte Wissenschaften von den Augustinermönchen des Klosters St. Johann de Viridario teilweise gestrichen worden sind. Immerhin geht aus den erhaltenen Partien hervor, daß AVICENNA in der menschlichen Seele nicht nur denjenigen Faktor sah, der «als ‚Form' die Grundkräfte und das Material zu ihrem eigenen Körper zusammenträgt und aufbaut[102]», sondern auch *außerhalb des eigenen Körpers materielle Wirkungen ausstrahlt,* wodurch sich viele sog. Wundertaten, wie Krankenheilungen usw. erklären lassen[103]. «Und so ist es nicht zu verwundern, wenn eine edle und starke Seele sogar in ihrem Wirken über den eigenen Körper

---

101. AVICENNE perhypatetici philosophi ac medicorum facile primi opera in lucem redacta ac nuper quantum ars niti potuit per canonicos emendata. Venetiis 1508. Vgl. zu dieser Schrift P. HANEBERG: Zur Erkenntnislehre von Ibn Sina und ALBERTUS MAGNUS. Abh. der K. bayr. Acad. d. Wissensch. I. Cl. XI. Bd. I. Abtl. München, 1866.

102. Ebda. Fol. 3. Ipsa est congregans principia et materias sui corporis ... servans corpus etc. Vgl. die Stelle im Prooemium: scientia enim de anima maius adminiculum est ad cognoscendas dispositiones corporales etc. Und Cap. I: «Dicemus igitur nunc: quod anima potest dici vis vel potentia comparatione *affectionum quae emanant ab illa.* Similiter potest dici vis ex alio intellectu: comparatione scilicet formarum sensibilium et intelligibilium, quas recipit: potest etiam dici forma comparatione materiae, in qua existit ex quibus utriusque constituitur substantia vegetabilis aut animalis etc.» Die Seele ist finis et perfectio jeder Sache, der sie hilft ad opera vitae. Sie ist auch das principium generationis et vegetationis. Vgl. auch fol. 3: ergo ipsa est vis animae habentis alias vires quarum una haec est, quae omnes operantur ad hoc ut perveniat aptitudo instrumentorum ad perfectiones secundas ipsius animae, cuius vis haec est, et haec est anima animalis.

103. Er betont auch, daß die *Vorstellung* von Krankheit und Gesundheit in der Seele eine verändernde Wirkung auf den Körperzustand hat. Die Seele ist eben der Körpermaterie nicht verhaftet (impressa), so daß sie sie willkürlich verändern kann.

hinausgeht, so daß sie (wenn sie nicht in die Leidenschaften des Körpers versunken ist...) Kranke heilen und schlechte Menschen schwächen kann, und daß es ihr sogar möglich ist, sich die Naturen geneigt zu machen und *in ihrem Interesse die Elemente zu verwandeln,* so daß, *was nicht Feuer ist, für sie Feuer wird, und was nicht Erde ist, für sie Erde wird, und daß nach ihrem Wunsch Regen und Fruchtbarkeit eintreten* usw.[104].» «Und dies alles geschieht nach der ‚virtus intelligibilis', denn es ist durchaus möglich, daß ihrem Wollen auch das Sein folge, was davon abhängt, daß die Materie sich in die Gegensätze zu wandeln pflegt. Denn die Materie gehorcht ihr (der Seele) von Natur und wird ⟨jeweils⟩ zu derjenigen Materie, die sie ⟨haben⟩ will, *denn sie gehorcht gänzlich der Seele* und gehorcht ihr noch viel mehr, als wenn ⟨nur⟩ die Gegensätze auf sie einwirken.» Und dies ist nach AVICENNA auch einer der Grundfaktoren der Prophetie, denn es gibt in der Seele, wie gesagt, eine Eigenschaft, die von der Imagination abhängt [105]. Sie ist bedingt

104. cit. aus Kap. IV, 1. c.
105. Venediger Ausgabe l. c. De anima, Kap. 4: «Non autem dicimus ad summam, quod ex anima solet contingere in materia corporali permutatio complexionis quae acquiritur sine actione et passione corporali ita quod calor accidat non ex calore et frigiditas non ex frigido. Cum enim imaginatur anima aliquam imaginationem et corroboratur in ea, statim materia corporalis recipit formam habentem comparatio⟨nem⟩ ad illam aut qualitatem ... *plerumque autem non permutantur* (scil. principia) *nisi per contraria quae subsistunt in eis* ... Attende dispositionem infirmi cum credit se convalescere aut sani cum credit se aegrotare, multoties contingit ex hoc, ut *cum corroboratur forma in anima eius, patiatur ex ea ipsus materia et proveniant ex hac sanitas aut infirmitas et est actio haec efficacior quam id, quod agit medicus instrumentis suis et mediis* ... Ergo cum esse formarum impressum fuerit in anima et constat animae quod habent esse, continget saepe materiam pati, ex eis quae solent pati, ex eis, ut habeant esse ... *Multoties autem anima operatur in corpore alieno sicut in proprio quemadmodum* est opus oculi fascinantis et aestimatione operantis. (= Suggestion) *Immo cum anima fuerit constans, nobilis, similis principiis, oboediet ei materia, quae est in mundo* et patitur ex ea et invenitur in materia quidquid formabitur in illa, quod fit propter hoc, quod *anima humana,* sicut postea ostendemus, *non est impressa in materia sua, sed est providens ei,* et quoniam quidem propter hunc modum colligationis *potest ipsa permutare materiam corporalem,* ab eo quod expetebat materia eius. Tunc non est mirum, si *anima nobilis et fortissima transcendat operationem suam corpore proprio* ut cum non fuerit demersa in affectum illius corporis vehementer et propter hoc fuerit naturae praevalentis constantis in habitu suo, sanet infirmos et debilitet pravos et contingat pronari naturas et *permutari sibi elementa ita ut, quod non est ignis fiat ei ignis et quod non est terra, fiat ei terra* et pro voluntate eius contingat pluviae et fertilitas sicut contingit absorbitio a terra et mortalitas et hoc totum perveniat secundum id, quod pendet ex permutatione materiae in contraria. Nam materia oboedit ei naturaliter etc.»

durch die «virtus sensibilis motiva desiderativa» in der Seele des Propheten [106]. Ferner bilden dabei auch die Sterne einen vermittelnden Faktor, indem sie die Seele in der unteren Welt affizieren [107].

93 Psychologisch ausgedrückt sind die Sternkonstellationen am Himmel der Ort, an welchem die Archetypen des kollektiven Unbewußten projiziert erscheinen, wobei – im Gegensatz zu Mythen, Märchen und anderen Ausgestaltungen des Archetypus – *dessen Zeitqualität mitberücksichtigt ist*. Tatsächlich ist nun auch die individuelle Psyche (darin hat AVICENNA recht) instrumentell der Ort der Verwirklichung des an sich überpersönlichen und teilweise sogar nicht-psychischen Archetypus [108]. Letzterer wird konstelliert, d. h. zu einer verwirklichbaren, sich real auswirkenden Macht nur dann, wenn eine spezifische Einstellung des Bewußtseins vorherrscht, was AVICENNA zu formulieren versucht, wenn er betont, daß die Konstellation durch die «scientia» d. h. den «richtigen» intellectus geschehe. Scientia ist die Herstellung der richtigen Imagination – der richtigen Symbole. Wie aus den Darlegungen des Traktates «De mirabilibus mundi» hervorgeht, hat ALBERTUS im Prinzip die Hypothesen AVICENNAS angenommen [109].

94 Solche Amplifikationen scheinen mir den dunklen Satz in der Aurora vom «Fließen des Geistes» zu erhellen und meine Konjektur «Liber aggregationis [110]» zu rechtfertigen; denn unter diesem Titel war der

---

106. Im 11. Traktat der Metaphysik sagt AVICENNA: Prophet sei derjenige: «cuius anima fit *intelligentia in effectu*», d. h. dessen Seele identisch wird mit dem «intellectus agens».

107. AVICENNA, Metaphysik. Kap. VI. Noni tertium. eod. loco: «... et a corporibus celestibus fiunt impressiones huius mundi propter qualitates, quae sunt ei propriae: et ab illis fluit in hunc mundum et ab animabus etiam illorum fiunt impressiones in animas huius mundi et ex his intentionibus scimus quod natura, quae est gubernatrix istorum corporum, est quasi perfectio; et formae fiunt ab anima diffusa vel adjutorio eius.

108. Vgl. C. G. JUNG, Theoretische Überlegungen etc. Von den Wurzeln des Bewußtseins, l. c. p. 579.

109. Sie ermöglichten ihm eine Erklärung und Rechtfertigung einer «guten» Magie, die ohne Einwirkung von Dämonen stattfinden konnte und eigentlich eine Art höherer Naturwissenschaft darstellt. Sie beruht – in unsere Sprache übersetzt – auf der richtigen Kenntnis der unbewußten Phänomene und deren Konstellation mit Hilfe einer Bewußtseinseinstellung, welche dem Unbewußten die Kooperation ermöglicht. (Der Magier oder Magister in diesem Sinn tut das, was ihm die Seele diktiert (dictat) und mit den Mitteln und zu der Zeit, die ihm die Seele angibt. Das Befolgen der vis desiderativa bedeutete ein dem Gefälle der psychischen Energie Folgen.)

110. Der lat. Text zeigt folgende Varianten: quando clarificati fuerint animi ex libro aggregationum haben M. P. die besten Handschriften, congregationem V, ex

oben erwähnte ALBERTUS-MAGNUS-Traktat verbreitet. Das «Fließen des Geistes» bedeutet ein Ergriffenwerden von der Sapientia, wodurch die Seele des Alchemisten nicht nur Erkenntnis, sondern auch magische Wirksamkeit im Bereich der Materie erlangt. Durch das Lesen des «Liber aggregationis» nämlich – sagt unser Text – gerät der Geist in Fluß und folgt «seinem Begehren» (concupiscentiam suam). Letzteres Wort wirkt zunächst befremdend, insofern «concupiscentia» meistens im kirchlichen Sprachgebrauch das sündhafte Begehren, «das Fleisch, das dem Geist widerstrebt», bedeutet [111].

Der Satz in der Aurora beruht auf einer Fehlübersetzung des arabischen SENIOR-Textes. Im Originaltext nämlich [112] sagt SENIOR, daß er durch Inspiration Allahs das Geheimnis der Präparation gefunden und dadurch die Tinktur entdeckt habe, welche die Dinge aus der Potentialität in die Aktualität überführen könne [113]. Hierbei *befreie* sich der Geist von seiner Concupiscentia [114]. Die lateinische Übersetzung aber sagt: der

libris agnitionum B, D L. Ich nehme an, daß M und P dem Urtext am nächsten stehen und conjiziere daher nur die Singularendung aggregation*is* statt -*um*, weil ich annehme, daß der Text sich auf die Schrift dieses Titels bezieht, zumal da es sich hier tatsächlich um eine grundsätzliche Abklärung des Problems der Alchemie handelt, wie dies inhaltlich zu fordern wäre.

111. Vgl. z. B. THOMAS VON AQUIN, De Malo 9 IV a 2: die Definition, sie sei prava desideria, quae homo invitus patitur. Vgl. ferner z. B. AUGUSTINUS, Sermo CLII. 4 MIGNE, P. L. tom. 38. col. 821. und Röm. VII. 14. und IRENAEUS, Adv. Haeres. 1. 2. Kap. 2. Migne P. G. tom. 7. col. 959. JOH. CHRYSOSTOMUS, Gen. Homil. XV. 4. u. a. m. Die Concupiscentia ist «aliquid materiale». Näheres vgl. den Artikel «Concupiscence» im Dictionnaire de Théologie Catholique ed. VACANT-MANGENOT Paris 1911.

112. Vgl. E. STAPLETONS Erläuterungen zum arabischen Original in «Memoirs of the Asiatic Soc. of Bengal», Vol. XII, Calcutta 1933, p. 150. Es heißt dort an jener Stelle: Da die Praeparation schwierig, delikat, leicht, maßvoll, ungewichtig und naheliegend ist, erkennt sie derjenige, der erfinderisch ist, durch subtiles Unterscheiden, wenn die Geister geklärt sind, durch die hinterlassenen Bücher, welche die Philosophen verborgen haben, eben wegen der Praeparation, welche zu den schwierigen Dingen gehört... Sie (die Tinktur oder Praeparation) wurde aber verborgen gehalten, damit nicht jeder Geist sein Begehren erkenne.» Er «fließt», wie die Sehenden wohl sagen würden. (Von mir übers.) lat.: ... nec cognoscat. Omnis animus concupiscentiam suam fluit: quod videntes dicant. Die Interpunction ist natürlich rein willkürlich. Ich ziehe daher «cognoscat omnis» zusammen und setze ein Semikolon vor «fluit».

113. Keine «Tinktur» enthalten nach SENIOR diejenigen Dinge, die «zum Nichts» streben. (De Chemia 1566, p. 12.)

114. Vgl. GERHARD DORN, Speculativa Philosophia, Theatr. Chem. 1602, Bd. I, p. 264, zit. aus C. G. JUNG, Psychologie und Alchemie, p. 366: «In dieser Wahrheit besteht die ganze Kunst, daß der Geist (spiritus) dieser Art von seinen Fesseln befreit werde, nicht anders als wie schon gesagt der Verstand (mens) vom Körper (nämlich moralisch) freigemacht werden soll.»

Geist *erkenne* seine Concupiscentia und fließe [115]. Und in der Aurora wird dies noch einmal dahin umgedeutet, daß der Geist – verflüssigt – seiner *concupiscentia folge*.

96 Der Autor der Aurora hat offenbar den an sich etwas dunklen Satz SENIORS so aufgefaßt, daß der Geist die schwierige und verborgene Präparation dann zustande bringe, wenn er gleichsam die Wurzel seines eigenen Strebens, die concupiscentia, erkenne und ihr zu folgen beginne. Psychologisch hieße dies, daß er *dem natürlichen Gefälle der psychischen Energie in sich selber nachzugehen beginne*.

97 Der vorhergehende Satz in der Aurora: «Und sie selbst wird deine Schritte lenken», beweist, daß es sich hiebei um ein Wirken der Sapientia handelt, welches sich praktisch als ein Fasziniertsein oder Verlocktwerden äußert. Dies weicht insofern nicht allzuweit von den zeitgenössischen scholastischen Anschauungen ab, als viele Philosophen annahmen, daß jedem Erkenntnisakt ein gewisser «amor» oder «appetitus naturalis» vom Erkennenden zum Objekt hin vorangehe [116]. Nach BERNHARD VON CLAIRVAUX beginnt sogar unsere Gottesliebe und überhaupt alle höhere Liebe zuerst bei der Concupiscentia, denn diese ist letzlich der Naturtrieb jedes Wesens zur eigenen Vollendung. Auch nach ST. THOMAS strebt der letzte innerste Naturtrieb jeglicher Kreatur nach seiner «perfectio» und damit nach der «similitudo divina [117]». THOMAS

---

115. Eine spätere lat. Schrift, das sog. *Consilium Coniugii de massa Solis et Lunae* (Ars. Chemica 1566, p. 153) interpretiert diese selbe SENIOR-Stelle negativ: der Geist folge seinem Begehren, d. h. seinem unbegründeten Wahn, er «fließt», d. h. wogt auf und ab und divagiert auf vielen Irrwegen. (Omnis animus sequens concupiscentiam i. e. opinionem suam vanam fluit, i. e. fluctuat et divagatur per diversas vias erroneas.)

116. Vgl. z. B. WITELO, Liber de intelligentiis XVIII, 2 (ed. Bäumker, Beiträge zur Gesch. d. Philos. d. M. A., Bd. III, Heft 2, Münster 1908): amor vel delectatio naturaliter... antecedit cognitionem. Nisi enim esset aliquis appetitus substantiae cognoscentis ad ipsum cognoscibile, numquam esset ordinatio huius ad hoc nec perficeretur unum ab alio. Auch THOMAS VON AQUIN (Summ. theol. I q. 60 a 1) nahm eine solche inclinatio, amor oder appetitus naturalis als Ursache alles Erkennens an. (Vgl. Summa I, IIae 7 a2.) – Vgl. auch ST. BERNARDUS, De Diligendo Deo ad Haimericum (um 1126) Migne P. L. tom. 186, col. 973 sq. (cap. VIII 23). Quia carnales sumus et de carnis concupiscentia nascimur *necesse est ut cupiditas vel amor noster a carne incipiat*, quae si recto ordine dirigitur quibusdam gradibus duce gratia, proficiens spiritus tandem consumabitur.

117. Vgl. E. GILSON a. a. O. p. 149: Unumquodque tendens in suam perfectionem tendit in divinam similitudinem. Vgl. auch De veritate XIV, 10 Resp. (cit. GILSON l. c. p. 225): Ultima autem perfectio ad quam homo ordinatur consistit in perfecta Dei cognitione.

KOMMENTAR   163

bezeichnet diesen «amor boni» als Grundphänomen (radix) aller anderen Seelenregungen [118]. Die concupiscentia oder das desiderium ist nach ihm eine Bewegung zum Guten hin [119]. Sie entsteht auf Grund der Erkenntnis des Begehrten, bzw. aus der Kontemplation des Guten und Schönen [120]. Die Bewegung des Liebens ist somit eine kreisförmige, und der «amor» ist die eigentliche virtus unitiva [121]. Er sucht die Einheit im Sinne einer Vollendung der Natur. Das Streben nach perfectio ist sogar der Materie eigen [122]. Hieraus erklärt sich wohl die Andeutung in der Aurora, wonach durch die Berührung mit der Sapientia Dei das menschliche Wesen «fließt» [123] und seinem natürlichsten Begehren (nämlich

118. In II, Sent. Dist. I Qu. 2 Art. 2. Resp. und Contr. Gent. III, 19 und 20. Summa I, 20, I: Unde Amor naturaliter est primus actus. Vgl. hiezu TH. STEINBUECHEL, Der Zweckgedanke in der Philosophie des Thomas von Aquin. Beitr. z. Gesch. d. Philosoph. des Mittelalters. Vol. 11. 1913. passim.
119. Summa theol. Editio Leonina, tom. VI, pars I, secundae Quaest. 25, Art. 2: Amor... est prima passionum concupiscibilis... Amor est appetitus ad bonum... Motus autem ad bonum est desiderium vel concupiscentia, quies autem in bono est gaudium et delectatio. Vgl. ebda. Quaest. 27, Art. 1 und Quaest. 36, Art. 2: Sed quia concupiscentia vel cupiditas est primus affectus amoris quo maximo delectamur ut supra dictum est. Ideo frequenter AUGUSTINUS cupiditatem vel concupiscentiam pro Amore ponit... Art. 3: Die Liebe strebt nach Unitas im Sinne einer perfectio naturae. – Psychologisch wäre hiezu einzuwenden, daß der Seele auch ein «amor mali» natürlicherweise innezuwohnen scheint.
120. ebda. Quaest. 27, Art. 2: Contemplatio spiritualis pulchritudinis vel bonitatis principium amoris spiritualis. Sic igitur cognitio est causa amoris ea ratione qua est bonum, quod non potest amari nisi cognitum.
121. ebda. Quaest. 26, Art. 3: Appetitivus motus circulo agitur ut dicitur in tertio de anima... Unde et DIONYSIUS dicit (de div. Nom. cap. 4) quod amor est virtus unitiva et Philosophus dicit in II. Polit. quod unio est opus amoris.
122. Quaest. disp. de malo I, 2. Resp. Nec ista hyle malum dicenda est. Contra Gent. I, 44, 4. Resp. Et una quaeque creatura intendit consequi suam perfectionem, quae est similitudo perfectionis et bonitatis divinae. Sic ergo divina bonitas est finis rerum omnium. (Vgl. E. GILSON, Phil. med. l. c. p. 274–275.) Vgl. auch das AVICENNAcitat in Meister ECKHARDTs Kommentar zur Weisheit Salomonis (G. THERY, Le commentaire usw. p. 348 aus AVICENNA VIII Buch des Metaph.): id vero quod desiderat omnis res, est esse et perfectio in quantum est esse. Privacio vero in quantum est privacio non desideratur. Das Böse ist letzlich nur eine privatio boni und nur per accidens wirklich. (Summa l. c. Pars I, Quaest 63, Art. 4.) Es gibt keine natürliche Neigung zum Bösen, nicht einmal bei den Dämonen. Vgl. auch Pars. I, 48, 1. ad 1 m und De malo 1. 1. Resp: Sogar eine böse Tat ist, soweit sie «actus» ist, von Gott. Dasjenige was nämlich zuerst unsren Willen und Intellekt in Bewegung setzt, ist etwas, das höher steht als Wille und Intellekt, nämlich Gott. (De malo 9. 6.) Vgl. JUNGS Kritik dieser Auffassung einer «privatio boni» in «Aion», l. c. p. 75 ff.
123. Vgl. zu diesem Motiv Psychologie und Alchemie l. c. p. 566 und Myst. Coni. Vol. I p. 98 und p. 163 ff. Die Anspielung auf das Inzestmotiv gibt auch den Bibelzitaten

offenbar nach eigener Vollendung und Erkenntnis Gottes) zu folgen beginnt.

98 Text: Und Salomon: «Kind hänge sie um deinen Hals und schreibe sie auf die Tafeln deines Herzens und du wirst finden. Sprich zur Weisheit: Du bist meine Schwester und die Klugheit nenne deine Freundin!»

99 In der Beschreibung der Sapientia als Schwester und Freundin ist wohl auf das klassische alchemistische Motiv des Bruder-Schwester-Inzestes angespielt [124]. Die Geschwister wären hier die Sapientia und der Alchemist. Gewöhnlich wurden die zitierten Bibelworte auf Maria bezogen.

100 Text: «Denn über sie (die Weisheit) nachzudenken ist ein völlig der Natur entsprechendes und feines (subtiles) Wahrnehmen, das sie (die Weisheit) zur Vollendung bringt. Und diejenigen, die ihretwillen wach bleiben, werden bald geborgen sein usw. . . . Denn sie geht ja selbst umher und sucht, wer ihrer wert sei und erscheint ihm voller Freude unterwegs und eilt ihm in aller Voraussicht entgegen. Denn ihr Anfang ist die wahrste Natur, von der kein Betrug kommt.»

101 Gemäß dieser Textpartie wird der Alchemist nicht nur von der Sapientia Dei erleuchtet, sondern gleichzeitig bringt sein Denken sie, die Sapientia, zur Vollendung (eam perficiens), und zwar durch einen «sensus valde naturalis et subtilis». Dieser Begriff dürfte auf denjenigen eines «sensus naturae» von WILHELM VON AUVERGNE (den letzterer seinerseits von AVICENNA hat) [125] zurückgehen. ALBERTUS MAGNUS hat

von der auf der Straße gehenden und rufenden Sapientia Dei hier eine eigenartige Färbung: sie tritt auf wie eine meretrix. Dies ist nicht zufällige Formulierung, denn sie ist, wie schon aus dem Vorhergehenden hervorging, die prima materia, und diese wurde von den Alchemisten tatsächlich u. a. als meretrix (Hure) bezeichnet. Sonst wurde auch diese Stelle auf Maria gedeutet.

124. d. h. thomistisch gesehen als actus wirksam wird.

125. Der «sensus naturae» ist nach WILHELM VON AUVERGNE (De legibus cap. 27. p. 875 ff. nach THORNDIKE a. a. O. Vol. II. p. 348) etwas Höheres als jedes menschliche Erkenntnisvermögen und steht der Prophetengabe nahe. (Vgl. auch Avicenne perhypateticiphilosophi etc. opera l. c. cap. 4.) Er funktioniert so, wie z. B. ein Hund Diebe findet oder die Geier Schlachten voraussahen oder Schafe das Nahen des Wolfes fühlen, wobei eine Assimilierung des «sensus» an sein Objekt erfolgt. (De Un. II. pars. I. Cap. 14) Der «sensus naturae» deckt sich somit teilweise mit dem, was wir heute als Instinkt und teilweise als unbewußte Wahrnehmung bezeichnen könnten. Vgl. hiezu auch C. G. JUNG, Theoret. Überlegungen l. c. Von den Wurzeln l. c. p. 551–556: PARACELSUS ist unmittelbar von AGRIPPA V. NETTESHEIM beeinflußt, welch letzterer eine «luminositas sensus naturae» annimmt. Davon «stiegen die Lichter der

vermutlich bezüglich der Alchemie eine ähnliche Auffassung; denn er ruft in dem (von L. THORNDIKE für echt anerkannten) Libellus de Alchemia [126] die Sapientia Dei um Erleuchtung und Hilfe an und bittet Gott, «durch die Gnade seines Hl. Geistes sein geringes Wissen zu ergänzen», damit er durch seine Lehre «das Licht, das in der Finsternis verborgen ist [127]» aufzeigen könne und die Irrenden auf den Weg der Wahrheit führen könne [128]. Der göttliche Geist hilft ihm somit ihn

Weissagung auf die vierfüßigen Tiere, die Vögel und andere Lebewesen herunter» und befähigten diese der Vorhersage künftiger Dinge. Für den «sensus naturae» beruft er sich auf GUILELMUS PARISIENSIS in welchem wir WILHELM VON AUVERGNE (G. Alvernus † 1249), der um 1228 Bischof von Paris war, erkennen; er verfaßte viele Werke, von denen z. B. ALBERTUS MAGNUS beeinflußt wurde. Vom «sensus naturae» nimmt Ersterer an, daß er ein höherer Sinn sei als das menschliche Auffassungsvermögen und insbesondere betont er, daß die Tiere ihn auch besäßen. Die Lehre vom «sensus naturae» entwickelt sich aus der Idee der Alles durchdringenden Weltseele, mit der sich ein anderer GUILELMUS PARISIENSIS, ein Vorgänger des ALVERNUS, nämlich GUILLAUME DE CONCHES (1080–1154), ein platonischer Scholastiker, der in Paris lehrte, beschäftigt hat. Er hat die anima mundi, eben den «sensus naturae», mit dem Hl. Geiste, ähnlich wie ABAELARD, identifiziert. Die Weltseele stellt eben eine Naturkraft dar, die für alle Erscheinungen des Lebens und der Psyche verantwortlich ist. Wie ich a. a. O. gezeigt habe, ist diese Auffassung der anima mundi der alchemistischen Tradition überhaupt geläufig, insofern der Mercurius bald als anima mundi, bald als Hl. Geist gedeutet wird.

126. Opera ed. Borgnet, Bd. 37, p. 545 ff. Omnis Sapientia a Domine Deo est et cum illo fuit semper et est ante aevum (Eccl. I. 1.). Quicumque ergo diliget sapientiam apud ipsum quaerat et ab ipso petat, quia ipse dat omnibus affluenter et non improperat (Jac. 1. 6.). Ipse est enim altitudo et profunditas omnis scientiae et thesaurus totius sapientiae: quoniam ex ipso et in ipso et per ipsum sunt omnia (Röm. XI. 36.). – Es hat allerdings spätere gewisse Additionen z. B. ebda p. 547 ein BACON-Zitat. Vgl. auch Bem. p. 573. Es ist schon 1350 unter den Werken ALBERTS angeführt. (Vgl. L. THORNDIKE a. a. O. II, p. 571.) – Teilweise gegen die Echtheit äußert sich F. PANETH, Archiv f. Geschichte der Mathematik, d. Naturwissensch. und der Technik, ed. Schuster, Leipzig, Bd. XII, Heft 1, Neue Folge III, 1929 und 1930, p. 408–413. «Über die Schrift ALBERTS DES GROSSEN De Alchemia». PANETH gibt jedoch auf Grund von «De Mineralibus» und des von ihm als echt anerkannten «Tractatus de Metallis et Alchemia» zu, daß Albert Alchimist war; gegen die Echtheit von De Alchemia hat er keine eindeutigen Argumente. RUSKA erklärt (*Tabula Smaragdina*, p. 186, Fd. 1) diese Schrift für unecht, ohne darauf einzugehen, desgleichen G. SARTON, Introduction to the Hist. of Science. Washington 1931, Vol. II, p. 937 ff. Genaueres vgl. ULR. DAEHNERT, Die Erkenntnislehre des Albertus Magnus. Leipz. 1934, p. 228–229.

127. Anspielung auf Joh. I. 5.: Et lux in tenebris lucet et tenebrae eam non comprehenderunt...

128. Ut ... dignetur parvitatem scientiae meae supplere per gratiam sui Spiritus Sancti ut per meam doctrinam *lumen quod in tenebris latet*, manifestare valeam... Vgl. ferner De rebus metall. Lib. II (ed. Cohn 1569, p. 119), wo dieselbe Geschichte wie in der Aurora vorkommt, daß der Adamas durch Bocksblut erweicht wird, und ferner

selber (den göttlichen Geist) zu finden, oder die Erleuchtung des Menschen geschieht dadurch, daß ihn der Hl. Geist zur Entdeckung des «in der Finsternis verborgenen Lichtes» führt. Diese Idee einer kreisförmigen Einwirkung der Wahrheit findet sich auch bei St. Thomas. Nach seiner Auffassung erkennen wir die Natur durch den «intellectus speculativus», der sich den Dingen gegenüber passiv-rezeptiv verhält und so von ihnen den ersten Antrieb (motus) und Bemessung erhält; die Dinge selber aber werden ihrerseits durch den göttlichen Intellekt bemessen [129].

102   Dies kommt der Auffassung in der Aurora sehr nahe, denn nach dem Text erleuchtet die Sapientia Dei den Menschen, so daß er dann mit Hilfe des «sensus subtilis» die Wahrheit in der Natur findet, deren eigentlichstes Wesen (verissima natura) eben wieder die Sapientia ist [130]. Nach mittelalterlicher Auffassung *reicht eben die göttliche «similitudo» bis in die physikalische Struktur der Naturdinge hinab* [131]. Darum heißt es in der Aurora, das Nachdenken über die Sapientia Dei sei ein *der Natur entsprechendes Wahrnehmen* [132]. Immerhin ist der ganze Erkennt-

über den Einfluß der Astrologie ebda. p. 99, 201, 241, 253, 257, 274–276 und p. 351. Auch später betont er in derselben Schrift, daß er nach langen Irrfahrten und Forschen «nicht durch eigenes Wissen, sondern durch Gnade des Hl. Geistes fand, was er suchte, sodaß er dann, als er wußte und verstand, *was die Natur überwinde,* sorgfältiger über die Destillation etc. zu wachen begann».

129. Quaest. Disp. de Veritate 1. 2. Resp. Vgl. auch: *Ipsae autem res sunt causa et mensura scientiae nostrae, unde sicut et scientia nostra refertur ad res realiter et non e contrario,* ita res referuntur realiter ad scientiam Dei et non e contrario. (Quaest. Disp. De Potentia VII, 10. ad quintum.)

130. Vgl. Thomas von Aquin, Summa I a, 16 a, 5 und 6: «res dicuntur verae per comparationem ad intellectum divinum». Vgl. hiezu A. Forest, La structure métaphysique du concret selon St. Thomas d'Aquin, Paris, Vrin 1931, p. 21.

131. Ich folge der Formulierung von E. Gilson, L'esprit de la philosophie médiévale, a. a. O. p. 147. Vgl. auch u. a. Roger Bacon, Opera inedita I. S. Brewer, Opus tertium XXIV, p. 82: Ut ostendam quod philosophia inutilis sit et vana, nisi prout ad sapientiam Dei elevatur. Vgl. auch Robert de Grosseteste: De unica forma omnium ed. L. Baur, Beitr. zur Gesch. d. Philos. im M. A. IX, p. 109: Eo itaque modo quo forma huius in mente huiusmodi architectoris esset forma domus, est ars, sive sapientia sive Verbum omnium creatorum. Ipse enim simul et exemplar est et efficiens est in forma data conservans est dum ad ipsam applicantur et revocantur creaturae.

132. Diese Idee ist auch bei anderen scholastischen Philosophen zu finden. So sagt Alcuin (Migne P. L. tom. 100. col. 271) die Wahrheit sei von Gott in die Natur hineingelegt worden, wo sie die Weiseren unter den Menschen finden können. Wilhelm von Auvergne identifiziert die «veritas» einer Sache mit ihrem Sein. (De universo II. pars I. cap. 35: Veritas enim uniuscuiusque rei non est nisi vel substantia vel essentia vel esse ipsius.)

nisprozeß nicht einfach ein Kreisgeschehen, in das der Mensch passiv eingeschaltet ist, sondern das Dazwischentreten des menschlichen Bewußtseins hat eine ganzmachende, vollendende Einwirkung auf die Sapientia, trotzdem letztere den Menschen an Umfang überragt [133].

Die Idee eines zirkulären Erkenntnisprozesses spielt auch sonst in der Alchemie eine zentrale Rolle. So sagt der Alchemist PETRUS BONUS [134]: «Die Wahrheit ist nichts anderes als eine Angleichung des Verstehens an die Sache.» Oder: *«Die Kunst verfährt auf dieselbe Art wie die Natur* [135].» In einer Quelle zur Aurora, der «Declaratio Lapidis Physici Filio suo Aboali» des Ps.-AVICENNA [136] heißt es: «Und es ist die Natur, die mit Hilfe des Artifex das Opus bewirkt [137].» Ein solches «natürliches» Wissen wird durch intensive Meditation über den Stoff errungen und vollendet rückwirkend die Bewußtwerdung des Alchemisten. Der «intellectus» des Menschen ist nämlich eine «vis generativa» (schöpferische Kraft) [138]. So heißt es bereits bei dem sog. OSTANES-Schüler PETESIS [139]: «Durch Nachdenken wird das Werk vollendet.» Dadurch wird nämlich «die im Stoff verborgene Natur herausgekehrt [140]», welche das Myste-

---

133. Vgl. auch die Deutung der Sapientia bei GUNDALISSINUS, De divisione philosophiae prologus: Sapientia est veritas scientiae rerum primarum sempiternarum. (L. BAUR, Beitr. zur Gesch. der Philosophie d. Mittelalters ed. Cl. Bäumker, Bd. IV. 1903. Heft 2–3. p. 8.)

134. Et quia veritas nihil aliud est quam adaequatio intellectus ad rem. Theatr. Chem. Bd. V, 1622, p. 667.

135. Et ars eodem modo ut natura operatur. (ebda. p. 745.)

136. Theatr. Chem. 1659, Bd. IV, p. 879: Et natura ipso artifice ministrante operatur.

137. Und zwar wirkt dabei der Sulphur als Lumen Luminum, «und er erleuchtet alle Körper (Metalle), denn er ist ein Licht und eine Tinctur, welche jeden Körper erleuchtet und vollendet. Und wenn der Artifex dieser Kunst dieses Licht nicht kennt, so wandelt er gleichsam im Dunkeln und gerät auf zahlreiche Abwege, weil er sich von der Wahrheit und Einheit dieser Wissenschaft entfernt hat». (Et illuminat omnia corpora quoniam est lumen et tinctura illustrans et perficiens omne corpus. Et si artifex huius magisterii hoc lumen non cognoscit, tamquam in tenebris ambulans ob devia errat propter elongationem eius a veritate et unitate huius scientiae.) – Der Sulphur ist, wie JUNG oben ausgeführt hat, ein besonders in der späteren alchemistischen Literatur verbreitetes Bild für das im Stoff verborgene «lumen naturale» als der Erkenntnisquelle eines natürlichen, der Offenbarung entgegengesetzten Wissens; für die psychologische Bedeutung weise ich daher auf seine Ausführungen.

138. WILHELM VON AUVERGNE, De Trinitate cap. 15: intellectus noster id est vis intellectiva *vis est generativa* et velut matrix quaedam scientiae vel sapientiae.

139. E. v. LIPPMANN, Entstehung der Alchemie a. a. O. Bd. I, p. 58. M. BERTHELOT, La chimie au moyen-âge. Bd. I, p. 239.

140. ZOSIMOS, M. BERTHELOT, Coll. Alch. Grecs. III, XXI, 22, Vol. I, p. 202: ἔκστρεψον τὴν φύσιν καὶ εὑρήσεις τὸ ζητούμενον und III. XLVI, 2, Vol. I, p. 223:

rium der Philosophen ist [141]. Dies bewirkt das Entstehen des «goldenen Punktes» in der Materie [142].

104 Damit ist auf jene psychologische Form innerer Erfahrung angespielt, welche JUNG als «aktive Imagination» bezeichnet hat [143], durch welche das Bewußtsein einerseits die Inhalte des Unbewußten wahrnimmt, andererseits durch Auseinandersetzung mit ihnen diese umgestaltet und integriert [144]. In alchemistischer Sprache ist dies die Extraktion der «veritas» aus dem Stoffe durch die richtige «theoria» – jene zentrale Präokkupation der Alchemisten, welche Jung in «Aion [145]» und «Mysterium Coniunctionis», Vol. I. und II., ausführlich erörtert hat, so daß ich hier auf seine Darstellungen verweisen möchte. Aus den dort angeführten Stellen, besonders auch den Zitaten aus den Werken GERHARD DORNS, geht hervor, daß die Arkansubstanz nichts anderes als das Unbewußte ist, welches durch den «richtigen Magneten» – die wirksame symbolische Auffassung – «angezogen» wird [146], wodurch sich eine Synthese der bewußten und unbewußten Persönlichkeitsanteile anbahnt. Diese «Essenz», welche es zu extrahieren gilt, ist *in unserem Text* in der *Sapientia Dei* personifiziert, welche auch gleichzeitig, wie der Text ausdrücklich betont, die «verissima natura» darstellt, «von der kein Betrug kommt». Ähnlich spricht auch GERHARD DORN [147] von einer «veritas», die in den natürlichen Dingen verborgen sei [148]. Diese «Wahrheit» sei eine «sub-

φέρε ἔξω τὴν φύσιν τὴν ἔνδον κεκρυμμένην. Der «verborgenen Natur» entspricht in der Aurora die «verissima natura».
141. ebda. V, II, 8, p. 340: Wenn du die innere Natur herausbringst, so hast du das Mysterium der Philosophen erreicht. Ebenso p. 262 ff. und IV, III, II, p. 264 ff. und II, IV, p. 92–93.
142. ebda. III, VI, p. 129: Diese im Stoff verborgene Natur ist eigentlich «die in den Elementen gebundene göttliche Seele oder das dem Fleische (σάρξ) vermischte göttliche Pneuma». (Vgl. Buch des SOPHE, BERTHELOT, Coll. Alch. Grecs. III, XLII, Vol. I p. 213.) Die Weltseele nannte der Neuplatoniker CELSUS (W. BOUSSET, Hauptprobl. der Gnosis, Göttingen, p. 11.) eine fließende Kraft (δύναμις ῥέουσα) und der Alchemist ZOSIMOS (M. BERTHELOT, Coll. Alch. Grecs. III, II, Vol. I p. 114.) eine «weibliche Kraft» (δύναμις θηλυκή).
143. Theoretische Überlegungen l. c. p. 563 ff. und Mysterium Coniunctionis Vol. II letztes Capitel.
144. Vgl. auch C. G. JUNGs Einleitung zum «Geheimnis der Goldenen Blüte», ed. R. WILHELM, Berlin 1929, p. 15 ff. und p. 31 und 61.
145. p. 227 ff.
146. p. 232.
147. p. 235.
148. «Das Heilmittel, das jenes verbessert und verwandelt, welches weniger ist, in das, was es vor der Verderbnis war, und in Besseres, und jenes das nicht ist, in

stantia metaphysica», welche nicht nur in den Dingen, sondern auch im menschlichen Körper verborgen sei. «In corpore humano latet quaedam substantia metaphysica, paucissimis nota, quae nullo... indiget medicamento, sed ipsa est medicamentum incorruptum [149]...» JUNG interpretiert [150]: «Die Lehre also, welche die Erwerbung und das Besitztum des Bewußtseins – divino quodam aflatu – bildet, ist zugleich das Instrument, welches das Objekt der doctrina oder theoria aus ihrer Gefangenschaft im ‚Körper' zu befreien vermag [151], denn das Symbol, welches die Lehre darstellt, bezeichnet und ist zugleich auch das mysteriöse Objekt, über welches sie aussagt. Die Lehre erscheint im Bewußtsein des Adepten als ein Geschenk des Heiligen Geistes. Sie ist ein thesaurus als ein Wissen um das Geheimnis der Kunst, nämlich des in der prima materia verborgenen Schatzes, der als außerhalb des Menschen befindlich gedacht ist. Der Schatz der Lehre und das kostbare Arkanum, das im dunklen Stoff vermutet wird, sind eines und dasselbe...» Für die nähere psychologische Erklärung dieser höchst bedeutsamen Ideen DORNS kann ich auf die Ausführungen von JUNG, «Mysterium Coniunctionis» (Vol. II, p. 267), verweisen.

Meines Wissens ist die Aurora eines der frühesten mittelalterlichen Traktate, in welchem die Ahnung aufkeimt, daß es sich beim alchemistischen Werk um ein *inneres Erleben* handelt und daß ein numinoser Inhalt, die Sapientia Dei (= Anima), das Geheimnis sei, welches der Adept im chemischen Stoffe sucht.

JUNG hat die große Bedeutung, welche dieser Projektion des Unbewußten in die Materie [152] zukommt, im Kapitel «Der Geist im Stoff»

---

das, was es sein muß.» l. c. p. 267. Vgl. auch JUNG, Mysterium Coniunctionis Vol. II letztes Kapitel.

149. Im menschlichen Körper ist eine gewisse metaphysische Substanz verborgen, den Wenigsten bekannt. Sie bedarf... keines Heilmittels, sondern ist selber das unverdorbene Heilmittel. l. c. p. 271. Vgl. auch die von JUNG citierten und commentierten Stellen. Mysterium Coniunctionis. Vol. II p. 249 ff.

150. Aion p. 236–237. Vgl. JUNG, Myst. Coni. II p. 251 ff.

151. Myst. Coni. II p. 253 ff. bes. p. 261 ff.

152. Ähnliche Ideen wie bei den Alchemisten finden sich auch im Corpus Hermeticum (ed. W. SCOTT, Hermetica, Oxford 1925 Bd. I, pag. 158), wonach Gott alles Sichtbare durch Imagination (φαντασία) hervorgebracht habe, und sich infolgedessen in Allem manifestiere...: Er ist in Allem gegenwärtig und ist das Sichtbare und das Unsichtbare, das Seiende und das Nichtseiende, das er für sich behielt». Somit ist in der sichtbaren Welt die schöpferische φαντασία Gottes enthalten, die sich den Auserwählten manifestieren kann. Gott ist nämlich die wirkende Kraft (δύναμις ἐνεργής)

in «Psychologie und Alchemie» bereits dargelegt, so daß ich darauf verweise. Die Tendenz der Alchemisten zielt nämlich, wie er dort sagt, darauf hin, «das Geheimnis der seelischen Wandlung nicht nur im Stoffe zu sehen, sondern auch als theoretische Richtschnur zur Hervorbringung chemischer Veränderungen zu benützen [153]». Darum erscheint auch in der Aurora die Sapientia als die Führerin beim Opus (ducet gressus tuos), d. h. der in den Stoff projizierte seelische Inhalt wirkt zum alchemischen Werk inspirierend. In den heidnischen Texten war derselbe Inhalt als «anima mundi» oder Physis personifiziert [154], und in der Aurora wird er nun der biblischen Sapientia Dei (und dem Heiligen Geist) gleichgesetzt. Es ist aber wohl nicht als Zufall zu bewerten, daß der Autor dabei gerade auf diejenigen biblischen Schriften zurückgreift, welche sämtlich zu den spätesten Partien des Alten und Neuen Testamentes gehören, aus stark hellenisierten jüdischen Kreisen herstammen [155] und unbedenklich als «gnostisch» bezeichnet werden dürfen.

in allen Dingen (ebda. p. 210) und Alles ist voll von Seele (πάντα δὲ πλήρη ψυχῆς) und bewegt sich in vollendeter Ordnung. (ebda. p. 212) Ähnlich heißt es im ASKLEPIOS (p. 310–312): «Am Anfang war Gott und der Stoff (Hyle), was auf Griechisch der Kosmos ist und dem Stoff gesellte sich ein Hauch (spiritus) und er war in ihm drin... Die Elemente aber existierten aber noch nicht.» Die Hyle wird später im selben Traktat mit dem Spiritus Mundi oder der Natura Mundi identifiziert und besitzt eine selbständige «vis procreandi». In der *«Kore Kosmou»* (ebda. p. 462. Vgl. auch IV, p. 450–451) einer Belehrung von ISIS AN HORUS über die höhern Mysterien vom Wesen der Welt» ist die «Physis» (Natur) ein schönes weibliches Wesen, das aus dem Wort des Urvaters entstanden ist. Ihre Tochter aber ist die «Heuresis», das Finden oder Erfinden, welche die Herrschaft über die kosmischen Mysterien inne hat. Somit ist auch hier der «Geist des Findens der Wahrheit» gleichsam in der Natur selber drin, als ein göttliches weibliches Wesen, das sich offenbaren muß, wenn man die Natur erkennen will.
    In einem andern hermetischen Fragment (ebda. Vol. I, p. 382) heißt es, daß die Phantasie des Menschen zwar der Illusion verfallen sei, daß sie aber durch einen «Einfluß» (ἐπίρροια) von Oben zu einer Spiegelung der Wahrheit gelangen kann.
    153. Cit. JUNG: Psych. u. Alch. p. 405.
    154. ebda. p. 414.
    155. Nach E. SELLIN, Einleitung in das Alte Testament Leipz. 1935, ist der Prediger nicht vor 300 v. Chr. anzusetzen infolge der darin enthaltenen Graecismen (p. 148), das Hohe Lied in seiner jetzigen Fassung etwa ins 4. bis 5. Jahrh. (p. 145), auch die Sprüche sind nachexilisch (p. 136) im 4. Jahrhundert v. Chr. entstanden; Jes. Sirach gehört etwa in die Zeit 200 v. Chr. (p. 159) und die Weisheit Salomonis ebenfalls etwa ins 1. vorchristliche Jahrhundert mit nachweisbaren griechischen Einflüssen. Besonders interessant ist es, in diesem Zusammenhang die Auffassung der Sapientia Dei bei PHILO V. ALEXANDRIEN zu vergleichen, indem nämlich dieser hellenistische Philosoph gegen Ende des ersten vorchristlichen Jahrhunderts als Jude den Versuch unternahm, die griechisch-vorchristliche Idee eines weltordnenden Pneuma speziell über die «Weisheit Salomonis» mit der alttestamentlichen Lehre zu verknüpfen. (Vgl. H. LEISE-

Die Projektion des Seelenbildes in die Physis ist nämlich ein Ereignis, das in fast allen gnostischen Systemen irgendeinen Niederschlag gefunden hat, und zwar in dem Motiv der «gefallenen Sophia». Letztere ist eine weibliche Hypostase der Gottheit, die in die Materie versunken ist. So verehrten die Anhänger des SIMON MAGUS dessen Gefährtin Helena als «Ennoia» des Urvaters, als «jungfräuliches Pneuma» und «Allmutter» (*Prunikos,* Hl. Geist usw.), und lehrten von ihr, daß sie in die untere Welt hinabgestiegen sei und dort die Engel und Archonten erzeugt habe, von denen sie darauf verschlungen wurde. Sie sank nach vielen leidvollen Inkarnationen sogar bis zur «meretrix» in einem Bordell von Tyrus herab, aus welchem sie durch SIMON befreit wurde [156]. In

107

GANG: Der Heilige Geist, Tübingen, p. 69 ff.) So findet sich in seiner Bibeldeutung eine Mischung stoischer Elemente und allgemeiner griechischer Ideen und Mysterienweisheit wieder, aus welchem Bereich eben auch die alchemistische Philosophie ihre Grundbegriffe schöpfte und nun von unserem Autor an die Bibel herangetragen wurde. Bei PHILO ist, wie LEISEGANG hervorgehoben hat, (ebda. p. 69) wie in der Weisheit Salomonis die Sophia ein Pneuma oder aber sie besitzt ein Pneuma, wobei in letzterem Fall dieses eine geistig-seelische Fähigkeit bedeutet, die wie ein «Hauch» in den Menschen eindrang «und ihn mit Weisheit, Ehrfurcht, irgend einer Tugend oder Leidenschaft erfüllte». (ebda. p. 71–73. Dieselbe Unterscheidung wie zwischen Sophia und Pneuma findet sich auch in der Aurora zwischen Scientia und Sapientia. Die Sapientia ist die Scientia oder sie hat sie und verleiht sie dem Menschen.) Sie ist auch «nicht nur eine Hypostase oder Eigenschaft Gottes, *sie ist vielmehr ein Geistwesen, das neben Gott selbständig existiert*». (Cit. LEISEGANG, p. 73.) Es wird ausdrücklich erwähnt, daß sie dabei war, als Gott die Welt schuf, und daß sie seine Werke kennt. (Auch im II. Tractat des Corp. Herm. (ed. W. SCOTT, Oxford 1925, Bd. I, p. 145) ist die Sophia als selbständige Arche (unerschaffenes Urprinzip) neben Gott und dem Nous, der Physis und der Hyle aufgezählt.) So wird die Sophia bei PHILO eindeutig zur *«Mutter, durch die das All vollendet wurde».* (Quod det. pot. ins. sol. Par. 54. zit. nach LEISEGANG a. a. O. p. 73, Anm. 3. Vgl. De ebrietate 8. 30 zit. nach W. SCOTT, Hermetica, Bd. III, p. 137.) Sie ist auch zugleich identisch mit Gottes Geist, der brütend über den Wassern lag (und der im Hebräischen ein Femininum ist), (LEISEGANG: p. 74. – Vgl. auch ASKLEPIOS, lat. Corpus Herm. SCOTT I p. 296, wonach sich der Körper jedes Lebewesens aus Wasser und Erde nährt, die Seele aber ihre Wurzeln oben hat und ihre ewige Nahrung von der Bewegung des Himmels empfängt, («Der Geist jedoch von dem alles erfüllt ist, vermischt sich mit Allen und belebt Alles.») indem sie die ἐπιστήμη des Schöpfergottes darstellt. Sie ist außerdem die Amme, Pflegerin und Ernährerin derer, die «nach unsterblicher Kost verlangen». (H. LEISEGANG, Der Heilige Geist a. a. O. p. 73.) Ja, wie beim Verfasser der Aurora, so ist bei Philo die *Lehre von der Weisheit ein Mysterium*. Sie selber ist eine Eingeweihte in Gottes Wissen und enthält in sich die Gnosis der Heiligen. (ebda. p. 75) Auch in den THOMAS-Akten wird die «Mutter» gepriesen als die «Enthüllerin verborgener Geheimnisse». (c. 27 und 50) – BOUSSET, p. 254 und Anm. 1. In ähnlicher Art wird in der Aurora die scientia oder sapientia ein *Sacrament* und ein Geschenk Gottes genannt.

156. Vgl. H. LEISEGANG, Die Gnosis, Krönerverlag Leipzig, II. Aufl., p. 65–67.

der sogenannten Barbelo-Gnosis wurde eine ähnliche, in Welt und Materie versunkene Gottheit als «die Mutter der Lebenden» verehrt, welche auch als «Hl. Geist» bezeichnet wurde [157]. Die Sophia der Ophiten war ebenfalls nicht nur ein «jungfräuliches Pneuma», sondern war bis in das Zwischenreich zwischen Gott und Welt hinabgesunken. Sie bedeutete das «Leben», d. h., wie LEISEGANG deutet, «die sich im Irdischen verkörpernde Seele». Sie galt auch als die Mutter der sieben Planeten [158], und damit des Gestirnszwanges und der irdischen Welt. Auch der syrische Gnostiker Bardesanes kannte dieselbe Gottheit Sophia in doppelter Gestalt, einerseits als himmlische Muttergöttin und andererseits als «gefallene Sophia», und bei den *Valentinianern* ist eine himmlische Gestalt der «Aletheia» (Wahrheit) die «Mutter aller Dinge» der Figur der unteren «Achamoth» gegenübergestellt [159]. Desgleichen ist in den sog. *Büchern Jeû* und in der *Pistis Sophia* die Barbelo als Ennoia Gottes der gefallenen Sophia gegenübergestellt. Bei den Mandäern taucht dieselbe Gottheit auf als *Ruhâ d'Qudsâ* (Hl. Geist) [160], allerdings in dämonischer Form, sie heißt auch *Namrus,* was Mittag, Südgegend bedeutet, und sie ist somit ein Dämon des Südens und der Mittagshitze (vgl. die Königin des Südens in der Aurora [161]). *Namrus* galt ebenfalls als die Mutter der Planeten [162]. (Der Mittag wurde übrigens bei den Kirchenvätern im negativen Sinne als Leidenschaft des weltlichen Ehrgeizes [fervor mundanae gloriae] aufgefaßt, von welchem sich die «regina austri» abgewandt haben soll [163].)

108 Der gnostische «Absturz der Sophia», der Weisheit Gottes in die

---

157. Vgl. W. BOUSSET, Hauptprobleme der Gnosis, Göttingen 1907, p. 1, 5, 13, 59–65 und 326, Anm. 1 (IRENAEUS I, 29. 4). Sie ist die «Ennoia» Gottes, ein jungfräuliches Pneuma, das ewiges Leben und Unzerstörbarkeit besitzt. Vgl. auch R. EISLER, Pistis Sophia und Barbelo in: «Angelos» Archiv f. N. T. Zeitgeschichte ed. J. LEIPOLDT Leipz. 1930.
158. W. BOUSSET, Gnosis a. a. O. p. 11 und 66. LEISEGANG, Gnosis, p. 169 ff. (ORIGENES Contra Celsum VI, 38). Auch in den ACTA THOMAE wird der als Mutter aufgefaßte Hl. Geist angerufen. «Komm barmherzige Mutter, komm ... die du die verborgenen Geheimnisse offenbarst, *Mutter der sieben Häuser,* die du ruhst im achten Hause». (Acta Thomae, cap. 27 cit. BOUSSET ebda. p. 67.)
159. W. BOUSSET, Gnosis ebda. p. 58, p. 63, Anm. 2.
160. ebda. p. 28, 29, 33.
161. In der Ruhâ d'Qudsâ vereinigen sich gleichsam die Eigenschaften des «daemonium meridianum» (Ps. 91. 6.) mit denjenigen des Heiligen Geistes.
162. Vgl. WILH. BRANDT, Die Mandäische Religion, Leipzig 1889, p. 182 und 131.
163. HONORIUS VON AUTUN, Expositio in Cant. Cant. Migne, P. L. tom. 172, col. 352.

Materie ist, psychologisch gesehen, *die Selbstdarstellung eines im Unbewußten verlaufenden Vorganges,* – nämlich jenes Momentes, in welchem die «pleromatische» Anima – die Anima als Archetypus des kollektiven Unbewußten – *sich in die Materie projiziert,* womit sie zwar noch nicht als psychologischer Inhalt erkannt wird, sich aber doch der Sphäre des menschlichen Erfassens bedeutend annähert [164]. Eine Darstellung dieses selben Vorganges findet sich z. B. auch in dem spätantiken Märchen von «Amor und Psyche», das in den Metamorphosen des APULEIUS erzählt wird. Dort erscheint die Anima zunächst als Göttin Venus, d. h. als eine rein göttliche, d. h. archetypische Gestalt mit starkem Einschlag der Mutterimago. Die von Venus verfolgte Königstochter Psyche hingegen ist eine Animagestalt, die schon auf menschlicher Stufe steht, doch insofern sie eine Märchenprinzessin ist, ist auch sie noch ein größtenteils kollektiver Inhalt. Auch ist sie nicht die Braut eines Menschen, sondern des Eros, eines «Daimons». Erst das Töchterchen Voluptas (Lust), welches Psyche am Ende der Erzählung gebiert, ist wohl als die individuelle Anima des Romanhelden *Lucius* anzusehen [165].

164. Vgl. C. G. JUNG, Psychologie und Alchemie a. a. O. p. 409: «Die Vorstellung des Pneuma als Sohn Gottes, der in den Stoff versinkt und sich wiederum daraus befreit, um als Heilmittel die Seelen zu retten, *entspricht dem unbewußten, in den Stoff projizierten Inhalt.* Dieser Inhalt ist ein autonomer Complex, der vom Bewußtsein unabhängig im psychischen Nonego ein selbständiges Dasein führt und, wenn irgendwie constelliert ... sich auch sofort projiziert ... (In solchen visionären Spiegelungen) ... *drückt sich das unbewußte Geschehen der Projektion eines autonomen Inhaltes aus. Diese mythischen Bilder sind also wie Träume,* die uns sowohl die Tatsache, daß eine Projektion eingetreten sei als auch, was projiziert wurde, mitteilen ...» Was JUNG hier in bezug auf die Projektion des Anthroposbildes sagt, gilt natürlich auch für dessen weibliche Entsprechung, für die Sophia.
165. Diese Deutung ergibt sich, wenn man das «Amor- und Psyche-»Märchen in den Gesamtzusammenhang der Metamorphosen des APULEIUS hineinstellt. ERICH NEUMANN hat in seinem schönen psychologischen Commentar zu APULEIUS' Amor und Psyche (Rascher Zch. 1952, vgl. bes. p. 190) die Gestalt der Psyche mehr als Leitbild weiblicher Psychologie aufgefaßt, was auch insofern berechtigt ist, als die Anima weibliche Psychologie widerspiegelt. Im Gesamtzusammenhang des Romans hingegen gesehen ist Psyche wohl als Animagestalt aufzufassen. Ihr Leidensweg führt zur Geburt der «Voluptas», denn in dieser kindlichen Form berührt die Anima bei ihrer Menschwerdung die menschliche Bewußtseinsebene des Mannes. Der Roman selber stellt das Erleben der Anima dar, wie sie vom Bewußtsein des Mannes her erfahren wird; nämlich über die Voluptas gelangt Lucius zur Realisierung der Großen Göttin Isis. Das eingeschobene Märchen hingegen stellt denselben Vorgang «von hinten», von der Seite des Unbewußten her gesehen dar, deshalb ist es passenderweise von einem alten Weib,

109 Auch die tragische Liebesgeschichte zwischen *Aeneas* und *Dido* in VERGILS Aeneis bildet einen Ausschnitt aus jenem sich im Unbewußten anbahnenden Prozeß einer «Menschwerdung der Anima» (d. h. ihrer Annäherung an das Bewußtsein des Menschen). Die Muttergöttinnen *Juno* und *Venus* sind dort einerseits die Veranlasserinnen der Liebesgeschichte zwischen *Aeneas* und *Dido,* andererseits aber vernichten sie später die liebende Frau, ähnlich wie im «Goldenen Esel» des APULEIUS die Göttin *Venus* die Psyche verfolgt. Dieser in der Spätantike beginnende Bewußtwerdungsprozeß der Anima, der wohl noch in anderen Texten nachgewiesen werden könnte, ist aber dann abgebrochen bzw. überlagert worden durch den Prozeß der Menschwerdung des Logos in Christo. Nur in der Alchemie blieb die antike Tradition erhalten, und erst in der Renaissance ist das Problem einer «Menschwerdung der Anima» wieder ans Tageslicht getreten, wie dies z. B. der Renaissanceroman des FRANCESCO COLONNA: *«Poliphile»,* beweist [166].

110 In der Aurora ist die Anima ähnlich wie in den gnostischen Texten dargestellt, nämlich einerseits als die göttliche Weisheit im mehr biblischen Sinne, zugleich aber auch als in die Materie versunkene Welt-Seele, welche um Hilfe ruft. Diese Erlösungsbedürftigkeit war in den Anfangskapiteln unseres Textes schon darin angetönt worden, daß die Sapientia suchend nach einem Artifex herumgeht und sich dabei der Verachtung der Menge aussetzt, und daß sie des menschlichen Denkens zu ihrer Vollendung bedarf. Auch der Umstand, daß sie die «concupiscentia» weckt, deutet vielleicht darauf hin, daß ihr eine natürliche Unvollkommenheit anhaftet.

111 In den meisten erwähnten gnostischen Mythen wurde die Sophia vor oder durch ihren Absturz leidend und gottsuchend wie der Mensch. In der Lehre des SIMON MAGUS ist sie z. B. inkarniert in *Helena,* der Hure von Tyros, aber in anderen Systemen sinkt sie nicht in solch' menschliche Not hinab, sondern in das Unbekannte des Stoffes, wo sie gefesselt um Erlösung ruft. Im Mythus des SIMON nimmt sie gleichsam zu früh menschlich-persönliche Züge an, dadurch, daß er sich mit der «Kraft Gottes» und seine Geliebte mit der «Ennoia» (Selbstreflexion Gottes)

---

einer Personifikation des Unbewußten, erzählt. Es schildert, wie die Königin Anima sich leidvoll ins menschliche Dasein hinabverirrt, veranlaßt durch die Liebe zum Gotte Eros, dem Mediator zwischen der Götter- und Menschenwelt.

166. Vgl. LINDA FIERZ: Der Liebestraum des Poliphilo. Rheinverl. Zch. 1947 passim.

identifizierte. Damit hat er aber die Grenze zwischen dem beschränkten, persönlichen Einzelbewußtsein und dem Archetypus verwischt, was einer Inflation gleichkommt [167]. Diese Grenzüberschreitung ist wohl für das (legendäre) tragische Ende SIMONS verantwortlich [168]. Vermutlich ist die Inflation deshalb eingetreten, weil einerseits bereits das Bedürfnis nach der Zurücknahme der Projektion des Gottesbildes in die Psyche vorhanden war, andererseits aber im damaligen Bewußtsein noch keine Begriffe, d. h. Auffassungsorgane existierten, die es SIMON ermöglicht hätten, die Anima als eine zwar innerpsychische, aber doch nicht mit dem Ich koïnzidierende Gegebenheit zu begreifen. Erst der moderne Begriff des Unbewußten ermöglicht eine solche Integration. In den antiken alchemistischen Schriften ist dieselbe Gefahr einer Inflation (im Gegensatz zur Gnosis) dadurch vermieden, daß man die Anima weiterhin als ein überpersönliches Seelenwesen ansah; dafür aber blieb auch alles in der Projektion in die Materie stecken. Die Sophia blieb ein mystisches, seelenähnliches Etwas, das sich anscheinend im Verhalten des chemischen Stoffes offenbarte.

Wenn man sich diese Umstände vor Augen hält, wird es vielleicht verständlich, wie sehr der Autor der Aurora erschüttert sein mußte, als sich ihm die Sapientia Dei plötzlich persönlich näherte. Er hat wahrscheinlich vorher nicht gewußt, *wie wirklich* ein solcher archetypischer Inhalt, wie die Gestalt der Sapientia Dei, ist, sondern hatte diese Figur nur als abstrakte Idee gekannt. Für einen intellektuellen Menschen bedeutet es eine große Erschütterung, wenn er entdeckt, daß dasjenige, das er «ab initio nativitatis suae» suchte, nicht nur eine Idee, sondern in einem viel tieferen Sinn psychisch wirklich ist und ihm als unmittelbares Erlebnis zustoßen kann. Was ich hier mit dem Wort «psychisch wirklich» zu beschreiben versuche, ist für den Autor im Ausdruck enthalten, daß die Sapientia eine «verissima natura» sei. Damit sagt er aus, daß sie nicht nur ein intellektueller Begriff, sondern erschütternd real, aktuell, greifbar in der Materie vorhanden sei. Man sieht, wie die alchemistische Symbolsprache rettend funktioniert, indem sie es dem Verfasser möglich macht, das Numinose in seiner individuellen Aktualität zu beschreiben. Dadurch kann sich das Individuum auch direkt darauf beziehen

---

167. Vgl. H. LEISEGANG, Gnosis p. 83 ff. und p. 82. Er trat als Gott und Welterlöser auf. Vgl. p. 65.
168. Vgl. H. LEISEGANG Gnosis II. Aufl., p. 65–66.

und einen persönlichen Kontakt herstellen. Letzterer besteht in der «Extractio» der verissima natura, der Auseinandersetzung mit der Anima. Die Extraktion eines sog. «spiritus occultus», einer «anima occulta» oder «natura abscondita» oder «tinctura veritatis» ist u. a. in der *«Turba»* von grundlegender Bedeutung [169]. Dieser arabische Traktat bildete wohl (neben SENIOR) die Hauptquelle der Anschauungen des Verfassers der Aurora über eine substanzhafte, im Stoff selber verborgene göttliche Wahrheit. So heißt es dort u. a., die «Wahrheit der Philosophen» sei «die mit ihren Körpern (Metallen) verflüssigte Natur [170]», woraus hervorgeht, daß die Philosophen *in der Materie selber den «spiritus veritatis»* suchten. Im selben Traktat heißt es dann ferner [171]: «Ich behaupte, daß der Anfang aller Dinge, die Gott geschaffen hat, der Glaube und die Vernunft ist; denn der Glaube beherrscht alles, und auch in der Vernunft ist der Glaube in Erscheinung getreten und das Dichte der Erde [172]. *Der Glaube wird aber nur in einem Körper wahrgenommen.* Und wisset, gesamte Versammlung, daß die Dichte der vier Elemente auf der Erde ruht...»

Das arabische Wort für Glaube, dîn, ist nach RUSKA die Quelle alles religiösen, übernatürlichen, durch Propheten geoffenbarten Wissens, das Wort für Vernunft, âql, die Quelle der natürlichen Erkenntnis. In letzterer erhält der Glaube (das Transzendentale) eine reale Erscheinungsform (apparuit) und ebenso das Dichte der Erde, denn nur so, d. h. in einer konkreten Erscheinungsform kann der Glaube überhaupt wahrgenommen werden. Wie somit die vier Elemente herabsinkend sich zur Erde verdichten, so erhält (und dieser Vorgang ist nicht als parallel, sondern als koinzident gedacht) *das Offenbarungswissen im natürlichen Wissen wirkliche Gestalt.* Die *Wahrheit* wurde eben tatsächlich als eine

---

169. Ed. RUSKA a. a. O. p. 131. Arcanum in quo est veritatis tinctura... p. 119: Regite igitur ipsum cum humore, donec natura abscondita appareat. Cf. item p. 134, 141, 149. Vgl. ebenso das «Buch der Alaune und Salze» (ed. Ruska a. a. O. p. 59), wo der Mercurius von sich sagt: «Ich bin das ganze Arcanum, und *in mir ist die geheime Weisheit versteckt» (Sapientia abscondita latet).* Die Sapientia sei daher den Menschen von Gott verliehen, um das Werk der Natur künstlich zu beschleunigen (p. 62). Auch das Herauskehren der verborgenen Natur ist oft erwähnt (p. 309).

170. RUSKA a. a. O. p. 190.

171. Sermo des ANAXAGORAS, RUSKA a. a. O. p. 111 (lat.), p. 176 (deutsch). Ich habe die deutsche Übersetzung etwas wörtlicher formuliert, und eine Tilgung RUSKAS wieder in den Text aufgenommen.

172. Diese Stelle: «und das Dichte der Erde» wurde von Ruska getilgt.

Substanz aufgefaßt [173]. Dieser Turba-Text beschreibt eigentlich (wie alle Schöpfungsmythen) einen Bewußtwerdungsprozeß: âql – die Quelle der natürlichen Erkenntnis symbolisiert, psychologisch gesprochen, den unbewußten archetypischen Hintergrund der menschlichen Seele. In letzterem gewinnt das transzendente «Wissen um Gott» empirisch faßbare Form [174], indem wir z. B. die Wirkungen beobachten können, welche vom Archetypus des Selbst (d. h. des Gottesbildes) auf ein Individuum ausgehen. Aus âql entsteht dann – nach dem Text – die aus vier Elementen bestehende «Dichte der Erde», d. h. psychologisch, es entsteht das im Ichkomplex zentrierte Bewußtseinsfeld des Einzelnen mit seiner Vier-Funktionen-Struktur, die der quaternären Struktur des Selbst entspricht.

In der Alchemie ist eine solche psychologische Deutung natürlich nicht formuliert, weil die psychischen Vorgänge in den Stoff projiziert wurden, deshalb bleibt die «Dichte der Erde» das mystische Endresultat des geschilderten Prozesses; doch handelt es sich eigentlich um den projizierten Vorgang der Herstellung einer neuen Bewußtseinsebene.

Ich führe die Turbastelle nur deshalb an, um zu zeigen, daß eine Interpretation der Sapientia in der Aurora als «lumen naturale» und zugleich als konkrete Substanz nicht abwegig ist, insofern der Autor diese Turbastelle gekannt haben muß. Dadurch erhellt sich allmählich das Wesen der Sapientia, die einerseits als die den Alchemisten inspirierende göttliche Wahrheit erscheint und zugleich als eine physische Naturgegebenheit, die einer Bearbeitung und Vollendung durch das Werk

---

173. Vgl. die «veritas» als «substantia caelestis naturae» bei DORN in JUNG, Mysterium Coni. Vol. II, p. 258 f.

174. dîn, d.h. das «Transcendentale», empirisch d. h. auch empirisch-psychologisch Nichtfaßbare.

175. Die Unterscheidung einer natürlichen und einer übernatürlichen Quelle der Erkenntnis ist noch subtiler ausgeführt im 7. Sermon der Turba von LOCUSTOR (vgl. RUSKA a. a. O. p. 113–179). Darnach gibt es zwei Schöpfungen, von denen die eine nur durch den Glauben gesehen und nicht beschrieben werden kann. Dieser Glaube heißt «pietas», ist somit das oben erwähnte Offenbarungswissen. Die unsichtbare Schöpfung sind die Himmel. Was darunterliegt, bildet eine zweite Schöpfung, und diese kann nur durch die ratio (natürliche Vernunft) und mit Hilfe der fünf Sinne erkannt werden. Diese untere Schöpfung empfängt ihr Licht von der Sonne. (Die Sonne ist in der Stoa und im Corpus Hermeticum gemäß verbreiteter antiker Anschauung ein Bild des «mens», der Quelle menschlicher Intelligenz.) Das Licht der Sonne ist von besonders feiner Natur. Die obere Schöpfung hingegen bedarf des Sonnenlichtes nicht, da sie selber noch feiner und subtiler als dieses ist und ihr eigenes Licht von Gott empfängt. Die Erkenn-

des Alchemisten bedarf [176]. Sie enthält alle Attribute der Gottheit und ist Höchstes und Tiefstes zugleich, eine Erleuchterin, die Führerin zu Gott und zugleich ein in der Materie (im Unbewußten) Verborgenes, das erst durch Extraktion (d. h. Bewußtmachung) erlöst werden kann.

[116] Die Wirkung, die der Einbruch dieses archetypischen Bildes auf den Autor ausübt, scheint zunächst diejenige einer Begeisterung oder sogar Exaltation zu sein. Seine eigene Person in den Hintergrund stellend, preist er das Erlebnis in dichterischer Schönheit. Erst gegen Schluß des Kapitels deutet er an, daß auch die Einstellung des Menschen in dieser Lage wichtig sei und subtiles Nachdenken erfordere.

KOMMENTAR ZUM ZWEITEN KAPITEL

[117] AUCH das zweite Kapitel ist der Schilderung der Sapientia Dei gewidmet, aber es ist eine leichte Veränderung des Tones faßbar:

[118] Text: Wenn ihr also jetzt Gefallen habt an Thron und Königszepter, so liebt das Licht der Wissenschaft, auf daß ihr ewiglich herrschet, und ergründet sie alle, die ihr euch in der Naturgelehrsamkeit auszeichnet: Denn für euch erforscht der Weise alles Wissen der Alten, und er wird bei den Propheten seine Zeit verbringen und mit dir in die Fallstricke der Gleichnisse eindringen, das Verborgene der Weisheitssprüche erforschen und bei den dunklen Stellen der Parabeln weilen.

[119] Der Autor identifiziert sich, wie später deutlich wird, mit jenem Weisen, der die symbolischen Geheimnisse für die Auserwählten enthüllt. Ein ichhafter Zug tritt hervor: *ich* will die Wahrheit verkünden [1], und

---

barkeit alles Seienden ist somit von zwei Lichtern abhängig: das sinnlich Wahrnehmbare vom Sonnenlicht, d. h. der natürlichen Erkenntnis, das Übersinnliche vom Lichte Gottes. Soweit die Turba. – Man vgl. das Myst. Coni. II, p. 312 ff. von JUNG über den «mundus potentialis» Gesagte. Die unsichtbare Schöpfung entspricht dem «mundus potentialis» bei G. DORN. In ihm herrscht die diffuse Luminosität des «absoluten Wissens» vor.

176. Vgl. die oben zitierte AVICENNA-Stelle (Theatr. Chem. 1659, Bd. IV, p. 879): «Virtus intrinseca est lumen luminum, tinctura illustrans ...» Vgl. ferner E. J. HOLMYARD, ABU'L-QASIM AL-INAQI ISIS VIII, 1926, p. 420: die Synonyme des Lapis: dog, eagle, ... poison of metals ... *light*, mercury of the east, son of fire ... venom of lion ... sun of philosophers ... Satan.

1. Vgl. Text weiter unten!

nur Könige und Gelehrte werden angesprochen. Offensichtlich erfolgte auf die Überwältigung des Bewußtseins ein Umschwung, ein Versuch des Ichbewußtseins sich zu behaupten – unglücklicherweise durch teilweise Indentifizierung mit der Sapientia Dei.

Inhaltlich ist das Kapitel ebenfalls der Amplifikation des Bildes der Sapientia Dei gewidmet. Während jedoch besonders gegen Ende des ersten Kapitels deren Qualität als «natürliche Erkenntnisquelle» betont worden war, liegt im zweiten Kapitel das Hauptgewicht wieder eher auf ihrem göttlichen, geheimnisvollen und nur durch Meditation und Inspiration faßbaren Wesen. Sie ist das Geheimnis des ewigen Herrschens, d. h. des ewigen Lebens und das «Gesetz des Höchsten»; und aus diesem Grunde ist sie nur in gleichnishafter Sprache ausdrückbar. Deshalb bedarf dieser alchemistische Text einer ähnlichen Vertiefung und Erläuterung wie die «typi» der Heiligen Schrift. [120]

Daß die Heilige Schrift einen symbolischen Gehalt habe und daher einer Auslegung bedürfe, war eine bei vielen Scholastikern verbreitete Idee, die u. a. von JOH. DUNS SCOTUS ERIGENA [2], ALBERTUS MAGNUS [3], ST. THOMAS [4] u. a. akzeptiert war. Diese Idee erlaubt daher auch dem Verfasser der Aurora die biblische Symbolik mit der alchemistischen in Verbindung zu bringen. [121]

Psychologisch ist damit der Gedanke ausgedrückt, daß das Wesen der Sapientia Dei nur durch symbolische Amplifikation umschrieben werden kann, da ihr Wesen selber ein «ineffabile» ist, d. h. ihr Bild weist auf einen Archetypus, dessen letztes Wesen nie intellektuell formulierbar ist. [122]

2. Exposit. in coelest. Op. 146 BC: Quemadmodum ars poetica per fictas fabulas allegoricasque similitudines moralem doctrinam seu physicam componit ... ita theologia veluti quaedam poetria sanctam scripturam fictis imaginationibus ad consultum nostri animi et reductionem corporalibus sensibus exterioribus veluti ex quadam imperfecta pueritia in rerum intelligibilium perfectam cognitionem ... conformat etc. propter humanum animum sancta Scriptura in diversis symbolis atque doctrinis contexta ⟨est⟩ etc. ... Vgl. auch ibid. 147 A und Comm. in Joh. ibid. 343 B.

3. Vgl. das Mariale des ALBERTUS ed. Borgnet. Vol. 37, p. 261: Quia ergo quidquid scriptum reperit, ad spiritualem intelligentiam convertit. Maria allein besaß das volle Verstehen der Hl. Schrift. ebda. p. 61. Vgl. auch ALBERT, In Apocalypsim B. Johannis, Opera, ed. Borgnet, Paris 1939, Vol. 38, p. 497, wonach die Apocalypse «allegorisch» aufzufassen sei, damit das Buch nicht allzu klar wäre, sich im Volke verbreitete und dadurch obsolet würde!

4. Nach THOMAS ist die Wahrheit nur «diffuse» in der Hl. Schrift enthalten (Summa II, II 1-9, ad 1); die Offenbarung sei «quaedam cognitio obumbrata et obscuratis admixta (De Verit. 12. 12). Er glaubt daher an den «spiritualis sensus» der Schrift (Quodlibet. 7–16 cit. V. WHITE l. c. p. 7 und 27).

123 Über die symbolische Ausdrucksweise und die tausend Bezeichnungen des Steines (mille nomina) haben sich die Alchemisten selber oft geäußert [5] und sie durch die Notwendigkeit der Geheimhaltung zu begründen versucht. So betont besonders SENIOR, daß er symbolisch (typice) schreibe [6], da die Sache nämlich an sich nur durch göttliche Inspiration faßbar sei [7]. Die Erkenntnis käme nämlich nur durch die inneren Sinne (sensus interiores), und nach langem Arbeiten habe ihm Gott schließlich jene verborgene Sache eingegeben [8], «da die vollendete Wissenschaft von großem Wert ist und ein Geheimnis des glorreichen Gottes... von Gott selber, seinen Philosophen inspiriert [9] und den Auserwählten... sie ist eine Schwester der Philosophie und hat ihr Sein von Gott her durch Eingebung [10]».

124 Text: «Was also die Wissenschaft ist und wie sie hergestellt wird, will ich verkündigen und nicht vor euch geheimhalten. Denn sie ist eine Gabe und ein Sakrament Gottes und eine göttliche Sache, die von den Weisen am allermeisten und auf verschiedenste Art in Bildern verhüllt wurde.»

125 In dieser Partie ist besonders die Bezeichnung der Alchemie als Sakrament auffallend. Sie stammt aus den Ps.-Aristotelischen *Secreta Secretorum,* wo es heißt: «Ich offenbare dir deshalb unter Zeugenanrufung

---

5. Vgl. hierzu C. G. JUNG, Psych. Alch. p. 320. Vgl. ferner ZOSIMOS, BERTHELOT, Coll. Alch. Grecs. II, XXV, 1. Vol. I. p. 184 und III. XXIX, 10. Vol. I. p. 200. Auch schon DEMOKRITOS betonte, daß er keinen mythischen, sondern einen mystischen Sinn biete (BERTHELOT ebda. II. I. 15 Vol. I. p. 47). Vgl. auch die *Turba* (Ruska p. 129): Lapis et non Lapis quod multis nominatur nominibus ne quis ipsum agnoscat insipiens. Vgl. auch den von der Aurora abhängigen Tractat «Aquarium Sapientum» etc. Mus. Hermet. Frankf. 1687, p. 111: Quemadmodum inquam terrenus philosophicusque hicce lapis una cum sua materia multa diversimodaque immo mille paene, uti dictum est, nomina habet, inde quoque mirabilis appellatur, ita etiam hi et id genus alii supra commemorati tituli atque nomina multo potius immo in summo gradu a Deo omnipotente et Summo Bono praedicari possunt.
6. De Chemia a. a. O. p. 54.
7. De Chemia p. 6. Vgl. auch p. 61 und 82.
8. ebda. p. 91, p. 93, p. 98 und p. 101–102.
9. ebda. p. 113. inspirata a Deo philosophis suis.
10. «Du aber, o Leser, sei lernbegierig in Gottesfurcht und du wirst das Geheimnis und die sichtbare Wirkung dieses Steines zu sehen bekommen und ihn finden, belehrt vom Geist des Allerhöchsten, sodaß du erkennen wirst, daß alle Weisheit von Gott stammt und daß sie immer bei ihm war, ihm dessen Name «Herr» in Ewigkeit gesegnet sei, der dies vor den Weisen und Klugen verbarg und den Armen im Geiste (parvulis) eröffnete.» (ebda. p. 121)

des göttlichen Gerichtes jenes ‚Sacramentum', so wie es mir geoffenbart wurde [11].» Im Munde eines christlichen Autors erhält aber dieses Wort eine ungleich tiefere Bedeutung, und es ist nicht zu bezweifeln, daß der Verfasser an eine Gleichsetzung mit den kirchlichen Sakramenten denkt [12]. Über die Parallelsetzung der alchemistischen Symbolik mit der Messe hat JUNG bereits ausführlich geschrieben, auf dessen Kapitel in «Psychologie und Alchemie» ich daher hier verweisen kann [13].

Text: «Deshalb will ich ihre Wissenschaft ans Licht bringen und nicht (an der Wahrheit) vorbeigehen, noch will ich mit dem giftigen Neid zu tun haben; denn von Anfang an, seit meiner Geburt, habe ich sie gesucht und wußte nicht, daß es die Mutter aller Wissenschaften sei, die mir voranging. Und sie hat mir unendliche Werte geschenkt, und ich habe sie ohne Falsch gelernt und werde sie ohne Neid mitteilen und ohne ihren Wert geheimzuhalten.»

Wie viele andere Alchemisten verspricht nun auch der Verfasser der Aurora das Geheimnis endlich zu eröffnen und zwar ohne «giftigen Neid», womit er auf den Begriff der «invidi» unter den Philosophen, welche mißgünstig ihr Wissen der Welt vorenthalten, anspielt [14]. Hierauf betont der Autor, daß er diese Weisheit «seit seiner Geburt» gesucht habe [15] – ein merkwürdig persönliches Bekenntnis, welches fast die Vermutung aufkommen läßt, als sei er sich bewußt gewesen, daß seine alchemistische Beschäftigung *die Integrierung seines eigensten seeli-*

---

11. Ich benütze die Ausgabe von 1528 (Druckort Paris?) Fol. V.
12. Dies erhellt sich, wenn man an die Worte eines etwas späteren Zeitgenossen, PETRUS BONUS denkt, welcher sagte: «Und so ist die Alchemie übernatürlich und göttlich, und in diesem Stein liegt die ganze Schwierigkeit der Alchemie, und die natürliche Vernunft vermag nicht genügend zu erklären, weshalb dies so sein kann, und da somit der Intellekt dies nicht fassen, noch sich selbst genügen kann, *so muß man es glauben, wie die göttlichen Wunder,* so wie das Fundament des christlichen Glaubens, das supra naturam ist, von den Nichtgläubigen zuerst geglaubt werden muß, und zwar ganz und gar, da ja ihr (der Alchemie) *Endresultat ein Wunder ist und sich supra naturam vollzieht.* Daher ist dann Gott selber der alleinige Wirkende (operator), während die Natur in ihrem Wirken passiv bleibt.» (Pretiosa Margarita Novella Kap. VI. Theatr. Chem. 1622. Bd. V. p. 648.) In diesem Sinn dürfte in der Aurora die Bezeichnung der Alchemie als «sacramentum» zu verstehen sein.
13. p. 536 ff. Vgl. auch C. G. JUNG, «Das Wandlungssymbol in der Messe» in «Von den Wurzeln des Bewußtseins». 1953. l. c. p. 215 ff.
14. Vgl. zum Begriff der «invidi» die *Turba* ed. Ruska pp. 122, 123, 133.
15. Man beachte, daß THOMAS seinen Kommentar «In Boethium» mit dem selben Bibelcitat: «Ab initio nativitatis meae» etc. beginnt.

schen Wesens meine, vermutlich weil er nur dadurch die Vorgänge in seinem Innern symbolisch ausdrücken konnte. Auf jeden Fall deutete er damit an, *daß die Alchemie ihm ein persönliches Anliegen ist,* dem sein Suchen von Kind auf gegolten habe [16].

128 Text: Denn sie ist ein unerschöpflicher Schatz für alle, und wenn ein Mensch ihn findet, so verbirgt er ihn und sagt in seiner Freude über denselben: «Freue dich Jerusalem, versammelt euch ihr alle, die ihr mich liebet, seid fröhlich in Freuden, alle, denn der Herr und Gott hat sich seiner Elenden erbarmt.»

129 In dieser Partie wird die Alchemie durch den Bibelkontext als das «Himmelreich» und als der verborgene «Schatz im Acker [17]» dargestellt, wodurch ihr dieselbe Erlösungskraft, welche dem Werk Christi gleichkommt, zugesprochen ist [18]. Sie hat nämlich ebenfalls *Heilsbedeutung,* weshalb der nachfolgende Satz auf das «befreite Jerusalem, dessen sich der Herr erbarmt hat», hinweist. So wird auch hier wiederum deutlich, daß die Alchemie eine *erlösende oder befreiende «Einsicht durch das Herz» ist, welche einerseits von der Bemühung des Menschen, andererseits aber von einem Gnadenakt Gottes abhängt* [19].

130 Text: Auch SENIOR sagt: Es gibt nämlich einen Stein, den jeder, der ihn kennt, über seine Augen legt und ihn beileibe nicht auf den Mist wirft; und es ist das Heilmittel, welches die Not vertreibt, und nach Gott besitzt der Mensch kein besseres.

16. Er betont, daß die Alchemie «die Mutter der Wissenschaften» sei. Dies erhellt sich z. B. durch einen Ausspruch von HERMES, der in «De Lapidis Physici Secreto» (Theatr. Chem. 1659, Bd. IV, p. 649) citiert ist: «Wisse, mein Sohn, daß alle Weisheiten, die auf der Welt existieren, dieser meiner Weisheit unterstellt (subditae) sind.» Eine solche Behauptung ist insofern gültig, als die Alchemie sich eigentlich um das «göttliche» Geheimnis der physischen Schöpfung bemüht, sodaß ihr alle anderen Naturwissenschaften eo ipso untergeordnet sind. Insofern sie dieses Geheimnis der Schöpfung aber eben als *göttlich* ansieht, beansprucht sie sogar einen *ähnlichen* Rang wie die Theologie, und darauf wird zweifellos vom Autor der Aurora bewußt angespielt, wenn er die Alchemie die «Mutter» aller Wissenschaften nennt – eine Bezeichnung, welche im Mittelalter sonst allein der Theologie zukommen dürfte. – Vgl. S. BONAVENTURA, De Reductione Artium ad Theologiam. Conclusio: Patet etiam quomodo omnes cogitationes famulantur Theologiae.
17. Matth. XIII. 44.
18. Vgl. hiezu C. G. JUNG, Psychologie und Alchemie, p. 416 ff.
19. Deus pauperum suorum miseritus est (Text).

Die Einsicht ist auch die Medicina[20] oder der Stein, den sich (nach SENIOR) der Wissende auf die Augen legt; dies erinnert an den Begriff des «collyrium philosophorum» (Augenwasser der Philosophen), eines der zahlreichen Synonyme des «göttlichen Wassers». Dank diesem «kann man ohne Mühe die Geheimnisse der Philosophen schauen[21]». Dieses sehend-machende Mittel nennt die Aurora «medicina», wie überhaupt das göttliche Wasser oft als φάρμακον ἀθανασίας oder ζωῆς aufgefaßt wird[22]. Daß nun hier das Wasser in Form der Medicina erwähnt ist, hängt unmittelbar mit der oben erwähnten Meditation zusammen, denn es wurde gleichsam aus ihr erzeugt[23]. Durch die Zuwendung zum Unbewußten ist nicht nur Einsicht (das collyrium), sondern auch ein lebendiger Zustrom schöpferischer Inhalte und das Gefühl entstanden, mit einem ewigen überpersönlichen Sinn in Zusammenhang gekommen zu sein. Der ichhafte Zug tritt zurück, und der Text läßt wieder mehr die Erschütterung und Begeisterung des Autors zum Ausdruck kommen. Diese Medicina, heißt es weiter, vertreibt alle Not und ist nach Gott das Beste, was der Mensch besitzt. «Not» ist hier wiederum allgemein und nicht nur materiell zu verstehen, und der Vergleich mit Gott betont von neuem den *religiösen* Wert jenes einsichtverleihenden Steines und jener heilenden Erkenntnis.

So erweist sich bei genauerer Analyse der einzelnen Satzfragmente, daß der scheinbar aufgelöste und wirre Text der Aurora einen folgerichtigen Sinn hat und in seiner subtilen Bilderfolge ein eigenartiges,

---

20. Zum Begriff der Medicina vgl. JUNG, Psychologie und Alchemie, p. 423.
21. So heißt es z. B. in den *«Allegoriae super librum Turbae»* (Artis Aurif. a. a. O. 1610 I, p. 902): man solle den «runden Fisch» ohne Gräte und Schuppen rösten und dann in seinem eigenen Saft tränken und wieder kochen, «dann entsteht das Augenwasser der Philosophen und wessen Augen damit bestrichen werden, der kann ohne Mühe die Geheimnisse der Philosophen schauen». – Dieser Begriff findet sich schon in der griechischen Alchemie. Vgl. BERTHELOT, Coll. Alch. Grecs. IV. XIX. 10. Vol. I. p. 289. Dort ist auch die «italische Wolke für die Augen» erwähnt. Auch im OSTANES-Text verspricht der Priester, die Blinden sehend zu machen. (Coll. Alch. Grecs. IV. II. 1. Vol. I. p. 261. Vgl. auch E. v. LIPPMANN, Alchemie, Bd. I. p. 68.
22. Über diesen Parallelismus vgl. JUNG, Psychologie und Alchemie, p. 423 und 561.
23. «Von hylealischem Chaos», p. 274, cit. aus JUNG, Psychologie und Alchemie, p. 375–376. So sagt H. KUNRATH: «Allhier studire, meditire, schwitze, arbeite, koche... so wird sich dir eröffnen eine heilsame fluet, welche aus dem Hertzen des Sons der großen Weld entspringt», ein Wasser, «daz uns der Sohn der Großen Weld selbst gibt und aus seinem Leib und Hertzen zu einem wahren natürlichen Aqua Vitae herfürröret...»

aber durchaus faßbares Bild jener Sapientia Dei als eines Urimpulses zur Erkenntnis des alchemistischen Geheimnisses, d. h. des Unbewußten, entwirft.

KOMMENTAR ZUM DRITTEN KAPITEL

133 DAS dritte Kapitel bedarf keiner Erklärung, da es in der Hauptsache nur eine Polemik gegen die Toren und Ignoranten der Kunst darstellt [1]. Die Heftigkeit und Ausfälligkeit der Polemik ließe sich einerseits aus der isolierten und gefährdeten Lage eines mittelalterlichen Alchemisten verstehen, muß aber doch andererseits wohl als *eine besondere Unsicherheit im Autor* aufgefaßt werden. Der Grund seiner Unsicherheit wird sich nur zu bald (im sechsten Kapitel) offenbaren: denn dort erfolgt ein jäher Absturz in den Bereich des Schattens und der Finsternis. Der aggressive Ton läßt hier noch deutlicher auf eine gewisse Inflation beim Autor schließen.

134 Besonders hervorzuheben sind etwa die folgenden Formulierungen, wie z. B. daß die Toren «den Segen» verschmähen, wodurch wiederum auf die Erkenntnis als einen Gnadenakt Gottes hingewiesen ist: ebenso weist die Anführung des Gleichnisses von den Perlen, die nicht vor die Säue geworfen werden sollen, in diese Richtung; heißt es doch Matthäus XV, 26, vorausgehend: «Ihr sollt das *Heilige* nicht den Hunden geben, und Eure Perlen nicht vor die Säue werfen.» Wer dies dennoch tut, der bräche, sagt die Aurora, die himmlischen Siegel. Darin ist wiederum deutlich auf die *göttliche* Natur des Secretum hingewiesen. In der Antike wurde das alchemistische Geheimnis tatsächlich als ein der Gottheit Geraubtes dargestellt [2]. Die vom Autor vertretene Auffassung entspricht dem Stil der Naturforscher seiner Zeit, denn auch z. B. JOH. SCOTUS ERIGENA [3] und ROGER BACON [4] u. a. betonten oft, daß die

---

1. Daher wurde auf die Wiedergabe des Textes verzichtet.
2. Vgl. wie die Göttin Isis das Geheimnis dem Engel Amnaël entlockt, BERTHELOT, Coll. Alch. Grecs. I. XIII, 1 ff. Vol. I. p. 29 und 33 ff. Und die verbreitete, aus dem Henochbuch stammende Anschauung, daß die Frauen den Engeln Gottes die Geheimnisse der Magie, Alchemie und aller occulten Wissenschaften entlockt hätten. E. KAUTZSCH, Die Apokryphen und Pseudepigraphen des Alten Testamentes. Tübingen. 1900. p. 238 ff.
3. Expos. in coelest. Op. 146 BC und 147 A v. oben.
4. Vgl. auch AVERROES, Destructio Destructionis. Aristot. opera latin. Venetiis, 1560, tom. X, 1 a, 1 b, vgl. Anm. 5, 407 b: Non est (in) conveniens ut eveniat hoc

Naturwissenschaft nicht für die «simplices» da sei, sondern nur für solche Menschen, welche weise und subtil denken können.

Text: «... denn wer mit einem Toren redet, der redet mit einem Schlafenden. MORIENUS sagt nämlich: Wenn ich alles enträtseln wollte, wie es sich wirklich verhält, dann wäre nirgends mehr Raum für die Klugheit, denn der Dumme wäre dem Weisen gleichgestellt, und kein Sterblicher unter dem Kreis des Mondes würde, wenn ihn die Armut stiefmütterlich behandelte, mehr die Qual seines Hungers beweinen.»

Das Jesus-Sirach-Zitat (XXII, 8) vergleicht die Ignoranten der Kunst mit Schlafenden, womit treffend ihre Unbewußtheit charakterisiert ist. Die «Schlafenden im Hades», welche durch das göttliche Wasser zur Auferstehung erweckt und wiedergeboren werden, finden sich als Motiv schon in dem spätantiken Text «Komarios an Kleopatra [5]».

Merkwürdig ist ferner der Schlußsatz des Kapitels, wonach der Artifex eine Gleichstellung aller Menschen und eine völlige Aufhebung aller Not nicht zu wünschen scheint. Man darf darin wohl nicht nur ein mißgünstiges «Behalten-wollen» der durch das Geheimnis erworbenen Bewußtseinsfreiheit sehen, sondern diese Aussage dürfte vielmehr auf dem Wissen beruhen, daß Nicht-selbst-Erworbenes schadet [6]. Auch scheint das «Beweinen des Hungers» eine unvermeidliche Vorbedingung des Opus zu sein, wie auch MORIENUS betonte, daß man nur durch die «afflictio animae» zum Ziele gelange [7].

Faßt man die psychischen Ereignisse, die in diesen ersten drei Kapiteln zum Ausdruck gebracht sind, zusammen, so fällt zunächst auf, daß der Autor einer gewissen Überheblichkeit zum Opfer gefallen zu sein scheint, was eine Entfremdung vom gewöhnlichen Menschen hervorruft. Eigentlich wäre zu erwarten gewesen, daß die Begegnung mit der

---

stultis cum sapientibus et vulgo cum electis usw. u. ibidem 334 b: honor Dei est abscondere rem. Vgl. auch zum Beweis, daß THOMAS die symbolische Interpretation anerkannte, seine eigenen Umdeutungen in der Summa theol. Editio Leonina, Pars I. 66. Art. 1. und Pars I. 68. Art. 2.
    5. BERTHELOT. Coll. Alch. Grecs. IV. XX. 15. Vol. I. p. 296.
    6. Vgl. über die Gefahr, daß habgierige Fürsten die Sache an sich reißen wollen, den *Liber Alzē de Lapide Philosophico*, in Musaeum Hermeticum, Frkf. 1687 p. 331.
    7. Vgl. JUNG, Psychologie und Alchemie l. c. p. 372 und weitere Belege daselbst. Nach KNORR VON ROSENROTHS Kabbala denudata Vol. II. p. 251 verwandeln zwei Tränen Gottes, die ins Meer der Weisheit fallen, dessen Bitternis in Süße.

Sapientia Dei in ihm eine tiefe, religiöse Erschütterung bewirkt hätte, oder daß ihn das Erlebnis «deprimiert», d. h. in sich hinabgedrückt hätte. (Diese Depression tritt dann auch im sechsten Kapitel zutage.) Zunächst aber versucht sich der Betroffene mit einer gewissen intellektuellen Oberflächlichkeit über das Erlebnis hinwegzusetzen, d. h. seinen Bewußtseinsstandpunkt zu retten, indem er betont, er wisse, worum es sich handle. Er identifiziert sich sogar unbewußt mit der Sapientia Dei, insofern er lehrhaft die anderen «blinden» Menschen zu erleuchten beansprucht. Diese Reaktion läßt auf eine gewisse intellektuelle Inflation beim Verfasser schließen. Allerdings dauert der Zustand nicht lange an, indem er sich dann doch noch in echter Weise mit dem Erlebnis auseinandersetzt. Im vierten und fünften Kapitel bleibt die inflatorische Oberflächlichkeit zwar noch spürbar, was sich u. a. an den Wortspielen des nächsten Kapitels ersehen läßt.

KOMMENTAR ZUM VIERTEN KAPITEL

139   TEXT: Der Titel dieses Buches wurde «die aufsteigende Morgenröte» getauft und zwar aus vier Gründen: 1. heißt Morgenröte (aurora) gleichsam «goldene Stunde» (aurea hora); und so hat auch diese Wissenschaft eine günstige Stunde zu einem goldenen Ziel für diejenigen, die das Opus richtig bewerkstelligen. 2. ist die Morgenröte das Mittlere zwischen Nacht und Tag, und sie leuchtet in zwei Farben, nämlich Gelb und Rot, und ebenso erzeugt auch diese Wissenschaft die gelbe und rote Farbe, welche die mittleren sind zwischen Schwarz und Weiß.

140   Dieses Kapitel ist der Erklärung des Titels «Aurora consurgens» = «die aufsteigende Morgenröte» gewidmet. Einerseits wird das Wort erklärt durch ein Wortspiel aurora = aurea hora (goldene Stunde), und andererseits durch die Farbensymbolik der vier alchemistischen Farbstufen; denn sie leuchte rot und gelb (rubedo und citrinitas) zwischen der Nacht (nigredo) und dem Tag (albedo).

141   Text: Drittens (heißt das Buch so) weil in der Morgenröte die Kranken von allen nächtlichen Leiden erleichtert werden und einschlafen, so verschwinden und verduften auch in der Morgenröte dieser Wissenschaft alle üblen Gerüche und Dämpfe, die den Geist des Laborierenden infizieren, wie

es im Psalm heißt: Den Abend lang währt das Weinen, aber des Morgens ist Freude. Viertens und letztens bedeutet die Morgenröte das Ende der Nacht und den Anfang des Tages oder die Mutter der Sonne...

Die Morgenröte ist die «Mutter der Sonne» (Sonne = Gold); sie vertreibt die winterliche Nacht und alle bösen Dämpfe, die den Geist des Alchemisten infizieren, «die schauerlichen Finsternisse unseres Geistes», wie es später im Zitat aus dem Pfingstlied des NOTKER BALBULUS heißt[1]. Ähnlich wurde von den Kirchenvätern die Ecclesia gepriesen als der «Mond, der alle winterlichen Wolken weggescheucht hat[2]». Und ANASTASIUS VOM SINAI sagt[3]: «Das Leben verlief bisher in den tiefen Finsternissen der nächtlichen und nebligen Gottlosigkeit, bevor Christus, die Sonne der Gerechtigkeit aufging, mit seiner Gattin Luna, d. h. der Ecclesia.» Nach HONORIUS VON AUTUN hat Satan mit seinem Schwanz im Sturze einen Teil der Sterne hinabgerissen und mit dem *Nebel der Sünde* bedeckt, bis die Sonne – Christus – sie wieder rettete[4]. Auch SENIOR spricht von den «tenebrae animae» als der materia nigredinis und deutet sie als terrestreïtas mala (schlechte Irdischkeit)[5]. Der Vergleich solcher Stellen zeigt deutlich den «moralischen» Aspekt der im Text erwähnten «odores» und «vapores mali».

Nicht zitiert wird in diesem Kapitel die unmittelbare Vorlage zur Bezeichnung der Sapientia als «Aurora» im Hohen Liede, worin es von der Braut Salomons heißt[6]: «Wer ist diese, die dort hervortritt, gleich der *aufsteigenden Morgenröte* (aurora consurgens), schön wie der Mond, auserlesen wie die Sonne, schrecklich wie die Heerscharen?», aber diese Anspielung findet sich dafür im folgenden Kapitel der Aurora, wo steht: «Das ist die Weisheit, das heißt die Königin des Süd-

---

1. Text p. 19. Vgl. auch EPHRAEM SYRUS, Hymni et Sermones, ed. Th. Lamy, Bd. I, p. 94: Baptismo et intellectu unio fit duorum luminum. Ista lumina ditissimos emittunt radios et caligo a mente removetur. Tunc anima nitida contemplatur absconditum gloriae Christum...
2. METHODIUS V. PHILIPPI, Symposion VIII, 5. cit. HUGO RAHNER. Mysterium Lunae, Zeitschrift f. Kath. Theol. Jahr 63 (1939) p. 339.
3. Anogogica Contemplatio in Hexaemeron 4. cit. ebda. p. 347.
4. Speculum de myst. Eccles. P. L. tom. 172, col. 937.
5. De Chemia a. a. O. p. 40. Vgl. auch ASCLEPIUS Latinus, Corpus Hermeticum ed. W. SCOTT, a. a. O. Bd. I, p. 370: Pater... hominem sola intelligentia mentis illuminans, qui discussis ab animo errorum tenebris et veritatis claritate percepta toto se sensu intelligentiae divinae commiscet.
6. Cant. Cant. VI. 9.

windes, welche von Sonnenaufgang gekommen sein soll gleich der aufsteigenden Morgenröte». Dieser berühmte Vers des Hohen Liedes wurde von den Kirchenvätern auf die irdische Kirche gedeutet, «welche das Kommen der göttlichen Sonne anzeigen soll [7] und die Finsternisse des Unwissens (tenebras ignorantiae) vertreibt». Der Ort der Aurora ist nach GREGOR [8] die «vollendete Klarheit der inneren Schau». Die Variante des Titels «aurea hora» als eine Worterklärung von «aurora» ist insofern wesentlich, als bei den frühmittelalterlichen Mystikern immer wieder das Wort des HL. BERNHARD aus seinem Hoheliedkommentar [9]: «rara hora et parva mora», angeführt wird und zwar als die seltene oder goldene Stunde und der kurze Augenblick, in welchem die menschliche Erkenntnis die Weisheit Gottes d. h. Gott unmittelbar berührt und in der Ekstase «schmeckt» [10]. *So ist die «aufsteigende Morgenröte» eigentlich der Augenblick der mystischen Berührung mit Gott.* Interessant ist in diesem Zusammenhang die Lehre von AUGUSTINUS von einer Morgenerkenntnis und einer Abenderkenntnis des Menschen: Das Wissen der Kreatur nämlich hat es an sich, abendlich zu verdämmern (infolge Verweltlichung bzw. Zuwendung zu den realen Objekten), und es

---

7. THEODORET V. KYROS, Hoheliedcom. IV, 9. cit. HUGO RAHNER, Mysterium Lunae a. a. O. p. 341. – Vgl. GREGORIUS MAGNUS, In tertium caput Job, Opera, Paris, 1636, tom. I. col. 116: Aurora quippe ecclesia dicitur quae a peccatorum suorum tenebris ad lucem iustitiae permutatur... Quae est ista etc. quasi aurora electorum surgit Ecclesia quae pravitatis pristinae tenebras deserit et sese in novi luminis fulgorem convertit. u. ebda. p. 126: Ortus vero aurorae est illa nova nativitas resurrectionis, qua sancta Ecclesia etiam carne suscitata oritur ad contemplandum lumen aeternitatis. – Vgl. auch HONORIUS V. AUTUN, Expositio in Cant. Cant. Migne. P. L. tom. 172, col. 454.

8. Expos. mor. Lib. XXVIII in tricesimum cap. Job I 925 1: Quid est enim locus aurorae nisi perfecta claritas visionis internae?

9. In Cant. Cant. Sermo XXIII cap. 15 (De diligendo Deo).

10. So sagt z. B. GUNDALISSINUS De anima: Si enim sapientia a sapore dicta est, sapor autem rei non sentitur, nisi cum ipsa res gustatur, gustetur autem cum ad horam gustu tangitur, profecto sola intelligentia sapientia perficitur, quia ea sola *et rara hora et parva mora* Deus utique sentitur... Ita sola intelligentia Deus gustari dicitur, quia ex omnibus viribus animae ea sola in praesenti et in futuro quasi nullo mediante tangitur. Hic tamen proprie gustamus ubi ad horam intelligendo *raptim* de Deo aliquid sentimus. Ibi vero satiabimur ubi eo sine fine perfruemur. Vgl. A. LOEWENTHAL PSEUDO-ARISTOTELES, Über die Seele. Eine psychol. Schrift und ihre Beziehungen zu Salomo ibn GABIROL (AVICEBRON). Berlin 1891. p. 124–125. cit. E. GILSON. Les sources gréco-arabes de l'augustinisme avicennisant avec une edition critique du «de intellectu» d'ALFARABI. Archives d'histoire doctrinale et littéraire du moyen-âge tom. 4. 1929. p. 90–91. Note.

wird *Morgen* dann, wenn *sie sich in der Sapientia Dei erkennt* und zur Liebe Gottes zurückkehrt [11]!

Der Osten oder Orient, in welchem die Morgenröte erscheint, gehört nun in unserem Text gleichzeitig in einen alchemistischen Sinnzusammenhang, denn der Orient bedeutete alchemistisch «Blut und Leben [12]». Schon bei den byzantinisch-griechischen Alchemisten spielte die Zuordnung der Stoffe und Farben zu den Himmelsrichtungen eine gewisse Rolle. So sprechen die technischen Traktate der Griechen und Araber oft kurzerhand von einem orientalischen Quecksilber (ὑδράργυρος ἀνατολική) [13], und bei OLYMPIODOR (Ende 6. Jahrhundert [14]) heißt es [15]: «Sie teilten dem Norden die Nigredo zu, dem Sonnenaufgang die Albedo, die weiße Substanz, das heißt das Silber... denn es sagt HERMES... man habe dem Osten die weiße Substanz zugeteilt, indem sie (die Philosophen) den Anfang des Werkes dem Anfang des Tages zuordneten, wenn die Sonne über der Erde aufgeht [16]. Merk auch auf APOLLO, welcher sagt: ‚Sieh, (die Erde) wird für das Verfahren in der Morgenröte genommen.' Dieses ‚in der Morgenröte' heißt deutlich ‚vor Sonnenaufgang' und ist der Uranfang des ganzen Werkes vor der Albedo.» Das

144

---

11. De civit. Dei liber XI cap. VII: Quoniam scientia creaturae in comparatione scientiae Creatoris quodammodo vesperacit: itemque lucescit et mane fit, cum et ipsa refertur ad laudem dilectionemque Creatoris nec in noctem vergitur ubi non Creator creaturae dilectione relinquitur... Cognitio quippe creature in se ipsa decoloratior est, ut ita dicam *quam cum in Dei Sapientia* velut in arte in qua facta est. Ideo vespera congruentius quam nox dici potest, quae tamen, ut dixi, cum ad laudandum et amandum refertur Creatorem recurrit in Mane. Et hoc cum facit *in cognitione sui ipsius dies unus est* cum in cognitione firmamenti... dies secundus... terrae et maris omniumque gignentium quae radicibus confirmata sunt terrae, tertius... et ipsius hominis dies sextus. Vgl. hiezu C. G. JUNG, Symbolik des Geistes, l. c. p. 146 sq.

12. So heißt es in einem «Opusculum authoris ignoti» (Artis Aurif. 1610, Bd. 1, p. 250: «Nimm den über dem Meere schwebenden Stein... und töte mit ihm das Lebendige und belebe mit ihm das Tote, und er besitzt Tod und Leben in sich, und dieses und jenes aus dem Orient und dem Okzident... In ihm sind zwei Gegensätze: Wasser und Feuer, und dieses belebt jenes, und jenes tötet dieses... Und nachher wird die *orientalische Röte* erscheinen und die *Röte des Blutes*.»

13. Vgl. BERTHELOT, Coll. Alch. Grecs. V, II 7. Vol. I. p. 339 und BERTHELOT, La Chime au M. A. III p. 207 und 209, Le Livre du Mercure Oriental X.

14. Vgl. E. v. LIPPMANN, Alchemie a. a. O. II p. 10.

15. Über die heilige Kunst, M. BERTHELOT, Coll. Alch. Grecs, II. IV 31. Vol. I, p. 88.

16. Auch in der «Kore Kosmou» (*Isis* an *Horus*) empfängt *Isis* (oder *Hermes*?) die Gnosis der kosmischen höheren Mysterien, welche er später bei den «Geheimnissen des *Osiris*» niederlegte, bei *Sonnenaufgang*. (SCOTT, Hermetica a. a. O. Bd. 1, p. 460. (Ich behalte die Lesung: τῆς ἀνατολῆς γενομένης von PATRICIUS bei.)

bedeute, heißt es später, daß die Erde genommen werden solle, «solange sie noch Tau enthält», denn die Sonne beraube sie ihres Taues, um sich zu nähren, und dann sei die Erde «eine Witwe und ohne Mann [17]». Aus all diesen Amplifikationen geht hervor, daß dem Osten oder Orient und damit der Morgenröte alchemistisch außer der Rubedo, nämlich Blut und Leben, auch die weibliche, weiße Substanz, nämlich die betaute (d. i. vom Geist befruchtete) Substanz zugeordnet wurde.

145 Psychologisch ist mit diesem Symbol der Aurora wohl ein Zustand des Innewerdens jener oben erwähnten Luminosität des Unbewußten [18] gemeint. Sie ist nicht wie die Sonne ein konzentriertes Licht, sondern ein diffuser Schein am Horizont – d. h. an der Schwelle des Bewußtsein [19]. Die Anima ist dieses «weibliche» Licht des Unbewußten, Vermittlerin der Erleuchtung, *der Gnosis, d. h. der Realisation des Selbst,* dessen Vorbotin sie gleichsam ist.

146 In der kirchlichen Symbolik ist dementsprechend der Orient oder Osten ein Symbol Mariae. So sagt EPHRAEM SYRUS [20]: «Der Orient mit seinen Sternen ist ein Symbol Mariae, aus deren Schoß uns geboren wurde der Herr der Gestirne. Dieser hat durch seine Geburt die Finsternisse aus der Welt vertrieben.» Und ähnlich heißt es auch im römischen Missale [21]: «Die aufglänzende Morgenröte am Himmel der Erlösung und Gnade, aus deren Schoße sich tausendfach sie überstrahlend die Sonne erhebt, ist Maria...» Bei anderen Kirchenvätern gilt die Aurora auch als ein Bild der Ecclesia [22], und nach ALANUS DE INSULIS beginnt alle Vernunft des Menschen im Osten [23]. Während aber in letzteren Aus-

---

17. BERTHELOT, Coll. Alch. Grecs. II. IV 35, Vol. I, p. 90.
18. Vgl. Mysterium Coniunctionis Vol. I p. 156 ff und 198 f.
19. Vgl. über die Bedeutung des Morgens auch S. HURWITZ, Archetypische Motive in der chassidischen Mystik. Zeitlose Dokumente der Seele, Zürich 1952, p. 203 f.
20. Hymni et Sermones, ed. Lamy, a. a. O. Bd. II, p. 584: Oriens cum suis astris figura fuit Mariae, e cuius sinu ortus est nobis Dominus astrorum. Ille sua nativitate tenebras e mundo fugavit.
21. Ausgabe von A. SCHOTT, p. 720.
22. Vgl. HUGO RAHNER, Mysterium Lunae, a. a. O., p. 342–345, und z. B. GREGORIUS MAGNUS, Moralia IV 11, Migne P. L. Bd. 75, col. 648.
23. Distinct. 866 C Migne P. L. tom. 210 col. 866 C: Sicut in mundo maiori firmamentum movetur ab oriente in occidentem et revertitur in orientem sic ratio in homine movetur a contemplatione orientalium id est coelestium primo considerando Deum et divina, consequenter descendit ad occidentalia id est ad considerationem terrenorum ut per visibilia contempletur invisibilia, deinde revertitur ad orientem iterum considerando coelestia.

führungen diese Symbole nur ein allegorisches «Bild» sind, haben sie in der Aurora einen viel tiefer in die konkrete Wirklichkeit hinabreichenden Sinn. Die Befreiung der in der Nacht leidenden Kranken ist in unserem Text sowohl psychisch als auch physisch gemeint [24] und spielt von neuem auf die Eigenschaft des Lapis als Medicina an, und die üblen Dämpfe und Gerüche, welche den Laboranten infizieren, sind sowohl seelisch als auch physisch aufzufassen. Psychisch symbolisieren sie die Vergiftung durch seelenschädigende Kollektivmeinungen [25] und verdrängte Inhalte.

Text: ... so ist die Morgenröte im Höhepunkt der Rötung das Ende aller Finsternis und die Vertreibung der Nacht, jener winterlichen Dauer, in der einer, wenn er darin wandelt und sich nicht in acht nimmt, anstoßen wird. Von ihr heißt es in der Schrift: Und eine Nacht tut die Wissenschaft kund der andern, und ein Tag sagt das Wort dem andern, und die Nacht wird lichthell wie der Tag in ihrer Wonne. [147]

Dieses Zitat aus Joh. XI, 9–10, weist wieder in erster Linie auf den moralischen Hintergrund des Opus hin: die lange lichtlose Winternacht, in welcher der Laborant «anstößt», d. h. stolpert, ist noch einmal ein Hinweis auf die oben erwähnte «afflictio animae», welche zu Beginn des Werkes dominiert, und dieser erste Hinweis ist kompositionell als eine Vorbereitung auf das folgende sechste Kapitel, d. h. die erste Parabel «Von der schwarzen Erde usw.» anzusehen. Fast raffiniert deutet nämlich der Autor in diesem Kapitel, das dem Bild der Aurora gewidmet ist, die kommenden Peripetien des Opus an, wobei er am Schluß des Kapitels zum ersten Mal auf die kommende Geburt der neuen Sonne hinweist. Sein zuletzt angeführtes Zitat nämlich aus Ps. CXXXVIII, 12, wird auch im Meßbuch zitiert, wo es im Exultet bei der Weihung der Osterkerze heißt [26]: «O wahrhaft selige Nacht, die allein gewürdigt worden Zeit und Stunde zu erfahren, da Christus vom Reiche der Toten [148]

---

24. Die «Nacht» gilt in der Patristischen Literatur auch als Bild des Antichrist. Vgl. Honorius von Autun, Expos. in Cant. Cant. Migne P. L. tom. 172 col. 472. Vgl. auch derselbe col. 451: Sicut enim aurora surgens tenebras noctis depellit, solem mundo inducit, sic Ecclesia nascens tenebras ignorantiae reppulit et solem mundo dictis et exemplis induxit.
25. Vgl. C. G. Jung, Myster. Coni. Vol. I p. 177.
26. Ausgabe von A. Schott. p. 295.

erstanden! Dies ist die Nacht, von der geschrieben steht: Die Nacht wird lichthell wie der Tag, und die Nacht ist meine Leuchte bei meiner Wonne (in deliciis meis).» Damit ist die Osternacht, die Nacht der Auferstehung Christi gemeint [27].

149 Durch einen solchen Hinweis auf den Text des Oster-Exultet deutet der Autor fast unmerklich an, daß es sich beim nachfolgenden Opus um *ein eigentliches Wiedergeburtsmysterium* handelt, und daß die «neue Geburt» eine Gestalt ist, die er sogar dem auferstandenen Christus parallel setzt. Damit ist ein Parallelismus angedeutet, der später noch viel klarer zutage treten soll. Zum ersten Mal geht hier auch die Symbolik über die Begegnung mit der Anima (Sapientia) hinaus – in der Andeutung des Auferstehungsmysteriums einer männlichen Gestalt.

KOMMENTAR ZUM FÜNFTEN KAPITEL

150 DADURCH, daß der Autor am Schluß des letzten Kapitels die Aurora andeutungsweise mit dem ersten Licht des Ostermorgens identifizierte, hat er sein Erlebnis in ihm bekannte kirchliche Vorstellungen wieder eingeordnet, wodurch er es zwar in seinem individuellen Wert etwas abgeflacht hat; doch ist er damit auch der Gefahr der Inflation entronnen. Infolgedessen ist der Ton dieses neuen Kapitels nicht mehr ichhaft – der Autor tritt zuerst sogar ganz zurück, und die Sapientia Dei kommt selber zum Wort:

151 Text: «Ruft also nicht die Weisheit öffentlich am Wege und läßt nicht die Klugheit sich hören in den Büchern der Weisen, indem sie sagt: Oh ihr Männer, ich schreie zu euch und rufe zu den Söhnen des Verstehens: merkt ihr Unwissenden und nehmt zu Herzen die Parabel und ihre Deutung, die Worte der Weisen und ihre Rätsel. Die Weisen haben nämlich verschiedene Ausdrücke gebraucht in Angleichung an alle Dinge auf Erden und haben unter dem Kreise des Mondes die Parabeln vermehrt in dieser Wissenschaft...»

152 Das Kapitel stellt einen eigentlichen «Protreptikos [1]» zum Werk der

---

27. Im selben Exultet heißt es weiter (ebda. p. 295) «Es freue sich auch die Erde bestrahlt von solch himmlischem Schimmer! vom Lichtglanz des ewigen Königs umflossen fühle sie, daß sie die Finsternis verloren, die auf ihrem Umkreis lastete. Es freue sich auch die Mutter Kirche, geschmückt mit dem Glanze solchen Lichtes.»

1. Werbeschrift, Ermunterung.

Alchemie dar. Zunächst wirbt die Sapientia wiederum öffentlich auf allen Straßen um die «Söhne des Verstehens», wie in den biblischen Sprüchen. Dann folgt von neuem ein Hinweis auf die aenigmatische Ausdrucksweise der Alchemisten und auf die tausend Namen des Steines: sie hätten ihn «in Angleichung an alle Dinge auf Erden» benannt [2]. Alle Dinge unter dem Mondkreis, d. h. innerhalb der Welt des Werdens und Vergehens, wo Konflikt, Aktion und Leiden herrschen [3], können ein Bild für den Lapis werden, insofern er ja auch das in allen Dingen verborgene «Licht der Natur» darstellt. Psychologisch hieße dies, daß die Projektion des seelischen Inhaltes, den der Lapis symbolisiert, nämlich des Selbst, jederzeit und überall stattfinden kann [4].

Text: Das ist die Weisheit, d. h. die Königin des Südwindes, welche von Sonnenaufgang gekommen sein soll, gleich der aufsteigenden Morgenröte, um die Weisheit SALOMONS zu hören und zu begreifen und auch zu sehen, und es ruht in ihrer Hand Macht, Ehre, Kraft und Herrschaft. Und sie trägt eine Königskrone aus den Strahlen von 12 leuchtenden Sternen auf ihrem Haupt, wie eine Braut, die für ihren Bräutigam geschmückt ist. Und auf ihren Gewändern hat sie eine goldene Inschrift...: Als Königin werde ich herrschen, und meines Reichtums ist kein Ende, für alle, die mich finden und scharfsinnig erforschen mit Erfindungsgeist und Beharrlichkeit.

In dieser Endpartie des fünften Kapitels scheint zunächst ein gewisses Ziel erreicht. Der Autor ist zu einer relativ abgelösten Objektivierung der Anima gelangt, indem er sie mit Hilfe der biblischen Gleichnisse und alchemistischen Symbole als bildhaft geschautes göttliches Wesen darstellt. Nur *eine* brennende Frage ist nicht gelöst: die Sapientia steigt herab «geschmückt wie eine Braut für ihren Bräutigam». *Wer ist dieser Bräutigam?* Es kann nicht der endzeitliche Christus der Apokalypse sein, denn die Welt ist ja noch nicht aufgelöst, Satan noch nicht besiegt, der Endkampf noch nicht ausgefochten. Nach dem Text will sie die Weis-

---

2. Ähnlich lautet ein LILIUM-Zitat bei PETRUS BONUS: «Von unserem Stein gibt es so viele Namen, als es Dinge gibt oder Bezeichnungen von Dingen.» Pretiosa Margarita Novella. ed. Lacinius, Venedig a. a. O. p. 54.
3. Vgl. z. B. GUNDALISSIMUS, De immortalitate animae. ed. G. Bülow, Beitr. zur Gesch. der Philosophie des Mittelalters. Bd. II. Heft 3. Münster. 1897. p. 23: Omnis enim locus sub coelo lunari est generationis et corruptionis, quoniam locus est conflictūs et actionis et passionis, ex quibus sunt generatio et corruptio universaliter.
4. Vgl. JUNG, Psychol. und Alchemie. l. c. p. 441.

heit Salomons, also menschliche Weisheit hören, und sie sucht wohl demnach auch ihren Bräutigam unter den auf Erden lebenden Menschen. Sicher ist der Autor derjenige, der sie suchte, um von ihr erleuchtet zu werden, aber *ist er nicht auch derjenige, den sie als ihren sponsus sucht und liebt?* Diese Frage scheint zunächst nicht eindeutig beantwortet, doch wird sich diese Vermutung im Nachfolgenden bestätigen.

155 An sich ist diese Schlußpartie ein großartiges Bild der als Sapientia personifizierten Weltseele, ein Bild, das durch eine seltsame Vermischung zahlreicher biblischer Frauengestalten entstanden ist:

156 Zuerst ist sie wiederum mit der «regina austri», der Königin von Saba, gleichgesetzt, welche die Weisheit Salomons «hören, begreifen und auch sehen» wollte, womit wohl auf das konkrete Resultat des opus hingewiesen werden soll, wie ja auch andere Alchemisten versichern, den lapis «gesehen und betastet» zu haben (vidi et palpavi) [5]. Dies wird betont, um dem Mißverständnis zu begegnen, es handle sich um eine bloße Allegorie.

157 Von der Königin von Saba gleitet die Vorstellung des Verfassers alsbald weiter zu dem Bild des vom Drachen verfolgten apokalyptischen Weibes, das mit zwölf Sternen gekrönt ist [6]; und dann zu dem des himmlischen Jerusalem, welches vom Himmel herabfährt, «geschmückt wie eine Braut für ihren Bräutigam [7]». Die «große Frau» (γύνη μεγάλη) der Apokalypse ist in der Allegorik der Kirchenväter als ein Bild der Kirche aufgefaßt worden, welche eine «selbständige Kraft» (δύναμις καθ'ἑαυτήν) eine ideelle Hypostase einer die Natur durchwaltenden «Kraft zur Erleuchtung» ἡ παρορμωμένη φωτίζεσθαι δύναμις [8] darstellt. Sie gilt auch, weil sie auf dem Monde steht, als ein Symbol der Erhabenheit über alles Veränderliche, über erdhaften Zerfall und über das «Reich der Geister dieser Luft». Eine besonders unserem Text nahestehende und wichtige

---

5. Rosarium philos. Artis Aurif. a. a. O. 1610 II p. 133 ... quae vidi propriis oculis et manibus meis palpavi.
6. Apoc. XII. 1.
7. Apoc. XXI. 2.
8. METHODIUS VON PHILIPPI Symposion, VIII 4 und 5. cit. aus H. RAHNER, Mysterium Lunae, Ztschr. f. kath. Theol. 63. Jahrg. 1939, p. 338–339. Derselbe Autor sagt auch (ebda. Jahr 64, 1940, p. 72 und p. 126) «Sie stehe auf dem Mond wie der Getaufte auf dem Glauben. Es steht also die Kirche – und Selene ist darin andeutendes Vorbild – auf unserem Glauben und auf unserer Kindesannahme, und solange bis die Fülle der Völker heimgekehrt ist, liegt sie in mütterlichen Wehen und schafft gebärend die Psychiker um zu Pneumatikern. Aus diesem Grund ist sie eine wahre Mutter.»

Interpretation, welche nämlich ebenfalls die Braut des Hohenliedes mit dem apokalyptischen Weib kontaminiert, findet sich in der Concordia (lib. 5) des GIOACCHINO DA FIORI († 1202), worin er sagt [9], mit dem Sonnenglanz (des apokalyptischen Weibes) sei das kontemplative Leben gemeint, das zu den Anachoreten gehöre, mit dem Mondesglanz das aktive Leben der Coenobiten und mit den Sternen die einzelnen Tugenden, welche die alten Mönche einzeln in eigenen Zellen leben ließen... zugleich bezieht sich aber auch alles Himmlische auf das kontemplative Leben... So wird also durch Sonne, Mond und Sterne die «ecclesia contemplativa» bezeichnet und eben jene Kirche, die vom apokalyptischen Weib dargestellt ist, und von der im Hohenlied geschrieben steht: «Wer ist jene, die hervortritt, wie die aufsteigende Morgenröte, schön wie der Mond, erlesen wie die Sonne usw.». Diese ist aus den Mönchsorden gebildet, und je näher sie Gott steht, desto mehr hält sie sich von der Finsternis dieser Welt und ihren Handlungen fern. Die Sterne bedeuten nach GIOACCHINO die Gaben des Heiligen Geistes, und diese Idee führte wohl dazu, daß in der Textwiedergabe des *Rosariums* sieben statt zwölf Sterne erwähnt sind [10]. Diese Interpretation des Abtes Joachim ist deshalb besonders wichtig, weil – wie sich schon im Verlaufe der Kommentierung erweisen wird – überhaupt eine gewisse Affinität der Gedanken und Symbolkontaminationen zu dessen Ideen hervortreten wird.

In dem alchemistischen Zusammenhang dürfte auch die astrologische Bedeutung des apokalyptischen Weibes zu berücksichtigen sein: ursprünglich ist letzteres nämlich mit dem Sternbild der Jungfrau (einem Erdzeichen) identisch, zu deren Füßen das Sternbild der Hydra steht, und insofern entspricht es der *Isis* als «regina coeli» oder «Kore kosmou». Ebenso entspricht sie weitgehend den zahlreichen gnostischen weiblichen Personifikationen des Hl. Geistes, wie der *Barbelo, Achamoth, Sophia* usw.[11], Gestalten, in denen der heidnisch-naturhafte Hintergrund dieses Bildes stärker betont ist. Aber auch aus der kirchlichen Interpretation, das Weib sei eine «die *Natur* (!) durchwaltende Kraft

---
9. Da ich mir kein Exemplar der Concordia verschaffen konnte, zitiere ich aus der Textbeilage von CHR. HAHN, Geschichte der Ketzer im Mittelalter. Stuttgart 1850, Bd. III. p. 297. Concord. V.

10. Der Hl. Geist hat sieben Gaben oder «munera» (Funktionen).

11. Vgl. FRANZ BOLL, Aus der Offenbarung Johannis. Hellenistische Studien zum Weltbild der Apokalypse, Teubner 1914, p. 100 ff.

zur Erleuchtung», erklärt sich die Identifikation mit der Sapientia Dei, die in der Aurora nicht nur als Erleuchtung von «oben», sondern auch als ein *lumen naturale* aufgefaßt ist [12]. Papst Pius XII. hat diesem unbewußten Bedürfnis nach einem mehr naturverbundenen Bild einer «göttlichen Mutter» Ausdruck verliehen, indem er in seiner neuen Encyclica: Ad Caeli Reginam, die Gottesmutter als Herrscherin des Kosmos preist und dabei diejenigen Kirchenväter anführt, welche sie zur «domina creaturae» oder «domina rerum» erheben. Es wird ihr sogar «ein gewisses Teilhaben an der Wirkkraft» ihres Sohnes und «ein besonderer Anteil am Werk unseres ewigen Heils» zugeschrieben [13].

159 Der Autor der Aurora geht über die übliche mittelalterliche Symbolik insofern hinaus, als seine göttliche Frauengestalt nicht nur Maria oder die Sapientia oder Ecclesia darstellt, sondern zudem eine «Physis» personifiziert, die erst in der Zukunft ein Kind gebären soll und deren Sproß und Sohngeliebter nicht, wie sich zeigen wird, der historische Christus, sondern der ganze Mensch oder der Lapis philosophorum sein wird [14].

160 Im Unterschied zur Apokalypse geschieht in der Aurora etwas Unerwartetes und Folgenschweres: *das apokalyptische Sternenweib, das in der Offenbarung Johannis in der Wüste verborgen wurde, steigt zur Menschenwelt, vermutlich zum Autor der Aurora selber hinab,* und zwar *«wie eine Braut, die für ihren Bräutigam geschmückt ist».* In den späteren Textpartien wird dies immer deutlicher formuliert. Dieses Geschehen bedeutet aber nichts anderes, als daß *das archetypische Motiv der Coniunctio, welches von jeher auf göttliche und königliche Figuren projiziert war* [15], *in den Bereich des gewöhnlichen Menschen einbricht und dadurch letztern zum Rex Gloriae erhöht.* Für einen Menschen, der die Bereiche des Ichbewußtseins von denen des kollektiven Unbewußten nicht zu unterscheiden gelernt hat [16], mußte dies, wie schon der Beginn

---

12. Vgl. auch ALANUS DE INSULIS, der die Natur folgendermaßen anruft: De planctu nat. 447 c: pax, amor, virtus, regimen, potestas, ordo, lex, finis, via, dux, origo, vita, lux, splendor, species, figura, regula mundi! (Migne P. L. tom. 210. col. 447 c.)

13. Litt. encycl. Pii. Papae XII. Ad Caeli Reginam. 1. Nov. 1954 aus L'Osservatore Romano, Domenica, 24 Ott. 1954 und nach der vorläufigen Uebersetzung in der «Schweizerischen Kirchenzeitung» vom 25. Nov. 1954.

14. Über die Bedeutung dieses Motivs vgl. JUNG: Antwort auf Hiob. passim.

15. Näheres vgl. JUNG, Psychologie der Übertragung. l. c. p. 91, 94 ff. und bes. p. 108 ff.

16. Vgl. ebda. p. 159 ff.

des Textes zeigte, eine tiefe Erschütterung bewirken [17]. Er ist dadurch aus seinem gewöhnlichen Rahmen herausgehoben und selber zu symbolischer Bedeutung erhöht worden [18]; denn die Coniunctio meint eigentlich, wie JUNG sagt, eine «transsubjektive Vereinigung archetypischer Gestalten [19]», eine Beziehung, welche die Vollendung der Individuation zum Ziele hat [20]. Obwohl – von solchen Überlegungen ausgehend – die Identifikation des Alchemisten mit dem göttlichen Sohngeliebten der Sapientia eine gefährliche Situation zu sein scheint [21], so ist sie doch für einen mittelalterlichen Menschen wohl eine Notwendigkeit auf seinem Wege zur Individuation gewesen, weil sonst das «Mysterium Coniunctionis» auf die Gestalten der Ecclesia-Christus oder Maria-Christus für immer im außerindividuellen Bereich projiziert geblieben wäre. Damit aber könnte die neue innere Geburt, die mit dieser Vereinigung offenbar gemeint ist, d. h. die Geburt des Lapis, eines neuen Symbols des Selbst (das über Christus hinausgeht), nicht stattgefunden haben. Wie JUNG in «Aion» gezeigt hat [22], stellt nämlich Christus psychologisch gesehen nur den lichten positiven Aspekt der Ganzheit, d. h. des Selbst dar; ihm fehlt der Schatten, der dunkle Gegenpol, dessen Existenz allerdings in der Voraussage des kommenden Antichrist geahnt wurde. Damit bleibt aber das christliche Symbol des Selbst (Christus) der wirklichen irdischen Realität des einzelnen Menschen entrückt. *Das alchemistische Symbol des Selbst hingegen, der Lapis, begreift den lichten und dunklen Aspekt der menschlichen Ganzheit paradoxerweise ein.* Deshalb bildet die Alchemie eine kompensatorische (nicht kontrastierende) Unterströmung zu den christlichen Vorstellungen [23].

Aus eben diesem Grunde fühlte sich wohl der Verfasser der Aurora unwillkürlich veranlaßt, sein Erlebnis nicht nur in biblischer Paraphrase, sondern durch *alchemistische* Zitate und Bilder zu beschreiben. Darin liegt vielleicht die erste Ahnung davon, daß es sich eigentlich nicht um eine sich wiederholende innere Geburt Christi, sondern um die Erzeu-

---

17. Vgl. auch bes. p. 111–112 über die Bedeutung der Projektion des göttlichen Numens in den Stoff als eine Annäherung an den Menschen.
18. Vgl. ebda. p. 145.
19. cit. ebda. p. 160.
20. Vgl. ebda. p. 160.
21. Vgl. ebda. p. 164 ff.
22. l. c. passim.
23. Vgl. JUNG, Psychologie und Alchemie. Einleitung.

gung des «filius philosophorum» handle – eines umfassenderen, die Gegensätze Christus–Antichristus vereinigenden, Symbols des Selbst.

162 Im Bilde des himmlischen Jerusalems greift der Verfasser wieder ein biblisches Motiv auf, das in besonderem Maße hellenistisch-antikes Gedankengut enthält. In den zwölf Toren der Stadt liegt nämlich, wie in den zwölf Sternen des apokalyptischen Weibes, eine Beziehung zu den zwölf Zodiakalzeichen vor [24], und zugleich ist damit hier auch auf die symbolische Bedeutung der zwölf Kapitel der Aurora angespielt. Mit dieser ersten Erwähnung des himmlischen Jerusalems ist zudem ein Motiv vorweggenommen, welches dann im zehnten Kapitel vom Schatzhaus der Weisheit zentrale Bedeutung erhält. Auch hat das Weib in der Offenbarung «die Flügel des großen Adlers [25]», und auch dies ist vielleicht nicht ohne Bedeutung für unseren Text, denn später wird der Adler als Sinnbild des Lapis erwähnt [26], und in der siebenten Parabel tritt die Sponsa, die Himmelsbraut, mit Flügeln auf. In solcher Art sind in kaum merklichen Hinweisen auf das Weib und die Stadt der Apokalypse bereits in späteren Kapiteln entfaltete symbolische Darstellungen

---

24. F. BOLL, Die Offenb. Johannis. a. a. O. p. 39. – In der Citierung dieser Partie der Aurora im Rosarium ist der Text etwas abgewandelt (Artis Aurif. 1610, Teil II, p. 193. Ich citiere die Übersetzung von JUNG in Psych. u. Alch. p. 513–514): «Diese (sapientia) ist meine Tochter, um derentwillen gesagt ist, daß die Königin des Südens aus dem Osten gekommen sei, wie die aufsteigende Morgenröte, um zu hören, zu verstehen und um zu sehen die Weisheit Salomonis, und in ihre Hand ist gegeben Macht, Ehre, Kraft und Herrschaft, und sie trägt die königliche Krone der strahlenfunkelnden sieben Sterne gleich einer für ihren Mann geschmückten Braut, und ihr Gewand ist beschrieben mit goldenen griechischen, arabischen und lateinischen Buchstaben: ‚Ich bin die einzige Tochter der Weisen, den Dummen ganz und gar unbekannt'.» JUNG sagt dazu (Psych. u. Alch. p. 514 ff.) «Im Urtext sind es statt sieben zwölf Sterne. Die sieben beziehen sich offenbar auf die sieben Sterne in der Hand des apokalyptischen similis filio hominis (Apok. I, 13 und II 2). Die sieben Sterne stellen in der Apokalypse die sieben Engel der sieben Gemeinden und die sieben Geister Gottes dar. Das historische sous-entendu der Sieben ist die uralte Gesellschaft der sieben Götter, welche in die sieben Metalle der Alchemie übergegangen sind... Der Urtext hat, wie gesagt, zwölf Sterne, die sich auf die zwölf Jünger und die zwölf Zodia beziehen... In der zweiten Homilie des CLEMENS wird bemerkt, daß die Zahl der Apostel der der zwölf Monate entspreche. Im manichäischen System konstruiert der Erlöser ein kosmisches Schöpfrad mit zwölf Krügen (den Zodiakus, das zur Emporhebung der Seelen dient. Dieses Rad steht in einem sinngemäßen Zusammenhang mit der rota, dem opus circulatorium der Alchemie, welches den gleichen Zweck, nämlich den der Sublimation, hat...»

25. Apok. XII. 14.
26. Schluß der fünften Parabel.

der «anima» angetönt. Im Bild der vom «Himmel herabsteigenden Braut» ist das in der siebenten Parabel dargestellte Endziel des Opus, die Coniunctio, zum erstenmal erwähnt.

Damit ist der erste Teil der Aurora abgeschlossen, und es beginnt nun eine Reihe von Parabeln, welche neue Inhalte schildern. Die Einteilung in zwölf Kapitel ist wohl nicht ohne symbolische Bedeutung. In der Alchemie spielt die Zwölf eine Rolle als Zahl der Monate, der Tages- und Nachtstunden oder der zwölf Zodiakalzeichen, mit denen die einzelnen Phasen des Werkes oft in Beziehung gebracht werden [27]. In der mittelalterlichen Symbolik ist die Zwölfzahl wichtig als Zahl der Ecksteine des himmlischen Jerusalems, als der zwölf Stämme Israels oder der zwölf Privilegien Mariae. *Während die ersten fünf Kapitel um einen Zentralbegriff, die Sapientia Dei, als den Geist oder die Seele der Alchemie kreisen, im Bemühen, denselben durch immer neue Bilder anzureichern, schildern die nachfolgenden sieben Parabeln als Gegenstück dazu einen dynamisch von Bild zu Bild weiterschreitenden Ablauf, der den Prozeß oder das Opus verdeutlichen soll.* Dieser Ablauf ist als ein *spiralförmiges* Procedere beschrieben, indem jede der sieben Parabeln das ganze Opus im Kleinen oder wenigstens in einzelnen Andeutungen vollständig darstellt (immer wieder beginnend mit einer Nigredo und endend mit Hinweisen auf das Endziel); zugleich reihen sich die sieben Parabeln (man vergleiche ihre Titel!) in einer Kette aneinander, die als Ganzes das Opus versinnbildlicht.

Die Siebenzahl der Parabeln ist wahrscheinlich als eine Anspielung auf die sieben Planeten und die ihnen zugehörigen sieben Metalle oder Metallgeister als der sogenannten «Arkane» = Grundpfeiler [28] des Opus zu verstehen [29]. In der kirchlichen Symbolik ist die Sieben bedeutsam als Zahl der Schöpfungstage (das Opus imitiert ja die Schöpfung). Diese

---

27. Vgl. SENIOR, De Chemia, p. 53. Et hoc voluerunt (philosophi), quod typice protulerunt memorando planetas septem et signa duodecim et naturas eorum et colores et quidquid in eis est. Vgl. J. RUSKA, Tabula Smaragdina a. a. O., p. 110.

28. Vgl. E. V. LIPPMANN. Alchemie l. c. II. p. 44. Vgl. ferner z. B. Aquarium Sapientium, Mus. Hermet. l. c. 1678, p. 94: Septem sunt Urbes, septem pro more metalla, suntque dies septem, septimus est numerus. ... septem litterulae, septem sunt ordine verba. Tempora sunt septem, sunt totidemque loca. Herbae septem, artes septem, septemque lapilli ... hoc in numero cuncta quiete valent.

29. Vgl. zur Rolle der Siebenzahl in der Alchemie ferner E. V. LIPPMANN, Alchemie. Bd. I. p. 187 und Bd. II. p. 192 ff. u. p. 447.

wurden von GIOACCHINO DA FIORI und anderen auf sieben Weltzeitalter gedeutet, in der siebenten letzten Phase wird nach GIOACCHINO die «ecclesia contemplativa» des Hl. Geistes und der «große Sabbath» über die Menschheit kommen [30].

KOMMENTAR ZUR ERSTEN PARABEL
(6. KAPITEL)

165   DAS sechste Kapitel ist eine Parabel, welche, wie der Titel aussagt, von der «schwarzen Erde» handelt, «in welcher die sieben Planeten ihre Wurzeln schlugen».

166   Text: Von Weitem betrachtend sah ich eine große Wolke, welche die ganze Erde schwarz überschattete, indem sie diese aufgesogen hatte ...

167   Zunächst scheint hier der Autor selber zu sprechen, als ob er das in der Retorte Geschehende betrachtete. Die Wolke (nubes oder nebula) ist ein bekanntes alchemistisches Bild, für dessen Bedeutung ich auf die obigen Ausführungen von JUNG verweisen kann [1]. Als unmittelbare Quelle der Aurora für dieses Bild kommt am ehesten die Turba in Betracht [2]. Wie Ruska hervorhebt [3], ist «Wolke» die Bezeichnung für Pneuma, oder ein Sublimat [4], speziell für das verdampfte Quecksilber als Wandlungssubstanz. Vielleicht ist das Erscheinen der Wolke sogar nicht ohne Beziehung zur Anspielung des vorigen Kapitels auf die Köni-

---

30. Concord. V. Cit. HAHN l. c. Vol. III, p. 291, p. 305–306, p. 315. Eine direkte Beeinflussung der Aurora durch die Lehren von GIOACCHINO DA FIORI scheint mir möglich. Vgl. z. B. folgende Parallelismen: HAHN, l. c. Bd. III, p. 141: loquetur spiritus sapientiae utrique populo omnem veritatem et ostendet se esse unum de septem angelis etc. – Vgl. auch ebda. die Entfernung der «albugo litterae ab oculis mentis suae» durch TOBIAS an seinen Vater. p. 127: justitia religiosorum quae major est et pretiosior illa est vilescet in diebus illis respectu spiritualis iustitiae quae signatur in auro. p. 127: «Septenarius numerus pertinet ad spiritum sanctum, propter septem munera gratiarum etc.» p. 129: «Erit dies una, quae nota est domino. Non dies neque nox et in tempore vesperae erit lux. Et erit in die illa exibunt aquae vivae de Hierusalem medium earum ad mare orientale et medium earum ad mare novissimum.» p. 309: Novam Hierusalem quae fundata est Romae, lapides autem pretiosos martyres confessores et virgines.»
1. Vgl. JUNG, Myst. Coni. Vol. I. p. 186 sq.
2. RUSKA a. a. O. p. 190–191.
3. RUSKA a. a. O. p. 190. Anm. 7.
4. Vgl. E. V. LIPPMANN, Alchemie l. c. p. 37.

gin des Südwindes, denn in der Turba heißt es [5]: «Wisset, daß der meiste Wind von Mittag, wenn er erregt wird, die Wolken hoch treibt und die Dämpfe des Meeres emporhebt.» Schon bei den griechischen Alchemisten spielt die Wolke (νεφέλη) eine große Rolle: sie ist dort «das Dunkle der Wasser», der «Dampf», das «Laufende [6]», und in einem dem ZOSIMOS zugeschriebenen Traktat [7] wird die Wolke als «ein schwarzes feuchtes ungemischtes Pneuma» gedeutet, und sehr schön habe MARIA über die Wolke gesagt: «Das Erz färbt nicht, sondern wird gefärbt, und erst, wenn es selber gefärbt wurde, dann färbt es, und wenn es genährt wurde, so nährt es, und wenn es vollendet wurde, so vollendet es [8].» Hieraus geht hervor, daß die Wolke (wie das Erz) bei ZOSIMOS eigentlich die Arkansubstanz, sowohl das Gewandelte als auch das Wandelnde, das agens und patiens im Opus bedeutet.

In unserem Text ist die Wolke, wie bei ZOSIMOS, ebenfalls schwarz, weil sie mit Erde vermischt ist. *Es ist offenbar – alchemistisch gesprochen – der Zustand der Nigredo eingetreten.* Dies erinnert an eine ähnliche Beschreibung im zweiten Gedicht der Carmina HELIODORI [9], worin es heißt, man solle den Drachen (scil. die Arkansubstanz) inmitten des Meeres zweiteilen, bis eine Wolke aus ihm aufsteigt. Aus dieser fließt das Wasser wieder herab und benetzt alles, «wie eine schwarze Finsternis» (ὡς μέλαν σκότος). Auch nach der *Turba* [10] muß man die Körper

168

---

5. RUSKA l. c. p. 240. Dieselbe Bemerkung findet sich auch im Kitâb al'ilm al-muktasab. ed. HOLMYARD. Vgl. RUSKA, p. 240 Anm. 6.

6. Vgl. BERTHELOT, Coll. Alch. Grecs. I. III. 11. Vol. I. p. 20 und II. I. 27. Vol. I. p. 53. (DEMOKRITOS) und II. IV. 8. Vol. I. p. 73 (OLYMPIODOR) und III. VI. 6. Vol. I. p. 122 (ZOSIMOS).

7. BERTHELOT. Ebda. III. XIX. 4. Vol. I. p. 171 und III. XX. 4. Vol. I. p. 173.

8. Vgl. ferner BERTHELOT. Coll. Alch. Grecs. l. c. V. XXV. Vol. I. p. 388. III. XXVIII. 4. ebda. p. 194, III. XXIX. 16, ebda. p. 202, IV. 1. 11. ebda. p. 260 und III. XII. 9. ebda. p. 152 und III. XIII. Vol. I. p. 154. Die Wolke wird geweißt durch unberührten Schwefel. Vgl. auch III. XX. 1. ebda. Vol. I. p. 172. Und ZOSIMOS (IV. VII. 2. Vol. I. p. 276): «Quecksilber wird fixiert in der ihm wesensgleichen Wolke.» Und III. XXI. 3. p. 175: «Hermes: Zerreibe die Wolke in der Sonne.» Und III. XX. 3. p. 173. AGATHODAIMON: Die in potentia seiende Wolke bearbeitet das in potentia seiende Erz, und sie sind miteinander befreundet. Vgl. ebda. die Aussprüche von MARIA über die Wolke.

9. Compiliert im 7.–8. Jahrhundert. E. v. LIPPMANN, Alchemie Bd. II, p. 29–30 oder 4tes? ebda. I, p. 95. Sie wurden ediert von GUENTHER GOLDSCHMIDT: Heliodori carmina IV ad Fidem Codicis Casselani. Religionsgesch. Versuche und Vorarbeiten XIX. Band, 2. Heft, Tübingen 1923. Nach ihm sind diese Carmina zwischen 716–717 compiliert.

10. ed. Ruska a. a. O. p. 152.

(Metalle) mit einem *«alten schwarzen Geist»* quälen, bis sie sich wandeln. Die Nigredo ist nach den meisten alchemistischen Texten das Resultat einer ersten Vereinigung der Gegensätze und insofern einer ersten Operation, und da eine solche in unserer Parabel nicht geschildert ist, muß man wohl annehmen, daß hier *die Nigredo das Resultat des in den vorhergehenden Kapiteln Dargestellten sei, mit anderen Worten, das Resultat des Zusammentreffens des Autors mit der Sapientia Dei.* Dies bedeutet psychologisch einen Zusammenstoß seines Bewußtseins mit dem als Frau personifizierten Unbewußten. Was die vorliegende Beschreibung der Nigredo von anderen alchemistischen Parallelen unterscheidet, liegt in dem Umstand, daß der Autor viel stärker persönlich davon erreicht zu sein scheint, so daß ein unerwartet intensives Leiden und Innewerden der eigenen Dunkelheit hervortritt [11]. In den mystischen Texten derselben Zeit ist dieser persönliche Aspekt viel weniger fühlbar. Der Zustand ist zwar von einigen anderen ebenfalls beschrieben worden, so z. B. von RICHARD VON ST. VICTOR, der diese «Überschattung» durch das Unbewußte sehr schön als ein Überhandnehmen der *imaginatio* über das Licht der ratio, der Vernunft, beschrieben hat. Er sagt [12], die «imaginatio» sei nichts anderes als ein *Bild* des Körpers, das von außen durch die Sinne in der Berührung mit den Körpern konzipiert und dann nach innen zu dem reineren Teil des Körpergeistes (Lebensgeist) geführt und diesem eingeprägt werde. Die anima rationalis sei ein unkörperliches Licht, die imaginatio hingegen, insofern sie ein Bild des Körpers darstelle, sei Schatten (umbra!). Wenn also die imaginatio bis zur Vernunft aufsteigt wie ein Schatten, der zum Licht kommt und das Licht überwältigt, so wird sie (die Imagination) manifest und genauer umrissen – jedoch nur soweit, bis sie zum Lichte kommt; sofern sie es hingegen überwältigt, überschattet sie das Licht, hüllt es ein und bedeckt es. (Das resultiert aus) einer affectio imaginaria, durch welche die Seele infolge des Kontaktes mit dem Körper affiziert ist. Wenn Gott von oben die Ratio beeinflußt, so entsteht die Sapientia (Weisheit), wenn die Imaginatio sie *von unten* beeinflußt, entsteht Scientia (Wissenschaft).

In dem von der Aurora beschriebenen Vorgang ist im Gegensatz zu obiger Darlegung jene Einwirkung von oben und von unten koïnzident,

---

11. Vgl. die nachfolgenden Textstellen.
12. Un. P. L. tom. 177 col. 285 ff. von mir übersetzt.

so daß auch Sapientia und Scientia im Text einander gleichgesetzt sind. Durch das Herabsteigen der Sapientia Dei zum Adepten ist eine Auslöschung von dessen bisherigem Bewußtsein erfolgt, eine «Verfinsterung des Lichtes», d. h. ein Zustand völliger Desorientierung und Depression [13]. Die Aurora beschreibt den Vorgang, wie er *natürlich und unmittelbar erlebt wird,* als ein Einbrechen des Unbewußten, in welchem Geist und Trieb, Gutes und Böses, Weisheit und Wissen ununterscheidbar beieinander sind.

In den nachfolgenden Partien ist oft nicht mehr erkennbar, wer eigentlich spricht; bald scheint es der Artifex bzw. der Autor selber zu sein, bald die Arkansubstanz, resp. der ihr innewohnende Geist; und es bleibt oft undeutlich, ob dessen männliche oder weibliche Personifikation, sponsus oder sponsa, sprechen. Man erhält den Eindruck, als ob der *Verfasser, seiner «wahren Imagination* [14]*» freien Lauf gebend, manchmal die Stimmen des Unbewußten direkt aus sich heraussprechen ließe, um sich nur zeitweilig mit dem Ichbewußtsein am Gespräch zu beteiligen.*

Text: ... die Wolke ... die meine Seele bedeckte, und weil die Wasser bis zu ihr (der Seele) eingedrungen waren, weshalb sie faulig und verderbt wurden vom Anblick der untersten Hölle und vom Schatten des Todes, da die Flut mich ersäuft hat.

13. Die mittelalterliche mystische Schrift «De adhaerendo Deo» beschreibt, wie die Verfinsterung «caligo» die erste Stufe der Kontemplation darstelle. (De adhaerendo Deo. ALBERTI MAGNI Opera ed. Borgnet Vol. 37 p. 533.) Es steht dort überhaupt vieles, welches an die Aurora anklingt, so z. B. daß der Kontemplierende sich von der Welt ablösen müsse und dann diese «a longe prospicit» als ob sie nichts seien. (Ebda: Ex qua contemplatione anima inardescit ad bona coelestia et divina et ad aeterna, et omnia temporalia a longe prospicit tamquam nihil sint.) Er löst sich stufenweise auf dem Weg des Sich-Entfernens (via remotionis) von den sinnlich wahrnehmbaren Dingen ab, von den imaginierten Bildern, von den Intelligiblen bis zum letzten Sein selber, das in den Kreaturen verbleibt. «Und das ist die finstere Wolke (caligo), in der Gott wohnen soll und in die Moses hineinging, und durch sie hindurch zum unnahbaren Lichte. Aber nicht kommt zuerst, was geistig ist, sondern was animalisch ist (1. Cor. XV, 46.) und deshalb muß man in der üblichen Reihenfolge vorgehen von der aktiven Anstrengung zur Ruhe der Kontemplation usw.» (ebda.: «Et haec *caligo* est quam Deus inhabitare dicitur, quam Moyses intravit ac per hanc ad lumen inaccessibile.» Die Schrift stammt nicht von ALBERTUS, sondern vermutlich von einem Mönch vom Ende des 14. oder Anfang des 15. Jahrhunderts. Vgl. F. Pelster, l. c. p. 172, Anm. 1. und ULR. DAEHNERT, Die Erkenntnislehre des Albertus Magnus, Leipz. 1934, p. 232-233.
14. Vgl. zu diesem Begriff C. G. JUNG, Psychologie und Alchemie a. a. O. p. 351 ff.

172 Hier spricht der Text von den Wassern, welche bis zur «Seele» in die unterste Hölle eingedrungen sind und putrefiziert wurden vom Anblick des Abgrundes. Vorher hieß es wörtlich: bis zu «meiner» Seele, und es wird somit plötzlich unklar, ob immer noch der Verfasser selber oder die Materia, welche «die Flut ersäuft» hat, spricht. Es ist offenbar eine Vermischung eingetreten, *in welcher der Autor mit dem Stoff in der Retorte völlig eins geworden ist.* Auch durch die nachfolgenden Psalmstellen wird erkennbar, daß die eingetretene Nigredo einer seelischen Notlage des Alchemisten *und* der Seele in der Materie entspricht, und daß sie in einem tiefen, reuevollen Sündengefühl besteht. Dieser «moralische» Aspekt der Nigredo findet sich ähnlich bei SENIOR, welcher die «Materie der Schwärze» (materia nigredinis) als «tenebras animae» (Finsternisse der Seele) oder noch deutlicher als «malitia» (moralische Schlechtigkeit) bezeichnet [15]. In der patristischen Literatur ist «caligo tenebrarum», «nebula» fast immer als Bild der Sünde, des Teufels und des Todes verwendet [16]; doch sagt andererseits GREGOR DER GROSSE: die dunklen Entscheidungen Gottes seien wie Finsternisse [17]. Auch in der Aurora werden später die Elemente der Nigredo als «Finsternisse unseres Geistes» oder als «Accidentien der Seele» bezeichnet [18]. An sich war schon in der Spätantike die Flut zum Bild der verderblichen ἀγνωσία (= fehlende Erkenntnis über Gott und sich selbst = Unbewußtheit) geworden. So heißt es z. B. im siebenten Traktat des *Corpus Hermeticum* [19]: «Die Schlechtigkeit der ἀγνωσία (Unbewußtheit) *überflutet* die ganze Erde und reißt die im Körper eingeschlossene Seele mit ins Verderben...

---

15. De Chemia a. a. O. p. 40. Vgl. auch die kirchliche Deutung der «Sünde», welche «wie Nebel» alle Menschen umhüllt: HONORIUS VON AUTUN P. L. 172 col. 929: *Nocti quippe mortis et miseriae,* quae a peccato Adae incohans *cunctos sua caligine involvit,* haec sacra nox (scil. resurrectionis) finem imposuit. Vgl. auch Gregorius Magnus l. c. col. 875: umbra mortis = oblivio mentis.

16. Vgl. F. BOEHMER, Der Neuplatonismus usw. Klass. phil. Studien ed. E. Bickel, Heft 7, Leipz. 1936. p. 51 ff., wo eine reiche Sammlung von Stellen bezügl. der Wörter: caligo, nubilum ignorantiae usw. zu finden ist.

17. Moralia IV In cap. III in Job. cap. XVI: Occulta Dei Judicia quaedam tenebrae sunt (P.L. tom LXXV). Vgl. auch die S. THOMAS bekannt gewesene Anschauung von AUGUSTINUS III De Genesi ad litt: aer caliginosus est quasi carcer daemonibus usque ad tempus iudicii cit. von THOMAS VON AQUIN in Summa theol. editio Leonina, Pars I. Quaest 64. Art. 4.

18. Text p. 76 und 78.

19. ed.W. SCOTT. Oxford 1925, Bd. I p. 170–171. Vgl. R. REITZENSTEIN, Poimandres, Leipzig, 1906, p. 9 ff.

Lasset euch nicht hinabreißen von der großen Flut... sucht wenn möglich den Hafen der Erlösung zu erreichen... sucht euch einen Führer, der euch bis zu den Toren der Erkenntnis (γνῶσις) geleitet, wo das helle Licht ist, rein von aller Finsternis... wo ihr durch das Herz schauen werdet Den, der gesehen werden will (Gott).» Hier hat die Flut die «moralische» Nebenbedeutung von Unbewußtheit, Schuld und Gottferne. In ihr wohnt nach patristischer Auslegung der Teufel, der «Vater der Finsternis» und Fürst dieser Welt, der für den Christen die Stürme des «tierisch wilden und bitteren Meeres» erregt. Ich kann hier auf die eindrucksvolle und gründliche Sammlung der antiken und patristischen Belegstellen in HUGO RAHNERS Antemna Crucis II (Das Meer der Welt) [20] verweisen.

Nach der Begegnung mit der erhabenen Animagestalt, die den Autor in eine ekstatische Begeisterung, aber auch in eine Inflation versetzt hatte, ist eine Enantiodromie erfolgt, und es hat sich *nun der Schatten konstelliert* [21]. JUNG sagt zu einer entsprechenden Situation in «Die Psychologie der Übertragung» [22]: es sei dies «eine Art ‚descensus ad inferos', ein Abstieg zum Hades und eine Fahrt ins Geisterland, also in ein Jenseits dieser Welt, d. h. des Bewußtseins». Dies geschehe «durch das Heraufkommen des chthonischen, feurigen Mercurius, d.h. einer vermutlich sexuellen Libido, welche das Paar überschwemmt [23]». Der alchemistische Mercurius wäre in diesem Sinn eine chthonische Entsprechung der Sapientia Dei. Es ist vielleicht nicht unwichtig, sich zu erinnern, daß in der Offenbarung Johannis das Weib von einem *Drachen verfolgt wurde, der sie nicht erreichte und dem sie entweichen konnte* (damit hängt wohl die nachfolgende Entrückung ihres Sohnes zusammen). Der Drache symbolisierte dort die untere Schöpfung, die Materie, die Wirklichkeit und die Verwirklichung. Was für eine Rolle der Drache als Symbol des Mercurius in der alchemistischen Bilderwelt spielt, ist wohl genügend bekannt. In der oben zitierten Stelle aus den Carmina HELIODORI [24] entsteht die *schwarze Wolke* durch die Schlachtung des Drachen

---

20. Zeitschrift für Kathol. Theologie, Bd. 66, 1942, Innsbruck-Leipzig, p. 112–113 ff. Für die Bedeutung vgl. JUNG, «Die Psychologie der Übertragung», p. 139.
21. Vgl. JUNG, «Die Psychologie der Übertragung», p. 161–162.
22. Ebda. p. 135–136.
23. Es handelt sich um ein Bild, in welchem das Paar im Bade sitzt, vorher hatte sich die Taube des Hl. Geistes auf sie herabgelassen.
24. Vgl. oben p. 201.

– in unserem Text hingegen scheint sie durch das Herabsteigen der Sapientia in die Menschenwelt entstanden zu sein, bzw. durch ihre Begegnung mit dem Verfasser der Aurora. Vielleicht darf man dieses Herabsteigen der Sapientia mit dem «Absturz der Sophia» vergleichen, der in verschiedenen gnostischen Texten beschrieben ist. Vom Unbewußten, vom Pleroma, d. h. der Welt der Archetypen her gesehen, bedeutet das Bewußtwerden eines archetypischen Inhaltes im Menschen für ersteren eine Art von Absturz aus dem Reich des Geistes in die Finsternisse des psychophysischen Lebensbereiches des Menschen; m. a. W. die göttliche Sapientia nähert sich der finsteren Enge des menschlichen Erfassens, und umgekehrt fühlt sich das menschliche Ich seinerseits in der benebelnden Unbestimmtheit der archetypischen Geisteswelt gefangen, darum weiß man im Text nicht mehr, *wer* nur zusieht und *wer* um Erlösung ruft.

174 Text: Dann werden die Äthiopier vor mir niederfallen, und meine Feinde werden meine Erde lecken. Deshalb ist nichts Gesundes an meinem Leib, und vor dem Anblick meiner Sündhaftigkeit sind meine Gebeine erschrocken.

175 In diesem Zusammenhang werden Äthiopier erwähnt, welche «vor mir niederfallen» und Feinde, welche «meine Erde lecken». Im biblischen Kontext handelt es sich um eine Huldigungsszene, hier hingegen erhält man eher den Eindruck, daß es sich um einen Einbruch von Feinden handelt, zumal der «Äthiopier» ein auch sonst vorkommendes Bild der alchemistischen Nigredo ist und in den meisten Texten negative Bedeutung hat [26]. So heißt es z. B. im sog. *«Scriptum Alberti super arborem Aristotelis* [27]*»:* Man solle die Materia reinigen und destillieren, bis das «schwarze Haupt [28]», das einem Äthiopier gleiche, gut gewaschen sei und weiß zu werden beginne. – Auch in der «Chymischen Hochzeit» des CHRISTIAN ROSENCREUTZ tritt ein Mohr als Symbol der Nigredo auf [29].

25. Vgl. z. B. die *Turba*-Stelle (l. c. p. 162): «Effodiatur igitur sepulcrum illi Draconi et sepeliatur illa mulier cum eo, qui cum ea fortiter vinctus muliere muliebribus armis ... in partes secatur ... et totus vertitur in sanguinem.»
26. Vgl. z. B. Nic. MELCHIOR CIBINENSIS, Addam et processum sub forma missae. Theatr. Chem. 1602, Bd. III, p. 853. Vgl. JUNG, Psychologie und Alchemie, p. 536 und p. 542 ff.
27. Theatr. Chem. 1602, Bd. II, p. 526. JUNG, Psych. u. Alchemie, p. 542.
28. Wie das «caput corvi» ein Symbol der Nigredo.
29. Ich verdanke diese Hinweise Prof. JUNG. Vgl. auch JUNG Mysterium Coni. Vol. I, p. 186 ff.

In der patristischen Literatur gelten die «sündenschwarzen [30]» Äthiopier als Inbegriff der «gentiles», d. i. als Symbol des heidnischen Geistes. Da man annehmen muß, daß dem Verfasser der Aurora solche Auslegungen wohl bekannt waren, scheint es möglich, *daß er von dem nichtchristlichen Charakter der jetzt im Opus auftauchenden Inhalte eine Ahnung gehabt hätte,* und daraus ist wohl auch das aus den nachfolgenden Psalm-Zitaten deutlich werdende Schuldgefühl zu erklären. Es handelt sich um ein Heraufkommen des «Schattens», der alle jene Phantasien und Impulse mit sich bringt, die dem christlich orientierten Bewußtsein sündhaft und erschreckend scheinen [31].

Die Wasser, die nach dem Text bis ins Erdzentrum hinabdringen, stellen psychologisch eine Auflockerung des Gesamtgefüges der Persönlichkeit, bzw. eine *Dissoziation* dar [32]. Das Schuldgefühl des Autors beruht aber nicht nur auf dem Überwältigtsein [33] vom Schatten und von den heidnischen Phantasieinhalten des Unbewußten, sondern auch darauf, daß (wie schon erwähnt) vorher eine *Inflation eingetreten war*. Die Kontamination der Psyche mit den überpersönlichen Inhalten des kollektiven Unbewußten, welche durch die Begegnung mit der Sapientia Dei veranlaßt wurde, hatte nämlich die Persönlichkeit insofern beschädigt, als eine «unreine» Vermischung von Erde (d. h. der Realität bzw. des Wirklichkeitsbewußtseins) mit dem Meer (dem kollektiven Unbewußten) eingetreten war [34].

176

30. «denigrati peccato». EPIPHANIUS Panar. 26. 16. Vgl. auch weiteres Material M. V. FRANZ, Passio Perpetuae in C. G. JUNG, Aion, p. 467 ff. Vgl. ferner H. RAHNER, Antemna Crucis II. l. c. p. 110–113.
31. Vgl. auch die Bemerkung von AVICENNA, De anima l. c. cap. 4: Item bonorum morum imaginari concupiscentias turpes, non tum vult illas, alius autem vult et hae duae dispositiones non sunt solius hominis sed etiam omnium animalium.
32. Dem entspricht z. B. die Auflösung des Gabricus im Leibe der BEYA in Atome, wie sie in der *Visio Arislei* beschrieben wird. Vgl. hiezu C. G. JUNG, Psychologie und Alchemie l. c. p. 458 f. und ders.: Die Psychologie der Übertragung, l. c. p. 135.
33. Man kann eigentlich hier nicht von einer Begegnung oder Confrontation mit dem Schatten sprechen, sondern eher von einer Überwältigung durch ihn.
34. Vgl. JUNG, Psychologie der Übertragung, l. c. p. 157 und p. 164–166: «Mit der Integration von Projektionen, welche der bloß natürliche Mensch in seiner noch ungehemmten Naivität als solche nicht erkennen kann, weitet sich die Persönlichkeit in einem derartigen Masse aus, daß die normale Ichpersönlichkeit in hohem Grade ausgelöscht wird, d. h. es entsteht eine positive oder negative Inflation ... Auf alle Fälle bedeutet die Integration von Inhalten, die immer unbewußt und projiziert waren, eine ernsthafte Laesion des Ich. Die Alchemie drückt dies durch die Symbole von Tod, Verwundung oder Vergiftung aus ... Wie die Alchemie aussagt, bedeutet der Tod zugleich Conception des filius Philosophorum ....»

177 Text: Deshalb habe ich mich müde geschrieen in allen Nächten, mein Hals ist heiser geworden: Wer ist der Mensch, der da lebt, wissend und verstehend, und der meine Seele aus der Hand der Unterwelt errettet? Wer mich erleuchtet, wird das Leben haben, und ich will ihm zu essen geben von dem Holz des Lebens, das im Paradiese ist, und ihn teilhaben lassen am Thron meines Reiches.

178 Zugleich ist die Nigredo das Offenbarwerden der Unvollkommenheit des Stoffes, welcher der Bearbeitung bedarf, um zu Gold zu werden. Deshalb ruft die Materia um die Hilfe eines Menschen, der wissend und verstehend ihre Seele aus der Unterwelt errette. Einem solchen Erlöser verheißt sie als Lohn das ewige Leben, die Früchte vom Baume des Lebens, und sie verspricht ihm sogar mit den Worten Gottes in der Apokalypse «das Reich». Damit erweist sich eindeutig, *daß die in Not befindliche und um Hilfe rufende Materia, resp. deren verborgener Geist oder Seele, wirklich nichts anderes ist, als die in den früheren Kapiteln als Sapientia Dei auftretende Frauengestalt!* Die Textworte aus den «Sprüchen» (II, 3–5): «Wer mich ausgräbt wie Silber...» usw., sind nämlich in der Bibel auf die Sapientia Dei bezogen. Nach der Auffassung unseres Textes ist die Weisheit somit nicht nur, wie in der Bibel, zu den Menschen werbend hinabgestiegen, sondern sie ist *bis in die Materie versunken* und dadurch selber in Not und Finsternis geraten. *Es ist ein paralleles oder koinzidentes Geschehen, in welches der Alchemist und die Sapientia Dei sich gegenseitig verstrickt haben.* Er ist in die Dunkelheit des Unbewußten hinabgesunken, aber auch für die Luminosität des Archetypus bedeutet die Annäherung an die Wirklichkeit des Menschen eine Verdunkelung, und die göttliche Sapientia hat sich in die Tiefe der menschlich-stofflichen Wirklichkeit hinab verirrt.

179 Text: «Wer mich ausgräbt wie Silber und mich erwirbt wie einen Schatz und die Tränen meiner Augen nicht trübt und mein Gewand nicht verspottet und meine Speise und Trank nicht vergiftet...»

180 Die um Hilfe rufende, im Stoff verborgene Sapientia Dei bittet nun, der Alchemist möge ihre Speisen nicht vergiften, und später heißt es, er möge ihr Lager nicht entweihen, ihren Körper und ihre «Throne» nicht verletzen und ihr Gewand nicht verspotten, wodurch ihre Unscheinbarkeit und Schwäche deutlich unterstrichen sind. Die Angst der «anima»

vor Entweihung und Verletzung bezieht sich wahrscheinlich auf die von den Alchemisten öfters erwähnte Gefahr, daß man durch zuviel Feuer (nimio igne) oder sonstige allzu gewaltsame Reinigungsverfahren die «materia prima» zerstöre, statt sie abzuwaschen ³⁵. Psychologisch könnte dies wohl als ein zu intensives Ans-Licht-Zerren-Wollen der unbewußten Inhalte gedeutet werden. Letztere wollen nämlich mit einem gewissen Taktgefühl behandelt sein, wobei jedes Entweder-Oder zu vermeiden ist. Im Schatten und in der Anima sind positive Werte enthalten; noch unentwickelte Keime, die mit einer gewissen verhüllenden Rücksicht behandelt werden müssen.

Das Gewand, das nicht verspottet werden darf, bedeutet alchemistisch gesprochen, den «Schatten des Erzes», bzw. gewisse Dunkelheiten, deren Entfernung als Vorbereitung zum Werk schon in der griechischen Alchemie eine Rolle spielte ³⁶. In dem Carmen Archelai aus den Carmina HELIODORI ³⁷ wird die Nigredo als «Mauerumwallung wie die Schwärze der Finsternis» (τείχισμα ὡς μέλανσις σκότους) bezeichnet, als ein Nebel (ἀχλύς), der vom Alchemisten aufgelöst werden soll. Und im vierten Gedicht desselben Werkes ³⁸ heißt es, «der Körper solle aus der Finsternis, dem Hades, hervorkommen... und den Nebel der Dunkelheit von sich werfen» und das «Gewand der Vergänglichkeit» (χιτῶνα φθορᾶς) ablegen ³⁹. Dies geht auf die ursprünglich orphische, in der Spätantike verbreitete Anschauung vom Körper als Grab der Seele

---

35. Vgl. Aurora Cons. II, Art. Aurif. 1610, I, p. 151. – So sagt die *Turba:* (a. a. O., p. 216, Lat. p. 138) «Hütet euch sie (Braut und Bräutigam) in die Flucht zu schlagen, indem ihr sie in allzu heißem Feuer verbrennt. Verehret den ‚König' und seine ‚Gattin' und wollet sie nicht verbrennen, da ihr nicht wißt, wann ihr jene (Dinge) braucht, die den König und seine Gattin veredeln.» Vgl. auch p. 121: «Et cavete ignis intensionem. quoniam si intendatis ignem ante terminum rubeum fit, quod nihil vobis prodest, eo quod in initio regendi vultis albedinem.» Schon OLYMPIODOR (BERTHELOT, Coll. Alch. Grecs II, IV, 8, Vol. I. p. 73) warnt vor übertriebener ἐκπύρωσις (Feuerbehandlung).
36. Vgl. Pelagios, Berthelot, Coll. Alch. Grecs. IV, I. Vol. I. p. 253 und III. XIV. Vol. I. p. 182. Auch das arabische «Buch der Alaune und Salze» (ed. Ruska a. a. O. p. 71) fordert als materia prima ein Erz ohne Schatten, quod umbram non habet. Derselbe Begriff findet sich auch in der *Turba* (ed. Ruska a. a. O. p. 154, 156, 160), welche ihn aus dem Buch des KRATES übernommen zu haben scheint. (ebda. p. 36).
37. ed. GOLDSCHMIDT a. a. O. p. 55. Carmen IV, Vers 170–171.
38. ebda. p. 56. Carmen IV, Vers 214.
39. Dieser letztere Ausdruck stammt aus der spätantiken Mystersprache und findet sich ähnlich auch bei PAULUS. Vgl. R. REITZENSTEIN, Hellenistische Mysterienreligionen, II. Aufl. 1920, p. 204 ff.

(σῶμα – σῆμα) zurück [40]. Auch in dem oben zitierten Traktat des *Corpus Hermeticum,* in welchem die Seele gemahnt wurde, sich aus der Flut der Unbewußtheit (ἀγνωσία) zu retten, heißt es weiter [41]: «Zuvor aber mußt du das Gewand, das du trägst, zerreißen, das *Gewebe der Unbewußtheit* (ἀγνωσίας), das *Verfestigte der Schlechtigkeit,* die *Fessel des Verderbens,* den *dunklen Umhang,* den *lebenden Tod,* den *sichtbaren Leichnam,* das *umgelegte Grab,* den *inneren Räuber* [42].» Später ist in der Aurora ebenfalls von einem Kerker die Rede und von den «Riegeln der Hölle, die zerbrochen werden müssen». So muß man das Bild des Gewandes oder Bettes auch «chemisch» als den «Körper des Erzes» verstehen, aus dem die flüssige «Metallseele», bzw. das Wasser, herausgeschmolzen oder destilliert wird [43]. Psychologisch dürfte es sich um einen «Durchbruch» zum eigensten inneren Wesen (zum Selbst) handeln. Deshalb verheißt ein Logion Jesu die Erlösung dann, «wann ihr die Hülle der Scham mit Füßen getreten habt und wenn die Zwei eins sein werden und das Auswendige wie das Inwendige und das Männliche mit dem Weiblichen, weder Männliches noch Weibliches [44]».

Das Ablegen der Gewänder sowie der «vestis tenebrosa» als abzustoßender materia prima spielte in den spätern alchemistischen Parabeln – besonders in Anlehnung an die Canticum-Stelle V, 3: «Exspoliavi me

---

40. Vgl. PORPHYRIUS, De antro nympharum. c. 14. (σῶμα = χιτῶν). Vgl. z. B. auch das «Buch der Ringsteine» von ALFARABI, 22. 71. 5: «Du hast infolge deiner selbst einen Schleier, abgesehen von der Bekleidung deines Leibes, und daher beeile dich, ihn abzustreifen, damit du das Ziel (Gott) erreichst...» Vgl. ferner dasselbe Bild bei AMBROSIUS, Hexaemer. VI. 6. Migne P. L. XIV. col. 256 C, D. und GREGORIUS MAGNUS, Moral. V. 38. IX, 36. Migne, P. L. tom. 75. col. 718, 891 ff.
41. ed. Scott l. c. Bd. I. p. 172–173.
42. Letzterer entspricht den «Aethiopiern und Feinden» der Aurora.
43. Völlig parallel zu diesen Vorstellungen ist die kirchliche Bezeichnung des Körpers Christi als «umbra» oder «nubes carnis» oder «vestis», welches den Glanz seines Geistes dämpft». – HUGO VON ST. VICTOR Migne P. L. tom. 183. Sermo in Cant. XX, 7. col. 870: *Umbram* siquidem *Christi carnem reor esse* ipsius de qua obumbratum est et Maria (Luc. I. 35.) ut eius obiectu fervor splendorque spiritus illi temperaretur. (Ich halte nämlich das Fleisch Christi für den Schatten desselben, von dem [sc. Schatten] auch Maria überschattet wurde.) Und: HONORIUS VON AUTUN, Speculum de myst. Ecclesiae. Migne P. L. tom. 172. col. 937, und BERNHARDUS CLUNIACENSIS, De visitatione Beatae Mariae Virg. (ZOOZMANN a. a. O. p. 256): Hac in domo / Deus homo / fieri disposuit. / Hic Abconsus / Pius Sponsus / *Vestem suam induit.* RICHARD VON ST. VICTOR nennt jene oben beschriebene Imagination ein Gewand oder Fell, das die Ratio umhüllt. Un. Migne P. L. tom. 177, col. 285 sq.
44. CLEMENS ALEXANDRINUS, Strom. III. 13. 92. Migne, Pat. Graeco-Lat. tom. VIII, col. 1193. Vgl. weitere Parallelen hiezu in C. G. JUNG, Aion l. c. p. 473.

tunica mea, quomodo induar illa» – eine wichtige Rolle, für die ich auf die Ausführungen von JUNG verweise[45]. Besonders in der von ihm angeführten Parabel des HENRICUS MADATHANUS[46] im Musaeum Hermeticum, dem «Aureum saeculum redivivum[47]», sind die schmutzigen, übelriechenden Kleider der späteren «Braut» ein Symbol für die materia prima des Werkes[48]. Es erscheint dort dem Laboranten im Traum eine alte Frau, die ihn mahnt, diese Kleider nicht zu verachten, so daß er sie, ohne ihren Sinn zu erkennen oder sie reinigen zu können, solange bei sich aufbewahrt, bis er endlich den Schlüssel, das lixivium (= Waschmittel), womit er sie reinigen und präparieren soll, findet, worauf er die Braut, die schönste der «Tauben» aus Salomons Harem, gewinnt. Wahrscheinlich ist diese Parabel nicht unabhängig von unserem Text[49]. Auch im *Sohar* wird die alte abzulegende Einstellung öfters symbolisch als schmutziges Gewand bezeichnet[50].

Dieses «schmutzige Gewand» bedeutet wohl ein «Ausgeliefertsein an autoerotische Affekte und Phantasien», die im Zustande der Nigredo, der Auflösung des Bewußtseins, überhandzunehmen drohen[51]. Aber diese dunklen Komponenten verhüllen wie ein Gewand ein Überpersönliches, das nicht um ihres unerfreulichen Aspektes willen mit ihnen zusammen verworfen werden darf. Da die Animagestalt so angstvoll um Schonung bittet, könnte man vermuten, daß das Bewußtsein des Verfassers eher «puritanisch» und intellektuell eingestellt war, so daß die Gefahr bestand, er könnte die auftauchenden unbewußten Inhalte wegen ihrer mißverständlichen Außenseite verwerfen, ohne den hinter ihr liegenden Sinn zu erfassen.

Text: (Wer) mein Ruhelager nicht durch Hurerei entweiht und auch meinem Körper, der sehr zart ist, nicht Gewalt antut, und vor allem wer meine Seele, die ohne Bitterkeit ganz schön und rein ist und an der sich kein Makel

---

45. Vgl. auch JUNG, Myster. Coni. Vol. I. p. 51 und 52.
46. Vgl. ebda. Vol. I. p. 52 Fußnote.
47. Vgl. ebda. Vol. I. p. 52 ff.
48. Obscoenae inquinatae obsoletaeque quidem vestes illius sunt, purgabo tamen illos et ex corde illam amabo. Sitque mea soror, sponsa mea cum uno oculorum meorum.
49. Vgl. auch die zahlreichen Cant. citate und bes. p. 69 die Anspielung auf die Aurora und den Epilog p. 72, wo sich der Autor als einen «frater Aureae crucis» bekennt.
50. Der Sohar ed. E. Müller l. c. p. 151–152: Das Gewand ist auch die Sephira «Krone».
51. JUNG, Psychologie der Übertragung, p. 171.

findet, nicht verletzt und meine Sitze und Throne nicht beschädigt ... er, nach dessen Liebe ich lechze usw.

185 Eine ähnliche Bedeutung wie das Gewand, das nicht verspottet werden soll, hat auch «das Ruhelager, das nicht entweiht werden darf». Das Bett (lectulus) ist der Raum, in welchem die Coniunctio der Substanzen stattfindet – ein Synonym des Gefäßes. So kommentiert ROSINUS [52] den Text: et in lectulo eorum nupserint (und in ihrem Bett sich verheirateten) mit «d. h. sich in ihrem Gefäß vermischten» usw. Das Gefäß muß in der Alchemie mit dem lutum Sapientiae [53] versiegelt werden und darf ebenfalls nicht durch übertriebenes Erhitzen zersprengt werden, und es stellt wie das «Haus» oder der «Tempel» ebenfalls den Körper dar [54]. Eine ähnliche Bedeutung haben die «Sitze und Throne», welche die «Braut» in unserem Text erwähnt. In einer Erläuterung der Figura SENIORS, einer auf einer Kathedra (Thron oder Lehrstuhl) sitzenden Hermesgestalt, heißt es ausdrücklich, die Kathedra sei das Gefäß, d. i. der Ort der Verwandlung [55]. Andererseits bedeuten die «throni» in der *Turba* die «Engelsmächte [56]». Als solche stellen sie «Geister» dar, dienende spiritus, Begleiter der Anima- oder Sponsagestalt, welche ebenfalls nicht durch allzu heißes Feuer zerstört werden sollten. Sie sind vermutlich identisch mit den später im Text erwähnten 24 Ältesten der Apokalypse. Der «Stein» muß durch sie hindurch zirkulieren, und so bedeuten sie gleichsam notwendige Ingredienzen im Werk. Psycholo-

52. ROSINUS ad Sarratantam, Artis Aurif. 1610 I, p. 191.
53. Lehm der Weisheit. Vgl. z. B. ALBERTUS MAGNUS, De mineralibus 4. 1. 7. Opera ed. Borgnet. vol. V. p. 93.
54. Vgl. JUNG, Mysterium Coni. Vol. I p. 167.
55. De Chemia, p. 122: Cathedra significat locum operationis et formam vasorum, quod est intus.
56. RUSKA a. a. O. p. 32 zur Turbastelle: «Ex his igitur quatuor elementis omnia creata sunt, coelum, *thronus*, angeli, sol, luna, stellae terra' usw. Bekanntlich heißt Gott im Koran der ‚Herr des erhabenen Thrones'. Nachdem Allah Himmel und Erde geschaffen hat, setzt er sich auf den Thron, um die Welt zu regieren. Berühmt ist der ‚Thronvers'. Sure 2, 256: ‚Weit reicht sein Thron über die Himmel und die Erde, und nicht beschwert ihn beider Hut'. Engel tragen den Thron und umkreisen ihn. In den Fassungen B und C ist ‚thronus' in ‚throni' verwandelt worden, weil die Bearbeiter den islamischen Begriff nicht verstanden und das Wort auf eine Gruppe von Engeln bezogen, die in der christlichen Engellehre als ‚throni' bezeichnet werden.» – Die «throni» sind eine ursprünglich jüdische Vorstellung. Vgl. Daniel 7. 9. Matth. 19. 28 Apok. XX. 4. Kol. I. 16. Sie gehören zu den ἀρχαὶ und κυριότητες.
Vgl. W. SCOTT, Hermetica Bd. III p. 512.

KOMMENTAR 213

gisch verkörpern sie *autonome Inhalte des kollektiven Unbewußten, welche um und durch die Anima konstelliert sind* 57. Letztere erscheint gleichsam umgeben von einer ans Licht des Bewußtseins drängenden Gruppe schöpferischer Inhalte. Diese stehen in Gefahr, vom Alchemisten zerstört zu werden; sie sind vermutlich inkompatibel mit seiner Bewußtseinseinstellung oder zum mindesten schwer mit ihr vereinbar.

Nicht nur der «Körper des Erzes», das hieße der inferiore Mensch, sollte durch ein allzu heftiges Reinigungsverfahren beschädigt werden, auch dessen Geister nicht und – wie es heißt – vor allem auch nicht dessen «Seele 58». 186

Eine Beifügung in einer Handschrift (die wohl eine in den Text geratene Glosse wiedergibt) bezeichnet die Sprecherin unseres Textes mit dem typischen Marienattribut «columba», Taube, und preist ihre Reinheit (sine felle = ohne Galle und «in qua macula non est», an der kein Makel ist) 59. Die weiße Taube ist uns schon in der erwähnten Stelle von JOANNES GRASSEUS als Bild der im Stoff verborgenen Seele begegnet, so daß sich an dieser Textstelle *nun eindeutig erweist, daß jetzt die Seele in der Materie die Sprecherin ist*. Die Bezeichnung «ohne Galle» bedeutet «ohne Bitterkeit» und ist eine Anspielung auf die Symbolik der amaritudo, für deren Bedeutung ich auf JUNGS Ausführungen verweise 60. Die «amaritudo» ist hier als ein «accidens» geschildert, welches dem innersten Kern der Seele der materia nicht anhaftet, sondern eigent- 187

---

57. Vgl. auch das Märchenmotiv der von Zwergen umgebenen Animagestalt in «Schneewittchen».
58. Interessanterweise warnt MEISTER ECKHARDT in ähnlicher Form vor einer unrichtigen d. i. gewaltsamen Liebe zur Sapientia Dei. Vgl. G. THERY, Le commentaire du livre de la sagesse de maître ECKHARDT. Archives d'histoire doctrinale et littéraire du moyen-âge. tom III und IV, 1928 und 1929. Für diese Stelle bes. Vol. III p. 268. Notandum est quod omnis actio efficientis gravis est et molesta nisi ipsi passo conferatur vis aliqua et imprimatur, qua vi cooperetur, formaliter inhaerente, ipsi suo agenti sive efficienti. «Violentum enim est, cuius agens est extra, non conferente vim passo.» Sic ait Philosophus III Ethic... et hec est racio propter quam motus violentus in fine remittitur, naturalis vero in fine intenditur. Natura enim est vis insita rebus. Vgl. hiezu ST. THOMAS. De coelo et mundo lib. I lect. 17 u. lib. II lect. 8.
59. Vgl. hiezu WOLBERONIS Abbatis Com. in Cant. Cant. Migne P. L. tom 195. col. 1086: Felle caret, quo spiritualiter quoque sponsa Christi carere debet ut secundum Apostolum: Omnis amaritudo et ira et clamor et blasphemia tollatur... cum omni malitia (Ephes. IV). Die Taube ist auch die Kirche. Vgl. HONORIUS VON AUTUN, Migne, P. L. tom. 172. col. 379. Christus wird als Taube in einer Taubenschar wiederkehren. Vgl. W. BOUSSET, Der Antichrist l. c. p. 56.
60. Vgl. JUNG, Mysterium Coni. Vol. I p. 209 ff.

lich nur der Meeresflut, welche sie zunächst noch bedeckt. Die Bitterkeit ist gleichsam nur bedingt durch das Mißverstehen, das die Menschen der Sapientia Dei entgegenbringen; gäben sie sich ihr zuerst hin, so würde auch nach MEISTER ECKARDT die Bitternis des Kampfes nicht mehr herrschen, sondern nur noch reine «suavitas» – reine Liebe [61].

188 Text: (Wer) meine Sitze und Throne nicht beschädigt – er, nach dessen Liebe ich lechze, von dessen Glut ich zerfließe, von dessen Duft ich lebe und an dessen Geschmack ich gesunde, von dessen Milch ich mich nähre und in dessen Liebesumarmung mein ganzer Leib vergeht – ihm werde ich Vater sein...

189 Nachdem in der vorhergehenden Partie auf die Schwierigkeiten der «praeparatio delicata», wie sie SENIOR nennt [62], hingewiesen war, wandelt sich die Rede der Sapientia allmählich in eine leidenschaftliche Liebeswerbung, wobei es bezeichnenderweise unklar bleibt, ob dieselbe den ebenfalls als Arkansubstanz vorzustellenden sponsus oder den Alchemisten meint, mit anderen Worten – auch hier ist eine *unauflösliche Vermischung der alchymischen Vorgänge und der Psyche des Autors die einzige Erklärung für die von Gestalt zu Gestalt gleitenden Reden des Traktates*. Die Anima sehnt sich nach der inneren Einswerdung oder Ganzwerdung der Persönlichkeit durch eine Coniunctio der Gegensätze.

190 Text: in dessen Liebesumarmung mein ganzer Leib vergeht – ihm werde ich Vater sein, und er wird mir Sohn sein; weise ist, wer den Vater erfreut, ihn, den ich zum Ersten mache zu allerhöchst vor den Königen auf Erden, und dem ich ewiglich meinen Bund bewahren werde.

191 Die ganze nachfolgende Textpartie ist *eine Verheißung der Sapientia Dei* an ihren Geliebten – aber sie ist nicht mehr als ein *Erleben des Arti-*

---

61. Vgl. hiezu MEISTER ECKARDTS Kommentar zur Weisheit ed. THERY a. a. O. Vol. III, p. 275–276. Bonum ut bonum semper dulce est... Fex amaritudo est. und p. 277. Adhuc autem patet ex hoc quod motus naturalis in fine intenditur, violentus autem et qui contra naturam e contrario in fine remittitur. p. 278. omne agens intendit se alterum et quousque ad hoc attingat, labor est; et gravis et amara omnis dissimilitudo et imperfectio, quam dat. Si daret se ipsum alterum primo, omnium actio esset suavis hinc inde agenti scilicet et patienti nec esset inter ipsos pugne amaritudo sed dulcedo et suavitas.

62. a. a. O. p. 11.

fex geschildert. Psychologisch bedeutet dies, daß der ganze nun anschließende, von Heil und Erlösung und Hochzeit kündende, Text *die intuitive Antizipation einer Lösung ist,* die aber noch nicht durchgehend realisiert wurde. Es ist, als ob der Verfasser plötzlich aus der Nigredo herausgesprungen und in den ekstatischen Glückszustand der Coniunctio versetzt wäre. Die menschliche Realität, in der sich das Ich befindet, spielt keine Rolle mehr, und die göttliche Braut feiert Hochzeit mit ihrem Bräutigam, dem «wissenden» Erlöser, mit dem sich der Autor vermutlich irgendwie identisch fühlt.

Innerhalb dieser Textpartie ist der Ausdruck «cuius amplexu juvenesco» hervorzuheben, denn es ist dies wohl ein Hinweis auf das in der Alchemie so häufig erwähnte Motiv der «Königserneuerung», welche dem Autor wohl in erster Linie durch die *Turba*stelle [63] vom Greis, der sich verjüngt, indem er sich von einem weißen Baum nährt [64], nahe gebracht war. Für die Bedeutung dieses Motivs kann ich auf die Ausführungen JUNGS verweisen [65]. Die «Erneuerung» zielt auf eine völlige Einstellungsänderung des Bewußtseins hin. Wer aber gewöhnlich erneuert und verjüngt wird, ist der *König, d. h.* eine archetypische Gestalt, die man als die symbolische Dominante einer vorherrschenden kollektiven Bewußtseinshaltung deuten könnte [66]: Hier möchte sich die Sapientia Dei, wie anderswo der Rex oder Senex, erneuern, woraus man schließen muß, daß die bisherige Deutung dieses Archetypus, d. h. die kirchliche Auffassung der Sapientia Dei erneuerungsbedürftig sei. Die Sapientia wurde ja, wie erwähnt, völlig abstrakt als «Summe der Ideen im Geiste Gottes» oder als «Kunst», durch welche Gott die Welt schuf, angesehen, oder einfach mit Christus als dem vorweltlichen Logos identifiziert. Damit ist aber psychologisch das weibliche Element in dieser Personifikation übersehen. Ihre Anima-Qualität, ihr spezifisches Wesen als eines Verbindenden, vermittelnden Elementes und die in ihr enthal-

---

63. RUSKA, p. 161–162.
64. Vgl. ROSINUS ad Sarratantam. Artis Aurif. a. a. O. 1610 I p. 92 und LAMBSPRINCK, sowie die Carmina HELIODORI, ed. Goldschmidt, Carmen I p. 29–30, Vers 110 ff. (Vatermordmotiv).
65. Myst. Coni. II p. 27.
66. Vgl. JUNG, Myst. Coni. II p. 27. Wie auch in vielen Märchen tritt ein kranker oder greiser König auf, der sich nach dem Lebensquell, verjüngenden Äpfeln, einem seine Blindheit heilenden Wasser etc. sehnt. Dies weist auf die Notwendigkeit einer Erneuerung der collectiven Bewußtseinseinstellung hin. Vgl. z. B. das GRIMMsche Märchen «Der goldene Vogel» und seine Parallelen.

tenen Gefühlswerte sind bei einer solchen Interpretation zu wenig berücksichtigt. Dadurch, daß nun hier die Sapientia im archetypischen Urerlebnis wiedergefunden ist, wird sie gleichsam «verjüngt», d. h. neu lebendig.

193 Es ist kein Zufall, daß MEISTER ECKHARDT etwa zu jener Zeit seinen bedeutenden Kommentar zur «Sapientia» schrieb. Die Sapientia Dei ist nämlich, wie JUNG in der «Antwort auf Hiob» ausführt, als weibliche Personifikation Gottes eine Gestalt, *in deren Wesen die Antinomie Jahwes aufgehoben ist,* indem sie das «absolute Wissen» und die Weisheit Gottes darstellt. Sie scheint das Ziel gewesen zu sein, nach welchem das Unbewußte der damaligen und späteren Zeit drängte, daher die sich steigernde Marienverehrung, die Wiederentdeckung des universalistisch denkenden ARISTOTELES und hauptsächlich das Aufblühen der abendländischen Alchemie, deren Hauptbestreben auf die Herstellung des *EINEN* gerichtet war: unus est lapis, unum vas, una medicina! (eines ist der Stein, eines das Gefäß, eines das Heilmittel).

194 Eine andere, ebenso auf weitreichende symbolische Zusammenhänge zielende Anspielung ist das «cuius condormitione totum corpus exinanitur» (in dessen Liebesumarmung mein ganzer Leib vergeht): Dies scheint mir nicht ohne Zusammenhang zu dem von JUNG zitierten Vers des AMBROSIUS zu sein [67], worin von der «exinanitio» der Ecclesia-Luna die Rede ist. Letztere verkörpert das Leiden der unerlösten Menschheit und überhaupt der Kreatur [68], und ihr Leiden dient «der Entwerdung, der Kenōsis, des menschgewordenen Logos», Für die psychologische Bedeutung dieses kirchlichen Gleichnisses verweise ich auf die Ausführungen JUNGS [69]: Die Auflösung hat auch mit dem anfänglich in der Aurora geschilderten «Fließen» des Geistes zu tun, der seinem Triebe folgt. So sagt der Autor der bereits öfters erwähnten Schrift: De adhaerendo Deo [70]: Est enim amor ipse virtutis unitivae et transformativae transformans amantem in amatum *et econtra.* (!) Trahit enim amor

---

67. Vgl. H. RAHNER, Mysterium Lunae, Zeitschr. f. kathol. Theolog. 1939 (Jahr 63) p. 431: (Christus) exinanivit eam ut repleat, qui etiam se exinanivit, ut omnia impleret, exinanivit se ut descenderet nobis ... ergo annuntiavit Luna Mysterium Christi. (Exameron. IV. 8. 32.) Das «exinanitur» rechtfertigt meine Correctur im Text.
68. Vgl. AMBROSIUS, Exameron IV. 8. 31. cit. H. RAHNER ebda. p. 430, vgl. auch p. 431.
69. Vgl. JUNG, Mysterium Coni. Vol. I p. 35–38.
70. ALBERTI MAGNI Opera. ed. BORGNET l. c. Vol. 37, p. 536–537.

(quia fortis ut mors dilectio) amantem extra se et collocat eum in amato faciens ei intimissime inhaerere. Plus enim est anima ubi amat, quam ubi animat... Ipse etiam amor est vita animae, vestis nuptialis [71] et perfectio ipsius in quo omnis lex et Prophetae et Domini edictum pendet [72].

Die dunkle Seite der klassischen alchemistischen Coniunctio ist in unserem Text nur ganz flüchtig in diesem Motiv des liebenden Zerfließens angedeutet, die Rede gleitet vielmehr von der Liebeswerbung weiter zu dem Ausspruch von Hebr. I, 5.: «Ihm werde ich Vater sein und er wird mir Sohn sein [73]», was in Anbetracht des Umstandes, daß die Frauengestalt, die anima, oder Sapientia Dei spricht, zunächst merkwürdig anmutet. In der kirchlichen Auffassung allerdings bilden tatsächlich Sapientia und Logos eine Einheit, indem sie beide einen Schöpferaspekt der Gottheit darstellen. Auch von der von JUNG gegebenen Deutung her gesehen, daß das Unbewußte zum Bewußtsein in einem Vater-Sohn-Verhältnis stehe [74], wird es verständlicher, inwiefern die Anima, bzw. die Sapientia, sich auch als den Vater des Alchemisten bezeichnen kann.

Es ist damit *die Art des Verhältnisses* von Sapientia und Adept angedeutet. Später tritt die Gestalt der Sapientia überhaupt vorübergehend als männliches Gottesbild oder als Hl. Geist auf – letzten Endes stellt sie demnach die *psychische Ganzheit* in ihrem mannweiblichen Aspekt (etwa parallel zum gnostischen Vater-Mutter) dar –, aber je nachdem überwiegt bald die weibliche, bald die männliche Seite. Hier kehrt sie plötzlich den Aspekt eines schützenden Vaters hervor, wobei dies an die Bedingung geknüpft ist, daß der Mensch ihre Wege beachte. Es scheint, als ob «religio», d. h. die sorgfältige Berücksichtigung des Unbewußten durch das Bewußtsein, ein mitbedingender Faktor für die Offenbarung ihres väterlichen Gottesaspektes sei. Daß der Adept der Sohn sei, scheint

---

71. Vgl. das oben über das Gewand Gesagte.
72. Die Liebe hat einigende und verwandelnde Wirkung, sie verwandelt den Liebenden in das Geliebte und umgekehrt! Die Liebe zieht den Liebenden aus sich heraus und versetzt ihn in das Geliebte... Die Seele ist nämlich mehr, wo sie liebt, als wo sie nur belebt. Die Liebe ist das Leben der Seele selbst, ihr Hochzeitsgewand und ihre Vollendung!... Vgl. hierüber ebenfalls JUNG, Myst. Coni. Vol. I p. 52.
73. Der Satz: «filius, qui laetificat patrem», wurde auf den Vollzug der Taufmysterien bezogen. Vgl. HONORIUS VON AUTUN, Quaest. et Respons. in Prov. et Eccles. cap. 10. MIGNE, P. L. tom. 172. col. 317.
74. Vgl. JUNG, Myst. Coni. Vol. I p. 109 und JUNG, Das Wandlungssymbol in der Messe. Von den Wurzeln des Bewußtseins l. c. bes. pag. 304, 305, 307.

mir aus dem Text erwiesen, denn der Bräutigam, nach welchem sich die Sprecherin dieser Zeilen sehnt, ist bezeichnet als derjenige, der sie aus dem Abgrund der Nigredo *wissend* errettet, ohne dabei ihr entstelltes Äußeres zu verspotten oder zu beschädigen – *dies kann nur der Alchemist, d. h. der Mensch sein*. Würde letzterer Zusatz über die mögliche Entweihung fehlen, so könnte man die Partie dahin deuten, daß die «Seele» sich nach ihrem Seelenbräutigam Christus sehne; aber dann bedürfte es nicht dieser ängstlichen Bitten, er solle sie nicht beschädigen. Diesmal ruft die Anima nicht Christum, sondern niemand anderen als ein *menschliches Ich* zu Hilfe. Es ist wichtig, dabei im Auge zu behalten, daß dies in einem Menschen stattgefunden hat, dem in seiner bewußten Einstellung vermutlich Christus als Seelenbräutigam eine bekannte Vorstellung war, und der wohl geneigt war, die Bedeutung seiner selbst hintan zu stellen – ein allgemeiner Zug mittelalterlicher Geisteshaltung, der später durch die Ichhaftigkeit des Renaissancemenschen reichlich kompensiert worden ist.

197 Was aber will die Anima mit ihrer ungewöhnlichen, drängenden Liebeswerbung? Sie will – wie der Text sagt – eine Beziehung herstellen, die parallel zu derjenigen Gottvaters zu seinem Sohne ist. Im Text selber sieht es aus, als ob nicht nur etwas Paralleles, sondern etwas Identisches hiermit gemeint sei, doch ist dies auf Grund des Bibelkontextes nicht möglich. Es kann sich nur um eine Parallele handeln: die Anima-Sapientia bezieht sich formaliter zum Alchemisten wie Gott sich zu Christus bezog.

198 Damit ist in der unbewußten Symbolik jener Prozeß einer fortschreitenden Christifikation des Einzelnen ausgedrückt, von deren Bedeutung und religiösen Hintergründen JUNG in seiner «Antwort auf Hiob» spricht, worauf ich hier den Leser verweisen muß, da die Darstellung zu weit von der Kommentierung des Textes wegführen würde. Ein *gewöhnlicher* Mensch ist zum Ort der Gottesgeburt erwählt, und in ihm inkarniert sich nicht nur (wie in Christo) die lichte Seite Jahwes, sondern in ihm gebiert sich Gott als *Ganzheit* in seinem lichten und dunklen Aspekt von neuem. Der einzelne Mensch aber wird dadurch – wie die Aurora sagt – zum Sohne Gottes und erhoben «zuallerhöchst vor den Königen auf Erden[75]». Nicht nur verspricht die Sapientia, den Alchemisten zum Gottmenschen zu erhöhen, sondern auch ihm ihren «Bund

---

75. Ps. LXXXVIII, 27–28.

treu zu bewahren». Sie stellt sich damit, weil sie «menschenfreundlich» ist, schützend vor den Menschen gegen die unberechenbare und gefährliche Seite ihrer selbst bzw. Gottes [76], und bewirkt, daß Gott eine gütigväterliche Haltung einnimmt [77]. Aus dieser Textpartie geht hervor, daß der Autor seine geheimnisvolle Frauengestalt, die «anima», in der Materia eigentlich *mit Gott völlig identifiziert*. Sie ist dessen weiblicher Aspekt, aber zugleich auch paradoxerweise einfach Gott selbst.

Text: Wo er aber mein Gesetz verläßt und nicht in meinen Ordnungen wandelt und meine erwähnten Gebote nicht hält, so soll ihn der Feind überwältigen, und der Sohn der Bosheit soll ihm durch seinen Widerstand schaden. Wenn er hingegen in meinen Ordnungen wandelt, so wird er die Kälte des Schnees nicht fürchten; denn seine Hausgenossen werden Kleider haben, Leinwand und Purpur. 199

Die Bedenklichkeit der alchemistischen Unternehmung, welche den Laboranten zum Filius Dei erhöht, legt es nahe, daß der Autor gerade an dieser Stelle auf den «diabolus» zu sprechen kommt: wenn der Alchemist die Wege der Sapientia nicht achtet, so setzt er sich den Anfechtungen des «Feindes» und des «Sohnes der Bosheit» aus [78]. Die Alchemisten sprechen öfters von solchen Anfechtungen des Teufels [79]; zu ihnen gehören u. a. die Hast, die Arroganz, die Habgier usw. In unserem Text wird als Gefahr im Folgenden die «Kälte des Schnees» erwähnt. Dies könnte sich chemisch auf ein unzeitiges Erkaltenlassen der Substanzen beziehen [80]. Die Gefahr, die in der gegebenen psychologischen Situation liegt, ist, wie schon erwähnt, diejenige einer *Inflation*. In einem solchen Fall erstirbt die Bezogenheit zum Mitmenschen, das Gefühl, und wird durch eine intellektuelle Form der Beziehung ersetzt. Das ist eine der Gefahren, die in der Erhöhung des Alchemisten zur Gottähnlichkeit liegt. Da im Folgenden die roten und weißen Kleider 200

---

76. Vgl. ihre mörderische Seite, wie sie zu Beginn der zweiten Parabel geschildert ist, wo es heißt, daß «die Pferde ihres Köchers vom Blute trunken sein werden».
77. Über die Veränderung des Unbewußten im Laufe des Individuationsprozesses siehe JUNG, Myst. Coni. Vol. I p. 188.
78. Der Text ist an jener Stelle in Unordnung geraten und wurde von mir so gut als möglich rekonstruiert.
79. Vgl. über die «Machenschaften des Räubers» JUNG, Myst. Coni. Vol. I p. 182 ff. Vgl. auch z. B. *Liber Alzē De Lapide Philos.* Museum Hermeticum Frkf. 1677. p. 331.
80. Vgl. H. SILBERER, Probleme der Mystik und ihrer Symbolik, Wien 1914, p. 213.

(Linnen und Purpur) [81] als Schutz gegen die Kälte erwähnt sind, so ist diese Kälte als etwas gleichsam von außen Kommendes geschildert, während doch die Texte sonst betonen, daß keine «res extraneae» (äußere Dinge) zum Opus hinzukommen dürfen [82].

201 Die Erwähnung des «Feindes» geht hier somit aus einem tiefen Sinnzusammenhang hervor, denn wenn die Sapientia Dei den Alchemisten zu ihrem «Sohn» erhöht, so wird er damit zu einer Inkarnation der Gottheit. Diesmal aber ist dieser Gottessohn, nicht wie Christus, der in einem reinen Gefäß menschgewordene gütige Gottvater, sondern diesmal inkarniert sich Gott in einem gewöhnlichen, in der Erbsünde gezeugten Menschen, weil das zwischen Hell und Dunkel schwankende Wesen des letzteren der göttlichen Antinomie besser entspricht und daher eine vollständigere Inkarnation ermöglicht. Der Erwählte soll die Gegensätze in sich vereinen, d. h. seine Anima soll als Geburtsstätte für die göttliche *Ganzheit* dienen. Damit ihn diese Aufgabe bzw. die Antinomie Gottes nicht zersprenge, soll er – wie der Text sagt – die Wege der göttlichen Weisheit achten, denn die Anima ist die «mediatrix» zwischen den unvereinbaren Gegensätzen in der Gottheit, wie das Verbindende und Einigende dem weiblichen Wesen mehr eignet als dem Männlichen.

202 An sich ist der Schnee in der Patristik ein Symbol der ewigen Verdammnis [83], und in DANTES Inferno steht deshalb Satan bis zur Leibesmitte im Eis. Es ist dies die «frigiditas peccatorum [84]» – Satan regiert im Norden, der Nordwind ist eines seiner Symbole [85]. Das Motiv bezieht sich wohl auch auf die Gefahr eines «im Konflikt Erstarrens». Das Erleben der dunklen Seite Gottes könnte alle Liebe erkalten lassen und der eisige Schauer des «timor Dei» jeden Lebensimpuls erlöschen lassen; nur die Sapientia kann den Menschen davor schützen, indem sie

---

81. Vgl. GREGORIUS MAGNUS, Epistolarum ex Reg. lib. I, Indict. IX, Opera Paris 1636. tom. II, col. 596: Et quid per byssum nisi candens decore munditiae corporalis castitas designatur.
82. Vgl. z. B. GEORGE RIPLEY, Liber de Mercurio philosophorum, Opera omnia Chymica Cassel 1649 ed. Köhlers, p. 104: Cave igitur ab omnibus rebus peregrinis et extraneis.
83. Vgl. M. BERTHELOT, Coll. Alch. Grecs III, VIII, 1.–2. Vol. I, p. 141, und THEOB. DE HOGHELANDE, De Alchemiae Difficultatibus Theatr. Chem. 1622, IV, p. 150. RHABANUS MAURUS, Allegoriae in Sacr. Script. Migne, P. L. tom. 112, col. 1006.
84. Umfangreiche Belege vgl. JUNG, Aion p. 148 ff.
85. Vgl. ebda.

ihm «Purpur und Linnen» schenkt, d. i. die richtige Einstellung ermöglicht.

Auf die rot-weiße Symbolik der Gewänder brauche ich hier nicht einzugehen, sondern kann auf die Ausführungen von JUNG verweisen [86]. Wie aus diesen hervorgeht, sind Rot-Weiß die Farben des «Filius philosophorum» und seiner Braut, und es erweist sich hier wiederum, daß der Autor selber mit diesen Gestalten in gleitenden Übergängen identifiziert ist, denn einerseits ist er nämlich zweifellos derjenige, der «fleißig und achtsam» sein soll, und trotzdem wird im Folgenden nicht seine Glorifikation, sondern das Erscheinen eines überpersönlichen, vom Alchemisten unterschiedenen, Rex Gloriae geschildert. Die Mahnung zur Gewissenhaftigkeit und zum Fleiß dürfte ebenfalls als eine Kompensation gegen die Gefahr der Inflation aufgefaßt werden; denn durch sie wird der Adept plötzlich zum *Diener* des ganzen Prozesses gemacht.

Daß hier noch weitere «domestici», Diener, erwähnt sind, erklärt sich auch dadurch, daß die anderen Metalle gegenüber dem Gold oft als servi – Diener des Königs bezeichnet wurden [87]. Daß es sich hier um die Metalle handelt, ist um so wahrscheinlicher, als ein paar Zeilen später die sieben Sterne oder sieben Geister der Apokalypse erwähnt sind, welche alchemistisch zweifellos als die sieben Planetengeister (= Metalle) gedeutet wurden [88]. Die Planetengeister erscheinen hier als die Diener der Sapientia Dei. Sie sind ihrer sieben, zu denen sich die Weisheit als Achtes gesellt, wodurch sie alle die Vollendung erlangen. *Psychologisch handelt es sich wohl um die Idee der Vereinigung und Zusammenfassung aller einzelnen autonomen kollektiven Persönlichkeitskomponenten zur inneren Ganzheit.* Die Diener sind (nach dem Text) dann vor der «Kälte» geschützt, wenn der Adept die Wege der Weisheit achtet: der Teufel, das auflösende und zerstörerische, die Individuation bedrohende Prinzip des Bösen [89], würde somit über die Planeten-Metallgeister

---

86. Vgl. Myst. Coni. Vol. I p. 2, 44 und passim.

87. In der Parabel des BERNHARDUS TREVISANUS (J. J. MANGETI, Bibliotheca Chemica II, p. 388 ff.) sind z. B. die Planeten als Diener des Königs erwähnt. Vgl. auch das Bild in JUNG, Psychologie und Alchemie, p. 458, wo der König durch seine Diener zerstückelt wird.

88. Die Planeten und Metalle wurden seit ältester Zeit identifiziert.

89. Es handelt sich hier wohl um jenes letzthinig Böse, das der Mensch nicht integrieren kann, nicht um den «inferioren» Schatten, den »Äthiopier», welcher das Böse im Menschen in seiner integrierbaren Seite darstellt.

in das Opus eindringen – falls sie nicht durch die Weisheit geschützt sind, und letztere *kann* sie nur schützen, wenn der Adept – das menschliche Ich – die Wege der Weisheit – die wegleitenden symbolischen Produkte des Unbewußten – beachtet und sich wie ein Diener einstellt. Dann ist er und seine unbewußte Psyche vor der auflösendenn Wirkung des Bösen geschützt.

205   Text: Und an jenem Tage wird er lachen, da ich gesättigt sein werde und mein Ruhm zutage treten wird, weil er auf meine Wege acht hatte und nicht das Brot der Faulheit aß.

206   Zunächst spricht die Sapientia von sich, nämlich daß sie «gesättigt sein werde» und infolgedessen «ihr Ruhm zutage treten soll». Dasselbe Bibelzitat führt auch der Autor von «De adhaerendo Deo» an, indem er darin den Moment sieht, worin die Seele Gott voll erkennt [90]. Die materia prima wird in den alchemistischen Texten öfters als «terra sitiens» (dürstende Erde) bezeichnet, die in der Coniunctio durch den herabströmenden Regen, welcher als «rex de coelo descendens», als «vom Himmel herabsteigender König» zu ihr kommt [91], getränkt wird. Genau dasselbe Bild findet sich auch bei EPHRAEM SYRUS auf Maria bezogen: diese ist die «terra sitiens», welche «vom Tau Gottes betaut Christum, als das Brot des Lebens, gebar [92]». Eine andere kirchliche Deutung identifiziert die «terra sitiens» mit dem menschlichen Körper: «Die Erde unseres Leibes wird mit dem Tau der Taufe belebt [93].» (Die kirchliche Taufsymbolik ist auch in unserem Texte gerade in den folgenden Sätzen angedeutet.) Nachdem die «Frau», in unserem Text die terra sitiens, durch «den vom Himmel herabsteigenden König» oder durch die Bemühung des Autors (nach dem Autor von «De adhaerendo Deo» geschieht die Gotteserkenntnis, wenn die Seele reflectitur in se ipsam [94]!) «gesättigt»

90. De adhaerendo Deo, ALBERTI MAGNI Opera ed. Borgnet, Vol. 37, p. 533.
91. Vgl. das Zitat der Maria in SENIOR, De Chemia, p. 80: Et illud est, quod nominaverunt Regem de terra prodeuntem et de coelo descendentem. Et simile est huic, quod dicit quidam in ista aqua.
92. Hymni et Sermones, ed. Th. Lamy a. a. O. Bd. II, p. 744.
93. Vgl. MAXIMUS VON TURIN, Homil. 101, cit. H. RAHNER, Mysterium Lunae a. a. O. p. 79: Recte plane lunae comparatur Ecclesia et ipsa nos lavacri rore perfundit et terram corporis nostri baptismatis rore vivificat. Vgl. ebenso ISIDOR VON SEVILLA, De Nat. Rer. 18. 6. zit. ebda.
94. De adhaerendo Deo l. c. BORGNET, 37 p. 533.

wurde, (ein Beleg für die Bedeutung des Königs als Bewußtsein [95]!) «tritt ihr Ruhm zutage» – *und zwar wird sie zu Gott selber* [96]*!* Psychologisch bedeutet dies, daß der *göttliche*, d. h. hier wohl heilbringende, *numinose Aspekt* der Anima nur dann sichtbar wird, wenn ihr vom dominierenden Bewußtsein die entsprechende Anteilnahme, die Aufmerksamkeit und das richtige Verstehen geschenkt wird. Dann aber offenbart sich, daß jene «innere dürre Leere», die terra sitiens des eigenen Innern, der Ort ist, wo Gott selber erscheint.

Text: Daher wurden die Himmel über ihm aufgetan, und wie Donner ertönte die Stimme Jenes, der da die sieben Sterne in seiner Hand hält, welches die 7 Geister sind, die in alle Welt ausgesandt wurden, um zu weissagen und Zeugnis abzulegen. Wer da glaubt und richtig getauft wurde, der wird selig werden, wer aber nicht glaubt, der wird verdammt werden.

In diesen Worten ist in der Bibel die Epiphanie Gottes in der Offenbarung geschildert, von dem es auch daselbst heißt [97], daß sein Haar wie weiße Wolle, wie der Schnee sei, und seine Augen wie eine Feuerflamme und seine Stimme wie Wasserrauschen, «und sein Angesicht leuchtete wie die Sonne», eine Beschreibung, die einem Alchemisten unwillkürlich Assoziationen zu seinem «Filius philosophorum» eingeben mußte. Mit dem Erscheinen der Gottheit werden «diejenigen, die geglaubt haben», erlöst, «wenn der himmlische König über sie richtet». Sie werden «weiß werden in Zalmon», d. h. sie sind wie Neophyten oder Verklärte [98].

Hinter der Sapientia taucht das Antlitz des *«Alten der Tage* [99]*»* auf, der als Richter die Gläubigen von den Ungläubigen scheidet. Nach der flüchtigen Erwähnung des «Sohnes der Bosheit» geht der Text wieder

---

95. Vgl. die Ausführungen von JUNG, Myst. Coni. II, Cap. Rex.
96. Die Anima könnte auch in ihrer Bedeutung so erhöht sein, weil infolge der Inflation wieder eine Unterschätzung des Unbewußten droht; deshalb wird der Alchemist zum Diener erniedrigt und die Anima nimmt erhabene göttliche Züge an.
97. Offenb. I. 14–16.
98. Vgl. EPHRAEM SYRUS, Hymni et Sermones a. a. O., Bd. I, p. 110, Hymnus Baptizatorum: Vestes vestrae fratres, candidae sunt, ut nix et nitor vester refulget ut nitor Angelorum. – Auf die umfangreiche alchemistische Taufsymbolik möchte ich hier nicht eingehen, da von ihr noch mehr in den folgenden Kapiteln die Rede sein wird. Es sei hier jedoch auf sie hingewiesen.
99. Dan. VII. 9.

sprunghaft in optimistische Zukunftsverheißungen über. Das Problem des Bösen ist gestreift, aber offenbar nicht wirklich bewußt geworden. An Stelle dessen taucht daher das Bild des Jüngsten Gerichtes mit seiner endgültigen *Scheidung* statt der Vereinigung der Gegensätze auf. Die Ganzwerdung ist zwar im Gottesbild vorhanden – er hält die sieben Sterne in seiner Hand –, aber der Mensch ist nur teilhabend, durch den Glauben an ihn, erlöst. Was mit den Verurteilten geschieht, die nicht geglaubt haben, wird im Text nicht erwähnt.

210 Der himmlische Richter, der nun zutage tritt, stellt eine alchemistische Parallele zur Erscheinungsform des «Sohnes der Philosophen» dar. Er ist gleichsam die glorifizierte Enderscheinung der Materia prima und somit auf geheimnisvolle Art mit der Sapientia identisch. Ähnlich wandelt sich die Mondgöttin Luna in der Cantilena RIPLAEI selber «in splendorem Solis», in den Glanz der Sonne [100].

211 Die Idee der Wandlung der weiblichen Substanz in die männliche erinnert an die Auffassung des THEODORET VON KYROS, wonach die durch den Mond dargestellte Ecclesia, welche eine «Zusammensetzung der in die Mysterien vollkommen eingeweihten Seelen» darstellt, in ihrer Endglorifizierung selber zur Sonne, dem Bilde Christi wird [101], dessen Licht ein Staunen der Menschen hervorruft. In dieser ganzen Partie unterscheidet sich der Textinhalt der Aurora somit nicht eigentlich von der christlichen Erlösungslehre. Es hat eine Rückkehr in die frühere Auffassung stattgefunden.

212 Die Identität der Sapientia mit dem Filius [102] geht auch aus dem nachfolgenden Text hervor:

213 Text: Die Zeichen derjenigen aber, die da geglaubt haben und richtig getauft worden sind, sind die (wenn der himmlische König über sie richtet): vom Schnee werden sie weiß werden am Zalmon, und die Federn der Taube silberglänzend und ihre Schwingen hinten am Rücken im Goldglanz strahlend.

---

100. Ich verweise auf die Ausführungen von JUNG für die Bedeutung dieses Motives. Vgl. Myst. Coni. Vol. I p. 192 ff.

101. Hohelied-Commentar IV, 9. Cit. HUGO RAHNER, Mysterium Lunae, Zeitschr. für Kathol. Theol. a. a. O. 1939. Jahr 63, p. 342. Vgl. die Verwandlung der Luna als Bild der Menschenseele in den Sol (Christus), GREGORIUS MAGNUS, Expos. in Cant. Cant. cap. 5 (Opera, Paris 1636. tom. 2, col. 42).

102. Vgl. hiezu JUNG, Psychologie und Religion l. c. p. 166. Christus ist der «vir a femina circumdatus» (Jesaia). Vgl. auch das ebda. p. 132, über die Sapientia Dei Gesagte.

Die letzten Worte beziehen sich auf Psalm 67, 14–15, wo es heißt: 214
«Wenn ihr *mitten zwischen* den Hürden lagt, so glänzte es wie der
Taube Flügel usw.» Dieses Bibelzitat deutete HUGO VON ST. VICTOR [103]
als *«einen Ort zwischen Furcht und Geborgenheit, zwischen rechts und
links»*. Die Taube selber wurde meistens als «Schar der Gerechten» gedeutet [104]. Als Bild einer Vielheit von Gerechten erscheint sie somit an
einem *Ort der Mitte zwischen den Gegensätzen*. GIOACCHINO DA FIORI
deutete dieselbe Psalmstelle auf die zwei Linien, bzw. die zwei Ordines
der Klöster und Monachi in der Kirche, die beim «großen Sabbath vereint sein werden [105]».

Das in den Anfangskapiteln dargestellte Verhältnis des Autors zur 215
Sapientia hat eine merkwürdige Veränderung erfahren. Zuerst wurden
sie einander *allein* konfrontiert in einer erschütternden Begegnung, nach
welcher beide in die Finsternis des Abgrundes versanken. Die Sapientia
versprach damals dem Alchemisten, ihn zu ihrem göttlichen Sohngeliebten zu erhöhen, wenn er sie «wissend errette». Dann folgte die Warnung der Sapientia vor dem «Sohne der Bosheit» und ihre Mahnung zu
sorgfältiger Arbeit. In der Folge erscheint sie umgeben von Dienern
und dann als göttliche, *männliche* Richtergestalt, umringt von den geretteten Gerechten – deren Versammlung wie eine silberne und goldene
Taube aussieht. Das zentrale Symbol ist hier zu einer *Vielheit* geworden,
und der Alchemist ist nur mehr Einer unter Vielen, nur noch im Bild
der Taube (= Sapientia *und* Filius) geheim einbezogen. Diese *Pluralisierung* dürfte mit der vorhergehenden Erwähnung des Bösen zusammenhängen, bzw. mit der Tatsache, daß *keine bewußte und individuelle
Auseinandersetzung mit dem Schatten* stattgefunden hat. Dadurch bleibt
das moralische Problem ein Kollektivproblem: die «Gerechten» werden
erlöst – «die Ungläubigen» verdammt. Die Versöhnung des Hellen mit
dem Dunklen könnte nämlich nur im Einzelnen stattfinden, weshalb das
Herausspringen aus der Schattenauseinandersetzung eine Pluralisierung
nach sich zieht und damit gleichzeitig eine Regression in die kollektiv
vorherrschenden Auffassungen bewirkt: der (neue) «Sohn» wird mit
Christus identifiziert, dessen Leib traditionsgemäß aus der Vielheit der

---

103. Migne P. L. tom. 176, col. 1029: Quod propterea dictum puto quoniam est locus inter timorem et securitatem tamquam inter laevam et dextram.
104. Vgl. z. B. EPHRAEM SYRUS Hymni etc. II l. c. p. 176.
105. Concordia II. 1. cit. nach HAHN l. c. Vol. III, p. 271.

Gerechten besteht; und es ist der *Glaube* in Christo, der die Erlösung bringt.

216 Text: «Ein solcher wird mein geliebter Sohn sein, sehet ihn an, wie er schön an Gestalt ist vor allen Menschenkindern, ihn, den Sonne und Mond bewundern. Er ist aber das Vorrecht der Liebe und der Erbe, auf den die Menschen ihr Vertrauen setzen und ohne den sie nichts tun können.»

217 Dem Textzusammenhang nach ist der Filius mit der silberweißen und goldenen Taube eines Wesens [106]. Diese aber ist – wie schon erwähnt – in der kirchlichen Auffassung ebenfalls ein Symbol für den Hl. Geist, die Ecclesia, Maria, oder auch für Christus [107] und die Schar der «Gerechten».

218 Die Worte aus Psalm XLV, 3: «Du bist der Schönste an Gestalt vor den Menschenkindern [108]...», sind in der Meßliturgie auf Christum bezogen worden [109]. In der Aurora ist im Gegensatz hiezu der «Sohn», alchemistisch verstanden, als ein Sproß, der aus der Liebesvereinigung von Sonne und Mond hervorgeht, und deren Erbe er ist. Der Filius steht somit zwischen den Gestirnen, Sonne und Mond, die ihn wie Eltern bewundern. Die Coniunctio findet nicht mehr zwischen der Sapientia und dem Autor statt, sondern zwischen Sonne und Mond und ist somit wieder ganz «außerpersönlich» geworden – ein in den Kosmos projizierter Vorgang. Der «Sohn» ist nämlich ferner – nach dem nächsten Textstück – das irdische Gold, denn dieses ist es, auf welches sich die zitierten Worte des Baruch-Buches («darauf die Menschen ihr Vertrauen setzen») beziehen [110], woraus noch einmal ersichtlich wird, daß die

---

106. Vgl. hiezu HONORIUS VON AUTUN, Expos. in Cant. Migne, P. L. tom. 172, col. 380.
107. Die Taube ist ein Symbol Mariens (ebda. p. 544: Columba tenera portat aquilam annosam...) und in gnostischen Systemen ein Symbol Christi, des Sohnes der Sophia. (Vgl. W. BOUSSET, Gnosis a. a. O. p. 266.)
108. Der Psalm wird in der Kirche als «Loblied auf den Gesalbten Gottes und seine Braut» bezeichnet.
109. Graduale, Sonntag in der Oktav vor Weihnachten, Meßbuch ed. Schott a. a. O. p. 110. Vgl. auch über die Schönheit Christi EPHRAEM SYRUS. Hymni a. a. O. Bd. II, p. 562: Labia tua stillant pharmacum vitae, balsamum fluit e digitis tuis, pulchri sunt oculi tui... Omnes filii Ecclesiae te ardentissime appetunt.
110. So heißt es auch vom Gold im «Buch der Alaune und Salze» (ed. Ruska, p. 64), es sei: Dominus Lapidum... et rex... et sic est aurum inter corpora sicut sol inter sidera, quia sol est rex siderum et lumen et cum eo complentur res terrarum et vegetabilium...

Gestalt des «Sohnes» hier wieder in die unbiblische, alchemistische Figur umschlägt. Es ist jedoch schwierig zu erklären, was sich der Autor hier vorstellte. Die weißgoldene Taube wäre alchemistisch ein Bild der Albedo, der weißgewordenen Materia, bzw. des Goldes. In der kirchlichen Symbolik ist sie ein Bild der Sapientia und des apokalyptischen Christus, oder eine Darstellung von dessen Leib = der Schar der Gerechten. Versteht der Autor das alchemistische Symbol der Albedo religiös oder deutet er die religiöse Symbolik alchemistisch? Vermutlich keines von beiden und beides zugleich. Es ist möglich, daß er in einer Vision oder einem Traumgesicht das Bild geschaut hatte und es dann durch Bilder, die er kannte, zu deuten versuchte. Das Auffällige an dieser Textpartie ist *das Zurücktreten des Individuellen.* Der Stil wird wieder derjenige einer «Verkündigung» oder einer Lobpreisung, und der Schluß ist ausgesprochen lehrhaft. *Mit dem Verschwinden des dunklen Elementes ist das Persönliche gleichsam mitausgeschieden worden.*

Text: Wer Ohren hat... der höre, was der Geist von den 7 Sternen sagt, durch die das göttliche Werk vollbracht wird. Von diesen spricht SENIOR... folgendermaßen: «Nachdem du jene Sieben, die du durch die 7 Sterne eingeteilt und den 7 Sternen zugeordnet hast, hergestellt und sie 9mal gereinigt hast, so daß sie aussehn wie Perlen – das ist die Weißung.»

219

Die Schlußsätze des Kapitels kehren zu einer stärker alchemistisch gefärbten Formulierung zurück und zeigen in einem weiteren Bilde an, daß es sich in diesem Endstadium der ersten Parabel wirklich um ein Erscheinen der klassischen Albedo handelt. Das SENIOR-Zitat spricht von den den sieben Sternen zugeteilten Mächten, welche gereinigt werden sollen, bis sie aussehen wie Perlen. Es handelt sich um dieselben sieben Sterne, welche als Attribut der Gottheit in der Apokalypse erwähnt sind. Es sind damit die sieben Metalle gemeint, welche öfters in ihrer Gesamtheit die materia des Steines konstituieren und in ihm zur «Krone» zusammengefaßt werden [111]. In diesen Schlußworten der Parabel wird damit zugleich noch einmal auf den Sinn des Titels hingewiesen: «von den sieben Planeten, welche in der schwarzen Erde ihre Wurzeln schlugen». Nach mittelalterlicher Anschauung sind nämlich die sieben Metalle nicht nur den sieben Planeten *zugeordnet,* sondern sogar

220

---

111. Vgl. JUNG, Myst. Coni. Vol. I. p. 7–8 und p. 239.

durch deren «instillatio» oder «influentia» (Einfluß) in wörtlichem Sinne in der Erde entstanden [112]. Offenbar ist in der zu Anfang des Kapitels erwähnten Wolke und in der mit ihr eingetretenen Flut, welche die Erde durchdrang, der Sternenhimmel gleichsam selbst zur Erde herabgestiegen und hat sich ihr eingeprägt [113]. Die Braut, welche am Schluß des vorhergehenden Kapitels vom Himmel herabkam, war ebenfalls mit einer Sternenkrone geschmückt. *Sie ist in gewissem Sinne wesensgleich mit der Wolke, indem auch sie den Sternenhimmel herabträgt.*

Die Vereinigung von Himmel und Erde ist ein beliebtes Bild für die alchemistische Coniunctio; so sagt ein HERMES-Zitat [114]: Necesse est: ut coelum et terra coniungantur, quod verbum est philosophicum (Es ist notwendig, daß Himmel und Erde eines werden, was ein philosophisches Wort ist); oder: Der Mann ist der Frau Himmel und die Frau des Mannes Erde [115]. Schon ein griechischer Anonymus sagt [116]: «Oben das Himmlische, unten das Irdische, durch das Männliche und das Weibliche wird das Werk vollbracht [117].

112. Vgl. z. B. JOH. MENNENS, Theatr. Chem. 1622, V, p. 341: Dicet aliquis quomodo influentiae praedictae metallorum ... parentes montes penetrabunt? Respondet Propheta regius: Montes sicut cera fluxerunt a facie Domini.

113. Vgl. die Beschreibung dieses Motivs mit negativen Vorzeichen bei HONORIUS VON AUTUN, Specul. de myst. Eccles. Migne P. L. tom 172, col. 937: Eptacephalus (!) diabolus princeps tenebrarum traxit de coelo cauda sua partem stellarum et nebula peccatorum eas obtexit atque mortis tenebris obduxit. Unde sol aeternus iubar suae Caritatis nube carnis operuit, in occasu mortis pro stellis occubuit, de caligine productas ipse de nocte mortis oriens sereno coelo restituit.

114. Vgl. PETRUS BONUS, Theatr. Chem. 1622, V, p. 647. Vgl. JUNG, Psychologie und Alchemie, p. 212, Anm. 3.

115. Tractatus Aureus cap. 2: verum masculus est coelum foeminae et foemina terra masculi.

116. BERTHELOT, Coll. Alch. Grecs III. X. 1. Vol. I, p. 145.

117. Das Urbild der Vereinigung von Himmel und Erde dürfte wohl aus der antiken Mysteriensprache in die Alchemie eingegangen sein. Besonders schön ist diese Vereinigung ausgedrückt in dem Danaidenfragment von AESCHYLOS (Frgm. 44. cit. nach der Übersetzung von H. LEISEGANG, Gnosis a. a. O. p. 93):

«Es sehnt der keusche Himmel sich zu umfahn die Erd', Sehnsucht ergreift die Erde sich zu vermählen ihm. Vom schlummerstillen Himmel strömt des Regens Guß, Die Erd' empfängt und gebiert den Sterblichen, Der Lämmer Grasung und Demeters milde Frucht. Des Waldes blühenden Frühling läßt die regnende Brautnacht erwachen: Alles das, es kommt von mir.»

Auch der eleusinische Mysterienruf hye-kye wurde von PROKLOS in diesem Sinn gedeutet (In PLATONIS Tim. 293, Zit. ebda.): «Die Satzungen der Athener schrieben vor, die Feier der Hochzeit von Himmel und Erde vorzubereiten, indem sie zu ihnen hinschauten; und im eleusinischen Heiligtum, emporblickend zum Himmel, riefen sie:

Die terra nigra (schwarze Erde) im Titel der ersten Parabel ist offensichtlich das empfangende Prinzip, welches die Planetenkräfte in sich aufnimmt. Dies stimmt nicht nur mit der allgemeinen antiken Anschauung von der «terra mater» überein [118], sondern ist auch alchemistisch belegt. So antwortet z. B. ROSINUS auf die Frage von EUTHICIA: Quis foemina? – Terra nigra [119]. – Damit ist nahegelegt, daß die Erde mit der erhabenen Sapientia-Dei-Gestalt der vorhergehenden Kapitel identisch ist [120].

Damit ist – genauer besehen – ein eigentlich ungeheuerlicher Gedanke ausgesprochen: Die «Weisheit Gottes» war in der Heiligen Schrift die Gespielin Jahwes, die «mit ihm weilte vor Anbeginn der Welt». In der Patristik wurde sie auch, wie erwähnt, als der «mundus archetypus» oder die Summe der ewigen Ideen in Gottes Geist definiert, nach deren Vorbild er die Welt schuf. Sie ließe sich mit der indischen Göttin *Shakti* oder *Māyā* und der gnostischen Sophia vergleichen; und diese Gestalt wird in unserem Text *mit der Seele der dunklen Erde, der unreinen materia prima des alchemistischen Werkes gleichgesetzt! Damit belastet die Alchemie den Menschen mit der Aufgabe sowohl als auch der Würde, daß er durch sein Opus den weiblichen Aspekt der Gottheit, die Sapientia und anima mundi aus der Verhaftung in der Materie befreie, und mit dem manifesten, männlichen Gotte wieder vereinige.*

Durch die Ablution, die am Schluß der Parabel geschildert ist, wird die Erde, resp. die sieben Sterne oder Metalle in ihr, «weiß wie Perlen».

«Laß regnen!» und niederblickend zur Erde das Wort: «Empfange». Darin liegt die Erkenntnis, daß die Schöpfung aller Dinge von einem Vater und einer Mutter ausgehe. In der Gnosis wurde dieser kosmische Vorgang bereits psychologisch gedeutet. Im Baruchbuche JUSTINS wird z. B. der Himmel (οὐρανος) mit dem pneuma, die Erde mit der «psyche« gleichgesetzt. (HIPPOLYTOS, Elenchos V. 26. 36. – Vgl. auch R. REITZENSTEIN, Das iranische Erlösungsmysterium, Bonn 1921, p. 104.) Dieselbe Deutung findet sich auch bei PHILO VON ALEXANDRIEN, (Leg. Alleg. 1. Par. 9. REITZENSTEIN, ebda. p. 104–105.) wo Himmel und Erde als νοῦς und αἴσθησις interpretiert sind, und später auch als der himmlische und der irdische Mensch. (Ebda. p. 105.) Diese Bedeutungszusammenhänge sind in der sechsten Parabel der Aurora aufgegriffen.

118. Belege in A. DIETERICH, Mutter Erde. Teubner, Leipzig-Berlin II. Aufl. 1913. passim.

119. «Wer ist die Frau?» – «Die schwarze Erde.» Artis Aurif. 1610, I, p. 169.

120. Im Übrigen ist auch nach PHILO V. ALEXANDRIA die Erde des Paradieses ein «symbolum sapientiae». Quaest. in Genes. 18. Vgl. R. REITZENSTEIN, Das iranische Erlösungsmysterium a. a. O. p. 106. Die Identität der Erde mit der Sapientia wird später im Text deutlicher ausgesprochen.

Die Perle ist bei SENIOR, dem obige Sentenz entnommen ist, ein Synonym des Lapis [121], der als «margarita subtilis» (subtile Perle) aus dem göttlichen Wasser geformt wird. Ein mittelalterlicher Text nennt auch die Sapientia Dei eine «margarita pretiosa [122]». In unserem Text ist aber diese Perle in eine Siebenheit aufgespalten, was auf eine gewisse Dissoziation, d. h. auf jene oben erwähnte Pluralisierung hindeutet. Dies ist wohl der Grund dafür, daß die alchemistischen Prozeduren im zweiten Kapitel nochmals wiederholt werden.

225 Schon in der griechischen Alchemie ist die «Perle» ein Synonym für das «göttliche Wasser» oder dessen πνεύματα (Geister). So sagt ein griechischer, anonymer Alchemist: «Die Philosophen nannten die Wasser oder Geister (πνεύματα = auch verdampfte Substanzen) ‚Perlen' und ‚Edelsteine', denn sie sind voll großer Kraft [123]. Wenn du sie bearbeitest, bis du die innen verborgene Natur herausbringst, dann hast du das Mysterium der Philosophen erreicht [124].»

226 In unserem Text sind die «Perlen» ein Symbol der Albedo und wohl ebenfalls der «weiblichen Kraft», d. h. der Anima- oder Sapientia-Gestalt. In der christlichen Symbolik ist die Perle ein Bild der Reinheit und Jungfräulichkeit [125], was den «moralischen» Aspekt der geschilderten Dealbatio ergänzen kann. Das Thema der chemischen und psychischen Ablution und die Symbolik der «Taufe» ist in den nachfolgenden Kapiteln näher behandelt.

121. Vgl. De Chemia p. 10–11.
122. De adhaerendo Deo, Alberti Magni Opera ed. Borgnet Vol. 37, p. 524. «Nempe hic est thesaurus ille coelestis absconditus, nec non margarita pretiosa etc.» «Margarita pretiosa novella» ist der Titel eines bekannten, allerdings späteren, alchemistischen Tractates von PETRUS BONUS.
123. Auch der arabische Mystiker AL-FARABI, Buch der Ringsteine, verwendet «Edelstein» als Terminus für «alles wahrhaft Seiende». Vgl. M. HORTEN, Das Buch der Ringsteine AL-FARABIS; Beiträge zur Geschichte der Philos d. Mittelalt. 1906, Bd. V, Heft 3, p. 2.
124. BERTHELOT, Coll. Alch. Grecs, V. II. 8. Vol. I, p. 339–340. – Bei ZOSIMOS heißt es: (Ebda. III. II. 2. Vol. I, p. 114) «Ich will euch die Komaris interpretieren, in die euch keiner vorher einzuweihen (μυσταγωγῆσαι) wagte ... sie hat die «weibliche Kraft» in sich, die Allem vorzuziehen ist. Diese ist die verehrungswürdige Weißung jedes Propheten geworden. Ich will euch auch die Kraft der Perle erklären, sie hat, in Öl gekocht, die «weibliche Kraft» in sich ... die Vollendung des Stofflichen geschieht durch die Perle.
125. Vgl. z. B. EPHRAEM SYRUS, Hymni et Sermones a. a. O., Bd. I, p. 70 und 314 Anm.

Zusammengefaßt schildert die erste Parabel ein wesentlich neues 227
psychisches Ereignis, nämlich das plötzliche Auftauchen der Sapientia
von unten, aus der Materie und ihren Anspruch auf Hilfe durch menschliche Arbeit und Bemühung. Durch letztere könnte sie nämlich nicht
nur ihre frühere erhabene Rolle zurückerhalten, sondern auch die endzeitliche Erlösung der Menschheit überhaupt wäre dadurch möglich.
Die Sapientia erscheint ferner als männliche *Richtergestalt,* worin sich
psychologisch eine im Unbewußten vorhandene Tendenz verkörpert, das
Bewußtsein zu schärferer Diskrimination zu veranlassen. Eine Unterscheidung (vermutlich zwischen Ich und Selbst, Persönlichem und Unpersönlichem) ist nämlich infolge der vorher eingetretenen Kontamination der Persönlichkeit des Autors mit dem archetypischen Animabild
dringlich notwendig geworden. Deshalb endet die Parabel mit einer
lehrhaften Mahnung zu siebenmaliger Reinigung der «Perlen». Während in der Parabelmitte die Anima spricht, redet am Schluß wieder der
Autor selber. Die Unterscheidung ist ihm offenbar vorübergehend gelungen – allerdings nicht definitiv, denn zu Beginn des nächsten Kapitels
spricht wieder die Anima.

KOMMENTAR ZUR ZWEITEN PARABEL
(7. KAPITEL)

DIE zweite Parabel ist schon durch ihren Titel «von der Wasserflut 228
und dem Tode, den das Weib hereingebracht und auch vertrieben
hat», bedeutungsvoll. Wie sich nämlich erweisen wird, ist die Frau niemand anderer als wieder die Sapientia Dei. Bei der Kommentierung des
vorhergehenden Kapitels hatten wir nur indirekt erschlossen, daß die
Sapientia, bzw. ihr Herabsteigen zum Adepten, Ursache der eingetretenen Nigredo gewesen sei, aber im Text war es nicht direkt ausgesagt.
Die Notlage des Alchemisten und der Sapientia war einfach plötzlich
vorhanden. Durch die Diskriminationsversuche und die Bearbeitung im
letzten Kapitel jedoch scheint der Autor nachträglich zu ahnen, daß die
Sapientia selber ihm diesen «Tod» gebracht hatte.

Das Kapitel beginnt zunächst wieder mit der Schilderung einer Flut. 229
Es ist, als ob, wie schon erwähnt, jede Parabel in kurzen Zügen jeweils

nochmals das ganze Opus wiederholte. Aber diesmal spricht die Anima allein und schildert die Nigredo als ein bereits fast vergangenes Ereignis.

230 Text: Wenn sich die Menge des Meeres zu mir gewandt hat und die Ströme sich über mein Antlitz ergossen haben ...

231 Hier wird nun der Zustand der Nigredo nach neuen Richtungen hin amplifiziert. Die Flut ist nicht nur die in die Erde eindringende Wolke, sondern wird auch als Einbruch einer Meeresflut geschildert. Der Ausdruck «Menge des Meeres» bezeichnet bei JESAIA eigentlich «die am Meer wohnenden Heiden» (Jes. LX, 5.), womit wiederum jenes schon in dem Motiv der Äthiopier angeschnittene Problem des *Einbruches heidnischer Seeleninhalte* angedeutet ist. Bezeichnenderweise findet sich eine ähnliche Vorstellung bei einem byzantinischen christlichen Kommentator alchemistischer Traktate, nämlich bei CHRISTIANOS. Dieser sagt zur Erklärung des Ausdrucks «Meerwasser»: damit meinten die alten Philosophen das fixierende und zeugende Wasser der Kunst; «denn das Meer ist hereinbrechend sowohl in bezug auf eine Menge von Fischen als auch auf die Anwohnerschaft der Barbaren»; das Erz aber sei eine «rote Sache», welche diejenigen, die unerfahren an sie herangingen, vernichte [1]. HUGO RAHNER, der, wie erwähnt, die patristischen Belege für die symbolische Bedeutung des Meeres umfassend zusammengestellt hat [2], sagt, daß «das teuflische Meer» im übertragenen Sinn die dem Teufel anheimgegebene Menschheit, die Masse der Heidenvölker sei, indem er HILARIUS zitiert [3]: «Mit Recht deuten wir die Wasser als die Völker ... die irdischen Wasser sind erschreckend, erdhaft, finster, sie wollen uns verschlingen durch die zornerregten Gemüter, die vom vollen Ansturm teuflischen Rasens bewegt sind.» Über dem Meer liegen die Nebel und Wirbelstürme der Dämonen (daemonum nebulae et daemonum turbines) [4]. Diese Auffassung steht wohl auch

---

1. BERTHELOT. Coll. Alch. Grecs. VI. XII. 4. Vol. I. p. 417 ff.
2. Antemna Crucis II: «Das Meer der Welt» in Zeitschr. f. Kathol. Theologie, Bd. 66. Heft 2. 1942 Innsbruck-Leipz.
3. Tract. in Psalm. 123. 5. cit. RAHNER p. 112: recte significari aquas populos intelligimus ... Aquae terrestres sunt trepidae, terrenae tenebrosae absorbere nos volentes animis in ira concitatis et toto diabolici furoris impetu commotis. Vgl. daselbst weitere Belege.
4. CHRYSOLOGUS Sermo 26 P. L. tom 52 col. 254 B und AUGUSTIN (?) Sermo 356. 5. Migne, P. L. tom. 39, col. 1649 A cit. RAHNER ebda. p. 112–113.

hinter der oben zitierten Stelle des CHRISTIANOS, und deshalb können die hereinbrechenden Barbaren oder – in unserem Text die Menge des Meeres – den Adepten vernichten, was eine Anspielung auf die Möglichkeit eines Wahnsinnsausbruches darstellt. Schon die alten Autoren haben darauf hingewiesen, daß im Blei (der prima materia) ein Dämon wohne, der μανία (Geisteskrankheit) erzeugen könne⁵. In unserem Text ist dies durch den Einbruch der Meeresflut bildlich ausgedrückt. Dieses Bild ist psychologisch insofern verständlich, als das Meer das kollektive Unbewußte versinnbildlicht, und letzteres nicht nur wegen seiner barbarischen Inhalte, sondern auch infolge seiner Übermacht, das Bewußtsein des Adepten erschüttern könnte. Ebenso spricht der anonyme Verfasser des oft als RAZIS Epistula zitierten Werkes vom Wasser als «unserem Meer voller Giganten⁶».

Auf die gleichzeitige Entfesselung eines blutigen Kampfes weisen die nachfolgenden Worte der Aurora hin.

Text: (Wenn) die Pfeile meines Köchers vom Blute trunken sein werden...

Unvermittelt spricht dieselbe Gestalt, also wohl die in den Stoff projizierte Anima, und sagt aus, daß sie sich an einem mörderischen Gemetzel und Blutbad berauscht habe. Es ist dies offenbar eine Anspielung auf jenen heimtückischen Mord, den nach der *Turba* die «Frau» bei der Coniunctio mit den in «ihrem Leibe verborgenen Waffen⁷» an ihrem Geliebten begeht, und der auch in andern Texten als μάχη θηλείη «Kampf des Weiblichen» bezeichnet worden ist⁸ – ein Symbolzusammenhang, für welchen ich auf die Ausführungen von JUNG, welcher auch die parallele kirchliche Symbolik erläutert hat, verweisen kann⁹. Die Liebe wurde in der kirchlichen Sprache als Tötendes und Belebendes bezeichnet. So sagt z. B. AUGUSTINUS¹⁰: Ipsa caritas occidit quod fuimus,

---

5. Vgl. PETASIOS bei OLYMPIODOR. BERTHELOT, Coll. Alch. Grecs. II. IV. 43 u. 44. (Vol. I, p. 95 und 97.) Vgl. Näheres hiezu C. G. JUNG, Myst. Coni. Vol. I p. 257 ff.
6. Artis Aurif. 1610. Teil I p. 251. Es handelt sich um die lateinische Übersetzung eines arabischen Traktates.
7. Vgl. *Turba* a. a. O. p. 247 und p. 229, Vgl. auch ZOSIMOS, BERTHELOT, Coll. Alch. Grecs III. VI. 8. I, p. 124. ROSINUS AD SARRATANTAM, Artis Aurif. 1610 I, p. 189.
8. Carmina HELIODORI ed. GOLDSCHMIDT a. a. O. p. 56, Carmen IV, Vers 225.
9. Vgl. JUNG, Myst. Coni. I, p. 133, 158, 174 u. 188 ff.
10. Ennarr. in Psalm. 121. Migne P. L. 37, col. 1628: Die Liebe tötet, was wir waren, damit entstehe, was wir nicht waren; die Liebe bewirkt gleichsam einen Tod für uns.

ut simus quod non eramus; facit nobis quandam mortem dilectio. – Übertreibung der Liebe bewirkt auch nach THOMAS VON AQUIN eine «liquefactio [11]» (Zerfließen) und einen «langor [12]» (Erschlaffen)!

235 Im biblischen Zusammenhang (Deut. XXXII, 42) ist mit den bluttrunkenen Pfeilen *der sieghafte Triumph und die Rache Gottes über seine Feinde* beschrieben [13]. So wird wiederum *die Animagestalt mit Gott gleichgesetzt*. Auch ermordet die «Frau» nicht nur, wie in den meisten alchemistischen Texten, ihren Geliebten, sondern wütet wahllos unter den Menschen [14]. Wie einst der Kindermord von Bethlehem die Geburt Christi begleitete, so scheint auch diese «neue Geburt» von einem apokalyptischen Menschenmorden eingeleitet.

236 Text: und wenn meine Kelter vom besten Wein duften und meine Scheunen mit Weizen gefüllt sein werden, und wenn der Bräutigam mit den 10 Jungfrauen in mein Gemach eingetreten ist, und darnach mein Leib von der Berührung meines Geliebten angeschwollen sein wird...

11. Summa, editio Leonina, Rom 1891, Bd. VI. Prima secundae Quaest. 28, Art. 5: Amor ergo boni convenientis est perfectivus et meliorativus amantis: Amor autem boni, quod non est conveniens amanti, est laesivus et deteriorativus amantis: unde maxime homo perficitur et melioratur per amorem Dei, laeditur autem et deterioratur per amorem peccati ... liquefactio importat quandam mollificationem cordis qua exhibet se cor habile ut amatum in ipsum subintret. Vgl. auch Comm. in Sent. Lib. III. Dist. XXVII, 9. 1a. 1 ad 4.: quia amans a se ipso separatur in amatum tendens et secundum hoc dicitur amor extasin facere et fervere, quia quod fervet extra se bullit et exhalat ...
12. Vgl. MATH. MEIER, Die Lehre des Thomas von Aquino De passionibus animae in quellenanalytischer Darstellung. Beiträge zur Gesch. der Philosophie des Mittelalters, Bd. XI, Heft, 2, 1912, Münster i. W., p. 55. Die Stelle ist: de passionibus animae 9. 27 a. – Vgl. ferner GILBERT DE HOY, Sermones in Cant. XLVII. 3. P. L. 184, col. 244, WILHELM VON THIERRY, Sup. Cant. c. 2. P. L. 180, col. 515, und BAUDOIN, Erzbischof von Canterbury Tract. XIV, Migne P. L. tom. 204, col. 539. Vgl. auch WILHELM VON AUVERGNE, De Trinit. c. XXI, Migne, P. L. tom. 2, col. 26: et plerumque vulnus dicitur amor.
13. Vgl. bes. auch Joel, II. 23–24 u. IV 12 ff: «Denn daselbst will ich sitzen, zu richten alle Heiden um und um. Schlaget die Sichel an, denn die Ernte ist reif; kommt herab, denn die Kelter ist voll und die Kufen laufen über ... denn des Herren Tag ist nahe im Tale des Urteils. Sonne und Mond werden sich verfinstern.» usw.
14. Ältere mythologische Parallelen wären z. B. die ägyptische Legende von der Göttin *Hathor*: Als Rê, der Sonnengott, alt wurde, conspirierten die Menschen gegen ihn; da sandte er sein Auge, die Göttin *Hathor* gegen sie zur Erde. Hathor richtete unter den Menschen ein großes Gemetzel an und konnte aber dann einfach nicht mehr damit aufhören, obwohl Rê die Überlebenden retten wollte. So ließ er blutfarbenes Bier um die Göttin, als sie schlief, ausbreiten. *Hathor* betrank sich daran und ließ vom Morden ab. Vgl. J. VANDIER, La Religion Egyptienne. Paris. 1949 p. 38.

Der Triumph des Siegers, bzw. der positive Aspekt des Gemetzels, ist im Satz von den vollen Keltern und Scheunen, die dem Sieger gehören, ausgeführt. Die Nigredo ist nämlich, wie z. B. aus einem Ausspruch von AVICENNA [15] hervorgeht, *ein Triumph oder Dominieren des Weiblichen.*

Das geschilderte Blutbad bedeutet offensichtlich den im Titel erwähnten, durch die Frau verursachten «Tod», und dieser scheint, wie man indirekt aus den Parallelvorstellungen anderer Texte erschließen kann, eine Folge der ersten Coniunctio gewesen zu sein; deshalb ist in der folgenden Partie des Textes die Rede von den zehn Jungfrauen, zu denen der Bräutigam kam, und von einem Schwangerwerden der «Frau». Es ist, als ob jenes Menschenmorden eine Rückwirkung hätte, die darin besteht, daß die «Frau» empfängt, bzw. daß der himmlische Bräutigam zu ihr kommt. Psychologisch würde dies bedeuten, daß dieser menschenfeindliche, jegliche Kultur- und Bewußtseinswelt zerstörende, emotionale Ausbruch des «Göttlichen» einen tieferen Sinn hat, indem dadurch die Seele schwanger wird und eine neue Geburt, d. h. eigentlich eine weitere und umfänglichere Menschwerdung Gottes eingeleitet werden könnte. Das Gleichnis von den zehn Jungfrauen spielt auf einen «Hierosgamos» mit der Gottheit an. Es lohnt sich den biblischen Text hier zu erinnern (Matth. XXV, 1–13): «Dann wird das Himmelreich gleich sein zehn Jungfrauen, die ihre Lampen nahmen und gingen aus, dem Bräutigam entgegen. Aber fünf unter ihnen waren töricht und fünf waren klug. Die törichten nahmen ihre Lampen, aber sie nahmen nicht Öl mit sich. Die klugen aber nahmen Öl in ihren Gefäßen samt ihren Lampen. Da nun der Bräutigam verzog, wurden sie alle schläfrig und schliefen ein. Zur Mitternacht aber ward ein Geschrei: Siehe der Bräutigam kommt, gehet aus, ihm entgegen! Da standen diese Jungfrauen alle auf und schmückten ihre Lampen. Die törichten aber sprachen zu den klugen: ‚Gebt uns von eurem Öl, denn unsere Lampen verlöschen.' Da antworteten die klugen und sprachen: ‚Nicht also, auf daß nicht uns und euch gebreche; gehet aber hin zu den Krämern und kaufet für euch selbst.' Und da sie hingingen zu kaufen, kam der Bräutigam, und die

---

15. Declaratio Lapidis Physici. Theatr. Chem. 1613. Vol. IV. p. 991: quia usque ad albedinem humiditatis corruptio et foeminae viget dominium.

16. Die «rasende» Foemina ist (wie erwähnt) nach dem Bibelcontext mit der Gottheit identisch.

bereit waren, gingen mit ihm hinein zur Hochzeit, und die Tür ward verschlossen. Zuletzt kamen auch die anderen Jungfrauen und sprachen: ‚Herr, Herr tu uns auf!' Er antwortete aber und sprach: ‚Wahrlich ich sage euch: Ich kenne euch nicht.' Darum wachet, denn ihr wisset weder Tag noch Stunde, in welcher des Menschen Sohn kommen wird [17].» An sich ist dieses Motiv einer Gruppe von Frauen, welche alle auf den *einen* Bräutigam warten, der in der Mitte der Nacht erscheint, seltsam, und weist wohl auf vorchristliche Tradition hin: sowohl im *Adonis*kult, als auch in den Volksfesten, die den Tod und das Wiederfinden des *Osiris* feierten, wurden der Tod des Gottes und sein Hierosgamos mit der Muttergöttin von Frauenchören begleitet, welche am Leiden und am Freudenfest der großen Göttin teilnahmen [18]. Totenbahre und Hochzeitsbett sind dabei eines [19]. Das Fest wurde besonders von Frauen begangen [20]. Nach der Auffindung des toten Osiris erfolgte in Busiris noch ein «Fest der brennenden Lampen», an welchem die Gläubigen den toten Gott zur Toteninsel geleiteten [21]. Falls Bezüge zwischen dem biblischen Gleichnis und solchen Vorstellungen zu Recht bestünden, so wäre damit das archetypische Motiv der Todeshochzeit hier bereits angetönt, das im letzten Kapitel der Aurora zum zentralen Inhalt erhoben ist.

Das Auffallende bei der Anwendung des Gleichnisses in *unserem* Text ist die Tatsache, daß *alle zehn* Jungfrauen mit dem Bräutigam ins Hochzeitsgemach treten, und somit bei dem hier geschilderten Erlösungswerk auch die törichten Jungfrauen mit einbezogen sind, denen nach biblischer Version die Türe zum Himmelreich verschlossen wurde. Das Bild dieser umfassenderen Erlösung, an welcher offenbar auch das unzulängliche menschliche Wesen teilhat [22], ist vermutlich durch jenen Einbruch des Gottesschattens in die menschliche Psyche vorbereitet worden. Auf die Bedeutung der Zehnzahl der Jungfrauen soll erst unten [23] eingegangen werden, da der Text in anderer Form wieder darauf zurück-

---

17. Vgl. HONORIUS VON AUTUN, Expos. in Cant. Migne, P. L. tom. 172, col. 534, der diese Stelle als Eingehen Christi in die Seele deutet.
18. Vgl. H. GRESSMANN, Tod und Auferstehung des Osiris. Leipz. 1923, Cap. Adonis und Osiris.
19. Vgl. GRESSMANN, l. c. p. 16.
20. ebda. p. 25. Man vgl. auch die Maenaden des *Dionysoskultes*.
21. ebda. p. 38.
22. Vgl. hiezu JUNG, Psychologie und Alchemie, Einleitung, p. 44 ff.
23. Vgl. unten p. 243.

kommt. Als bedeutungsvoll ist hier in allererster Linie die Tatsache hervorzuheben, daß dasjenige menschliche Wesen, das im christlichen Weltbild von der himmlischen Hochzeit ausgeschlossen und verworfen wurde, in unserem Text als gleichberechtigt mitaufgenommen ist.

Mit der blutigen Zerstörung und Überflutung tritt, wie wir sahen, gleichzeitig eine Zeugung und Schwangerschaft ein, welche zu der Geburt des Filius philosophorum führen soll [24]. Rückblickend erhält dadurch die «Flut» und die «Wolke» des vorhergehenden Kapitels einen neuen Aspekt: sie sind nicht nur zerstörende, sondern auch belebende und befruchtende Faktoren. Schon in der griechischen Alchemie gilt die Wolke als das Belebende. So heißt es bei KOMARIOS [25]: «Sehet und verstehet, wie aus dem Meer die Wolken aufsteigen und die gesegneten Wasser mit sich tragen, und sie tränken die Erde, und es sprossen empor die Samen und Blüten.» Auch bei SENIOR ist das göttliche Wasser «die Wolke, welche die untere Welt belebt [26]». In der kirchlichen Symbolik gilt Maria als «erfrischende Wolke [27]». Wie die Flut im vorhergehenden Kapitel den Doppelaspekt einer tödlichen Sintflut und zugleich einer reinigenden Ablution (angedeutet durch die gegen Ende des Kapitels geschilderte Albedo) hatte, so haben auch hier die Flut und Nigredo einen Doppelaspekt: sie sind Tod und Belebung zugleich [28].

240

24. Für die psychologische Bedeutung der «Seelenschwangerschaft» im Allgemeinen verweise ich auf die Ausführungen von JUNG in Die Psychologie der Übertragung, Zürich 1946, p. 144 ff.

25. BERTHELOT, Coll. Alch. Grecs IV. XX. 8, Vol. I, p. 295.

26. De Chemia, p. 24: Similiter nominant hanc aquam Nubem vivificantem mundum inferiorem et per omnia intelligunt aquam foliatam, quae est aurum Philosophorum. – Auch dieses Bild findet sich parallel in der kirchlichen Symbolsprache: nach EPHRAEM SYRUS (Hymni et Sermones ed. Lamy a. a. O. II, p. 766) breitete sich das Evangelium «heilbringend wie eine Wolke über die Erde aus».

27. Ps.-ALBERTUS MAGNUS; Biblia Mariana. Borgnet Vol. 37 l. c. p. 384. (Maria) est nebula refrigerans, pluens et donans. Sie ist auch (p. 366) die nubes obumbrationis et ductionis.

28. Vgl. die von C. G. JUNG oben angeführte KOMARIOS-Stelle, BERTHELOT, Coll. Alch. Grecs IV. XX, 10. Vol. I, p. 293: «Es verwunden die Fluten und übereinander rollenden Wogen die Substanz im Hades d. h. im Grabe, in welchem sie liegt, wenn aber das Grab geöffnet wird, so wird sie aus ihm emporsteigen, wie ein Kind aus dem Mutterleibe.» Das (von der Aurora abhängige) *Aquarium Sapientum,* Mus. Hermet. a. a. O. p. 86, sagt: Lapis huius generis undique est: *conceptio eius sit in inferno,* partus in terra, vita in coelo, moritur in tempore et demum beatitudinem aeternam impetrat. – Im übrigen wurde auch von ORIGENES (Contra Celsum IV. 69) die Sintflut als κάθαρσις (Reinigung) und διόρθωσις (Korrektur) der Welt aufgefaßt.

241 Text: ... nachdem Herodes in seinem Zorne viele Kinder in Bethlehem in Judaea ermordet und Rachel all ihre Kinder beweint haben wird; und wenn das Licht in der Finsternis aufgegangen und die Sonne der Gerechtigkeit am Himmel erschienen sein wird, dann wird die Zeit erfüllet sein, in der Gott seinen Sohn senden wird ...

242 Das Nebeneinander von Zerstörung und neuem Leben ist hier des weiteren ausgeführt in der Anspielung auf den Kindermord zu Bethlehem und die ihrer Kinder beraubte *Rahel*. Die Bedrohung des «Heldenkindes» ist an sich ein archetypisches Motiv von allgemeiner Verbreitung, für dessen psychologische Deutung ich auf C. G. JUNGS Aufsatz «Das göttliche Kind [29]» verweisen kann. In unserem Text ist das «Kind» zunächst Christo parallel gestellt. Die Gestalt der Rahel galt in der Schriftauslegung der Kirchenväter als ein Bild der «sterbenden Kirche». CYRILLUS sagt von ihr [30], daß, wie *Rahel* an der Geburt ihres Letztgeborenen starb, «so stirbt die Kirche in ihrer Irdischkeit hinein in die Geburt des ewigen Lebens». Es ist anzunehmen, daß dieser symbolische Hintergrund bei der Erwähnung der Rahel in unserem Text mitspielt: wie zuerst in der Nigredo die Frau dominiert, so wird sie nun bei der Geburt des Filius philosophorum ihrer Herrschaft enthoben; sie stirbt, und ihr Leben geht in das neue Wesen über.

243 Die neue Geburt ist als «Sonne der Gerechtigkeit» bezeichnet, also mit jenem Bild aus Maleachi IV, 2, das die Kirche von jeher auf Christum bezogen hat [31]. So heißt es im Graduale des 8. September zu Mariae Geburt [32]: «Selig bist du, heilige Jungfrau Maria ... weil aus dir ist aufgegangen die Sonne der Gerechtigkeit, Christus unser Gott [33].» Und EPHRAEM SYRUS sagt [34]: «Maria ... trägt in ihrem Schoße die Sonne, ihr Mysterium erschreckt diejenigen, die davon reden wollen [35].» Und

---

29. In: Einführung in das Wesen der Mythologie. Pantheonverlag Amsterdam-Leipzig 1941, p. 105 ff.
30. Glaphyror. in Genesin, cit. H. RAHNER, Mysterium Lunae, l. c. p. 344.
31. Vgl. hiezu allgemein F. J. DOELGER, Die Sonne der Gerechtigkeit und der Schwarze. Münster 1919, p. 49 ff.
32. Meßbuch ed. SCHOTT, l. c. p. 721.
33. Bezüglich der Identifizierung von Christus mit der Sonne vgl. AUGUSTIN Enn. in Ps. 10. 3. cit. H. RAHNER, Myst. Lun. Zeitschr. für Kathol. Theologie 1939, p. 439: Christus multis locis in Sanctis Scripturis allegorice Sol est appellatus.
34. Hymni et Sermones a. a. O. Bd. II, p. 530, ferner p. 174.
35. Vgl. ferner ebda. Bd. II, p. 540: «Aufgegangen sind aus ihr (Maria) die Sonne der Gerechtigkeit, die in ihrem Aufgang die ganze Welt erleuchtete.» Ebenso Bd. I,

die Biblia Mariana (Ps.-ALBERTUS) sagt von Maria: «Sie ist es, die Salomon der Morgenröte vergleicht in ihrer Geburt, dem Vollmond bei der geheimnisvollen Empfängnis des Gottessohnes, der Sonne in ihrer Himmelfahrt, den schrecklichen Heerscharen bei der Verscheuchung der Dämonen [36].» Für die komplexe psychologische Bedeutung des Sol als Urbild des Bewußtseins und dessen Quelle, des Selbst, muß ich auf die Erläuterungen von JUNG verweisen [37].

Die zu Beginn geschilderte Notlage schlägt, wie in der ersten Parabel, beinahe ohne Übergang in eine hymnische Lobpreisung um – diesmal in den Jubel über die Geburt eines Erlösers, und, wie im ersten Teil zugleich mit diesem Umschlag die christliche Interpretation des Geschehnisses Hand in Hand geht, so auch hier: der neugeborene Heiland wird in fast allen Zitaten mit Christus identifiziert. Es ist, als ob der Autor immer wieder in eine unbewußte Dunkelheit heidnisch-alchemistischer Inhalte hineingeriete, sobald sich aber ein Bild des Selbst im Chaos manifestiert, setzt er dieses mit demjenigen Christi gleich und fühlt sich dadurch erlöst, rehabilitiert und von der Gefahr «des Feindes» befreit. Damit stößt er aber das Problem des Schattens zu weit von sich weg, weshalb die Finsternis sich immer wieder zum Worte meldet.

Text: ... dann wird die Zeit erfüllt sein, in der Gott seinen Sohn senden wird, wie er gesagt hat, welchen er gesetzt hat zum Erben über alles, durch welchen er auch die Welt gemacht hat (und) zu dem er sprach: «Du bist mein Sohn, heute habe ich dich gezeugt.» Dem auch die Magier vom Morgenlande drei kostbare Gaben darbrachten. An jenem Tage, den der Herr gemacht hat, lasset uns freuen und fröhlich darinnen sein, weil heute der Herr mein Elend angesehen hat und die Erlösung sandte, da er herrschen wird in Israel.

Die folgenden Sätze sind Anspielungen auf die Geburt einer Gestalt, die weiterhin mit Christus parallel gesetzt ist – so in der «Zeit der Er-

---

p. 8, 16, 130 und Bd. II, p. 478, 526, 550 und 792: «Im Lichte wird alles unterscheidbar und in Christo alles erklärt.» (Vgl. auch p. 794, 630, 812.) Ebenso Bd. I, p. 10: «Besiegt sind die Finsternisse, auf daß angezeigt sei die Besiegung Satans, und es siegte die Sonne um den Erstgeborenen zu verkünden. Besiegt sind die Finsternisse mitsamt dem Geist der Finsternis, und es siegte unser Licht mit dem Urheber des Lichtes.» – An einer Stelle bezeichnet EPHRAEM Christum auch als Lichtsäule (Bd. II, p. 496), was an manichäische Vorstellungen vom Erlöser als Lichtsäule erinnert.
36. ALBERTI MAGNI Opera ed. Borgnet Vol. 37, p. 399.
37. Vgl. Myst. Coni. Vol. I, Kapitel Sol.

füllung ³⁸», in der Einsetzung desselben als «Erben über alles ³⁹», zu dem Gott sprach: «Du bist mein Sohn, heute habe ich dich gezeugt ⁴⁰», und in der Erwähnung der Könige aus dem Morgenlande, die dem Kinde huldigen. Bedeutsam ist die Betonung, daß Gott durch diesen Sohn «die Welt gemacht hat», wodurch der Filius philosophorum wie Christus als *weltschöpferischer Logos* interpretiert ist. Die nachfolgenden Worte des Textes: «An jenem Tage, den der Herr gemacht hat, lasset uns freuen ⁴¹...», bilden das Graduale des Ostermontages und des Freitages in der Osterwoche ⁴², und darin liegt die Andeutung, daß diese Geburt des Filius philosophorum auch eine Auferstehung oder *Wiedergeburt* ist. Dies wird erst durch die psychologische Deutung sinnvoll, insofern es sich eben nicht nur um die Neugeburt des «inneren Menschen», des Selbst, handelt, sondern zugleich um eine Wiedergeburt des bisherigen Ichbewußtseins des Menschen. Auch könnte man die Geburt des alchemistischen Filius als ein kompensatorisch-verwandeltes Wiederauferstehen Christi deuten; denn der Archetypus des Selbst ist wahrscheinlich an sich «ewig», nur das ihn in der Psyche repräsentierende archetypische Bild stirbt und wandelt sich entsprechend den Bewußtseinsveränderungen im Menschen.

247 Text: Heute hat das Weib den Tod, den es hereinbrachte, auch wieder vertrieben, und die Riegel der Hölle sind zerbrochen. Der Tod wird nämlich hinfort nicht herrschen, und die Pforten der Hölle sollen sie fürderhin nicht überwältigen...

248 In den Worten, daß bei Erscheinen dieses «Sohnes» der Tod hinfort nicht mehr herrschen wird ⁴³, ist ersterer mit dem *auferstandenen* Christus gleichgesetzt; er ist ein Bild des *unsterblichen* Menschen ⁴⁴. Zugleich

---

38. Galat. IV. 4.
39. Hebr. I. 2.
40. Hebr. I. 5.
41. Ps. CXVIII.
42. Missale a. a. O. p. 316. Vgl. auch HONORIUS V. AUTUN, Migne, P. L. tom. 172 col. 924: Nocti quippe mortis et miseriae, quae a peccato Adae incohans cunctos sua caligine involvit, haec sacra nox finem imposuit, Dies autem felicitatis et gaudii hodie inchoavit.
43. Röm. VI. 9.
44. Ähnlich sagt der Autor von De adhaerendo Deo: «Wenn unser Herz und Geist... sich allmählich in sich selbst auf ein unwandelbares genügend Gutes sammelt und gelernt hat, mit *sich zu weilen* usw. und sich an jenes höchste Gute völlig gewöhnt bis es gänzlich unwandelbar wird und zu jenem wahren Leben, welches Gott der Herr

erlebt der Verfasser ein Verschwinden seiner «afflictio»; er fühlt sich befreit, und der Tod ist aus der Welt vertrieben. Wie der Autor nämlich mit der Not und Verzweiflung der materia untrennbar verbunden mitlitt, so bedeutet hier auch ihre Reinigung und Befreiung von aller Dunkelheit und Korruptibilität zugleich seine eigene Erlösung und vermittelt ihm ein Gefühl von Unsterblichkeit.

Damit ist eine als christlich charakterisierte Lösung gefunden: der Alchemist ist mehr durch Teilhaben an der Geburt des Erlösers, als durch sein eigenes Werk befreit. Im Unbewußten wird etwas wieder vollständig und ganz; und dadurch fühlt sich das Ich indirekt beruhigt. Es ist, als ob die extremen Schwankungen zwischen Hölle und Seligkeit, welche in diesen Parabeln dargestellt sind, allmählich einen Ausgleich der Gegensätze herbeiführten – ohne daß aber der Verfasser völlig realisierte, was für Veränderungen seines bisherigen bewußten Weltbildes damit angebahnt sind. Darum bleibt der Prozeß teilweise unerkannt, und der Autor glaubt sein Erlebnis des «Filius», d. h. des Selbst mit der kirchlichen Vorstellung Christi in eins setzen zu dürfen, obwohl eigentlich der «Filius philosophorum», wie JUNG dargelegt hat [45], ein aus dem Unbewußten erzeugtes kompensatorisches Spiegelbild zur dogmatischen Gestalt Christi darstellt. Das alchemistische Bild des «Filius philosophorum» ist im Vergleich zu Christus vollständiger, indem er eine helle *und* dunkle Seite in sich vereinigt – der inferiore Teil der menschlichen Natur ist in ihm inbegriffen. Wie die nachfolgende Textpartie zeigen wird, ist dies auch bei der vom Autor der Aurora geschilderten Erlösergestalt der Fall – doch nennt er diese vollständigere Figur: Christus, wobei ihm das Problematische seines Miteinbeziehens der Dunkelheit nicht wirklich bewußt geworden ist.

Text: «... denn die zehnte Drachme, welche verloren war, ist gefunden, und das hundertste Schaf ist in der Wüste wieder heimgeholt, und die Zahl unserer Brüder vom Engelsturz ist wieder vollständig ergänzt worden.»

Diese Partie deutet an, von welcher Art die «Erlösung» oder Ganzwerdung im Unbewußten ist, nämlich durch Bezugnahme auf die

---

ist, unwandelbar gelangt ist und in ihm ... innerlich ruht in jener inneren ruhigen und geheimen Stätte der Gottheit völlig *in sich selber gestellt in Jesu Christo, welcher ist der Weg*, die Wahrheit und das Leben.» – ALBERTI MAGNI, Opera ed. Borgnet, Vol. 37, p. 350.

45. Psychologie und Alchemie, l. c. p. 44 ff.

Gleichnisse vom verlorenen Groschen und vom verirrten Schaf (Lukas XV, 1–10), welche ihrerseits mit der Vorstellung der zu «ergänzenden Zahl der Brüder vom Engelsturz her» in Verbindung stehen. Diese Bezugsetzung stammt aus der kirchlichen Hermeneutik; denn nach GREGOR DEM GROSSEN bedeuten die zehn Drachmen die neun Chöre der Engel und die Menschheit, welche Eigentum der göttlichen Sophia (!), d. i. des Sohnes Gottes seien, und dieser suche mit Sorgfalt das Eine Verlorene. Sonst wird die Frau auch als Kirche gedeutet, und die Sünder sind versinnbildlicht als vernunftloses Tier (Schaf) und als geringwertiger Groschen [46]. Eine solche Ausdeutung des Gleichnisses als die gefallenen Engel oder als die gefallene Sophia findet sich schon bei der gnostischen Sekte der *Markosier,* deren Lehre bei IRENAEUS überliefert ist [47]. Sie lautet [48]: «Die Erschaffung der Aeonen und die Geschichte vom Schaf, das verloren ging und wiedergefunden wurde, ist für sie (die Markosier) ein und dasselbe, und sie versuchen sie mystisch auszudeuten ... indem sie sagen: Aus der Einheit und der Zweiheit sei das All entstanden, und von eins bis vier zählend bringen sie die Zahl zehn hervor ... die Zahl der zehn Aeonen. Dadurch, daß die Zwei ihrerseits von sich aus bis zum Episemon ($= \varsigma = 6$) vorschritt, brachte sie die Zwölf hervor ... Die Zwölf aber, auf die das Episemon folgt, nennen sie die Leidenschaft, weil es immer hinter ihr (der 12) herläuft. Deshalb deute darauf das Schaf hin, welches fortlief und sich verirrte, weil in der Dodekas (12) sich der Abfall vollzog, und daß von der Dodekas eine Kraft sich abwandte und verloren ging, das beziehen sie auf die Frau, die eine Drachme verlor, ein Licht nahm und sie wiederfand. Nun aber blieben von den Drachmen neun, von den Schafen elf zurück. Diese Zahlen ergeben miteinander multipliziert 99, das ist genau der Zahlenwert des Amen ...» Die Gesamtheit der Zahlen oder Buchstaben ergeben nach MARKOS die Gestalt einer Lichtjungfrau, der Aletheia = Wahrheit [49]. Letztere ist eine weibliche Emanation Gottes, das schöpferische Denken, durch welches er die Welt «denkt». MARKOS hat auch nach IRENAEUS [50] eine Dekade von zehn Himmelskreisen und eine Dodekas von zwölf Zodiakalzeichen an-

---

46. Vgl. das Missale ed. Schott a. a. O. p. 415.
47. I, 13. 5. ff.
48. LEISEGANG, Gnosis, p. 340.
49. LEISEGANG, Gnosis a. a. O. p. 329–331.
50. IRENAEUS, 1. 17. 1. Vgl. BOUSSET, Gnosis, a. a. O. p. 341.

genommen [51]. Dabei stellt die Dodekas das böse irdische Schicksal [52] dar, die Dekade hingegen ist «seelenerzeugend», und in ihr finden sich nach pythagoräischer Ansicht [53] Leben und Licht geeint, sie ist daher ein Bild des weltschöpferischen Nous [54]. Die Monade stammt vom Urpneuma ab und umfaßt die Dekade, und letztere umfaßt wieder die Monade. Diese pythagoräische Idee, welche in der Spätantike weitere Verbreitung fand, lebte in der Alchemie besonders durch Vermittlung der *Turba* weiter. So heißt es in einem Sermo des PYTHAGORAS, zu dem uns noch der arabische Text erhalten ist [55]: «Wisset also, daß die Wurzel des Zählens und dessen Anfang die Eins ist, männlich und einzig, und daß aus jener Eins die gesamte Schöpfung hervorgegangen ist. Und was die Zwei betrifft, so kommt sie nach der Eins und ist weiblich... Und die Drei ist männlich... Als aber die Vier kam, war sie weiblich... Die Vollendung des ganzen Zählens ist also die Vier, denn die Zehn vollendet sich durch die Vier... So hat Gott die Gesamtheit der Geschöpfe aus den vier verschiedenen Naturen geschaffen, nachdem sie in der Zahl bis zur Zehn gekommen waren, wurden sie aneinander gefügt... und Gott brachte aus ihnen alles hervor. Daher ist zwischen der Zehn und der Vier kein Unterschied und keine Trennung... Man kann die Zehn und die Vier nicht trennen, und die Zehn wird nur durch die Vier vollendet. Darüber hinaus aber gibt es kein Zählen und kein Wissen.» Von dieser *Turba*-Stelle scheinen die Ausführungen von SENIOR abhängig [56], dessen Werk

51. Auch MANI zählt zehn Himmel. Vgl. W. BOUSSET ebda. Anm. 1.
52. Ähnlich wird im 13. Tractat des Corp. Herm. einer Zwölfheit böser Strafgeister (die Zodiakalzeichen) die zehn guten Kräfte Gottes gegenübergestellt. Vgl. ferner W. SCOTT, Hermetica, a. a. O. Bd. I, p. 238 ff. Besonders p. 247–248. Vgl. ferner R. REITZENSTEIN Poimandres, p. 336 und 342 und BOUSSET, Gnosis, a. a. O. p. 364. R. REITZENSTEIN, Myst. Rel. p. 49, 50.
53. Vgl. W. SCOTT, Hermetica, a. a. O. Bd. II, p. 393 und 243.
54. PROKLUS, In Tim. I. 87. 28. (DIEHL) cit. Scott, l. c. Vol. 4, p. 388. J. LYDUS: ἡ δημιουργικὴ δεκὰς νοῦς ἐλλάμπουσα ταῖς ψυχαῖς. Vgl. ebenso II. 236. 12 und De mensibus, 3. 4. (SCOTT IV, p. 392 ff.) Die Dekade ist auch die κεφαλὴ τοῦ χρόνου. JAMBLICH, De vita Pythagorae 298, und KERN, Orphicorum Fragmenta, 307, 316. HIPPOLYTOS, Refut 4. 43. Vgl. ferner C. G. JUNG, Psychologie der Übertragung, 1946, p. 232 und S. HURWITZ, Archetypische Motive etc. l. c. in Zeitlose Dokumente der Seele, l. c. p. 194 ff.
55. RUSKA, *Turba* l. c. p. 300 ff.
56. Vgl. RUSKA, *Turba*, a. a. O. p. 304, Anm. 1.: Diese Reden des PYTHAGORAS sind die Quelle für die Ausführungen des SENIOR im Theatrum Chemicum Bd. V, p. 203: Deinde ingreditur salsatura secunda in eo recens, quae est femina secunda, et facta sunt universa quatuor, scil. duo masculi et duae feminae, ex quibus exierunt quatuor colores,

überhaupt viel Zahlenmystik enthält. Sein «Gedicht» beschreibt zehn Figuren [57], fünf zur Rechten der Tafel und fünf zur Linken. Im Opus wird das Wasser in neun Teile geteilt und über die weiße Blättererde gebracht [58], bis *eine* Erde und *ein* Wasser darüber entsteht. Darauf wird die Erde mit sechs Teilen (= 6 Töchter) getränkt [59], und diese haben zehn Farben, welche erscheinen, gemäß den neun Adlern, *und die Zehn ist der schmutzige Bodensatz (fex), von dem sie extrahiert wurden*. Hieraus geht hervor, was die Neun und Zehn alchemistisch bedeuten: neun Teile des Stoffes sind nach SENIOR sublimierbar, und daher auch als Vögel dargestellt [60], der zehnte Teil ist *der nicht sublimierbare Restbestand*. Dieser entspricht in der Aurora dem verlorenen Schaf und dem Chor der gefallenen Engel. *Somit bemüht sich das ganze Werk des Alchemisten gleichsam um die Wiedereinordnung jenes nicht sublimierbaren Bodensatzes, der «Sünder auf Erden» und der «gefallenen Engel» in eine Ganzheit*. Die zwei angeführten Gleichnisse stehen Lukas XV, unmittelbar vor dem dritten Gleichnis vom verlorenen Sohne, über dessen Buße «Freude sein wird vor den Engeln Gottes [61]». Der Filius ist somit – in der Sprache SENIORS ausgedrückt – die Eins gewordene volatile (geistige) *und* erdhafte (körperliche) Substanz, welche «Vollendung und Leben» erlangt hat.

Aus solchen Amplifikationen ergibt sich rückblickend die Erklärung, weshalb nach unserem Text die fünf törichten unter den zehn auf den Herrn wartenden Jungfrauen mit in das Hochzeitsgemach eintreten – *sie gehören zu jener Dekade, in welcher auch das nicht sublimierbare, dunkle Irdische und Verworfene mit hineingenommen und erlöst sein soll*.

et hi sunt numerus eius. Intellige hoc principium numeri, primum et secundum, et dicis duo, et illa sunt tria in numero, deinde dicis tria, quae sunt in numero sex, deinde dicis quatuor, et fiunt in numero decem numeri manifesti, occulti autem ipsorum quatuor. His autem numeris perficis Magnesiam, quae est Abarnahas, existens ex quatuor. Decem vero sunt quatuor, et ex eis sunt decem. Haec sunt quatuor naturae, scilicet terra, aqua, aër et ignis, ex quibus consistit omnis creatura. Intellige autem hoc.

57. SENIOR, de Chemia, a. a. O. p. 23.
58. ebda. p. 27. terra foliata «Silbererde».
59. SENIOR, De Chemia p. 28.
60. ebda. p. 122: «Per aquilas substantiam volatilem intelliges...»
61. Nach der *Pistis Sophia* besteht das Übel der Welt in der Vermischung von Licht und Finsternis und deren endgültige erlösende Trennung tritt erst dann ein, wenn die vollkommene Zahl (der gerechten Seelen) vollendet ist. (W. BOUSSET, Hauptprobleme der Gnosis, a. a. O. p. 102.)

Text: Also sollst du dich heute freuen, mein Sohn, denn hinfort wird keine 253
Klage noch Schmerz mehr sein, denn alles Frühere ist vergangen.

Nun ist nach Aussage des Verfassers das Dunkle, Böse endgültig ver- 254
trieben, und der Text spielt sogar auf eine vollständige *Apokatastasis* an.
Alle Trennung ist aufgehoben, die verlorene Drachme, das verlorene
Schaf, die gefallenen Engel sind wieder zur Ganzheit zurückgekehrt,
und die Zahl der Brüder vom Engelsturze her ist wieder – wie es wörtlich heißt – *plenarie integratus*[62].

Text: Wer Ohren hat, der höre... von dem Weib, das den Tod herein- 255
brachte und ihn vertrieb, was die Philosophen mit folgenden Worten andeuten: Nimm ihm die Seele weg und gib ihm die Seele zurück; denn die Zersetzung des Einen ist die Erzeugung des Andern...

Hiemit greift der Text noch einmal das im Titel angeführte und im 256
Mittelteil der Parabel erwähnte Motiv von dem «Weib, das den Tod
hereinbrachte und ihn vertrieb» auf, und dies wird nun alchemistisch
erklärt als ein Wegnehmen der Seele aus dem Stoff und ein Zurückgeben
derselben an ihn. Obwohl es dem Verfasser in Wirklichkeit zugestoßen
ist, den Tod und das Verschwinden des Todes zu erleben, und er selber
dieses Erlebnis nicht hervorgebracht hat, hat ihn doch offenbar seine
Kenntnis alchemistischer Texte den Vorgang nachträglich in diesem
Sinn verstehen lassen und er hat durch diese alchemistische Formulierung eine gewisse Distanz von seiner Emotion gewonnen.

Biblisch gesprochen wäre das Weib, «das den Tod in die Welt 257
brachte», Eva. So sagt z. B. EPHRAEM SYRUS in seinen beliebten zugespitzten Gegensatzformulierungen[63]: «Eva, die Mutter alles Lebendigen,
wurde zur Quelle des Todes für alle Lebenden[64].» Eva ist in der Alche-

---

62. Vgl. C. G. Jung, Myst. Coni. II p. 312 ff. Es ist eine Apokatastasis alles Seienden,
in welcher der Mensch auch sein ursprüngliches Einssein mit der Natur und Gott wiederfindet. Die Ahnung dieses Zieles befreit den Autor momentan aus seiner Verstrickung
in das unbewußte Drama; er sieht es sogar als einen alchemistischen Prozeß an, der
vom Menschen eingeleitet werden kann, was einen seltsamen Umschwung ins Lehrhafte
mit sich bringt.
63. Hymni et Sermones l. c. I p. 154: Eva mater omnium viventium fons mortis
effecta est omnibus viventibus.
64. Auch Papst PIUS XII. nennt in seiner Encyclica des 4. Nov. 1950 Maria eine
«Heva nova». Acta Apostol. Sedis 1950, p. 768 und 764, wobei ALBERTUS MAGNUS,

mie eine öfters begegnende Bezeichnung für die weibliche Arkansubstanz [65]; wahrscheinlich infolge der antiken Auslegung ihres Namens als «Mutter alles Lebendigen» (Gen. IX, 20) [66]. Für die gnostische Sekte der Peraten war Eva die Verkörperung der «anima mundi», als der κοινὴ φύσις (gemeinsame Natur) der Götter und Engel, der Sterblichen und Unsterblichen [67]. Noch zugespitzter ist die dualistische Anschauung der Mandäer, welche zwei weibliche Urprinzipien (ἀρχαί) anerkannten, eine «Mutter der Lebendigen» und einen als weiblich vorgestellten «Tod». Der Tod ist mit dem Körperleben verknüpft, das auch der Sitz der Sünde ist [68]. Eva wurde wegen ihrer Bedeutung als Mutter der Lebendigen zur Präfiguration der Ecclesia [69]. Wenn schon Eva paradoxerweise zugleich den Quell des Lebens und Todes verkörpert, so ist doch «die Frau, die den Tod vertrieb», noch in einer anderen dogmatischen Gestalt zu suchen, nämlich in Maria. So sagt z. B. EPHRAEM SYRUS [70]: «Durch Maria ist das Licht entstanden, welches die Finsternisse vertrieb, die Eva gebracht hat.» Und [71]: «Maria hat den Baum gefällt, der den Tod brachte, und die Alle belebende Frucht geschenkt.» – *Aus diesen Formulierungen geht hervor, daß der Autor des Aurora-Textes seine Frauengestalt als eine einzige Verkörperung des sonst in Maria und Eva getrennt personifizierten Wesens erlebte* [72]. Wieder versucht das Unbe-

Sermon. de Sanctis XV. angeführt wird. Vgl. auch CYRILL V. JERUSALEM, Katacheses ed. Rupp. München 1860, Vol. II p. 19, Katech. 12, cap. 15.

65. So z. B. bei SENIOR, De Chemia p. 95 ff. in der Partie, die als «ROSINUS ad Euthiciam» auch in Art. Aurif. 1610. I p. 159 ff. abgedruckt ist.

66. Vgl. PHILO, De agricult. § 21.

67. Vgl. H. LEISEGANG, Gnosis p. 184, und W. BOUSSET, Hauptprobleme der Gnosis l. c. p. 59.

68. Vgl. R REITZENSTEIN, Das Iranische Erlösungsmysterium, Bonn 1921, p. 137–138.

69. Vgl. ANASTASIUS SINAITA, Hexam. 4, cit. H. RAHNER, Myst. Lunae, a. a. O. 1940, p. 77, Fußnote 109: Eva interpretatur vita. Vita autem est etiam Ecclesia exhibens perpetuam baptismatis regenerationem et vitam, quae est per aquam et Spiritum ... Die Kirche ist aus dem Wasser und Blut der Seitenwunde Christi entstanden, wie Eva aus der Rippe Adams. (ders. Hexam. 9 cit. RAHNER ebda. p. 75.)

70. Hymni et Sermones a. a. O., Bd. II, p. 526.

71. ebda. p. 530. Vgl. auch BRUNO VON ASTI, Sent. I. 5 cap. 2: Mors per Evam facta est, vita per Mariam reddita est. Illa a diabolo victa est, haec diabolum ligavit et vicit.

72. Siehe nach JUNG die Paradoxien, die von der *Aelia Laelia Crispis* ausgesagt wurden, Myst. Coni. Vol. I, Kap.: Die Paradoxa.

wußte, einen zu weit auseinandergerissenen hellen und dunklen Aspekt ein und derselben archetypischen Figur zusammenzubringen.

Durch die nachfolgenden Sätze ist diese Frauengestalt als «anima» der alchymischen Materie und damit eindeutig als dieselbe weibliche Personifikation gekennzeichnet, welche in den vorhergehenden Textpartien bald als Sapientia, bald als hilfesuchende Stoffseele auftrat.

258

Text: das bedeutet: beraube ihn (den Stoff) seiner zersetzenden Feuchtigkeit und mehre ihn mit seiner ihm von Natur eigenen Feuchtigkeit, wodurch seine Vollendung und sein Leben entstehen wird.

259

Es ergibt sich, daß dieselbe Anima eine humiditas corrumpens und connaturalis, d. h. vivificans [73], zugleich ist und daß sie als solche das «göttliche Wasser» der Kunst verkörpert.

260

Wie in der Alchemie, so hat auch in vielen gnostischen Systemen das Wasser die Doppelbedeutung von Leben und Tod [74]. Als Himmelsozean ist es ein Bild der Sophia [75]. Hingegen entspricht der Edem oder Eva als der Weltseele im *Baruch*buche [76] bei den Peraten «die Kraft des Trüben vom Abgrunde» (δύναμις ἀβυσσικοῦ θόλου), die sie auch «Meer» nannten [77]. ZOSIMOS erwähnt das «runde Element des Kronos» als profane

261

[73]. Verderbliche und wesensgleiche d. h. belebende Feuchtigkeit.

[74]. Vgl. die Idee der Naassener, wonach der Ozean abwärtsfließend die Schöpfung und aufwärtsfließend die Götter erzeuge (LEISEGANG, Gnosis, p. 140–141); er ist der Ouroboros, der «den Ring von Werden und Vergehen» darstellt. Er «ist die feuchte Substanz und nichts in der Welt Unsterbliches oder Sterbliches, Lebendiges oder Lebloses kann ohne sie bestehen; der Fluß, der ausgeht von Eden und sich teilt in die vier Ursprünge». Dieselbe Schlange gilt bei den Peraten als Eva, die «Mutter alles Lebendigen» (ebda. p. 148), ihr gegenüber steht die verderbliche Feuchtigkeit des Kronos, welche die Ursache ist, «daß alle Kreatur dem Untergang verfällt» (ebda. p. 149).

[75]. Vgl. W. BOUSSET, Gnosis a. a. O. p. 69, IRENAEUS I. 30. 3. Vgl. zur Bedeutung der aquae supracoelestes C. G. JUNG, Psychologie und Religion a. a. O. p. 179 ff.

[76]. Vgl. LEISEGANG, Gnosis a. a. O. p. 163–166, 175–176 und HIPPOLYTOS Elenchos V. 14. ed. P. WENDLAND, p. 108.

[77]. BOUSSET, Gnosis a. a. O. p. 73 Anm. 1. – Es heißt von ihr, sie sei «die Kraft des abgrundtiefen Schlammes, die den Schmutz des Unvergänglichen, Stummen, Feuchten aufnimmt und trägt, die gesamte, ewig in Bewegung befindliche Kraft des wäßrigen Krampfzustandes, die das Ruhende trägt, das Zitternde enthält, das Kommende befreit ... das Wachsende vernichtet ... Diese Kraft nannte der Unverstand Kronos, der in Fesseln geschlagen wurde usw. (LEISEGANG, Gnosis a. a. O. p. 149–150. Vgl. HIPPOLYTOS, Elenchos V. 14. (ed. P. Wendland p. 108). Dies entspricht auch dem «schauerlichen Wasser des Uranfanges» (ὕδωρ φοβερόν) bei den Sethianern, aus dem ein Wind alles Entstehen verursacht. (BOUSSET, Gnosis a. a. O. p. 104, LEISEGANG, Gnosis a. a. O. p. 153–154.)

Bezeichnung für das Mysterium des «göttlichen Wassers [78]». Von diesem Wasser sagt er andernorts [79], es habe in sich «Leben und Geist (πνεῦμα) und das Tödliche» (ἀναιρετικόν) [80]. Derselbe Autor sagt zu der Sentenz von MARIA: «Betastet es nicht mit Händen, denn es ist ein feuriges Pharmakon», als Erläuterung: «Das Quecksilber ist todbringend, und in ihm zersetzt sich das Gold [81]». Zugleich ist aber dieses Wasser auch bei den alten Autoren der «Allsame» (πανσπέρμιον), das runde Element Ω, das Meerwasser und das Ei, und es besitzt etwa dieselbe Bedeutung, wie das «helle Wasser des Kronos» bei den gnostischen Peraten [83]. Der alchemistische Autor OSTANES sagt vom göttlichen Wasser [84]: «Dieses Wasser läßt die Toten auferstehen und tötet das Lebende, es erleuchtet das Dunkle und verfinstert das Helle.» Ein großer Teil solcher spätantiken Vorstellungen finden sich bei SENIOR [85] und in der *Turba* wieder und waren somit dem Verfasser der Aurora bekannt. In der *Turba* gilt z. B. das Wasser als «aqua vitae» und zugleich als Gift [86]; es heißt von ihm [87]: «Die Philosophen sagten die Wahrheit, wenn sie das Wasser ‚lebend' nannten, weil das, was mit Wasser gemischt wird, erst stirbt und dann wieder lebt und jung wird. Und es ist *‚der schärfste Essig', der alles zersetzt,* oder ein Gift. *Dieses Gift aber ist gewissermaßen Geburt und Leben,* weil es eine Seele ist, aus vielen Dingen extrahiert ... seine Farbe ist daher Leben für diejenigen Körper, denen es einen Schaden wegnimmt und Tod für diejenigen Körper, aus denen es extrahiert wird». Das entspricht völlig den Sentenzen der Aurora von dem Extrahieren und Zurückgeben der Seele sowie dem Entfernen der zersetzenden Feuchtigkeit und Mehrung durch die eigene wesensgemäße

---

78. Über die Geräte und Öfen, BERTHELOT, Coll. Alch. Grecs. III. XLIX. 1. Vol. I. p. 228.

79. BERTHELOT. ebda. III. IX. 2. Vol. I. p. 144.

80. Vgl. über das Tödliche (θανατῶδες) des Wassers auch den anonymen Tractat, BERTHELOT. ebda. IV. VII. 2. Vol. I. p. 276.

81. BERTHELOT. ebda. III. XXIX. 13. Vol. I. p. 201.

82. BERTHELOT. ebda. I. III. 4, 8. Vol. I. p. 18–19.

83. Vgl. HIPPOLYTOS, Elenchos, ed. P. WENDLAND, l. c. V. 16. Dieses Wasser stellt die Verstrickung in die diesseitige vergängliche Welt dar.

84. BERTHELOT. ebda. IV. II. 3. Vol. I. p. 262.

85. Vgl. u. a. SENIOR De Chemia a. a. O. p. 85, 106–107. Ferner über das Mysterium des Wassers im allgemeinen p. 87, 70–73, 17, 21, 34–35.

86. ed. RUSKA, l. c. p. 130.

87. ebda. p. 162. Vgl. auch p. 125 und 213.

Feuchtigkeit [88]. Psychologisch gesehen ist dieses Wasser ein Aspekt des Mercurius, dessen paradoxe Eigenschaften und Bedeutung JUNG in «Der Geist Mercurius [89]» dargelegt hat. Nach THOMAS VON AQUIN spricht jener an sich alte und oft zitierte Satz: «corruptio unius est generatio alterius», ein Grundgesetz aller Wandlung zur Vollkommenheit aus; durch viele Neuerungen und Vernichtungen gelange der Mensch zu seiner ultima forma substantialis (seiner letzten wesentlichen Gestalt) [90]. Es sind dies somit allgemein bekannte Vorstellungen, auf die der Autor der Aurora hier anspielt, aber er bringt insofern eine kühne Neuerung vor, als er – wohl zum ersten Mal in solcher Deutlichkeit – versucht, diese paradoxen Vorstellungen vom göttlichen Wasser als der «anima» des Stoffes mit den biblischen Gestalten von Eva und Maria in Bezug zu setzen und deren Doppelnatur in *einer* Gestalt zusammenzufassen [91]. Hierin offenbart sich besonders klar die Rolle, welche die alchemistischen Symbole im Text spielen: sie haben *eine die Gegensätze vereinigende Funktion.*

---

88. Im «Buch der Alaune und Salze» ed. Ruska a. a. O. p. 63 heißt es, der Prozeß bestehe wesentlich darin, daß die verderbliche Feuchtigkeit extrahiert und dafür die feurige Feuchtigkeit (humiditas ignea) eingeflößt werde». Vom Mercurius heißt es daselbst (p. 58–59): Er ist das ewige Wasser und die Jungfrauenmilch, er tötet und belebt und ist die Schlange, die sich selber begattet und sich selber schwängert und an einem Tage gebiert. Vgl. auch ZOSIMOS, BERTHELOT Coll. Alch. Grecs, III, IX. 1. Vol. I. p. 143: Es gibt 2 Naturen und *eine* Substanz (οὐσία), die eine Natur attrahiert die andere, und eine besiegt die andere, das ist das Quecksilber, das mann-weibliche ewig flüchtige ... göttliche Wasser, das alle nicht kennen und dessen Natur schwer zu sehen ist.
89. In «Symbolik des Geistes». Rascher, Zürich, 1948.
90. Summa P. I. qu. 118 Art. II. Et ideo dicendum quod cum generatio unius semper sit corruptio alterius, necesse est dicere quod tam in homine quam in animalibus aliis, quando perfectior forma advenit, fit corruptio prioris, ita tamen quod sequens forma habet quidquid habebat prima et adhuc amplius; et sic per multas generationes et corruptiones pervenitur ad ultimam formam substantialem tam in homine quam in aliis animalibus. Sic igitur dicendum est, quod anima intellectiva creatur a Deo in fine generationis humanae, quae simul est et sensitiva et nutritiva, corruptis formis praeexistentibus.
91. Wobei sich der nicht nur für diese Stelle, sondern überhaupt allgemein gültige Satz ergibt, daß in der Alchemie dieselben Archetypen in ihrem Doppelaspekt einheitlich gesehen und erlebt sind, welche in der christlichen Allegorik in einer hell-dunklen Zweiheit von Bildern aufgespalten erscheinen.

KOMMENTAR ZUR DRITTEN PARABEL
(8. KAPITEL)

262   Im Laufe des vorhergehenden Kapitels wurde es allmählich immer deutlicher, daß die Sapientia Dei und die «verderbliche Feuchtigkeit» oder todbringende Frau *ein und dieselbe* Gegebenheit darstellen. Aber – wie die meisten anderen Alchemistentexte – hat der Verfasser die Projektion der Anima in den Stoff nicht durchschaut. Aus diesem Grunde bleibt die Anima weiterhin insofern «unerlöst», als sie nicht aus dem projizierten Zustand befreit, d. h. als *psychische* Gegebenheit erkannt ist. Deshalb weilt sie noch, wie der Titel der Parabel aussagt, in «der babylonischen Gefangenschaft» und sagt sie zu Beginn des nächsten Kapitels:

263   Text: «Wer meine Pforten sprengt und meine eisernen Riegel zerbricht... (der hat sich meiner erbarmt).»

264   Die hier angeführten Worte aus Jesaia (XLV, 2–3): «Ich will vor dir hergehen... ich will die ehernen Türen zerschlagen und die eisernen Riegel zerbrechen», lauten in ihrer Fortsetzung: «und ich gebe die heimlichen Schätze und die verborgenen Kleinode, auf daß du erkennest, daß ich, der Herr,... dich bei deinem Namen genannt habe». Alchemistisch gedeutet handelt es sich bei dieser Anspielung um die allmähliche Extraktion der «flüssigen Seele» aus dem mineralischen Körper (Erz oder Eisen) [1]. Den gleichzeitigen «moralischen» bzw. psychologischen Aspekt desselben Vorganges kann wohl am schönsten die siebzehnte Ode Salomos beleuchten [2], wo der sich mit Christus identifizierende «Erlöste» spricht: «Daher wies er (Gott) mir den Weg seiner Schritte. / Ich öffnete die verschlossenen Türen / ich zerschlug die eiser-

---

1. So sagt Lucas in der Turba (Sermo 67, Ruska, p. 166 und 252): «Die Definition der Kunst ist die ‚Verflüssigung der Körper und die Trennung der Seele vom Körper', weil das Kupfer wie der Mensch sowohl Seele wie Körper hat. Ihr müßt daher... den ‚Körper' zerstören und ihm die Seele ausziehen, weshalb die Philosophen gesagt haben, daß nicht der ‚Körper' den ‚Körper' durchdringt, sondern das ‚Feine der Natur' es ist, nämlich die ‚Seele', die den ‚Körper' durchdringt und färbt usw.»
2. Cit. nach der Übers. von E. Hennecke, Neutestamentliche Apokryphen II. Aufl. Tübingen 1924, p. 453. – Vgl. auch Reitzenstein, Das Iranische Erlösungsmysterium, a. a. O. p. 87.

nen Riegel / *mein eigenes Eisen aber ward glühend / und schmolz von mir.* / Nichts ward mir verschlossen erfunden / denn die Pforte zu Allem war ich geworden usw. [3].»

Psychologisch bedeutet somit das alchemistische «Erschließen des Erzes» die emotionale Auflösung des in seinen zeitgebundenen Vorurteilen und Eigenwilligkeiten befangenen Ich. Durch die Berührung mit dem Unbewußten öffnet sich das Gefängnis, das wir uns durch unsere bewußten Anschauungen und ichhaften Zielsetzungen selber gebaut haben, und gleichzeitig geschieht ein analoger Vorgang in der unbewußten Psyche: durch die Zuwendung des Bewußtseins wird das Unbewußte aus seinem So-Sein, in welchem es unbearbeitet verharrt, befreit und durch den Kontakt mit dem es verstehenden Bewußtsein gewandelt. Wieder koïnzidiert in dieser Phase des Opus die Situation des Alchemisten mit derjenigen der «anima» im Höllenkerker.

Text: «Wer... meinen Leuchter von seiner Stätte bewegt und die Fesseln meines Kerkers der Finsternis sprengt... (der hat sich meiner erbarmt).»

Im Text beziehen sich «die eisernen Riegel der babylonischen Gefangenschaft[4]» auf die Höllenpforten[5], so daß die «anima» im Zentrum der Erde und zwar, christlich gesehen, sogar in der Hölle eingesperrt ist. Dies ist bestätigt durch ihre Worte in der ersten Parabel, wo sie aus der Tiefe der «untersten Hölle» um Hilfe ruft. Eine solche Interpretation unterstützt die Deutung des etwas dunklen nachfolgenden Satzes, nämlich einer Bitte der «anima», man möge «ihren Leuchter von seiner Stätte bewegen». Damit ist wahrscheinlich auf Apok. II, 5, angespielt, wo es heißt: «Wo du aber nicht Buße tust, werde ich dir bald kommen und deinen Leuchter wegstoßen von seiner Stätte.» Es ist anzunehmen, daß dies vor Beginn der Parabel bereits geschehen war, und der Leuchter strafweise in die Hölle versetzt worden war, weshalb die «Seele» nun um seine Wiederzurechtsetzung bittet[6]. Nach einem Kommentar ALBERTS DES GROSSEN zur Offenbarung ist der Leuchter ein Bild der

---

3. Vgl. auch das Gebet von Gizeh (4. Jahrh.) in R. REITZENSTEIN, Das Iranische Erlösungsmysterium, p. 265.
4. d. i. der Titel dieser Parabel.
5. Vgl. ZOOZMANN, p. 884. Christe, Rex mundi, Creator, Dira claustra diruens Ferrea vincla resolvens es, retrusos eximens.
6. Vgl. u. a. die Klagelieder der gefallenen Sophia in der «Pistis Sophia». Vgl. hiezu H. LEISEGANG, Gnosis a. a. O. p. 378 ff. und REITZENSTEIN, Das iran. Erlösungs-

Kirche [7] und in anderen Schriften ein Bild Mariae [8]. Ebenso wurde der goldene Kandelaber auch als Allegorie Christi gedeutet [9], während er in der Kabbala die Schechina oder den Metatron darstellt [10]. Der Aufenthalt der Seele im Erdinnern und in der Hölle ist die Folge eines einstigen «Sturzes», bei welchem sie sich im Stoff verfing [11] – eine Darstellung jener einstmaligen Projektion des Unbewußten in die Natur, auf der die Alchemie basiert [12].

268 Auch in der scholastischen Philosophie taucht bei WILHELM VON AUVERGNE wieder die Idee der gefallenen Seele auf [13]: durch Adams Vergehen sei sie, sagt er, von der «Höhe» ihrer einstigen «Luminositas» und ihrem Adel hinabgedrückt (depressa) worden.

269 Eine ähnliche Formulierung wie in der Aurora – vielleicht die Quelle zu dieser Stelle – bildet eine Partie aus dem Traktat *Rosinus ad Sarratantam* [14], worin die personifizierte «Mondfeuchte» (humiditas lunaris, welche eine Parallelfigur zu unserer Frauengestalt ist) spricht: «Wer mich, die ich die Mond- und Merkurmaterie enthalte, *von ihrem Platze* (de loco suo) d. h. *vom Körper des Erzes* wegholt, d. h. sublimiert... und meinen Geliebten, die Sonnenfettigkeit mit mir, der Mondfeuchte, verbindet... sie werden uns regenerieren zu einem Leben, durch das fürderhin kein Tod mehr sein wird [15].»

mysterium a. a. O. p. 174 ff. In mancher Hinsicht wäre auch die παρθένος τοῦ φωτός (Lichtjungfrau) der koptisch-gnostischen Schriften zu vergleichen. (BOUSSET, Gnosis a. a. O., p. 61.)

7. In Apocal. B. Joannis. Opera ed. Borgnet Paris 1939, Vol. 38, p. 491: Et dicitur Ecclesia candelabrum aureum quia lucens scientia, gratia pretiosa, patientia solida oboedientia ductilis, praedicatione sonora, perserverantia longa, fide Trinitatis fundata, quae est repleta septemplici Spiritus Sancti gratia. Die Echtheit dieses Werkes wird teilweise bestritten.

8. Biblia Mariana, ALBERTI Opera ed. Borgnet Vol. 37, p. 366: Maria est candelabrum illuminationis...

9. GREGORIUS MAGNUS, Lib. I super Ezechielem, Opera l. c. tom. II, p. 93.

10. Vgl. KNORR V. ROSENROTH l. c. p. I, p. 543.

11. In der Kabbala ist dies das Einsperren des Lichtes im dunklen Gefäß. Vgl. KNORR V. ROSENROTH l. c. II, p. 261 und 262.

12. Vgl. C. G. JUNG, Psychologie und Alchemie passim, bes. das Kapitel: Der Geist im Stoff.

13. De anima V 19: Ex his igitur apparet tibi quam deiecta et depressa est ab altitudine luminositatis et nobilitatis suae naturalis virtutis intellectivae sive anima humana quantum ad illam.

14. Artis Auriferae 1610 a. a. O. I, p. 188.

15. «... et qui me habentem Lunarem et Mercurialem materiam, *de loco meo i. e. de corpore aeris abstulerit i. e. sublimare fecerit* vi i. e. per vim putrefactionis et solutionis,

Daß in der Aurora die Seele im Höllenabgrund des Stoffes als *Leuchter* bzw. Licht dargestellt ist, entspricht ihrer Deutung als «lumen naturale» bzw. scintilla, für welche Zusammenhänge ich auf JUNGS Ausführungen in «Theoretische Überlegungen zum Wesen des Psychischen» verweise [16]. Die Sapientia bezeichnete sich schon im ersten Kapitel als «lumen indeficiens» (unauslöschliches Licht), welches diejenigen, die sie finden, beglückt. Aber um die Menschen erleuchten zu können, muß sie offenbar zunächst erst selber aus der Höllentiefe heraufgeholt werden [17]. Ohne eine verstehende Anteilnahme des Bewußtseins kann das Unbewußte nämlich seine erleuchtende und hilfreiche Funktion nicht ausüben.

Text: und aufhebt das Joch meiner Gefangenschaft, in der wir während 70 Jahren saßen über den Wassern zu Babel; dort weinten wir und hingen unsere Harfen auf...

Der unerlöste Zustand der anima materiae wird hier gleichnishaft ausgedrückt im Bild der Gefangenschaft. (Man vergleiche den Begriff des ieiunium und der vierzigtägigen captivitas des «eingeschlossenen Goldes» in der Kabbala [18].) In der kirchlichen Allegorie wurde das babylonische Exil als «Übermacht der Heiden und der Sünde» gedeutet und bildet somit ein Parallelmotiv zum Dominieren der «Äthiopier» und der «Menge des Meeres» in den vorhergehenden Kapiteln. Babylon galt in der Patristik als «Unterweltsee» (lacus inferior) [19]. Diese Deutung findet sich schon in den CYRIACUSakten, wo Babylon als ein «Sumpf-

---

ac dilectum meum i. e. pinguedinem solarem mecum i. e. cum humidate Lunari vinculaverit ... regenerabunt nos in vitam, per quam non erit ultra mors.» Es handelt sich um die Kommentierung eines Textes, der teilweise auch im *Consilium Coniugii* usw. Ars Chemica 1566, (p. 120–129) erhalten ist. Es handelt sich um die Beschreibung der Coniunctio ähnlich wie SENIORS Epistula Solis ad Lunam crescentem. Vgl. auch das christliche Bild des Körpers als Gefängnis: PETR. DAMIANUS, Rhythmus de Gloria et Gaudiis Paradisi (Zoozmann, p. 204 und 205). Ad perennem vitae fontem, Mens sitivit arida, *Claustra* carnis praesto frangi, Clausa quaerit anima, gliscit ambit eluctatur, Exul frui patria.

16. Wurzeln des Bewußtseins, 1953, passim.
17. Vgl. SENIOR, De Chemia, p. 5, 6 und 26, wonach ein Sonnenstrahl in den «mundus inferior» hinabstieg, diesen aufteilend und zugleich umgebend.
18. KNORR V. ROSENROTH, Kabbala denudata a. a. O. Vol. I., p. 302.
19. EPHRAEM SYRUS, Hymni et Sermones, l. c. Bd. II, 226: Retribue etiam iis, qui abduxerunt populum in lacum inferiorem i. e. in Babylonem.

meer» (λιμνοθάλασσα) bezeichnet ist, voll von Hippokentauren, Drachen und dem großen Ouroboros (der bei den Alchemisten die aqua divina darstellt). Babylon ist auch eine Bezeichnung für das «Zentrum der Hölle[20]». Es bedeutet die Verwirrung (confusio, σύγχυσις) der fleischlichen Erregung und «der bösen Gedanken, die unser Herz verwirren[21]». Die in der Aurora erwähnten Flüsse von Babel sind in der Auffassung der Kirchenväter «die Ströme der Wollust und der Strom dieser Welt[22]». Hierin kommt wieder jenes Motiv der Concupiscentia zum Ausdruck, das im ersten Kapitel als eine Begleiterscheinung beim Auftreten der Sapientia Dei erwähnt war[23]. Gemäß diesen Amplifikationen wäre die Anima des Verfassers noch immer oder wieder überwältigt oder bedrängt von Schattenelementen, von denen sie nur durch die Bewußtmachung gereinigt werden könnte.

273 In dem Satz: «dort weinten *wir*...» geht die Rede unvermittelt aus der Ichform in den Plural über, als ob die Anima im babylonischen Exil zu einer Vielheit geworden wäre. Die Gefangenschaft bedeutet demnach gleichzeitig auch eine Zerstreuung, d. h. psychologisch eine Auflösung in einzelne autonome Komplexe oder eine Dissoziation der Persönlichkeit[24]. Deshalb spricht die Fortsetzung des Textes von der Notwendigkeit eines «Sammelns aus allen Landen».

274 Bei der gnostischen Sekte der Naassener galt (im Gegensatz zur oben angeführten Symbolik) der Fluß, der durch Babylon fließt, als das «lebende Wasser», durch das die Pneumatiker auserwählt werden[25]. Mesopotamien ist nämlich «der große Ozeanstrom, der aus der Mitte des vollendeten Menschen fließt». Sein Wasser enthält den Geist Gottes

---

20. Vgl. REITZENSTEIN, Das Iranische Erlösungsmysterium a. a. O., p. 77–78 und p. 80.
21. «cogitationes malae quae cor nostrum confundunt.» Vgl. GREGORIUS MAGNUS, Expos. mor. Lib. VI in caput V Job. (c. XI) Opera Paris 1636 tom. I, col. 199: Et quia Babylon confusio interpretatur etc.
22. «fluvius huius saeculi.» Vgl. auch HONORIUS VON AUTUN, Speculum de myst. Ecclesiae, Migne P. L. tom. 172, col. 907 ff.: Per mare hoc saeculum insinuatur quod voluminibus adversitatum iugiter elevatur. In hoc diabolus circumnatat ut Leviathan, multitudinem animarum devorat. Vgl. zu dieser Symbolik H. RAHNER, Antemna Crucis. Zeitschr. f. kathol. Theol., Bd. 66, 1942, p. 112 ff.
23. Vgl. auch die gnostische Gleichsetzung von *Babel* und *Aphrodite*, welche alle Ehebrüche bewirkt. LEISEGANG, Gnosis a. a. O., p. 161.
24. Die einseitige Betonung von Helle *oder* Dunkelheit scheint immer eine Dissoziation hervorzurufen, ganz gleich von welcher Seite sie erfolgt.
25. Vgl. W. BOUSSET, Hauptprobleme der Gnosis a. a. O., p. 280–281, Anm. 2.

(πνεῦμα θεοῦ) [26]. In der Aurora ist dieser selbe positive Aspekt des Wassers ebenfalls im Folgenden erwähnt, wird jedoch zunächst nicht als ein und dasselbe Wasser dargestellt.

Text: «Wer ... meine lechzende Seele, die dahineilt im Durst ihres Mundes, mit dem Marke des Weizens und mit Honig aus dem Felsen speist, und wer meiner Wanderung einen großen Speisesaal bereitet, damit ich in Frieden ruhen kann und die sieben Gaben des Heiligen Geistes über mir ruhen, der hat sich meiner erbarmt.» 275

Die Speisung und Tränkung der Seele, die nun erfolgt, wird schon am Schluß der vorhergehenden Parabel mit der Idee einer «Ernährung durch die wesensgleiche Feuchtigkeit» angedeutet. GIOACCHINO DA FIORI interpretierte «den Honig vom Felsen», der sonst als Bild der Gottheit galt, als den «spiritualis intellectus» (das geistige Verstehen) und die vom Hl. Geist geschenkte Freude, die laetitia spiritualis [27]. Alchemistisch handelt es sich um die Nutritio des Steines, einer bestimmten oft beschriebenen Stufe des Opus. So heißt es z. B. in den *Exercitationes in Turbam XV* [28]: Die Materie sei zuerst in Milch, dann in Blut und in Wasser verkörpert; dann bilden sich die Glieder, «und endlich gibt Gott der Materie die Seele, d. h. die Macht, durch welche unsere Medizin gemehrt und genährt wird [29]». Der zweite Teil der Aurora (der, wie erwähnt, wahrscheinlich einen Kommentar zum I. Teil darstellt [30]) verbindet die Stufe der Ablutio (Abwaschung) mit derjenigen der Nutritio (Ernährung) und sagt nach der Beschreibung der ersteren [31]: «Die Philosophen wollen ihr Samenkorn mit der wesensgleichen Feuchte näh- 276

---

26. Vgl. ebda. p. 81, Clement. Homil. 11. 24.
27. Concordia V. cit. HAHN III p. 332: Et tamen qui credit et timet sed non intelligit quasi ad solius patris notitiam perductus est ... qui autem credunt et intellegunt quasi ad patris et filii notitiam perducuntur, quia filius patris sapientia est ... sed et qui credunt, intelligunt et delectantur, habentes notitiam patris et filii usque ad spiritūs s. intelligentiam pervenisse noscuntur, quia ipse est delectatio et amor Dei, ipse *mel de petra oleumque de saxo durissimo*. Ipse est, inquam, mel de petra, ipse laetitia spiritualis etc.
28. Artis Aurif. 1610 I p. 117.
29. ... et tandem Deus dat materiei animam id est potentiam, qua augmentatur et nutritur nostra medicina. Et postquam Rex ortus est. i. e. anima per fermentum mediante aqua lapidi mortuo infusa est tunc oportet vitalem lapidem nutriri: et puto eandem ego esse conditionem nutrimenti ... usw.
30. Vgl. oben Einleitung.
31. Artis Aurif. 1610 I p. 148–149. Vgl. auch p. 130–131.

ren, bis es lebt und Frucht bringt, und sie wollen beleben, was tot ist [32].» Im ersten Teil der Aurora ist die Ablutio ebenfalls als eine Wiedergeburt geschildert, und es werden dabei die sieben Gaben des heiligen Geistes erwähnt; es ist dies wohl eine Anspielung auf die Worte des Priesters, die er bei der Benedictio fontis, die Kerze ins Wasser tauchend, spricht: «Es steige in die Fülle dieses Quells die Kraft des heiligen Geistes und befruchte die ganze Substanz dieses Wassers mit der Kraft zur Wiedergeburt [33].» Dies bedeutet eine «innere Neubelebung [34]», d. h. eine Mehrung an Lebendigkeit und seelischer Emanationskraft. Der Honig stellt nach PARACELSUS «die Süße der Erde» dar – die Anima ist freudlos, sie bedarf liebevoller Aufmerksamkeit von seiten des Bewußtseins.

277 Text: «Denn man wird mich von allen Landen versammeln, um reines Wasser über mich zu sprengen, auf daß ich rein werde vom größten Vergehen und vom Dämon des Mittags... denn von der Fußsohle bis auf's Haupt ist nichts Gesundes an mir gefunden. So also wird man mich von meiner verborgenen und nicht zugehörigen Fehl reinigen, und dann werde ich mich an all meine Sünden nicht mehr erinnern, da mich Gott gesalbt hat mit Freudenöl...»

278 Zunächst ist hier besonders das Motiv des «Sammelns aus allen Landen» hervorzuheben: es ist dies wohl eine Anspielung auf die Idee des Sammelns der in der Materie verstreuten Licht- oder Seelenteile Gottes, welche JUNG bereits erläutert hat [35]. Dadurch soll der *eine* Mensch (vir unus) entstehen, dem kein Makel mehr anhaftet. Dieser Makel ist nach unserem Text wiederum nicht nur chemisch als die Unreinheit des Metalls aufgefaßt, sondern als «delictum maximum» und «daemonium meridianum» bezeichnet. Der Mittag ist, wie schon erwähnt, der «fervor gloriae mundanae» – die Glut weltlichen Ehrgeizes, und der Teufel

---

32. Vgl. auch Flos Florum ARNALDI Artis Aurif. 1610 II p. 322.
33. Meßbuch ed. SCHOTT p. 301.
34. Ebda. p. 297. Vgl. auch EPHRAEM SYRUS, Hymni et Serm. Bd. I p. 58 u. 54 u. 80 und ANASTASIUS SINAITA. Hexam. 5 (cit. H. RAHNER, Myst. Lunae l. c. 1940 p. 75) ut nos per ipsam (Ecclesiam) generemur et regeneremur donec... praeterierit nox huius saeculi et rursus ortus fuerit Christus Sol iustitiae» u. ibid. Hex. 4: Luna vero habente gubernationem et administrationem auctoritatis aquae et Spiritus Sancti... ut nos per ipsam generemur et regeneremur. Diese Symbolzusammenhänge sind im einzelnen weiter ausgeführt im nächsten Kapitel.
35. Vgl. JUNG, Myst. Coni. Vol. I p. 50–55.

ist, wie ein alter Text (ARTEFIUS) sagt, «innerlich von der Natur des Feuers und eben deshalb der Natur der Seele feind, die von der Natur des Gleichmaßes ist [36]». Darum wird die Anima in unserem Text mit Wasser abgewaschen und mit dem Freudenöl (oleum laetitiae) von Gott gesalbt am Tage ihrer Auferstehung. Es ist dies als Ganzes eine Anspielung auf die Symbolik der christlichen Taufe, die symbolisch als ein Begrabensein und eine Auferstehung interpretiert wurde, wofür ich, sowie über die alchemistischen Parallelen, auf die Ausführungen von JUNG verweisen kann [37]. Das «oleum laetitiae» ist das Chrisam, das die Kirche bei der Firmung und Bischofsweihe verwendet in Nachahmung des Öles, mit welchem Christus bei seiner Taufe gesalbt wurde [38]. Zugleich spielt aber das Fett (pinguedo) oder oleum lucens (= leuchtendes Öl) in der Alchemie eine wichtige Rolle und ist dort ein Symbol der «anima» oder «aqua divina» oder «aqua sapientiae» [39]! Die Salbung in der Aurora ist demnach in gewissem Sinne wieder eine andere Bezeichnung für jene «Mehrung durch die wesensgleiche (connaturalis) Feuchte», welche am Schluß der vorhergehenden Parabel erwähnt war. Die «pinguedo» galt in der Kirche auch als ein Bild für das Manna, das Himmelsbrot [40]; womit ebenfalls auf das Motiv einer übernatürlichen Ernährung angespielt ist.

Text: «... da Gott mich gesalbt hat mit Freudenöl, auf daß die Fähigkeit des Eindringens und Verflüssigens in mir wohne am Tage meiner Auferstehung, wenn ich von Gott verherrlicht sein werde.» 279

In diesen Worten ist in subtiler Art das Motiv des «vir unus», des 280 *einen* Menschen bzw. Anthropos wieder aufgegriffen, das soeben angetönt war; und zwar ist die Materia in dieser Phase des Werkes, wie schon öfters in den vorhergehenden Kapiteln, mit dem auferstandenen

---

36. ARTEFIUS, Clavis maioris sapientiae. Theatr. Chem. 1659, IV, p. 211: Cum ergo interius sit de natura ignis, manifestum est ipsum contrariari et inimicari ipsius animae naturae, quae est natura aequalitatis...
37. Vgl. JUNG, Myst. Coni. Vol. I p. 258 sq.
38. Siehe Meßbuch ed. SCHOTT, p. 252.
39. Vgl. SENIOR, De Chemia p. 49, 55 und 57: Vult per oleum Animam. Cf. ferner p. 75 und 82: Et hoc genitum est pinguedo quam vocant animam et ovum. Vgl. ferner «Collectanea ex Rhasi» in der «Pretiosa Margarita Novella»-Ausgabe des LACINIUS, Venet. p. 169.
40. EPHRAEM SYRUS, Hymni et Sermones l. c. II, p. 676.

Christus parallel gesetzt: sie nimmt nun wieder eine männliche Erscheinungsform an. Dabei beziehen sich die Worte «am Tage meiner Auferstehung» (in die resurrectionis meae) auf das Alleluja des weißen Sonntages, wo es in Abwandlung der Worte des Engels am Grabe des Herrn heißt [41]: *Am Tage meiner Auferstehung will ich euch vorangehen...*» In unmittelbarem Zusammenhang hiezu stehen die Worte aus Joh. XX, 19: «Und nach acht Tagen, *da die Türen verschlossen waren, stand Jesus in der Mitte seiner Jünger...*» Zugleich ist die «vis penetrationis» im Auroratext nicht ohne Zusammenhang mit der *Tabula Smaragdina:* «Et vincet omnem rem subtilem omnemque solidam penetrabit [42].» Der Autor vergleicht sie mit der geisterhaften Erscheinungsform des auferstandenen Gottessohnes [43], wobei sich diese Aussagen alle letztlich auf die Gestalt des Filius philosophorum beziehen, welcher aus der gewandelten weiblichen Substanz entstanden ist. Daß es sich wirklich um den «Filius» handelt, beweisen die folgenden Worte unseres Textes: «Denn dies Geschlecht kommt und geht, bis derjenige kommt, der gesandt werden soll und aufhebt das Joch unserer Gefangenschaft» usw. Der erste Teil des Satzes (bis «kommt und geht») stammt aus Pred. I, 4, und seine Fortsetzung lautet in der Bibel: *«die Erde aber bleib ewiglich». Für einen Kenner des Bibeltextes hat somit der Verfasser der Aurora angedeutet, daß nun eine «ewige Erde» entstanden ist, d. h. ein Körperliches, welchem Unsterblichkeit zukommt* [44]. Das ist ein symbolisches Bild, das in den späteren Partien der Aurora noch einen größeren Raum einnehmen wird. Der zweite Teil des oben zitierten Aurora-Satzes stammt aus Gen. IXL, 10, und bildet einen Hinweis auf den Messias, von dem es darnach heißt: «seine Augen sind rot vom Wein und seine Zähne weiß von Milch». Damit ist für einen alchemistischen Leser

---

41. Math. XXVIII. 5. ff. Respondens autem Angelus dixit mulieribus: Nolite timere vos; scio enim quod Jesum... quaeritis, non est hic: surrexit enim sicut dixit... Et cito euntes dicite discipulis eius, quia surrexit: *et ecce praecedit vos in Galilaeam.*

42. ed. Ruska, p. 2. Vgl. Ps.-ARISTOTELES: De perfecto magisterio. Theatr. Chem. 1659, III, p. 70. Und SENIOR, De Chemia a. a. O. p. 116: Dixit autem HERMES: omne subtile ingreditur omne grossum.

43. Auch PETRUS BONUS vergleicht die Penetrationskraft des Lapis mit dem corpus glorificationis des Menschen. – Ebenso wurde, wie JUNG oben ausgeführt hat, der Spiritus Mercurii dem überall praesenten Parakleten verglichen.

44. Daß es sich im Opus um die Herstellung des unsterblichen inneren Menschen handelt – vgl. JUNG, Myst. Coni. II, Kap. Adam und Eva, bes. p. 180 ff. und die siebente Parabel der Aurora.

auf die Rubedo-Albedosymbolik angespielt, und auch darauf, daß der
«Filius» eine «unio oppositorum» darstellt[45].

Zusammengefaßt sagt somit der Text folgendes aus: wenn die Anima
«gesammelt», d. h. aus der Projektion in den Stoff zurückgenommen
und mit dem «Geist der Einsicht» gereinigt, d. h. bewußt gemacht wird,
so entsteht aus ihr ein Geistwesen, das wie der auferstandene Christus
durch alle materiellen Dinge hindurch wirken kann. Diese neue Form
der Anima bzw. dieses geistige Wesen ist andeutungsweise männlich:
es ist jenes vollständigere Bild des Selbst, das der alchemistische Filius
philosophorum darstellt. Diese männliche Gestalt ist gleichzeitig der
Befreier der Anima aus der «babylonischen Gefangenschaft», d. h. aus
dem Zustand der Unbewußtheit. Die *Psyche erlöst somit sich selbst.*
Vorerst sind noch das Bild der Anima und des Selbst – der Sapientia und
des Filius – dermaßen kontaminiert, daß man sie nicht unterscheiden
kann. In *dieser* Textpartie nun löst sich zum ersten Mal das Selbst als
eigener Inhalt heraus und offenbart sich als jenes umfassendere Zentrum
der Psyche, welches, wie wir noch später sehen werden, die Anima-Impulse
auf *ein* Ziel hin, nämlich auf den Individuationsprozeß, ausrichtet.

Text: «dort weinten wir und hingen unsere Harfen auf, darum, weil die
Töchter Zions stolz waren und gingen mit aufgerichtetem Nacken und mit
den Augen Winke gaben und schwänzelten und mit tänzelnden Schritten
einhergingen. Daher wird der Herr den Scheitel der Töchter Zions kahl
machen und wird ihren Haarschmuck nehmen; denn von Zion wird das Gesetz
ausgehen und des Herren Wort von Jerusalem.»

Nachdem sich das Selbst als eigener zentraler Inhalt aus dem Chaos
des Anfangszustandes herausgebildet hat, erkennt der Verfasser nachträglich
in der Frauengestalt, die er mit Eva, Maria und der Sapientia
Dei identifiziert hatte, als weiteren Aspekt die «stolzen Töchter Zion»,
die Gott bestraft hat und die sich, wie die Textfortsetzung aussagt, nach
einem Gatten sehnen. Es ist offenbar eine genügende Bewußtseinsfestigkeit
erreicht worden, daß nun der Verfasser diesen zweideutigen Aspekt
der Anima nachträglich sehen kann. Bewußt bezieht er wohl das Bild
dieser von Gott gedemütigten Frauengestalten auf die in der Erde ge-

---

45. Zur Bedeutung dieser Stelle kann ich auf die Erläuterungen von JUNG, Myst.
Coni. Vol. II, passim verweisen.

fangenen Metall- oder Planetengeister [46]. Die Gefangenschaft ist ein wichtiger Begriff in der *Turba* und symbolisiert dort das absichtliche Fixieren eines volatilen Geistes bzw. einer Seele im Körper zum Zwecke der Wandlung [47]: «Die Seele wird wie eine Sklavin festgehalten, so daß sie nicht fliehen kann, und sie verfällt in Krankheit und Rost und stirbt. Aber eben deshalb, weil sie nicht flieht, wird sie frei und erlangt ihren Gatten.» Die Fixierung heißt in der griechischen Alchemie: κατοχὴ = Gefangenschaft [48]. Andererseits sind auch in einem der ältesten Texte, der Schrift des *«Komarios an Kleopatra»*, die Metalle als «Leichen» beschrieben, die im Hades herumliegen, bedrängt und gefesselt in Finsternis und Nebel. Zu ihnen dringt das Lebenselixier, «die gesegneten Wasser», hinab und erwecken sie aus dem Schlafe [49]. Der Terminus Katochē spielt eine wichtige Rolle auch in der zeitgenössischen religiösen Literatur und bedeutet dort die «Inbesitznahme durch eine Gottheit» (sogar als Raserei) oder die «freiwillige Klausur» eines Novizen [50].

In der Aurora sind es *sieben* Frauen, welche die «Katochē» erleiden – es sind die Planetenkräfte in der Erde [51]. Diese sieben weiblichen Gefangenen erinnern auch an die sieben aneinandergefesselten weiblichen Geister (πνεύματα), welche im sog. *Testamentum Salomonis* auftreten, als Elemente des Herrn der Finsternis (τοῦ κοσμοκράτορος τοῦ σκότους), und denen je sieben Sterne zugeordnet sind [52]. Die Idee einer Gefangenschaft der Planetengeister als der abtrünnige Engel ist sehr alt und weit verbreitet. Im äthiopischen HENOCHbuch [53] müssen die Sterngeister in

---

46. Vgl. Mus. Herm. l. c. p. 167. Vgl. JUNG, Psychologie und Alchemie l. c. p. 101.
47. ed. RUSKA a. a. O. p. 142 (lat.) 222 (deutsch).
48. Vgl. OLYMPIODOR, BERTHELOT, Coll. Alch. Grecs II, IV, 9. Vol. I, p. 74.
49. BERTHELOT, ebda. IV. XX. 8. Vol. I p. 292–293.
50. Vgl. R. REITZENSTEIN, Die hellenistischen Mysterienreligionen, II. Aufl. Teubner, Leipzig 1923, p. 200 ff. Und das Iranische Erlösungsmysterium a. a. O. p. 198.
51. Vgl. hiezu allgemein BOUSSET, Gnosis, p. 25 ff. und LIPPMANN, Alchemie a. a. O. I, p. 215 ff. – Vgl. auch zur Planeteneinwirkung auf der Erde PHILO, De opif. mundi: Par. 113 u. 114 und W. SCOTT, Hermetica a. a. O. IV, p. 447.
52. Testam. SALOMONIS ed. Chester Charlton McCown 1922, p. 31 u. 51. – Vgl. auch BOUSSET, Gnosis a. a. O. p. 21, Anm. 2. Nach THEODOR BAR KONAI soll auch die Sekte der Kukäer einen Mythos überliefert haben, wonach sieben Töchter der «großen Mutter des Lebens» von den Finsternismächten geraubt worden seien und in den Städten Matra, Mabug und Harran auf ihre himmlischen Verlobten warten (BOUSSET, Gnosis; ebda. p. 263, Anm. 2.)
53. Cap. 18. 13 ff. Vgl. W. BOUSSET ebda. p. 53 und E. v. LIPPMANN, Alchemie Bd. I, p. 221.

sieben brennenden Bergen eingesperrt ihre Auflehnung gegen Gott
büßen, und in dem spätantiken Traktat von der *Kore Kosmou* [54] werden
die Gestirngeister, die einst «reine Seelen» waren, wegen ihres Ungehorsams vom Schöpfer in die Menschenkörper eingesperrt [55]. Auch in
der Aurora sind die sieben Frauen um ihrer Sünden willen bestraft und
in Babylon, d. h. dem Höllenzentrum, eingekerkert. Diese sieben Sternseelen bilden somit eine weitere Parallele zu dem gnostischen Motiv der
in der Materie versunkenen Sophia.

Text: An jenem Tage, an dem sieben Weiber *einen* Mann ergreifen werden und sagen werden: Wir haben unser Brot gegessen und bedecken uns mit unseren Kleidern, weshalb verteidigst du unser Blut nicht, das wie Wasser vergossen ist um Jerusalem? Und die göttliche Antwort empfangen haben: Harret noch eine kleine Zeit aus, bis daß die Zahl unserer Brüder... vollständig ist. [285]

Nach der Jesaiastelle sind die stolzen «Töchter Zion» ursprünglich sieben Frauen, die unter ihrem Unverheiratetsein und ihrer Unfruchtbarkeit leiden müssen. Zugleich aber werden sie durch die Anspielung des Textes auf Apok. VI, 9, verglichen mit den «Seelen derer, die erwürgt worden sind um des Wortes willen» und mit den Heiligen (!), von denen es heißt: «Sie haben ihr Blut vergossen um Jerusalem her wir Wasser.» *Sie sind somit Frevler und Märtyrer zugleich!* Die Antwort, die sie von Gott auf ihre Bitte um Befreiung erhalten, lautet: sie möchten warten «bis die Zahl unserer Brüder erfüllt worden ist». Dieses Wort gilt in der Bibel den Märtyrern der Kirche. Die Einkerkerung der Planeten- [286]

---

54. ed. W. Scott, Hermetica I, p. 464.

55. Ähnliche Anschauungen finden sich in der *Pistis Sophia* (4. Buch, vgl. Bousset, Gnosis a. a. O. p. 51) und bei den Mandäern (ebda. p. 31 und p. 35). Dort ist die *Ruhâ*, der weibliche Heilige Geist, die «Mutter der Sieben», welche letztere zum Aufruhr aufruft, weshalb sie zur Strafe im eigenen Feuer brennen müssen. (Bousset ebda. p. 36. R. Reitzenstein, Das Iranische Erlösungsmysterium, p. 59 ff. Vgl. auch dasselbe Motiv im Parsismus (Bousset, p. 41) und im Buche *Jeû* (p. 51-52). – Die *Ruhâ* galt daher als siebenköpfiger Drache. (Reitzenstein, Das Iran. Erlösungsmysterium a. a. O. p. 85.) Vgl. hiezu die Schlange der Ophiten, Leisegang, Gnosis a. a. O. p. 179. Die Sieben galten bisweilen als mannweibliche Dämonen und als die Urheber der Fortpflanzung, und somit auch des Todes und später der sieben Todsünden. (E. v. Lippmann, Alchemie I, p. 242, F. Boll, Sphaera p. 13. und p. 632, W. Scott, Hermetica IV, p. 419.) Nach Honorius von Autun gehört der Septenarius als Zahl dem Alten Testament, der Octonarius dem Neuen zu, denn am achten Tag ist Christus auferstanden. In Ecclesiasten, Migne P. L. tom. 172, col. 345.

geister *ist demnach als Folge einer Schuld dargestellt* [56], *ihre Quälung und Bearbeitung im Opus aber ist ein Martyrium um der Erlösung willen* [57].

287 Die Identifizierung der stolzen «Töchter Zion» mit den Seelen der Märtyrer ist dem Verfasser der Aurora aus der kirchlichen Allegorik nahegelegt worden, wonach Zion und die «Töchter Zion» als die vom Teufel bedrängte und später befreite Ecclesia oder als die in Christo wiedergeborenen Seelen interpretiert wurden [58]. Sie sind auch ein Bild für die weltverlorenen Seelen [59] und der Kirche, solange sie noch in der Hand des Teufels ist. Auch die unverheiratete und unfruchtbare Frau gilt als Symbol der Kirche; denn diese ist die einst verworfene Erde (terra repudiata), welche durch Gott auserwählt, den Namen «voluntas mea» oder «terra maritata» erhielt [60], ihr Gatte sind die Priester und Gerechten [61]. (Dies entspricht der oben angeführten Symbolik von der «terra sitiens», der dürstenden Erde als Bild Mariae [62].) *Zusammenfassend erweisen diese Sinn-Zusammenhänge des Textes, daß es sich bei den Anspielungen der Aurora um die Erlösung einer weiblichen «Anima»-Gestalt handelt, welche als «Körper» oder «Erde» von teilweise stofflicher Natur ist, und welche außerdem mit dem Makel der Sünde und Gottlosigkeit behaftet in der Erdentiefe und Hölle weilt. Zugleich aber steht sie deutlich in Beziehung zur Gestalt der Ecclesia und*

56. Vgl. die «Versetzung des Leuchters» in der vorigen Parabel.
57. ORIGENES nannte auch die christlichen Märtyrer einmal «Kehricht und Abfall». (Joh. Commentar IV, H. RAHNER, Myst. Lunae a. a. O. 1939, p. 330.)
58. So sagt EPHRAEM SYRUS, Hymni et Serm. II, p. 172 zu JESAIA: De Sion veniet salvator... «Sion... spiritualis et collis visionum seu revelationum Ecclesia est» und SOPHON. «Lauda filia Sion» deutet er (p. 296–298) «Significat etiam mysterium ecclesiae, quae liberata est per crucem a manu diaboli». Vgl. auch HONORIUS VON AUTUN Specul. de myst. Eccl. Migne P. L. Bd. 172 col. 1041 u. 930: Filiae quoque Syon id est animae in Christo renatae in Rege suo hodie exultent.
59. Vgl. EPHRAEM SYRUS, Hymni et Serm. l. c. Bd. II, p. 346.
60. Vgl. EPHRAEM SYRUS, Hymni et Serm. a. a. O. Bd. II, p. 134: Sterilis sum et solitaria... Haec Ecclesiam respiciunt sive enim eam reverentur sive persequuntur valde magnificant et multiplicant eam. p. 152: Laetare sterilis... id est filii ecclesiae. Cf. HONORIUS VON AUTUN, Specul. de myst. eccles. Migne P. L. tom. 172 col. 1041: Ecclesia autem diu sterilis fidelem filium scil. Christianum populum ad speciales observantias generavit. Vgl. die *vidua als Bild der Seele*, GREGORIUS MAGNUS, Expos. mor. in Job. Lib. XVI cap. 3, Opera, Paris 1636 tom I col. 551.
61. Vgl. EPHRAEM SYRUS ebda. p. 186.
62. Ebda. p. 146: Christus ascendit... sicut radix de terra sitienti de Maria virgine (vgl. auch p. 744).

Maria, und ist im Grunde identisch mit der anfänglich erschienenen *Sapientia Dei*. Ihr Leiden ist eine Strafe und zugleich ein Martyrium um der Gottheit willen.

Es handelt sich hier um die bekannte alchemistische Erlösungsidee, die sich in fast allen Texten nachweisen läßt. Der Alchemist interessiert sich nämlich, wie JUNG sagt [63]: in erster Linie «für das Schicksal und die offenkundige *Erlösung der Substanzen;* denn in ihrem Stoff liegt die göttliche Seele gebunden und harrt der Erlösung... Sie erscheint in der Gestalt des ‚Gottessohnes'. Nicht der Mensch ist ihm in erster Linie erlösungsbedürftig, sondern die im Stoff verlorene und schlafende Gottheit... Sein Augenmerk ist daher nicht auf seine eigene Erlösung durch die Gnade Gottes, sondern auf die *Befreiung Gottes aus der Dunkelheit des Stoffes* gerichtet... Nicht der Mensch soll erlöst werden, sondern der Stoff. Darum ist auch der Geist, der in der Wandlung erscheint, nicht ‚des Menschen Sohn', sondern der ‚filius Macrocosmi'...»

Wie die Gestalt der Sophia in der Gnosis, so ist auch in unserem Text die Anima in ihrem unbewußten Zustande dem Gotte Israels untreu geworden und hat sich stolzer Weltlust ergeben; dadurch aber ist sie in Not und Einsamkeit geraten, und nun antwortet Gott auf ihren Wehruf mit der Verheißung seiner Hilfe. Die Bibelstellen jedoch, welche als Antwort Gottes zitiert sind, lauten in ihrer Fortsetzung ganz anders, als man erwarten würde, nämlich: sie sollten warten *bis noch weitere ihrer Mitknechte getötet würden* (Offenb. VI, 9–11), und: Gott werde den Unflat der Töchter Zion vertreiben durch den Geist, *der richten und ein Feuer anzünden wird* (Jes. IV, 3–4). Hier muß im Verfasser etwas Entscheidendes vorgegangen sein: er biegt nämlich das Motiv des in der Bibel angedrohten Blutbades und Feuergerichtes in eine Erlösungsverheißung um. Nicht das richtende Zornfeuer Gottes, sondern der «Geist der Weisheit und Einsicht» wird die Töchter Zions reinwaschen. Das Zornmütige und Rachsüchtige in der Gottheit bleibt unerwähnt, und der Autor glaubt, daß er durch den Geist der Einsicht sein Leiden (unter dem dunklen Aspekt Gottes) ertragen könne. Die Frage, *wer* eigentlich die Anima in den finsteren Kerker geführt hatte, *wer* ihr Martyrium verlangte, bleibt verhüllt. Den Kerker hatten wir zuvor als Zustand des Projiziertseins gedeutet; dieser Zustand ist jedoch nicht einer menschlichen Schuld zuzuschreiben, denn es ist nicht das Bewußtsein des Men-

---

63. C. G. JUNG, Psychologie und Alchemie, p. 424–425.

schen, welches die Projektion verursacht, sondern ein unbewußtes Geschehen. Deshalb sagt z. B. die Gnosis aus, daß die Sophia sich durch Verführung des Dämons JALDABAOTH in die Materie verstrickt habe – es ist ein dunkler Aspekt der Gottheit selber, der als Urheber des tragischen Geschehens erkennbar ist. Dieser dunkle Aspekt bleibt in der Aurora unerwähnt, und die «Schuld» scheint daher auf den Menschen zu fallen.

290   Text: «weil dann der Herr den Unflat der Töchter Zions abgewaschen haben wird durch den Geist der Weisheit und Einsicht. Dann werden zehn Acker Weinberg *einen* Eimer ergeben und dreißig Malter Samen drei Scheffel. Wer dies versteht, wird unerschütterlich bleiben in Ewigkeit.»

291   An sich ist hier das Motiv wieder aufgegriffen, das im «Sammeln» der Materie «aus allen Landen» schon zu Beginn der Parabel angetönt worden war, *wonach die Ablution ein Einswerden von vorher Zerstreutem bewirkt*. Geeint wird in diesem Falle, wie die Schlußworte des Kapitels aussagen, eine durch die Siebenzahl charakterisierte Vielheit (wie die sieben Töchter Zion), was sich, alchemistisch gedeutet, auf die sieben Metalle bezieht. Letztere sind identisch mit den Planeten, den Herren der Heimarmene. Psychologisch betrachtet symbolisieren sie die *kollektiven Konstituenten der Persönlichkeit.* Die Einmaligkeit des Individuums ist dabei ausgedrückt in der spezifischen Form ihrer Konstellation. Der anordnende Faktor der Konstellation aber ist jenes übergeordnete Regulationszentrum, welches JUNG als das Selbst bezeichnet. Das Selbst ist nämlich eine einmalig-individuelle Gegebenheit, weshalb es den psychischen Faktor darstellt, der jene kollektiven Persönlichkeitskomponenten zu einer funktionellen Einheit zusammenfaßt. Symbolisch kann dies ein Ausspruch GREGORS DES GROSSEN illustrieren, welcher von Christus sagt, er habe bei seiner Inkarnation die sieben Plejaden vereinigt [64]. Als ein Symbol des Selbst ist Christus auch jener *eine* Mann (bei Jesaia), nach dem sich die *sieben* Frauen sehnen. Letztere waren eigentlich schon in der vorhergehenden Parabel andeutungsweise erwähnt worden und zwar in Form der sieben «Perlen» – denn auch mit diesem Bild waren die Metallseelen gemeint. Es ist, als ob der in den Parabeln dargestellte innerseelische Prozeß zeitweise rein zirkula-

---

64. l. c. tom. I, p. 959 D: Christus in carnem veniens septem pleiadas coniunxit.

torisch verliefe, *ohne daß in dieser späteren Phase etwas wesentlich Neues erreicht worden wäre.* Dies dürfte auch darin zum Ausdruck kommen, daß nur eine *Siebenzahl* von Sternen und Perlen gewaschen und geeint wird – das Achte, welches hier der ersehnte Gatte der sieben Frauen wäre, fehlt. Für die weitreichende Bedeutung dieses Problems des Verhältnisses von Sieben zu Acht, wie von Drei zu Vier, muß ich auf die Erläuterungen JUNGS in «Psychologie und Alchemie» verweisen [65].

Wer aber wäre – psychologisch gesprochen – der fehlende Gatte der sieben Frauen? Durch den Vergleich mit anderen alchemistischen Texten ließen sich zwei Möglichkeiten denken: in psychologischem Sinne hat die Anima oft einen illegitimen Liebhaber, welcher den Schatten personifiziert. So wird z. B. in der «Chymischen Hochzeit» des CHR. ROSENCREUTZ die Prinzessin zuerst von einem Mohren entführt, bevor sie der König gewinnt; und in der von JUNG zitierten Parabel [66] ist «Sulphur» der Dieb, der zwischen die echten Liebenden tritt. Während dieser «illegitime Liebhaber» den Schatten darstellt, ist der «wahre» Gatte ein Bild des Selbst, mit welchem sich die Anima schließlich vereinigt. In der kirchlichen Symbolik wäre dieser wahre «Seelenbräutigam» Christus.

In der vorliegenden Textpartie der Aurora wird es nicht klar, *wer* der Gatte jener sieben Frauen sein wird – gleichzeitig ist auch der Verfasser als Sprechender verschwunden, ja es scheint oft beinahe so, als ob er mit den sieben Frauen identisch wäre. Dies zeigt eine Überwältigung durch das Unbewußte an, denn wenn sich das Ich – wie JUNG sagt [67] – zu schwach erweist, «um dem einbrechenden Zustrom unbewußter Inhalte den nötigen Widerstand zu leisten», wird es «vom Unbewußten assimiliert, *wodurch eine Verwischung und Verdunkelung des Ichbewußtseins und eine Identität desselben mit einer vorbewußten Ganzheit entsteht*». Bei dem Verfasser der Aurora scheint mir dies zeitweise geschehen zu sein, weshalb der Text öfters so völlig undeutlich wird. Um aus der Dissoziation herauszukommen, bedarf es darum, wie

---

65. C. G. JUNG, Psychologie und Alchemie l. c. p. 40, 45, 236, 473 f. und p. 104, 222, 224 und 227 ff.
66. C. G. JUNG, Myst. Coni. Vol. I p. 121 sq.
67. C. G. JUNG, Theoretische Überlegungen etc. in: Wurzeln des Bewußtseins 1952, p. 593 und Aion l. c., Kap. Das Selbst.

der Text sagt, des *Geistes der Einsicht*. Durch diesen würde «der Unflat der Töchter Zions» abgewaschen. Psychologisch bedeutet dies eine Integrierung der unbewußten Inhalte durch eine geeignete Auffassung bzw. Interpretation [68] (aqua doctrinae). In gewissem Sinn stellt die Aurora eben einen solchen Versuch dar, die einbrechenden archetypischen Inhalte des kollektiven Unbewußten durch eine alchemistische Amplifikation zu begreifen und mit den dominierenden christlichen Ideen zu versöhnen. Der «Geist der Einsicht» (spiritus intellectūs) ist selber ein Aspekt der Sapientia Dei, welcher hilft, ihre eigene Urmanifestation, nämlich ihre chthonische Seite, zu erfassen. Dadurch werden die dissoziierten Komponenten der Persönlichkeit «gesammelt» und damit ein neuer Bewußtseinsstandpunkt gewonnen. Darum sagt der Text in der Fortsetzung, daß nun dreißig Malter Samen drei Scheffel ergeben und daß, wer dies verstünde, unterschütterlich bleibe in Ewigkeit. Die Reduktion von Dreißig auf Drei bedeutet eine *Reduktion des Vielen auf das Wesentliche,* wodurch die chaotische Fülle der unbewußten Inhalte auf ihren essentiellen Ausdruck gebracht wird. Von einem konkretistischen Standpunkt aus betrachtet, wäre es eine enttäuschende Ernte, wenn zehn Acker Weinberg nur *einen* Eimer und dreißig Malter Samen nur drei Scheffel ergäben, aber wie der Wein der Extrakt des ganzen Wachstumsprozesses der Reben ist und etwas durch menschliche Bemühung Erreichtes darstellt [69], und wie der Samen alles Wesentliche eines ganzen Getreidefeldes (in potentia) enthält, so muß man auch diese Reduktion wohl als *Konzentration auf das Wesentliche* verstehen. Zudem kommt, daß *die Drei und die Eins* die altbekannte alchemistische Formel für die Ganzheit des zentralen Symbols darstellen.

Die Ablution der Töchter Zion durch den Geist der Einsicht bedeutet nicht nur einen Versuch der Bewußtmachung der Anima, durch welche ihre dissoziierende Wirkung beseitigt wird, sondern auch *eine Herausarbeitung des Sinnes,* der hinter dem anfangs geschilderten Einbruchserlebnis steht. Die Unerschütterlichkeit, die (nach dem Text) damit

---

68. Vgl. C. G. JUNG, Psychologie der Übertragung l. c. p. 173 ff.
69. Vgl. JUNG, Das Wandlungssymbol in der Messe, in: Wurzeln des Bewußtseins l. c. p. 244: «Die Zusammenfassung der Gabe und der Darbringenden in der einen Gestalt Christi ist schon angedeutet im Gedanken der Didachē: Wie das Brot aus vielen Weizenkörnern und der Wein aus vielen Trauben hergestellt ist, so besteht auch das Corpus mysticum, die Kirche, aus der Vielzahl der Gläubigen.» Vgl. über Brot und Wein als Kulturleistung des Menschen ebda. p. 129 ff.

erreicht wird, ist die Gewinnung eines höheren Standpunktes, «der Beides vertritt, das Bewußte und das Unbewußte [70]». Die Vereinheitlichung zielt auf die Herstellung des «unus mundus» oder der «res simplex», auf welche in späteren Zusammenhängen zurückzukommen sein wird. In der ternarischen Symbolik Dreißig und Drei ist nämlich das Thema der nächsten Parabel vorweggenommen, in welcher der Autor versucht, seinen christlichen Bewußtseinsstandpunkt teilweise zurückzugewinnen [71].

Text: «Wer Ohren hat... der höre was der Geist der Lehre... sagt von der babylonischen Gefangenschaft, welche 70 Jahre dauerte und auf welche die Philosophen in folgenden Worten hinweisen: Vielfältig sind die Abwandlungen der 70 Vorschriften.» 295

Die siebzig Jahre der Gefangenschaft und die siebzig Vorschriften stehen vermutlich in Zusammenhang mit den vorher erwähnten sieben Frauen (Metallseelen), d.h. psychologisch mit den kollektiven Konstituenten der Persönlichkeit. Siebzig Jahre bilden gleichzeitig, nach der Bibel, die Dauer des menschlichen Lebens. Infolgedessen wird es wahrscheinlich, daß es sich hier um einen Prozeß handelt, welcher der lebendigen Entfaltung des menschlichen Individuums entspricht. Die «Vielfalt der siebzig Abwandlungen» der Vorschriften weist darauf hin, daß dieses Herausarbeiten des Sinnes in einer Vielfalt von individuellen Gegebenheiten zu suchen ist, und daß die alchemistische symbolische Darstellung des Prozesses nur wesentliche Aspekte hervorhebt, während sich der eigentliche Verlauf in vielen, verschiedenen Peripetien abspielt. 296

Drei und Sieben (und ihr Zehnfaches) gelten als «männliche» Zahlen; ihr Vorkommen im Text könnte im weiteren auch darauf hinweisen, daß nun im Werk eine Phase eingetreten ist, in welcher das Bewußtsein des (männlichen) Autors sich wieder zu behaupten sucht, wie dies dann in der nächsten Parabel deutlich hervortreten wird. 297

---

70. Vgl. JUNG, Psychologie der Übertragung l. c. p. 175.
71. Die Zahl Dreißig als 3 mal 10 wird von GIOACCHINO DA FIORI auf die Mönchsorden bezogen, welche die ecclesia spiritualis aufbauen. Concord. V. cit. bei HAHN, Ketzergeschichte l. c. Bd. III, p. 331: hac de causa videntur ad coniugatos pertinere... denarius numerus, ad clericos vigenarius... ad monachos trigenarius hoc est denarii simul tres.

KOMMENTAR ZUR VIERTEN PARABEL
(9. KAPITEL)

298 DIE vierte Parabel handelt, wie der Titel sagt, «vom philosophischen Glauben, der auf der Dreizahl beruht», und ihre Anfangspartie bildet teilweise eine direkte Paraphrase des Credo [1]:

299 Text: Wer den Willen tut meines Vaters und diese Welt in die Welt hinauswirft, dem will ich geben, mit mir auf dem Thron meines Reiches zu sitzen über dem Stuhl Davids und den Stühlen des Volkes Israel. Dies ist der Wille meines Vaters, auf daß man erkenne, daß er wahr sei und kein andrer, der da gibt im Überfluß und ohne Zögern bei allen Völkern in Wahrheit...

300 Das «Hinauswerfen der Welt in die Welt» bezieht sich vermutlich wieder auf die alchemistischen Reinigungsverfahren, durch welche alle Oberflächendinge (superfluitates) und alles «Nichtzugehörige» entfernt werden müssen [2]. Erst nach der Ausschaltung dieser unreinen Elemente kann dem Alchemisten die versprochene Erhöhung zum «filius Dei», der an der Seite Gottes sitzt, zuteil werden.

301 Während auch hier somit der Alchemist andeutungsweise, wie schon in den früheren Kapiteln, mit dem «Filius philosophorum» insgeheim identifiziert wird, schreitet der Text nun zu einer sachlichen Beschreibung des «Filius» als eines trinitarischen Wesens weiter.

302 Es ist aber auch im Folgenden wieder zeitweise unklar, wer eigentlich spricht. Während in den ersten Sätzen vermutlich die Sapientia Dei – identisch mit Christus – zu reden scheint, wird der Stil der nachfolgenden Partie lehrhaft unpersönlich. Es ist, als ob nun eher der Autor redete, aber in jenem Predigtton, den derjenige anschlägt, welcher glaubt, eine höhere metaphysische Wahrheit zu verkünden. Offenbar hat sich der Verfasser mit der christlichen Deutung des Prozesses, die er nun vor-

---

1. Leider ist es nicht genügend wörtlich citiert, um daraus Datierungshinweise abzuleiten. Die Auffassung, daß der Hl. Geist auch vom Sohn (filioque) ausgeht, weist auf das Symbol der Lateransynode 1215, ist aber auch schon im Athanasianum gedanklich enthalten.
2. Vgl. hiezu z. B. JOH. MENNENS, Theatr. Chem. 1622. Vol. V. p. 352: «... sub nomine Davidis ibidem Christum celebrando, qui dicit: Ego vici mundum, et alibi: jam Princeps huius mundi eiectus est foras.»

bringt, identifiziert und hofft auf diese Weise über seiner eigenen früheren Ergriffenheit zu stehen.

So muß ich hier auch den Leser um Geduld bitten, wenn die Deutung der folgenden Partie etwas langatmig ausfällt, nimmt er doch damit an der mühsamen Bearbeitung teil, die auch der Verfasser der Aurora selber in diesem Kapitel versucht hat.

Text. (Gott Vater) und sein eingeborener Sohn, Gott von Gott, Licht vom Lichte, und der Heilige Geist, der von Beiden ausgeht, der dem Vater und der dem Sohne gleichkommt an Göttlichkeit. Denn im Vater ist die Ewigkeit, im Sohne die Gleichheit und im Hl. Geist die Verbindung von Ewigkeit und Gleichheit. Es heißt nämlich: wie der Vater, so der Sohn und so auch der Hl. Geist; und diese Drei sind Eins, nämlich Körper, Geist und Seele; denn alle Vollendung beruht auf der Dreizahl, d. i. Maaß, Zahl und Gewicht.

Die Quelle zu dem Schlußsatz bildete wohl in erster Linie die Schrift SENIORS, welche aussagt³: «Unser Erz hat wie der Mensch Geist, Seele und Körper⁴. Deshalb sagen die Weisen: drei und drei sind eins. Ferner sagen sie: in einem sind drei, und: Geist, Seele und Körper sind eins, und Alles ist aus Einem⁵.» Das göttliche Wasser ist nach SENIOR⁶ «unum in quo sunt tria videlicet aqua, aer et ignis». Ähnlich sagt ROSINUS (ZOSIMOS)⁷: «Unser Stein hat seinen Namen mit dem Weltschöpfer gemeinsam; denn er ist dreieinig und einer (triunus et unus)⁸.» Auch die Carmina HELIODORI bezeichnen den Lapis als dreieinig⁹; er ist eine «dreifach selige Quelle¹⁰», «ein Sproß von drei Angesichtern»

3. De Chemia a. a. O. p. 45. Vgl. ebenso p. 58–59: «Deshalb sagen die Weisen, unser Erz ist wie ein Mensch, es hat Geist, Seele und Körper.»
4. Mit dieser Triade wäre das *«Komma Joanneum»* zu vergleichen s. u.
5. SENIOR nennt auch die drei oberen seiner Figuren eine «imago divinae spiritualitatis» (p. 24).
6. Eines, in welchem Drei sind, nämlich Wasser, Luft und Feuer. p. 26, vgl. auch p. 58.
7. ROSINUS ad. Sarratantam, Art. Aurif. 1610 I, p. 192: (RHASIS-Zitat).
8. Dieser Satz geht wohl wirklich auf ZOSIMOS zurück, welcher lehrte (BERTHELOT, Coll. Alch. Grecs III, VI 18. Vol. I, p. 132–138), daß der Demiurg zwei Triaden schuf, weshalb er HERMES TRISMEGISTOS heiße, die obere sei unzerteilbar und eine Monade, sie sei aktiv, schöpferisch und bewirke die Beseelung des Steines, die zweite ist kosmisch teilbar und stofflich und besteht aus Erz, Blei und dem etesischen Stein. (Vgl. auch die dreifache Sohnschaft des BASILEIDES und die Ausführungen von JUNG, Myst. Coni. II p. 99–100.
9. ed. Günther Goldschmidt a. a. O. p. 29 und Carm. II, 134, p. 38.
10. Carm. II, 80 p. 45.

(μία φύτλη τριῶν προσώπων) oder ein «Wall» aus Seele und Körper und dem Pneuma als «drittem Kranz [11]». Sind hier schon christliche Einflüsse bemerkbar, so hat später z. B. PETRUS BONUS die Parallelität dieser alchemistischen Triade zur christlichen Trinitätslehre noch klarer hervorgehoben und zugleich auch die Parallelität des Lapis zum «corpus glorificationis» ausdrücklich bemerkt [12]. In der Aurora handelt es sich um dieselbe Gleichsetzung.

Der Autor führt im selben Zusammenhang auch noch eine weitere Triade an, nämlich eine solche von «Maß, Zahl und Gewicht». Alchemistisch bezieht sich dies wohl auf ein subtiles Abwägen zwischen den geistigen und irdischen Komponenten bei der Herstellung des Lapis. Eine andere bemerkenswerte Anschauung, die vielleicht nicht ohne Einfluß auf die Ausführungen dieses Kapitels gewesen ist, bringt AUGUSTINUS im Gottesstaat vor, wo er sagt, daß in jeder Kreatur ein Abbild der Trinität zu finden sei, nämlich essentia – Sein (= Vater), scientia – Wissen (= Sohn) und amor – Liebe (= Hl. Geist) [13]. Und ALBERTUS MAGNUS sagt im «Paradisus animae» (einer Schrift, deren Echtheit allerdings umstritten ist): «Die allweise göttliche Weltordnung sollte uns zum Einhalten des Maaßes führen, da er (Gott) alles in Maaß, Zahl und Gewicht anordnete. Entsprechend dieser Ordnung sollte jede Tat von uns, unsere Art und auch unser Leben bemessen, abgezählt und abgewogen sein, d. h. in der Kraft des Vaters, welchem das Maaß attribuiert wird, in der des Sohnes, dem die Zahl gehört, und in der des Hl. Geistes, dem das Gewicht zugeschrieben wird [14].» Die Stelle bezieht sich auf Sap. XI, 21: «Omnia fecit Deus in pondere mensura et numero [15]», was AUGUSTINUS [16] kommentiert: Er schuf alles im Gewicht usw., d. h. in

---

11. Carm. ARCHELAI IV. Vers. 16 ff. Vgl. auch den Traktat «Über die Namen des Eies» (BERTHELOT, Coll. Alch. Grecs I, III, 13. Vol. I, p. 20): «Wenn nicht zwei eines werden und drei eines werden und die ganze Zusammensetzung eines wird, so wird die Erwartung zunichte.»

12. «Pretiosa Margarita Novella» ed. Lacinius, l. c. p. 171 ff. Vgl. die genaue Zitierung im Kommentar der 7. Parabel. Über die Entsprechung des Mercurius zur dreieinigen Gottheit vgl. besonders JUNG, Der Geist Mercurius, in «Symbolik des Geistes». Zch. 1948. p. 108 ff.

13. Civ. Dei, Lib. XI. cap. 27. Vgl. auch JUNG, Symbolik des Geistes l. c. p. 372–373.

14. Opera ed. Borgnet. Vol. 37. p. 466.

15. «Alles erschuf er nach Gewicht, Maaß und Zahl.»

16. De Genesi ad litt. 1. IV. c. 3 und 8, (Migne P. L. tom. 34. col. 299).

sich selbst, Er, der die Zahl ohne Zahl, das Gewicht ohne Gewicht, das Maß ohne Maß ist usw.¹⁷. Eine nicht uninteressante Erklärung hiezu gibt der Alchemist JOH. MENNENS¹⁸, welcher (wie AUGUSTINUS) in den «Principien» von Maaß, Zahl und Gewicht seiend – nicht seiende Mittelmächte oder Instrumente sieht, mittelst derer Gott bzw. die Sapientia Dei die Welt erschuf.

Es ist zunächst aus dieser Textpartie noch nicht ersichtlich, wieso der Verfasser plötzlich auf das christliche Symbolum zu sprechen kommt, und es wird sich erst im Folgenden deutlicher zeigen, welche seine Gedankenassoziationen waren. Es ist hingegen psychologisch sinnvoll, daß er sich nach der vorhergehenden Überschwemmung durch unbewußte Inhalte gleichsam auf die tiefsten Grundlagen seiner christlichen Bewußtseinshaltung zurückbesinnt – besonders da letztere eine männlich-geistige Einstellung begünstigt ¹⁹ und eine Verstärkung des Bewußtseins bewirkt.

Im Folgenden kommt dann der Verfasser hauptsächlich auf die *eine* Figur der Trinität, nämlich auf den Heiligen Geist und seine Wirkungen zu sprechen. Dies ist nicht nur inhaltlich, sondern auch für die geschichtliche Einordnung unseres Textes von großer Bedeutung, denn es ist das 13. Jahrhundert, dem die Aurora m. E. angehört, in welchem zahlreiche Sekten aufblühten, die trotz aller Verschiedenheiten eine gemeinsame Tendenz aufweisen, nämlich die Hypostase des Hl. Geistes in den Mittelpunkt des religiösen Lebens zu stellen. Dabei hat besonders die zeitlich etwas ältere Lehre des GIOACCHINO DA FIORI fast überall einen

---

17. Creavit omnia in pondere etc. id est in se ipso, qui est numerus sine numero, mensura sine mensura, pondus sine pondere. Vel aliter exponitur: Creavit Deus omnia in numero id est numerus omnis apud eum certus, similiter omnium mensura certa est et quicquid ponderis habet aliquid apud eum est certissimum. Vel aliter: His tribus, numero mensura pondere voluit ostendere scriptura nil Deo esse aequale. Numerus enim simplicitatem, mensura immensitatem, pondus felicitatem et stabilitatem excludit. Creavit omnia in numero, id est nihil creavit summae simplicitatis. In mensura, id est nihil creavit immensum. In pondere quia nihil creavit quod ex se deficere vel sua felicitate cadere posset.
18. Aurei velleris etc. Theatr. Chem. 1622. V, p. 319: In unitate itaque puncto atque centro, quae tria sunt Principia numeri mensurae atque ponderis (quam etiam nihil eorum sint) cuncta creata sunt et cum nihil videantur nobis, sunt tamen apud Deum vel in Deum omnia, et idcirco dicitur Deus ex nihilo creasse cuncta in Principio, quod est mysterium magnum videlicet sacrosancta Trinitas ipsaque Sapientia; centro cuius enim cuncta sustinet, puncto adimplet, unitate denique perficit.
19. Vgl. C. G. JUNG, Symbolik des Geistes, passim, bes. p. 435 ff.

wahrnehmbaren Einfluß ausgeübt [20], so daß wir in ihr am ehesten Spuren finden können von dem, was offenbar in jener Zeit aus dem Unbewußten ans Licht drängte. Es handelt sich, wie erwähnt, um eine plötzliche intensive Beschäftigung mit der dritten Hypostase der Trinität, mit der Person des Hl. Geistes, und es ist nicht übertrieben zu sagen, daß das Charakteristikum fast aller Häresien jener Zeit darin besteht, eine neue Heilig-Geist-Religion oder Heilig-Geist-Kirche oder freie Gemeinschaft anzustreben, in welcher dem Parakleten und dem von ihm ergriffenen oder geführten Individuum und dessen Auslegung der Schrift die Hauptbedeutung zukam. Der Abt von S. Giovanni in Fiore Joachim hatte eine Lehre von drei Weltzeitaltern aufgestellt, welche folgendermaßen lautete: die Weltzeit teilt sich auf in drei große Perioden: die erste ist diejenige des Vaters, in welcher das alttestamentliche Gesetz und die Gottesfurcht (timor et labor) vorherrschen und welche bis zu Christi Geburt dauert. Die zweite ist die Zeit des Sohnes oder der Weisheit (sapientia et lectio), in welcher die Kirche und ihre Sakramente als neuer Bund gelten und welche bis ca. 1260 dauern soll [21]: Die dritte Weltzeit aber, die daraufhin anbrechen wird, ist die Zeit des Heiligen Geistes, dann wird die «Ecclesia contemplativa» entstehen, und, wird die Hl. Schrift mit dem «spiritualis intellectus» neu gelesen und nicht mehr wörtlich, sondern symbolisch verstanden werden, dann dominiert nicht mehr die Furcht Gottes und die Knechtschaft, auch nicht mehr die Unterwerfung an die wörtliche Lehre, sondern dann herrschen jubilatio, caritas und libertas (Frohlocken, Liebe und Freiheit) [22]. Dann

20. CHR. HAHN, Geschichte der Ketzer a. a. O. Bd. II, pag. 450 ff. Vgl. besonders C. G. JUNG Aion. l. c. p. 125 ff.

21. Vgl. hiezu HERMANN REUTER, Geschichte der religiösen Aufklärung im Mittelalter, Berlin 1877, Bd. II, p. 204 ff. und Anm. p. 365 ff. über die Schwierigkeiten der Verfasserfrage, die uns hier insofern weniger interessiert, als der Inhalt des oben Gesagten zweifellos die Gedanken Gioacchinos wiedergibt.

22. Expos. in Apocal. cit. aus CHR. HAHN, Gesch. d. Ketzer a. a. O. Bd. III, pag. 111: ... videtur tamen aliquod opus pertinere ad patrem, lectio ad filium, iubilatio ad Spiritum Sanctum, quia et timor Dei veram sibi exigit servitutem et Christi magisterium subiectionem doctrinae et gaudium spiritus Sancti iubilationis tripudium ... Tria igitur sunt quibus nobis Deus triunus et unus appropinquare dicitur: timor sapientia caritas et tria per quae manent in nobis tria ista: labor lectio et iubilatio. – Vgl. auch H. HAUPT. «Zur Geschichte des Joachinismus», Ztschr. f. Kirchengeschichte, Bd. VII, 1885, Gotha, Heft 3, pag. 372 ff. und derselbe: Zur Geschichte der Sekte vom Freien Geiste und des Beghardentums ebda. Heft. 4, p. 503 ff.

bricht der «große Sabbath ²³» an, in welchem der «Geist der Wahrheit» die Menschen lehrt, und in welchem der «dritte Stand», die Mönchsorden, die «parvuli» dominieren werden, welche zur Freiheit der Kontemplation auserwählt sind. «Dann wird sich das Heidenvolk und das Hebräervolk vereinen, und es wird *eine* Herde und *ein* Hirt sein, und diese Verbindung (coniunctio) ist mit Recht den geistigen Männern zuzuschreiben ²⁵.»

Diese Lehre des Abtes JOACHIM und ähnliche Anschauungen, wie z. B. diejenige des AMALRICH VON BENA, welcher die joachinitische Weltzeitenlehre ²⁶ teilweise übernahm, sagten ferner aus, daß Himmel und Hölle in erster Linie als innerseelische Realität existierten. Ähnliches lehrten auch DAVID VON DINANT sowie die «Pouvres de Lyon», die Tertiarier oder Fratres Minores, die parvi, Fratres spirituales und auch die Lollharden, Beginen und Begharden, die «Gottesfreunde am Rhein». Fast alle wandten sich gegen die sichtbare römische Kirche und sind daher in gewissem Sinne als vorreformatorische Bewegungen anzusehen. Die Lehre JOACHIMS wurde sogar von einer strengeren Richtung unter den Franziskanern offiziell übernommen und 1254 in Paris in Form des *Introductorius in Evangelium Aeternum* öffentlich bekundet ²⁷. Diese Schrift wurde aber etwas später (1255) von Papst ALEXANDER IV. verurteilt ²⁸. Die Lehre dieser Tertiarier war folgende ²⁹: es würde nun der Weltuntergang kommen, und diesen würde nur der dritte Stand, innerhalb der Franziskaner selber, die sogenannten fratres spirituales oder beguini de tertio ordine überleben ³⁰. Dann werde die weltliche

---

23. HAHN, ebda. p. 127: cum venerit ille spiritus veritatis doceat nos omnem virtutem etc.

24. HAHN ebda. p. 271: Conc. lib. II Tract. II (tertius ordo) qui procedit ex utroque electus est ad libertatem contemplationis scriptura attestante, quae ait: ubi spiritus Domini, ibi libertas (= Concord. lib. I Tract. 2). Vgl. auch HAHN p. 272: (Conc. ebda.) Spiritus Sanctus exhibet libertatem, quia amor est.

25. Concord. V Kap. 51, Coniungetur gentilis populus cum Hebraeo et fiet unum ovile et unus pastor, quae coniunctio recte viris spiritualibus attribuenda est. (Vgl. Galaterbrief III. 28–30.)

26. Vgl. CAESARIUS VON HEISTERBACH, Dialogus miraculorum ed. STRANGE, Brüssel, 1851 distinctio V, 22.

27. Vgl. HAHN, Geschichte der Ketzer a. a. O., Bd. II, p. 426 ff. Vgl. bes. JUNG, Aion, p. 125.

28. HAHN, ebda. Bd. III, p. 159.

29. HAHN, ebda. Bd. II. p. 437 ff.

30. Vgl. HAHN, Gesch. d. Ketzer a. a. O. Bd. II p. 438.

Kirche verworfen und eine neue Kirche gebildet werden, welche arm und demütig und eine wahre ecclesia spiritualis [31] sein wird.

310 Die stärkere Hervorhebung des Hl. Geistes innerhalb der Trinität und der durch ihn bewirkten unmittelbaren Offenbarung im Individuum und die symbolische Auslegung der Hl. Schrift führte auch bei vielen anderen Sekten zu einer Ablehnung der Kirche zugunsten der Idee einer ecclesia spiritualis, welche aus den vom Hl. Geist inspirierten Einzelnen besteht [32]. Die oben erwähnten «Pouvres de Lyon» oder «humiliati» gingen sogar soweit, zu sagen, daß die individuelle Seele jedes guten Menschen der Hl. Geist selber sei [33]. Auch die «Brüder des freien Geistes» lehrten, daß die menschliche Seele von der Substanz Gottes sei [34], und daß der Mensch *mit samt seinem Körper* Gott zu werden vermöge, und zwar so sehr, daß er Gottes nicht mehr bedürfe [35].

31. ebda. Bd. II, Fußnote von p. 438.
32. HAHN ebda. Bd. II, p. 358–359 bei den sog. Gottesfreunden, und Bd. I, p. 53–54 bei den Ortlibariern oder Ortlibensern. Vgl. auch ein früheres solches typisches Dokument einer Heiliggeistreligion, einer neumanichäischen Sekte, welches HAHN, Bd. I p. 36 aus D'ACHERY Spicileg II. bei MANSI XIX p. 376–377: anführt: ... Aquis perfunderis sapientiae donec informeris et gladio verbi Dei vitiorum spinis carere valeas ac insulsa doctrina tui pectoris ab antro exclusa doctrinam a spiritu Sancto traditam *mentis puritate possis excipere* ... iam iam suae nequitiae sententiam verbis divinorum librorum antea coopertam securi aperiunt ... procul dubio in charybdi falsae opinionis hactenus cum indoctis iacuisti: nun vero erectus in culmine totius veritatis integrae mentis oculos ad lumen fidei aperire coepisti ... atque sancti Spiritus dono repleberis qui scripturarum omnium profunditatem ac veram dignitatem absque scrupulo te docebit. Eine andere Sekte bei Montfort und ebenso die sog. Ortlibarier (HAHN, ebda. p. 39 und 53) lehrten ebenfalls eine mystische Schriftauslegung und die Deutung der Glaubensmysterien als innere Vorgänge: tunc autem crucifigitur filius Dei et flagellatur ... tunc moritur filius quatenus aliquis ipsorum cadit in peccatum vel redit a secta resurgit autem per poenitentiam. Oder die Haeretiker von Montfort: (HAHN, I pag. 42) der Vater sei Gott, der Sohn sei der von Gott geliebte menschliche Geist, der Hl. Geist ist das Verstehen der Schrift (p. 43).
33. Nach der Überlieferung eines gewissen STEPHANUS DE BORBONE, vgl. HAHN a. a. O., Bd. II. p. 266, Fn. 3 und p. 267–268.
34. Vgl. W. PREGER, Geschichte der Mystik im Mittelalter Bd. II, p. 462 (14 und 37). Vgl. auch die Belege HAHN a. a. O., Bd. II, p. 267: Item spiritus hominis ex quo bonus est si moritur est idem quod spiritus Dei et ipse Deus. Oder: Item haec est Trinitas quam vel in qua credunt ut sit pater, qui alium in bonum convertit, qui convertitur filius, id per quod convertit et in quo convertitur Spiritus Sanctus. Die Menschwerdung Christi ist historisch nicht bewiesen, sie ist ein innerer Vorgang im Menschen (ebda. p. 268).
35. Verschieden ist bei diesen Sekten die ethische Einstellung, welche von religiösem Rigorismus bis zu völliger Amoral mit Berufung auf den Satz: «ubi spiritus ibi libertas» ging. So sagten die Amalrizianer: si aliquis in spiritu est aiebant et faciat fornicationem,

Wie JUNG in «Aion» dargelegt hat [36], zeigen die geistigen Voraussetzungen der Alchemie eine große Affinität zu den Gedanken dieser Heilig-Geist-Bewegungen, indem die Alchemisten ihren Begriff eines «lumen naturale» mit der Hypostase des Hl. Geistes identifizierten. Die (echte?) Schrift «De Alchemia» von ALBERTUS MAGNUS ist eines der frühesten Beispiele hiefür. Aus diesem Grunde ist es nicht zu verwundern, daß wir namhafte Alchemisten jener Zeit in den Bettelorden oder in den oben genannten Sekten vorfinden: so JOHANNES DE RUPESCISSA (JEAN DE ROQUETAILLADE) unter den Pouvres de Lyon [37], ROGER BACON bei den Franziskanern [38]. RAYMUNDUS LULLUS (dessen erhaltene alchemistische Schriften allerdings noch nicht bezüglich ihrer Echtheit untersucht wurden) bei den (zu seiner Zeit noch nicht aus der Kirche gefallenen) franziskanischen Tertiariern, und ALBERTUS MAGNUS bei den Dominikanern [39].

Man kann die Anhänger der Heilig-Geist-Bewegungen, wie auch diese Alchemisten, als Vorläufer der modernen Psychologie des Unbewußten ansehen, insofern sie über den bloßen *Glauben* an religiöse Inhalte hinausgingen und die individuelle *Erfahrung* dessen suchten, was sie damals als den «Geist im Stoff» oder den Parakleten bezeichneten und was wir heute die als «Sinn» erlebte, wegleitende Funktion des Unbewußten nennen [40]. Die psychologische Bedeutung dieser Akzentverschiebung auf die dritte Person der Trinität ist ein so umfassendes und in die Tiefe reichendes Problem, daß ich den Leser auf JUNGS Aus-

311

312

---

vel aliqua alia pollutione polluatur, non est ei peccatum, quia ille spiritus qui est Deus omnino separatus a carne non potest peccare. HAHN, Bd. II, p. 470 ff. und Bd. I, p. 403. Vgl. auch die oben erwähnte Arbeit von KROENLEIN. Auch die Brüder des freien Geistes sagten, daß ein mit Gott eins gewordener Mensch nicht mehr sündigen könne, wenn er Gott oder die anima divina selber geworden ist. PREGER a. a. O., Bd. II, p. 462 (Nr. 15 und 21). Bei den Brüdern des vollen Geistes (vgl. HAHN a. a. O., Bd. II, p. 450 ff.) herrschte hingegen größte sittliche Strenge.

36. Aion. p. 220 ff.

37. Die «Pouvres de Lyon» bekannten sich ebenfalls zu einer spirituellen Bibelauslegung. (Vgl. HAHN, Ketzergeschichte. Bd. II, p. 256–257). Sie sind mit den Waldensern vom Piemont verwandt.

38. Vgl. über seine ebenfalls allegorische Bibelauslegung und seinen Glauben an die Alchemie das Opus Minus ed. Brewer, London 1859, p. 359.

39. Vgl. L. THORNDIKE l. c., Vol. II, p. 522 sq. Vgl. JUNG, Aion, p. 132.

40. In der Schrift «Liber de Spiritu et Anima» ist bereits, wie JUNG in Aion darlegt (p. 372–373), ein Versuch gemacht, das Trinitätssymbol psychologisch zu deuten, was die Tendenz jener Zeit deutlich zum Ausdruck bringt.

führungen in «Symbolik des Geistes» verweisen muß. Wenn ich hier einiges von seinen Darlegungen anführe, so bin ich mir bewußt, diese aus den wesentlichen Zusammenhängen herauszunehmen – der Leser möge das Folgende daher mehr nur als einen Hinweis ansehen. JUNG legt dar [41], daß der Vater als *psychologisch aufgefaßtes Symbol* einen kindlichen Bewußtseinszustand charakterisiert, worin man noch abhängig «von einer bestimmten vorgefundenen Lebensform» ist, «einem Habitus, der Gesetzescharakter hat. Es ist ein hingenommener unreflektierter Zustand, ein bloßes Wissen um Gegebenes ohne intellektuelles oder moralisches Urteil.» – «Verschiebt sich der Akzent auf den Sohn, so ändert sich das Bild.» – Die Situation verlangt dann eine bewußte Unterscheidung von dem durch den Vater symbolisierten Habitus, was eine bewußte «Erkenntnis der eigenen Individualität erfordert, zu welcher man ohne moralische Entscheidung nicht gelangen und welche man ohne ein gewisses Verständnis des Sinnes nicht festhalten kann. Der Habitus wird ersetzt durch eine bewußt gewählte und erworbene Lebensform.» Darum drängt das durch den «Sohn» charakterisierte Christentum den Einzelnen zur Entscheidung. «Die dritte Stufe weist über den Sohn hinaus in die Zukunft, auf eine fortdauernde Verwirklichung des ‚Geistes', nämlich einer dem ‚Vater' und dem ‚Sohne' eigentümlichen Lebendigkeit...» Der Sohn ist ein Übergang und ein Konfliktzustand, insofern die Freiheit vom Gesetze die Verschärfung der moralischen Gegensätze mit sich bringt. In der dritten Phase wird in gewisser Hinsicht der väterliche Anfangszustand wieder hergestellt. Doch ist dies nicht eine bloße Wiederholung der ersten Phase, da die Werte der zweiten Stufe beibehalten werden. «Das durch die Verselbständigung des Sohnes gewonnene Bewußtsein bleibt in der dritten Phase bestehen, muß aber anerkennen, daß nicht es die Quelle der letzthinigen Entscheidungen und der ausschlaggebenden Erkenntnisse... ist, sondern eine als inspirierend zu bezeichnende Instanz, welche in der Projektion ‚Heiliger Geist' genannt wird... Der Fortschritt der dritten Phase bedeutet daher etwas wie eine Anerkennung des Unbewußten, wenn nicht gar eine Unterordnung unter dasselbe....» Die Übergänge von einer Phase zur andern sind – wie JUNG betont – schicksalhafte Wandlungen, die meistens tiefe Erschütterungen und «mystische» Erlebnisse bedeuten.

41. Symbolik des Geistes p. 418 ff.

Eben ein solches Erlebnis schildert auch die Aurora, und zwar handelt es sich in ihr um die Beschreibung der Wandlung von der zweiten zur dritten Phase, weshalb die Anerkennung des Heiligen Geistes im Vordergrund steht. Der Verfasser hat etwas erlebt, das ihn willentlich oder unwillentlich zu einer Heilig-Geist-Ergriffenheit zwingt, wie sie noch viele Andere seiner Zeit erfaßt hat.

Eine später anzuführende Textstelle der Aurora, in welcher die «parvuli» als die zum Opus der Alchemie Erwählten genannt sind, legt die Vermutung nahe, daß der Verfasser einem der beiden Mendikantenorden angehört oder nahegestanden habe. Der Kirche gegenüber scheint er nicht feindlich eingestellt gewesen zu sein, sondern es für möglich gehalten zu haben, seine Anschauungen mit der Tradition zu versöhnen. Falls THOMAS VON AQUIN als Verfasser der Aurora in Frage kommen sollte, so wäre zu erwähnen, daß er zwar die Lehren GIOACCHINOS DA FIORI teilweise ablehnte [42], aber zugleich ausdrücklich vor einer allzu scharfen und summarischen Verurteilung seiner Ansichten warnte [43].

Von diesen Zusammenhängen aus gesehen, lohnt es sich, die Heilig-Geist-Auffassung der Aurora noch genauer zu betrachten:

Text: Denn der Vater stammt von Keinem, der Sohn kommt vom Vater, und der Hl. Geist geht von beiden aus: dem Vater wird nämlich die Weisheit beigegeben, durch die Er alles milde lenkt und ordnet ... dem Sohne wird die wirklich gewordene Wahrheit zugeordnet ... der auf Geheiß des Vaters und unter Mitwirkung des Hl. Geistes die Welt, die durch die Sünde der Eltern verloren war, erlöst hat.

Der Hl. Geist geht nach dem Text vom Vater und vom Sohne aus, weil zum Vater die Sapientia, zum Sohne aber die veritas gehöre [44]. Der Hl. Geist ist somit eine Verbindung der Sapientia mit der inkarnierten «veritas», worin man deutlich die Beziehung zur anfänglichen Sapientia Dei als «verissima natura» wieder erkennen kann. Die dogmatische Vor-

---

42. 4. Sent. d. 43. a. 1.
43. Näheres vgl. unten p. 423.
44. HONORIUS VON AUTUN identifiziert den Vater mit der potentia divina, den Sohn mit der Sapientia Dei und den Hl. Geist mit der voluntas Dei (De philosophia mundi, I, Migne P. L. tom 172, col. 45). Vgl. GIOACCHINO DA FIORI, Psalterium decem chordarum, cit. HAHN III, p. 328: Nonnulli ... patri attribuerunt potentiam ... sapientiam filio ... voluntatem vel amorem Spiritui Sancto. – Vgl. auch ebda. p. 327: der Spiritus Sanctus, accendit nos igne caritatis ... (ebda. p. 321) er ist illa lux quae illuminat omnem hominem venientem in hunc mundum et procedit ille calor qui vivificat omnia.

stellung des Spiritus Sanctus erhält hier wieder einen eigentümlich weiblich-stofflichen Charakter. Immerhin ist zu beachten, daß auch JOH. DUNS SCOTUS ERIGENA den «mens Dei» als eine Art Weltseele ansah, und daß somit auch in der kirchlichen Vorstellungswelt der Heilige Geist mit der Weltseele zwar nicht identifiziert, aber doch verglichen wurde. So berichtet HONORIUS VON AUTUN [45]: «Die anima mundi ist nach Ansicht gewisser Leute der Hl. Geist, denn durch die göttliche Güte und den Willen (was der Hl. Geist ist) lebt Alles, das in der Welt existiert. Andere nennen die Weltseele eine natürliche Spannkraft (vigor) [46], welche den Dingen von Gott eingepflanzt wurde, und durch die manche Wesen leben, fühlen und denken... Noch andere Leute nennen die Weltseele eine unkörperliche Substanz, welche ganz in allen Einzelkörpern ist, wenn sie auch wegen der Trägheit mancher Körper nicht in allen sich gleich auswirkt und schafft [47]...» Die Auffassung des Hl. Geistes in der Aurora gleicht diesen Ideen einer im Stoff vorhandenen «anima mundi».

317 Text: «Dem Hl. Geist wird die Güte zugeschrieben – Er, durch den alles Irdische himmlisch wird und dies dreifach: indem er im Flusse, im Blut und in Feuerflammen tauft»

318 Wie bei HONORIUS VON AUTUN, so besitzt auch hier der Hl. Geist die «Güte» (bonitas), «durch welche alles Irdische himmlisch wird». In derselben Textpartie ist bereits vorher auf die Menschwerdung Christi hingewiesen worden. In der Inkarnation Christi war gleichsam ein himmlisches Geistwesen irdisch geworden, und nun betont der Text, daß dadurch zugleich auch ein Stück irdisches Menschsein himmlisch, d. h. vergeistigt wurde. Für einen Alchemisten ist dadurch auf eine in der Alchemie oft erwähnte Sentenz der MARIA angespielt, man solle das Körperliche unkörperlich, das Körperlose (Geistige) aber körperlich werden lassen, wodurch die Zwei Eines werden [48]. Der alchemistische

---

45. Migne P. L. tom. 172, col. 46.
46. Das geht auf die Stoa zurück.
47. Vgl. zu diesen phanteistischen Tendenzen auch DAVID V. DINANTS Lehre. W. PREGER Gesch. d. Mystik l. c. Vol. II. p. 76 und 462.
48. Citiert in OLYMPIODOR (BERTHELOT, Coll. Alch. Grecs II. IV. 40. Vol. I, p. 93: «ἐὰν μὴ τὰ σώματα ἀσωματώσῃς καὶ τὰ ἀσώματα σωματώσῃς καὶ ποιήσῃς τὰ δύο ἓν οὐδὲν τῶν προσδοκουμένων ἔσται». Wenn du das Körperliche nicht unkörperlich und das Unkörperliche körperlich und die Zwei zu einem machst, wird Nichts von dem Erwarteten eintreffen.

Hintergrund der scheinbar dogmatisch-christlichen Ausführungen dieser Textpartie offenbart sich deutlicher in der Fortsetzung der Parabel, in welcher zunächst von den drei Wirkungen des Hl. Geistes die Rede ist:

Text: «Im Flusse wirkt er belebend und reinigend, indem er allen Schmutz abwäscht und alles Rauchige von den Seelen entfernt, wie es heißt: Du befruchtest die Wasser zur Belebung der Seelen. Denn das Wasser ist die Nahrung alles Lebendigen...»

In dieser Anführung der Wassertaufe ist gleichsam die ganze Wasser-Symbolik der vorhergehenden Kapitel noch einmal kurz wiederholt. Das Wasser bewirkt eine Ablution und Neubelebung der «Seelen». Wenn es sich auch bei letzteren alchemistisch wohl um die «Metallseelen» handelt, so bringen die beigefügten Zitate aus dem Pfingst-Hymnus von NOTKER BALBULUS und aus der Meßliturgie [49] die chemische Ablutio doch gleichzeitig in einen religiösen Zusammenhang: wieder ist der Artifex undiskriminierbar in den chemischen Prozeß miteinbezogen. Das «Wasser» (des Hl. Geistes) entfernt vom Stoff die «squalores et fumositates», den Schmutz und das Rauchige, d. h. jene nicht zugehörigen Stoffteile, die in andern Traktaten als Schwefel, Räuber, Überflüssigkeiten usw. bezeichnet werden, und deren psychologische Bedeutung als Schatten JUNG eingehend erläutert hat [50]. Die reinigende Wirkung besitzt das Wasser – nach unserem Text –, weil es den «Geist Gottes» enthält, der einst bei der Schöpfung über den Wassern schwebte und es befruchtete. Wie aus dem späteren Psalmzitat (CIII, 30–32) hervorgeht, ist sogar das Wasser nichts anderes als der Spiritus Dei selber, der die Erde erneuert, belebt und erschüttert. *Daraus geht hervor, daß unser Autor den Heiligen Geist, die personifizierte Sapientia Dei, den Spiritus Dei (im Taufwasser) sämtlich mit der «aqua divina» des alchemistischen Opus gleichsetzt.* Dieses Wasser ist gleichzeitig die lebenspendende Grundsubstanz aller realen organischen Erscheinungen. Zugleich ist es – alchemistisch betrachtet – das «Scheidewasser» welches die Metalle auflöst, wie dies aus den nachfolgenden SENIOR- und *Turba*-Zitaten unseres Textes noch deutlicher hervorgeht [51].

---

49. Vgl. Anm. 11. zum Text. p. 70.
50. Vgl. JUNG, Mysterium Coni. Vol. I p. 209 ff und p. 257 ff.
51. Vgl. die Anmerkungen zum Text. In der *Turba* heißt es (p. 218) so wie der Mensch die Luft zum Atmen als Lebensprinzip in sich habe, so besitze das Erz eine

321 Text: ... weshalb auch das Wasser vom Himmel herabfließend die Erde berauscht und sie dadurch jene Kraft erhält, welche jedes Metall auflösen kann. Deshalb verlangt sie nach ihm und sagt: Sende aus deinen Geisthauch, d. i. das Wasser, und sie werden neu geschaffen; und neu gestaltest du das Angesicht der Erde, denn er haucht seinen Odem in die Erde, wenn er sie erbeben läßt, und wenn er die Berge anrührt, so rauchen sie.

322 In diesen Auflösungen, Erschütterungen und Ablutionen geschieht dasjenige, um das die im Erdzentrum eingeschlossene Seele gebeten hatte – um das Zerbrechen der Höllenriegel. Was sich verfestigt hatte als unverrückbare Überzeugungen – mehr noch: die ganze Persönlichkeit wird aufgelöst und öffnet sich neuen Wirklichkeiten –, das Ich bereitet sich zur Aufnahme der Einwirkungen des Selbst vor.

323 Nach der Beschreibung der Solutio (Auflösung) und Ablutio (Waschung) folgt – wie erwähnt – die Stufe der Nutritio (Ernährung), welche ebenfalls als Wirkung des Hl. Geistes bzw. des «göttlichen Wassers» beschrieben ist:

324 Text: Wenn er aber im Blute tauft, dann wirkt er ernährend, wie es heißt: Das Wasser heilbringender Weisheit hat mich getränkt, und: Sein Blut ist der wahre Trank; denn der Sitz der Seele ist im Blute, wie SENIOR sagt: Es verblieb aber die Seele selber im Wasser, das ihr ähnlich ist in der Wärme und Feuchtigkeit, und in dem alles Leben besteht.

325 Das Zitat aus JES. SIRACH XV, 3, «Mit dem Wasser heilbringender Weisheit tränkte er ihn», deutet an, daß hier Blut und Wasser Synonyme für die «aqua Sapientiae» sind. Dies bezieht sich auf das sog. *Komma Joannou* [52]: «Drei sind die da zeugen im Himmel: der Vater, das Wort und der Hl. Geist; und diese drei sind eins. Und drei sind die da zeugen auf Erden: der Geist und das Wasser und das Blut und diese drei sind eins.» Während sich in dem Bibeltext (die Stelle gilt als späte Interpolation) eine himmlische und eine irdische Triunitas gegenüberstehen, sind sie in der Aurora in eines gesetzt, *womit die metaphysischen*

Feuchtigkeit (humor), und wenn diese sich zum Lapis verdichte, könne sie jedes Metall auflösen.

52. Johannesbrief I. 7: Quoniam tres sunt, qui testimonium dant in caelo: Pater, Verbum et Spiritus Sanctus: et hi tres unum sunt. Et tres sunt qui testimonium dant in terra: Spiritus et aqua et sanguis: et hi tres unum sunt. Es handelt sich wahrscheinlich um eine späte Interpolation. Vgl. C. G. JUNG, Symbolik des Geistes l. c. p. 361.

Entia in den Bereich des Menschlichen hineingezogen sind, nämlich in die menschliche unbewußte Psyche (insofern das Blut als Sitz der anima vegetativa galt). *So wird der Mensch selber zum psychischen Träger des trinitarischen Symbols, mit anderen Worten der gewöhnliche Mensch, der Artifex, wird der Gottheit angeglichen.* Dabei wagt es der Autor sogar später, sein alchemistisches Blut-Wasser mit dem Blute Christi im Meßopfer zu identifizieren [53], wie die Anführung von Joh. VI, 56, beweist [54]. *Die Nutritio des Steines hat somit auch den «menschlichen» Aspekt einer Kommunion mit der Gottheit, durch die Vermittlung des die vegetative Seele enthaltenden* [55] *Blutes, d. h. psychologisch der unbewußten Psyche.* Wie Christus paradigmatisch sein Blut für die Menschheit hingegeben hat, so gibt der Alchemist seinerseits sein Blut hin, aber nicht an die Menschen, sondern an den Stein, und daß er dies tun kann, empfindet er als eine Gabe oder als Wirkung des Hl. Geistes. Psychologisch hieße dies, daß der «Geist» des Unbewußten, d. h. dessen inspirierende und führende Funktion, den Menschen veranlaßt, sich *mit seinem ganzen Wesen* der «Herstellung» des Selbst, d. h. seiner Bewußtmachung hinzugeben, wodurch das Selbst vom Menschen wie ein Kind «genährt» wird [56].

Nach der Behandlung des Lapis durch Wasser oder Milch und dann durch Blut folgt als Drittes seine Beseelung. 326

Text: Wenn er aber in Feuerflammen tauft, dann flößt er die Seele ein und verleiht die Vollendung des Lebens. Denn das Feuer gibt Gestalt und vollendet das Ganze, wie es heißt: Und er blies ihm ein den lebendigen Odem ins Antlitz, und also ward der Mensch, der vorher tot gewesen war, eine lebendige Seele. 327

So heißt es auch in der Exercitatio (15) zur *Turba:* «Und am Ende jener Tage flößt ihm Gott den Segen des menschlichen Keimes, nämlich 328

---

53. Vgl. hiezu C. G. JUNG, Das Wandlungssymbol in der Messe, in «Von den Wurzeln des Bewußtseins» l. c. p. 287 ff.
54. «Denn mein Fleisch ist die wahre Speise und mein Blut ist der wahre Trank.»
55. In der *Turba* (ed. Ruska, p. 129) ist das «göttliche Wasser» als «sanguis spiritualis» gedeutet, ebenso im Buch *Al-Habib* (cit. J. Ruska ebda. p. 42–43), wo es heißt: «Ihr müßt die Kraft des ewigen Wassers kennen lernen ... weil seine Kraft ein «geistiges Blut» ist ... und es verwandelt den Körper in einen Geist ... sodaß der Körper, der dann entsteht, geistig und wie Blut gefärbt wird, *denn alles, was Seele besitzt, besitzt auch Blut.*» – Auch bei den Griechen ist Blut ein Synonym für das «göttliche Wasser» (vgl. z. B. OLYMPIODOR, BERTHELOT, Coll. Alch. Grecs II, IV, 38. Vol. I, p. 92 und II, IV, 44. Vol. I, p. 96 und ZOSIMOS ebda. III, XLIII, 5. Vol. I, p. 216).

die Seele oder das Leben ein.» Die drei Stufen entsprechen auch einer Beifügung von Milch = Wasser, Blut = «unser Salz» und Fleisch (caro) = anima oder rex (König) [57], und letzteres geschieht bei «gemäßigtem Feuer». Die letzte Stufe ist, wie schon aus obiger Zusammenstellung hervorging, eine Inkarnation und zugleich eine Beseelung. Folgerichtigerweise erwähnt daher unser Text als dritte Wirkung des Hl. Geistes die Beseelung Adams in der Genesis (II, 7) und hierauf das berühmte Wort des CALID von der Hegung des Embryo durch Wasser, Luft und Feuer in je drei Monaten [58].

329   Text: Die erste, zweite und dritte Wirkung (des Hl. Geistes) bezeugen die Philosophen, indem sie sagen: Das Wasser bewahrt den Foetus während drei Monaten im Mutterleibe, die Luft hegt und nährt ihn drei Monate lang, und in den letzten drei Monaten bewacht ihn das Feuer. Und das Kind wird niemals ans Licht kommen, bevor diese Monate verstrichen sind, dann aber wird es geboren und von der Sonne belebt, denn diese ist das Belebende aller toten Dinge.

330   Alchemistisch handelt es sich bei dieser dritten Stufe um die sogenannte ἀναζωπύρωσις, die «Feuer-Neubelebung [59]» und Auferstehung der Toten (τὰ νεκρὰ σώματα ἐμψυχοῦνται). Diese Neubelebung geschieht in unserem Text durch die Sonnenbestrahlung, «da die Sonne alles belebt». Die «Feuerbeseelung» ist nach manchen Autoren ein Parallelvorgang zur Weißung. So sagt ZOSIMOS [60]: «Die Weißung ist eine Verbrennung,

56. Vgl. die Ausführungen von C. G. JUNG zu dem Text von DORN, wonach die Herstellung der zweiten Unio durch eine Beimischung von Menschenblut geschieht. Myst. Coni. Vol. II p. 256.
57. Art. Aurif. 1610 I, p. 117: et in fine illorum dierum Deus infundit benedictionem germinis humani, animam scilicet seu vitam. Vgl. anderseits auch die christliche Gleichsetzung von Blut – Wasser – Geist, wie sie H. RAHNER in seinem Aufsatz «Flumina de ventre Christi», Biblica, Vol. 22. Rom. 1941 (Pontificio Istituto Biblico), p. 277 und bes. p. 370–371, 373 und 381 zusammengestellt hat. – Auch sagt z. B. HONORIUS VON AUTUN, Specul. de myst. eccles. Migne, P. L. tom. 172. col. 910: aus dem Blut und Wasser der Seitenwunde Christi würde die Kirche gebildet: sanguine redimitur, aqua abluitur.
58. Vgl. oben Anmerkungen zum Text. Ferner SENIOR, De Chemia l. c. p. 87–88, und den Kitāb-al-Habīb, in BERTHELOT, La Chimie au Moyen-âge, Vol. III. p. 92, 97, 109. Und E. V. LIPPMANN, Alchemie. l. c. Vol. I p. 47, und die *Tabula smaragdina* ed. Ruska p. 3 ff, worin der Lapis ebenfalls ein «kosmisches» Kind ist.
59. Vgl. u. a. BERTHELOT, Coll. Alch. Grecs. III. LVI. 3. Vol. I p. 252 und III. LVI. 2. Vol. I p. 251 und III. VIII. 2. Vol. I p. 142: «Versage nicht den Toten zur Auferstehung (anastasis) zu gelangen».
60. BERTHELOT. Coll. Alch. Grecs. III. XL. 2. Vol. I p. 211.

und diese ist eine belebende Feuerbeseelung (ἀναζωπύρωσις); denn er (der Stoff) verbrennt sich in sich selber und belebt sich durch Feuer selber und befruchtet sich selber und schwängert sich und gebiert das gesuchte Lebewesen (ζῷον) der Philosophen.» Im Feuer der Matrix erhält das geformte Lebewesen «Farbe, Gestalt und Ausdehnung», um dann sichtbar geboren zu werden [61]. Ähnlich heißt es bei KOMARIOS [62], durch das Feuer entstehe eine Verklärung und Reifung der Elemente «und die *in Göttlichkeit gewandelte Materie, da diese im Feuer genährt wird, wie der Embryo im Mutterleib allmählich heranwächst*». Die Materia aufersteht «in natürlicher Lebendigkeit wie ein Kind aus dem Mutterleib»... «Denn die Kunst ahmt die Gestaltung eines Kindes nach, und wenn sie in allem vollendet wurde – siehe das ist das versiegelte Mysterium [63].» In der Aurora geschieht die Feuerbeseelung jedoch nicht nur durch Feuer, sondern (wie das Genesiszitat II, 7, aussagt) durch göttlichen Anhauch, d. h. durch das *Pneuma* Gottes, mit dem die menschliche Seele consubstantiell gedacht ist. Die Seele ist als vapor oder Wasserdampf aufgefaßt [64]. Dies entspricht der stoischen Auffassung der Seele als ἀναθυμίασις = Aufwallung, Aushauch des Blutes [65] oder als Luft [66] oder als warmes Pneuma [67], welches ebenfalls die Substanz der feinstofflichen Gottheit ist und im Menschen den ἐνθουσιασμός (Gottergriffenheit) und die «luftigen Bilder der Träume» erzeugt. Auch bei dem Gnostiker SIMON MAGUS ist die Luft das Mittelwesen zwischen Geist und Erde, «in ihr ist der Vater, der alles nährt und hegt [68]». Ähnliche Anschauungen spiegelt ein hermetisches Fragment

61. BERTHELOT. ebda. III. XLIII. 5. Vol. I p. 216. Vgl. auch III. V. 17. Vol. I. p. 132 und BERTHELOT. La Chimie au M. A. l. c. III. p. 98 und R. REITZENSTEIN. Alchemistische Lehrschriften etc. l. c. p. 75 und 83.
62. BERTHELOT, Coll. Alch. Grecs. IV, XX 10. Vol. I p. 293. Vgl. Carmina HELIODORI, ed. Goldschmidt. a. a. O. p. 28–31.
63. Vgl. auch ebda. p. 338 und V, III p. 344 und SENIOR, De Chemia p. 16, 19, 30, 44, 58–59 und 77. *Turba* p. 137–138, 163.
64. Vgl. z. B. *Turba,* a. a. O. p. 142.
65. Vgl. ARISTOTELES De anima 1. 2. 405 a, 25. AREIOS DIDYMOS 39.2, CHRYSIPP bei GALEN: HIPPOKR. et Plato 3. 1. DIOG. LAERT. 7. 156. MACROBIUS, Somn. Scip. 1. 14. 19. TERTULLIAN de anim. 5. PLOTIN 4. 74. ALEX. APHROD. De an. 26. 13. NEMESIOS, de nat. hom. c. 2 usw. cit. bei SCOTT III p. 612.
66. Vgl. E. v. LIPPMANN: Alchemie, Bd. I, p. 133.
67. LEISEGANG, Der Hl. Geist, a. a. O. p. 26 ff.
68. LEISEGANG, Gnosis a. a. O. p. 81. Vgl. auch zur antiken Auffassung der Luft DIDYMOS, de Trinitate 756 B. (W. SCOTT, Hermetica I p. 542.) Das Pneuma ist das

wider [69]: die erwärmte Materie wird zu Feuer und Wasser. Indem das Feuer das Wasser austrocknet, entsteht die Erde. Ein Dampf aus Feuer, Erde und Wasser erzeugt die Luft. Letztere kommt zusammen «gemäß dem Logos der Harmonie», und aus dem Zusammenhauchen der entgegengesetzten Qualitäten entsteht ein Pneuma und Sperma, das dem göttlichen Pneuma entspricht. «Aus diesem schöpferischen Pneuma entsteht in der Matrix des Kind...» Eine ähnliche Entstehung eines «Kindes» aus den kosmischen Elementen der Feuer-Luft beschreibt auch die Logosvision des Gnostikers VALENTINUS:

331
>
Ich schaue, wie alles am Äther mit Pneuma gemischt ist.
Ich erfasse im Geiste, wie alles vom Pneuma getragen wird.
Fleisch hängt sich an die Seele
Seele wird von Luft emporgetragen
Luft hängt sich an den Äther
Aus der Tiefe heben sich Früchte empor
Aus dem Mutterleib wird ein Kind gehoben [70].

33'
>
Eine weitere Parallele bildet auch die Wolkengeburt des Menschensohnes in der Vision in IV. Esra 13 [71]: «da träumte ich des Nachts einen Traum: siehe da stieg ein gewaltiger Sturm vom Meere auf... Ich schaute: siehe da führte jener Sturm aus dem Herzen des Meeres etwas wie einen Menschen hervor. Ich schaute: siehe dieser Mensch flog mit den Wolken des Himmels. Und wohin er sein Antlitz wandte und hinblickte, da erbebte alles, was er anschaute und wohin die Stimme seines Mundes ging, da zerschmolzen alle, die seine Stimme vernahmen, wie

γόνιμον ἕν. Auch im ASKLEPIOS lat. (ebda.) gilt die Luft als Instrument des Alls, durch das alle Dinge ins Werden treten und alles Seiende, Sterbliches und Unsterbliches verbunden wird, indem der Geisthauch (spiritus) die ganze Welt bewegt. Vgl. auch christlich: EPHRAEM SYRUS: Hymni a. a. O. I p. 16 der die Luft preist, weil sie in ihrer Reinheit alles durchdringe und so sogar den Herrn im Mutterleib entstehen sah. (Man vgl. die Worte CALIDS!)

69. SCOTT. Hermetica I p. 438. – STOBAEUS I 47. 7.

70. Cit. aus H. LEISEGANG, Gnosis a. a. O. p. 283. Vgl. die dort wiedergegebene Interpretation des HIPPOLYTOS zu dieser Stelle. Von SIMON MAGUS wurde erzählt, er hätte einen Homunculus hergestellt, indem er menschliches Pneuma in Wasser und dann in Blut und dann zu «Fleisch» gerinnen ließ. (LIPPMANN, Alchemie a. a. O. I, p. 224.)

71. KAUTZSCH, Die Apokryphen und Pseudoepigraphen des A. T. 1900, Teil II, p. 395.

Wachs zerfließt, *wenn es Feuer verspürt.*» Die einzelnen Züge dieser Schilderung kehren, wie R. REITZENSTEIN bemerkt [72], auch im Manichäismus wieder. So heißt es bei Shitils Aufstieg, Winde hätten ihn hingeholt, Stürme ihn emporgehoben und in die Lichtwolke gestellt; und in einem Gedicht spricht der manichäische «Urmensch» [73]:

> Ich bin ein großer Mana
> der ich im Meere wohnte
> Ich wohnte im Meere
> bis man mir Flügel bildete
> ....
> bis ich wurde ein Geflügelter
> und meine Flügel zum Lichtort emporhob.

Ähnlich heißt es vom Lapis in den Carmina HELIODORI [74], er bleibe «lange eine verborgene Figur im Mutterleibe und *ruft wie ein Schatz in der Tiefe um Befreiung* – er findet sich, wo immer Menschen wohnen, er *geht vom Meer in die Wolken empor und schreitet übers Meer im Wolkenkleide*... und er sitzt in der Wolke wie ein leichter Rauch *erhöht durch ein inneres Feuer*[75]». (Dasselbe meint auch der berühmte Satz der *Tabula Smaragdina:* Der Wind trug ihn in seinem Bauche.)

Auf derartige alchemistische Tatbestände spielt der Autor der Aurora wohl an, wenn er die Wasser-, Blut- und Feuertaufe im Hl. Geiste, d. h. im göttlichen Wasser enden läßt mit der Calidschen Beschreibung der Pflege des Lapis als Embryo durch Wasser, Luft und Feuer. Dabei ergibt sich aber, daß die drei hegenden Elemente eigentlich *eines* sind, d. h. *eine triunitas bilden* – eben entsprechend dem «philosophischen Credo,

---

72. Das Iranische Erlösungsmysterium a. a. O. p. 121–122.
73. Cit. ebda. p. 49–50. Vgl. auch das frühchristliche Apokryphon bei SALOMON VON BASRA in der «Biene» (cit. ebda. p. 100): «At the end of the time and at the final dissolution *a child shall be conceived* in the womb of a virgin... And he shall be *like a tree*... laden with fruit... then he will come with the armies of light and *be borne aloft upon white clouds*, for he is a child conceived by the Word which establishes natures.» (E. A. WALLIS BUDGE, Anecdota Oxoniensia. SALOMON V. BASRA: Die Biene, Kap. 37.)
74. ed. GOLDSCHMIDT l. c. p. 28. Vers 70 ff.
75. Vgl. auch SENIOR, l. c. p. 16–19 und p. 30: Significant ergo per mediatorem aerem... quod natus Sapientiae in aere nascitur, quando sublimatur ad alembicum propter quod fit aqua vivificans terram illorum et embrionem, qui est terra, qui est anima ex corpore eorum. Vgl. auch p. 44.

das auf der Dreizahl beruht». Es fällt auf, daß im Text der Aurora die Dreiheit der Elemente nicht immer ganz klar feststeht, indem es sich dabei bald um Wasser, Blut und Feuer, bald um Wasser, Luft und Feuer handelt – in beiden Fällen fehlt jeweils die Erde. Dies ist psychologisch bedeutungsvoll. Überblickt man nämlich die Entwicklung, welche in der inneren Auseinandersetzung der letzten Textpartien stattgefunden hat, so läßt sich eine allmähliche *Verschiebung des Schwergewichtes nach der Bewußtseinsseite hin* beobachten. Das Bild der Sapientia Dei ist sowohl in ihrem lichten, als auch chthonischen Aspekt (z. B. als «Frau, die den Tod brachte») zurückgetreten, und die durch den Einbruch ihres Bildes erzeugte Kontamination des Bewußtseins mit dem Unbewußten ist durch «Sammlung», «Ablution» und durch den «Geist der Einsicht» weitgehend wieder aufgehoben worden. Dieselbe numinose Gegebenheit, die vorher als Sapientia bezeichnet wurde, ist abgelöst von der – oder auch übergegangen in die – Hypostase des Hl. Geistes, dessen Wirkungen der Verfasser hymnisch preist. Schmutz und Welt sind «hinausgeworfen», und auch die Identität des Alchemisten mit dem «Filius philosophorum», die zuvor öfters im Texte durchschimmerte, scheint kaum mehr vorhanden. Es ist, als ob der Verfasser durch sein Verstehen, welches ihm die traditionelle alchemistische Symbolik ermöglichte, etwas Distanz zu seinem Erlebnis gewonnen hätte. Nach einer anfänglichen Überschwemmung von unbewußten Inhalten scheint er allmählich zu einem bewußten Standpunkt und zu innerer Ruhe zurückgelangt zu sein. Dazu hat ihm die ternarische Struktur seines philosophischen Credo verholfen; denn wie JUNG in «Symbolik des Geistes» darlegt[76], begünstigt ein ternarisches Ordnungsschema eine relative Emanzipation des Bewußtseins gegenüber dem bloß Naturhaften. «Die Dreiheit ist ein Archetypus, der mit dominierender Kraft eine geistige Entwicklung nicht nur begünstigt, sondern gegebenenfalls auch erzwingt[77].» Sie ist aber kein natürlicher Ganzheitsausdruck, im Gegensatz zur Quaternität.

Dies hängt mit der Struktur unseres Bewußtseins zusammen, welches auf vier Orientierungsfunktionen aufgebaut zu sein scheint[78], wovon

---

76. Symbolik des Geistes l. c. p. 399.
77. Cit. l. c. p. 435.
78. Für Näheres muß ich hier auf C. G. JUNG, Psychologische Typen (Zürich 1920) passim verweisen, bes. p. 646. und auf: Symbolik des Geistes l. c. p. 396.

durchschnittlich höchstens drei dem Bewußtsein zur Verfügung stehen. Die vierte Funktion, welche JUNG als die inferiore Funktion bezeichnet, befindet sich meistens in einem zurückgebliebenen, mit dem Unbewußten kontaminierten Zustand und weist primitive, archaische Züge auf. Gleichzeitig stellt sie aber die Beziehung zum kollektiven Unbewußten mit seinen tiefreichenden symbolischen Beziehungen und Bedeutungen her [79].

Setzen wir somit das alchemistische Vier-Elemente-Schema mit den psychologischen Funktionen in Beziehung, so würde das Fehlen des Elementes der Erde darauf schließen lassen, daß eine der vier Funktionen beim Autor im Unbewußten verblieben ist. Das Fehlen des Elementes Erde bedeutet dabei speziell, daß die Beziehung zur Stofflichkeit und konkreten Wirklichkeit fehlt [80]. Wir müssen daher annehmen, daß der Lösung des Problems, wie sie in diesem Teil der Aurora dargestellt ist, die Bedeutung einer *geistigen Intuition* zukommt, daß jedoch eine individuelle Realisierung noch nicht möglich ist.

Diese Schwierigkeit, das alchemistische Motiv der vier Elemente mit der christlichen Vorstellung der Dreieinigkeit in Einklang zu bringen, liefert ein weiteres Beispiel für jenes verbreitete Schwanken zwischen Drei und Vier, von welchem JUNG sagt [81]: «Es muß... hervorgehoben werden, daß neben der deutlichen Neigung der Alchemie (wie auch des Unbewußten) zur Quaternität eine immer wieder betonte Unsicherheit zwischen drei und vier besteht... In der Alchemie gibt es vier sowohl als drei «regimina» (Verfahren), vier und drei Farben. Es gibt zwar immer vier Elemente aber öfters sind drei zusammengefaßt, und eines hat eine Sonderstellung: bald ist es die Erde, bald das Feuer... Die Unsicherheit weist auf ein Sowohl-als-Auch hin; d. h. die Zentralvor-

---

79. Symbolik des Geistes l. c. p. 367 und p. 340
80. ebda. p. 342. Vgl. auch JUNGS Darlegung, daß das trinitarische christliche Denken daher nicht nur einer patriarchalen Gesellschaftsordnung entspricht, sondern auch den Menschen befähigt, «gegen die Natur zu denken und damit... seine göttliche Freiheit zu erweisen» (ebda. p. 412.) Sie befähigt ihn zur Reflektion und zur Einnahme eines rein geistigen Standpunktes. Die Quaternität hingegen, wie sie in den antiken philosophischen und naturwissenschaftlichen Anschauungen lebte, war bloß natürlich und «die unreflectierte Anschauung des naturgebundenen Geistes». (p. 412) *Das Quaternitätsschema legt «dem trinitarischen Denken die Fessel der Wirklichkeit dieser Welt» an* (p. 414). *Mit dem Vierten ist jeweils das Problem der «Verwirklichung» gestellt.* (l. c. p. 404.)
81. Psychologie und Alchemie, p. 45 f.

stellungen sind sowohl quaternarisch wie ternarisch. Der Psycholog kann nicht umhin, auf die Tatsache zu verweisen, daß auch die Psychologie des Unbewußten eine ähnliche Perplexität kennt: Die am wenigsten differenzierte, sog. «minderwertige» Funktion ist mit dem kollektiven Unbewußten dermaßen kontaminiert, daß sie beim Bewußtwerden neben andern auch den Archetypus des Selbst mit sich bringt... Vier hat die Bedeutung des Weiblichen, Mütterlichen, Physischen, Drei die des Männlichen, Väterlichen, Geistigen. Die Unsicherheit zwischen Vier und Drei bedeutet also soviel als ein Schwanken zwischen Geistig und Physisch [82]...»

339   Wenden wir uns zu unserem Text zurück, so fällt mit der Entscheidung des Autors für eine ternarische Formulierung seines Credo die Tatsache zusammen, daß die *weibliche* Gestalt der Sapientia verschwunden und an ihre Stelle die männliche Hypostase des *Heiligen Geistes* getreten ist. Die Identität der beiden wird im Text u. a. daraus ersichtlich, daß beide – früher die Sapientia und nun der Hl. Geist – mit dem heilbringenden Wasser der Kunst identifiziert werden.

340   Die Hypostase des Hl. Geistes hat im Laufe der Geschichte öfters solche Neigungen gezeigt, sich in ein Femininum zu verwandeln. Er wurde dann gleichsam als Mutter Christi aufgefaßt [83], wodurch sich jedoch die Trinität in ein bloß naturhaft-archaisches Bild von Vater – Mutter - Sohn verwandelte, wie JUNG in «Symbolik des Geistes» darlegt [84]. In der offiziellen Tradition der Kirche hingegen stellt er den Lebensatem und die Liebe zwischen dem Vater und Sohn dar, und damit ist er «essentiell ein Reflektiertes und als Nooumenon Hypostasiertes dem Naturbilde Vater-Sohn hinzugefügt [85].» In letzterer Form ist der

---

82. Wie JUNG in «Symbolik des Geistes» darlegt, bringt eine trinitarische Auffassung ein Abschneiden der vierten, sog. minderwertigen Funktion mit sich. «Diese eigenartige Spaltung ist, wie es scheint, eine Kulturerrungenschaft und bedeutet bereits eine Befreiung des Bewußtseins von allzu strenger Verhaftung an den Geist der Schwere. Wenn es jene Funktion, die noch unlösbar am Vergangenen und an den bis ins Tierreich zurückgreifenden nächtlichen Wurzeln hinter sich zurücklassen und sogar vergessen kann, so hat es eine neue, nicht ganz illusionäre Freiheit gewonnen, mit beflügeltem Fuß Abgründe zu überspringen. Es kann sich von der Verhaftung an Sinneseindrücke, Emotionen, faszinose Gedanken und Ahnungen durch und in die Abstraktion befreien.» (p. 396 ff. Vgl. auch p. 412 ff.) Vgl. auch: Psychologie und Alchemie, p. 218 ff.

83. Belege vgl. C. G. JUNG Symbolik des Geistes l. c. p. 392.

84. l. c. p. 388.

85. cit. l. c. p. 388.

Hl. Geist «psychologisch heterogen, indem er logisch aus dem Verhältnis von Vater und Sohn nicht abzuleiten ist, sondern *als Vorstellung nur aus der Einschaltung eines menschlichen Reflexionsvorganges zu begreifen ist* [86]». «Er ist nicht nur das dem Vater und Sohn gemeinsame Leben, sondern er ist vom Sohne als Paraklet auch den Menschen hinterlassen, daß er in diesen zeuge und Werke der Gotteskindschaft hervorbringe [87].» Durch ihn wird daher die Trinität ein Symbol, das göttliche und menschliche Wesenheit umfaßt [88].

JUNG führt im weiteren aus, daß in der Deutung des Heiligen Geistes als Mutter insofern ein wahrer Kern liege, «als Maria das Werkzeug der Gottesgeburt war und damit als Mensch in das trinitarische Drama verflochten wurde. Die *Gestalt der Gottesmutter kann daher als Symbol der essentiellen Anteilnahme der Menschheit an der Trinität gelten* [89]. Die psychologische Berechtigung dieser Annahme beruht auf dem Umstand, daß das Denken, das ursprünglich auf der Selbstoffenbarung des Unbewußten beruht, als Manifestation einer außerbewußten Instanz empfunden wird. Dem Primitiven stößt das Denken zu, und auch wir empfinden gewisse besonders erleuchtende Einfälle noch als ‚Einhauchungen' (Inspirationen). *Werden aber Gedanken, insbesondere Urteile und Erkenntnisse durch unbewußte Tätigkeit dem Bewußtsein übermittelt, so wird hierzu oft merklich der Archetypus einer gewissen weiblichen Gestalt, nämlich der Anima, der Mutter-Geliebten, verwendet* [90]. Es erscheint dann, als ob die Inspiration von der Mutter oder der Geliebten, der ‚femme inspiratrice' her erfolge. Daher hätte der Heilige Geist Neigung, sein Neutrum (τὸ πνεῦμα) gegen ein Femininum umzutauschen ... Heiliger Geist und Logos verschwimmen im gnostischen Begriff der *Sophia* (Weisheit), wie in der «Sapientia» der mittelalterlichen Naturphilosophie, und von ihr heißt es: ‚in gremio matris sedet sapientia patris'.»

Diese Ausführungen JUNGS werfen ein Licht auf die psychologischen Geschehnisse, die in der Aurora ausgedrückt sind. Die Tatsache, daß hier das «Numinose» zuerst als Sapientia, d. h. als weibliche Gestalt,

---

86. cit. p. 389.
87. cit. l. c. p. 389.
88. l. c. p. 391.
89. Von mir gesperrt.
90. Von mir gesperrt.

auftrat, läßt annehmen, daß sich überwältigende neue Erkenntnisse dem Bewußtsein des Verfassers annäherten, und daß dabei die Anima als Vermittlerin konstelliert war. Tritt sie später zurück, so ist wohl daraus abzulesen, daß inzwischen ein menschlicher Reflexionsvorgang eingeschaltet wurde, der das Erlebte in eine geistige Ordnung einzubauen versucht hat. Dies brachte aber auch unvermeidlich einen relativen *Rückzug vom Unbewußten* mit sich, der sich im Text symbolisch in der Aussonderung des Elementes Erde bemerkbar macht. Wie wir aber zuvor sahen, ist die Erde ein Aspekt der Sapientia selber, gleichsam ihre eigene chthonische Seite [91], die nun ausgesondert wird.

343 Text: «Aus diesem Grunde heißt es von dem erwähnten Geist infolge seiner siebenfältigen Gabe, daß er sieben Kräfte besitze bei seiner Einwirkung auf die Erde...»

344 Das Element Erde fehlt zwar, wie diese Textfortsetzung zeigt, nicht völlig, aber es ist aus der vom Autor gepriesenen Triade seines philosophischen Credo gleichsam ausgeklammert und erscheint als das der Triade Gegenüberstehende, als ein passives, unvollkommenes, zu bearbeitendes Element.

345 Wenn wir diese Textpartie mit den oben dargelegten Zusammenhängen mit dem Vier-Funktionenschema des Bewußtseins in Verbindung setzen, so würde die Aussonderung des vierten Elementes, der Erde, darauf schließen lassen, daß eine Schwierigkeit für das Bewußtsein entstanden ist, die vierte, sog. minderwertige Funktion zu assimilieren. Diese wäre durch das Element Erde dargestellt, wobei die minderwertige Funktion beim Manne jeweils erst noch mit der Anima und dem kollektiven Unbewußten kontaminiert ist [92].

91. Ich habe vorher das Fehlen der Erde als mangelnde Realisation, hier nun als Rückzug vom Unbewußten gedeutet – für einen Kenner der psychologischen Tatbestände ist dies nicht ein Widerspruch, indem eben tatsächlich eigentümlicherweise der Rückzug vom Unbewußten einer Unbewußtheit in höherem Sinn entspricht und daher einer mangelhaften Realisation.

92. Vgl. C. G. JUNG, Psychologie und Alchemie l. c. p. 214: «In der Funktionspsychologie sind zunächst zwei Funktionen, die differenzierte und deren Auxiliärfunktion bewußt, also männlich... Da nun der Gegensatz zwischen den beiden Auxiliärfunktionen längstens nicht so groß ist wie zwischen der differenzierten und der minderwertigen Funktion, kann auch die dritte, nämlich die unbewußte «auxiliäre» Funktion ins Bewußtsein gehoben und dadurch männlich werden. Sie wird aber etwas von ihrer Kontamination mit der minderwertigen Funktion mit sich nehmen und dadurch eine gewisse Vermittlung mit dem Dunkel des Unbewußten bilden. Dieser psychologischen

Erscheint der Schritt von Drei zu Vier allzu schwierig, so zeigt sich 346
oft im unbewußten Material eine Verdoppelung dieser Zahlen, und der
problematische Schritt führt dann von der Sieben zur Acht, wobei die
inferiore Funktion gleichsam um die Hälfte vermindert erscheint. Diese
Verdoppelung stellt somit einen psychologischen Differenzierungs-
prozeß dar.

Damit stimmen gewisse symbolische Erläuterungen zur Zahl Sieben 347
überein, welche R. ALLENDY in seinem Buch «Le symbolisme des
nombres[93]» vorbringt. Seiner Ansicht nach entsteht die Sieben durch
eine doppelte Dichotomie (Zweiteilung) der Drei:

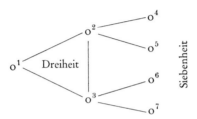

und er bemerkt, daß diese Derivation der Sieben von der Drei *die Regel
progressiver Serien*[94] *darstelle.* Während die *Vierheit den Zirkel in sich
selbst verlaufender Naturprozesse abbilde,* stelle die *Sieben die evolu-
tiven Kreise eines spiralförmigen Fortschritts dar.* Nach JAKOB BOEHME[95]
gibt es im Kosmos sieben organisierende Geister, welche die ewige Weisheit (Sapientia Dei!) verwirklichen. Sie bestehen aus einer oberen Triade
(Begehren, Bewegung, Unruhe) und einer unteren natürlichen Triade
(Liebe, Wort, Körper) und einem Mediator, dem *Blitz oder Feuer,* welcher den Kontakt zwischen Natur und Geist herstellt. Auch in anderen

---

Tatsache entsprechend unterlag auch der Heilige Geist der häretischen Deutung als
Sophia... Die vierte Funktion ist mit dem Unbewußten kontaminiert und zieht, wenn
bewußt gemacht, das ganze Unbewußte mit sich... Zunächst aber bricht jener heftige
Konflikt aus in den jeder vernünftige Mensch geriete, wenn ihm evident würde, daß er
den absurdesten Aberglauben zu schlucken hätte.»

93. Paris, 1948, p. 172 ff.

94. Unter progressiver Serie versteht man eine Serie von Zahlen, die so angeordnet
sind, daß die Ratio ihrer Beziehung zunehmend oder abnehmend constant bleibt (meine
Fußnote).

95. De signatura rerum XIV. 10. cit. ebda. p. 179.

Systemen der Zahlensymbolik stellt, nach ALLENDY, die Sieben den Zusammenstoß einer oberen geistigen Triade mit einer unteren natürlichen Quaternität dar [96].

348 Diese Amplifikationen scheinen mir geeignet, die siebenfältigen Wirkungen des Geistes, die in der nachfolgenden Textpartie näher beschrieben sind, zu erhellen, und auch zu erklären, wieso unser Autor unvermittelt von der Beschreibung der drei Wirkungen des Hl. Geistes auf seine *sieben*fältigen Gaben oder sieben Kräfte zu sprechen kommt. *Die sieben Kräfte beziehen sich, wie es heißt, auf seine Einwirkung auf die Erde,* welche damit das ausgesonderte vierte (bzw. achte) Element darstellt. Die Erde aber ist, wie wir aus den früheren Parabeln wissen, die «schwarze Erde» und die «Frau» im Abgrund der Sünde und der Hölle. Obwohl der Verfasser bewußt kaum an seiner eigenen Christlichkeit zweifelt, scheint ihm das Einbauen *dieses* Elementes in sein alchemistisches und christliches Weltbild doch Schwierigkeiten zu bereiten. Auch der Alchemist JOH. MENNENS nennt die Materie in Anlehnung an kabbalistische Vorstellungen «umbra Dei» oder die «posteriora Dei [97]». Nach der mittelalterlichen Zahlensymbolik war der Materia prima der Quaternarius zugeordnet [98]. Daß diese Schwierigkeit in der Aurora speziell im Zusammenhang mit der Beschreibung des Heiligen Geistes auftaucht, ist nicht zufällig, denn dieser ist, wie JUNG in «Symbolik des Geistes [99]» ausführlich dargelegt hat, diejenige Figur der Trinität, welche die Brücke zum verworfenen «Vierten», dem Bösen, bildet. Er ist die Hinterlassenschaft Christi an die Menschen, deshalb «atmet der Heilige Geist auch aus dem Menschen und atmet damit auch zwischen den Menschen, dem Sohn und dem Vater». Als «Tröster», Paraklet, des am «Vierten» d. h. am Bösen leidenden Menschen ist er aber zudem «in einer quaternarischen Anschauung eine Versöhnung der Gegensätze und damit die Antwort auf jenes Leiden in der Gottheit, das Christus

---

96. Beispiele vgl. ebda. p. 181 ff.
97. JOH. MENNENS, Aurei Velleris etc. Theatr. Chem. 1622 V, p. 334: Nomen itaque Dei quadriliterum sanctam *Trinitatem* designare videtur *et materiam*, quae etiam triplex existit, ut ante tradidimus, quae et umbra eius dicitur et a Moyse posteriora Dei. Vgl. KNORR V. ROSENROTH, Kabbala Denudata, Frkf. 1677. Vol. I, p. 73 u. 581 und Vol. II, p. (29) Ende.
98. MEISTER DIETRICH, De miscibilibus in mixto: Quod illud, quod est materia prima, est in se multa et plures et secundum numerum quaternarium in ordine ad 4 elementa (Vgl. E. KREBS, Beitr. z. Gesch. der Phil. des M. A., V, Heft 5–6, p. 46).
99. l. c. p. 412 ff.

personifiziert¹⁰⁰». Der Autor war, wie wir sahen, durch seine Begegnung mit der Sapientia Dei unerwartet mit dem Problem des Bösen, der dunklen Seite Gottes zusammengestoßen, und so bedurfte er in besonderem Maße des Hl. Geistes, der die Gegensätze in Gott versöhnt. Darum setzt er diese Hypostase der Gottheit speziell mit der «aqua divina» des alchemischen Werkes gleich und erhebt sie im Folgenden zum eigentlichen Operator im Werk, der die Wandlung der schwarzen Erde vollbringen soll.

Zusammenfassend könnte man das bisherige Geschehen psychologisch folgendermaßen interpretieren: der zu Beginn geschilderte Einbruch des kollektiven Unbewußten – zuerst im sublimen Animabild der Sapientia Dei personifiziert – hat zu einer Überwältigung des Bewußtseins durch das Unbewußte geführt. In dieser dunklen Nacht sind alle verdrängten Schattenelemente, die heidnischen Äthiopier und die sündigen Töchter Zions, hervorgetreten, so daß der Verfasser in eine tiefe Depression versunken ist. Um sich vor völliger Auflösung zu retten, ruft er nun seine bewußten christlichen Auffassungen zu Hilfe und bittet den Heiligen Geist, er möge ihm helfen, die dunkle Erde (= das ihn deprimierende Unbewußte) zu läutern und zu reinigen. Nur *Eines* bleibt unklar und wird im Text nur indirekt ausgesprochen: *die dunkle Erde ist ja selber die Sapientia Dei!* Er ruft somit, wie Hiob, Gott gegen Gott zu Hilfe¹⁰¹. Eine geheime Enantiodromie ist geschehen; was zuerst einbrach, war das lichte Bild der Sapientia Dei, im Folgenden aber hat sie sich allmählich zu einer zu bearbeitenden Dunkelheit gewandelt. Man sieht, warum der Verfasser zur rettenden alchemistischen Sprache greift, denn nur in ihr konnte er ein so paradoxes Erlebnis überhaupt formulieren.

Text: Erstens erwärmt er (der Geist) die Erde, die vor Kälte tot und kahl ist ... weshalb der Prophet sagt: Es glühte mein Herz in mir, und Feuer entbrannte bei meinem Werke. Und im Buch von der Quintessenz heißt es: Das Feuer dringt ein und verfeinert durch seine Wärme, und es verzehrt alle erdhaften und allzu materiellen und formlosen Bestandteile. Solange nämlich das Feuer Stoff hat, hört es nicht auf zu wirken, indem es der passiven Substanz seine Form einprägen will.

Die Erläuterungen der siebenfältigen Wirkung des Heiligen Geistes

100. Symbolik des Geistes, p. 413.
101. Vgl. die Ausführungen von JUNG, Antwort auf Hiob, Zürich 1952, p. 18 ff.

bilden eigentlich eine Amplifikation des im ersten Teil der Parabel von den drei Wirkungen Gesagten. Zunächst ist der Geist wiederum als Feuer geschildert, welches eine wärmende und reinigende Wirkung auf die kalte Erde ausübt. Damit der «moralische» Aspekt dabei nicht übersehen werde, vergleicht ihn der Verfasser mit dem verborgenen Zornfeuer, welches David gegen seine Feinde und gegen die Sünder aussandte [102]. Das «Kompakte» der passiven Erde, welches von diesem Feuer geläutert, sublimiert und geprägt wird, ist somit dasselbe wie der innere Feind und die Sünde, und auch identisch mit den Äthiopiern und sündigen Töchtern Zions der vorhergehenden Parabeln.

352 Text: Und CALID minor sagt: Erwärmt die Kälte des einen durch die Wärme des anderen; ebenso sagt SENIOR: Verfestigt das Männliche über dem Weiblichen, und das heißt das Warme über dem Kalten.

353 Die CALID- und SENIORzitate erhellen die Wirkung des Hl. Geistes als einen Ausgleich der Gegensätze durch das bekannte Bild der Coniunctio von Mann (= aktiv, warm) und Frau (= passiv, erdhaft, kalt). Durch die warme Anteilnahme des Bewußtseins soll das Unbewußte gewandelt und geprägt werden, wobei nicht zu übersehen ist, daß damit auch das Obere, der Geist, in die untere Wirklichkeit, die Physis, hinabsteigt.

354 Text: Zweitens löscht der Geist das (einmal) ausgedehnte innewohnende Feuer (gerade) durch die Entzündung, wovon der Prophet sagt: Und Feuer ward unter ihrer Versammlung angezündet, und die Flamme verbrannte die Gottlosen auf Erden; er löscht dieses Feuer in seinem eigenen inneren Maß, weshalb angedeutet wird: In der Hitze Glühn ist Kühlung. Und CALID minor: Löscht das Feuer des einen durch die Kälte des anderen.

355 Die zweite Wirkung des Hl. Geistes ist ein Sich-in-sich-selber-Verzehren und ein Löschen des Geist-Feuers, das zugleich wie ein Höllenfeuer die Gottlosen vernichtet [103]. Es handelt sich hier wohl um die alchemistische Idee, daß «die Natur die Natur besiegt» und in der Arkansubstanz, d. i. dem Unbewußten, selber ein «temperamentum», ein inneres Gleichmaß liege, welches die destruktiven Elemente in sich selber beseitigt. Die Psychologie des Unbewußten hat diese Tatsache

102. Ps. 38, 4 (nach anderen Ausgaben 39, 4).
103. Vgl. Anm. zum Text p. 75.

in ihrem Gebiet von neuem entdeckt, indem JUNG nachwies, daß die psychische Energie, in sich selber gegensätzlich (z. B. als Trieb und Geist), ihre eigenen Kontraste in sich aufhebt [104]. In der christlichen Vorstellungswelt sind hingegen die zwei Feuer sonst meistens getrennt: so sagt z. B. EPHRAEM SYRUS vom Feuer des Hl. Geistes [105]: «Die Taufe löschte mit ihrem Feuer das Feuer, welches der Böse angezündet hatte... Siehe das reine Feuer unseres Erlösers hat das Feuer gelöscht, das in den Sündern aufgeflammt war.» Wieder vereinigt die Alchemie die getrennten Aspekte in *einer* paradoxen Idee. Der Autor erläutert nämlich kühnerweise seine alchemische «virtus ignea» durch einen Vers aus dem Hymnus «Veni Sancte Spiritus» der Sequenz an Pfingsten: «Kühlung in der Hitze Glühn», wodurch er die umfangreiche Feuer-Wasser-Symbolik des Hl. Geistes innerhalb der kirchlichen Allegorik [106] mit der alchemistischen Idee des «ignis noster» vereinigt.

Text: «Und AVICENNA: Es gibt ein Ding, in welchem die Entzündung vorhanden ist, – und das erste was sich (beim Kochen) herauslöst, ist eine Feuerkraft, welche milder und würdiger ist, als die Kräfte aller andern Elemente.»

Mit diesem Zitat deutet der Verfasser an, daß es sich bei dieser paradoxen Gegebenheit um eine «virtus ignea» *im Stoffe, in den Elementen selber,* handle, so daß das Hl. Geist-Feuer bei ihm einen konkret-stoff-

---

104. Vgl. C. G. JUNG, Symbole der Wandlung, Zürich 1952, p. 758–761.
105. Hymni (ed. LAMY) a. a. O. I, p. 80. Vgl. auch PETRUS DAMIANUS. In solemnitate S. P. BENEDICTI ABBATIS (Zoozmann, p. 219–220): Urticae iunctae vepribus, Vulnus curant vulneribus, *Flammata mens divinitus ignem extinguit ignibus.* Crucem mittens ut lapidem Veneni frangit calicem. Vgl. GREGORIUS MAGNUS. In Evang. Hom. XXX. Opera. Paris. 1636, Bd. I, col. 411: Bene ergo in igne apparuit Spiritus quia ab omni corde quod replet torporem frigoris excutit.
106. Vgl. HIPPOLYTUS, Hoheliedkommentar in H. RAHNER, Myst. lunae, a. a. O. p. 79 und p. 48, wonach der Hl. Geist ein Feuer und ein seelenkühlender Tau zugleich ist. Vgl. auch ORIGENES, (MIGNE P. G. tom 14. col. 1038) cit. RAHNER ebda. Vgl. auch RICHARD VON ST. VICTOR, Un. Migne P. L. tom. 177 col. 286. HUGO, Discascal. I. 8. Migne P. L. tom. 176 col. 746. Zum Hl. Geist als Feuer vgl. allgemein die «Feuertaufe» Christi am Ende der Zeiten, in der alles Sündige verbrannt wird. ANASTASIUS SINAITA, Hexam. 4. P. G. 89 col. 900 A, cit. RAHNER, Myst. lun. l. c. p. 86. Vgl. das «richtende Feuer» im 1. Tract. des Corp. Herm. ed. Scott I, p. 115, Über den Hl. Geist als Feuerwasser. Vgl. auch EPHRAEM SYRUS, Hymni a. a. O. I, p. 62: Spiritus *secreto igne* ungit gregem suam... Das Taufwasser gleicht die Gegensätze aneinander an: ut occulta et manifesta assimilentur (p. 72). Vgl. ferner RAHNER, Myst. Lun. Zeitschr. f. kathol. Theol. 1940, p. 73 und F. J. DOELGER, Aqua ignita, in «Antike und Christentum» 5 (1936), p. 175–183.

lichen Aspekt erhält. Die psychologische Erfahrung, welche in diesen Ausführungen über das innere «temperamentum» des Feuers ausgedrückt ist, scheint mir sehr bedeutsam; denn es sieht aus, als ob der Verfasser zu ahnen beginne, daß er in die Hand einer überwältigenden Macht gefallen sei, die aber ihre eigenen ausgleichenden Kräfte in sich besitzt und die daher sowohl verwundet als auch heilt. Damit bereitet sich in ihm eine Möglichkeit vor, sein zeitweise verlorenes Gleichgewicht auf einer wirklicheren und innerlicheren Ebene wiederzufinden.

358 Text: Drittens weicht der Geist auf, d. h. er verflüssigt die Härte der Erde und löst deren allzu dichte und kompakte Teile auf, wovon geschrieben steht: Der Regen oder Geist verflüssigt. Und der Prophet: Er wird sein Wort aussenden und sie verflüssigen, sein Geisthauch wird wehn, und die Wasser werden strömen.

359 Die «aqua Sapientiae», das Wasser, ist auch ein Regen und wird indirekt mit dem «Wort Gottes», dem Logos, gleichgesetzt. Durch eine Einwirkung «von oben», d. h. vom Bewußtsein, wird das kompakte, undurchdringliche Dunkel des Unbewußten allmählich aufgelockert, wodurch auch das Gefangensein der Persönlichkeit in scheinbar unwandelbaren Tatsachen aufhört und das psychische Leben «in Fluß gerät» durch «eindringliches» Verstehen [107].

360 Text: Und im Buch der Quintessenz steht geschrieben, daß die Luft die Poren der erdigen Teile öffnet, damit sie die Kraft des Feuers und des Wassers aufnehmen können. Und anderswo heißt es: Die Frau löst den Mann auf, und dieser macht sie gerinnen, d. i. der Geist löst den Körper auf und macht ihn weich, und der Körper läßt den Geist fest werden.

361 Schließlich deutet der Autor hier den Zusammenstoß der Erde mit der Geistdreiheit (Wasser, Feuer, Luft) auch als Gegensatz von Körper und Geist, oder von Mann und Frau. Damit ist auf das Motiv der Conjunctio angespielt, das im letzten Kapitel zu zentraler Bedeutung gelangt. Die Beteiligung des Verfassers tritt in dieser Partie eher zurück; es ist nicht, als ob er sich persönlich mit seinem Schatten auseinandersetzte, sondern als ob zwei archetypische Bereiche, eine obere lichte Geisttriade, d. h. eine geistige Auffassung, und ein dunkles Viertes (ein

---

107. Vgl. JUNG Myst. Coni. Vol. I p. 223 sq.

Unverstandenes) zusammenprallten. Der Autor selber hat sich gleichsam im lichten Teil geborgen.

Text: Viertens erleuchtet der Geist, da er dem Körper alle Dunkelheit 362 nimmt, wovon der Hymnus handelt: Reinige die schauerlichen Finsternisse unseres Geistes, die Sinne laß erleuchtet sein.

Hier folgt nun doch eine Anspielung auf den persönlich-seelischen 363 Aspekt des Prozesses, nämlich in dem Zitat aus dem Pfingstlied des NOTKER BALBULUS («Reinige die schauerlichen Finsternisse unseres Geistes») und aus dem Hymnus «Veni Creator Spiritus» («Die Sinne laß erleuchtet sein»). Darin zeigt sich, daß die Bearbeitung der Erde durch den dreieinigen Wasser-Luft-Feuergeist doch auch eine Auseinandersetzung mit den Dunkelheiten des eigenen Subjektes (mens) bedeutet, und daß dies (wie das Zitat aus Ps. 78 beweist) nur durch einen Gnadenakt Gottes und durch dessen Führung zu einem guten Ende gelangen kann.

Text: «Und der Prophet: Er (Gott) führte sie die ganze Nacht im Leuchten 364 des Feuers, und dann wird die Nacht lichthell wie der Tag werden.»

Der Verfasser vergleicht diese Erlösung mit dem Auszug der Juden 365 aus Ägypten, da nämlich Ägypten in der Patristik allgemein als Sünde und als «diese Welt» gedeutet wurde [108], ist dies noch einmal eine Anspielung auf die Gefangenschaft, Nigredo, Flut usw. der früheren Parabeln.

Der Satz «dann wird die Nacht lichthell wie der Tag werden» bildet 366 eine Wiederholung des Schlußsatzes des vierten Kapitels, und ist, wie dort, eine Anspielung auf die mystische Geburt des «Filius philosophorum», welcher später als «wunderbares Licht, das in der Finsternis aufleuchtet», geschildert wird [109]. Letzteres ist jenes «lumen luminum»,

---

108. Vgl. die Belege in M. V. FRANZ, Passio Perpetuae in C. G. JUNG, Aion l. c. p. 464 sq.
109. Der Lapis ist auch bei ALPHIDIUS als lumen splendens ac transparens (leuchtendes, durchsichtiges Licht) bezeichnet. Vgl. Cod. Ashmole 1420. fol. 11. In anderen Texten ist er eine «lux secreta» und im *Rosarium* (Artis Aurif. 1610 II. p. 173) heißt es: quae cum lumine venit et cum lumine genita est. Vgl. auch SENIOR, De Chemia a. a. O. p. 9, welcher HALY citiert, der «in suis secretis» sage: Hoc est Sulphur rubeum *luminosum in tenebris* et est hyacinthus rubeus ... et leo victor. VI. auch ABU'L QASIM AL IRAQI ed HOLMYARD «Isis» VIII p. 420, der lapis heißt: dog, eagle, harmless lion ... fiery poison, *light* ... son of fire ... Satan.

welches von dem Alchemisten GERHARD DORN als «unsichtbare Sonne» (sol invisibilis) bezeichnet wurde. Psychologisch handelt es sich um das Erlebnis einer Aufhellung des Unbewußten, in dessen chaotischem Dunkel ein «Sinn» und ein vom Ich unabhängiges ordnendes Zentrum, das Selbst, allmählich wahrnehmbar wird. Aus dem Unverständlichen wird eine «erleuchtende» Einsicht gewonnen.

367 Text: Auch SENIOR sagt: Und er macht alles Schwarze weiß und alles Weiße rot, da das Wasser weiß macht und das Feuer Leuchtkraft verleiht. Denn er leuchtet in der Farbe wie ein Rubin durch die färbende Seele, die er aus der Kraft des Feuers erhielt, deshalb heißt das Feuer auch das Färbende.

368 Das Licht ist als Rubin bezeichnet, ein Synonym des Lapis [111]. SENIOR deutet den Rubin als «färbende Seele [112]» (anima tingens), welche im Wasser verborgen sei [113]. Aus ihr stammen die «Farben». Psychologisch weist die rote Farbe des Rubins auf Emotion, Leidenschaft, Gefühl hin. In der Alchemie gilt Rot (und die Rubedo) als männlich, weiß als weiblich. Rot ist der König und der Lapis als Bräutigam der weißen Braut (Anima). Es ist, als ob aktives Leben und Emotion in diesem Stadium der Entwicklung wieder zurückkehrten, nachdem die Erstarrung und Depression der Nigredo und die Phase objektiver Einsicht in der Albedo vorüber sind. Aber diese «vita nuova» (der Rubedo) geht nicht mehr vom Ich, sondern vom Selbst aus.

    110. Vgl. C. G. JUNG, Theoretische Überlegungen etc. in «Wurzeln des Bewußtseins l. c. p. 546 ff. und die dort angeführten Parallelen.
    111. Der «carbunculus» ist ein Synonym des Lapis. «Rex clarus ut carbunculus.» (Zitat aus LILIUS, einer alten Quelle im *Rosarium Philosophorum*. Art. Aurif. 1593, II, p. 329). «Radius... in terris, qui lucet in tenebris instar carbunculi in se collectus.» (Aus der Darstellung der Theorie des THOMAS VON AQUINO bei MICHAEL MAJER: Symb. Aur. Mens. 1617, p. 377.) «Inveni quendam lapidem rubeum, clarissimum, diaphanum et lucidum et in eo conspexi omnes formas elementorum et etiam eorum contrarietates.» (Zitat aus THOMAS bei MYLIUS: Philosophia Reformata, 1622, p. 42.) Caelum, aurum und carbunculus als Synonym der Rubedo l. c. p. 104. Der Lapis ist «Carfunckel-liecht schimmernd». (H. KHUNRATH: Hyl. Chaos 1597, p. 237.) Rubin bzw. Carbunculus bezeichnet das corpus glorificatum. (GLAUBER: Tract. de Nat. Salium 1658, p. 42.) In der *Chymischen Hochzeit* ist das Gemach der Venus von Karfunkeln erhellt (p. 96). Vgl. dazu auch das oben über anthrax (Rubin und Zinnober) Gesagte.» Cit. aus JUNG, Gestaltungen des Unbewußten, p. 152 f., Fußnote 127.
    112. Vgl. Anm. zum Text p. 76.
    113. Vgl. auch die Hyacinthfarbe und Rubedo im Meer, in der Kabbala. KNORR VON ROSENROTH, l. c. Vol. II. p. 21–22 und über die Albedo und Rubedo im Kristall ebda. Vol. II. p. 12. und Pars. I. p. 461–462. (Idea Rabba seu Synodus magna.)

Mit SENIORS Bemerkung, daß aus dem Rubin alle Farben entstünden, 369
ist auf das klassische alchemistische Motiv der «cauda pavonis» angespielt [114], von welchem JUNG sagt: «Diese Farbenerscheinung stellt im Opus ein dem definitiven Resultat vorausgehendes Zwischenstadium dar. JACOB BOEHME nennt es ‚eine Liebe-Begierde oder eine Schönheit der Farben'. In der Liebe-Begierde ‚urständen alle Farben' [115].»

Von dem vereinigten «Natur»- und «Geistleben» sagt BOEHME: «Und 370
ist uns also erkenntlich eine ewige Wesenheit der Natur, gleich dem Wasser und Feuer, welche also gleichwie ineinander vermengt stehen, da es dann eine lichtblaue Farbe gibt, gleich dem Blitz des Feuers; da es dann eine Gestalt hat, als ein Rubin [116] mit Kristallen in ein Wesen gemengt, oder als gelbe, weiß, rot, blau in dunkel Wasser gemenget, da es als blau in grün ist, da jedes doch seinen Glanz hat und scheinet, und das Wasser also nur ihrem Feuer wehret, daß kein Verzehren allda ist, sondern also *ein ewig Wesen in zweien Mysterien in einander,* und doch der Unterschied zweier Prinzipien als zweierlei Leben.» Das farbige Phänomen verdankt seine Existenz «der Imagination in das große Mysterium, da ein wunderlich essentialisch Leben sich selber gebiert [117]...».

Durch den Kontakt des Bewußtseins mit dem Unbewußten erblüht 371
eine Welt der Phantasie und des Gefühls – die Welt des Eros leuchtet

---

114. Die «cauda pavonis» wird von HENRICUS KHUNRATH mit der Iris, der «nuncia Dei» identifiziert. GERARDUS DORNEUS (De transmut. metall. Theatr. Chem. 1602, I, p. 599) erklärt folgendermaßen: «Haec est avis noctu volans absque alis, quam caeli ros primus continuata decoctione, sursum atque deorsum ascensione descensioneque in caput corvi convertit, ac tandem in caudam pavonis, et postea candidissimas et olorinas plumas, ac postremo summam rubedinem acquirit indicium igneae suae naturae.» Bei BASEILIDES (HIPPOLYTOS: El. X, 14, 1) ist das Pfauenei synonym mit dem sperma mundi, dem κόκκος σινάπεως. Es enthält in sich τὴν τῶν χρωμάτων πληθύν, die Fülle der Farben, nämlich 365. Aus Pfaueneiern soll die Goldfarbe hergestellt werden, wie die KYRANIDEN berichten. (Text. lat. et vieux franc. relat. aux Cyranides. Ed. par L. DELATTE. Bibl. Fac. d. Phil. et Lettr. Liège. Fasc. XCIII, 171.) Das Licht Muhammeds hat die Gestalt eines Pfauen und aus dem Schweiße des letzteren wurden die Engel geschaffen. (Vgl. APTOWITZER: Arab.- Jüd. Schöpfungstheorien. Hebr. Union College Annot. Cincinnati 1929, VI, 209, 233.) Cit. nach JUNG, Gestaltungen des Unbewußten, p. 151 f., Fußnote 125.
115. De sign. rer. XIV, 10. cit. nach JUNG, Gestaltungen des Unbewußten, Fußnote 126.
116. Vom ird. u. himml. Myst. V, 4 ff. cit. aus JUNG, Gestaltungen des Unbewußten, Fußnote 128.
117. Cit. aus JUNG, Gestaltungen des Unbewußten, p. 151–153.

im Dunklen auf, wie die weiteren Textstellen noch deutlicher beweisen werden.

372 Text: Und im Buch von der Quintessenz heißt es: Du erschaust ein wunderbares Licht in der Finsternis. Und in der Turba Philosophorum steht, daß, wenn einmal die Wolken die Oberfläche weiß gemacht haben, ohne Zweifel auch das Innere weiß werden wird. Und MORIENUS sagt: Schon haben wir das Schwarze beseitigt und das Weiße hergestellt mit dem Salz [A]natron, d. h. mit Geist.

373 Die Wandlung von Nacht, Tod, Sünde in eine Licht- und Farbenwelt wird hierauf erklärt als Dealbatio, als die schon bekannte Weißung. Diese geschehe, sagt der Text, durch das «Natronsalz [118]», d. h. durch Geist. Hier ist nun eine neue Analogie des Hl. Geistes, *das Salz,* erwähnt, auf dessen umfangreiche Bedeutung JUNG bereits einging [119]. Sein Bedeutungsaspekt als «Eros» legte es dem Verfasser – auch wenn er dies vielleicht nicht wußte [120] – nahe, das Salz mit dem Hl. Geist, der ja auch als «Liebesfeuer» gilt [121], gleichzusetzen [122], und beides ist für ihn zugleich eine Analogie, um das Paradoxon der alchemistischen Arkansubstanz auszudrücken.

374 Text: Fünftens scheidet der Geist das Reine vom Unreinen, da er alle Akzidentien der Seele beseitigt, welches sind die Dämpfe oder üblen Gerüche; so wie es heißt, daß das Feuer das Verschiedenartige trennt und das Gleichartige zusammenhäuft. Deshalb sagt der Prophet: Du hast im Feuer mich er-

---

118. A-Natron ist durch den übernommenen arabischen Artikel An-Natron entstanden. Natron kommt von ägyptisch ntr = Gott! Vgl. STEUER: Über das wohlriechende Natron bei den alten Ägyptern. Leiden 1937.
119. Vgl. Myster. Coni. Vol. I cap. «Salz».
120. Vgl. allerdings über Christus als Salz z. B. Ps. (?) ALBERTUS, Biblia Mariana. ed. Borgnet Vol. 37. p. 385: Sal enim filius Dei est. Quod cum misisset illud sal in fontem aquarum, quod factum est annunciatione ait: Haec dicit Dominus: «Sanavi has aquas» id est humanam naturam fluidam et pestiferam et non erit eis ultra mors neque sterilitas, sed vita et foecunditas.
121. Cf. RHABANUS MAURUS: In festo Pentecostēs ad vesperas et ad Tertiam (Zoozmann, p. 136): Qui Paraclitus diceris, Donum Dei altissimi Fons vivus, *ignis, caritas,* Et spiritualis unctio. – Und RICHARD DE ST. VICTOR, De tribus appropriatis Personis in Trinitate Migne, P. L. tom. 196. col. 993 C: Addis adhuc ut quaeras, quid mihi causae videtur cur Potentia Patri in scripturis Sanctis specialius attribuitur, Sapientia Filio, caritas vel bonitas Spiritui Sancto.
122. Vgl. auch das Salz als Mittler und Vereiniger der Gegensätze im *Tractatus Aureus de lapide philosophico,* Mus. Herm. a. a. O. p. 11: Verus mercurii spiritus et sulphuris anima una cum sale spirituali simul unita.

probt und Unrecht fand sich nicht an mir. Und ebenso sagt er: Wir sind durch Feuer und Wasser hindurchgegangen, und du hast uns zur Ruhe und Erquikkung geführt. Und HERMES sagt: Du wirst das Dichte vom Feinen scheiden, die Erde vom Feuer. Und ALPHIDIUS: Die Erde wird flüssig und wandelt sich in Wasser, das Wasser wird flüssig und wandelt sich in Luft, die Luft wird flüssig und wandelt sich in Feuer (das Feuer wird flüssig und wandelt sich in verklärte Erde).

Die Deutung dieser Sätze mag aus dem Vorhergehenden ohne weitere Erklärung verständlich sein, hingegen ist das ALPHIDIUSzitat: «Die Erde wird flüssig» usw., hervorzuheben, insofern hier eine Überlieferungsschwierigkeit auftaucht. Die Handschriften weichen nämlich im dritten Satzglied voneinander ab, indem das Pariser Manuskript statt «die Luft wird flüssig und wandelt sich in Feuer» die Version enthält: «Das Feuer wird flüssig und wandelt sich in die glorifizierte Erde.» Daß gerade hier eine Textschwierigkeit auftritt, ist nicht zufällig – handelt es sich doch wieder um das Problem des Verhältnisses von Drei und Vier! In Anbetracht seines «Credo» sollte der Autor nämlich eine Dreiheit aufzählen, aber die klassische Rota oder Circulatio in der Alchemie, auf welche das ALPHIDIUSzitat anspielt, betrifft jeweils die *vier* Elemente, und so ist dem Verfasser selber oder irgend einem der Abschreiber an dieser Stelle ein Fehler unterlaufen, und der Text ist so sehr verdorben, daß wir die ursprüngliche Version kaum mehr rekonstruieren können[123]. Wieder bildet die kalte, dunkle Erde den «Stein des Anstoßes», welche die Pariser Version in Form einer «glorifizierten Erde» in den geistigen Bereich hinüber zu retten versucht.

Text: Hierauf Bezug nehmend sagt RASIS, daß der eigentlichen endgültigen Zubereitung eine gewisse Reinigung der Substanzen vorangeht, welche von

---

123. Eine ähnliche Unsicherheit findet sich in dem meist als Epistula des RASES zitierten *Opusculum autoris ignoti* (Artis aurif. 1610 l. c.I, p. 251): hic lapis triangulus est in esse, quadrangulus in qualitate. – Und in den Carmina HELIODORI a. a. O. p. 57 (Carm. 4. Vers 260), wo der Stein als «dreifaches Bollwerk» aus Geist, Seele und Körper und «Festung, die durch die vier Elemente gefügt ist» geschildert wird. – Schon in einem griechischen Text (BERTHELOT, Coll. Alch. I, VI, 2. Vol. I, p. 22) ist der Stein einem Drachen mit vier Füßen = Elemente und drei Ohren = Dämpfe verglichen. Ein ähnliches Schwanken zwischen Drei und Vier findet man auch bisweilen bei den Kirchenvätern, wo z. B. EPHRAEM SYRUS (a. a. O. II, p. 790) das kirchliche Öl mit dem Fluß Eden vergleicht und sagt: Der Fluß Eden hatte vier Namen und vier Verkünder (=vier Evangelisten!), das Öl drei Namen = Posaunen der Taufe.

manchen Behandlung oder Säuberung, von anderen Richtigstellung, und noch von anderen Abwaschung oder Scheidung genannt wird. Der Geist selber nämlich, der von siebenfältiger Wirkung ist, trennt die reinen Bestandteile von den unreinen, damit das Werk dann nach Ausscheidung der unreinen Bestandteile mit den reinen durchgeführt werden kann. Und eben diese Wirkung meint HERMES, wenn er ... sagt: Du wirst die Erde vom Feuer scheiden, das Feine vom Dichten und zwar gelinde ...

377 Das RASISzitat zeigt an, daß es sich bei den, in den vorhergehenden, wie auch noch in dieser Parabel, beschriebenen Prozessen noch immer um Waschungen und Reinigungsverfahren handelt, und die nachfolgende Textpartie fügt als neuen Aspekt hinzu, daß diese Reinigungen auch ein Scheiden bzw. Unterscheiden des Groben vom Feinen darstellen. Es ist dies psychologisch wohl als die mühsame Auseinandersetzung mit dem Unbewußten und seinen subjektiven wie objektiven Komponenten zu verstehen, deren Bedeutung innerhalb des Individuationsprozesses JUNG in «Psychologie der Übertragung» erläutert hat [124]. Das langwierige Hin und Her zwischen den Gegensätzen ist an dieser Stelle des Textes bzw. des psychischen Geschehens, das darin beschrieben ist, sinnvoll. Blicken wir nämlich auf die Ereignisse der vorhergehenden drei Parabeln zurück, so fand sich dort jeweils die Schilderung einer anfänglichen Dunkelheit und Not (Flut, Gefangenschaft usw.) und dann ein plötzlicher einmaliger Umschwung in einen ekstatischen Glückszustand. In diesem Kapitel hingegen beginnt ein mehrmaliges Hin und Her und eine *Bearbeitung* des Dunklen durch das Helle, und es ist nicht *ein* Umschwung geschildert, sondern eine durch viele Einwirkungen des Geistes allmählich erreichte Erhellung und Sublimierung des Dunklen. Nicht zufällig koïnzidiert dies mit der Anführung des Credo zu Beginn der Parabel: die kollektiv-bewußten religiösen Werte und Inhalte werden in das Erlebnis miteinbezogen und dadurch ein Versuch gemacht, einen Standpunkt innerhalb der sich bekämpfenden Gegensätze aufzubauen. Auch wird das Dunkle nicht mehr nur «erlitten», sondern bearbeitet. Eigenartig bleibt nur, daß die Auseinandersetzung eigentlich zwischen zwei überpersönlichen Mächten stattfindet, dem Hl. Geist und der dunklen Erde, daß aber der Verfasser selber wie ausgelöscht scheint und weitgehend nur noch als Wahrnehmender im Prozeß vorhanden ist.

124. Die Psychologie der Übertragung, 1946, p. 212 ff.

Text: «Sechstens erhöht der Geist das Niedrige, da er die tief im Erdinnern 378
verborgene Seele an die Oberfläche emporführt, wovon der Prophet sagt: Der
die Gefangenen hinausführt in seiner Stärke, und auch: Du hast meine Seele
hinausgeführt aus der tiefsten Hölle. Auch Jesaias sagt: Der Geisthauch des
Herrn hat mich emporgehoben. Und die Philosophen: Wer immer das Verborgene sichtbar machen kann, der versteht das ganze Werk, und wer unseren
Cambar[125] (d. i. Feuer) kennt, der ist unser Philosoph.»

Der durch den Hl. Geist eingeleitete Diskriminationsprozeß bewirkt 379
ein Befreien der «Seele» aus dem Erdinnern, in dem sie bisher weilte –
ein Ereignis, das der Verfasser mit dem Zustand der prophetischen Inspiration durch den Geist des Herrn vergleicht[126]. Das bisher in den
Stoff projizierte Unbewußte wird langsam dem Bewußtsein erfaßbar,
so daß es nun zu einer geistig «inspirierenden», neue Inhalte vermittelnden, inneren Wirklichkeit wird. Das Emporführen der Seele ist zugleich,
wie es heißt, ihre Befreiung aus dem Höllenkerker, was auch als ein
Färbeprozeß beschrieben wurde[127]. Die psychologische Bedeutung des
Farbenspiels als Übergangsstufe des Prozesses zwischen Nigredo und
Albedo hat JUNG im Kapitel «Rex und Regina[128]» näher erläutert.

Text: «Auch MORIENUS sagt: Wer die (seine) Seele emporsteigen macht, 380
der wird ihre Farben sehn. Und ALPHIDIUS: Wenn dieser Dampf nicht aufsteigt, dann wirst du nichts erreichen, denn durch ihn und mit ihm und in
ihm geschieht das ganze Werk.»

Das ALPHIDIUSzitat beschreibt die aufsteigende Seele als vapor = 381
Dampf[129], und letzterer ist seinerseits durch das Zitat vom Röm. XI,

125. Zinnober.
126. Vgl. Jesaia LXI. 1. Vgl. die Anm. zum Text p. 81.
127. Vgl. SYNESIOS, BERTHELOT, Coll. Alch. Grecs. II. III. 13–14. Vol. I p. 66. Vgl.
auch die *Turba* a. a. O. p. 123: Ex hoc ... lapide cum confringitur varii vobis colores
apparebunt. S. auch p. 123 und 141 das Färben mit der «color invariabilis» der «unveränderlichen Farbe» als Ziel des Opus. Vgl. auch p. 136: Imbuite ipsum quousque extrahat vobis Deus colores et appareant. Vgl. ebenso p. 140 und SENIOR, De Chemia a. a. O.
p. 82: Cumque apparuerint colores vel tincturae erit hoc sicut cum apparet pullus.
128. Myst. Coni. Vol. II. p. 5 ff.
129. Vgl. für das Alter dieser Idee den Ausspruch von MARIA in OLYMPIODOR,
BERTHELOT, Coll. Alch. Grecs a. a. O. II, IV, p. 93: Ἐὰν μὴ τὰ πάντα τῷ πυρὶ ἐκλεπτυνθῇ καὶ ἡ αἰθάλη πνευματωθεῖσα βασταχθῇ, οὐδὲν εἰς πέρα ἀχθήσεται: Wenn
nicht alles durch das Feuer sublimiert und der geistig gewordene Dampf emporgetragen
wird, wird der Proceß nicht weiterschreiten.

34–36, mit dem Hl. Geist gleichgesetzt. *Der Hl. Geist ist somit Bewirker und Bewirkter zugleich (wie vorher die Sapientia), er entspricht dem alchemistischen Ouroboros.* Der Wasserdampf gilt bei MORIENUS [130] und in der *Turba* als «Seele der Metalle» oder als Seele schlechthin; er ist der «Lebenshauch» des Menschen und aller Wesen [131], und daselbst heißt es: «So ist unser Opus nichts anderes als Dampf und Wasser [132].» Psychologisch handelt es sich auch hier noch immer um Versuche, die Inhalte des Unbewußten ins Bewußtsein zu «heben», d. h. um ein *geistiges Verstehen* ihres Sinnes.

382 Text: Siebtens und zuletzt verleiht er lebendigen Geist, ... da er durch seinen Hauch den irdischen Körper geistig macht, wovon es heißt: Du lässest die Menschen geistig werden durch deinen Anhauch. Und SALOMON: Der Geist des Herrn erfüllte den Erdkreis. Auch der Prophet sagt: Und durch den Geisthauch seines Mundes besteht all ihre Pracht.

383 Die Beschreibung der siebenten Wirkung des Heiligen Geistes zeigt, daß der Geist alchemistisch die aktive und passive Arkansubstanz (die Psyche schlechthin als Substrat von Bewußtsein und Unbewußtem) darstellt, er bewirkt die *Vergeistigung des irdischen Körpers* (corpus terrenum spirituale facit) *durch Anhauch oder «Inspiratio»*, und dieses Hauchende *ist nach dem Text nichts anderes als der Geist des Herrn, der den Erdkreis erfüllte und im Pfingstwunder die Menschen erleuchtete* [133]. Es ist hierin psychologisch (wie alchemistisch) ein *Sublimationsvorgang* beschrieben, der sich ohne Eingriff des Ich in der Psyche selber abspielt. In einem Zustand begeisterten Verstehens erlebt der Autor das Unwichtigwerden des Irdischen, und im Innewerden des Selbst fällt gleichsam sogar der Gegensatz geistig – physisch dahin, denn die Psyche ist ja das «vinculum» zwischen den beiden [134]. Der Verfasser versteht

---

130. *Rosarium*, Art. Aurif. 1610, II, p. 247.
131. *Turba*, p. 152, p. 43 und p. 142: Tunc omnia vapor facta sunt ... hoc autem et spiritum et animam philosophi vaporem appellaverunt ... sic opus nostrum ... nihil aliud est quam vapor et aqua. Vgl. auch p. 139. Vgl. auch *Rosarium*, Artis Aurif. 1610, II, p. 154: Ideo dicit Philosophus: portavit eum ventus in ventre suo. Planum est ergo quod ventus est aër et aër est vita et vita est anima id est oleum et aqua.
132. Vgl. auch Sap. VII. 25, wo die Sapientia Dei in der Vulgataversion als «vapor» bezeichnet ist.
133. Vgl die anspielenden Zitate in den Anmerkungen zum Text.
134. Vgl. hiezu z. B. die Ausführungen des (späteren) *Aquarium Sapientum* Mus. Herm. a. a. O. p. 84–85: Esse illum spiritum Domini, qui terrarum Orbem impleat

dieses psychologische lebendige Substratum offenbar als den Hl. Geist, mit welchem sein Bewußtsein mehr und mehr ununterscheidbar verschmilzt.

Text: Und RASIS sagt: ... Das Schwere kann nur mit dem Leichten vereint zum Aufsteigen gebracht werden und das Leichte nur in Verbindung mit dem Schweren in die Tiefe hinabgedrückt werden. Und in der *Turba* heißt es: Macht die Körper unkörperlich und das Feste flüchtig; dies alles aber wird mit *unserem* Geist ausgeführt... [384]

Der Geist bewirkt eine Annäherung des Menschen an Gott. Wie aber diese letzten Zitate beweisen, wird dabei zugleich auch umgekehrt das Obere, Himmlische körperlicher gemacht, d. h. verwirklicht – ein Vorgang, der schon zu Beginn des Kapitels durch die Erwähnung der Inkarnation Gottes in Christo angetönt war. Die Verwirklichung des Geistes darf wohl *nicht* als eine Miteinbeziehung der gewöhnlichen Erde verstanden werden, sondern bedeutet eine *geistige* Realisierung. Immerhin findet aber dieselbe in einem Individuum statt und bleibt nicht mehr eine nur kollektive Vorstellung. In *diesem* Individuum wird das Selbst erlebt und dann als «Filius philosophorum» und Christus gedeutet. [385]

Text: ... dies Alles wird aber mit *unserem* Geist... vollendet, denn er allein kann rein machen, was von unreinem Samen empfangen wurde. Sagt nicht die Schrift: Waschet euch in ihm, und ihr sollt rein werden. [386]

Die irdische Dunkelheit wird nicht miteinbezogen, denn der Geist hilft dem Menschen im Gegenteil den dunklen Makel der Erbsünde loszuwerden: [387]

Text: Und zu *Naeman* wurde gesagt: Geh und tauche dich siebenmal im Jordan, und du wirst rein werden. Denn es gibt *eine* Taufe zur Abwaschung der Sünden, wie der Glaube und der Prophet bezeugen. [388]

Wie das Gleichnis von der Heilung *Naemans* zeigt, handelt es sich bei dieser Reinigung um eine Analogie zur Taufe, auf deren Symbolik unser Text schon zuvor mehrfach angespielt hatte. Das von Gott befohlene *sieben*malige Eintauchen *Naemans* im Jordan gehört wiederum zu der beliebten Hervorhebung der Siebenzahl als Hinweis auf die Planeten bzw. Metalle. Innerhalb der kirchlichen Symbolik hingegen gehört es zur Lehre der siebenfältigen Gaben oder Funktionen des Hl. Geistes. [389]

Die Erzählung vom aussätzigen *Naeman* gilt dort, wie erwähnt, als Präfiguration der Taufe. Zu letzteren gehören [135]: die Schöpfung (bei welcher «das Festland des Glaubens von den heidnischen Wassern» getrennt wurde), die Sintflut, die Opferung Isaaks, der Durchgang durch das Rote Meer, der Ruf Jesaias (Jes. LIV, 17–55), das Lob der Weisheit (Baruch III, 9–38), die Ezechielvision (Ezech. XXXVII, 1–14), das Osterlamm, die Bekehrung Ninives, die Abschiedsrede Mosis (Deut. XXXI, 29, 30), die Jünglinge im Feuerofen (Daniel III, 1–24), ferner auch die in der Aurora früher angeführte Jesaia-Stelle IV, 1–6: «Wenn der Herr den Unflat der Töchter Zions abgewaschen haben wird durch den Geist der Weisheit und der Einsicht», und endlich auch die Heilung *Naemans* im Jordan, bei welcher die «sieben Zeichen der Bosheit» vertrieben wurden [136]. Der Jordan entspringt vom Berg Libanon, ein Name, der von den Kirchenvätern als candidatio «Weißung» gedeutet wurde, und so – sagen sie – bedeute der Jordan «den Quell der Taufe, in welchem die Erwählten vom Sündenschmutz weiß werden [137]». Wie die Krankheit *Naemans* durch die «vis occulta» (verborgene Kraft) Gottes im Wasser vertrieben wurde, so wird das Böse durch die Taufe beseitigt [138]. Der Aussätzige galt als Bild des Ketzers [139]. In der Alchemie und in der Kabbala wird dieselbe biblische Geschichte auf die «leprositas», die Krankheit der Metalle bezogen [140]. So sagt der *Clangor buccinae* [141],

et ab initio aquis supernatavit. Spiritum veritatis quoque illum appellant qui mundo absconditus absque inspiratione Spiritus Dei ... comprehendi nequeat. Qui quidem in quovis loco, ex re quavis potentialiter, in unico vero hoc subiecto perfecte ac plenarie tantum reperiatur. In Summa esse spiritualem substantiam quae neque coelestis neque infernalis sit sed aereum purum ...

135. Vgl. Meßbuch ed. Schott, p. 297.

136. Vgl. auch EPHRAEM SYRUS, Hymni et Sermones ed. Lamy a. a. O., I, p. 6: Septem Elisaei purificationes figura sunt septem spirituum per baptismo expellendorum. Cf. item p. 52.

137. HONORIUS VON AUTUN, Speculum de mysteriis Ecclesiae, Migne P. L. tom. 172, col. 1099.

138. EPHRAEM SYRUS, Hymni a. a. O. Vol. I, p. 60: Aquas naturales consecravit *Elisaeus* invocato Abscondito, in illas immersit se leprosus notus, sed vis occulta purificavit eum. Dissipata est lepra in aquis ut iniquitas in baptismo.

139. RHABANUS MAURUS, Alleg. in Sacr. Script. Migne P. L. tom. 112, col. 985.

140. Vgl. KNORR V. ROSENROTH, Kabbala denudata etc. Bd. I, p. 151: (210) qui est numerus vocis Na'aman id est *Naemani* Syri Principis Militiae Regis *Aram* 2. Reg. 5. 1. per quem allegorice intelligitur materia Medicinae metallicae septies per Jordanum purificanda, quam multi metallicae rei studiosi Gür vocant.

141. Art. Aurif. 1610, I. p. 322.

wohl nicht ohne Beziehung zur Aurora [142]: «Unser Erz hat einen wassersüchtigen Körper wie der Syrer *Naeman*... weshalb er siebenmal ein Bad der Erneuerung (regenerationis) im Jordan aufsuchte, um von den angeborenen Leiden (oder Leidenschaften: passionibus) und Verderbtheiten gereinigt zu werden.» Im arabischen «Buch der Alaune und Salze» heißt es [143], das Blei sei eigentlich Gold, bei welchem jedoch eine Krankheit in das Erz eingedrungen sei, «so wie eine Krankheit ein noch ungeborenes Kind im Mutterleib befalle». Auch im *Corpus Hermeticum* wird das Böse in der Welt dem Rost (ἰός) des Erzes verglichen [144]. In anderen alchemistischen Gleichnissen besteht die Krankheit der Materie in Epilepsie oder Hydrophobie [145], oder sie ist ein «defectus originalis [146]».

Text: Wer Ohren hat, der höre, was der... Geist der Lehre... von der Wirkungskraft des siebenfältigen Geistes sagt... was die Philosophen mit folgenden Worten andeuten: Destilliere siebenmal und dann hast du die Scheidung von aller verderblichen Feuchtigkeit vollzogen. 390

Wie diese Schlußpartie der Parabel erweist, handelt es sich darum, die Unreinheit des Stoffes und die Erbsünde abzuwaschen; es ist eine siebenfache Destillation, durch welche die «verderbliche Feuchtigkeit» bzw. das «tötende Wasser» ausgeschieden wird. Psychologisch bezieht sich diese Symbolik des Destillierens auf die Bewußtmachung der Hintergründe unbewußter, meistens emotional geladener Impulse. Wenn ein solches affektives Vorstellungskonglomerat aufsteigt, so ist es zunächst gleichsam etwas «Kompaktes», wie auch das Wort «Komplex» andeutet – ein «Paket» von erregenden Inhalten. Dringt man in eine solche psychische Gegebenheit mit dem «spiritualis intellectus» ein, so löst sich deren So-Sein auf, und zugleich verflüchtigen sich nicht zugehörige unbewußte Teilvorstellungen (= das verderbliche Wasser). Das Verstehen des Unbewußten vermittelt somit ein subtiles Verstehen der allgemeinen psychischen Lebensprozesse – größere Distanz und näheres Eindringen zugleich. Die Trennung von Grobem und Feinem weist 391

---

142. Vgl. den Beweis der Abhängigkeit p. 314 im SENIORcitat. Vgl. auch dieselbe Idee im ebenfalls von der Aurora abhängigen *Aquarium Sapientum* Mus. Herm. a. a. O. p. 122.
143. ed. Ruska a. a. O. p. 68–76 und p. 113.
144. Tract. 15. ed. Scott a. a. O. I, p. 260.
145. Vgl. C. G. JUNG *Myst. Coni.* Vol. I p. 169.
146. Cantilena RIPLAEI. Vgl. *Myst. Coni.* II p. 19 ff.

ferner auf eine Unterscheidung zwischen den physischen und geistigen Komponenten oder zwischen dem Vordergründig-Sichtbaren und dem subtilen, dahinterliegenden Sinn hin. Die Länge und Intensität des geschilderten «Reinigungsverfahrens» zeigt indirekt, wie gefährlich der Einbruch des Unbewußten und die Kontamination mit dessen numinosen Inhalten gewesen war, und wir schwer es dem Verfasser wird, seine innere Standfestigkeit zurück zu erlangen.

KOMMENTAR ZUR FÜNFTEN PARABEL
(10. KAPITEL)

392 DIE fünfte Parabel geht inhaltlich über die in den ersten vier Gleichnissen geschilderten Befreiungs-, Reinigungs- und Destillationsprozesse wiederum einen wesentlichen Schritt weiter: sie handelt, wie der Titel sagt, «vom Schatzhaus, das sich die Weisheit auf dem Felsen erbaute».

393 Text: Die Weisheit baute sich ein Haus; wer in dieses eingeht, der wird selig werden und Weide finden, nach dem Zeugnis des Propheten: Sie werden trunken sein vom Überfluß deines Hauses...

394 Das alchemistische Vorbild dieses Gleichnisses ist einerseits bei SENIOR zu suchen, welcher den Lapis einem Haus mit seinen vier Wänden vergleicht [1], andererseits jedoch und hauptsächlich bei ALPHIDIUS. Im achten Kapitel des Liber ALPHIDII philosophi heißt es nämlich [2]: «Wisse mein Sohn, daß diese *Weisheit an einem Ort ist und dieser Ort überall ist*... Dieses Haus aber ist ein Schatzhaus, in dem Alles der Substanz nach angehäuft ist... Dieses Haus ist von vier Türen verschlossen, diese vier Türen haben vier Schlüssel; jede hat einen. Und keiner kann dieses Haus betreten, noch daraus etwas extrahieren, noch das darin verschlossene Geheimnis erfahren, bevor er nicht den Schlüssel erkennt und bei sich hat oder zum Hausgesinde gehört. Wisse also mein Sohn und merke, daß wer nur *einen* Schlüssel kennt und die drei andern nicht kennt und dann mit seinem (einen) Schlüssel das Haus öffnet [und] das, was im Haus ist, nicht sieht – der geht in seinen Untergang; denn

---

1. De Chemia a. a. O. p. 167.
2. Cod. Ashmole 1420, Bibliotheca Bodleiana, Oxford, Fol. 23 f.

das Haus hat eine Oberfläche, die zu endlosem Anschauen tendiert ³.
Man muß daher alle vier Tore mit den vier Schlüsseln öffnen, bis das
ganze Haus von Licht erfüllt ist ⁴ ...»

Die Fortsetzung des ALPHIDIUStextes interpretiert die vier Schlüssel 395
als Extraktion des Wassers, Aufweichen des «irdischen Körpers» (Erz),
Tränkung der Materie und Fixierung. Jede der vier Operationen führt
nach ALPHIDIUS zum Lapis, aber *erst alle vier zusammen erhellen dessen
eigentliches Sein.*

Diese Ausführungen scheinen auf einen psychischen Prozeß der Rea- 396
lisierung des Selbst durch und in allen vier Bewußtseinsfunktionen hinzuweisen ⁵. Allerdings ist dies nur ein Aspekt dieses Prozesses; denn

---

3. verführt?
4. Diese Textpartie ist auch im *Consilium Coniugii,* Ars Chemica 1566, p. 108 ff. enthalten: «Nota de domo thesaurorum de qua dixit author in primo. ASSIDUUS loquitur de ea sic: ergo fili locum huius lapidis tibi ostendam ... Haec (scientia) autem quodam est in loco qui est ubique (ich lese est ubique statt in utique); locus est 4 elementa et sunt 4 januae, quas si nosse vis dico primo 4 esse stationes, 4 angulos, 4 terminos et 4 parietes ... Haec autem domus est thesauraria in qua omnia thesaurizantur sublimia de scientiis sive sapientiis vel rebus gloriosissimis quae haberi non possunt ⟨et⟩ in hac domo thesaurizantur. Domus in qua hi thesauri sunt 4 ianuis clauduntur quae 4 clavibus reserantur ... Scito ergo fili ... quod qui scit clavem unam et ignorat residuas, domus ianuas sua clave aperiet, sed ea quae sunt in domo non aspiciet quoniam domus superficiem habet ad infinitum visum tendentem. Ergo oportet ut singulae januae singulis clavibus aperiantur quousque domus tota adimpletur lumine, tunc ingrediatur quivis de thesauro accipiens ... «ASSIDUUS spricht von ihm (dem Schatzhaus) folgendermaßen: ich will dir also, mein Sohn, den Ort dieses Steines zeigen ... ist doch diese Wissenschaft an einem bestimmten Ort, der überall ist, und die vier Elemente sind auch die vier Tore, und wenn du diese kennen lernen willst, so behaupte ich, sie seien die vier Stationen, die vier Winde, die vier Begrenzungen und die vier Wände ... Dieses Haus ist das Schatzhaus, in dem alles Erhabene (sublimia) bezüglich der Wissenschaften und Weisheitslehren oder sonstigen glorreichen Dinge thesauriert ist, welches man nicht erlangen kann, und sie liegen in diesem Haus verwahrt. Das Haus ... ist durch vier Tore geschlossen und durch vier Schlüssel erschließbar ... Wisse also mein Sohn ... daß wer ⟨nur⟩ *einen* Schlüssel kennt, die übrigen hingegen nicht, der wird zwar die Tore des Hauses mit dem einen Schlüssel öffnen, aber das, was darinnen ist, nicht sehen können; weil das Haus eine Oberfläche besitzt, welche zum endlosen Gesichtssinn spricht (Der Text ist hier nicht sehr klar und von mir nur hypothetisch so übersetzt. Vor Vergleichung mit dem arabischen Original sind Konjekturen sehr unsicher. Ich lese: infinitum statt: infimum visum. Man kann endlos die Oberfläche studieren ohne zum Inhalt zu gelangen.)
5. Vgl. hiezu C. G. JUNG, Psychologie der Übertragung, 1946, p. 188 ff. – Die Oberfläche, die den, der das Haus nur mit einem Schlüssel öffnet (mit *einer* Funktion erfaßt), durch unendliche Schau irreführt, dürfte sich auf die Gefahr beziehen, daß man vom Unbewußten fasziniert sich darin denkend, intuierend, fühlend oder Tatsachen sammelnd

die Vorstellung der Erschließung des Hauses (Selbst) durch vier Schlüssel darf man wohl im Weiteren auch auf jenes eigenartige Quaternionenschema beziehen, welches JUNG in «Aion» als ein inneres Strukturmodell des Selbst entworfen hat [6]. Es scheint sich hierbei um dynamische Prozesse bzw. Wandlungsvorgänge *innerhalb des Selbst* zu handeln, welche zu einer Bewußtwerdung des Inhaltes führen. JUNG legt zunächst dar, daß dieser Vorgang nach folgender Formel stattfindet:

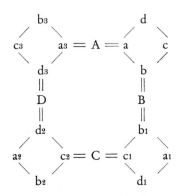

und betont, daß sie u. a. die alte Tetramerie wiederhole, welche durch die Vierheitsstruktur des Einen gegeben ist, nämlich $A = a\langle{}^b_d\rangle c$. «Was die Formel nur andeuten kann», fährt JUNG fort, «ist die höhere Ebene, welche durch den Wandlungs- bzw. Integrationsprozeß erreicht wird. Die Erhöhung oder der Fortschritt oder die Qualitätsänderung besteht *in einer vierteiligen oder viermaligen Entfaltung der Ganzheit, welche nichts anderes bedeutet, als deren Bewußtwerdung*. Wenn psychische Inhalte in vier Aspekte aufgespalten werden, so heißt das soviel, als daß sie einer Diskriminierung durch die vier Orientierungsfunktionen des Bewußtseins unterzogen wurden. Erst die Herstellung dieser vier Aspekte gewährleistet eine ganzheitliche Beschreibung. Der durch unsere Formel dargestellte Prozeß verwandelt die ursprünglich unbewußte Ganzheit in eine bewußte. Der Anthropos (A) steigt von oben

---

verliert, ohne sich selber durch innere «Fixatio» zu finden. Auch sieht man dann eben nur die «Oberfläche».

6. p. 329 ff. bes. p. 352 ff. und p. 354–355 und für die Aurora wichtig bes. p. 366 ff. Ich muß auf eine ausführliche Darstellung dieser außerordentlich bedeutungsvollen Zusammenhänge hier verzichten, da sie zuviel Raum einnähmen, und muß den Leser auf JUNGS Darstellung in «Aion» verweisen.

herunter, durch seinen Schatten B in die Physis (C = Schlange) und erhebt sich wieder durch eine Art von Kristallisationsprozeß (D = Lapis), die Ordnung des Chaotischen andeutend, zum ursprünglichen Zustand, der sich aber inzwischen durch die Entfaltung aus einem unbewußten in einen bewußten verwandelt hat. Bewußtsein resp. Erkenntnis entsteht durch Unterscheidung, d. h. durch eine Analyse (Auflösung) und eine darauffolgende Synthese, worauf sich symbolischerweise die alchemistische Sentenz: ‚Solve et coagula' (Löse und verfestige), bezieht [7].» — «Die Formel stellt ein Symbol des Selbst dar, denn dieses ist nicht nur eine statische Größe oder eine beharrende Form, sondern zugleich auch *ein dynamischer Vorgang*... Die vier Wandlungen stellen *einen Wiederherstellungs- oder Verjüngungsprozeß dar, der sozusagen im Innern des Selbst stattfindet.*»

Auf unseren Text angewandt ist der von JUNG erwähnte Descensus des Anthropos im Herabkommen der Sapientia Dei zum Alchemisten dargestellt. Dann folgt die Phase des Untergehens in der Physis durch Einwirkung des Schattens (B), was in der Aurora durch den Absturz in den Höllenabgrund dargestellt ist. Die Phase C, die Schlange, wird in der Aurora durch «die verderbliche Feuchtigkeit» oder durch «die Frau, die den Tod hereinbrachte» symbolisiert. In dem vorliegenden Kapitel beginnt die vierte Phase: der Kristallisationsprozeß (D), symbolisiert im Bau des Schatzhauses, welcher die Coagulation des Lapis darstellt. Die vierte Stufe ist auch bei ALPHIDIUS *die Fixatio, und diese eben ist es, auf welche das Gleichnis des auf Fels erbauten Hauses in der Aurora hinweist.*

Zunächst tritt in unserem Text die Sapientia Dei wieder, wie in den Einleitungskapiteln, personifiziert auf, entsprechend Prov. I, 5, denen die Parabel vom Hausbau nachgebildet ist, wobei das Gleichnis Matth. VII, 24, vom klugen Manne, der sein Haus auf einem Felsen (und nicht auf Sand) erbaute, mit hineinspielt. Dieser kluge Mann ist bekanntlich derjenige, *der die Reden Christi nicht nur hört, sondern auch tut,* d. h. nicht nur passiv die Erlösertat Christi als bereits geschehen und zu seiner Erlösung genügend ansieht, sondern sich auch selber aktiv bemüht.

Daß die Sapientia Dei — psychologisch gesehen, die Anima — wieder auftritt, ist bedeutsam. Es zeigt sich darin das Resultat der langwierigen Operationen, welche im vorhergehenden Kapitel beschrieben wurden.

[7]. cit. ebda. p. 370–372 passim.

Durch diese gewann der Autor soviel Standfestigkeit zurück, daß er nicht mehr so stark zwischen den Gegensätzen von Verzweiflung und Ekstase schwankt, und daß er dadurch – und zwar dieses Mal bewußter – der Anima begegnen kann. In der Projektion gespielt, erscheint der Zustand so, als ob die Anima sich selber ein Haus, einen unzerstörbaren Rahmen oder eine «Auffassung» baut, in welcher der Autor ihr begegnen kann, ohne wieder in die Nigredo abzustürzen. In der nachfolgenden Textpartie wird noch ein weiterer fundamentaler Fortschritt der Entwicklung sichtbar: die Anima ist nicht mehr das alleinige zentrale Erlebnis – hinter ihr bzw. in ihrem Hause offenbart sich noch Größeres: ein Bild der Gottheit.

400 Text: «... denn besser ist ein Tag in deinen Vorhöfen, als tausend andere! Oh wie glückselig sind die, welche in diesem Hause wohnen, denn wer da bittet, der empfängt, und wer sucht, der findet, und wer anklopft, dem wird aufgetan. Die Weisheit steht nämlich am Tore und spricht: Siehe, ich stehe vor der Tür und klopfe an; so jemand meine Stimme hören wird und die Türe auftut, zu dem werde ich eingehen und er zu mir, und ich werde das Mahl mit ihm halten und er mit mir.»

401 Das biblische Schatzhaus der Weisheit bildet eine Parallele zu dem im ersten Kapitel der Aurora erwähnten himmlischen Jerusalem, das ein Synonym für die Sapientia Dei darstellt und bei den Kirchenvätern mit der Ecclesia gleichgesetzt wird [8]. Es ist in der Aurora wie die «Vorhöfe des Reiches des Vaters» geschildert (Ps. XXXVI, 9, und LXXXIV, 5) und mit Christus gleichgesetzt als der «Türe», durch die der Mensch zur ewigen Seligkeit eingeht (Joh. X, 9) [9]. HONORIUS VON AUTUN [10] deutete die ihr Haus bauende Sapientia Dei aus den Sprüchen als Präfiguration der Inkarnation Christi: «Die Weisheit baute sich ein Haus, die Weisheit d. h. Christi erbaute sich ein Haus, da er den Menschen im Leib der Jungfrau erschuf, den er in der Einheit seiner Person an-

---

8. Vgl. EPHRAEM SYRUS, Hymni et Serm. a. a. O. II, p. 156 (Zu Jes. Kap. 54): «Ecce facturus sum lapides tuos beryllos et fundamenta tua firmaturus sum lapidibus saphyri. Et parietes tuos constructurus sum lapidibus jaspidis, et portas tuas lapidibus crystalli. Et omnes qui recesserunt e manibus meis ingredientur ad te.» – «Haec spiritualia sunt et ad Ecclesiam hodie pertinent et antea per res terrae pretiosas figurata sunt.»
9. Die Worte Matth. 7. 7: «Bittet, so wird Euch gegeben, usw.» zitiert auch schon CHRISTIANOS. BERTHELOT, Coll. Alch. Grecs. VI, I, 4. Vol. I, p. 398.
10. Quaest. et Respons. in Prov. et Eccles. Migne P. L. tom. 172, col. 316 ff.

nahm ¹¹.» Die sieben Säulen vom Haus der Weisheit deutet HONORIUS als die sieben Gaben des Hl. Geistes ¹². Von dieser Deutung ausgehend, versteht sich die alchemistische Fixatio zugleich als eine *Inkarnation Gottes,* auf welche schon öfters in der vorhergehenden Parabel angespielt worden war. Auch in der Aurora ist, wie in der Deutung des HONORIUS, die Sapientia mit dem Hl. Geist identifiziert. Psychologisch dürfte die Fixatio oder Inkarnation des geistig konzipierten Inhaltes als eine Realisierung des Archetypus des Selbst aufgefaßt werden. Das Selbst als Zentrum und umfassende Ganzheit der Psyche ist nämlich nur potentiell existent, solange es nicht vom Bewußtsein wahrgenommen wird. Aber in dieser Phase der Entwicklung «verfestigt» sich die innere Erfahrung des Selbst. Trotzdem darf man nicht übersehen, daß die Fixatio hier im *Jenseits* stattfindet, d. h. im *Unbewußten;* denn sowohl das Schatzhaus der Weisheit, wie das himmlische Jerusalem und die «Wohnungen des Vaters» sind «nicht von dieser Welt».

Wenn wir diese Aussagen des Textes psychologisch zu erfassen versuchen, so sind wir somit vor seltsam paradoxe Gegebenheiten gestellt: einerseits scheint eine Realisation des Selbst stattzufinden, andererseits scheint das menschliche Ich in höherem Maße ausgelöscht zu sein, und damit ist eine eigentliche, bewußte Realisierung des Selbst kaum möglich. Wahrscheinlich muß man sich daher vorstellen, daß eine *ahnungsweise* intuitive Realisierung des Selbst in einem deliriösen oder Trancezustand stattfindet, wie dies auch der Stil der Schrift nahelegt. Das Ich ist dann der Unendlichkeit des Selbst sehr weitgehend angenähert und auch das Selbst dem Menschen, wobei letzterer das ihm Begegnende ahnend versteht. [402]

Text: Oh wie groß ist die Fülle deiner Süßigkeit, wie sie kein Auge gesehen hat und kein Ohr gehört hat und in keines Menschen Herz gekommen ist. Die dieses Haus aufschließen, werden Heiligkeit und zudem Fülle der Tage erlangen, die ihnen zusteht ... [403]

In diesen Bildern drückt sich die *Hoffnung auf ein Leben nach dem Tode* aus. Die Erfahrung des Selbst bringt tatsächlich infolge der rela- [404]

---

11. Vgl. auch von Ps. ALBERTUS die Biblia Mariana ed. Borgnet 37. l. c. p. 388: (Maria) est domus vestiaria ex qua indutus fuit Filius Dei carne. Maria ist auch die «domus totius reformationis et renovationis» ebda. p. 411; die «arca salvationis» p. 366.
12. Vgl. auch ALCUIN, Gramm. Migne, P. L. tom. 101, col. 853, und JOH. DIACONUS, Vita Gregorii 2. 18.

tiven Raum- und Zeitlosigkeit des Archetypus oft ein Gefühl von Unsterblichkeit mit sich [13]. Auch diese Partie scheint mir zu bestätigen, daß der Text in einem seltsam unbewußten, ergriffenen Zustand des Verfassers entstanden ist, vielleicht handelt es sich um einen dem Tode nahen Zustand.

405 In ihrem Hause hält die Sapientia Dei mit dem eintretenden Menschen ein Liebesmahl. Die zitierten Worte der Offenbarung (III, 20) wurden kirchlich als Hinweis auf die Eucharistie gedeutet, welche ein «pharmacum vitae» ist und z. B. von EPHRAEM SYRUS [14] als «fermentum» oder «calix vitae» (Lebenskelch) bezeichnet wurde. In der Aurora ist dies Mahl identisch mit dem später beschriebenen Lebensquell.

406 Text: «... das Haus öffnen, so daß sie von Angesicht zu Angesicht, Auge in Auge die volle Herrlichkeit von Sonne und Mond schauen werden...»

407 Hier tritt die Gestalt der Sapientia Dei an die Stelle Gottes selbst, und auch die Worte aus I. Kor. II, 9: «Was kein Auge gesehen hat» usw., und die in späteren Sätzen erwähnte Gegenwart der vierundzwanzig Ältesten, die in der Apokalypse das Lamm Gottes anbeten [15], weisen darauf hin, *daß sich im Zentrum des Schatzhauses ein Symbol von höchster göttlicher Numinosität offenbart* [16]. *Aber dieses ist in unserem Text bezeichnenderweise nicht Gott, sondern «die volle Herrlichkeit von Sonne und Mond», d. h. wohl das Mysterium ihrer Conjunctio.* Dies steht vermutlich in einer indirekten Beziehung zu Apoc. XXI, 23–24: «Und die Stadt *bedarf keiner Sonne noch des Mondes,* daß sie ihr scheinen; denn die Herrlichkeit Gottes erleuchtet sie, und ihre Leuchte ist das Lamm. Und die Heiden, die da selig werden, wandeln in ihrem Licht, und die Könige auf Erden werden ihre Herrlichkeit in sie bringen.» In der Apokalypse sind also die «irdischen Lichter» von Sonne und Mond gleichsam durch ein supranaturales Licht, durch den

---

13. Vgl. hiezu C. G. JUNG, Die Psychologie der Übertragung, p. 240–241.

14. Hymni et Sermones, Bd. I, p. 390 und 340: Per eius vinum unio fit.

15. Diese Textpartie folgt etwas später, ich habe sie nur im Kommentar etwas vorverschoben.

16. Vgl. die merkwürdig parallele Anwendung dieses Bildes im gnostischen BARUCHbuch (cit. BOUSSET, Gnosis a. a. O. p. 293): «Nachdem der Myste diesen Eid geschworen, geht er hinein zu dem Guten (Gott) und sieht, was kein Auge gesehen und kein Ohr gehört hat... und trinkt von dem lebendigen Wasser, und das ist bei ihnen die Taufe.»

Agnus Dei, ersetzt [17]. Nach der Auffassung des HL. THOMAS VON AQUIN ist der oberste Himmel, das Empyraeum, hart, durchsichtig und besitzt ein diffuses Licht, das nicht ausstrahlt, sondern subtiler Natur ist und die Helligkeit der Glorie besitzt, welche von der Helligkeit in der Natur verschieden ist [18]. Offenbar ist in der Aurora ein ähnliches supranaturales Licht gemeint. Während es aber in der Bibel Sonne und Mond *ersetzt,* ist es hier, gemäß der klassischen alchemistischen Anschauung, aus Sonne und Mond *erzeugt.* Daß der Lapis zwischen Sonne und Mond entstehe, findet sich nämlich bereits in den alten griechischen Texten. So heißt es im Traktat «Die acht Gräber [19]», der Lapis sei ein Flügelwesen, das aus vier Elementen bestehe und *zwischen den zwei Lichtern von Sonne und Mond liege,* und dies sei das alabasterartige Ei [20]. ZOSIMOS bezeichnet den Stein als «mithrisches» Mysterium [21], wohl deshalb, weil *Mithras* als Mittler (μεσίτης), der die Verbindung von Sonne und Mond herstellt, galt [22]. Die Sonne ist nach antiker, allgemein verbreiteter Anschauung ein Symbol der demiurgischen Kraft Gottes und der «Wahrheit», durch welche er die Schöpfung bewirkt [23]. Sie ist der kosmische «Nous», der das Gute und die Kraft Gottes an den Kosmos weitergibt [24]. Psychologisch symbolisiert sie die archetypische Grundlage des menschlichen Bewußtseins und jeder Bewußtseinserweiterung.

17. Vgl. zu der kirchl. Deutung CYRILL V. ALEXANDRIEN, Jesaia-Commentar 60. 20 und THEODOR V. KYROS, cit. H. RAHNER, Myst. Lun. a. a. O. 1939 Jahrg. 63 p. 344/345 und Anm. Vgl. HONORIUS V. AUTUN Elucid. Migne P. L. tom. 172 col. 1110: Die Sonne als Bild der Trinität: In ignea igitur substantia intellige Patrem, in splendore Filium, in calore Spiritum Sanctum.
18. Summa theol. 1. C. Pars I, Quaest. 66. Art. 3: Caelum empyraeum (est) spissum diaphanum ... potest aliter dici quod habet lucem caelum empyraeum non condensatam ut radios emittat sicut corpus solis sed magis subtilem vel habet claritatem gloriae, quae non est conformis claritati naturali.
19. BERTHELOT, Coll. Alch. Grecs. IV, XXXIII, 1. Vol. I p. 316.
20. Vgl. ferner OLYMPIODOR, Berthelot, Coll. Alch. Grecs, II, IV, 49. Vol. I p. 99.
21. BERTHELOT Coll. Alch. Grecs, III, II, 1. Vol. I p. 114.
22. Vgl. BOUSSET, Gnosis a. a. O. p. 120. Eine ähnliche Idee findet sich bei dem Gnostiker *Bardesanes,* bei ihm sind die Sonne der «Vater des Lebens», der Mond «die Mutter des Lebens» und aus ihnen geht hervor «der *verborgene Sohn des Lebens».* (EPHRAEM SYRUS, Hymn. 55. 5581) cit. BOUSSET Gnosis p. 71. Auch *Mani* galt als «medius Solis et Lunae».
23. Vgl. *Asklepios lat.* (W. SCOTT Hermetica a. a. O. I p. 388 und ebda. p. 348 u. 266 u. 454 (= STOBAEUS 1. 41. 11) Bd. III p. 464. Vgl. ferner das «Buch der Alaune und Salze» a. a. O. p. 64, die *Turba* a. a. O. p. 333, Pretios. Marg. Nov. a. a. O. p. 119.
24. Vgl. z. B. MENANDER II Περὶ ἐπιδεικτικῶν, W. SCOTT. Hermetica. I p. 187 ff. R. REITZENSTEIN, Das iran. Erlösungsmyst. a. a. O. p. 200 Anm.

408   *Die Coniunctio von Sonne und Mond* als Zentralgeheimnis des Schatzhauses findet sich im arabischen Traktat «Brief der Sonne an den zunehmenden Mond» von MOHAMMED IBN UMAIL [25] (SENIOR) und symbolisiert dort eine «unio mystica» zweier transzendenter Mächte.

409   Innerhalb der Aurora scheint diese Partie zunächst den allgemeinen christlichen Vorstellungen näher zu stehen, als der Anfang. Den Grund hiefür muß man wohl darin suchen, daß sich der Autor von der «dunklen Erde» getrennt hat und in die Schau eines geistigen Jenseits hinübergegangen ist. Aber hier teilt er trotz allem etwas unerhört Neues mit: im *Allerheiligsten,* das zu betreten der Christ erst nach seinem Tode erwarten darf, *erblickt er nicht die Gottheit, sondern das Mysterium Coniunctionis der beiden Lichter von Sonne und Mond.* Das «Weib» in der Offenbarung (XII, 1) ist «mit der Sonne bekleidet und der Mond unter ihren Füßen», so daß in ihrem früheren Erscheinen die Anima schon dieses Motiv angedeutet hatte. Eine eigentliche Parallele zu diesem Bild in der Bibel wäre in der Vision des himmlischen Jerusalem in der Offenbarung (XXI, 2 und 9 ff.) [26] zu suchen, in welcher die Stadt als Braut des Lammes (uxor Agni) beschrieben ist. Das Licht, das von der Braut und dem Lamm ausgeht, wird dort mit einem *Edelstein* verglichen. (Apok. XXI, 10–11): «Und ihr Licht war gleich dem alleredelsten Stein, einem hellen Jaspis.» Dies erinnert an den λίθος τιμιώτατος der griechischen Alchemisten [27]. *Die hochzeitliche Vereinigung der Gegensätze im Selbst stellt den Gipfelpunkt der alchemistischen Bemühung überhaupt dar und findet hier ihre Parallele im erlösenden Hierosgamos der Apokalypse:* «Und Gott wird abwischen alle Tränen von ihren Augen, und der Tod wird nicht mehr sein, noch Leid noch Geschrei noch Schmerz wird mehr sein...» (Offenb. XXI, 4) [28]. An derselben Stelle findet sich auch das für einen Alchemisten eindrucksvolle Wort (Apok. XXI, 6): «Ich will dem Durstigen geben von dem Brunnen des lebendigen Wassers... Wer überwindet, der wird es Alles ererben und

---

25. SENIOR, De Chemia p. 8–9.
26. Apok. XXI. 2.: Et ego Johannes vidi sanctam civitatem Jerusalem novam descendentem de caelo a Deo paratam sicut sponsam ornatam viro suo. XXI. 9: Et ostendit mihi civitatem sanctam Jerusalem descendentem de caelo a Deo *et lumen eius simile lapidi pretioso*...
27. Vgl. C. G. JUNG, Antwort auf Hiob 1952, p. 136. Vgl. auch p. 164, 157 u. 152.
28. Vgl. auch in der Kabbala die Vereinigung Gottes mit der Schechinah. JUNG ebda. p. 136.

ich werde sein Gott sein und er wird mein Sohn sein» (ille erit mihi filius) – eine Stelle, die auch bereits in den vorherigen Textpartien zitiert wurde.

Es ist, als ob der Verfasser die Vereinigung der Gottesmutter mit Christus im «Thalamos», welche nun in der päpstlichen Encyclica verkündet wurde, geistig antizipiert hätte ²⁹. Für die umfassende Bedeutung dieses Symbols innerhalb der christlichen Religion muß ich auf JUNGS Darlegungen in «Antwort auf Hiob» verweisen. Daß das Symbol schon in der Vision eines Menschen des dreizehnten Jahrhunderts auftaucht, zeigt an, wie lange schon solche Kompensations- und Konziliationstendenzen unbewußt konstelliert waren. Vielleicht läßt diese Vision darauf schließen, daß der Verfasser besonders tief in das Wesen der christlichen Problematik eingedrungen war, weshalb das Unbewußte in ihm mit diesem die Gegensätze versöhnenden Bild durchdrang. Als weitere wichtige Parallele zu dieser Vision wäre die kabbalistische Konjunktionssymbolik zu erwähnen ³⁰. Nach der Kabbala ist der Urmensch mannweiblich erschaffen worden, *als Abbild* Gottes. Eine *Sohar*stelle sagt ³¹: «Darum ist ein Bild (diokna), das nicht Männliches und Weibliches enthält, kein oberes (himmlisches) Bild... Komm und sieh, an einem Ort, an dem Männliches und Weibliches nicht vereinigt sind, wird der Heilige, gelobt sei er, seinen Wohnsitz nicht aufschlagen...» Eine ähnliche Parallelvorstellung findet sich auch in der Beschreibung der Vereinigung der beiden Sĕfirot: Tif'eret und Malchut, wobei Jessod, als Phallus die geistige Zeugung vermittelt. Malchut wird auch einem «bewässerten Garten» verglichen (nach Jes. LVIII, 11) was auffällig an die Symbole der «Braut» im letzten Kapitel der Aurora erin-

---

29. Vgl. die Citate in der Encyclica von Papst Pius XII. in den Acta Apostolicae Sedis 1950. (4. Nov. 1950) p. 753 ff. bes. p. 761: Jo. DAMASCENI Encom. in dormit. Dei genetricis Hom. II, 14: Oportebat sponsam quam Pater desponsaverat in thalamis caelestibus habitare. Ebda. p. 762: intima Mariae cum Filio conjunctio... ebda. p. 763: Pari modo, hac de re agentes Reginam describunt in regiam Coelorum aulam per triumphum ingredientem ac dextero Divini Redemptoris assidentem lateris; itemque Canticorum Sponsam inducunt «quae ascendit per desertum sicut virgula fumi ex aromatibus myrrhae et thuris» ut corona redimiatur. Quae quidem ab iisdem veluti imagines proponuntur caelestis illius Reginae, caelestisque Sponsae, quae una cum Divino Sponso ad Caelorum aulam evehitur.

30. Vgl. S. HURWITZ, «Archetypische Motive in der chassidischen Mystik» in «Zeitlose Dokumente der Seele» Zürich 1952. p. 175 ff.

31. *Sohar* I, 55 b, cit. ebda. p. 176.

nert [32]. S. HURWITZ deutet diese Stelle aus ihrem Zusammenhang heraus dahin, daß «das zeugende, schöpferische Prinzip des Unbewußten ins Bewußtsein eingetreten ist [33]». Auch hier liegt dasselbe Urbild der Heiligen Hochzeit vor. Das Wesentliche aber an unserem Text liegt darin, daß dieses Symbol explicit *das* Gottesbild darstellt.

[411] Durch den Anblick des Hierosgamos wird der Schauende von einem Gefühl von Unsterblichkeit ergriffen – er erhält nach dem Text «Länge der Tage» (longitudo dierum) –, offenbar weil sich nun in ihm ein Festes und Ewiges offenbart hat.

[412] Text: «... denn es (das Haus) ist auf einen starken Felsen gebaut, der sich nur mit bestem Bocksblut spalten läßt, oder wenn er dreimal mit dem Stabe des Moses geschlagen wird, auf daß ihm viel Wasser entströme, und das ganze Volk, Männer und Frauen trinke, und es wird sie fürderhin nicht mehr hungern noch dürsten. Wer immer dieses Haus öffnet, wird in ihm eine lebendige, unversiegliche und verjüngende Quelle finden, durch die jeder, der darin getauft wird, selig wird und in Zukunft nicht mehr altern kann.»

[413] Während vorher die Unerschütterlichkeit des Felsens als Fundament gepriesen worden ist, wird nun unvermittelt seine Öffnung oder Spaltung durch Bocksblut oder durch den Stab Mosis gefordert, damit ihm der Lebensquell entströme. *Der Fels ist scheinbar sowohl das Fundament des Hauses, als auch im Hause befindlich, und er ist auch das ganze Haus selber. Er ist der Lapis philosophorum.* Das Bocksblut, mit dem er erschlossen wird, ist wahrscheinlich aus dem bei SENIOR überlieferten Gleichnis des MARCHOS, das JUNG anführt, entnommen [34], und bedeutet

---

32. ebda. p. 177. Der *Sohar* sagt: «Tif'eret aber ist JHWH, daher kommt der Name JHWH-Zebaoth. Das männliche Glied selbst ist das äußerste des ganzen Körpers und wird Jessod genannt. Es ist das Element (Stufe), welches das Weib erfreut...» – «Wenn daher nur der Hohepriester Erlaubnis hat, dort (ins Allerheiligste ...) einzutreten ... so darf an jenem oberen Orte (dem Allerheiligsten der Matronita, also der oberen Stufe) nur jener eintreten, der Liebe (Chesed) heißt, (gemeint ist Tif'eret in seinem Aspekte Chesed). Wenn er in das Allerheiligste eintritt, dann wird die Matronita erfreut, und dieses Allerheiligste wird gesegnet an dem Orte, welcher Zion heißt. «Zion» und «Jerusalem» aber sind ebenfalls zwei Stufen, die eine entspricht der Liebe, die andere dem strengen Gericht.»

33. ebda. p. 178. Vgl. auch das Folgende.

34. Vgl. Myst. Coni. Vol. I. Kap. Luna, p. 76 f. SENIOR, De Chemia, p. 78–79. Schon bei ZOSIMOS (BERTHELOT, Coll. Alch. Grecs. III, XV, 3, Vol. I, p. 186, ist Bocksblut, αἷμα τράγου ein Synonym der aqua und bezeichnet einen Stein.

dort die «fließende Seele» (anima fluens) des Steines, was ein Synonym des «göttlichen Wassers» darstellt. Im Mittelalter hieß es vom Stein «Adamas» (d. h. dem Unbezwinglichen), er könne weder durch Eisen, noch Flammen noch Feuer zerbrochen werden. Er sei «sich immer gleich und immer standhaft und ohne Makel» (semper idem vel certe semper constans, maculā carens). Deshalb sei er auch eine Allegorie der Seele Mariae. Nur durch Bocksblut könne er aufgeweicht werden, wobei das Bocksblut «Wohlwollen», «Liebe» oder «calor libidinis» bedeute [35]. Der Adamas symbolisiert nach anderen Texten auch den moralisch tadellosen Menschen, der nur mit Bocksblut zerstört werden könne, dem Sinnbild der «luxuria» (Ausschweifung) [36]. Das Bocksblut stellt somit eine ähnliche psychische Gegebenheit dar, wie die am Anfang des Textes erwähnte «concupiscentia». In seiner Doppelbedeutung von Liebe, Wohlwollen einerseits oder Sinnenlust, Ausschweifung andererseits weist es auf den animalischen und emotionalen Faktor im Menschen hin, der in dem Prozeß einbezogen werden sollte, damit dem «harten Fels», der geistig gefestigten Persönlichkeit, lebendige Wirkung entströme. Der harte ungeöffnete Fels und zugleich das Bocksblut als Lebenswasser sind Ausdruck für die Paradoxie der Sapientia (d. h. des Unbewußten), welche *unwandelbare Unerschütterlichkeit und zugleich Lebendigkeit* verleiht. Der Fels, das Haus und der Quell finden sich in ähnlicher Kombination schon bei ZOSIMOS, der dem Adepten empfiehlt [37], einen Tempel zu bauen aus einem *Stein* aus alabasterartigem Prokonnesosmarmor «ohne Anfang und ohne Ende». «Und darin soll eine Quelle von reinstem Wasser sein und ein sonnenähnliches Licht herausblitzen. Im Quell sitzt das gesuchte Ding (oder Schatz), der Priester von Erz», der zu Silber und endlich zu Gold gewandelt wird. Ähnlich heißt es in den Carmina HELIODORI [38], der Lapis sei ein «schattenloses Licht», ein Wunder, das den großen Strudel einer goldenen Quelle

---

35. Vgl. PICINELLUS, Mundus symbolicus, Cöln 1681, Vol. I, p. 677.
36. MILO, De ebrietate II, 717 in «Poetae latini aevi Carolini» ed. Traube Vol. III, p. 668: Qui vult esse adamas hircino sanguine tingui luxuriae caveat, ne frangat malleus illum.
37. BERTHELOT, Coll. Alch. Grecs. III, I, 5. Vol. I, p. 111. Vgl. hiezu C. G. JUNG. Die Visionen des ZOSIMOS in: Wurzeln des Bewußtseins l. c. p. 139 f. Vgl. zur Rolle des «hieratischen Hauses» bei ZOSIMOS, BERTHELOT ebda. III, XXIX, 12. Vol. I, p. 201.
38. ed. Goldschmidt a. a. O. p. 45.

aus sich aufspringen läßt [39]. Die *Turba* sagt ebenfalls [40], es möge ein Stein entstehen, der wie Marmor glänze, und dem die «verborgene Natur» extrahiert werden könne, und im «Buch der Alaune und Salze [41]» sagt der *Mercurius* von sich aus, daß er die Körper *erleuchte*, denn er sei das ewige Lebenswasser, die Quelle der Lebewesen (fons animalium), und wer aus ihm trinke, der werde nicht sterben in Ewigkeit.

414   Eine ähnliche Vorstellung vom Schatzhaus und Quell findet sich bereits im *Corpus Hermeticum,* worin *Asklepios* im sechzehnten *Traktat zu König Ammon* spricht [42]: «Du siehst wohl auf Erden die vielen aufsprudelnden Quellen von Wasser und Feuer in den ganz *in der Mitte* gelegenen Teilen und ebenda siehst du, wie die drei sichtbaren Naturen von Feuer, Wasser und Erde aus *einer Wurzel* stammen, weshalb man diese für das *Schatzhaus* (ταμεῖον) aller Kräfte hält.» Genährt wird diese Kraftquelle von der Sonne als dem kosmischen Schöpfergeist. Das Haus gilt im Traktat *Asklepios* [43] auch als Bild des hylischen Menschen oder des Körpers, in welchem das Göttliche des Geistes (mentis divinitas), «von der Mauer des Körpers umhegt», ruht. Bei der gnostischen Sekte der Naassener galt der Körper als «Gehege», in welchem der erste Adam oder Logos weilt. Dieser sei Adamas, der Eckstein, «der eingefügt wird in die Feste Zion [44]». Der Mensch als Mikrokosmos ist auch nach SIMON MAGUS ein solches «Haus», in welchem sich die Wurzel des Alls findet. In letzterer ist die unbegrenzte Feuerkraft Gottes versiegelt und verborgen niedergelegt [45].

415   Während die alchemistischen Vorstellungen einerseits aus solchen spätantiken Bildern gespeist sind, hat sie der Verfasser der Aurora wohl auch mit der patristischen Symbolwelt verknüpft. So sagt z. B. HONORIUS VON AUTUN zu I. Kor. III, 17 [46]: «Gottes Tempel ist heilig und er

---

39. Vgl. auch CHRISTIANOS (BERTHELOT, Coll. Alch. Grecs IV, I 2. Vol. I p. 396) der sagt, seine Lehre gleiche der Quelle des ewig zeugenden Wassers in der Mitte des Paradieses und der Sonne, die am Mittagszentrum ohne Schatten über der Erde leuchtet und dem Mond, der die Nacht erhelle. Ohne die Feuchtigkeit der Philosophen könne nichts von dem Ersehnten zustande kommen. Ebenso nennt ALPHIDIUS den Stein eine «lux umbrā carens».
40. ed. RUSKA a. a. O. p. 145.
41. ed. RUSKA p. 58–59. Vgl. auch p. 91.
42. W. SCOTT, Hermetica a. a. O. Bd. I p. 264–266.
43. W. SCOTT, Hermetica Bd. I, p. 298–300.
44. Vgl. H. LEISEGANG, Gnosis a. a. O. p. 125.
45. Vgl. H. LEISEGANG, Gnosis a. a. O. p. 68.
46. Speculum de myst. eccles. Migne Pat. Lat. tom. 172, col. 1105.

ist in euch. Oh wie selig ist, in wem Gott wohnt, denn wie dieses Haus aus vier Wänden besteht, *so besteht der Tempel unseres Körpers aus den vier Elementen.*» Das Heiligtum dieses Tempels ist unser Geist (mens), welcher geistige Dinge denkt. Die Vorhöfe sind die Seele, welche durch die Sinne dem Körperleben das Notwendige zukommen läßt. Der Altar, auf welchem geopfert wird, ist unser Herz, in dem reine Gedanken und Gebete Gott dargebracht werden. Der Turm ist unser Haupt... die Fenster sind unsere Augen, die Bilder aber die guten Werke. Das Lampenlicht aber ist das «lumen scientiae [47]». Auch das Bild vom Quell ist in der patristischen Literatur häufig zu finden: Christus bzw. sein Körper, die Kirche, usw. gelten als fons vitae (Lebensquelle) [48]. Nach ORIGENES lebt Christus im königlichen inneren Menschen, als eine «petra interior» (*innerer Fels!*), der «die geistigen Sinne wie lebendiges Wasser» hervorströmen läßt [49]. Das sind die «lebendigen Steine», in welche sich zu verwandeln G. DORNEUS die Menschen auffordert. Das Wasser aus dem Fels wurde bei den Kirchenvätern meistens als Erkenntnis Gottes gedeutet, als «fons scientiae [50]». Nach kirchlicher Auffassung ist Christus der durch den Stab Mosis erschütterte Fels; denn wie dieser lebendige Wasser spendete, so floß aus seiner Wunde Blut und Wasser [51], sein Leib ist ein «pneumatischer Fels», dem das Wasser der Geistfülle entquillt [52]. Petrus, der natürliche Mensch, der ihn begleitet,

---

47. Vgl. ferner das Bild des Palastes im *Sohar* (ed. Ernst Müller. Der Sohar und seine Lehre, Wien 1923, p. 107): «Es ist ein Geheimnis der Weisen: Innerhalb eines mächtigen Felsens in entrückter Himmelssphäre gibt es einen Palast, der ist der Palast der Liebe geheißen. Dies ist die Stätte, wo die köstlichsten Schätze sich bergen, die Stätte der Liebesküsse des Königs. Denn die vom König geliebten Seelen gehen dort ein. Und wenn der König jenen Palast betritt, davon heißt es (Gen. 29. 11.): «Und Jakob küßte die Rachel.» Dort findet der Allheilige die geheiligte Seele, faßt sie bei der Hand und küßt und liebkost sie... Vgl. auch in der Kabbala die «aedes divitiarum» des Gottesnamens Adonai dessen vier Buchstaben die vier Zugänge bilden (KNORR VON ROSENROTH, Kabbala denudata a. a. O. I, p. 32.).

48. Vgl. z. B. EPHRAEM SYRUS, Hymni et Sermones a. a. O. II. p. 130 und 790, ferner 558: Ex te undique vita fluit, und Bd. I p. 166: Tibi gloria, qui induisti corpus hominis mortalis, illudque fontem vitae effecisti omnibus mortalibus.

49. Numeri Homil. 12. 2 zit. H. RAHNER, Flumina de ventre Christi. Biblica, Bd. 22. 1941 Rom Pontifico Istituto Biblico p. 277. Vgl. auch das von JUNG citierte Wort von DORNEUS: Transmutemini in vivos lapides!

50. ebda. p. 274.

51. ebda. p. 278, 385, 390–393.

52. ebda. p. 372 u. 377 u. 379.

wird zum «Fels» der Kirche! Das Wasser deutet BASILIUS [53] als die *Schau Gottes,* die unseren Durst dereinst vollkommen stillen wird. In der Aurora ist ebenfalls angedeutet, daß es sich um nichts weniger als eine Gottesvision handle. Schon GREGOR VON NYSSA nannte den Mystiker, der in seinem Seelengrunde Gott und den Logos Christus erlebt, ein *«Schatzhaus lebendigen Wassers* [54]*»,* und bei AMBROSIUS heißt es, der νοῦς des Menschen sei der geistige Ort, in welchem das von Christus gespendete Wasser des Geistes aufsprudle [55]. EPHRAEM SYRUS [56] nennt den Leib Christi ein «thesaurarium», aus dem er allen darbenden Heiden spendet. Daß der Autor tatsächlich an solche Zusammenhänge dachte, beweist die Fortsetzung des Textes, welche von einer «Taufe» in diesem Quell spricht, die Erlösung verleiht (salvus erit, Marc. XVI, 16). Doch findet sich im Text, im Gegensatz zu den angeführten kirchlichen Parallelen, eine scheinbare Inkonsequenz: einerseits ist das Schatzhaus auf dem unerschütterlichen Fels gegründet, andererseits aber muß letzterer erst mit dem Stabe Mosis aufgeschlossen werden, damit die heilbringenden Wasser ihm entströmen. Wenn ein unerschütterliches Fundament im Innern gefunden wurde, wieso sollte dasselbe nun doch wieder aufgelöst werden? Der Grund hiefür ist wohl darin zu suchen, daß die «Verfestigung» des Selbst im Jenseits und *in intuitiver Schau,* also *auf der pneumatischen Ebene,* stattfand. Darum muß eine Aufweichung des Steins durch das Bocksblut folgen, weil sonst zuviel seelisches Leben aus dem Prozeß ausgeschlossen wäre. Gewisse Teile der Persönlichkeit sind nämlich, wie die nachfolgende Textpartie zeigt, trotz allem noch nicht integriert. *Diese intuitive Schau des Selbst in der Aurora entspricht der Stufe der «unio mentalis» bei* DORNEUS [57], welche an sich noch nicht mit dem Körper verbunden ist, weshalb auf dieser Stufe dann die «Kunst» und «Menschenblut» benötigt werden. Das Bocksblut, das

---

53. ebda. p. 285.
54. RAHNER ebda. p. 286. Vgl. auch die Wasserreservoirvision von NIKLAUS VON DER FLUE. B. LAVAUD, Vie Profonde de Nicolas de Flue, Fribourg 1942, p. 71, den Kommentar p. 73 ff. und das Bild des «Zeltes» als Seelengrund, wohin Gott ewig den Sohn gebiert bei MEISTER ECKHARDT (Schriften ed. Büttner Bd. II, p. 150). Vgl. auch A. JUNDT, Essai sur le Mysticisme de Maître ECKHARDT, Strasbourg 1871, p. 102.
55. RAHNER, Flumina de ventre Christi, l. c. p. 268–269. Dieser Nous ist auch das Paradies, aus welchem der vierteilige Logosstrom aufquillt und die ganze Erde befruchtet.
56. Hymni et Serm. a. a. O. Bd. I, p. 168.
57. Vgl. JUNG, Myst. Coni. II, p. 296 ff.

statt des Menschenblutes in unserem Text erwähnt ist, stellt gewissermaßen die «Seele des Bockes» dar und *symbolisiert den animalischen Menschen*. Die mythologische Beziehung des Bockes zum Teufel, zur schwarzen Magie und zur chthonischen Unterwelt sind zu bekannt, als daß sie weiterer Ausführungen bedürften. Diese animalische Welt ist das Auflösungsmittel, durch das der Fels, d. h. das Selbst, noch einmal in einen neuen Entwicklungsprozeß hinein- und hinuntergebracht wird.

Text: Aber, oh weh, nur wenige können es erschließen, die wie Kinder (parvuli) sind und wie Kinder klug sind; wenn diese aber die wie Kinder sind, (sich) jene Dinge mitteilen und die Stühle der 24 Ältesten für sich in Besitz nehmen, so werden sie zweifellos mittelst ihrer Würde und ihrem Stand das Haus öffnen, so daß sie... die volle Herrlichkeit von Sonne und Mond schauen werden; ohne diese (Ältesten) aber werden sie nichts ausrichten.

Dies ist eine textlich verderbte Partie, aus deren unsicherem Zusammenhang wenigstens soviel eindeutig hervorgeht, daß der ins Schatzhaus Eintretende die Hilfe von vierundzwanzig Ältesten (seniores) braucht, um die «volle Herrlichkeit von Sonne und Mond» sehen zu können.

Text: Die nämlich die Schlüssel des Himmelreiches innehaben, werden alles, was sie binden werden, auch lösen; das wird so geschehen. Denn diese folgen dem Lamme, wohin es geht.

Von diesen «Ältesten» heißt es ferner, daß sie – wie die παρθένοι der Offenbarung [58] – dem Lamme Gottes nachfolgen und die Schlüssel zu binden und zu lösen (die Macht Petri und der Kirche [59]) besitzen. Diese Macht, zu lösen und zu binden, bezieht sich hier wohl gleichzeitig auf das alchemistische «solve et coagula». Das Bild der 24 Ältesten ist der Offenbarung entnommen, doch ist es schwierig zu ergründen, was damit *alchemistisch* gemeint sein könnte. Der zweite Teil der Aurora, den ich als einen Kommentar zum ersten Teil ansehe [60], interpretiert sie als die «wichtigeren Säfte» (humores maiores [61]), und man denkt dabei an

---

58. Vgl. Apoc. 14. 4.: «Diese sind die sich mit Weibern nicht befleckt haben – denn sie sind Jungfrauen und folgen dem Lamme nach, wo es hingeht.»
59. Vgl. die Anm. zum Text p. 88.
60. Vgl. Einleitung p. 3.
61. Artis Aurif. a. a. O. 1610 I, p. 123.

Bilder, wie die RIPLEY-Scrowle, wo Planeten- und Metallgötter Flüssigkeiten in das Bassin der Arkansubstanz gießen [62]. Wahrscheinlich spielt die Idee eines ordo seniorum (Reihe der Ältesten) aus SENIORS «Epistola Solis ad Lunam crescentem» mit hinein, worin der Mond zur Sonne sagt [63]: «Wir werden durch den Geist erhöht werden, *wenn wir die Reihe der Ältesten erstiegen haben – dann wird die Leuchte deines Lichts sich in meine Leuchte ergießen,* und aus dir und mir wird entstehen (etwas) wie eine Mischung von Wein und süßem Wasser...» Die «seniores» sind somit auch hier Helfer bei der Coniunctio [64]. Das Wort «erstiegen» (ascenderimus) weist vielleicht näher auf ihre Bedeutung: sie sind wahrscheinlich auf die 24 Tagstunden oder «Gradūs» (= Grad und Stufe) des Feuers oder « πύργοι » (Abteilungen) der Sonne zu beziehen [65]. Viele Mysterieneinweihungen des Altertums waren in 12 Stunden eingeteilt. So sagt ein mandäischer Text [66], bei der «Semence de l'homme nouveau» seien die 12 Stunden «douze rois lumineux des transformations successives [67]». Diese zwölf Könige sind «des signes, qui symbolisent le soleil rond et complet». Andernorts sind es auch 12 Jungfrauen [68]. In den Mithrasmysterien wechselte der Myste zwölfmal das Gewand (= Gestalt), entsprechend den zwölf Tierkreiszeichen [69], und in der ägyptischen Totenliturgie spielten zwölf Tag- und zwölf Nachtstunden ebenfalls eine wichtige Rolle [70]. In manchen Mysterien kannte man nur die zwölf Nachtstunden, in anderen auch die des Tages. In der Aurora wären wohl zum Tag auch die zwölf Nachtstunden mit-

62. Vgl. Abb. Vgl. C. G. JUNG, Paracelsica 1942, p. 101 Abb. Vgl. auch JUNG Myst. Coni. Vol. I Kap.: Die Reise durch die Planetenhäuser.
63. De Chemia, p. 8–9, und STAPLETON, Memoirs, a. a. O. p. 19.
64. Man vergleiche auch den Rat der «alten Meister» im Xenodochium des DORNEUS. Vgl. C. G. JUNG – K. KERENYI, Einführung in das Wesen der Mythologie, Zürich 1951, p. 239.
65. Vgl. Carmina HELIODORI a. a. O. p. 37.
66. Aus REITZENSTEIN Iran. Erlösungsvorstellungen l. c. p. 153.
67. Vgl. auch p. 154.
68. THEODOR BAR KUNAI, cit. ebda. p. 156.
69. Ebda. p. 168.
70. Ebda. p. 170–171. Vgl. auch p. 95–98, 155–162 und vgl. A. MORET, Mystères Egyptiens, Paris 1913, p. 22 ff. Vgl. auch p. 95–98 und p. 155–162. Vgl. auch HERMANN JUNKER: Die Stundenwachen des Osiris. Denkschr. der Akad. v. Wien. 1910. Man vgl. auch die 12 «väterlichen» und 12 «mütterlichen» Engel des Baruchbuches (LEISEGANG, Gnosis, p. 170–171). Vgl. auch EPHRAEM SYRUS, Hymni a. a. O. I, p. 10: Vicit sol et quibus ascendit gradibus signavit mysterium... Duodecim ecce dies ex quo ascendit... symbolum... duodecim eius apostoli.

einbezogen, was insofern einleuchtet, als der Lapis nach klassischer Anschauung die «obern und unteren Kräfte» in sich vereinigt. In lateinischen Übersetzungen sind auch die kabbalistischen Sĕphiroth als gradūs bezeichnet, und es heißt, daß «Alles in einem Gradus aufsteigt und in *einer* Sache gekrönt werde...». Die gradūs (Sĕphirot) sind lumina-Lichter [71]. Diese Idee bezieht sich psychologisch auf die archetypische Vorstellung der Persönlichkeit als einer «conglomerate soul». Auch der Hiranyagharba (Goldkeim) – eines der indischen Symbole des Selbst – gilt als eine solche «multiple Einheit [72]». ROGER BACON sagt deshalb auch von Christus, er sei der Eckstein, in dem wie in einem Punkt die zwölf Apostel *alias vierundzwanzig Ältesten* der Apokalypse zusammengesetzt würden [73].

Rein arithmetisch betrachtet kann Vierundzwanzig als $1 \times 2 \times 3 \times 4$ angesehen werden (so wie die Zehn $1+2+3+4$ darstellt), und das gibt der Zahl Vierundzwanzig sowie der Zahl Zehn Ganzheitsbedeutung. Die Zahl Vierundzwanzig galt überhaupt von der Antike her als bedeutsames Vielfaches von Vier. So interpretiert z. B. ANSELMUS LAUDUNENSIS [74] die Zahl Vierundzwanzig als $12+12$, wovon letztere 3×4 sei, und das bedeute die Hl. Verkünder der Hl. Dreieinigkeit in den vier Weltgegenden. Nach Anschauung der gnostischen Sekte der Markosier ergibt die Buchstabensumme der höchsten Vierheit (Tetras) [75] die Zahl 24. Ebenso bei der zweiten Vierheit und schließlich auch beim Namen «Jesus» [76]. Auch nach der *Pistis Sophia* ist Jesus aus dem letzten, d. h. vierundzwanzigsten Mysterium hervorgegangen, und es existieren vierundzwanzig «Unsichtbare», welche Emanationen des höchsten Gottes

---

71. Vgl. KNORR V. ROSENROTH, l. c. II. Pars I., p. 55: Et in illo lumine, quod in singulis gradibus est, revelatur quidquid revelatur ... Et proptera omnia in unum gradum ascendunt et omnia una et eadem re coronantur ... Lumen illud quod manifestatur vocatur vestimentum. Nam ipse rex est Lumen omnium intimum ... Et omnes lucernae et omnia lumina lucent a Sene Sanctissimo.
72. Vgl. in dieser Vorstellung: C. G. JUNG Mysterium Coniunctionis I. 1955 p. 226 f.
73. Vgl. auch ROGER BACON, Opus tertium cap. XL: Nam Christus est lapis angularis, tamquam punctus in quo conponuntur duodecim Apostoli et alias 24 seniores in Apocalypsi; et oportet quod de uno numero vel alio spiritualiter sit, quilibet qui Christo Domino debeat uniri et super Christum fundari.
74. Ennar. in Apocal. cap. XXI Migne, P. L. tom. 162. col. 1517: 24 Seniores: hic (numerus) constat ex duodecim et duodecim, qui item constat ex tribus et quattuor; sancti vero praedicatores nomen sanctae Trinitatis per quattuor mundi partes annuntiant.
75. Arrhetos, Sigē, Pater und Aletheia.
76. LEISEGANG, Gnosis p. 336.

darstellen[77]. Bei ZOSIMOS begegnet uns die Zahl vierundzwanzig als Vielfaches von Vier: indem eine etwas dunkle Textpartie sagt[78]: «Wie aus den wichtigsten musikalischen Linien ABCD vierundzwanzig verschiedene Linien entstehen, und wie man die Hymnen nur mit diesen vierundzwanzig Linien komponieren kann ... auch diejenigen betreffs des heiligen Wissens z. B. betreffs der Solutio und Auflösung (= alchemistische Hymnen) ... hierin findet sich das, was Macht hat über die eine wahre Hauptmaterie der Vogelerzeugung» (Vogel = Lapis). Bei ZOSIMOS bilden die vierundzwanzig Linien demnach das Gestaltend-Aktive im Stoff, und dies stimmt auffallend überein mit den zeitgenössischen gnostischen Spekulationen über die «Stoicheia» (Grundelemente, Buchstaben) als Äonen und Lichtemanationen. Die vierundzwanzig Buchstabenelemente wurden als «Symbola» bezeichnet und sollen nach Angabe PHILOS VON ALEXANDRIA wie die musikalischen Zeichen aus Ägypten stammen[79]. Die Sterne galten daher auch in alchemistischer Anschauung als die vierundzwanzig Buchstaben eines goldenen, am Himmel befindlichen, Alphabets, das als «himmlische Krone[80]» Alles eint.

421   Von diesen Amplifikationen her besehen lassen sich die vierundzwanzig Ältesten unseres Textes wahrscheinlich als eine Vielheit von Elementen, Kräften und Komponenten verstehen, die bei der Conjunctio mitwirken und zur Ganzheit zusammengesetzt werden, ein Motiv, dessen psychologische Bedeutung JUNG bereits erläutert hat[81].

422   Bezüglich der *historischen* Einordnung unseres Textes ist noch besonders hervorzuheben, daß nur die «parvuli» das Schatzhaus mit Hilfe der 24 Greise öffnen könnten. «Parvuli» war in jener Zeit der offizielle Titel der Mitglieder der Mendikantenorden, d. h. der Dominikaner und Franziskaner[82]. Schon bei GIOACCHINO DA FIORI heißen die Auserwähl-

---

77. ebda. p. 351 und 360 ff.
78. BERTHELOT Coll. Alch. Grecs. III, XLIV, 1. Vol. I, p. 219.
79. Vita Mos. 1. 5. 23. Vgl. auch SCOTT, Hermetica a. a. O. III p. 490.
80. Vgl. diese Deutung bei JO. DE MENNENS (Aurei Velleris etc. Theatr. Chem. 1622. V. p. 365.) der Himmel sei ein Fell und die Inschrift darauf die Sterne ... et praedictum Alphabetum sive corona illa coelestis licet causas possideat rerum varias verum tamen coniunctissimas et quae in unam hominis speciem productionemque eorum, quae in usum eiusdem veniunt, conspirent.
81. Vgl. Myst. Coni. I. Kap.: Die Reise durch die Planetenhäuser.
82. Vgl. Concord. Lib. V. zit. nach CHR. HAHN, Die Gesch. der Ketzer usw. a. a. O. III, p. 301.

ten aus den kontemplativen Mönchsorden, d. h. diejenigen, welche die ecclesia spiritualis aufbauen werden, «parvuli». Diese bilden nach GIOACCHINO [83] den «populus sanctus», von dem Gott sagte: «Ich werde ihm Vater sein und er wird mir Sohn sein» usw., welche Andeutung sich ebenfalls in der Aurora findet. Die Deutung der «parvuli» als Anspielung auf die Mendikantenorden wird bestätigt durch die Schlußworte der Aurora, worin die Auserwählten als die «pauperes» bezeichnet sind, welches ein anderer gebräuchlicher Titel dieser zwei Orden war. Da sich im Laufe der Kommentierung noch viele Berührungspunkte mit der «Concordia» des Abtes GIOACCHINO DA FIORI ergeben werden, ist einerseits anzunehmen, *daß der Autor der Aurora seine Schriften kannte, und andererseits daß er wahrscheinlich selber einem der beiden Bettelorden angehörte oder diesen wenigstens nahestand.*

Text: Der Schmuck dieses Hauses ist aber unbeschreiblich: seine Mauern sind aus lauterem Golde und seine Tore funkeln von Perlen und Edelsteinen; seine Ecksteine aber sind vierzehn an Zahl und enthalten die Grundkräfte des ganzen Fundamentes. 423

Das Schatzhaus der Sapientia Dei steht in unserem Text auf vierzehn Säulen, während sein Vorbild Prov. I, 9 auf sieben Säulen gebaut ist, als Abbild des Kosmos mit seinen sieben Planetensphären [84]. Das himmlische Jerusalem, mit welchem unser Schatzhaus der Weisheit ebenfalls verglichen ist, steht nach der Bibel auf zwölf Grundsteinen [85]. Die Zahl vierzehn in unserem Text ist zunächst wohl als eine Verdoppelung der Sieben zu betrachten oder als Summe der bedeutungsreichen Vier und der Dekade (über diese vgl. JUNG). Die Zahl Vierzehn ist bekannt als diejenige der sog. «Nothelfer» und spielt eine wichtige Rolle als die Zahl, in welche die Ahnen Jesu gruppenweise im Geschlechtsregister aufgeteilt sind [86]. Letztere Einteilung ist wohl unter dem Einfluß der 424

---

83. Ebda. p. 300.
84. Vgl. R. REITZENSTEIN, Das Iran. Erlösungsmyst. a. a. O., Par. 4: «Die ewige Stadt», p. 207 ff.–209.
85. Von F. BOLL, Die Offenbarung Johannis (p. 23), auf die zwölf Zodia bezogen. Vgl. auch den Wechsel der zwölf oder vierzehn privilegien Mariae in ALBERTUS MAGNUS Quaest sup. Evang. CLXIII Opera ed. Borgnet, vol. 37, p. 239.
86. Vgl. Matth. I. 17: Alle Glieder von Abraham bis auf David sind vierzehn Glieder. Von David bis auf die babylonische Gefangenschaft sind vierzehn Glieder. Von der babylonischen Gefangenschaft bis auf Christus sind vierzehn Glieder. Vgl. auch GIOACCHINO DA FIORI, Concord. Lib. V. cit. HAHN, Gesch. der Ketzer usw. Bd. III, p. 307.

ägyptischen Vorstellung von den vierzehn Ahnen oder Ka's des Pharao entstanden [87]. Merkwürdigerweise sind die vierzehn Ka's des Pharao in manchen Texten wie in der Aurora ebenfalls als teilweise ethische und physische Qualitäten des Pharao beschrieben [88]. Nach der arabischen Legende hatte ferner auch Adam vierzehn Kinder, je sieben Zwillingspaare, welche die «Eltern der Welt» sind [89]. JAKOB BOEHME [90] sagt, die Zahl vierzehn symbolisiere den Hl. Geist, wie er sich in der Freiheit und in der Natur ohne deren Wissen entfalte.

425 An sich handelt es sich im Text bei den 14 Ecksteinen um die geforderten Tugenden des Alchemisten, auf denen sich seine Sapientia aufbaut; *ihr Haus ist demnach auch im Seniorschen Sinn der Lapis als ein Mikrokosmos* [91], d. h. als der Mensch selber. *Der Stein symbolisiert die «innere Struktur» des Alchemisten selbst* [92]. Zudem sind an vielen Stellen die einzelnen Ecksteine beschrieben, als ob jeder einzelne den *ganzen* Lapis darstelle; sie sind eigentlich nur *Einzelaspekte einer und derselben Sache*. Was die einzelnen Edelsteine betrifft, bedarf es zum Verständnis keines ausführlichen Kommentars [93]. Der erste und zweite sind Gesundheit und Demut, zwei oft geforderte Vorbedingungen des Opus [94]. Der dritte ist «Heiligkeit», was durch das ALPHIDIUS-Zitat als «Reinheit des Geistes» Gott gegenüber näher erklärt ist und nach der

---

87. H. JACOBSOHN, Die dogmatische Stellung des Königs in der Theologie der alten Ägypter. Ägyptolog. Forschungen ed. A. SCHARFF, Glückstadt-Hamburg – N. Y. 1939, p. 32 und 67.

88. Vgl. A. MORET, Mystères Egyptiens, Paris 1913, p. 209. Die Ka's sind z. B. Kraft, Licht, Intelligenz, Sehen, Hören, Reichtum usw.

89. Vgl. Le Livre d'Hermès Ms. No. 2578 Paris, cit. E. BLOCHET, Etudes sur le Gnosticisme musulman. Rivista degli studi orientali Bd. IV, p. 73.

90. De Signatura rerum. cit. nach R. ALLENDY, Le Symbolisme des Nombres. Paris 1948, p. 361. Vgl. dort auch die weitere Literatur über die Zahl Vierzehn. Immer ist darin das Zeitmoment von Bedeutung. Besonders wichtig ist auch AGRIPPA VON NETTESHEIMS Deutung, daß *Christus am 14. Mondtag geopfert worden sei.* (De Philos. occulta 11–15 cit. ebda.)

91. Mundus minor. Vgl. SENIOR, De Chemia a. a. O. p. 83 und p. 25.

92. Vgl. die kirchlichen Deutungen der 12 Ecksteine oder Edelsteine des himmlischen Jerusalem als Tugenden (virtutes) wie z. B. vigor fidei, cor simplicium, fides integerrima, humilitas, castitas etc. ANSELMI LAUDUNENSIS, Ennarr. in Apocal. XXI Migne, P. L. tom. 162 col. 1581–1582.

93. Deshalb citiere ich auch manche Textpartien nicht mehr.

94. Vgl. z. B. *Rosarium* Artis Aurif. 1610 II, p. 147: Oportet (Alchimistam) ... arrogantiae vitium a se repellere et pium esse u. p. 148: Sed doctrinae filius ⟨sit⟩ vir subtilissimo ingenio decoratus, ... sanus, firmus in proposito et constans etc.

Turba auch als asketische Lebensweise (voluptates reliqui usw.), denn nur so finde man den «schärfsten Essig» d. h. das göttliche Wasser [95]. Der vierte, der Stein der Keuschheit, ist amplifiziert durch die bekannte Alchemistensentenz: «Cuius mater virgo est...», und mit Anspielung auf das lac virginis [96]. Letzteres ist als γάλα παρθενικόν (jungfräuliche Milch) schon der griechischen Alchemie bekannt [97]. Die prima materia galt nämlich als παρθένος (Jungfrau), die aus ihrem feinsten Teil den «Filius philosophorum» gebärt. Das «lac virginis» findet sich aber auch in den Hymnen von EPHRAEM SYRUS [98], wo es heißt: «Es lobe... ihn (Christum) die Erde, die mit ihren Quellen die Früchte nährt und zugleich den Sohn anbetet, und das reine Kind betrachtet, das die Jungfrauenmilch saugt» (lac virgineum sugentem). Der Autor der Aurora hat daher wohl bewußt auf den Jungfrauen-Sohn Christus anspie-

95. Vgl. das von JUNG in Myst. Coni. Vol. I über die «Bitterkeit» im Kapitel «Sal» Gesagte.

96. Vgl. hiezu SENIOR, De Chemia a. a. O. p. 19. *Rosinus ad Sarratantam*. Art. Aurif. 1610 I, p. 198. Ferner JUL. RUSKA: Al-RAZIS Buch Geheimnis der Geheimnisse, Berlin 1937. Quellen und Studien zur Gesch. d. Naturw. u. Medizin, ed. Diepgen u. Ruska, IV, p. 67.

97. BERTHELOT, Coll. Alch. Grecs. V. II, 4. Vol. I, p. 338 u. I, III, 11. Vol. I, p. 20. Dies hängt damit zusammen, daß die prima materia für jungfräulich galt, und daß man Destilliergefäße mit brustartigen Öffnungen hatte, denen das Destillat entströmte. (Vgl. u. a. SYNESIOS, Dialog mit DIOSKOROS über DEMOKRIT, BERTHELOT, II, III, 6. Vol. I, p. 60–61. Das STEPHANOSzitat selber lautet (GOLDSCHMIDT, Carmina HELIODORI I, Vers 189–190): «Es steigt aus dem Meer... die leuchtende Milch einer bräutlichen Jungfrau (νυμφοστολούσης παρθένου φαιδροῦ γάλα) zur Nährung des neugeborenen Kindes.» – So sagt ZOSIMOS in den «Hauptpunkten an Theodoros» (BERTHELOT III, XLIII, 6. Vol. I, p. 216) über das göttliche Wasser, andere nannten es «Wasser der Brühe» (μαξυγίου). Die Brühe aber ist das Erz... andere leiten es ab von dem Gefäß (phanos), welches brustförmig gestaltet ist. (Vgl. auch ZOSIMOS, Über die Dämpfe. BERTHELOT, Coll. Alch. Grecs. III, LVI, 4. I, p. 252. Vgl. ebda. IV, VII, 1. Vol. I, p. 275 ἐν ὀργάνοις μασθωτοῖς. Vgl. auch E. v. LIPPMANN, Alchemie a. a. O. Bd. I, p. 97–98.) – Da nämlich die prima materia oft als jungfräulich gepriesen wird im Sinne von unberührt und von nichtgestaltet, als formlose «archē» und Hypostase, so ist das ihr entströmende göttliche Wasser, das auch oft ὕδωρ ἄθικτον «unberührtes Wasser» heißt, die «Milch der Jungfrau». Der Gedanke, daß der Filius Philosophorum der Sohn des παρθενικὸν πνεῦμα war, lag der älteren Alchemie nahe. So lebte z. B. bei den Naassenern in Anlehnung an die eleusinischen Mysterien die Vorstellung eines Sohnes der Jungfrau fort, welcher nicht psychisch und nicht somatisch war, sondern «der Aeon der Aeonen». (Vgl. HIPPOLYTOS, Elenchos, V, 8. und W. SCOTT, Hermetica a. a. O. Bd. III, p. 189.)

98. Hymnus in Festum Epiphaniae II. 12.

len wollen [99] gemäß seiner allgemeinen Parallelsetzung des Lapis mit Christo [100].

426 Der fünfte Stein ist die Virtus, die sowohl «Tugend» als auch einfach «Kraft» und zwar, wie die Zitate nachher zeigen, «Penetrationskraft» ist. So ist schon bei KOMARIOS das Endresultat des Opus als ein alle Körper durchdringendes «mörderisches» Pharmakon beschrieben [101]. Der Mercurius gilt als «spiritus mundus», reiner Geist, der alles durchdringt, belebt, erleuchtet und wandelt [102].

427 Text: Der sechste (Stein) ist der Sieg, wovon Hermes lehrt: Und er (der Lapis) besiegt jedes Ding und sogar den Edelstein. Und Johannes sagt in der Offenbarung: Wer überwindet, dem will ich das feine (subtile) und verborgene Manna geben und einen neuen Namen, den der Mund des Herrn genannt hat. Und im Buch von der Quintessenz steht: Sobald einmal der Stein des Sieges hergestellt ist, werde ich lehren, wie man mit dem Stein aus dieser Materie Smaragde, Jaspise und echte Chrysolithe machen kann, die an Farbe, Substanz und Kraft die natürlichen Edelsteine überflügeln...

428 Der sechste Stein ist das «verborgene Manna» und der «Stein mit dem neuen Namen» der Offenbarung – eine Aussage, die besonders deutlich werden läßt, daß es sich bei diesen Steinen um etwas wie das innerste menschliche Wesen selber handelt. In seinem Kommentar zur Offenbarung deutete ALBERTUS MAGNUS das «verborgene Manna» als Bild des Hl. Geistes wegen seiner Süße und als Bild Christi wegen seiner stärkenden Kraft, der «weiße Stein» aber ist nach ihm die «aeterna contemplatio» oder *der glorifizierte Leib;* seine Weiße deutet auf Erleuch-

99. Vgl. den etwas späteren PETRUS BONUS. Pret. Marg. Nov. a. a. O. p. 40: «Sie urteilten, daß Gott mit dem Menschen eins werden müsse, und dies ist geschehen in Jesus Christus und seiner jungfräulichen Mutter, und Gott hat dies als ein wunderbares Exemplum den Philosophen in diesem Stein geoffenbart.»
100. Vgl. hiezu auch C. G. JUNG, Psychologie und Alchemie p. 469 ff.
101. BERTHELOT, Coll. Alch. Grecs IV, XX, 17. Vol. I p. 299. Vgl. auch das oben über die Penetrationskraft des «Auferstehungsleibes» Gesagte.
102. Buch der Alaune und Salze a. a. O. p. 58–59. Man kann diese Vorstellung, die auf die islamischen Alchemisten eingewirkt zu haben scheint, mit der sog. «vollkommenen Natur» der Manichäer vergleichen: Bei diesen gilt das σῶμα τελεῖον als Quelle der Offenbarung und ist die «uranfängliche Natur oder das uranfängliche Selbst». (Der aramäische Ausdruck quōmā ist Person, Materie, Körper und Selbst zugleich.) Sie wirkt auch als «Daimonion» oder «Spiritus familiaris» im Menschen. (Vgl. R. REITZENSTEIN, Iran. Erlös. p. 75–76, p. 112–113. Vgl. daselbst die arabische Schrift (ca. 8. Jahrhundert) Buch des HERMES (Aristoteles an Alexander), welche dieselbe Vorstellung enthält).

tung, seine Solidität auf Leidenschaftslosigkeit, sein Maß auf Subtilität und seine runde Form auf Agilität [103]. Andernorts sagt er auch, der «calculus» sei ein Bild Christi, denn er sei ein Edelstein, der Karfunkel heiße, und er sei so genannt von der Kohle (carbo), weil er ihr ähnlich sei: er leuchte nämlich im Dunkeln. So sei auch Christus in der Finsternis der Welt aufgeleuchtet, als «das Wort Fleisch ward und in uns wohnte [104]». Noch deutlicher wird die psychologische Bedeutung des Edelsteins bei den folgenden «Ecksteinen», dem Glauben [105], der Hoffnung und der Liebe und Güte [106], welche als die wichtigsten christlichen Tugenden gelten und hier nun auch für das alchemistische Opus gefordert werden, wobei der Verfasser in seiner Bemerkung zum Hiobzitat (*pro anima sua hoc est pro lapide isto*) selber aussagt, *daß der Lapis die menschliche Anima im Sinne von dessen Leben,* Lebenshauch, *sei.*

In dieser ganzen Textpartie überwiegt zunächst ein allegorischer Stil, und es scheint, als ob der Verfasser den Versuch mache, sich nun besonders mit dem *moralischen* Aspekt des Opus auseinanderzusetzen. Wieder stehen deshalb vorübergehend seine bewußten Überlegungen im Vordergrund. Der nächste Stein, die Geduld, ist eine immer wieder vom Alchemisten geschilderte Tugend; interessant ist ferner der zwölfte Stein: die temperantia (Gleichmaß), indem nämlich die Schilderung ihrer psychologischen Wirkungen allmählich in die chemische Beschreibung der Vorgänge in der Retorte abgleitet. 429

Text: Der zwölfte (Stein) ist das Gleichmaß, von dem geschrieben steht, daß er alles nährt und hegt und in Gesundheit bewahrt. Solange nämlich die Elemente im Gleichmaß sind, fühlt sich die Seele im Körper wohl; aber sobald sie uncins werden, dann haßt sie es in ihm zu verweilen. Denn das Gleichmaß 430

---

103. Opera ed. Borgnet Paris 1939, Vol. 38 p. 516–517: ratione candoris signatur claritas, ratione soliditatis impassibilitas, ratione modicitatis subtilitas, ratione rotunditatis agilitas.
104. ebda.: Vel sic: «Dabo illi calculum» id est Christum qui per calculum designatur, quia calculus lapis pretiosus, qui et carbunculus dicitur, et sic dicitur a carbone, quia ab eo similitudinem ducit: lucet enim positus in tenebris. Sic Christus in mundi tenebris refulsit, quando «Verbum caro factum est et habitavit in nobis.»
105. Vgl. zum Citat über die fides, THOMAS VON AQUIN, Summa theol. Prima Secundae Quaest. 72 Art. 3: quia fides est de his quae non videntur et spes de his, quae non habentur.
106. Vgl. auch den Kommentar zur Offenbarung von ALBERTUS MAGNUS (?) ed. Borgnet, Vol. 38 a. a. O. p. 498: charitas, quae comparatur auro propter valorem, colorem, pretiositatem.

ist eine solche gegenseitige Vermischung der Elemente, daß das Warme mit dem Kalten und das Trockene mit dem Feuchten im Gleichgewicht bleibt. Und die Philosophen haben ... verboten, daß keines das Übergewicht über ein anderes bekäme, indem sie sagten: Gebt acht, daß das Geheimnis nicht entweicht, habt acht, daß der Essig sich nicht in Rauch verwandelt, habt acht, daß ihr nicht etwa den König und seine Gattin durch zu heißes Feuer in die Flucht jagt, hütet euch vor allem, was das Maß überschreitet; sondern legt sie vielmehr über das Feuer der Fäulnis, d. h. der Mäßigung, bis daß sie sich von selber verbinden.

431 Zuerst handelt es sich um das Gesunderhalten und Bewahren der Seele im menschlichen Körper, dann aber um die Verbindung der Substanzen im Glas. Diese Textpartie ist wie selten geeignet, das eigenartige Neben- und Miteinander der innerseelischen und «chemischen» Vorgänge im alchemischen Opus zu demonstrieren.

432 Von den nachfolgenden zwei Ecksteinen ist noch besonders der dreizehnte, derjenige der «geistigen Einsicht», des «spiritualis intellectus» als bedeutsam hervorzuheben, durch den eine *innerseelische* Bekehrung oder Erneuerung erreicht wird. Dies ist ein «subtiles» Verstehen, wie die alchemistischen Texte es häufig fordern [107], damit der Adept nicht durch konkretistisches Mißverstehen der symbolischen Texte ins Verderben gerate. Auch in der Lehre des GIOACCHINO DA FIORI von den drei Weltzeiten, die dem Vater, Sohn und Hl. Geist entsprechen, ist erwähnt, daß erst im letzten, dritten Zeitalter, dem des Hl. Geistes, die *mysteria subtiliora* verstanden würden [108]. Er spricht verschiedentlich in seiner «Concordia» vom geistigen und mystischen Verstehen der Bibel, welches durch den Hl. Geist eingegeben werde [109], und er hat auch selber die Hl. Schrift in dieser symbolischen Form zu deuten versucht. Dieser «intellectus spiritualis» wird speziell den Mönchen eignen [110].

433 Der letzte Stein, der Gehorsam, bedeutet eine Unterwerfung an Gottes Wille – psychologisch einen Verzicht auf eine ichhafte Einstellung und eine Unterordnung unter das Selbst.

---

107. So z. B. *Rosarium,* Artis Aurif. 1610 II, p. 148: vir subtilissimo ingenio decoratus.
108. HAHN, Geschichte der Ketzer l. c. III, p. 303.
109. HAHN, ebda. Vol. III. p. 273.
110. HAHN, ebda. III. p. 333: Pertinet ad monachos quasi trigenarius numerus in eo quod scientes et venerantes literam veteris testamenti et novi in patriarchis et apostolis quos electos esse sciunt *intellectui spirituali* qui ex utraque litera procedit, adhaerent usw.

Text: Wer Ohren hat..., der höre was der Geist... sagt, vom Haus... auf den vierzehn Ecksteinen, welche die vierundzwanzig Ältesten mit den Schlüsseln des Himmelreiches erschließen und das SENIOR... darlegte, wo er die Adler auf dem Dache und die Bilder der verschiedenen Eigenschaften auf den Seiten anordnete. Auch ALPHIDIUS spricht von einem Schatzhause, das... mit vier Schlüsseln geöffnet werden kann, welches sind die vier Elemente.

Der Schluß des Kapitels enthält einen Hinweis auf SENIOR und ALPHIDIUS als die Quellen, die unser Autor in erster Linie benutzt hat. Die Stelle beweist auch, daß die vierzehn Steine alle eigentlich den *einen* Lapis in verschiedenen Aspekten darstellen und daß die vierundzwanzig Ältesten (wie auch der Adler) die «volatile» Materie symbolisieren. Der Verfasser sieht in der Gesamtheit der vierzehn Steine das «Himmelreich», d. h. es hat im Jenseits, im Unbewußten, eine «Auskristallisierung» des Selbst stattgefunden, welche der Autor in intuitiver Schau (= Adler) wahrnimmt.

Zusammenfassend läßt sich von diesem Kapitel folgendes sagen: in den ersten Kapiteln der Aurora manifestiert sich eine ungeheure psychologische Gegensatzspannung, welche mit dem fast deliriös erregten Stil Hand in Hand geht. Die Stimmung wechselt unvermittelt zwischen ekstatischer Freude und tiefster Verzweiflung – das Ich des Verfassers scheint bald in einer Inflation befangen, bald völlig aufgelöst. Die Anima (Sapientia Dei) scheint mit Schatteninhalten (Äthiopier, terra nigra, zersetzende Feuchtigkeit) kontaminiert, und hinter ihr steht andeutungsweise die dunkle, richtende, zerstörerische Seite der Gottheit. Erst im vorhergehenden Kapitel scheint sich der Verfasser mit Hilfe der versöhnenden, die Gegensätze vereinigenden Funktion des Unbewußten allmählich wieder einen geistigen Standpunkt bzw. eine Auffassung des Geschehens aufzubauen. Die Gegensätze alternieren nicht mehr, sondern es beginnt eine wechselseitige Einwirkung zwischen ihnen, welche zu einer Versöhnung oder Vereinigung im Unbewußten hin tendiert. Diese Versöhnung oder Einswerdung des Unvereinbaren wird zu Beginn dieses Kapitels zu einer visionär erlebten Wirklichkeit und enthüllt sich dem Verfasser als eigentliches Gottesbild. Die Vision des Hierosgamos im Schatzhaus der Weisheit scheint zuerst wenigstens vorübergehend das Gefühl des Verfassers erreicht zu haben; denn während die vorhergehende Parabel den Beginn einer geistigen Auseinandersetzung mit den eingebrochenen unbewußten Inhalten darstellte, beschreibt die Fortsetzung dieses Kapitels eine gefühlsmäßige bzw. ethische Auseinandersetzung mit dem inneren Geschehen. Zu diesem Vorwiegen des Gefühls paßt das Wiedererscheinen der Anima in Gestalt der weiblichen Sapientia (gegenüber dem Hl. Geist des vorhergehenden Kapitels). Der Lapis als «Schatzhaus» ist nun in erster Linie als Summe moralischer Eigenschaften dargestellt, wobei ein lehrhaft-allegorisierender Ton und ein Zurücktreten des poetischen Elementes auffällt. Man würde dies nach einer so bedeutenden Vision nicht erwarten. Offenbar ist das Geschaute erst intuitiv erfaßt, und es fehlt noch der nähere menschliche Kontakt mit dem Erlebnis. Trotzdem hat das Geschaute eine unmittelbar beruhigende Wirkung, welche den Verfasser sich auf seine menschliche Einstellung rückbesinnen läßt. Diese Beruhigung beruht wohl in erster Linie auf dem Gefühl der Unsterblichkeit, welche die Vision dem Autor vermittelt hat.

KOMMENTAR ZUR SECHSTEN PARABEL
(11. KAPITEL)

DIE sechste Parabel handelt «vom Himmel und der Welt und der Anordnung der Elemente», und der Hauptinhalt schildert einen alchemistischen Weltschöpfungsprozeß. Im Zentrum steht das Bild einer «Erde», die ein weibliches göttliches Symbol zu sein scheint. Aus dieser «Erde» erblüht ein neuer Kosmos [1]. Das Ganze scheint eine Art

---

1. Das Schatzhaus der Sapientia war, wie aus den Amplifikationen hervorging, ebenfalls bereits ein Abbild des Kosmos gewesen, jedoch unter hauptsächlicher Betonung des «Mikrokosmos» (mundus minor) d. h. des «inneren» Menschen, der nach mittelalterlicher Auffassung allgemein als Abbild des großen Kosmos galt. Als Beispiel mag das Elucidarium des HONORIUS VON AUTUN I, II. Migne, P. L. tom. 172, p. 1116 dienen, wo es heißt: «Also besteht der körperliche Mensch aus den vier Elementen, weshalb er Mikrokosmos d. i. «kleine Welt» genannt wird, denn aus der Erde hat er das Fleisch, aus dem Wasser das Blut, aus der Luft den Atem, aus dem Feuer die Wärme. Sein Kopf ist rund in der Art der Himmelskugel, aus dem die zwei Augen wie die zwei Lichter am Himmel funkeln. Ihn zieren auch sieben Öffnungen wie die sieben Harmonien des Himmels usw.» Dasselbe Bild findet sich im Hortus deliciarum der HERRAD VON LANDSBERG und bei HILDEGARD VON BINGEN. (REITZENSTEIN, Iran. a. a. O. p. 137 ff.) R. REITZENSTEIN hat die antiken und iranischen Quellen dieser Idee ausgearbeitet, worauf ich verweisen kann. (Vgl. ebda.) E. BLOCHET, der speziell die persischen Einflüsse auf die arabischen Gnostiker hervorgehoben hat, (Etudes sur le Gnosticisme musulman. Rivista degli studi Orientali IV. 1911–1912. bes. p. 247 ff.) führt

von Apokatastasis darzustellen. In der «Erde» erkennt man unschwer die Sapientia-Anima-Gestalt der früheren Kapitel wieder, die nun aber geläutert und vergeistigt ist. Psychologisch handelt es sich in diesem Kapitel um die Beschreibung derselben Stufe, die DORNEUS als Wiederherstellung des «unus mundus» beschreibt, so daß ich auf JUNGS Interpretation des DORNEUS-Textes verweise [2]. Nachdem das Selbst zuerst mehr als innerseelisches göttliches Zentrum erfahren war, weitet sich diese Erfahrung in ein Einheitserlebnis mit dem ganzen Kosmos aus. Eine indische Parallelvorstellung wäre das Aufgehen im All-Atman. Dieses psychische Erleben ist von der gewöhnlichen Sphäre des Ichbewußtseins so weit entfernt, daß man sich fragt, in welch wirklichkeitsentrückter Sphäre sich der Verfasser befand, um diese Inhalte erleben zu können.

Wie aus dem Kommentar zur vierten Parabel ersichtlich wird, ist dort die Erde das Vierte, das sich in die alchemistische Trinität nur schwer einordnen läßt. Inzwischen hat ein weiterer alchemistischer Prozeß stattgefunden, die *Fixatio,* welche das Thema der fünften Parabel bildet. In letzterer ist die Entstehung eines unerschütterlichen inneren Kernes dargestellt – ein Bild des Selbst, worin das Ich als der «Gast» nurmehr eine Randerscheinung bildet. Die Schilderung dieser «petra interior» ist verwoben mit der Andeutung einer Gottesvision, und es ist

ein Werk MEDJMAEL-BAHREIN VON SHEMS ED-DIN, MOHTE'-SIB von Eberkouh an, wonach das menschliche Herz der Sonne im Himmel entspricht. Dort findet sich das «heilvolle Haus, welches das Abbild der himmlischen Ka'aba sei, in welchem der himmlische Geist wohnt. Der Kosmos ist, wie ein μέγας ἄνθρωπος (großer Mensch) dem Menschen nachgebildet. A. a. O. sagt derselbe Autor, das Herz des Menschen sei ein Sarg, in dem die Seele eingesperrt sei; es steht zwischen der tangiblen und intangiblen Welt. In der Urzeit schuf Gott eine Stadt für seinen Khalifen und seine Offiziere. Diese Stadt ist gebildet durch den Körper des Menschen und ebenso durch die Erde und die reale Welt. Die Fundamente der Stadt ruhen auf den vier Elementen. Das Herz ist der Palast des Khalifen, der nach der Philosophen die Vernunft darstellt. Sein Ort, wohin er sich zurückzieht, ist das Hirn. Er ist aber nach den meisten der Geist, der im Herzen wohnt. Die Sinne sind die Tore und Wächter dieser Stadt. Ähnliche Anschauungen finden sich auch beim Autor des Mersad el-ibad: Der Körper des Menschen entspricht der Erde, das Herz dem Himmel. Es hat zwei Aspekte, die die Mystiker mit «dil» und «kolb» bezeichnen, deren je sieben Teile den sieben Himmelssphären und Erdgegenden entsprechen. Das Herz entspricht auch dem Throne Allahs, dessen eine Seite die berührbare, die andere die jenseitige Welt berührt. So ist auch das Herz einerseits der Welt des Geistigen und andererseits der des Körpers zugewandt. Die Darstellung bei ALPHIDIUS einer mystischen «domus thesauraria» dürfte mit diesen Vorstellungen verwandt sein.

2. Vgl. Myst. Coni. Vol. II. p. 312 ff.

psychologisch wahrscheinlich, daß die Visio Dei – der Anblick des Hierosgamos von Sonne und Mond – eben den Fels bildet, d. i. eine nicht mehr verlierbare Erfahrung, auf der das ganze zukünftige menschliche Wesen basiert. Dieser Fels oder diese «neue Welt», die entstanden ist, ist aber nicht etwa eine «innere» Wirklichkeit, welche sich der bisherigen Welt hinzugesellt – sie ist die *eine ganze Realität* schlechthin. Deshalb bemüht sich der Verfasser in diesem vorliegenden Kapitel darum, die Totalität und letzthinige Wirklichkeit des Substrates seiner seelischen Erfahrung zu schildern:

439 Text: «Wer von der Erde ist, der redet von der Erde, der vom Himmel kommt, der ist über alle. Schon hier wird die Erde ebenfalls als das Grundprinzip der Elemente hingestellt, die Himmel dagegen stehen für die drei oberen Prinzipien, weshalb also einiges von der Erde und dem Himmel gesagt sein möge, da jene das Grundprinzip und die Mutter der anderen Elemente ist ...»

440 Mit dem Hinweis auf den, «der vom Himmel kommt und über alle ist», ist hier wohl wieder der «Filius philosophorum» gemeint, welcher nach der *Tabula Smaragdina* nach seinem Aufstieg zum Himmel «wieder zur Erde hinabsteigt» und dadurch die oberen und unteren Kräfte in sich vereinigt. Auch in unserem Text vereinigen sich Himmel und Erde. Im Himmel sind die drei Elemente Feuer, Luft und Wasser enthalten – die Erde bildet dazu das Vierte. Was in der vierten Parabel noch nicht völlig gelang – die Einordnung des Vierten –, wird hier wieder aufgegriffen. Bei näherer Analyse der Parabel ergibt sich, daß die Erde, welche hier geschildert wird, *nicht einfach das vierte Element, das zu den drei anderen hinzukommt, bildet, sondern einen mystischen ganzheitlichen Charakter besitzt*. Diese Erde ist die «archē» im Sinne der antiken Philosophie [3], wie sie auch unser Text durch die Zitate aus Ps. CI. und den Alchemisten MORIENUS, HERMES, MOSES als *principium* (= archē) und «Mutter der Elemente» preist [4].

---

3. Vgl. die Doxographie des OLYMPIODOR (BERTHELOT, Coll. Alch. Grecs, II, IV, Vol. I. p. 82–83: «Unterscheide scharf, der du alle Weisheit hast, daß die Erde von den Philosophen nicht für ein Element gehalten wurde, da sie nicht zeugend sei. Und dies hat einen Sinn in bezug auf unser Problem; denn HERMES sagt irgendwo, die jungfräuliche Erde findet sich im Schwanz der Jungfrau.»
4. Vgl. PETRUS BONUS Pretiosa Marg. Nov. a. a. O. p. 107.

Text: ... wie der Prophet bezeugt: Du hast im Anfange, oh Herr, die 441
Erde gegründet, und die Werke deiner Hände sind die Himmel, d. i. Wasser,
Luft und Feuer. Denn von der Erde trennen sich die Elemente im Tode, und
zu ihr kehren sie zu ihrer Neubelebung zurück, denn, woraus ein Ding seine
Zusammensetzung her hat, darin muß es sich naturgemäß auch wieder auflösen ...

Die Erde ist eigentlich identisch mit der Sapientia Dei, und letztere 442
ist wiederum in den Sprüchen (VIII, 22 ff.) andeutungsweise, wenn
nicht Mutter, so doch Helferin Gottes beim Schöpfungswerk [5]: *«Der
Herr hat mich gehabt im Anfang seiner Wege; ehe er etwas schuf, war
ich da.* Ich bin eingesetzt von Ewigkeit, von Anfang, vor der Erde, da
die Tiefen noch nicht mit Wasser quollen» usw. [6]. THOMAS VON AQUIN
hat in seiner Summa die Genesisstelle von der wüsten leeren Erde symbolisch zu deuten versucht: es sei die nur in potentia existente unsichtbare materia prima gewesen [7]. Dies dürfte wohl die obige Aurorastelle
erklären, nämlich daß hier die Erde als archē gemeint ist, d. h. als
materia in potentia, welche ihre Form von Gott empfing.

Die Fortsetzung des Textes preist aber die Erde nicht nur als geheim- 443
nisvolle «archē» des Kosmos und als Basis alles Lebens, sondern geht
zu einer eigenartigen neuen Idee über: nämlich daß die Gründung des
Himmels über der Erde – also die Erschaffung der realen Welt durch
Scheidung eines Oben vom Unten ein *Tod* gewesen sei, und daß daher

---

5. Sie ist gleichsam das positive Gegenstück zur Tĕhōm oder Tiamat.
6. Nach AUGUSTINUS ist sie «die Kunst», durch die Gott die Welt schuf. – Diese
Stelle wurde von PHILO dahin gedeutet, daß die Sapientia die Mutter sei, «mit der sich
Gott vereinte ... Sie aber empfing die Samen Gottes und gebar ... den einzigen und
geliebten sinnlich wahrnehmbaren Sohn, diese unsere Welt, den Kosmos». (De ebrietate
30. Vgl. LEISEGANG, Gnosis a. a. O. p. 95.) – Die Auffassung zweier «archai», Gottes
und einer weiblichen Muttergöttin, Hyle, findet sich ebenfalls im *Corpus Hermeticum,*
wo es im ASCLEPIUS LATINUS (W. SCOTT, Hermetica a. a. O. Bd. I, p. 310 ff.) heißt: «Am
Anfang war Gott und die Materie (ὕλη).» Letztere ist auch der Kosmos, die natura
mundi; oder der spiritus mundi. Sie ist die Matrix aller Dinge und ihr Receptaculum
und *zugleich die Ursache des Bösen.* Vgl. die Lehre des HERMOGENES (TERTULLIAN adv.
Hermogenem 12) Ähnliche Anschauungen finden sich auch bei NUMENIUS (Comm.
in Tim. 294). Vgl. hiezu die Ausführungen von W. SCOTT, Hermetica Bd. III, p. 68 ff,
77, 84, p. 272. – (Vgl. auch verwandte gnostische Ideen (SIMON MAGUS) in LEISEGANG,
Gnosis a. a. O. p. 74 und 81 und p. 95).
7. Summa l. c. Par. I. 66. Art. I: Secundum hoc ergo dicitur terra inanis et vacua vel
invisibilis et incomposita, quia materia per formam cognoscitur ... Materia autem
secundum id quod est, est ens in potentia.

die Auflösung der Welt und ihre Rückkehr in den ununterschiedenen Anfang, in die archē, eine Erneuerung des Lebens bedeute. In seltsamer Umkehrung der Genesis ist hier die Schöpfung als ein Weltuntergang geschildert, und der Weltuntergang als eine Wiedereinswerdung – nicht Auflösung, sondern Einschmelzen in eine Ureinheit. Während dies zunächst als ein kosmischer Vorgang beschrieben ist, zeigt die Fortsetzung den innerseelisch-menschlichen Aspekt des Geschehens.

444 Der Weltuntergang, bei welchem «die Elemente in ihrem Tode zur Erde zurückkehren», ist psychologisch das Symbol einer völligen Auslöschung des Bewußtseins und tritt daher in Träumen oft beim Ausbruch einer Psychose auf. Wir wissen aus dem vorhergehenden Textteil, daß auch der Verfasser wahrscheinlich einen solchen Grenzzustand völliger Dissoziation erlitten hat, in welchem zum mindesten seine bisherige Bewußtseinswelt gänzlich aufgelöst war. Aber im Gegensatz zu einer krankhaften seelischen Auflösung scheint sich in ihm die seelische Ordnung aus dem Chaos wieder aufzubauen, so daß dieser «Tod der Welt» oder die Rückkehr der drei oberen Elemente (Himmel = geistig orientierte Bewußtseinssphäre) zur Erde (dem Unbewußten) einen Ganzwerdungsprozeß und den Geburtsmoment eines neuen transzendenten Kosmos bedeutet.

445 Text: ... wie der göttliche Ausspruch bezeugt: Der Mensch ist Asche und wird wieder zu Asche werden. Solcher Art ist nämlich die Asche, die nach der Vorschrift der Philosophen mit dem ewigen Wasser vermischt werden soll. Dieses Wasser aber ist das Ferment des Goldes, und «ihr Gold» ist der Körper, nämlich die Erde, welche ARISTOTELES Gerinnungsmittel (coagulum) nannte, da sie das Wasser gerinnen läßt.

446 Als «archē» alles Körperlichen ist die Erde (in diesem ihrem symbolischen Sinn von materia prima) auch die Grundsubstanz des menschlichen Körpers, wie der Text durch das «Homo cinis est» andeutet und dabei bezeichnenderweise fortfährt: «*solche* Asche» befahlen die Philosophen mit dem göttlichen Feuer zu mischen, womit gesagt ist, daß die prima materia u. a. der menschliche Körper sei. Diese Körper-

---

8. Vgl. das von JUNG, Psychologie und Alchemie, p. 437 ff. über das Increatum Gesagte. Tatsächlich weisen gewisse Ausführungen von PARACELSUS auf ein der Gottheit ebenbürtiges Prinzip hin, welches einer «dea mater» entspricht. (cit. JUNG ebda. p. 439.)

materie bildet das «Ferment des Goldes» und bedeutet demnach ein Mittel, welches die Gärung und Reifung des inneren Menschen, des «homo interior» bewirkt, und es ist auch zugleich – wie der Text weiter sagt – das Wasser [9], die aqua permanens des alchemistischen Opus. *Psychologisch handelt es sich wieder um das Unbewußte in seinem somatischen Aspekt und um dessen «verwirklichende» Qualität* [10]. Der Körper kann als Symbol der individuell begrenzten Persönlichkeit aufgefaßt werden, so daß der Text symbolisch aussagt, das einmalige individuelle menschliche Wesen sei der Ort der Entstehung und Reifung eines göttlichen inneren Menschen, und daher stelle das So-Sein des Individuums und seiner Realität die einzige Basis des ganzen inneren Entwicklungsprozesses dar. Dies steht nicht in Widerspruch zur kirchlichen Lehre, zeigt aber eine Akzentverschiebung in der Richtung auf eine Anerkennung des physischen Einzelmenschen. JUNG sagt zu dieser Akzentverschiebung [11]: «Woran es jener unbewußten Natur, welche das Bild des Lapis erzeugte, im besonderen lag, sieht man am deutlichsten im Gedanken des Ursprungs in der Materie, der Herkunft vom Menschen, der allgemeinen Verbreitung und der Erzeugbarkeit, die wenigstens potentiell in menschlicher Reichweite liegt. Diese Eigenschaften zeigen die damals empfundenen Mängel des Christusbildes: eine für menschliche Bedürfnisse zu dünne Luft, eine zu große Distanz und eine leergelassene Stelle im menschlichen Herzen. Man ermangelte des ‚inneren' und jedem Menschen zugehörigen Christus. Seine Geistigkeit war zu hoch und die Natürlichkeit des Menschen zu niedrig. Im Bilde des Mercurius und des Lapis glorifizierte sich das ‚Fleisch' auf seine Art, indem es sich nicht in Geist verwandeln ließ, sondern im Gegenteil den Geist als Stein fixierte... Dieses Bild des ‚Sohnes der großen Welt' zeigt deutlich an, von welcher Instanz es herstammt: es kommt nicht aus dem bewußten Geiste des individuellen Menschen, sondern aus jenen *psychischen Grenzgebieten, die in das Geheimnis der Weltmaterie münden.*»

Das Symbol «Erde» steht in unserem Text für dieses Geheimnis, und diese Erde bezeichnet der Verfasser weiterhin als das Land der Verheißung, «wo Milch und Honig fließt» – eine Vorstellung, die im letz-

---

9. Vgl. THOMAS V. AQUIN l. c. Pars I, 68. Art. 2, wonach das Wasser als «materia corporum» galt.
10. Vgl. hierüber JUNGS Ausführungen in Myst. Coni. II, p. 296 ff.
11. Von den Wurzeln des Bewußtseins l. c. p. 196–197.

ten Kapitel wieder auftaucht und psychologisch als ein Symbol des Selbst anzusehen ist. Sie ist zugleich, wie die zum Text beigegebenen Amplifikationen und das angeführte SENIOR-Zitat beweisen, ignea (feurig) und aerea (luftig), und sie nimmt das Gold bzw. die anima honorata (geehrte Seele) oder den Geist wie Samen in sich auf. Wie aus solchen Stellen hervorgeht, ist die Erde oder das «corpus secundum», der zweite Körper, eine Gegebenheit, welche *die Qualitäten aller anderen Elemente in sich vereint* [12]: eine luftige Erde, ein feuriges Wasser, ein fließendes Feuer usw., und als solche ist sie ein nur Gott anheimgestelltes Geheimnis. In der Kabbala wurde diese Erde mit Malchuth verglichen [13]. Sie dürfte der primitiven Anschauung des «subtle body» entsprechen.

448 Jene Erde oder Asche gilt auch andernorts in der Alchemie als das Wertvollste und als ein großes Mysterium. Die *Turba* nennt sie einen «pulvis spiritualis» (geistigen Staub), der später zu Wasser wird [14], und zu dem man zunächst alle Körper zerreiben und verbrennen soll [15]. Auch bei SENIOR gilt die Asche als die geheimnisvolle weibliche Grundsubstanz; in der griechischen Alchemie ist es die sog. «Asche der Maria» (σκωρίδια καὶ τέρφαι Μαρίας) [16], die in der Literatur eine bedeutende Rolle spielen. ZOSIMOS zitiert einen Ausspruch des *Agathodaimon,* daß «die Asche Alles sei [17]». Die Asche ist ein Symbol für den nicht mehr weiter auflösbaren «absolut» gegebenen Grundbestand physischer und psychischer Tatsachen, die jeder Mensch besitzt und mit und aus denen

---

12. Über die vier Elemente als Constituenten des Menschen auch «Isis an Horus» (STOBAEUS 1. 49. 69) Περὶ ἐμψυχώσεως. (W. SCOTT, Hermetica a. a. O. I, p. 5 ff.) Vgl. ferner PHILO VON ALEXANDRIA, De sacrif. Abelis et Caini 33. 107 (Cohn I, p. 246).
13. Vgl. KNORR VON ROSENROTH, Kabbala denudata etc. tom. I, p. 118: Sephirot = Metalle, et *Malchuth* erit Foemina Metallica et Luna sapientum agerque in quem conicienda sunt semina minerarum secretarum nempe Aqua auri, prout hoc nomen occurit Gen. 36. 39.; sed scito fili mi in his talia latere mysteria, quae nulla hominum lingua effari poterit.
14. ed. Ruska, p. 143.
15. ebda. p. 139. Vgl. auch p. 159: Quam pretiosum est cinis ... et quam pretiosum est quod ex eo fit. Miscentes igitur cinerem aquae, iterum coquite ...
16. BERTHELOT, Coll. Alch. Grecs. II, IV, 37. Vol. I, p. 91. Vgl. auch ebda. II, IV, 48. Vol. I, p. 98.
17. ebda. III, LVI, 2. Vol. I, p. 251. – Berühmt ist in späterer Zeit besonders der Ausspruch von MORIENUS: Cinerem, qui est in fundo vasis, ne vilipendatis; *est quidem in inferiori loco, sed est terra corporis tui,* quae est permanentium finis. – (*Rosinus ad Sarratantam,* Artis Aurif. 1610, II, p. 183–184. Vgl. auch die *Rosarium*-Variante: Cinerem ne vilipendas; nam ipse est diadema cordis tui. Vgl. C. G. JUNG, Psychologie der Übertragung, l. c. p. 196.)

heraus sich seine Individuation gestaltet. Diese Grundtatsachen sind der Stoff eines «objektiven» Ich, d. h. des Selbst [18].

Text: Dieses (Coagulum) ist die Erde des verheißenen Landes, in die Hermes seinem Sohne befahl, das Gold zu säen, auf daß lebendiger Regen aus ihm (dem Gold) aufsteige und Wasser, das es erwärmt, so wie auch SENIOR sagt: Wenn sie (die Philosophen) nämlich dieses göttliche Wasser, welches Feuer ist, herausziehen wollen, erhitzen sie es mit ihrem Feuer, welches Wasser ist, das sie genau, bis zum Ende (des Werkes) bemessen haben und verborgen halten wegen der Unwissenheit der Toren. 449

Die geheimnisvolle Erde ist somit durch eine Vereinigung von Gegensätzen entstanden, d. h. durch ein feuriges Wasser oder wäßriges Feuer, indem sich im Selbst alle Gegensätze, wie Bewußtsein–Unbewußtes, Psyche–Physis usw. vereinigen. 450

Text: Wenn nun die Hitze jenes Feuers sich der Erde selber nähert, löst diese sich auf und wird ein brodelndes, d. h. verdampfendes Wasser, nachher aber kehrt sie zu ihrer früheren Erdgestalt zurück. Daher ist durch das Wasser die Erde in Bewegung geraten, und die Himmel troffen über ihr und flossen dahin, wie Honig durch die ganze Welt und erzählen ihre Ehre. Diese Ehre aber kennt nur derjenige, der weiß, wie aus der Erde die Himmel geschaffen worden sind ... 451

Diese Textpartie deutet an [19], daß die geheimnisvolle Erde durch einen *zirkulatorischen Prozeß* hergestellt worden ist: zuerst wurde die Erde durch das Feuer-Wasser verflüssigt; sie verdampfte und «kehrte dann zu ihrer früheren Erdgestalt zurück». Die Kunst verfährt bekannt- 452

---

18. Vgl. JUNG, Psychologie der Übertragung l. c. p. 59: Es (die Analyse) «ist eine eigentliche Reinigungsprozedur, in der ‚omnes superfluitates igne consumuntur' (alle Überflüssigkeiten in Feuer verzehrt werden) und die Grundtatsachen sich herausstellen. Und was ist grundlegender als die Erkenntnis: Das bin ich? Hier schält sich eine Einheit heraus, die noch eine Vielheit ist oder war. Nicht mehr das frühere Ich mit seiner Fiktion und künstlichen Zurechtmachung, sondern ein anderes «objektives» Ich, das man aus diesem Grunde besser als das Selbst bezeichnet. Es ist keine Auswahl passender Fiktionen mehr, sondern eine Reihe harter Tatsachen, die zusammen jenes Kreuz bilden, das schließlich jeder zu tragen hat, oder das Schicksal, das man ist.» Die «Asche» ist dessen «prima materia», welche hergestellt wurde durch die Verbrennung der Ausgangsprodukte: d. h. der Analyse des bewußten und unbewußten *Materials*.
19. Was dann zum Schluß des Kapitels noch deutlicher ausgeführt wird.

lich wie ein Rad oder Wirbel[20]. Basierend auf Anschauungen HERAKLITS und anderer früherer Philosophen[21] sagt z. B. ZOSIMOS[22], die Elemente müßten in sich (εἰς ἑαυτὰ) gewandelt werden, denn sie seien qualitativ zwar verschieden, nicht aber der Substanz (οὐσία) nach; und wie aus der Auflösung der Elemente alles entstünde, so verfahre auch die Kunst. Seit ARISTOTELES wurden die Elemente meist in zwei obere aktive «psychische» – Luft und Feuer – und zwei untere passive «somatische» – Wasser und Erde – aufgeteilt[32]. Eine ähnliche Auffassung findet sich im Traktat *«Asklepios»* und in den Schriften von *Isis an Horus* über die Seelenwanderung im *Corpus Hermeticum*[24], wo es heißt: «Vom Himmel her wandelt sich alles in Erde und in Wasser und das Feuer in Luft. Was emporstrebt, ist belebend (vivificum), was aber herabströmt, dient jenem. Doch alles, was von oben kommt, ist zeugend; was von unten emaniert, ist nährend. Die Erde aber, *welche allein in sich selber besteht,* ist das Aufnehmende von allen ⟨scil. anderen Elementen⟩ und die Wiederherstellerin von Allem, das sie aufnahm… Die ganze Welt ist somit aus den vier Elementen Feuer, Wasser, Erde und Luft gebildet; der Kosmos aber ist *einer,* die Seele *eine* und Gott *einer…* der Kosmos ist von Gott zu einem ‚receptaculum' für alle Ideen gemacht worden. Die Natur aber *imaginiert* vermittelst dieser Ideen die Welt durch die vier Elemente und vollendet alles bis zum Himmel empor nach dem Willen Gottes.» – *Bemerkenswerterweise sind hier die Ele-*

20. Vgl. «KOMARIOS an Kleopatra» in BERTHELOT, Coll. Alch. Grecs. IV, XX, 17. Vol. I, p. 298 und hiezu C. G. JUNG, Psychologie und Alchemie, p. 514–523 ff. Vgl. auch dort p. 231–232 und den Ausspruch der Maria Prophetissa p. 41–42.
21. H. DIELS, fragm. 6: ἡ ὁδὸς ἄνω κάτω μία καὶ ωὑτὴ wozu DIOG. LAERT 9. 8. erläutert, dieser Weg sei die « μεταβολὴ », nach der der Kosmos entsteht; denn wenn sich das Feuer «verdichte», entstehe Wasser, wenn dieses sich verfestige, entstehe Erde, und das sei der Weg nach unten; wenn aber Erde sich verflüssige, so entstehe aus ihr Wasser usw. … und dies sei der Weg nach oben. Vgl. hiezu auch KLEOMEDES, De motu circul. corp. caelest. 1. 11. 61. PHILO v. Alex. de incorr. mundi: 21. 109. MAXIM. TYR. 41. 4. JAMBLICH, Περὶ ψυχῆς bei STOBAEUS 1. 49. 39. Schon bei PLATO gilt die Rotation als *die* Bewegung des Logos (*Tim.* 39 D). Vgl. ferner den Kreislauf des Lebenspneumas in «Isis an Horus» (STOBAEUS, I. 49. 69) cit. W. SCOTT, Hermetica, l. c. I. p. 522 und hiezu derselbe III. p. 610 und IV. XXIII.
22. BERTHELOT, Coll. Alch. Grecs. III. XLIII. 16. Vol. I, p. 218. Vgl. auch V. II. 12. Vol. I, p. 341.
23. Vgl. OLYMPIODOR, BERTHELOT, Coll. Alch. Grecs. II. IV. 28. Vol. I, p. 85, Carmina HELIODORI ed. Goldschmidt a. a. O. p. 23, 25, 52 und E. VON LIPPMANN, Alch. I, p. 99, 147 und 259.
24. W. SCOTT, Hermetica Bd. I, p. 289 ff. und I, p. 528 ff.

mente eigentlich ihrem Wesen nach Instrumente zur Verwirklichung der göttlichen Ideen im Stoff. Dies ist auch die Auffassung von ZOSIMOS; er nennt sie «Glieder der Heiligen Wissenschaft» oder auch «reine Zentren²⁵».

Aus diesen Beispielen geht hervor, wie weitgehend die Vier-Elementen-Lehre *symbolisch* war, d. h. eigentlich einen projizierten *psychischen* Tatbestand ausdrückte, nämlich die quaternäre Struktur des Selbst und deren Spiegelung in der Vier-Funktionen-Struktur des Ich-Bewußtseins. Die vierheitliche Struktur ist im Ausgangspunkt (in der vorbewußten Ganzheit) und im Endprodukt (der realisierten Ganzheit) vorhanden. Darum ist diese, in der elften Parabel geschilderte, mystische «Erde» ein Erzeugnis der in der zehnten Parabel dargestellten *Fixatio* (Haus der Weisheit) und paradoxerweise doch zugleich auch wieder die «prima materia»; eine kosmische «archē» (principium), welche die Mutter aller anderen Elemente darstellt ²⁶.

Text: ... um dessentwillen bleibt die Erde ewig bestehen, und die Himmel gründen sich auf ihr, nach dem Zeugnis des Propheten: Der du die Erde

25. BERTHELOT, Coll. Alch. Grecs. III. XLIV. 1. Vol. I, p. 219. (Vgl. auch VI. XV. 2–3. Vol. I, p. 434. Vgl. ferner auch CHRISTIANOS, ebda. VI. X, 1. Vol. I, p. 410.) – Hieraus erklärt sich, daß ziemlich allgemein in der Alchemie und auch speziell in der Aurora die Elemente so völlig paradox beschrieben sind: das Wasser ist auch «geistiges Blut» und Feuer; die Luft ist Pneuma, Feuer, Seele, Wasser; das Feuer ist Wasser, und das Wasser ist auch Erde, Asche oder der Menschenkörper. – Dieselbe Idee findet sich auch in den Schriften SENIORS. Nach ihm ist das geheime Wasser von dreifacher Natur und enthält in sich Wasser, Feuer und Luft (p. 25). Die Luft hinwieder ist der «Mittler» zwischen Feuer und Wasser und hat dadurch beide in sich aufgenommen (p. 31): Und das Wasser ist eigentlich das Feuer des Steins oder die «körperliche Luft» (p. 19) oder die «gestirnte Erde» (p. 23) (terra stellata, die γῆ ἀστερίτης der Griechen). Schließlich sagt SENIOR, das Geheimnis sei: das warme Wasser, die stille Luft, die verflüssigte Erde und das umgebende Feuer (p. 33). Und aus diesen vier Elementen bestehe jedes Wesen (p. 30–31): «Und so wie die Luft warm und feucht ist, ist auch ihr (der Philosophen) Wasser warm und feucht und ist das Feuer des Steins und ist das umgebende Feuer, und die Feuchtigkeit ihres Wassers ist das Wasser. Und wenn die Luft länger gekocht wird, wird sie zu Feuer, indem sie in der Form von Luft doch die Aktion des Feuers besitzt ...» Für SENIOR ist die Luft feuchtwarm wie Wasser und ist Feuer ..., (p. 35), sie ist auch die Seele oder das Blut (p. 58 und 44).– THOMAS VON AQUIN hält die Verwandlung der Elemente ineinander für möglich. (Summa Pars I, Quaest. 67 Artic. III.)

26. Der Text betont ferner, daß man das Geheimnis der Schöpfung wissen müsse, um dies zu verstehen. Dies bezieht sich auf die «klassische» Ansicht, daß der Lapis wie der Kosmos hergestellt werden müsse. Man vgl. z. B. ZOSIMOS, BERTHELOT, Coll. Alch. Grecs III, VI. 22. Vol. I, p. 135 u. a. PS-ARISTOTELES De perfecto magisterio Theatr. Chem. 1659, Vol. III, p. 70: Sicut hic mundus creatus est, ita Lapis ... est creatus.

gegründet hast auf ihrer Festigkeit, und sie wird nicht wanken immer und ewiglich...

455 Diese Textpartie beschreibt einen Sublimationsprozeß, der öfters auch dem Aufsteigen eines «lebendigen Regens» verglichen wurde, und dessen Produkt nachher wieder «gefällt» wird. Dann «destillieren», d. h. tropfen die Himmel wieder zur Erde hinab und verkünden auf Erden den Ruhm Gottes, den aber nur derjenige erfaßt, der weiß, wie die Himmel aus der Erde entstanden sind, mit anderen Worten: der den alchemistischen Sublimationsprozeß kennt [27], welcher die Kosmogonie, d. i. das Schöpfungswerk Gottes, nachahmt. Innerhalb dieses Prozesses bildet die Erde, wie die folgenden Worte des Textes sagen, den ewigen, sich immer gleichbleibenden und unzerstörbaren Grundstoff. (Während nun in unserem Texte diese «Erde» vom «göttlichen Feuer-Wasser» gewandelt wurde, schmilzt sie nach den Bibelzitaten «a facie Domini», so daß also wiederum jenem Wasser Gottgleichheit zukommt.)

456 Text: ...die Tiefe ist ihr (der Erde) Kleid, und auf ihr werden sich Wasser, Luft und Feuer aufschichten, und auf ihr werden auch die Vögel des Himmels wohnen, die sie von den oberen Elementen her besprengen, da sie von der Frucht ihrer Werke satt werden wird...

457 «Der Abyssus ist das Gewand dieser Erde», d. h. sie ist umgeben vom abgründigen Okeanos, der im antiken und mittelalterlichen Weltbild als Ouroboros dargestellt wurde. Und über ihr schichten sich zunächst die leichteren Elemente; und – insofern diese wieder zu ihr zurückkehren sollen – wird der Vorgang im Bild von Vögeln, welche die Erde besprengen [28], dargestellt. Vögel oder auch in der Einzahl Adler, Schwan, Gans, Taube, Rabe usw. stellen als alchemische Symbole, Dämpfe, sublimierte volatile Substanzen, daher auch Geister dar, und das Besprengen der Erde durch die Vögel bedeutet dasselbe, wie die vorher erwähnte Destillation des Himmels oder das in anderen Texten oft erwähnte Fallen des Regens. Gemeint ist wieder das «göttliche Was-

---

27. Vgl. auch SENIOR, De Chemia, p. 106: Cum antem coagulatum fuerit totum, tunc nominatur mare sapientum. *Et haec terra est mater* mirabilium et *mater coelorum*... et est totum et ex ipsa trahitur totum. Cf. item. p. 38.

28. Die Vögel sind nach GIOACCHINO DA FIORI die Propheten, die «mit ihren Flügeln weit vor allen anderen Sterblichen zur Höhe emporfliegen». Concordia, liber V. cit. HAHN l. c. Vol. III p. 291.

ser», «*was sie den von der Erde ausgehenden und vom Himmel herabsteigenden König nennen* [29]». In der Summa erwähnt S. THOMAS die Auffassung des ORIGENES, wonach die überhimmlischen Wasser «substantiae spirituales [30]» seien, was diese Textpartie verdeutlicht [31].

Es handelt sich um eine zirkulatorische Destillation: zuerst werden die Wasser sublimiert und steigen wie Vögel über die unten tot zurückbleibende Erde auf [31], dann fallen sie wieder wie ein belebender Regen oder Tau zurück [32]: es handelt sich um jene Wiedervereinigung mit dem Körper (nach der Stufe der Unio mentalis), die JUNG in «Mysterium Coniunctionis», Vol. II, p. 299 ff., erläutert hat. Eigenartig ist das Bild der die Erde besprengenden Vögel: dieses Motiv deutet wohl auf eine befruchtende Wirkung des geistigen Aspektes der Archetypen auf das Wirklichkeitsbewußtsein des Individuums hin. Der Sinn des Vorganges ist gleichsam im Folgenden erläutert: dadurch erhält die Erde Kräfte aus den oberen Elementen [33]. 458

Text: ...weil ja die sieben Planeten ihre Wurzeln in die Erde senkten und ihre Kräfte dort zurückließen, weshalb sich nun in der Erde das Wasser findet, das die verschiedenen Arten von Farben und Früchten keimen läßt und das Brot hervorbringt und den Wein, der das Herz des Menschen erfreut, das auch das Gras wachsen läßt für das Vieh und Gewächse für den Bedarf des Menschen. 459

Die Erde empfängt die «virtutes coeli» (Himmelskräfte), und letztere sind nichts anderes als die früher erwähnten Planetenkräfte, die nun ins Erdzentrum hinabgestiegen sind [34]. Die «vor dem Antlitz des Herrn 460

---

29. Cit. SENIOR, De Chemia a. a. O. p. 17. Vgl. auch den Satz der *Tabula Smaragdina:* Ascendit a terra in coelum iterumque descendit in terram et recipit vim superiorum et inferiorum. Sic habebis gloriam totius mundi.

30. Summa l. c. Pars I, 68 Art. 2.

31. Vgl. Senior, De Chemia, p. 122 und die kirchliche Bedeutung der aquilae als «geistige Führer»: EPHRAEM SYRUS, Hymni a. a. O. I, p. 86: In principio spiritus foecunditatis incubavit aquis et illae conceperunt peperuntque dracones, pisces, aves. Spiritus Sanctus incubavit aquis baptismi, quae pepererunt *mysticas aquilas nempe virgines et Ecclesiae rectores.*

32. Vgl. die Wiederkehr der Seele in JUNG, Psychologie der Übertragung, l. c. p. 195 sq.

33. Vgl. die Nachbildung der oberen Sterne im unteren Himmel bei G. DORNEUS, JUNG Myst. Coni. Vol. II p. 311.

34. Dies entspricht der Lehre, die u. a. ST. THOMAS in seiner Summa anführt, wonach das Licht der Himmelskörper die formas substantiales in der unteren Welt erzeugt. Es gibt den Dingen das esse spirituale, macht sie actuell existent, sichtbar und

dahinschmelzenden Berge» sind schon nach dem HENOCHbuch [35] himmlische Metallberge, und in ähnlicher Art bedeuten hier die destillierenden Himmel ein Irdischwerden der Planeten in Form der Metalle [36]. Nach allgemein verbreiteter mittelalterlicher Anschauung sind nämlich letztere durch «Einflüsse» der Planeten auf die Erde entstanden. So entsteht (nach unserem Text) in der Erde eine Art «Keimwasser» (offenbar identisch mit den Metallen), aus welchem Farbe, Fruchtbarkeit, irdische Nahrung für Mensch und Tier und geistige Nahrung in Form des Weines entstehen [37]. Nach dem Psalmzitat (Ps. 103) ist dieses Keimwasser mit der Wirksamkeit Gottes identifiziert. Ähnlich heißt es bei SENIOR [38], der Lapis stamme von reinem Samen und habe viel Segenskraft in sich. Diese kosmische Samenkraft ist bei ihm das Wasser [39].

461 Nachdem alle schädigenden Beimischungen des Unbewußten von der individuellen bewußten Persönlichkeit durch die zuvor geschilderten Reinigungsverfahren beseitigt wurden, kann nun das Unbewußte mehr und mehr eine inspirierende und belebende Wirkung entfalten. Die Vögel, welche «die Erde besprengen», weisen auf eine geistige und gedankliche Bereicherung hin. Bemerkenswert ist die Tatsache, daß ST. THOMAS gerade diese Psalmstelle (Rigans montes de superioribus tuis) seiner Antrittsvorlesung als Magister in Paris zugrunde legte und zwar auf Grund eines Traumes. Er sträubte sich gegen die Übernahme der neuen Würde, und da erschien ihm im Traum ein Greis, der ihn tröstete und ermunterte und als Text seiner Antrittsvorlesung eben diese Psalmstelle vorschlug [40]. Der Traum mahnt ST. THOMAS offensichtlich,

farbig. Das Licht wirkt instrumentaliter durch die Himmelskörper auf die untere Welt ein, um dort die formae substantiales zu erzeugen. Summa Pars I, Quaest. 67 Art. 3: Lux caelestium corporum causat formas substantiales in istis inferioribus. Dat etiam esse spirituale coloribus quia facit eos visibiles actu. Ergo lux non est aliqua qualitas sensibilis sed magis substantialis forma aut spiritualis ...: lumen agit quasi instrumentaliter in virtute corporum caelestium ad producendas formas substantiales etc.

35. E. KAUTZSCH, Apokryphen u. Pseudoepigraphen der A. T. Tüb. 1900. II. p. 251.
36. Schon bei KOMARIOS heißt u. a. das Wasser « das Wasser auf den Berggipfeln». BERTHELOT, Coll. Alch. Grecs IV, XX, 4. Vol. I p. 290: Ἡ μὲν γῆ ἐστερέωται ἐπάνω τῶν ὑδάτων, τὰ δὲ ὕδατα ἐν ταῖς κορυφαῖς τῶν ὀρέων κτλ.
37. Vgl. die Rolle des Weines bei DORNEUS, JUNG, Myst. Coni. II. p. 265 ff.
38. ed. STAPLETON l. c. p. 169.
39. p. 58, 59. Vgl. auch p. 87: Dixit HERMES quod secretum uniuscuisque rei in una est aqua ... et principium generationis hominis est aqua.
40. Vgl. MARTIN GRABMANN, Die echten Schriften usw. p. 25. Diese Vorlesung ist erhalten und ediert von FR. SALVATORE Due sermoni inediti de S. Tommaso d'Aquino Roma 1912.

sich mehr der schöpferischen Inspiration des Unbewußten zu überlassen und sich nicht unnötig durch zweifelnde Überlegungen zu quälen.

Text: Diese Erde also ist es, die den Mond gemacht hat zu seiner Zeit, dann aber ging die Sonne auf, sehr früh am ersten Tage der Woche, nach der Finsternis, die du auf Erden gesetzt hast vor Sonnenaufgang, und so entstand die Nacht. 462

Das Aufkeimen der Farben und einer bunten, fruchtbaren, neuen Welt wäre alchemistisch mit der nach der Nigredo entstehenden «cauda pavonis» zu vergleichen, deren psychologische Bedeutung JUNG bereits näher ausgeführt hat [41]. 463

Nach dieser Stufe folgt gewöhnlich die Albedo, die hier im Aufgehen des Mondes angedeutet ist und dann die Rubedo – das Aufgehen der Sonne [42]. Durch Sonne und Mond aber entsteht das zeitliche Dasein [43]. 464

Vor der Schaffung von Sonne und Mond und damit der «siderischen Zeit» gab es gleichsam eine außerhalb der Zeit befindliche Welt-Aurora, in der zwar schon das Licht existierte, aber noch keine «Lichter». Das erinnert an die Vorstellung des «mundus potentialis» bei DORNEUS – ein Bild für die Welt der Archetypen, worin schon «Luminosität» vorhanden ist [44], jedoch kein diskriminierendes Ichbewußtsein, und daher auch noch nicht die Kategorien von Zeit und Raum. Dann entsteht zuerst der Mond – ein leicht wiederauslöschender diffuser Bewußtseinszustand, der erst später durch ein konstantes und deutliches Bewußtsein abgelöst wird. Im Gesamtzusammenhang der Aurora gesehen bedeutet wohl diese Neuschöpfung der Welt einen aus der Tiefe des Unbewußten eingeleiteten Neuaufbau des Bewußtseins, welches durch den vorhergehenden Einbruch des Unbewußten vernichtet worden war. Die neu- 465

---

41. JUNG, Myst. Coni. II. p. 38 ff.
42. Vgl. die Erde als Mutter von Sonne und Mond schon in der phönizischen Kosmogonie des SANCHUNIATHON (EUSEBIUS, Praep. ev. I. 10. 2.) wonach die Welt in Form eines Eies erschaffen wurde: «und es strahlte aus ihm Mot (die Muttergöttin) dann Sonne und Mond und dann die Sterne».
43. Nach der Summa des HL. THOMAS ist die Zeit erst mit der Schaffung von Sonne und Mond beim Sechstagewerk entstanden, das Licht aber an sich sei schon vorher geschaffen worden und bedeute die *formatio spiritualis creaturae*. Summa l. c. Pars I Quaest. 67 Art. 4: Unde oportet dicere quod per lucis productionem intelligatur formatio spiritualis creaturae ...
44. Vgl. C. G. JUNG, Theoretische Überlegungen zum Wesen des Psychischen, in «Wurzeln des Bewußtseins» a. a. O. p. 544 ff.

entstehende Bewußtseinswelt ist jedoch anders zentriert – im Mittelpunkt steht nicht mehr das Ich, sondern eine Gestalt, welche die Textfortsetzung bald als Christus und bald als «zweiten Adam» beschreibt, d. h. ein *Symbol des Selbst*.

466 Der Satz aus Ps. CIII: Fecit Lunam in tempora, Sol cognovit occasum suum, ist in der patristischen Literatur meistens auf die Ecclesia und auf Christum gedeutet worden [45]: Die Kirche oder Luna stelle als solche «die Sterblichkeit unseres Lebens» dar, die dann in der Sonne, d. i. in Christo aufgenommen, verschwindet. Daß der Autor solche kirchlichen Deutungen des Psalmes kannte, und *daß er bewußt an solche dachte*, beweist das nachfolgende Satzfragment («sehr früh am ersten Tage der Woche»), mit welchem er auf die Auferstehung Christi anspielt [46]. Die Gleichsetzung des Filius philosophorum mit dem auferstandenen Christus geht durch den ganzen Traktat hindurch und zeigt, daß der Verfasser dieselbe bewußt vorgenommen hat. Die geheimnisvolle Erde oder Asche, die den Grundstoff des menschlichen Körpers bildet, ist demnach die Substanz des Auferstehungsleibes Christi oder des später erwähnten «zweiten Adam» einer gottmenschlichen Anthroposgestalt, welche hier bald übermenschliche Aspekte hat, bald aber auch mit dem Alchemisten identisch zu sein scheint [47].

467 Text: ... die Nacht. In ihr streifen vorbei alle Tiere des Waldes, da du ihnen eine Grenze gesetzt hast, die sie nicht überschreiten werden, bis zum Weißen, sie werden vielmehr in ihrer Ordnung verharren bis zum Roten, da alles der Erde dient ...

468 Diese Sätze wiederholen noch einmal die Beschreibung der drei Hauptstufen des Prozesses in der Nigredo (= tenebrae, nox ante ortum Solis), Albedo (Luna) und Rubedo (Sol) [48]. In der Nacht der Nigredo

---

45. AUGUSTINUS, Ennarat. in Ps. 103. 19: Fecit Lunam in tempora, – Intelligimus spiritualiter Ecclesiam crescentem de minimo et ista mortalitate vitae quodammodo senescentem: sed ut propinquet ad Solem! cit. aus. H. RAHNER, Mysterium Lunae, Ztschr. f. kathol. Theol. 63. Jahrgang 1939, p. 316 und 217.

46. Vgl. Mark. XVI. 2.

47. Man vergleiche die früheren Parabeln.

48. Wichtig ist auch für die Deutung dieser Stelle eine spätere Amplification dieser Stelle in JO. DE MENNENS, Aurei Velleris etc. Theatr. Chem. 1622 Bd. V p. 364, wonach die Schaffung von Sol und Luna am vierten Tag geschah: Quartus enim numerus perfectus est atque omnem numerum sive multitudinem in se complectitur, unum enim duo tria quatuor simul iuncta denarium constituunt ultra quem progredi non datur absque regressum ad unitatem.

ziehen die Tiere des Waldes vorbei. Damit ist wohl auf die reiche Tiersymbolik des alchemischen Opus hingewiesen, welche besonders die Anfangsstadien charakterisiert: die Schlange Ouroboros als Symbol der Arkansubstanz, der Löwe [49], die Reptilien [50], der Adler [51], Hund, Wolf, Kamel usw. [52]. Vielleicht dachte der Verfasser auch an die berühmte Stelle der VERGILschen Georgica vom Weltenfrühling: Ver illud erat, ver magnum agebat in orbis... cum primae lucem pecudes hausere visumque, terra progenies duris extulit caput arvis *immissae ferae silvis et sidera caelo,* wozu SERVIUS bemerkt [53], dies bedeute das Frühlingsaequinoctium, in welchem die erneute «Loslassung der Planeten» am Himmel stattfinde, *wie wilde Tiere in den Wald oder in das Zirkusstadion.* Auch der Verfasser der Aurora beschreibt einen Weltenfrühling, eine genitura mundi – weshalb vielleicht auch die vorbeiziehenden Tiere als die neu ihre Bahn betretenden Planeten zu verstehen sind. Dies wird nämlich besonders nahe gelegt durch die Fortsetzung des Textes, worin es heißt: «sie überschreiten aber ihr Maß nicht, sondern sind gebändigt und verharren in richtiger Ordnung» von der Albedo bis zur Rubedo, «weil alles der Erde dient». Diese Bibelstelle vom Vorbeiziehen der Tiere wurde sonst auf das Kommen des Antichrist bezogen. So sagt GIOACCHINO DA FIORI [54], wenn der Antichrist erscheine, so sei dies jene Nacht der Betrübnis und der Bedrängnis, in der alle Tiere des Waldes durchziehen werden. Dies geschehe im sechsten Zeitalter. (Hier sind die Tiere in der sechsten Parabel erwähnt!) GIOACCHINO sagt ferner [55]: «Diese Tiere und Reptilien, die Gott am sechsten Tage schuf, bedeuten die Reiche der Heiden und Sekten der Pseudopropheten.» Es scheint mir wahrscheinlich, daß der Verfasser der Aurora um solche Deutungen wußte.

---

49. Gleichnis des MARCHOS bei SENIOR l. c. p. 63.
50. SENIOR, p. 78 und 108.
51. Vgl. ZOSIMOS, BERTHELOT Coll. Alch. Grecs. III. VI. 5. Vol. I. p. 121 und III, XXIX, 18. Vol. I, p. 202 und den λίθος ἀετίτης ebda. I, IV. 1. Vol. I. p. 21.
52. Vgl. das *Opusculum authoris ignoti,* Artis Aurif. 1610 I p. 251. LAMBSPRINCK, RIPLEY u. a.
53. Vgl. hiezu alle Belege bei E. NORDEN: Die Geburt des Kindes, Berlin 1931. p. 17 und Anm.
54. Concord. V, cap. 92. Erit autem nox illa nox tribulationis et angustiae, nox in qua pertransibunt omnes bestiae silvae. Ich zitiere nach Chr. HAHN, Gesch. der Ketzer im Mittelalter, Stuttg. 1850 Bd. III, p. 129–130.
55. Conc. IV cap. 6, HAHN l. c. Vol. III, p. 114–115. Vgl. auch Fußnote p. 112.

469 Text: ... da alles der Erde dient, und ihr Leben währet siebzig Jahre, die über sie hinweggehen, da sie alles trägt durch das Wort ihrer Göttlichkeit ...

470 In der Auffassung des Autors handelt es sich um den Gedanken, daß vor der definitiven Verklärung, wie sie in der siebenten Parabel geschildert ist, noch einmal ein letzter Ausbruch aller dunklen Mächte erfolgt, welcher irgendwie auch mit dem menschlichen Körper zusammenhängen muß, da die Fortsetzung in unserem Text lautet: sie überschreiten ihr Maß nicht, «weil alles der Erde diene». Die Erde bedeutet den Körper, und so sind die Triebe (Tiere) selber eingedämmt durch das Wesen des Körpers. Der Trieb geht nicht ins Uferlose, sondern enthält seine eigene Aufhebung oder Begrenzung. Der letzte Satz ist auch deshalb besonders bedeutungsvoll, *weil der Verfasser damit die Erde an die Stelle Gottes in das Psalmzitat einsetzt! Sie selber ist der auferstandene Herr und tatsächlich das göttliche Geheimnis und auch Gott selbst.* Aber – wie es weiter heißt – das Leben *dieser Erde währet 70 Jahre* [56] – *sie ist also zugleich auch der gewöhnliche körperliche sterbliche Mensch!* Doch trägt die Erde auch alles «durch das Wort ihrer Göttlichkeit» (Hebr. I, 3): d. h. *sie ist gleichzeitig der weltschöpferische Logos.* Für die Erklärung und Deutung dieser ungeheuerlichen Paradoxie muß ich auf die vorhergehenden Ausführungen von JUNG verweisen; es handelt sich offensichtlich um die Entstehung einer gottmenschlichen Gestalt, die ähnlich wie Christus wahrhaft Gott und wahrhaft Mensch ist und die *hier zugleich auch zum gewöhnlichen sterblichen Individuum wird.*

471 Text: ... wie auch in der *Turba* geschrieben steht: Die Erde trägt alles, da sie schwer ist, weil sie das Fundament des ganzen Himmels bildet, darum weil sie trocken erschien bei der Trennung der Elemente.

472 Hier ist jenes geheimnisvolle Endresultat des Opus wieder eher etwas Nichtmenschliches, eben die «Erde», die – wie der Text, die *Turba* zitierend, fortfährt – «alles trägt und als Fundament des Himmels dient». Und zwar ist sie gleichsam die Urerde der Genesis, die zuerst bei der

---

56. GEORGE RIPLEY, der die Aurora offensichtlich kannte, deutete den obigen Satz vom «Nichtüberschreiten der Grenze» in diesem Sinn: Medulla Philosophiae Chemicae, Opp. omn. chem. Cassel 1649 ed. KOEHLERS p. 300: Scriptum enim est: Constituisti terminos, qui praeteriri non possunt. Das bezieht sich darauf, daß auch durch die «medicina» die menschliche Lebensdauer nicht über 70 Jahre ausgedehnt werden könne.

Scheidung von Wasser und Land auftauchte, also die allererste materia prima des Kosmos.

Text: Da ward ein Weg im Roten Meer, ohne Hindernis, da dieses große und weite Meer den Felsen erschütterte und die metallischen Wässer herausflossen... 473

Das Auftauchen des ersten trockenen Stückchens Erde im Urchaos vergleicht der Verfasser hier im weiteren mit der Teilung des Roten Meeres, in welchem für Israel ein rettender Weg frei wurde und ein «blühendes Feld» aus dem Abgrund auftauchte. Dies ist ein zweiter Hinweis auf das Aufblühen und Keimen einer neuen Welt; ein Motiv, das dann einen breiten Raum in der letzten Parabel einnehmen wird, weshalb ich die Kommentierung hier noch verschiebe. Alchemistisch zu amplifizieren wäre hingegen das «Rote Meer», welches ein beliebtes Synonym des «göttlichen Wassers» ist [57]. Ich verweise hierfür auf die Ausführungen von C. G. JUNG, Mysterium Coniunctionis, I, Kapitel: Das Rote Meer. 474

Was die Fortsetzung des Textes betrifft, so wird merkwürdigerweise dieses «weite Meer» auch mit dem *Stab Mosis* identifiziert, mit dem er einst aus dem Fels Wasser schlug; und mit dem er in der Bibel das Rote Meer teilt. Der Mercurius, der die «aqua» darstellt, wurde oft durch den Caduceus symbolisiert [58]. So ist hier andeutungsweise die «aqua divina» wiederum Wirkendes und Bewirktes zugleich. (Auch bei den Mandäern findet sich die Vorstellung vom «Stab des belebenden Wassers [59]».) Der Stab symbolisiert psychologisch ein richtunggebendes Element, das gleichsam im «Wasser» des Unbewußten enthalten ist und das, wie der Zauberstab des Hermes, Schlaf und Wachen, Tod und 475

---

57. Vgl. bei KOMARIOS (BERTHELOT, Coll. Alch. Grecs. IV, XX, 11. Vol. I p. 294) die Bezeichnung der Aqua als «ägyptisches Meer». Die *Turba* (p. 249) sagt, der Purpur sei eine Farbe, «die von unserem roten, reinsten Meere extrahiert worden ist». Vgl. allgemeiner über das Meer p. 248 und 125 und SENIOR, De Chemia, p. 82, 83. In der Gnosis, wie bei den Kirchenvätern, wurde das Rote Meer als «die vergängliche Welt» gedeutet (vgl. LEISEGANG, Gnosis, p. 139–140 und bes. p. 143).

58. Belege vgl. C. G. JUNG, «Der Geist Mercurius» in: Symbolik des Geistes, p. 91. Das Compositum im Rohzustand heißt auch «virga metalli» (*Turba*, ed. Ruska a. a. O. p. 255). Vgl. die christliche Deutung: EPHRAEM SYRUS, Hymni a. a. O. Bd. I, p. 54, Hymn. V, 13: Virga Moisi petram aperuit et fluxerunt aquae... Ecce e latere Christi fluxit fons vitae.

59. Vgl. BOUSSET, Gnosis a.a.O. p. 31.

Leben lenkt und bewirkt. In der kirchlichen Symbolik gilt Maria als «ein goldener Stab – d. h. als Symbol des ewigen Lebens [60]».

476 Text: Darauf verschwanden im Trockenen die Ströme, welche die Gottesstadt erfreuen; wenn dieses Sterbliche angezogen haben wird die Unsterblichkeit und dies Verwesliche des Lebendigen die Unverweslichkeit, dann wahrlich wird das Wort in Erfüllung gehen, das geschrieben steht: Der Tod ist verschlungen in den Sieg, oh Tod, wo ist nun dein Sieg?

477 Die Ströme, «welche die Gottesstadt erfreuen», verschwinden im Trockenen. Die zwei Bibelzitate scheinen sich zu widersprechen; es ist aber wohl etwa Folgendes gemeint: einerseits verschwindet die «verderbliche Feuchtigkeit», das göttliche Wasser in seinem chaotischen, zersetzenden Aspekt, und aus ihm wächst in der Fixatio oder Coagulatio die geheimnisvolle Erde als Festland empor [61]. Dieser feste Punkt aber ist nicht nur eine «terra», sondern auch das «Schatzhaus der Weisheit» der vorigen Parabel oder das himmlische Jerusalem (vgl. Kap. 5), die civitas Dei, und in ihr bleibt das Wasser erhalten, quillt nun aber, im Innern gefaßt, als ewiger Lebensquell, welcher Verjüngung und geistiges Leben schenkt. «Die Ströme, welche die Gottesstadt erfreuen», wurden von ORIGENES und GREGORIUS MAGNUS auf Christum und den Heiligen Geist bezogen [62]. Das Festland zwischen den Strömen deutete GIOACCHINO DA FIORI auf die Ecclesia spiritualis [63]. Die «Gottesstadt» aber ist nach unserem Text der unsterbliche Leib oder der unsterbliche innere Mensch, die «mens cuiuslibet capientis» oder der «zweite Adam».

478 Text: Wo Deine Sünde mächtig war, da ist jetzt auch die Gnade noch viel mächtiger. Denn gleich wie in Adam alle sterben, also werden sie in Christo alle lebendig gemacht werden. Da zwar durch einen Menschen der Tod, aber auch durch ihn (Jesum) die Auferstehung der Toten gekommen ist.

60. Vgl. PS.-ALBERTUS, Bibl. Mar. ed. Borgnet 37, p. 389: Maria est virga aurea, signum vitae aeternae.
61. Vgl. die Deutung dieser Textpartie in GEORGE RIPLEY, «Medulla philosophiae Chemicae» in «Opera Omnia Chemica» Cassel 1649, p. 150, darnach erscheinen die «oculi piscium», die Fischaugen.
62. H. RAHNER, Flumina de ventre Christi a. a. O. p. 277. Vgl. auch GREGORIUS MAGNUS, Expos. in Cant. 5, Opera 1636 Paris, tom. I, col. 30: cum per donum Spiritūs Sancti fortiter inundans scripturae Sapientia sanctam Ecclesiam vel cuiuslibet capientis mentem infusione sua exhilarat.
63. Concord. IV. vgl. HAHN, Gesch. d. Ketzer l. c. III, p. 296–297.

Der Text geht in ein dithyrambisches Siegeslied über Tod und Vergänglichkeit über, in welchem wiederum die leidenschaftliche menschliche Anteilnahme des Verfassers am alchemischen Prozeß überwältigend zum Ausdruck kommt und so erkennen läßt, daß es sich bei ihm selber um eine innere Wiedergeburt und Verwandlung aus Vergänglichem in Unsterbliches handelt. Zu demselben PAULUS-Zitat: «Wo deine Sünde mächtig war» usw., sagt GIOACCHINO DA FIORI [64]: «Da der Sohn dem Vater gleich ist, so muß er auch ... gleich wirken, weil aber Jener, der der Geist der Wahrheit genannt wird, von Ihm, der die Wahrheit ist und vom Vater zugleich hervorgeht, so mußte im Neuen Testament die Barmherzigkeit sich verdoppeln, damit ‚wo die Sünde mächtig war, die Gnade noch viel mächtiger würde'.» Dies ist insofern zu berücksichtigen, als der Hl. Geist diejenige Person der Trinität ist, die in der Aurora eindeutig am stärksten Beachtung findet [65].

Psychologisch betrachtet ist diese Textpartie besonders wichtig, weil hier die Beschreibung scheinbar kosmischer Vorgänge allmählich in die Schilderung einer *menschlichen Gestalt,* des aus reiner einfacher Substanz bestehenden unsterblichen Adam übergeht. Es scheint, als ob der innerseelische Aspekt des Geschehens dem Verfasser bewußt geworden wäre. Mehr und mehr wird der Prozeß als die Herstellung einer größeren inneren Figur verstanden, nämlich des Selbst, und im Gegensatz zum Beginn der Aurora, wo der Verfasser sich immer wieder inflatorisch mit dem «Filius philosophorum» identifiziert, schält sich nun diese selbe Gestalt rein und nicht mehr mit der «immunditia» der Unbewußtheit behaftet im Innern des Autors heraus. Dieser mystische innere Anthropos ist ein unsterblicher Mensch, der an der vergänglichen irdischen Welt nicht mehr teilhat.

Text: Denn der erste Adam und seine Söhne sind aus vergänglichen Elementen entstanden, deshalb mußte das Zusammengesetzte auch notwendigerweise wieder zerfallen, der zweite Adam hingegen, welcher der philoso-

---

64. Concord. IV. cit. nach HAHN, Gesch. d. Ketzer, Bd. III, p. 287.
65. Dasselbe Pauluszitat führt S. THOMAS auch in seiner Summa an, wo er von dem durch Gott zugelassenen Sinn des Bösen spricht (III, 1. 3. ad 3 m cit. GILSON I, p. 270): Gott erlaubt, daß das Böse geschehe, damit er daraus etwas Besseres hervorlocke, weshalb es Röm. IV heiße: Wo deine Sünde mächtig war, da wird auch die Gnade noch viel mächtiger, weshalb es in der Benedictio cerei paschalis heiße: O felix culpa quae talem ac tantum meruit habere redemptorem!

phische Mensch genannt wird, ist aus reinen Elementen entstanden und ging daher in die Ewigkeit ein. Was nämlich aus einfacher und reiner Substanz besteht, bleibt unzerstörbar in Ewigkeit.

482 Für diese Textpartie mit ihren eigenartigen Anspielungen auf den «ersten und zweiten Adam [66]» kann ich auf das Kapitel der Untersuchung JUNGS verweisen. Aus ihm wird die Bedeutung der Anspielungen unseres Textes wohl ohne weiteres verständlich [67].

483 Text: So wie auch SENIOR sagt: Ein Einziges gibt es, das niemals stirbt, da es in beständiger Zunahme weiterlebt, wenn der Leib verklärt sein wird bei der Auferstehung der Toten am jüngsten Tage, weshalb auch der Glaube die Auferstehung des Fleisches und das ewige Leben nach dem Tode bezeugt. Dann wird der zweite Adam zum ersten Adam und dessen Söhnen sagen: Kommt her, ihr Gesegneten meines Vaters, ererbet das ewige Reich, das euch bereitet ist von Anbeginn der Operation; esset mein Brot und trinket den Wein, den ich euch gemischt habe, da dies alles für euch bereitet ist.

484 Hervorzuheben ist hier, daß der zweite Adam durch seine Worte: «Kommet her ihr Gesegneten meines Vaters» usw., mit der weiblichen *Sapientia Dei* der Sprüche Salomos bzw. unserer vorhergehenden Parabeln identifiziert ist, worin der Autor offiziellen kirchlichen Anschauungen folgt [68]. Diese wechselnde Erscheinungsform des Anthropos, bald

---

66. Vgl. zu dieser Partie die davon abhängigen Ausführungen im *Aquarium Sapientum* Mus. Hermet. a. a. O. p. 111, 114–115. Christus hat den «coelestis Adam» in sich. Ebenso IRENAEUS, Contra haer. III, 31: Et quemadmodum protoplastus ille Adam de rudi terra et de adhuc virgine (nondum enim pluerat Deus et homo non erat operatus in terram) habuit substantiam et plasmatus est manu Dei id est verbo Dei ... ita recapitulans in se Adam ipse Verbum existens a Maria, quae adhuc erat virgo recte accipiebat generationem Adae recapitulationis.
67. Myst. Coni. II. p. 140 ff. und zu dieser Partie die Kommentierung des Textes durch C. G. JUNG in «Psychologie und Alchemie» a. a. O. p. 528 ff.
68. Vgl. z. B. HUGO V. ST. VICTOR, Migne P. L. tom. 176 col. 848: Quid est Verbum nisi Sapientia? Idem enim qui Verbum Dei a Joanne dicitur sapientia Dei a Paulo nominatur. Christum enim inquit Paulus apostolus Dei virtutem et Dei sapientiam (1. Cor. 1.) Christus igitur ipse et Verbum et ipse est Sapientia. Verbum Sapientia et Sapientia verbum. Verbum Sapientia, quia «Eructavit cor meum verbum bonum» (Ps. 44), Sapientia Verbum quia «Ego Sapientia ex ore Altissimi ...» (Eccli. 24) Sapientia igitur verbum cordis etc.... Itaque si verbum illuminat Sapientia illuminat. Vgl. ebenso GIOACCHINO DA FIORI (cit. HAHN l. c. III p. 332): quia filius patris Sapientia est. Vgl. auch JOH. SCOTUS ERIGENA, Migne P. L. tom. 122. De divis. naturae II. 19: Sapientiam Dei Patris ... et causam creatricem omnium esse et in omnibus quae creat

als Mann und bald als Frau, findet sich u. a. auch in der Lehre der Mandäer wieder, wo der Erlöser bald Adakas, oder Adam, oder «der innere Mensch» (ὁ ἔσω ἄνθρωπος) genannt ist, bald wieder als weibliche Lichtgestalt erscheint, oder auch in Manda d'Haije als verkörperte γνῶσις θεοῦ [68a]. Es handelt sich hier um ein Fortleben manichäischer Vorstellungen, wonach die weibliche Daena (das unsterbliche Selbst des Einzelnen) auch als alter Weiser auftreten kann [69]. Auch die Manichäer deuten den in die Materie versunkenen Urmenschen als Weltseele, ψυχὴ ἁπάντων, und (nach AUGUSTIN) als *anima bona* [70]. Diese Weltseele wurde nach CLEMENS VON ALEXANDRIEN durch die Begierde (concupiscentia!) verweiblicht und so in die Welt hinabgezogen (θείαν οὖσαν τὴν ψυχὴν ἄνωθεν ἐπιθυμίᾳ θηλυνθεῖσαν δεῦρο ἥκειν εἰς γένεσιν καὶ φθοράν [71]). Dies ist in Hinsicht darauf wichtig, daß auch in der Aurora die Sapientia als ein weiblicher Geist der concupiscentia zu Beginn des Opus auftrat und schließlich wieder männlich geworden ist.

Der «zweite Adam», der somit identisch mit der Sapientia Dei ist, lädt nun die Söhne (d. h. wohl die Alchemisten) mit den Worten Christi als «Rex coelestis» zum Mahle ein, ein Bibelzitat, welches bei den Kirchenvätern auf die Eucharistie gedeutet wurde. Psychologisch ist diese Stelle insofern bedeutsam, als wir bereits vorher festgestellt haben, daß der Alchemist als auserkorener Sohn der Sapientia Dei andeutungsweise *selber* zum Rex gloriae erhöht worden war und im «Mysterium Coniunctionis» den *männlichen Partner der Sapientia* darstellte. Seither und

creari et fieri et omnia in quibus creatur et fit continere. Und ebda. II, 31: (Deus) quidem se ipse Filium suum, qui est sapientia sua gignit und II, 18: primordiales causae se ipsas sapiunt quoniam in Sapientia creatae sunt aeternaliterque in ea subsistunt (Vgl. W. PREGER, Gesch. der Mystik im M. A. Bd. I. p. 161). Vgl. auch II, cap. 2: ut ipsae primordiales rerum causae a Graecis prototypi h. e. primordialia exemplaria vel prourismata vocantur, eine Lehre, die auch AMALRICH V. BENA übernommen haben soll.

68a. Vgl. R. REITZENSTEIN, Das iran. Erlösungsmyst. a. a. O. p. 22–23.

69. Vgl. ebda. p. 54. In den gnostischen Systemen finden wir hingegen häufiger eine Syzygie vor, z. B. Protanthropos und Barbelo, Logos und Ennoia, Autogenes und Aletheia, Adam und seine Genossin die « γνῶσις τελεία » oder die Kraft des jungfräulichen Pneuma». (Kopt. Evangelium der Maria, C. SCHMIDT, Abhandl. der Berl. Akad. 1896, p. 843 zit. BOUSSET, Gnosis a. a. O. p. 160 ff.) – In der Haeresie des Judenchristen SYMMACHUS ist Adam als anima generalis (Weltseele) gedeutet. (R. REITZENSTEIN, Iran. a. a. O. p. 103, und MIGNE P. L. t. VIII col. 1155.)

70. TITUS V. BOSTRA, I, 29. ALEXANDER V. LYKOPOLIS Cap. 3, AUGUSTIN, De vera rel. 9, zit. nach W. BOUSSET, Gnosis a. a. O. p. 178.

71. CLEM. ALEX. Stromat. III. 13. 93. cit. W. BOUSSET, Gnosis, p. 178.

durch die oben beschriebenen Vorgänge des Hinauswerfens der Erde und der Rückkehr zu einem trinitarischen Bekenntnis hat eine Aufhebung der Identifikation stattgefunden. Die Coniunctio ist an himmlischem Ort in der «vollen Herrlichkeit von Sonne und Mond» sichtbar, das Männliche *und* Weibliche sind im «zweiten Adam» vereinigt, und der Alchemist ist *nur noch Gast beim Mahle. Dies zeigt deutlich, wie sich der Verfasser im Text mit den eingebrochenen Inhalten auseinandersetzt und sich wieder zum christlichen Bekenntnis zurückzufinden versucht.*

486 Durch eine eigentliche Communio erhält hierauf der Alchemist Anteil am unsterblichen Wesen des Filius philosophorum. Jenes selbe eucharistische Mahl war schon in der fünften Parabel angedeutet worden, worin die Sapientia die Alchemisten ebenfalls in ihr Schatzhaus einlud, und «sie werden trunken sein vom Überfluß ihres Hauses». Sie stand am Tor und bat die Leute hereinzukommen mit den Worten des Engels in der Offenbarung: «Siehe, ich stehe vor der Türe und klopfe an, so jemand meine Stimme hören wird und die Türe auftut, zu dem werde ich eingehen, und er zu mir, und ich werde das Abendmahl mit ihm halten, und er mit mir.» Es ist dies das sog. Convivium Christi der Apokalypse, welches schon EPHRAEM SYRUS als einen *Hieros Gamos mit Gott* interpretiert hat [72]. Auch Maria gilt bei den Vätern als «Kellermeisterin der ganzen Trinität, welche vom Wein des Hl. Geistes gibt und spendet, wem sie will und soviel sie will [73]...».

487 Die Gestalt, die bald männlich als «Rex coelestis» oder «Adam coelestis» auftritt, bald auch andeutungsweise als weibliche Sapientia mit dem Alchemisten die Kommunion feiert, ist nach den Schlußworten des

---

72. Hymni et Serm. Bd. II, p. 824, Hymni de Mysteriis Domini nostri: Convivium laudet te, quia multiplicasti vina eius... Inter invitatos gratias agam, quod potu me refecit. *Invitati sponsum coelestem,* qui se demisit, ut omnes invitaret. Ad convivium eius purissimum conviva ingrediar, inter iuvenes gratias agam, quia ipse sponsus est et non est qui ad eius thalamum frustra pulset. – Mit einer *weiblichen* Gottheit feierten speziell die Markosier ein Abendmahl, indem sie den *Heiligen Geist als Mutter anriefen* (W. BOUSSET, Gnosis a. a. O. p. 66–67. (Acta THOMAE): «Komm vollendete Barmherzigkeit, komm... die du die Geheimnisse der Auserwählten kennst... die du Verborgenes enthüllst und Geheimnisvolles offenbar machst, heilige Taube... Komm verborgene Mutter... du Spenderin der Freude... Teil dich uns mit in der Eucharistie, die wir in deinem Namen begehen usw.»

73. Biblia Mariana l. c. Vol. 37, p. 398: Ipsa (sc. Maria) est cellaria totius Trinitatis quae de Vino Spiritus Sancti dat et propinat cui vult et quantum vult.

Kapitels aus der zirkulatorischen Wandlung der vier Elemente entstanden [74]. Der erste oder irdische Adam bestand ebenfalls aus den vier Elementen, aber er war ein Compositum, das leicht wieder zerfallen konnte und darum vergänglich war; der zweite Adam hingegen geht «aus einer einfachen und reinen Substanz» hervor, welche ihm ewiges Bestehen sichert. Diese letztere Substanz aber ist eben als Fünftes (als quinta essentia) aus der Zirkulation der vier Elemente erst allmählich entstanden. Sie ist (nach anderen Texten) *das Leben* und besteht «jenseits der Gegensätze», indem sie letztere alle in sich enthält, sowohl das Männliche, wie das Weibliche und auch alle gegensätzlichen Qualitäten. [75]. Sie ist eine «geistige Erde [76]» – seelische Wirklichkeit schlechthin.

Text: Wer Ohren hat... der höre, was der Geist... vom irdischen und himmlischen Adam sagt, worauf die Philosophen mit folgenden Worten an- 488

74. Dieser Ps.-ARISTOTELISCHE Satz (Vgl. Artis. Aurif. 1610 II, p. 185 u. 163) spiegelt tatsächlich aristotelische Anschauungen wieder, der an eine Wandlung der Elemente ineinander ἐν κύκλῳ ἄνω καὶ κάτω glaubte. Vgl. E. v. LIPPMANN, Alchemie a. a. O. Bd. I, p. 141.
75. Vgl. Expositio ALEXANDRI REGIS, Artis Aurif. 1610, I, p. 245: Virtus retentiva foeminina est frigida et sicca, et est terra; virtus digestiva seu alterativa est masculina, calida et humida et est aer... *quinta essentia vero est vita, quae est propria, nec est calida nec humida nec frigida nec sicca nec masculina nec foeminina*. Vgl. ähnlich SENIOR, De Chemia a. a. O. p. 96.
76. Die Tatsache, daß die Quinta essentia das Geistige ist, erinnert stark an Philonisches Gedankengut, wonach alles Körperliche aus den vier Elementen besteht, das fünfte aber ist die intelligible Seele (ψυχὴ νοερά), welche eine «zirkulierende Substanz» ist (οὐσία κυκλοφορητική); diese ist «stärker als die Vier»; aus ihr bestehen der Himmel und die Sterne, und zum Himmelsäther kehrt daher die Seele wieder als zu ihrem Vater zurück. (Quis. rer. div. heres. 57. 283. Vgl. ferner De Plant. V. 18. Leg. Alleg. III. 55. ferner PHILOSTRAT, Vita Apollonii III. 34. JAMBLICHOS, De Anima = STOBAEUS 1. 49. 32. usw. W. SCOTT, Hermetica a. a. O. III, p. 40 und W. BOUSSET, Gnosis a. a. O. p. 196.) – Im übrigen bezeichnete schon EPIKUR die Seele als eine Mischung (κρᾶμα) aus den vier Dingen: aus einer feuerartigen Qualität, einer luftartigen, einer pneumatischen und aus noch etwas Viertem, Unbenanntem. (PLUTARCH, Adv. Coloten. 20. 4. 118 D, LUCREZ 3. 231–245 und AETIUS ed. DIELS, p. 588. cit. nach SCOTT, Hermetica a. a. O. II, p. 506.) – Auch nach dem *Corpus Hermeticum* ist nicht nur der irdische Mensch aus den vier Elementen geschaffen, sondern ebenso sein unsterblicher göttlicher Teil. Er besteht aus vier Dingen: aus Seele, Sinn, Geist und Vernunft. (W. SCOTT, Hermetica a. a. O. Bd. I, p. 304–305 Vgl. auch den *Asclepius Latinus* ebda. p. 298 und *Isis an Horus* über die ἐμψύχωσις ebda. p. 522.) – In der patristischen Lehre heißt es, daß der regenerierte innere Mensch (homo internus) der Sohn der Luna-Ecclesia und des Sol-Christus aus den vier Elementen von Sonne und Mond bestehe. (Vgl. HUGO RAHNER, Mysterium Lunae, Zeitschr. f. kathol. Theol. 1940, p. 76.)

spielen: Wenn du Wasser aus der Erde, Luft von Wasser, Feuer von der Luft und Erde von dem Feuer erlangt haben wirst, dann besitzest du unsere Kunst ganz und vollkommen.

489 Dieser «zweite Adam», der aus den sublimierten und einsgewordenen Elementen besteht, vereint in sich deren Qualitäten, welche in Gegensatzpaare wie warm und kalt, trocken und feucht, aktiv und passiv zerfallen; auch ist er – wie wir sahen – eigentlich mann-weiblich, d. h. tritt bisweilen als Rex coelestis oder auferstandener Christus – alchemistisch als der Filius philosophorum – auf, bisweilen hingegen spricht er wieder als Sapientia Dei, d. h. alchemistisch als die terra, anima mundi oder foemina. Als Ganzes antizipiert das Bild die völlige Verschmelzung dieser zwei Aspekte, welche das Hauptthema der siebenten und letzten Parabel ausmacht. Was nämlich in der Parabel vom «philosophischen Credo» noch nicht völlig gelang, die Circulatio der *vier* Elemente ohne Aussonderung des Vierten, ist nun möglich geworden – in der Quinta Essentia der unsterblichen Substanz des zweiten Adam sind alle vier Elemente ununterschieden Eins geworden. Diese Restitution ist aber im «Jenseits» verwirklicht und in einem Augenblick, der wohl für den gewöhnlichen Menschen dem Todesmoment gleichkommt. Der bisherige Mensch, der «erste vergängliche Adam und seine Söhne» steht hier noch erst an der Schwelle – aber der nächste Schritt, zu dem der ganze Prozeß hintendiert, bedeutet, daß auch *er* in das Unsterbliche aufgenommen würde.

KOMMENTAR ZUR SIEBENTEN PARABEL
(12. KAPITEL)

490 Die letzte Parabel «Vom Liebesgespräch des Liebenden mit seiner Geliebten» lehnt sich sowohl in der Komposition, als auch durch den größten Teil ihrer Zitate aufs engste an das Hohelied an. Die Kirche faßt jenes biblische (ursprünglich wohl babylonische [1]) Liebeslied gewöhnlich als ein Gespräch Christi mit der Seele oder Ecclesia oder als

---

1. Vgl. W. WITTEKINDT, Das Hohe Lied und seine Beziehungen zum Istarkult. Hannover 1925 passim.

«Vergnügung des Hl. Geistes ²» auf, und ORIGENES sagt in einer Predigt sehr schön, daß man zuerst Ägypten verlassen und das Rote Meer durchschritten haben müsse, bevor man das Hohe Lied deuten könne. Er selber habe die «geistige Wüste» durchzogen... bis er in die Nähe des verheißenen Landes gekommen sei, um an den Ufern des Jordans stehend das «Lied» zu singen ³. Wieviel Sprechende in diesem Lied seien, wisse er nicht genau, aber auf sein Gebet hin habe ihm Gott offenbart, daß es *vier* seien (!): Bräutigam und Braut, sein Chor der Jünglinge und ihr Chor der Jungfrauen ⁴.

Der Verfasser der Aurora, der die kirchliche Auffassung zweifellos kannte ⁵, verwendet das Lied zur Verherrlichung «seiner» Coniunctio. Wie im Hohelied selber, sprechen abwechslungsweise bald der Bräutigam, bald die Braut. Der Übergang von der Rede des einen zu der des anderen ist oft recht unklar, wie wenn beide Gestalten – wie Stimmen – direkt aus ihrer Ununterschiedenheit sprächen, d. h. aus einer wechselseitigen Kontamination, wie sie für unbewußte Inhalte charakteristisch ist. Psychologisch ist es bemerkenswert, daß noch immer, nach so vielen Reinigungsprozeduren, die Parabel wieder mit der Nigredo beginnt. Offenbar war das Auftreten des «Rex gloriae» zu Ende der vorhergehenden Parabel allzu überwältigend, wodurch der Autor von neuem ins Dunkel geriet. Dazu paßt die Undeutlichkeit des sprechenden Subjektes, welche in den vorhergehenden Textpartien im Gegensatz zum Anfang fast völlig aufgehört hatte. Diese erneute Verdunkelung des Bewußtseins dürfte durch die Communion des göttlichen «zweiten Adam» mit dem Menschen am Ende der letzten Parabel bewirkt worden sein.

Text: Wendet euch zu mir von ganzem Herzen und verwerfet mich nicht, darum weil ich schwarz bin und dunkel; denn die Sonne hat mich so verbrannt; und die Abgründe haben mein Antlitz bedeckt, und die Erde ist verdorben und verunreinigt in meinen Werken...

2. HIPPOLYTOS, Kommentar zum Hohenlied, ed. BONWETSCH und NATHAN in: Texte und Untersuchungen zur Geschichte der alt-christl. Lit. (ed. Gebhardt-Harnack) 23. Bd. 8. Leipz. 1903, p. 21.
3. In Cant. Cant. Homil. I. 1–2.
4. ebda.
5. Vgl. u. a. HONORIUS VON AUTUN, Speculum de myst. Eccles. Migne P. L. tom. 172, col. 1065.

493 Zu Beginn der Parabel spricht anscheinend die Braut bzw. die materia oder anima primae materiae, die foemina (nigra sum), und sie fleht um Hilfe und Erlösung [6]. Sie ist aber zugleich, wie das Zitat aus JOEL andeutet [7], *mit Gott identisch* (!). Dies ist eine der Stellen, in welcher am unmittelbarsten jene sonst öfters dunkel angedeutete Gleichsetzung ausgesprochen ist, wonach Gott oder wenigstens ein weiblicher Teil desselben als erlösungsbedürftiger Geist oder Seele im Stoffe erscheint und des Erlösungswerkes *durch den Menschen* wartet [8]. ORIGENES setzt die schwarze Braut des Hohen Liedes mit Mirjam, der zweiten Gattin des Moses, in eins [9] und auch mit Maria in ihrer «Überschattung» durch Gott [10]. Alchemistisch gesehen verkörpert die schwarze Frau die Nigredo, die dunkle «umbra Solis» oder den durch die Sonne verdunkelten Neumond [11]; ein Motiv, für dessen psychologische Bedeutung ich auf die obigen Ausführungen von JUNG verweisen kann [12].

494 Text: ... indem Finsternis ward über ihr, da ich versunken bin im Schlamme der Tiefe und meine Substanz nicht erschlossen worden ist. Daher rufe ich aus der Tiefe, und aus dem Abgrund der Erde spricht meine Stimme zu euch allen, die ihr vorübergehet auf dem Wege...

6. Vgl. *Aquarium Sap.* Musaeum Hermet. 1678 a. a. O. p. 117: ... ob nigrum (Cant. 1. Niger ego sum) suum colorem corvi caput appellaverunt. Ita siquidem Christus ipse (Esa 53) deformis omnino speciei omnium vilissimus etc.
7. Bekehret (wendet) euch zu mir...
8. Vgl. zu diesem Problem C. G. JUNG, Psychologie und Alchemie, p. 425, Kap. Das Erlösungswerk.
9. Vgl. C. G. JUNG, Aion l. c. p. 303 ff.
10. Vgl. in Cant. Lib. II. Anfang.
11. Die kirchliche Deutung ist die Schwärze der Sünde über der Kirche. (HIPPOLYTOS, Kommentar zum Hohenlied a. a. O. p, 35.) Die Sonne ist «das Licht der Welt» (MEISTER ECKHARDT, Werke ed. Büttner Bd. II, Jena 1923, p. 93) oder Christus, der die Kirche ihrer Sünden überführt (GREGORIUS MAGNUS, Expos. in Cant. Cant. C. 1, Opera 1636, Paris tom. II col. 8): anima sancta turpitudinem peccatorum suorum perspicit. Vgl. auch HONORIUS VON AUTUN, Expos. in Cant. Cant. Migne. P. L. tom. 172 col. 367–369. In Homil I. 6. deutet ORIGENES diese Stelle dahin, daß die Braut gerade im Begriff sei weiß zu werden. In der lat. Übersetzung des RUFIN und HIERONYMUS lautet dies (ich citiere Latein, weil der Autor der Aurora vermutlich eher diese Version kannte): Quia vero necdum omni peccatorum sorde purgata necdum lota est in salutem «nigra» dicitur sed in atro colore non permanet: fit et candida. Itaque quando ad maiora consurgit ... dicitur de ea: «quae est ista quae ascendit dealbata?» (Man beachte die sprachliche Nähe zur Aurora!) Im Abstieg sei die Braut schwarz, im Aufstieg aber werde sie weiß. (ebda. In Cant. Lib. II.)
12. Myst. Coni. Vol. I, p. 141 ff.

In den Worten «Finsternis ward über ihr» ist auf die Kreuzigung Christi hingewiesen, bei welcher bekanntlich Sonne und Mond verdunkelt wurden, und die auch selbst als die Neumondkonjunktion des Sol-Christus mit der Luna-Ecclesia interpretiert wurde.

Text: «Habet acht und schauet mich an, ob jemals einer von euch jemand fand, der mir gleicht, so will ich ihm den Morgenstern in die Hand geben. Denn siehe des Nachts auf meinem Lager suchte ich einen Tröster und fand keinen, ich rief und niemand gab mir Antwort.» – «Daher will ich aufstehen und herumgehen in der Stadt...»

In erschütternden Worten fleht die Anima um Hilfe – aber in den Sätzen «Daher will ich aufstehen» usw. ist unmittelbar darauf der Bräutigam der Sprechende und *er* ist der Begrabene, der die befreiende Jungfrau sucht. Trotzdem ist nicht zu übersehen, daß der Übergang von der Rede des Einen zu derjenigen des Andern kaum merklich ist, so daß man versucht ist zu denken, es sei dieselbe Figur, die bald als Mann und bald aus Frau spricht – ähnlich wie oft schon vorher die weibliche Sapientia Dei mit dem Hl. Geist, Christus oder Gott verschmolz. Psychologisch erhält man den Eindruck, daß der Verfasser in einem Zustand unmittelbaren Kontaktes mit dem Unbewußten die Stimme jener Gestalt oder zwei Gestalten aus sich heraussprechen ließe, wie er sie hört, ohne selber sein Ich darin irgendwie hineinzubringen, wie wenn er mit dem Unbewußten wieder identisch geworden wäre. Der Text wirkt in späteren Partien zeitweise so, als ob er sich mit dem im Grab um Hilfe rufenden Bräutigam identisch fühlte, obwohl dieser Begrabene selber, wie gerade das nächste Textstück andeutet, eine unpersönliche und objektive Gestalt ist.

Text: «... in den Gassen und Straßen will ich suchen, daß ich mir eine reine Jungfrau vermähle, schön von Antlitz, schöner von Wuchs und noch schöner von Kleidung, damit sie den Stein von der Türe meines Grabes wälze...»

Der männliche Partner ist, wie nun hervorgeht – alchemistisch gesprochen – das Corpus oder auch der Geist (als Corpus), die «Leiche», welche wiederbelebt wird. So nämlich ruft auch der Leichnam (νεκρός) in den Carmina HELIODORI [13]: «Wo ist die lebende Seele (ζῶσα ψυχή),

---

13. Carm. IV Vers 240 ed. Goldschmidt a. a. O. p. 57.

die sich von mir getrennt hatte... o wasche mich, auf daß ich wiederum ein lichtes Haus werde... für den Geist und die gereinigte Seele.»

500 Text: ... und sie wird mir Flügel geben wie die der Taube, und ich werde mit ihr am Himmel dahinfliegen. Da werde ich sagen: Ich lebe ewiglich und werde in ihr ruhen, da sie mir zur Rechten steht in goldenem Gewande, gehüllt in bunte Pracht.

501 Aus diesem Zusammenhang wird verständlich, daß die Braut ihrem Geliebten Flügel leiht, «wie die der Taube», d. h. sie verleiht dem Körperwesen ihre eigene Volatilität, durch die er nun zum Himmel emporsteigt [14]. Ähnlich sagt SENIOR: «Weil die weiße Frau flüchtig ist, aber der rote Mann sie verfolgt und zurückhält, haben die Philosophen gesagt: ‚Die Frau hat Flügel, der Mann hingegen nicht [15].'»

502 Text: Höre also, oh Tochter, sieh und neige dein Ohr meinen Bitten, denn ich habe mich von ganzem Herzen nach deiner Schönheit gesehnt. Denn ich rede in meiner Sprache: Tue mir kund mein Ende und welches die Zahl meiner Tage sei, auf daß ich erkenne, was mir mangelt, denn alle meine Tage hast du begrenzt, und meine Substanz ist wie nichts vor dir.

503 Daß der Mann wirklich gegenüber der volatilen Anima den Körper bzw. das Corpus glorificatum darstellt, geht aus diesen letzten Worten deutlich hervor. Erst durch die Seele erhält er das ewige Leben. In ähnlicher Art schildern die manichäischen Texte eine postmortale Vereinigung von Leib und Seele; dem zum Himmel aufsteigenden Toten kommt seine himmlische Hälfte als alter Weiser oder als weibliche

---

14. Vgl. auch JO. DE MENNENS, Theatr. Chem. 1622, Bd. V, p. 311: Unde Propheta exclamat: Quis dabit mihi pennas ut columbae videlicet cogitationes contemplationesque immaculatas ac simplices et volabo et requiescam? Quis nisi pater coelestis? Quare inquit Christus: Nemo venit ad me nisi pater meus traxerit eum et tum videlicet cum perfecerit *integrum circulum*, et erit Deus omnia in omnibus ut semper fuit.

15. De Chemia a. a. O. p. 123. Vgl. auch MERCULINUS im *Rosarium* (Artis Aurif. 1610 II p. 242): Der Stein... trägt Flügel und ist der Mond, der allein mehr als alle leuchtet. Der Zustand der volatilitas ist bei SENIOR durch Adler dargestellt, vgl. hiezu die Anspielung der Aurora auf das apocal. Weib, das Flügel hat «wie eines großen Adlers» (Apoc. 12. 14) AUGUSTINUS verglich die verklärte Ecclesia einem jungen Adler« der hochfliegt wie einst». (Enn. in Ps. 102, 9. cit. H. RAHNER, Myst. Lunae Ztschr. f. Kath. Theol. 64. Jahrg. 1940, p. 130 Anm. 59) – Vgl. zum Motiv des Geflügelten und Ungeflügelten auch den Ausspruch des ZOSIMOS (BERTHELOT, Coll. Alch. Grecs III, XXVIII. Vol. I, p. 196–197): Wenn nicht zwei eins werden d. i. wenn nicht das Fliehende das Nichtfliehende besiegt, dann wird die Erwartung zu nichts. (cf. item III. XXIX. Vol. I, p. 201.)

Lichtgestalt (Daena) entgegen und bezeichnet ihn als Corpus [16]. «Der Geist ist», wie R. REITZENSTEIN betont [17], «gleichsam ein niedrigerer Seelenteil, welcher der eigentlichen Seele als eine Art Körper dient [18].»
In christlicher Auslegung ist derselbe alchemistische Prozeß ausführlich bei PETRUS BONUS beschrieben [19]: «... beim Ende der (alchemistischen) Operation, wenn die Seele entsteht, so sucht sie ihren Körper, um sich mit ihm zu vereinen und Leben und Wirksamkeit zu erlangen, und diese Vereinigung geschieht durch Vermittlung des Geistes, und wenn die Seele mit dem Körper verbunden ist, lebt sie ewiglich mit ihm zusammen. Diese Vereinigung geschieht aber bei dem Entstehen und der Auferstehung der Seele, denn obwohl sie früher (als der Körper) geschaffen war, konnte sie mit dem Körper zusammen infolge von dessen Verderbtheit und Verweslichkeit nicht ihre eigentlichen unzerstörbaren Funktionen ausüben; sie lag vielmehr gleichsam tot und unnütz da, sozusagen mit dem Körper mitbegraben, und (erst) wenn sie durch das Magisterium gereinigt und weiß gemacht ist, erhebt sie sich getrennt vom Körper, und dann ist auch ihr Körper gereinigt worden, und sie sucht ihn und will ihn mit sich verbinden; damit sie ewig lebe... Weil unsere Seele entstanden ist am Horizonte der Ewigkeit [20], bevor sie mit

504

---

16. R. REITZENSTEIN, Die iran. Erlös. a. a. O. p. 4–5. Vgl. ferner p. 31, 28 ff.
17. Ebda. cit. p. 4–5.
18. Eine ähnliche Auffassung findet sich auch bei den Mandäern. ebda. p. 50 (Genza 1. 111. 24 ff): «Ich bin ein großer Mana, der ich im Meere wohnte, Ich wohnte im Meere bis man mir Flügel bildete, bis man mir bildete Flügel, bis ich ein Geflügelter wurde. Bis ich wurde ein Geflügelter, und ich meine Flügel zum Lichtort erhob.»
19. Pret. Marg. Nov. a. a. O. p. 120 ff.: «Videndum est quod in magisterio et termino operationis, cum oritur anima ipsa, quaerit corpus suum, ut uniatur cum eo et recipiat vitam et operationem; et unio ista et compositio fit mediante spiritu; et cum coniuncta fuerit corpori vivit in aeternum cum suo corpore; haec autem coniunctio fit in ortu et resurrectione animae, quia quamvis prius creata esset, cum suo corpore tamen propter inquinationem corporis et corruptibilitatem non poterat anima suas proprias et incorruptibiles ostendere operationes, immo tamquam mortua et inutilis iacebat et quasi cum corpore tumulata et quando per magisterium ipsa purificatur et candidatur, resurgit a suo corpore separata et, tunc suum corpus est etiam purificatum et ipsa quaerit suum corpus et desiderat coniungi sibi ut in aeternum vivat nec potest coniungi cum corpore alieno... quod anima nostra orta est in Orizonte aeternitatis antequam suo corpori uniatur... et in hac coniunctione resurrectionis fit corpus totum spirituale ut ipsa anima, et fiunt unum sicut aqua mixta aquae et non separantur de caetero in aeternum cum in eis nulla sit diversitas, immo unitas et identitas omnium trium scil. spiritus, animae et corporis absque separatione in aeternum.
20. Dies ist ein Satz aus dem sog. *Liber de Causis;* vgl. BARDENHEWER, Die ps. aristotelische Schrift Über das reine Gute: Liber de Causis, Freiburg i. Br. 1882.

dem Körper eins wird ... und in dieser Auferstehungsvereinigung wird der Körper völlig geistig, wie die Seele selber, und sie werden Eines, wie wenn man Wasser mit Wasser mischt, und werden von da an in Ewigkeit nicht mehr getrennt, da in ihnen keine Verschiedenheit mehr ist, sondern Einheit und Identität von allen Dreien, d. h. Geist, Seele und Körper, ohne Scheidung in Ewigkeit.»

505 Psychologisch scheint hier eine weitere Integrationsstufe des Selbst vorzuliegen. Zuvor handelt es sich wesentlich um die Befreiung der Anima aus dem Stoff, d. h. um die Rücknahme ihrer Projektion und ihre Verwandlung in eine Beziehungsfunktion zum Unbewußten. Dadurch wurde das Selbst als «Rex gloriae» und «zweiter Adam» sichtbar. Nun aber ist ein neues Problem konstelliert: die Befreiung des Körpers selber, in welchem die «gefallene Sophia» vorher eingesperrt war – d. h. das Problem der «Unio corporalis», wie DORNEUS diese Phase des Opus nannte [21]. Nach Ansicht des letzteren muß zunächst das archetypische Symbol des Körpers destilliert werden, bis eine blaue Flüssigkeit entsteht, und die parallele Aktion in unserm Text besteht in einer Volatilisierung oder Sublimierung des Körpers, die dadurch geschieht, daß die Braut ihm Flügel verleiht und ihn königlich einkleidet. Der Gegensatz von «Körper» und «Geist» wird dabei aufgehoben. Bedeutsam ist z. B. in diesem Zusammenhang die Auffassung der Auferstehung bei JOH. SCOTUS ERIGENA [22], welcher sagt: wie Eisen im Feuer zu Feuer wird ohne sein Wesen zu verlieren, so wird die Körpersubstanz in Seelensubstanz übergehen, in eine «melior substantia», welche rein geistig und geschlechtslos ist. Der Leib Christi ist nach der Verklärung doppelgeschlechtlich. Nach der Auflösung in die vier Elemente entsteht der Leib wieder neu aus denselben [23]. Eine ähnliche Auffassung vertraten auch verschiedene neumanichäische Sekten [24].

506 Nach der adunatio (Einswerdung) der zwei Geschlechter folgt sofort auch (nach JOH. DUNS SCOTUS und nach Auslegung der Amalricianer) die Einswerdung des Diesseits mit dem Paradies [25].

21. Vgl. JUNG, Myst. Coni. II p. 259 ff.
22. Migne P. L. tom. 122, De divis. naturae II. 28, 8a, ebda. I, 10.
23. Vgl. W. PREGER, Geschichte der Mystik im M. A., l. c. Bd. I, p. 164.
24. Vgl. HAHN, Ketzergeschichte a. a. O. Bd. II, p. 107, 108, 109, 110. Sie glaubten an eine adunatio sexuum.
25. Vgl. JOH. SCOTUS ERIGENA II. c. 8: et quoniam post adunationem hominis h. e. duplicis sexus in pristinam naturae unitatem in quo neque masculus neque foemina sed simpliciter homo erat confestim orbis terrarum adunatio ad paradisum.

Nach der oben angeführten Interpretation JUNGs des Lapis als kompensatorische Figur zu Christus fährt er fort [26]: «In richtiger Ahnung der spirituellen Einseitigkeit des Christusbildes hat die theologische Spekulation sich schon früher mit dem Körper Christi, d. h. mit seiner Materialität beschäftigt und das Problem mit der Hypothese des Auferstehungsleibes vorläufig gelöst. Weil dies nur eine vorläufige und deshalb nicht restlos befriedigende Antwort war, so hat sich das Problem folgerichtigerweise mit der ‚Assumptio B. V. Mariae' wieder erhoben und hat zunächst zum Dogma der ‚conceptio immaculata' und sodann zu dem der ‚assumptio' geführt.»

In unserem Text sind nicht nur deutliche unbewußte Antizipationen dieser Entwicklung feststellbar, sondern gewisse symbolische Hinweise gehen sogar noch über sie hinaus und führen jene alchemistische Idee der «physisch gewordenen Gottheit [27]» noch weiter aus bis zu einer Einbeziehung jedes einzelnen physischen Menschen, der zum Ort einer Inkarnation der Gottheit wird.

Insofern der Körper auch ein Symbol für die individuelle Begrenzung der bewußten Persönlichkeit bedeutet, kann man seine Auflösung in unserem Text psychologisch als ein Eingehen oder Aufgehen des bewußten Individuums im Unbewußten auffassen, und dies wird hier positiv als eine Erlösung aus dem «Grab» der bewußten Begrenzungen erlebt, als der Augenblick des Einswerdens mit der inneren Ganzheit, in der keine Gegensätze mehr bestehen [28]. Nach der christlichen Auffassung findet diese Einswerdung erst nach dem Tode bei der Auferstehung des glorifizierten Leibes statt.

Auf das Motiv der Auferstehung ist auch in unserem Text schon vorher hingewiesen worden, als der Geliebte bat, die Jungfrau möge den Stein von seines Grabes Tür wälzen, womit auf die Auferstehung Christi angespielt ist. Diese Andeutung läßt sich zugleich mit dem Motiv der früheren Parabel vom Zerbrechen der «ehernen Höllenpforten» vergleichen (Ps. LXX, 16), welche Psalmstelle meistens von den Kirchenvätern auf den Aufenthalt Christi im Limbus gedeutet wurde [29]. Der

---

26. Von den Wurzeln des Bewußtseins l. c. p. 197/198.
27. Vgl. JUNG, ebda. p. 210
28. Über dieses Erlebnis vgl. C. G. JUNGs Vorwort zu W. Y. EVANS-WENTZ: The Tibetan Book of the Great Liberation. Oxford 1954, bes. p. XLV und LIII.
29. Vgl. dasselbe Motiv bei HIPPOLYTOS, Comm. zum Hohen Lied a. a. O. p. 60 ff.

begrabene Herr ist nach CYRILL VON JERUSALEM gleichsam ein «Stein im Stein», ein geistiger Stein vom Grabstein bedeckt. Durch sein Begrabensein wird das Lebensreis in die Erde gepflanzt [30], und die verfluchte Erde wird dadurch abgewaschen, damit die Toten erlöst werden. Solche Formulierungen konnten leicht auch alchemistisch verstanden werden. Aber nicht nur Christus, auch die Sophia macht manchmal einen solchen Descensus ins Erdinnere durch. In einem lateinischen Fragment zu Jesus Sirach XXIV, 32 [31] unternimmt die Sapientia Dei selber eine solche Hadesfahrt: «Ich (die Weisheit) werde alle Gegenden tief unter der Erde durchdringen und werde alle Schlafenden heimsuchen und werde erleuchten alle, die auf den Herrn hoffen [32].» Ein ähnliches Bild findet sich in den sogenannten *Oden Salomos,* wo «das lebendige ewige Wasser des Herrn» zu den Toten belebend herabsteigt und sie verklärt emporträgt. Sie steigen «durch den Tau des Herrn» zur «Wolke des Friedens» empor. Wie E. VON LIPPMANN bereits erkannte [33], gleicht dies auffallend der alchemistischen Vorstellung der ἀναζωπύρωσις, wie sie KOMARIOS [34] (ebenfalls im Zusammenhang mit dem Hieros Gamos) beschreibt [35]: «Siehe mitten im Gebirge unter dem Männlichen, dort liegt seine Gefährtin, mit der er sich eint und an der er sich freut. Und es freut sich die Natur in der Natur und eint sich mit nichts, das außerhalb von ihr ist... Sehet, o ihr Weisen und versteht: seht die Erfüllung der Kunst, in welcher Braut und Bräutigam vereint und Eines geworden sind!» – «Und wenn dann die Seele (ψυχή) und der Geist (πνεῦμα) geeint sind und Eines geworden sind..., wirst Du das Gold haben, das nicht einmal die Schatzkammern der Könige enthalten. Siehe, dies ist das Mysterium der Philosophen...» Hiebei wird der Geist körperhaft,

30. (Christus sagt) ὁ λίθος ὁ ἀκρογωναῖος, ὁ ἐκλεκτός, ὁ ἔντιμος ἐνδοτέρῳ λίθου κεῖμαι πρὸς ὀλίγον χρόνον, λίθος προσκόμματος Ἰουδαίους καὶ σωτήριος πιστεύουσιν. ἐνεφυτεύθη τοίνυν τὸ ξύλον τῆς ζωῆς ἐν τῇ γῇ ἵνα ἀπολαύσῃ τῆς εὐλογίας ἡ καταραθεῖσα γῆ καὶ λύθωσιν οἱ νεκροί. Katech. 13 cap. 35. Werke ed. J. Rupp München 1860. II p. 96.
31. Vgl. W. BOUSSET, Gnosis a. a. O. p. 256–258.
32. Vorbild hiezu ist die bekannte Unterweltsfahrt der Ištar.
33. Alchemie a. a. O. Vol. I, p. 222.
34. Komar.: Syrisch: «Priester». Die Schrift gehört nach JUNG etwa ins erste nachchristliche Jahrhundert. Vgl. hingegen E. v. LIPPMANN, Alchemie a. a. O. II, p. 33. Vgl. R. REITZENSTEIN. Das Iranische Erlösungsmysterium, l. c. p. 167.
35. BERTHELOT, Coll. Alch. Grecs. IV. XX. 13. Vol. I, p. 294 ff. Vgl. hiezu auch R. REITZENSTEIN, Nachrichten der Gesellsch. der Wissensch. in Göttingen 1919, p. 17 z. 123 und Das Iranische Erlösungsmysterium a. a. p. 6.

und *das Tote wird beseelt und nimmt den aus ihm einst extrahierten Geist wieder auf*, und nun «herrschen sie und lassen sich gegenseitig beherrschen». – «Wenn das dunkle Pneuma (πνεῦμα τὸ σκοτεινόν [36]) vertrieben ist... dann wird der Körper erleuchtet werden [37] und nun freuen sich Seele und Geist, da die Finsternis vom Körper gewichen ist. Wach auf vom Hades, steh auf aus dem Grabe und erhebe dich aus der Finsternis... Das Heilmittel des Lebens (φάρμακον τῆς ζωῆς [38]) ist zu Dir eingegangen. Und der Geist freut sich, wieder im Körper zu weilen, wie auch die Seele... ihn nun liebt, da er erleuchtet wurde; und sie lassen sich nicht mehr scheiden in Ewigkeit [39].» Auch bei ZOSIMOS ist die Coniunctio zugleich eine Wiedergeburt (παλιγγενεσία [40]) und Auferstehung (τὰ νεκρὰ σώματα ἐμψυχοῦνται [41]). Wie ich a. a. O. nachzuweisen beabsichtige, ist die alchemistische Vorstellung einer «chemischen» Herstellung des Auferstehungsleibes und eines Unsterblichkeitsmittels aus den Einbalsamierungsriten und dem Osiris-Totenritual Ägyptens hervorgegangen. Von allem Anfang an war daher die Vorstellungswelt der Alchemie mit dem Problem des postmortalen seelischen Zustandes beschäftigt und mit Aussagen verknüpft, deren metaphysische Gültigkeit zwar wissenschaftlich nicht nachgewiesen werden kann, welche aber intuitiv richtige Antizipationen des Todeserlebnisses sein könnten. Diese Aussagen betreffen eine Wirklichkeit, welche jedenfalls vom Zustande des im Leben stehenden Menschen und den Prozessen in seinem Ichbewußtsein weitab liegen.

Die Vorstellung des Hierosgamos als eines postmortalen Vorganges geht durch die ganze Geschichte der alchemistischen Symbolik hindurch und findet sich daher auch bei den arabischen Alchemisten, welche die Quellen der Aurora bilden, wieder. So heißt es in der *Turba* [42], die «res»

36. Die «horridae tenebrae» unseres Textes.
37. φωτίζεται τὸ σῶμα.
38. Vgl. auch die Totenbelebung durch das Pharmakon Zoēs im «Schreiben des *Ostanes an Petesis*». Vgl. LIPPMANN, Alch. a. a. O. I, p. 67.
39. Diese Einheit wird beschrieben als die Lichtstatue, die aus dem Feuer kommt. (p. 298–299). Vgl. hierzu W. BOUSSET, Gnosis a. a. O. p. 34–35 über die Parallelität dieser Statue zur Naassenischen Auffassung über den Leib Adams und ebenso die mandäischen Parallelvorstellungen.
40. BERTHELOT, Coll. Alch. Grecs. III. XXXIV. 2. Vol. I, p. 206. Vgl. auch ebda. III. XL. 2. Vol. I, p. 211.
41. Ebda. III. LVI. 3. Vol. I, p. 252. (Vgl. auch p. 251.) Vgl. III. VIII. 2. Vol. I, p. 142: «Versage den Toten nicht zur Auferstehung (ἀνάστασις) zu gelangen.»
42. a. a. O. p. 139.

(Sache) werde wie ein Mensch begraben, und dann gäbe ihr Gott Seele und Geist zurück, und sie stärke sich und werde nach der Zersetzung geläutert, so wie auch ein Mensch nach der Auferstehung stärker und jünger werde, als er einst auf Erden war. Und bei CALID [43] heißt es: «Das Verborgene ist von der Natur der Sonne und des Feuers... und ist das ewige Wasser, das immer lebt... und der Essig der Philosophen und ein durchdringender Geist, und es ist etwas verborgen Färbendes, Einigendes und Wiederbelebendes, *das wieder aufrichtet, und erleuchtet alle Toten und sie auferstehen läßt.*»

512 Der Auferstandene steht nach der Aurora zur Linken der Königin, die ihm «in goldenem Gewande, gehüllt in bunte Pracht» erscheint. Diese Gestalt, die Regina der Alchemie, ist wieder die Sapientia der früheren Kapitel, die Anima in ihrer glorifizierten (aus uneigentlichen Zusammenhängen befreiten) Endgestalt. Sie steht zur Rechten des Bräutigams – d. h. letzterer ist im Verhältnis zu ihr tiefer im Unbewußten verborgen, eine dem Bewußtsein noch fremdere Gestalt als die Anima. Er ist ja auch der Körper, dem nach christlicher Auffassung ein geringerer Wert als der Seele zukommt.

513 Beim Jüngsten Gericht und beim «Anbruch des großen Sabbath» in der Auffassung des GIOACCHINO DA FIORI wird die Glorie der Gerechten so erscheinen, wie die Königin, die in goldenem Gewand neben dem König steht. Der lateinische Wortlaut ist ähnlich wie derjenige der Aurora: Tunc apparebit justorum gloria quasi sol in regno patris eorum consummatisque ad integrum muris Hierusalem et universo numero electorum (auch in der Aurora ist auf die Erfüllung der Zahl der electi bis zum Ende verwiesen!) dei apparebit gloriosa et felix sedens quasi regina a dextris dei in vestitu deaurato circumamicta varietate. Dabit autem illi dominus deus partem gloriae suae et regnabit cum illa (vgl. die Worte in der Aurora et regnabo cum illa!) usque in aeternum et regni eius non erit finis. Amen [44]. (Dies sind wörtlich die Schlußworte des fünften Kapitels der Aurora.)

---

43. *Liber trium verborum*, Artis Aurif. 1610 I p. 227. Et istud occultum est de natura Solis et ignis et est pretiosissimum oleum omnium occultorum et tinctura viva et aqua permanens, quae semper vivit et permanet et acetum Philosophorum et spiritus penetrativus: et est occultum tingitivum, aggregativum et revivificativum: quod rectificat et illuminat omnes mortuos et surgere eos facit. Vgl. ähnlich die *Turba* a. a. O. p. 148–149.

44. Expositio in Apocalypsin. cit. nach CHR. HAHN a. a. O. Vol. III, p. 341: «Dann wird die Glorie der Gerechten wie die Sonne erscheinen in ihres Vaters Reich, wenn die

Text: Du bist es nämlich, die eingehen wird durch mein Ohr, durch mein 514
Gebiet, und ich werde gekleidet werden in ein Purpurgewand, (das) aus dir
und aus mir stammt, und werde hervorkommen wie ein Bräutigam aus seiner
Kammer...

In dieser Partie findet sich ein merkwürdiges Detail: Die Seele geht 515
durch das Ohr in den Auferstehungsleib ein. Es handelt sich wohl um
eine Anspielung auf die kirchliche Idee der «Conceptio per aurem», wonach der Hl. Geist als «Wort» in Marias Ohr eindrang und so Christum
zeugte. So sagt z. B. ISAAK VON ANTIOCHIA [45]: «Durch das Ohr (scil.
Mariens) drang der Geist ein und durch den Leib ist die körperliche
Erscheinung (Christi) hervorgekommen.» Auch EPHRAEM SYRUS sagt
von Christus [46]: «Er ist durch das Ohr eingedrungen und wohnte heimlich im Mutterleib.» Durch die Anspielung auf solche kirchlichen Vorstellungen will der Autor der Aurora vermutlich in erster Linie andeuten, daß es sich bei der Auferstehungsconiunctio zugleich um *eine Inkarnation des Logos oder der Gottheit handle* [47]. Zugleich ist damit das
Spirituelle und Übernatürliche der Coniunctio ausgedrückt.

Nachdem die Seele in den Körper einging bzw. sich die Braut mit 516
dem Bräutigam vereinigte, kleidet sie ihn in ein Purpurgewand:

Text: Denn du wirst mich mit funkelnden Edelsteinen von frühlinghafter 517
Frische schmücken und mir anziehen die Gewänder des Heils und der Freude
zur Bezwingung der Stämme und aller Feinde. Du wirst mich auch mit der
goldenen Krone aller Völker und Nationen schmücken, versehen mit dem
Zeichen der Heiligkeit.

Mauern Jerusalems und die Gesamtzahl der Auserwählten Gottes wieder völlig restituiert sind, ruhmreich und selig wie eine Königin zur Rechten Gottes sitzend in goldenem und buntem Gewand. Und Gott der Herr wird ihr einen Teil seiner Glorie verleihen und mit ihr regieren in Ewigkeit, und ihres Reiches wird kein Ende sein. Amen.»
45. Opera omnia ed. Bickell. Gießen 1873. Bd. I p. 60: Nisi (Christus) Deus erat, quomodo per aurem intrare potuit? ... Per aurem enim spiritus intravit et e ventre caro egressa est. Vgl. auch JOH. DAMASCENUS, De fide orthod. IV 14: Ac conceptio quidem per auditum facta est und EUTHYMIUS ZIGABENUS, Migne P. G. 130 col. 1302. Vgl. ferner AGOBARDUS, Bischof v. Lyon: *De Psalmodia 8.* (Opera, tom. I): Verbum intravit per aurem Virginis et exivit per auream portam. (Daher wohl die Version D): auream portam für aurem.
46. Hymni et Serm. ed. Th. Lamy 1886, Bd. II p. 570: «Ingressus est per aurem et secretum in utero habitavit.»
47. Dies liegt auch im Motiv der Bekleidung. Vgl. z. B. BERNARDUS CLUNIACENSIS, De visitatione Beatae Mariae Virginis (Zoozmann p. 256) Hac in domo, *Deus homo fieri disposuit. Hic Absconsus Pius Sponsus Vestem suam induit.*

518 Für die Bedeutung der Krone kann ich auf die Ausführungen von JUNG verweisen [48]. Sie ist als weibliche Substanz [49] ein Bild für die Anima oder nach unserem Text der Terra oder des Körpers, so daß hier nun gleichsam die Rollen vertauscht sind; letzten Endes sind nämlich beide Gegensätze jeweils Beides [50]. Auch im sog. *Tractatus aureus Hermetis* [51] erscheint der Lapis als gekrönter König (rex coronatus), «welcher aus dem Feuer kommt... *dann ist der Tod überwunden*, und der Sohn herrscht *in der roten Toga* und hat den Purpur angetan [52]». – Bei der Bekrönungsszene unseres Textes hüllt die Braut ihren Freund in ein Purpurgewand, «das aus ihm und aus ihr stammt». Damit ist alchemistisch die Rubedo gemeint, worauf schon ein SENIOR-Zitat der vierten Parabel hinwies: «Er leuchtet wie ein Rubin durch die färbende Seele, welche er durch die Kraft des Feuers erhielt [53].» Dies ist die gesuchte «unveränderliche Farbe» (color invariabilis), deren Entstehung die *Turba* der Anima als einem «spiritus tingens» zuschreibt [54]: «Es entsteht die wertvollste Farbe, welche nicht ⟨mehr⟩ wechselt und dem Feuer standhält, *dann, wenn die Seele ins Innerste des Körpers eindringt*, faßt sie ihn zusammen und färbt ihn.» – «O wunderbare Natur, die die übrigen Naturen färbt, o himmlische Naturen, welche die Elemente... verwandeln [55]!» Diese «anima tingens» ist, wie es a. a. O. heißt, von spiritueller Natur [56], und sie gleicht sich den Körper an, so daß auch er

---

48. Vgl. Myst. Coni. II, p. 135 ff.

49. Vgl. *Exercit. in Turbam* (ed. Ruska, p. 336): Der Körper heißt Erde, Asche, Kalk, Mutter... Hl. Jungfrau, Königskrone... Holz, Meer, Mondsputum. Vgl. ferner SENIOR, De Chemia, p. 41: Die weiße geblätterte Erde ist die Siegeskrone... und der zweite Körper. Vgl. ferner ebda. p. 35 und 16.

50. Vgl. die Deutung des HONORIUS VON AUTUN, Expos. in Cant. Migne, P. L. tom. 172. col. 440.

51. *De Arte Chemica*, 1566, p. 21–22. Vgl. *Rosarium*, Artis Aurif. II, p. 248.

52. Vgl. über die Rolle der «Krone» in der Kabbala W. BOUSSET, Gnosis a. a. O. p. 201–202 und im Manichäismus (p. 202 Fn. 1). Dort wird dem «Urmenschen» die «Krone des Sieges» vorangetragen. Vgl. auch den «Lichtkranz» der Manichäer. R. REITZENSTEIN, Das Iranische Erlösungsmysterium a. a. O. p. 3.

53. Vgl. dasselbe SENIOR-Zitat im *Rosarium*, Artis Aurif. 1610 II, p. 248.

54. RUSKA a. a. O. p. 123: Quod ex sulphure sulphuri mixto pretiosissimus fit color, qui non variatur nec ab igne fugit, quando anima in corporis intima infertur ac corpus continet et colorat.

55. ebda. p. 165 (lat.) Vgl. auch p. 166–252: «Es ist nämlich die Seele, die den Körper durchdringt und färbt.»

56. ebda. p. 135: Anima... quae est spiritualis natura ex qua colores apparuerunt.

spirituell wird [57]. Wenn der Körper zu einem «pulvis spiritualis» zerrieben worden ist, färbt ihn das Feuer mit der «unwandelbaren Farbe», und dieser Geist «ist im Körper verborgen und unsichtbar wie die Seele im menschlichen Körper [58]». Die Seele oder Braut unseres Textes ist somit als ein solcher feuriger, färbender Geist zu verstehen, der dem aus dem Grabe kommenden Bräutigam, d. h. dem spirituell gewordenen Körper ein Gewand, d. i. Farbe verleiht [59]. Dieses Motiv erinnert an die antike Vorstellung von der Seele als einem bunten Gewand, das die materielle Welt umhüllt. Nach dem Gnostiker BASILEIDES z. B. ist die Weltseele nichts anderes als eine «enphasis» oder «Farbe» des Lichtes, welche in die Materie hinabgestiegen ist [60]. Durch sie entsteht, wie PHILO es ausdrückt, «das bunte Gewebe dieser Welt [61]». Dasselbe archetypische Bild spielt auch in den antiken Mysterienkulten eine große Rolle, in welchen dem Mysten als Symbol der Wandlung, d. h. seiner inneren Wesensänderung und Wiedergeburt ein neues «Himmelsgewand» (ἔνδυμα οὐράνιον) verliehen wurde. Letzteres stellte die endgültige Solificatio des Mysten dar [62], weshalb das Gewand auch bisweilen als Licht, Lichtsiegel usw. bezeichnet wurde [63]. Diese antiken

57. ebda. p. 155. Vgl. auch p. 136 und 140.
58. ebda. p. 141. Vgl. p. 160: Deinde fiunt corpora spiritus et anima habentes tingentes eo, quod invicem germinant. Die Farbe ist also ein «feuriger Geist» (ebda. p. 315)
59. Vgl. auch die *Turba* (p. 147): Tränket und kochet, bis das entsteht, was er euch zu behandeln hieß, ein *untastbarer Geist* und bis ihr das Elixir *mit dem königlichen Gewand bekleidet seht* (d. i. *mit der tyrischen Farbe*) Vgl. ferner p. 127: «Wenn Mann und Frau verbunden werden, so wird die Frau nicht mehr flüchtig und wird das Compositum vergeistigt und wenn dieses Compositum in einen *roten Geisthauch* verwandelt wird, sodann entsteht der Beginn der Welt.»
60. Vgl. Acta ARCHELAI ed. Ch. H. Beeson cap. 67 p. 96 und W. BOUSSET, Gnosis a. a. O. p. 92, 94.
61. Vgl. über die 7 aetherischen Gewänder der Physis HIPPOLYTOS, *Elenchos* V, 8 und hiezu W. SCOTT, *Hermetica* IV, p. 490.
62. Vgl. z. B. die Solificatio des Mysten. APULEIUS Met. XI, 23 ff. und hiezu R. REITZENSTEIN, Das Iranische Erlösungsmysterium a. a. O. p. 164: «Die Bedeutung ist klar: der Myste ist durch die Wiedergeburt zum Gott und zwar zum Sonnengott geworden.» Letzten Endes liegt diesen antiken Ideen wohl die primitive Gleichung Kleid = Haut = Seele zu Grunde. Vgl. z. B. MARTIN NINCK, Wodan und germanischer Schicksalsglaube, Jena 1935 p. 43 ff.
63. Vgl. W. BOUSSET, Gnosis a. a. O. p. 303 ff. Speziell Slavon. HENOCH 24, 9: «Und Michael entkleidete mich meiner Kleider und salbte mich mit schöner Salbe und das Aussehen jener Salbe war mehr denn großes Licht...» – Vgl. *Acta Philippi*, Kap. 144: «Jesu Christ, mein Herr, bekleide mich mit dem glorreichen Kleid, deinem lichten Siegel.» Auch in der *Ascensio Jesajae* (9,9–10,3) sieht dieser im höchsten Him-

Vorstellungen blieben noch lange bei den Manichäern und Mandäern erhalten [64] und haben ebenso schon früh in der Vorstellungswelt der Alchemie Eingang gefunden. So erblickt z. B. ZOSIMOS in seinen Visionen das gewandelte Metallmännlein am Ende des Opus in einem *königlichen Purpurgewand* [65]. Es ist damit eigentlich dem Sonnengott (Mithras) gleichgestellt, welcher sich dem Mysten als König in scharlachrotem Mantel offenbart [66]. Daß eine ebensolche Solificatio des Bräutigams im Auroratext gemeint ist, beweist das Zitat aus Ps. XIX, 5–6, «und er wird hervorkommen, wie ein Bräutigam aus seiner Kammer», womit in der Bibel die Sonne und in der patristischen Deutung Christus als «neue Sonne» gemeint ist [67], und womit in unserem Text noch einmal die Parallele Sol–Christus–Filius philosophorum oder Lapis aufgegriffen ist. Psychologisch ist für diese ganze Schlußpartie im Auge zu behalten, *daß jetzt Braut und Bräutigam geflügelte Wesen, d. i. Geister geworden*

---

mel die Kronen und Kleider, welche die Gläubigen bekommen sollen. In der *Pistis Sophia* wird Jesus nach der Auferstehung sein himmlisches strahlendes Lichtkleid herabgesandt, in welchem er auffährt. Auch im Seelenhymnus der *Thomas-Acten* kommt dem Königssohn an der Grenze des Himmels sein Ebenbild oder sein Lichtkleid entgegen. Ähnliche Vorstellungen finden sich auch bei den Mandäern, weshalb dieselben lange Zeit nur weiße Kleider trugen. (Vgl. zu dieser ganzen Partie W. BOUSSET, Gnosis, p. 303 Anm. 2. Vgl. auch p. 364. Anm. 2.) Vgl. ebenso den Ritus der Sethianer, worin die Mysten einen Trunk vom lebenden Wasser erhalten, und dann die Sklavengestalt ausziehen und das Himmelsgewand anziehen. (HIPPOLYTOS V, 19 und V, 27, cit. BOUSSET ebenda p. 293).

64. So berichtet der *Fihrist* über die Lehre Manis (cit. aus R. REITZENSTEIN, Das Iranische Erlösungsmysterium a. a. O. p. 28–29): «Wenn der Tod,» lehrt Mani, «einem Wahrhaftigen naht, sendet der Urgott einen Lichtgott in Gestalt des leitenden Weisen und mit ihm drei Götter und zugleich mit diesen das Wassergefäß, das Kleid, die Kopfbinde, die Krone und den Lichtkranz. Auch erscheint ihm der Teufel ... Sobald der Wahrhaftige diese erblickt, ruft er die Göttin, welche die Gestalt des Weisen angenommen hat ... zu Hilfe ... Jene aber nehmen diesen Wahrhaftigen, bekleiden ihn mit der Krone, dem Kranze und dem Kleide ... und steigen mit ihm ... zu der Sphaere des Mondes usw.» (Vgl. auch p. 177. Vgl. PAULUS, I Kor. 15.) Es ist bemerkenswert, daß die hilfreichen Gestalten *vier* Götter mit *vier* Gegenständen sind!

65. Vgl. C. G. JUNG, Die Visionen des Zosimos in «Von den Wurzeln des Bewußtseins» l. c. p. 145, 147 und 172, und E. VON LIPPMANN, Alchemie a. a. O., I, p. 81.

66. Vgl. A. DIETERICH, Eine Mithrasliturgie a. a. O. p. 10.

67. Cf. EPHRAEM SYRUS, Hymni a. a. O. Bd. I, p. 532: Lux coram eis effulsit, Jesus ut sponsus ex thalamo suo exsiliit, remansit sepulcrum suum cum angelis in medio. Vgl. auch AMBROSIUS, Hymnus de adventu Domini (Zoozmann, l. c. p. 28): Procedens de thalamo suo, Pudoris aula regia, geminae gigas substantiae Alacris ut currat viam. Egressus eius a patre Regressus eius ad patrem, Excursus usque ad inferos, Recursus ad sedem Dei.

sind, und alles, was sich zwischen ihnen ereignet, im Himmel geschieht, d. h. im Bereich des Jenseitigen, des Unbewußten. Die Erde, der Körper, die irdische Wirklichkeit überhaupt sind wie ein leeres Grab zurückgelassen. Der Verfasser tritt auch dementsprechend nicht mehr im Dialog mit seinen eigenen kommentierenden Worten dazwischen; er ist gleichsam im Liebesgespräch der Sapientia und des glorifizierten Königs aufgegangen.

Im allgemeinen bedeuten Kleider psychologisch eine manifest gemachte innere Einstellung oder eine psychische Haltung, welche sich entweder auf die Umgebung auswirkt oder vor dieser schützt. Der Gewandwechsel in den Mysterien symbolisiert daher die innere Wandlung der seelischen Einstellung; z. B. bedeutet die Entblößung zu Beginn oft das Ablegen der vorherigen uneigentlichen Einstellung oder der Persona (Maske), das Solificatio-Gewand die neugefundene, auf höherer Bewußtseinsstufe aktivierte religiöse Haltung. Die Einkleidung des Bräutigams durch die Königin in der Aurora deutet somit an, daß der Gewandelte nicht nur Erleuchtung, sondern auch Wirksamkeit und die Möglichkeit, sich zu manifestieren, auf höherer Stufe zurückerlangt. Die rote Farbe weist auf Heilkraft, «Mana», «Unverweslichkeit», zu höchster Stufe gesteigerte lebendige Ausstrahlung[68].

Text: ... (du wirst) mich in das Kleid der Gerechtigkeit hüllen; du wirst mich mit deinem Ringe dir anverloben und mich auch mit goldenen Schuhen bekleiden. Dies alles wird meine vollendete Geliebte tun in ihrer Wonne... oh Königin der oberen Welt,· mache dich eilig auf... sprich du Liebste zu deinem Geliebten, wer und von welcher Art und von welcher Größe du bist...

Diese Textpartie führt das Motiv der Bekleidung durch Gewand und Krone noch weiter aus, wobei bemerkenswerterweise *die Braut wiederum mit Gott gleichgesetzt ist;* denn Jes. LXI, 10, heißt es: «Ich freue mich im Herrn, denn er hat mich angezogen mit den Kleidern des Heils und mit dem Rock der Gerechtigkeit gekleidet, wie ein Bräutigam... und wie eine Braut.» Diese Stelle deutete EPHRAEM SYRUS als Hieros Gamos des Mysten mit Gott oder mit der Ecclesia[69]. Der Verfasser

---

68. Zu diesen Bedeutungen der roten Farbe vgl. EVA WUNDERLICH, Die Bedeutung der roten Farbe im Kultus der Griechen und Römer ... mit Berücksichtigung entsprechender Bräuche bei anderen Völkern. Gießen 1925, passim.
69. *Commentarius in Jesaiam*, Kap. LXI, Werke ed. LAMY, Bd. II, p. 184: Exultat Ecclesia in Deo suo, quia induit me vestimento salutis, id est stola Gloriae baptismi;

unseres Textes muß sich demnach wohl bewußt gewesen sein, daß er eine Unio mystica mit der Gottheit schildert, und daß jene Gestalt, die er als Sapientia, foemina, aqua und sponsa beschreibt, nichts anderes als Gott selbst oder wenigstens ein Aspekt der Gottheit ist. Der Ring weist auf die Ewigkeit der Verbindung im Selbst, die goldenen Schuhe auf einen inkorruptiblen Standpunkt hin [70]. In dieser ganzen Partie spricht der Bräutigam in solcher Demut, daß man geneigt ist, in ihm einen gewöhnlichen Menschen, ja den Verfasser der Aurora zu erkennen, aber später wird immer deutlicher, daß auch *er* eine Personifikation des Selbst ist, mit der aber der Autor offenbar gefühlsmäßig identisch geworden ist. Im Gegensatz zum Beginn des Textes aber scheint nicht mehr eine Inflation dargestellt zu sein. Dies liegt wohl darin, daß der Ort des Geschehens verändert ist – die diesseitige Welt und das gewöhnliche Ich ist aufgehoben; es ist Alles ins Unbewußte aufgelöst, und so kann auch nicht mehr von einer unreinen Vermischung des Diesseits mit dem Jenseits, d. i. des Bewußtseins mit dem Unbewußten die Rede sein. Wie dies aber möglich wäre, ohne daß der Verfasser in einem Zustande nahe dem Lebensende war, ist mir kaum vorstellbar. In einem vorübergehenden Delirium bliebe doch die Ichpersönlichkeit im Hintergrund weiterbestehen und müßte sich dementsprechend, wie mir scheinen will, irgendwie bemerkbar machen.

522 Nachdem die Gestalt des Bräutigams seine Erhöhung und Glorifikation durch die Königin demütig gepriesen hat, bittet er sie zu offenbaren, wer sie sei, und die Königin, die Sponsa, spricht in der nachfolgenden Textpartie.

523 Text: «Höret ihr Völker alle ... mein roter Freund hat zu mir gesprochen, er hat gebeten und seine Bitte wurde erfüllt: Ich bin die Blume des Feldes

---

illa quippe est verum salutis vestimentum et candida Gloriae stola. Et fecit me tamquam sponsum gloriosum per absolutionem. Et tamquam sponsam ornatam. Sponsa Ecclesia est, quae exornata est pulchritudine omnium populorum. Vgl. ferner Bd. I, p. 44, Hymni in Festum Epiphaniae Nr. 4 Vers 2–3: E coelo divina eius natura et e terra eius vestimentum carnis. Omnis qui sua exuit vestimenta ea commiscet cum vestimento Christi in aeternum. Ab eo in aquis acquirite vestimentum quod non teritur nec emittitur, vestimentum quo ipse indutos semper obtegit. Vgl. auch den wirklichen πνευματικὸς γάμος den z. B. die *Markosier* als irdische Wiederholung der Hochzeit von der Sophia mit dem Sotēr feierten. (BOUSSET, Gnosis a. a. O. p. 267 ff. und bes. p. 315.)

70. Vgl. M. v. FRANZ, Passio Perpetuae in C. G. JUNG, Aion. l. c. p. 480.

und die Lilie in den Tälern, ich bin die Mutter der schönen Liebe, der Erkenntnis und der heiligen Hoffnung.»

In dieser Verkündigung sind gleichsam alle in den früheren Parabeln einzeln beleuchteten Aspekte jener weiblichen Zentralgestalt des Opus noch einmal zusammengefaßt. Sie bezeichnet sich zunächst als die «Blume des Feldes» und die «Lilie in den Tälern», wie die Braut des Hohen Liedes in jenen bekannten Versen, welche die patristische Deutung durchwegs auf Maria oder die Ecclesia bezogen hat [71]. Die antike Vorgeschichte dieses Symbols sowie seine patristischen Auslegungen hat HUGO RAHNER in seinem Aufsatz «Die seelenheilende Blume [72]» umfassend dargestellt, weshalb ich auf ihn verweisen kann [73]. Aber auch innerhalb der Alchemie spielt die Blume und speziell die Lilie eine wichtige Rolle. Sie ist ein Bild der Arkansubstanz und heißt als solche oft Lunatica (Mondkraut), Berissa oder Moly. Die Lilie wurde speziell zu einem Synonym der weißen, weiblichen Substanz (gegenüber der roten Rose) und des Silbers (gegenüber dem Gold) [74]. Der «succus lunariae» ist ein Synonym des göttlichen Wassers [75], und aus diesem Zusammenhang ist zu verstehen, daß sich die Braut gleich darauf nach Jes. Sirach (XXIV, 23) als «Weinstock» bezeichnet: sie ist die Quelle oder Grundsubstanz des weißen und roten Wassers (Wein), der Gegensätze. Die Lilie und der Weinstock sind auch Marien-Symbole [76].

Text: Ich bin der Weinstock, der wohlriechende, liebliche Früchte trägt, und meine Blüten sind aus Ehre und Anstand hervorgebracht.

71. Vgl. z. B. HONORIUS V. AUTUN, Expositio in Cant. Cant. Migne P. L. 172. col. 382 oder den Hymnus des ADAMUS (ed. Zoozmann a. a. O. p. 278): ... Flos campi convallium singulare lilium / Christus ex te prodiit / Tu caelestis paradisus ... Tu thronus es Salomonis / Cui nullus par in thronis / Arte vel materia. Vgl. auch HIPPOLYTUS, Comm. z. Hoh. Lied a. a. O. p. 49–50, auch die Stelle «astitit regina» usw. wird auf die Kirche gedeutet. Vgl. HONORIUS V. AUTUN, Quaest. et resp. in Prov. et Eccles. cap. 31. Migne P. L. tom. 172. col. 330.
72. Eranos Jahrbuch XII, 1945. Festschrift für C. G. JUNG.
73. Vgl. bes. zum Pflanzensymbol den Aufsatz von C. G. JUNG, «Der philosophische Baum» in «Wurzeln des Bewußtseins» l. c. bes. p. 427 ff.
74. Vgl. u. a. die umständliche Darstellung im Tractat «Der große und der kleine Baur». Ein philosophischer und chemischer Tractat genannt Der Baur. mit Comm. von JOH. WALCH Straßburg 1618. Vgl. zur Symbolik der Lunaria auch C. G. JUNG, Myst. Coni. I Kap. Luna, und Psychologie und Alchemie, p. 116.
75. *Rosarium*, Artis Aurif. 1610, II, p. 137.
76. *Biblia Mariana* ed. Borgnet Vol. 37. p. 396–397: Maria est lilium totius castitatis. Sicut spina rosam genuit Judaea Mariam.

526 Die Rebe und die Trauben spielen schon in der antiken Alchemie eine große Rolle. Hermes ist dort der Winzer (βοτρυχίτης), der «die weißen Sorten seiner Weinlese durch das Feuer rötet [77]». In den Carmina HELIODORI ist der Lapis bezeichnet als *weiße Traube*, welche, von Hand zerrieben, feurigen, duftenden Wein wie Blut erzeugt [78]. ZOSIMOS deutet dieses selbe Motiv als «Mysterium der Waschung» oder als das ἰός (Rost, Gift) [79]. Noch im Lexikon des RULANDUS sind die «uvae Hermetis» als das philosophische Wasser, Destillation, Solution usw. interpretiert [80].

527 In unserem Text ist aber wohl auch auf die christliche Symbolik angespielt, auf Christum, welcher der «wahre Weinstock» ist. Von ihm sagt z. B. EPHRAEM SYRUS, Christus sei der wahre Weinstock, und die Seelen seien seine Sprossen [81]. Aber auch Maria wurde mit dem Weinstock verglichen. So sagt derselbe Kirchenvater [82]: «Es blühte Maria, der neue Weinstock, an Stelle Evas des alten Weinstockes, und es wohnte in ihr das Neue Leben, Christus.» Oder: «Maria ist der Weinstock, der aus der gesegneten Wurzel Davids wuchs. Ihre Sprosse erzeugten eine Traube, welche von dem lebendigmachenden Blute erfüllt war. Von jenem neuen Wein trank Adam und kehrte als ein Auferstandener in's Paradies zurück [83].»

528 Wie in der kirchlichen Symbolik der Weinstock Christus oder Maria

---

77. BERTHELOT, Coll. Alch. Grecs. VI. IV. Vol. I, p. 404.
78. GOLDSCHMIDT a. a. O. p. 32, Vers 180–185. Vgl. die Eucharistiefeier der Markosier, wo eine kultische Wandlung von weißem in roten Wein stattfand. (LEISEGANG, Gnosis a. a. O. p. 347.)
79. BERTHELOT, Coll. Alch. Grecs III. VI. Vol. I, p. 121 und 137.
80. RULANDUS, Lexicon Alchemiae 1612 unter «uvae» cit. C. G. JUNG, Von den Wurzeln des Bewußtseins l. c. p. 388.
81. Hymnus in Festum Epiphaniae 2. Werke ed. Lamy, Bd. I, p. 22. Er ist auch die Traube, die sich keltern ließ, um durch ihren Wein die Seelen neu zu beleben. Hymni de nativitate Christi in carne 4. Werke Bd. II, p. 482.
82. EPHRAEM SYRUS, Sermo de Domino nostro, Werke Bd. I, p. 154: «Floruit autem Maria, nova vitis prae vite antiqua Heva habitavitque in ea Vita nova Christus ...»
83. Hymni de Beata Maria Nr. 18. Werke Bd. II. p. 618. Vgl. ferner Hymnus XX. Ebenda p. 640: «Simeon botrum vitae e vite virginali decerptum portavit, in ulnis suis ...» und Hymnus I. Ebenda p. 524: «Vitis virginalis uvam dedit cuius dulce vinum flentibus solamen attulit.» Vgl. auch z. B. HONORIUS VON AUTUN, Speculum de myst. eccles. Migne P. L. tom. 172. col. 902: «Ipsa (Maria) quippe erat paradysus mālorum, fons hortorum, quia in ea surrexit lignum vitae atque de ea profluxit fons sapientiae omnibusque deliciis affluebat, in qua omnes thesauri sapientiae et scientiae absconditi erant. (Col. II.)»

bedeuten kann, so ist auch die Gestalt der Aurora offenbar die Urheberin des Weißen (Lilie) und des Roten (Wein); sie ist ein hermaphroditisches Wesen, das die Gegensätze in sich enthält. Und zwar enthält sie sie nicht nur, sondern *ist* auch das Medium ihrer Vereinigung, wie die nachfolgende Textpartie zeigt.

Text: Ich bin das Ruhebett meines Geliebten, um das sich 60 Starke reihen, die alle ihr Schwert um die Hüfte tragen, wegen der Schrecknisse in den Nächten... 529

Die «Schrecknisse» sind den früher erwähnten «tenebrae mentis» vergleichbar – eine letzte Erwähnung der nun endgültig überwundenen Nigredo. Die Zahl der sechzig Helden wurde von HONORIUS VON AUTUN [84] als Zahl der Vollendung gedeutet [85]; sie symbolisieren alle «Vollkommenen im Gesetz der Kirche, welche das Schwert des Logos und der Discretio (Unterscheidungsfähigkeit) gegen die Häresien führen». Alchemistisch dürfte es sich wohl (trotz der Multiplikation mit Zehn) um die sechs übrigen Planeten, d. h. um Venus, Merkur, Mars, Jupiter, Saturn, handeln, welche der Konjunktion von Sonne und Mond dienend beiwohnen. Auch dürfte diese merkwürdige Bezeichnung der «Braut» als lectulus (Bett) nicht ohne Beziehung zur Beschreibung des Prunkbettes Salomos in der Bibel sein [86]: «Ein Prunkbett ließ sich fertigen König Salomon; dessen Fußgestell machte er aus Silber, dessen Lehne aus Gold, dessen Polster aus Purpur», eine Stelle, die eine alchemistische Ausdeutung nahelegte. In der patristischen Literatur galt dieses Bett Salomos als ein Bild *der ewigen Seligkeit,* in welcher die Kirche ruht oder als ein Symbol der *Kirche* selbst, die das Ruhebett Christi darstellt. Das Bett Salomos wurde ferner gedeutet als *«Haus des Gastmahls»* (man vergleiche die fünfte Parabel unseres Textes!) oder als ein Bild für die *heilige Seele, welche zum Ruheort des «inneren Christus» geworden ist* [87]. Auch Maria galt als «Bett Salomos, in dem der Gottessohn 530

---

84. Expositio in Cant. Cant. Migne P. L. tom. 172. col. 404–406.

85. Nach AUGUSTINUS, De civ. Dei, Lib. XI, cap. 31 bedeutet die Sechzahl die Perfectio. Sie besteht aus der Eins und der ersten geraden Zahl Zwei und der ersten ungeraden Zahl Drei.

86. Cant. III 7–8. Vgl. die alchemistische Bedeutung des «lectulus» als «vas coniunctionis» z. B. in ROSINUS ad Sarratantam, Artis Aurif. 1610 a. a. O. I, p. 192. Nach ORIGENES In Cant. Homil. II. 4 bedeutet das Bett den menschlichen Körper.

87. HONORIUS VON AUTUN, Expositio in Cant. Cant. Migne P. L. tom. 172. col. 406–408. Vgl. ferner RICHARD DE ST. VICTOR, Explicatio in Cant. Cant. Migne P. L.

neun Monate ruhte [88]». In diesem Sinne dient wohl auch die Braut in unserer Parabel als «vas coniunctionis» des Menschen mit der Gottheit [89].

531 Text: «Ganz schön bin ich und ohne Makel; ich sehe durch die Fenster und schaue durch die Gitter meines Geliebten und verwunde sein Herz in *einem* meiner Augen und in *einem* Haar meines Nackens.»

532 Für diese Textpartie, wonach die Braut ihren Geliebten in *einem* ihrer Augen verwundet [90] usw., möchte ich auf die Ausführungen von JUNG verweisen [91]. Das «Sehen durch die Fenster» deutet noch einmal das Eindringen der Seele in das «Gefängnis des Körpers» an, als Bild der Coniunctio [92]. Das «Fenster des Entrinnens» oder «Fenster der Erleuchtung» ist ein Attribut Mariae [93], es entspricht dem Bilde des «spiraculum aeternitatis» bei DORNEUS [94]. Auch in der Kabbala spielt das «mysterium fenestrae» eine wichtige Rolle. Die «fenestra» bedeutet dort eine Lichtverbindung zwischen der Sĕfira Kether (Krone) zur Weisheit und von der Weisheit zur Intelligentia [95]. Durch diese Fenster sind die obersten Sĕfirot mit dem göttlichen Urlicht verbunden.

533 Die Haare galten in der Patristik als «subtile Gedanken», so daß die Stelle auf eine geistige Verbindung hinweist.

534 Text: «Ich bin der Duft der Salben und mir entströmt Wohlgeruch über alle Gewürze, wie Zimmet und Balsam und die erlesene Myrrhe.»

tom. 196. col. 406. In lectulo meo etc. = anima, quae Deum quaerit. col. 410–411: Ita mentis pax et tranquillitas lectulus est in quo sponsa quiescit. Vgl. auch die Bezeichnung der Ecclesia als «Sonnenthron Christi» bei ATHANASIUS, Frgm. zu einem Psalmen-Kommentar zu Ps. 88. 38. Vgl. H. RAHNER, Mysterium Lunae. Ztschr. f. Kathol. Theol. Jahrg. 63, 1939, p. 340. Vgl. auch das Zitat des ADAMUS, der Maria als «thronus Salomonis» bezeichnet. Vgl. HIPPOLYTOS, Comm. z. Hohen Lied a. a. O. p. 73–75.
   88. *Biblia Mariana* ed. Borgnet 37, p. 399.
   89. Vgl. *Isis* als «Thron».
   90. Das «in uno crine colli tui» deutet HONORIUS VON AUTUN auf die unitas fidei. Expos. in Cant. Cant. Migne P. L. tom. 172. col. 419. Vgl. auch col. 443: capilli sunt subtiles cogitationes.
   91. Myst. Coni. I, p. 32.
   92. Nach ORIGENES. In Cant. Homil. II. 12 bedeutet das Fenster die Sinne durch welche die Eindrücke aus- und eingehen.
   93. Vgl. *Biblia Mariana* ed. Borgnet 37, p. 385.
   94. Vgl. das von JUNG über das «spiraculum aeternitatis» Gesagte, *Myst. Coni. II*, p. 240 ff.
   95. Vgl. KNORR VON ROSENROTH l. c. Vol. II, p. 281–282.

Die Sponsa ist ein wohlriechendes Pneuma und als solches mit dem 535
Hl. Geist identifiziert [96]. Die Vorstellung des göttlichen Geistes als
eines Wohlgeruches scheint altorientalischen Ursprungs zu sein und findet sich in der spätjüdischen Literatur wieder [97], desgleichen in der Gnosis. So verwendeten die Markosier bei der Taufe ein Balsamöl als Symbol des «Wohlgeruches über Allem [98]», und auch die Sethianer verglichen ihr Lichtpneuma einem Duft von Myrrhen (διονεὶ ὀσμὴ μύρου) [99].
Das Öl (μύρον oder unguentum) verleiht nach allgemein antiker Anschauung Unzerstörbarkeit (ἀφθαρσία) [100]. Dieses Bild deckt sich also
gleichsam, wenn man es amplifiziert, mit demjenigen der Anima als
eines färbenden, Unsterblichkeit verleihenden Geistes, von dem früher die Rede war.

Text: Ich bin die klügste der Jungfrauen, die hervortritt gleich der leuch- 536
tenden Morgenröte, auserwählt wie die Sonne und schön wie der Mond,
ohne das, was sich innen birgt.

Auch «die klügste der Jungfrauen» und «die hervortretende Morgen- 537
röte» sind schon aus früheren Parabeln bekannte Bilder, auf deren Deutung ich daher verweisen kann. Die seltsame Anspielung «ohne das, was
sich innen birgt», betrifft im Hohenlied die «Taubenaugen» der Geliebten, aus denen Liebe ausstrahlt [101]. Hier wiederholt sie noch einmal andeutungsweise jenes seltsame Bild, daß die Coniunctio gleichsam ein
Eingehen des Gottes in das Auge der «Frau» sei [102], was zugleich ein

---

96. Vgl. für dieses Bild des Hl. Geistes LEISEGANG, Der Hl. Geist a. a. O. passim
und BOUSSET, Gnosis a. a. O. p. 120, Anm. 1 und HIPPOLYTOS, Comm. z. Hohelied
a. a. O. p. 26 u. 32.
97. Vgl. E LOHMEYER, Vom göttlichen Wohlgeruch. Sitzungsber. d. Heidelberger
Akadem. der Wissenschaft. 1919, Heft 9. Vgl. HENOCH-Buch, 2. Buch Mosis, 2. Kor.
14–16. Vgl. auch den Natronduft in der aegypt. Religion.
98. W. BOUSSET, Gnosis a. a. O. p. 301.
99. W. BOUSSET ebda. p. 302. Auch im Hochzeitshymnus der Thomasakten heißt es,
daß dem Kleid der Lichtjungfrau ein wunderbarer Duft entströme (ebda.).
100. W. BOUSSET ebda. p. 302, Anm. 3. Vgl. auch bes. R. STEUER: Über das wohlriechende Natron bei den alten Ägyptern. Leiden 1937 passim.
101. HONORIUS VON AUTUN, Expos. in Cant. Migne P. L. 172 col. 411: Charitas in
oculis.
102. GREGOR DER GROSSE vergleicht das Innere des Auges mit den «interiora Austri»
d. h. der himmlischen Heimat, in der der Hl. Geist wohnt. Expos. mor. in nonum cap.
Job. Lib. IX, cap. 6. Opera Paris 1636, I p. 308: Absque eo quod intrinsecus latet, hoc
nobis beatus Job intimat cum Austri interiora commendat. Vgl. das oben über den
«Auster» Gesagte.

Eingehen der Sonne in den Mond bedeutet (was daraus ersichtlich ist, wie das Zitat subtil an das vorhergehende Wort in unserem Text angeschlossen ist). Das Ziel der Coniunctio ist nämlich nach SENIOR das Hervortreten des Vollmondes, der Luna plena [103]. Hierin ist jene reiche Sol-Luna-Symbolik angetönt, deren Bedeutung JUNG bereits dargelegt hat [104].

538   Text: Ich bin wie die hochgewachsene Zeder und die Zypresse auf dem Berg Zion; ich bin die Krone, mit der mein Geliebter am Tage seiner Hochzeit und seiner Freude gekrönt wird, da mein Name eine ausgeschüttete Salbe ist.

539   Auch das folgende Bild der Braut als «Krone, mit der ihr Geliebter am Tage seiner Hochzeit und seiner Freude gekrönt wird», ist durch seinen biblischen Hintergrund bedeutungsreich; denn im Hohenlied steht an Stelle der Braut die Mutter Salomos, was auf Maria als Mutter *und* Braut Christi gedeutet wurde [105]. Somit ist auch die Braut in unserem Text zugleich die Mutter und soror und sponsa des Filius philosophorum, mit dem sie sich im königlichen Inzest verbindet. In der kirchlichen Interpretation galt jene Stelle des Hohenliedes als eine Präfiguration der Menschwerdung Christi, da darin gleichsam angedeutet sei, wie Christus von seiner Mutter Maria mit dem Diadem, d. h. seiner fleischlichen Existenz (carne humana) umgeben werde. EPHRAEM SYRUS preist Maria als Mutter *und* Schwester *und* Braut Christi [106], und nach HONORIUS VON AUTUN besingt das Hohelied an dieser Stelle die Hochzeit Christi mit seiner Braut der Ecclesia im Uterus seiner jungfräulichen Mutter [107]. Eine alchemistische Parallele zu unserem Text

---

103. De Chemia a. a. O. p. 37–38.
104. Myst. Coni. Vol. I. passim.
105. HONORIUS VON AUTUN, Expositio in Cant. Migne P.L. tom. 172 col. 409. Diadema ist auch nach den *Acta Johannis* eine Bezeichnung des Sotēr (vgl. REITZENSTEIN, Das iranische Erlösungsmysterium a. a. O. p. XI. Vgl. auch p. 9, wonach bei den Mandäern der lebendige Geist und die «Mutter des Lebens» den Chrostag (Ruf) und Padwahtag (Antwort) bekleiden, um sie als Erlöser zum verlorenen Urmenschen hinab zu senden.). Vgl. ferner JUNG Myst. Coni. Vol. I p. 7 sq.
106. EPHRAEM SYRUS Hymni de beata Maria. X. Vers 19. (ed. LAMY a. a. O. II p. 564): «Stat Maria mater tua, soror tua, sponsa tua, ancilla tua ... O Magister matris, Deus matris, Dominus matris, matre iunior et senior.»
107. Speculum de myst. eccles., Migne P. L. 172 col. 1063: Rex qui nuptias filio fecit, est Deus pater qui Jesu Christo, Filio suo, sponsam Ecclesiam coniunxit. Huius nuptialis thalamus erat sacrae Virginis uterus. Cf. item col. 1065: De his nuptiis texuit

liefert jenes schon erwähnte vierte Kapitel des *Tractatus Aureus Hermetis,* worin der «König» verkündet, er lasse sich von seinen Brüdern krönen, *mit dem Diadem schmücken,* «und gebunden an meine Mutter kommt meine Substanz zur Ruhe». Auch in den *Allegoriae super librum Turbae* sagt der *Mercurius* [109]: «Die Mutter gebar mich und ich selber erzeuge sie.» Oder im Aenigma VI: «Lege über seine Mutter... den roten Sklaven... Töte die Mutter... und verheirate die Beiden in einem Glas [110].»

Zu dem Motiv, daß die Braut geheimerweise die Mutter des Filius philosophorum ist, paßt auch der vorhergehende Satz, worin sie sich selbst als eine hohe Zeder und Zypresse auf dem Berg Zion bezeichnete, denn der Baum hat in der Alchemie u. a. Mutterbedeutung, wofür ich auf die Ausführungen von JUNG verweisen kann [111]; ebenso auch für die Rolle und die Bedeutung der Krone und des Inzestmotives [112]. Psychologisch läßt diese Partie erkennen, wie mehr und mehr die hilfreichen günstigen Aspekte des weiblichen Numens, d. i. der Anima hervortreten. Während ferner die Sapientia zu Beginn eher als überlegene Wegweiserin auftrat, wird sie hier immer mehr zur Liebenden. «Eros» und «Gnosis» sind in ihr verbunden.

In dem folgenden Satz: «da mein Name eine ausgeschüttete Salbe ist», bezeichnet sich die Braut von neuem als «unguentum», welches in der Alchemie als eines der vielen Synonyme des göttlichen Wassers galt und zwar speziell im Sinne der *anima,* der Seele des Stoffes [113]. Da-

rex Salomon dulce epithalamium dum in laude Sponsi et Sponsae per Spiritum Sanctum concinuit Cantica Canticorum. Vgl. auch dasselbe Motiv im *Osiris*mythus, der sich angeblich bereits im Mutterleib mit seiner Zwillingsschwester *Isis* verbunden haben soll.

108. Vgl. dasselbe Zitat auch im *Rosarium* phil. Artis Aurif. 1610 II, p. 247–248.
109. Ruska, *Turba* a. a. O. p. 329: Mater me genuit et per me gignitur ipsa. Vgl. auch SENIOR, De Chemia p. 108 «Der Lapis ist das Gold und zugleich die Mutter des Goldes, da er es erzeugt, aus ihm stammt der Drache, der seinen Schwanz frißt ... und der Regen, der die Erde besprengt, sodaß die Blumen sprießen.»
110. Ebenso erscheint in manchen gnostischen Systemen die Sophia als Schwester, Mutter und Braut Christi. IRENAEUS I, 30. 12. und I, 11. und I, 3. 4. HIPPOLYTOS, Elenchos VI, 34. Vgl. ferner W. BOUSSET, Gnosis a. a. O. p. 265–266, p. 267–268, p. 272–273 und p. 315.
111. «Der philosophische Baum» in «Wurzeln des Bewußtseins» l. c. p. 429 und bes. p. 446 ff. Vgl. auch über die Sapientia als Baum C. G. JUNG, Antwort auf Hiob l. c. p. 45 sq.
112. Vgl. Myst. Coni. II, Kapitel Rex, passim.
113. Vgl. SENIOR, De Chemia, p. 49, 55, 57 und bes. p. 69: Vult per oleum Animam, quae non ingreditur per ignem sed aqua extrahit eam. Vgl. ferner p. 75 und 82: Et hoc

mit ist noch einmal das Motiv des «oleum laetitiae» der dritten Parabel aufgegriffen.

542 Text: Ich bin die Schleuder Davids, deren Stein das große Auge Goliaths ausschlug, und schließlich gar seinen Kopf abriß.

543 Die gefährliche Seite der Animagestalt ist nicht völlig verschwunden, aber sie quält nicht mehr den ihr dienenden Menschen, sondern wirkt in seiner Hand wie eine Schleuder, mit der er seine Feinde überwinden kann. Vom menschlichen Bewußtsein beherrscht wird die vorher zerstörerische Emotionalität der Anima zu einem Instrument der Überwindung blinder Unbewußtheit und Einseitigkeit. Goliath ist hier wie der Drache ein Symbol der materia prima im Zustande der Sündhaftigkeit und der Nigredo [114], und – obwohl der Lapis erst das Ziel darstellt – so ist er geheimnisvollerweise doch zugleich auch das Mittel, um zu jenem Ziel zu gelangen [115]. Das «große Auge Goliaths», das nur in der Einzahl erwähnt ist, erinnert zudem an Polyphem – Goliath wird hier geblendet wie der Kyklop. Die Bedeutung des Auges (wobei hier in erster Linie der nefaste Aspekt zu beachten ist) als verschlingende weibliche Dunkelheit hat JUNG bereits erklärt [116].

544 Text: Ich bin das Szepter des Hauses Israel und der Schlüssel Jesse, der auftut, und niemand schließt zu, der zuschließt, und niemand tut auf.

545 Wie in diesem Gleichnis die *instrumentelle Bedeutung* des Lapis betont ist, so auch im folgenden Motiv vom Szepter Israel und «Schlüssel Jesse, der auftut, und niemand schließt zu». Das Szepter bedeutet wohl das alchemistische «regimen», und der Schlüssel ist auch in anderen Texten (z. B. bei ROGER BACON) ein Bild der Arkansubstanz und des Lapis. So sagt das *Rosarium* [117]: «Dieser Stein ist nämlich ein Schlüs-

---

genitum est pinguedo, quam vocant animam et ovum. Cf. item. Collectanea ex RHASI, Margarita pret. Nov. a. a. O. p. 169.
114. Vgl. JO. DE MENNENS, Aurei Velleris etc. Theatr. Chem. 1622, V, p. 351 ff. quae Goliath debellavit, *id est peccatum* ...
115. Vgl. auch HONORIUS VON AUTUN, Speculum de myst. eccles. Migne P. L. tom. 172, col. 1041: Funda ⟨David⟩ quippe erat circumdata Christi humanitas passionibus circumrotata, Lapis qui frontem Goliae penetravit erat divinitas quae maxillam Leviathan perforavit.
116. Vgl. JUNG, Myst. Coni. I. p. 32.
117. ROSINUSzitat Artis. Aurif. 1610, II, p. 162: Hic enim lapis est clavis ... nam ... est fortissimi spiritūs.

sel..., denn er ist von stärkstem Geiste», mit ihm werden die Metalltore geöffnet [118]. Als Schlüssel wirkt der Lapis, indem das Erlebnis des Selbst auch dem Bewußtsein eine «Methode» gibt, das Geheimnis des Unbewußten, d. h. seine Symbole, bewußt zu machen. Daher sagt das *Rosarium* auch: «Die Philosophen sprechen vom Salz und nennen es Seife der Weisen und Schlüsselchen, das schließt und öffnet und wiederum schließt und niemand kann öffnen; ohne dieses Schlüsselchen, sagen sie, kann niemand in dieser Welt zur Vollendung dieser Wissenschaft gelangen, d. h. wenn er nicht versteht, das Salz nach seiner Präparation zu kalzinieren [119].» Die Bedeutung des Salzes ist bereits von JUNG [120] dargelegt worden, und aus dessen Bedeutung *als Prinzip des Eros* ist seine Gleichsetzung mit der weiblichen Gestalt unseres Textes verständlich.

Text: Ich bin jener erlesene Weinberg, in welchen der Hausvater zur 1., 2,. 3., 6. und 9. Stunde seine Arbeiter sandte usw. Ich bin jenes Land der göttlichen Verheißung, darin Milch und Honig fließt und das süßeste Früchte trägt zu seiner Zeit.

Die weibliche Gestalt ist hier mit dem «erlesenen Weinberg» des Gleichnisses von Matth. XX [121] und mit dem «Land der Verheißung» verglichen, womit wieder ihre Identität mit jener «geistigen Erde» des vorherigen Kapitels betont wird. Sie ist die Realität des Seelischen schlechthin.

Text: Darum haben mich alle Philosophen empfohlen und haben ihr Gold und Silber und ihr unverbrennbares Samenkorn in mich gesät. Und wenn dieses Weizenkorn nicht in mich fällt und erstirbt, so bleibt es allein, wo es aber stirbt, so bringt es dreifache Frucht: zum ersten wird es zwar gute Frucht tragen, da es in gute Erde, nämlich Perlenerde gesät wurde, zum zweiten wird es gute Frucht bringen, da es in bessere Erde fiel, nämlich Blättererde, und zum dritten wird es tausendfache Frucht bringen, da es in beste Erde, nämlich Golderde gesät wurde.

118. ebda. p. 181.
119. ebda. p. 146.
120. Myst. Coni. I, Kap. Salz.
121. Vgl. hiezu die Deutung von Jo. MENNENS (Aurei velleris etc. Theatr. Chem. 1622, V, p. 376) der in der Summe der 1., 3., 6., 9. u. 11. Stunde wieder eine Anspielung auf den *numerus tricenarius* sieht.

549 Auch dieses Motiv war schon in der vorhergehenden Parabel angetönt worden im Ausspruch des HERMES, man solle das Gold in die weiße (geblätterte) Silbererde säen [122]. Bei SENIOR bedeutet das «granum» (Korn) bald die Tinktur, bald das Gold und bald die «Seele [123]», und das *Rosarium,* welches diese Stelle des Aurora-Textes kommentiert, erklärt das «Korn» als «granum corporis» und die Erde als «materia prima», welche den «fettigen Dampf» oder Mercurius der Philosophen aufnimmt [124]. Auch im siebenten Aenigma der *Allegoriae super librum Turbae* muß «das einsame Korn des fruchtbringenden Keimes» mit dem «primordialen Dampf der Erde» in mystischer Hochzeit vereint werden [125]. Jener «primordiale Erddampf», Fettdampf oder Mercurius sind demnach Synonyma des «Landes der Verheißung» und zeigen wiederum an, daß es sich um eine luftige «sublimierte» Erde handelt [126]. Nach unserem Text besteht letztere aus drei Substanzen: Perlen, Silber und Gold; dieselbe Stufung finden wir bei SENIOR, von dem diese Einteilung übernommen wurde [127]. Demnach ist diese mystische Erde eine Art von unterer Trinität [128]. Für die psychologische Bedeutung dieser unte-

122. Cf. item. *Clangor Buccinae.* Artis Aurif. 1610, I, p. 336.
123. SENIOR, de Chemia, p. 42: Solvunt enim hanc tincturam cum humiditate, quae est ex ipso in principio et in fine cum igne sicut vides *granum Hospho seu Offoto* in gramine suo cum aqua et igne augmentari et generatur in eo tinctura... vertite aurum in folia... p. 115. Tinctura, quam etiam vocabit Hermes aurum cum dixit seminare aurum in terram albam foliatam significavit hanc tincturam... et nominaverunt eam crocum et *Effer* (Cf. item p. 35) und p. 80: *Tinctura vera* CALID i. e. fixa incombustibilis, cum granum eius prius fuerat combustibile.
124. Artis Aurif. 1610. II, p. 146.
125. *Turba* ed. RUSKA a. a. O. p. 329. Vgl. ferner die Worte des filius regius oder Lapis in der Metaphora BELINI (*Rosarium phil.* Artis Aurif. 1610 II, p. 249): ego sum frumentum seminatum in terra puram, quod nascens crescit et multiplicatur et adfert fructum seminanti: quia omne quod generatur genere suo ⟨generatur⟩ et quodlibet individuum multiplicat formam suae speciei et non alterius...
126. Dies erinnert an die antike orphische Vorstellung der «himmlischen Erde» (= Mond), aus der die Seelen stammen sollen. (PLUTARCH, De facie in orbe lunae. 21, MACROBIUS, Somn. Scip. I, 19. 8. Vgl. H. RAHNER, Mysterium Lunae, Ztschr. f. kathol. Theol. 1940, p. 124 und 68.) Die «Lufterde» oder «Lichterde» der Manichäer ist eine entsprechende Vorstellung. (Vgl. FLUEGEL, Mani p. 86, cit. nach W. BOUSSET, Gnosis a. a. O. p. 135.) Sie entspricht der Sophia Gottes, d. h. der Sapientia Dei.
127. De Chemia p. 51. Die Goldblätter nennt auch MARIA DIE JUEDIN «Sand», «gewaschene Erde». (OLYMPIODOR, BERTHELOT, Coll. Alch. Grecs II. IV, Vol. I, p. 71). Die terra stellata SENIORS ist identisch mit der γῆ ἀστερίτης der Griechen. (Ebda. II. III, Vol. I p. 60 und III. XXV, Vol. I p. 186 (ZOSIMOS).
128. Vgl. diese Deutung bei Jo. MENNENS, Aurei Velleris etc. Theatr. Chem. 1622, V, p. 334 (s. ob.).

ren Dreiheit sei auf die Ausführungen von JUNG in *Symbolik des Geistes* verwiesen [129].

Das Wesentlichste scheint in diesem Textzusammenhang zu sein, daß die «untere Trinität» als eine *Erde* geschildert ist, d. h. als eine psychische Wirklichkeit, welche mit dem Wesen der Materie zu tun hat. Die Materie erhält dadurch eine eigene Bedeutung und ist sogar zu göttlichem Rang erhoben – in völliger Umkehrung zum mittelalterlichen scholastischen Weltbild, wo ihr ohne gegebene Form nur eine potentielle Wirklichkeit zukommt. Der Text verkündet somit eine *Glorifikation des Weiblichen, des Körpers und der Materie* an. Man versteht, welch erschütternder Durchbruch unbewußter Inhalte in einem mittelalterlichen Menschen stattfinden mußte, bevor er solches aussagen konnte, und es wird auch klar, daß die Aussagen nur indirekt in der traumhaft-deliriösen Sprache, wie sie der Text aufweist, formuliert werden konnten; denn es sind dies kompensierende Aussagen des *Unbewußten,* nicht Ansichten des bewußten Menschen jener Zeit. 550

Text: Aus den Früchten dieses Weizenkornes wird nämlich die Speise des Lebens gemacht, die vom Himmel kommt. Wer davon ißt, der wird leben ohne zu hungern. Von diesem Brot werden nämlich die Armen essen und gesättigt werden, und sie werden den Herrn preisen, die ihn suchen, und ihre Herzen werden leben in Ewigkeit. 551

In diese dreifache Erde wird das unverbrennbare Korn gesät, das sterbend tausendfache Frucht bringen und aus dem das «Brot des Lebens» erstehen soll. Alchemistisch handelt es sich um die Phase der sog. *Multiplicatio,* welche durch «Projektion» der Tinktur oder des Goldes auf die unedlen Metalle bewirkt wird. Letztere werden dadurch zu Gold gewandelt. Dieser Idee einer Multiplikation stellt der Autor eine christliche «amplificatio» zur Seite, denn das «Brot des Lebens» ist für den Christen die Hostie, bzw. das corpus Christi als die «multitudo fidelium» (Vielheit der Gläubigen). Insofern diese Vervielfältigung hier in *einem* Menschen stattfindet, bedeutet sie wohl eher – indisch ausgedrückt – ein Aufgehen des Individuums im All-Atman. Im 552

---

129. l. c. p. 59 ff. und 406 ff. Vgl. auch JUNG, Von den Wurzeln des Bewußtseins l. c. p. 197: «Im Bilde des Mercurius und des Lapis glorifizierte sich das ‚Fleisch' auf seine Art, indem es sich nicht in Geist verwandeln ließ, sondern im Gegenteil den Geist als Stein fixierte und *diesem ungefähr alle Attribute der drei Heiligen Personen gab.*» (Sperrung von mir.)

Selbst ist das Eine auch die Vielen, und die Vielen sind alle im selben Einen zusammengefaßt. Diese außerordentliche Einsicht scheint auf einen supremen Zustand hinzudeuten, in welchem das Einzel-Ich ausgelöscht und durch ein Erlebnis ersetzt ist, in welchem alle Menschen einbegriffen sind. Man könnte sich einen derartigen Zustand leicht als eine praemortale Erleuchtung vorstellen.

553 Die Multiplicatio findet in der Alchemie nach der Zehnzahl statt: 10, 100, 1000 usw., und ich kann für die Bedeutung hievon auf JUNGS Ausführungen in *Die Psychologie der Übertragung* verweisen [130]. Die Zehnzahl bedeutet nach RHABANUS MAURUS Vollendung oder die ewige Belohnung [131]. In der Lehre des GIOACCHINO DA FIORI gehört die «ecclesia spiritualis» dem siebenten Zeitalter, dem Zeitalter der Mönchsorden an, wo Sacerdotium und Imperium endlich wie Sonne und Mond [132] geeint sein werden, was insofern zu bemerken ist, daß wir auch hier in der siebenten Parabel (entsprechend den sieben Zeitaltern) deutliche Hinweise auf die Idee einer ecclesia spiritualis vorfinden. Da letzteres Motiv noch einmal in den Schlußworten der Parabel im CALIDschen Gleichnis von den ausgesäten drei kostbaren Worten berührt wird und somit die eigentliche Zielvorstellung des Opus zu sein scheint, will ich unten darauf zurückkommen.

554 Text: Ich schenke und fordere nicht zurück, ich gebe Speise, ohne jemals zu versagen, ich biete Schutz und fürchte mich nie, – was soll ich meinem Geliebten noch weiteres sagen? Ich bin die Mittlerin zwischen den Elementen, ... was warm ist kühle ich ab, was trocken ist mache ich feucht, was hart ist, weiche ich auf und umgekehrt. Ich bin das Ende, und mein Geliebter ist der Anfang; ich bin das ganze Werk, und die ganze Wissenschaft liegt in mir verborgen.

555 Auch bei SENIOR ist die «anima» als diejenige Kraft bezeichnet, die bewirkt, daß «die Gegensätze in Eines zusammen kommen [133]». Sie bewirkt alle Wunder *und deren Umkehrung*. Sie ist, wie die folgende

---

130. Kap. 10, p. 232 ff.
131. RHABANUS MAURUS Allegor. in Sacr. Script. Migne, P. L. tom. 112, col. 907: Denarius est Christus in Apocalipsi (VI. 6) «quod qui ... in fidem et operationem tenent, ad Christum pertinent.» Der Denarius ist die aeterna retributio.
132. Vgl. HAHN, Gesch. d. Ketzer l. c. Bd. III, p. 289–291.
133. Convenerunt repugnantia in hoc unico ... (De Chemia, p. 34).

Textpartie andeutet, das ganze Opus, die ganze Scientia und, insofern sie ja mit ihrem Sponsus *eines* Wesens ist, Anfang und Ende, das A und das Ω, womit ihr wieder göttliche Dignität zugesprochen wird. Wesentlich wäre es in diesem Zusammenhang, die Praedicatsammlung des ALBERTUS MAGNUS (?) in der *Biblia Mariana* [134] zu vergleichen, welche er zum Lobe Mariae zusammenstellt: Maria ist das Empyraeum, das Licht, das die Finsternis der Ignoranz vertreibt, die fruchtbringende Erde, welche Christum, das grüne Gras, gebar, der Lebensquell, die «hospitatrix» schweifender Seelen, Braut, Gnadenmutter und «unsere Schwester», die «Treppe des Aufstiegs von der Welt zum Himmel», das Tor des Reichs, und die *Aurora illuminationis* (!), die Aurora, welche die Dämonen erschreckt. Sie ist der Speicher der Heiligkeit, den Christus öffnete, das Tabernakel der Vereinigung zwischen uns und Gott, die Königin der Welt, und das Tor, das Jahr und die Zeit der Gnade. Sie ist die Wolke der Überschattung, der kühlende Nebel, die Bundeslade, der Fels, dem das Wasser der Gnade oder das Öl entströmt, der Stern der Erleuchtung, die leuchtende Lampe, die «beste Erde», die Schwester unserer Armut, die Sonne, der Berg des Segens, das Hochzeitsgemach der Wonne Gottes, das Fenster des Entrinnens oder der Erleuchtung, Altar, Vlies des göttlichen Taus oder der einzigartige Adler. Sie bekleidet uns mit dem Mantel der Göttlichkeit; sie ist die Königin von Saba und der Thron Salomos oder der Trinität, der Ort der Einswerdung der Gottheit und der menschlichen Natur. In diesen Symbolen ist ein weibliches Numen umschrieben, das der Sponsa unseres Textes nahekommt, nur daß in letzterem die dunkle Seite, das Tötende und Gefährliche stärker miteinbezogen ist.

Text: «Ich bin das Gesetz im Priester und das Wort im Propheten und der Rat im Weisen. Ich kann töten und lebendig machen, und da ist niemand, der aus meiner Hand errette. Ich biete meinem Geliebten den Mund, und er küßt mich – er und ich sind Eins – wer will uns scheiden von der Liebe? Niemand weit und breit – denn stark wie der Tod ist unsere Liebe.

In diesen Worten wird die Identität der Braut mit der Gottheit unzweifelhaft; denn ihre Worte sind in der Bibel die Worte Gottes. Sie *ist* die Gottheit oder eine weibliche Entsprechung Gottes in der Materie.

---

134. Opera ed. Borgnet l. c. Vol. 37, p. 367 ff.

Sie ist Gott, der aber als liebende Frau den Menschen umarmt, um ihn dadurch in seine unversöhnliche Gegensatznatur, aber zugleich auch in seine allumspannende Ganzheit zu versetzen. Dieses Ereignis überdauert – wie der Text sagt – sogar den Tod.

558 Diese Unio mystica ist insofern neu und völlig anders als in sonstigen mittelalterlichen Texten, als sonst die menschliche Seele als weibliches Wesen sich mit Christus oder Gott vereinigt. Der Mensch bzw. seine «anima» im kirchlichen Sinn ist die Braut. Hier hingegen ist Gott die Braut und der Mensch bzw. dessen Selbst der Bräutigam. Diese seltsame Umkehrung ist wohl in erster Linie als Kompensation zu verstehen: das männliche geistige Gottesbild hat sich in sein Gegenteil gewandelt, in eine Gestalt, welche die «Selbstreflexion» Gottes, d. h. die Sophia mit der Materie und der Natur in sich vereinigt. Es ist der zur Bewußtheit tendierende Aspekt Gottes, der sich in dieser Gestalt offenbart – als ob die menschliche Psyche und die Materie zum Ort der Bewußtwerdung Gottes ausersehen wären. Der Sohngeliebte dieser Gestalt ist aber der verklärte Endzustand eines Menschen, der durch den Tod hindurch gegangen ist. Im Gegensatz zur Sapientia hat *er* die Dunkelheit von sich abgestoßen. Daher kommt wohl die etwas unheimliche Unwirklichkeit dieser letzten Textpartie. Der «unwirkliche» verklärte Mensch spricht im Folgenden die Sapientia an:

559 Text: Oh Liebste, Vielgeliebte, deine Stimme tönte in meine Ohren... wie schön bist du von Angesicht, deine Brüste sind lieblicher denn Wein, du meine Schwester, meine Braut, deine Augen sind wie die Teiche von Hesbon, deine Haare sind wie Gold und deine Wangen wie Elfenbein, dein Schoß ist wie ein Mischkrug, der nimmer des Getränkes mangelt... und deine ganze Gestalt ist für alle schön und begehrenswert.

560 In dieser Textpartie antwortet der Bräutigam seiner Geliebten und spricht sie in preisenden Worten, die fast alle dem Hohenlied entnommen sind, an. Der Text zeigt eine wesentliche psychologische Veränderung an: zum ersten Mal nämlich spricht jemand zur Animagestalt. Bisher sprach entweder die Sapientia-Anima selber, oder der Verfasser redete zu den Menschen und verkündete ihnen den «Ruhm» der Sophia. Er war «ergriffen» im wörtlichsten Sinn dieses Wortes, aber er war nicht imstande, seiner Ergriffenheit aktiv nach innen gewandt zu begegnen. Nun aber hat er sich der Braut selber liebend zugekehrt, was psycho-

logisch einem gefühlsmäßigen Annehmen des Unbewußten, einem Ja-Sagen zum Wesen der Anima entspricht. Gleichzeitig findet eine relative Abkehr von den «anderen Menschen» statt, die zwar eingeladen werden, am Liebesglück des Paares teilzunehmen – doch fallen die vorherigen Lehr-Intentionen weitgehend weg. Das archetypische Bild eines göttlichen Paares und seines Hieros Gamos erfüllt von nun an den Text – Gott und Göttin feiern die mystische Hochzeit, und ein heidnisches Lebensgefühl bricht durch, dessen Ausdruck an Haeresie streift. Zugleich vermittelt der Text ein Gefühl von innerer Befreiung, als ob ein Gefängnis konventioneller religiöser Vorstellungen und menschlicher Enge endlich aufgebrochen wäre, und der Autor seine frühere geistige Welt wie eine leere Puppe hinter sich zurückgelassen hätte.

In seiner Lobpreisung schildert der Bräutigam die Braut mit zahlreichen symbolischen Bildern, durch die er ihre umfassende ganzheitliche Bedeutung umschreibt. Die Worte von Cant. VII, 3: «Dein Schoß ist wie ein runder Becher (Mischkrug), der nimmer des Getränkes mangelt», deutete HONORIUS VON AUTUN [135] symbolisch auf die «temperantia» (vgl. deren alchemistische Erwähnung in unserem Text!), *welche in der Mitte des Körpers weilt, und deren Becher die sieben Gaben des Heiligen Geistes darstellt.* Die «temperantia» sei nämlich *«circumspectione rotunda et sapientia fecunda» (durch ihre Umsicht rund und durch ihre Weisheit fruchtbar).* Der Nabel (umbilicus) wurde von RHABANUS MAURUS auf den Dominikanerorden der Kirche gedeutet [136]. Zugleich ist wohl einerseits auf die kirchliche Bezeichnung Marias als «vas devotionis» und der Kirche als Gefäß der «doctrina veritatis» und endlich des Menschenkörpers als Gefäß des Geistes [137] angespielt und andererseits auf die alchemistische Vas-Symbolik und ihre komplexe Bedeutung [138]. Das Gefäß mußte nach alchemistischer Anschauung rund sein als Abbild des Kosmos und der Himmelssphären [139] und auch des

561

---

135. Migne P. L. tom. 172, col. 457 und 465.
136. Oder als luxuria. RHABANUS MAURUS, Alleg. in Sacr. Script. Migne P. L. 112, col. 1085.
137. LACTANZ, Div. Inst. 2. 12. 41.
138. Vgl. JUNG, Psychologie und Alchemie l. c. p. 249 und passim.
139. Vgl. SENIOR p. 122. Vgl. auch die πολοειδη ὄργανα der Griechen. BERTHELOT, Coll. Alch. Grecs. IV, VII, Vol. I, p. 275 und p. 277. Vgl. auch das ZOSIMOSzitat bei OLYMPIODOR (BERTHELOT, Coll. Alch. Grecs. II, IV, Vol. I, p. 98–99): «Und er deutet auf das Haus der Seelen» der Philosophen hin, in dem er sagt: Das Haus war kugel-

menschlichen Kopfes als Sitz der anima rationalis [140]. Schon im *Corpus Hermeticum* wird der Kosmos als vas oder Kugel (σφαῖρα) bezeichnet, die auch der sich kopfartig bewegende Nous sei; *alles, was mit der Membran dieses Kopfes verbunden sei, sei unsterblich* [141], und noch die arabischen Harraniter bauten dieser «Weltvernunft» oder «Seele» halbkugelförmige Tempel [142]. Zugleich hat aber der «Kratēr» auch eine «hylische» Seite; im *Corpus Hermeticum* [143] heißt die Materie (bei PLUTARCH auch die Zeit) Gefäß des Werdens und Vergehens, und im Neuplatonismus wurde der Kosmos als «Höhle» angesehen [144]. Nach PLATO und später bei gewissen Orphikern galt die Auffassung, daß der Weltschöpfer das All in einem großen «Kratēr» mischte [145]. Deshalb sieht auch ZOSIMOS in seiner Vision [146] die alchemische Wandlung der Elemente, wie sie sich in einem schalenförmigen Altar, der den ganzen Kosmos umfaßt, vollzieht [147]. Auf solche Zusammenhänge zielt die Bezeichnung der Braut als cratēr tornatilis an [148].

562 Text: Kommt her, ihr Töchter Jerusalems... sagt mir, was sollen wir für unsere Schwester tun, die so klein ist und noch keine Brüste hat am Tage der Werbung? Ich will meine Stärke über sie breiten und nach ihren Früchten greifen, und ihre Brüste werden sein wie Trauben am Weinstock.

oder eiförmig gen Westen blickend... und es hatte die Form einer (spiraligen) Schneckenschale.»
140. Vgl. JUNG, Paracelsica p. 93 und Von den Wurzeln des Bewußtseins l. c. p. 180 und p. 270 ff. Ferner *Turba* (RUSKA), p. 254 und Anm. 3. Die Alchemisten sind nach dem *Fihrist* «diejenigen, die durch Herstellung des Hauptes und des vollkommenen Iksirs berühmt sind». Das Wasser galt als caput mundi (*Consilium Coniugii* Ars. Chem. a. a. O. 1566, p. 66). Vgl. ferner BERTHELOT, M. A. III, p. 140–141 und E. VON LIPPMANN, Alchemie, a. a. O. I, p. 97–98
141. Scott, *Hermetica*, I. p. 194.
142. Vgl. D. CHWOLSOHN, Die Ssabier und der Ssabismus. Bd. II. p. 367, 376, 382. Vgl. auch die runde «barba» (Pyramide) bei SENIOR. De Chemia p. 122–123.
143. SCOTT, a. a. O. I p. 422 und III 396. Cf. item PLUTARCH, de Ei 392).
144. PORPHYRIUS, De antro nymph. 5 u. 21.
145. *Timaeus* 41 D und LUKIAN, Bis accusatus 34. 834, Jo. DIAKONUS, *Ad Hesiod. Theog.* 617 und 950, SERVIUS, Aeneis 6. 667. PROCLUS in Tim. 316 a. MACROBIUS Somn. Scip. I. 12. 8. Vgl. allgemein W. SCOTT, II, p. 141, I, p. 224 und LEISEGANG, Gnosis p. 336 und 126.
146. Vgl. C. G. JUNG, Von den Wurzeln des Bewußtseins l. c. p. 270 ff. und passim.
147. Vgl. zur Bedeutung des Kratēr bei ZOSIMOS auch W. SCOTT, *Hermetica* I, p. 148.
148. Über die Bedeutung des Kratēr vgl. C. G. JUNG, Psychologie und Alchemie a. a. O. p. 405 ff.

Diese Textpartie, welche nach Cant. VIII, 8–9, und VII, 8, andeutet, 563 daß die «soror mystica» noch zu jung sei zur Ehe und erst durch die Werbung des Mannes gereift werde, wurde in der patristischen Deutung auf die «noch junge Kirche» bezogen, die durch Christum heranreift [149], oder auf Maria, welcher die «ubera concupiscentiae» fehlen. Alchemistisch ist damit wohl ebenfalls angedeutet, daß der Braut noch etwas fehlt, nämlich die «Stärke» des Männlichen. Die Fortsetzung im Hohenlied lautet nämlich: «Ist sie eine Mauer, so wollen wir ein silbernes Bollwerk darauf bauen...» usw. Es fehlt eine letzte Fixatio durch den «Körper» oder «Geistkörper». Dies könnte darauf hinweisen, daß erst die individuelle Bewußtwerdung der Seele ihre eigentliche Bestimmtheit, ihr So-Sein verleiht. Erst wenn Gott – denn die sponsa *ist* Gott – in einem Menschen bewußt wird, erreicht er aktuelles Sein. Darum erscheint die Gottheit folgerichtigerweise dem Menschen gegenüber als «Frau» – ja sogar als unentwickeltes Mädchen. Das Bild bedeutet fast eine Überbetonung von Gottes Hilflosigkeit – kompensatorisch zum dogmatischen Bild einer menschenfernen, ins Metaphysische entrückten Vatergottheit.

Eine auffallende Parallele zu diesem Bild liegt in der persischen Vor- 564 stellung, daß dem Menschen im Tode seine Seele als ein schönes, etwa fünfzehnjähriges Mädchen entgegentritt, welch letztere aber auch der alte Weise ist [150] – so daß auch dieses Motiv an Vorstellungen erinnert, welche mit der Erfahrung des Todes verbunden erscheinen.

Text: Komm also, meine Geliebte, lasset uns auf dein Feld hinausgehen, 565 und in den Gehöften weilen; frühmorgens wollen wir aufstehen zum Weinberg, da die Nacht vorgerückt ist, und der Tag bald naht. Wir wollen nachsehen, ob dein Weinberg Blüten trug, und ob deine Blüten Frucht getragen haben, dort wirst du mir deine Brüste reichen und ich selber für dich alle alten und neuen Früchte aufbewahren...

Der Bräutigam fordert seine Geliebte auf, auf's Land hinauszugehen 566 und die Menschen zu einem Freudenfest einzuladen, «weil die Nacht vorgerückt ist, und der Tag sich naht [151]». Nach der «Mondnacht» und

---

149. HONORIUS VON AUTUN, Expos. in Cant. Cant. Migne P. L. tom. 172, col. 480.
150. Vgl. R. REITZENSTEIN, Das iran. Erlösungsmysterium a. a. O. p. 31.
151. Vgl. hiezu AMBROSIUS, Exam. IV, 8. 32. (cit. H. RAHNER, Myst. Lunae a. a. O. p. 331, p. 333, und bes. p. 432), wonach diese Worte der Kirche (Luna), «welche die Finsternis dieser Zeitlichkeit erleuchtet», den Menschen zuruft, und der «Tag» bedeutet das Erscheinen des Sol = Christus.

der «Morgenröte», in der die «Frau» herrschte, bricht nun der Tag des *Sol* an, worin der Lapis vollendet ist. Das «Hinausgehen in das Feld» deutet auf eine Ausweitung und eine Befreiung aus der Enge menschlicher Verhältnisse, auf ein Einswerden mit der Natur hin. Es könnte aber auf das Verlassen des kranken Körpers im Tode hindeuten – der Tod bricht als ein neuer Morgen an, in dessen Licht die Dinge verwandelt erscheinen, d. h. er ist ein völlig neuer Bewußtseinszustand. In diesem neuen Licht genießen die Liebenden ihr Glück.

567   Text: an ihnen (den Früchten) wollen wir uns also erfreuen und ohne Zögern alle Güter genießen, dieweil wir jung sind, mit köstlichem Wein und Salben wollen wir nicht kargen und keine Blume soll uns entgehen, uns damit zu bekränzen. Zuerst mit Lilien und nachher mit Rosen, eh' sie verwelken. An keiner Wiese soll unsere Lust vorbeigehn, und keiner von uns allen bleibe unserer Fröhlichkeit ferne.

568   Diese Partie zeigt keinen kirchlichen Parallelismus mehr: *es sind hier nämlich die Worte der «luxuriantes», der in Ausschweifung verlorenen Weltkinder* (vgl. Weish. II, 5 ff.) *zitiert, die der Verfasser dem Bräutigam in den Mund legt.* Entweder ist hier dem Autor unbewußt ein Gedächtnisfehler passiert, oder er deutet hiemit bewußt auf ein nichtchristliches Mysterium hin. Es ist jedenfalls der Durchbruch eines heidnisch-antik anmutenden Naturgefühls, den der Text schildert, ein «Phalluslied», welches aber «dem Dionysos-Hades gesungen wird», um mit HERAKLIT zu reden [152]. Die Befreiung aus dem Kerker des Körpers scheint zugleich eine Befreiung aus Einengungen geistiger Vorurteile zu sein – der natürliche Mensch ist erlöst und feiert ein geistiges Einswerden mit der Natur.

569   Das Paar fordert alle Menschen auf, die Blumen zu pflücken (Lilien und Rosen = Albedo und Rubedo) und sich mit ihnen zu schmücken. Auf das Aufblühen der Erde war schon in der sechsten Parabel hingewiesen worden, wo es heißt, daß sich in der Erde das Keimwasser (aqua germinans) befinde, aus welchem Blumen, Früchte und der Wein für

---

152. HERAKLEITOS ed. H. DIELS, Fragmente der Vorsokratiker 6. Aufl. ed. W. KRANZ, Berlin 1952, Vol. I, p. 154–155: «Denn wenn es nicht *Dionysos* wäre, dem sie die Processionen veranstalten und das Lied singen für das Schamglied (Phallos) so wärs ein ganz schamloses Treiben. Derselbe aber ist *Hades* und *Dionysos*, dem sie da toben ...»

die Menschen entsprossen [153]. Dieses Keimwasser ist gleichsam die «quinta essentia», von welcher es in der *Expositio Epistulae Alexandri Regis* heißt [154], sie sei «der Geist, der alles belebt und wandelt und jeden Keim zum Keimen bringt und jedes Licht entzündet und alle Früchte sprossen läßt [155]». Nach der *Turba* [156] sind die Blumen die *Kraft, welche vom göttlichen Wasser ausgeht*, nach SENIOR sind die Goldblumen ein Bild für die «Tinkturen [157]». Schon bei PS.-DEMOKRITOS soll das «Haus des Mysteriums» mit «Teichen und Gärten» umgeben werden [158], und in der griechischen Alchemie sind die «Blumen» oder «Blüten» ein Bild für die Geister (πνεύματα) oder Seelen [159], und der Lapis ist eine «irdische Sonne» oder die «Blüte des Erzes [160]», oder eine «wohlgestalte Blüte, die aus *vier* Zweigen hervorsproßt [161]». Auch im Hierosgamos des KOMARIOS-Textes spielen die Blumen eine Rolle [162]: «Die (gesegneten) Wasser gehen hin und erwecken die schlafenden Körper und die eingesperrten geschwächten Geister (πνεύματα)... und bald steigen sie

153. Die Blumen entsprechen den Sternen, mit denen sie via die Luft in Verbindung stehen «ac veluti caelum terrae maritatur paranymphum habens Mercurium sive spiritum praefatum aëreum» (Jo. MENNENS, Aurei Velleris etc. Theatr. Chem. 1622. V, p. 421–422). Vgl. auch die Kräuter, die bei DORNS alchemischer Procedur verwendet werden: JUNG. Myst. Coni. II letztes Kapitel.
154. Art. Aurif. 1610, I, p. 247: Quinta essentia spiritus est, qui omnia vivificat et alterat et omne germen germinat et omne lumen accendit et omnes fructus floret.
155. Die aqua germinans ist die aqua divina, welche den Geist Gottes enthält. Vgl. hiezu C. G JUNG, Psychologie und Religion a. a. O. p. 99 und p. 183. Vgl. zu der alchemistischen Bedeutung des Frühlingsregens, der Alles aufblühen läßt, auch Carmina HELIODORI, ed. Goldschmidt a. a. O. (p. 90, Vers 98, Carmen II) ... ὕειν, ὅλη τε γαῖα κάρπους ἐκφυεῖν... ἐὰρ μεθ᾽ ὃ θερμόν τε καὶ ὑγρὸν πέλον εἰσέρχεται, ἐν ᾧ περ ἡ γῆ βλαστάνει ἄνθων γένη παντοῖα.
156. a. a. O. p. 145.
157. De Chemia a. a. O. p. 11, 57 u. 108: et ascendunt nubes et pluunt pluviae super terram et ex ipso prodeunt flores et tincturae... et ibi fiunt flores etc.
158. BERTHELOT, Coll. Alch. Grecs II, IV, Vol. I, p. 100.
159. Vgl. SYNESIOS, (BERTHELOT, Coll. Alch. Grecs II, III, Vol. I, p. 66). «Mit dem Wort Blüte (ἄνθος) bezeichnet er (DEMOKRITOS) das Sublimieren der Seelen d. i. der pneumata».
160. Buch des SOPHE, BERTHELOT, Coll. Alch. Grecs III, XLII, 1. Vol. I, p. 213, und ZOSIMOS nennt die Sublimation (ἄρσις) das «Aufsteigen der Blüten» ebda. II, II, Vol. I. p. 144. Vol. III, XV, Vol. I, p. 156). DEMOKRITOS zählt als wichtigste Blumen auf: die «Meerblüte» und die «italische Rose» (ebda. II, I, Vol. I. p. 42), und SYNESIOS den Cilicischen Crocus, die Blüte Anagillis, welche das «Emporführen der Seelen» bedeute (ebda. II, III, Vol. I, p. 66).
161. Carmina HELIODORI a. a. O. p. 30 und p. 31.
162. BERTHELOT, Coll. Alch. Grecs IV, XX, Vol. I, p. 293–295.

empor und bekleiden sich mit vielen schönen Farben, wie *die Blumen im Frühling*...» «Siehe nämlich die Erfüllung der Kunst: die Vereinigung von Braut und Bräutigam... *Siehe die Pflanzen* (βοτάναι) und ihre Variationen – siehe da, ich sage euch die ganze Wahrheit! Seht und versteht, wie aus dem Meer die Wolken emporsteigen und die gesegneten Wasser mit sich tragen, und diese die Erde tränken und Samen und Blüten sprossen... *Bemüht euch, eure Erde zu tränken und eure Samen zu nähren, auf daß ihr reife Frucht ernten möget* [163]!» Dieses Säen und Pflanzen von Blumen im KOMARIOS-Text spielt auf die «resurrection végétale» des Osiris, d. i. des ägyptischen Totenrituals an, bei welchem auf die Mumie (= Osiris) Samen und Blumenzwiebeln gelegt und bewässert wurden, deren Sprossen die Auferstehung anzeigen sollte. Auch in der nichtalchemistischen hermetischen Schrift *Isis an Horus* genannt *Korē Kosmou* [164] erzeugt der Demiurg die Welt durch Zaubersprüche aus Pneuma, Feuer und anderen Ingredienzien, und beim Umrühren der Mischung steigt eine leichte, durchsichtige, nur Gott selber sichtbare Substanz an die Oberfläche, welche er Psychōsis – Seelenstoff, Beseelung, nennt. *Dieses ist das «Ausblühende»* (τὸ ἐπανθοῦν), *und aus ihm werden die Seelen geformt.*

570   Auch in der kirchlichen Symbolik spielen die Blumen eine Rolle. So schildert EPHRAEM SYRUS, wie sich Christus im Ostermonat Nisan [165] mit seiner Braut, der Kirche, vereint; er «verwirrt» die Erde, und unter seinen Umarmungen entstehen die Blumen [166]. AMBROSIUS erklärt jenes Bibelwort: «Der Winter ist vorbei, die Blumen sprießen, und die Zeit der Ernte ist da», welches auch die Aurora anführt, als einen Hinweis auf die Kirche in ihrer Endverklärung [167]. Andernorts gelten die Blumen

---

163. Weiter unten ebda. p. 297–298 heißt es: Das Feuer wurde dem Wasser untergeordnet und die Erde der Luft, und so wurde die Luft mit dem Feuer und die Erde mit der Luft und das Feuer mit dem Wasser und die Erde und das Wasser mit der Luft vereinigt *und wurden eines, denn aus Pflanzen und Dämpfen wurde Eines.*

164. W. SCOTT, *Hermetica* a. a. O. I 464 ff.

165. Nisan (März-April) ist auch in der Alchemie (in den syrischen Texten) der Monat des Opus. In Ägypten ist es Pharmouthi. Vgl. E. v. LIPPMANN, Alchemie a. a. O. I, p. 48 u. 58.

166. De Resurrectione Christi XX, Hymni et Sermones Bd. II. p. 756–758: Nisan, mensis victoriae eduxit sponsam Regis suis effusionibus turbavit terram eamque sparsis suis floribus implevit... factae nuptiae purae in deserto... Und Hymnus XXI ebda. p. 770: Nisan etiam terram induit vestimento coloribus omnis generis texto, induitur tellus tunica pallioque florum.

167. Exameron 4. 5. 22. cit. HUGO RAHNER, Myst. Lunae, 1939 a. a. O. p. 434.

bei den Kirchenvätern als Bild des schnell hinwelkenden Menschenlebens [168] oder als «Blüten des Geistes», die der Heilige Geist betaut, und der Logos als Sonne bescheint [169]. Sie erscheinen in den Werken der Märtyrer oder auch in den «typi», den Symbolen Christi [170]. Nach ORIGENES [171] bedeutet das Blühen das Aufgehen des «Keims geistigen Verstehens» und einen «grünenden lebendigen Sinn», der in der Schrift durch den belebenden Geist aufgehe. Blumen repräsentieren somit ein überpersönliches seelisches oder geistiges Leben oder eine Lebendigkeit, welche aus der Coniunctio der Gegensätze aufblüht. Im allgemeinen sind Blumen oft ein Symbol für das Gefühl, und es ist besonders eindrücklich, wie im Text der Aurora mehr und mehr ein ekstatisches Gefühl durchbricht und alle lehrhaften und rationalen Aspekte verschwinden. Am nächsten in Stimmung und Deutung dieser Partie der Aurora steht wohl ein eigenartiges Textfragment, welches der Sammler LACINIUS dem ALBERTUS MAGNUS zuschreibt [172], ich aber in den erhaltenen ALBERTUS-MAGNUS-Traktaten (und Ps. ALBERTUS-Traktaten) nicht nachweisen konnte. Es lautet: «Pflücke die verschiedenen Blumen voll vom Duft aller Güter. In ihnen duftet die Süße und leuchtet die Schönheit, der Glanz und Ruhm der Welt. Dies ist die Blume der Blumen, die Rose der Rosen, und die Lilie im Tal. Freue dich also deiner Jugend, o Jüngling und lerne es, Blumen zu pflücken; denn ich habe

---

168. EPHRAEM SYRUS, Sermo de Admonitione, Werke Bd. II, p. 318. Dieselbe Anschauung findet sich bei SIMON MAGUS. Vgl. LEISEGANG, Gnosis, a. a. O. p. 69.
169. Hymni de resurrectione No. 19, Bd. II, p. 752: Quis vidit flores e libris veluti e montibus erumpentes. Castae puellae iis impleverunt spatiosos mentis sinus. Ecce vox ut sol super turbas flores sparsit ... Vgl. auch p. 754: Flores pulchros et rationales sparserunt pueri coram rege. Pullus illis coronatus est ... Unusquisque colligat cunctos flores et hos misceat floribus qui creverunt in terra sua ... Offerant Domino nostro in coronam florum: pontifex suas homilias, presbiteri sua encomia, diaconi suas lectiones ... Invitemus ... martyres, apostolos et prophetas ipsi similes sunt eorum flores ... ditissimae sunt eorum rosae, suave olent eorum lilia; ex horto deliciarum colligunt pulcherrimos flores, eosque adducunt ad coronam festi nostri pulcherrimi. Gloria tibi a beatis. Coronae regum pauperes sunt in conspectu divitiarum tuae coronae. Inserta est in ea puritas; triumphat in ea fides; splendet in ea humilitas; fulget in ea multicolor sanctitas; nitet in ea charitas magna, omnium florum regina. Ecce corona tua perfecta est. Benedictus qui dedit nobis ut plecteremus eam. Vgl. auch HONORIUS V. AUTUN, Exposit. in Cant. Cant. Migne P. L. tom 172 col. 392: flores sunt homines fide florentes (flos vitis =fides Christi) usw.
170. EPHRAEM SYRUS, Hymni Bd. II, p. 756 und Bd. I, p. 148–156 und p. 112.
171. ORIGENES In Cant. Cant. Lib. III.
172. Collectanea LACINII ex ALBERTO MAGNO, Marg. Pret. Nov. a. a. O. p. 180.

dich in den Paradiesesgarten eingeführt [173]. Flechte dir also aus ihnen einen Kranz für dein Haupt und genieße die Lustbarkeiten dieser Welt, indem du Gott lobst und deinem bedrängten Nächsten hilfst. Nun will ich dir die Wissenschaft und das Geheimnis eröffnen und dir das Verständnis geben für die dunklen Dinge der Kunst, und was lange verhüllt worden ist, wird an's Licht gebracht werden.» Ein Kommentar erklärt dann diese obige Stelle als das «Reinigen der Geister».

571 Das Blütenmotiv erinnert an die eigenartige Rolle, die gewisse Blumen und Kräuter bei PARACELSUS und DORNEUS spielen: das Cheiri, die Pflanze Mercurialis usw., wofür ich auf JUNGS Darlegungen verweisen kann [174]. Die Blumen sind gleichsam Ingredienzien des «unteren Himmels», Äquivalente der Sterne, d. h. Komponenten der seelischen Totalität, des Selbst. Da «die Seele von der Beziehung lebt [175]», so weisen diese Blüten, die bei und während der Coniunctio entstehen, auf ein Aufblühen der seelischen Bezogenheit hin. Letztere ist ein Erfülltsein von der Sapientia Dei, die sogar die Freude der an die Welt verlorenen Menschenkinder von ihrer Sündhaftigkeit befreit und mit einbezieht [176]; denn es sind nach der Heiligen Schrift die Worte von Sündern, die hier, in der Aurora, in den Mund des Paares gelegt sind. Ob sich der Verfasser dieser Tatsachen bewußt gewesen ist, weiß ich nicht. Da die Coniunctio vermutlich im Vorerleben des Todes geschildert ist, oder wenigstens in einem bewußtseinstranszendenten «Jenseits» erfahren wird, so fällt ohnehin jedes zweideutige Mißverstehen dieser Worte dahin – ubi spiritus, ibi libertas.

572 Text: Allenthalben wollen wir Zeichen unserer Fröhlichkeit zurücklassen, denn dies ist unser Teil und unser Los, daß wir in liebender Vereinigung leben und im fröhlichen Reigen verkünden: Sieh, wie gut und lieblich ist es,

---

173. Vgl. ALBERTUS MAGNUS in Quaest. super Evangelium. CLXIV, ed. Borgnet, l. c. Vol. 37, p. 245: (Quam) plenitudinem florum herbarum et fructuum significantem perfectionem morum virtutum et operationum diversarum (auf Maria bezogen).
174. Paracelsica l. c. p. 86 ff. und Myst. Coni. Vol. II Kap. Die Koniunction, passim.
175. Vgl. JUNG, Die Psychologie der Übertragung, p. 117.
176. Trotzdem habe ich es nicht gewagt, die Lesung der Texte pecum p̄ctum des alten MS als «peccatum» einzusetzen statt des biblischen pratum des späten Druckes (die prata im Hohenlied wurden als die coelestia mysteria und die herbae als die sententiae evangelicae gedeutet. Vgl. HONORIUS VON AUTUN, Quaest. et Respons. in Prov. et Eccles. Migne P. L. tom. 172, col. 327.), es könnte sich allerdings auch um eine psychologisch bedeutsame und dem Sinne der Gesamtpartie unbewußt angepaßte Fehlleistung eines frühen Abschreibers handeln.

zu zweit in Einem zu wohnen! Wir wollen uns darum hier drei Hütten bauen, dir eine, mir die zweite und unseren Söhnen die dritte, da ein dreifaches Seil schwerlich zerreißt.

Die Psalmworte: «Siehe, wie gut und lieblich ist es, zu zweit in Einem zu wohnen» sind hier auf die alchemistische Coniunctio zu beziehen, aber aus der Zweieinigkeit wird im Folgenden alsbald eine Dreieinigkeit, ausgedrückt im Bild der drei Hütten und «des dreifachen Seiles, das schwerlich zerreißt [177]». Auch in der biblischen Originalstelle (Prediger IV, 10–12) ist es schwer ersichtlich, wieso aus dem Lob der Ehe, des Zuzweitseins, jene Bemerkung vom dreifachen Seil hervorgehe. Man muß sich wohl irgendwie noch eine vereinigende Kraft hinzudenken, welche als Drittes, als «vinculum» mit hinzukommt [178]. Die Dreizahl, der Ternarius galt jedenfalls in der mittelalterlichen Zahlenspekulation als «signum coniunctionis [179]» und Symbol der Eintracht. In der Alchemie begegnen wir oft dem Bild des Paares, das durch einen Dritten, z. B. den «senex Mercurius» zusammengegeben wird. Der «senex Mercurius» steht dabei deutlich an Stelle des Hl. Geistes [180].

Das Motiv des Seiles ist an sich eine verbreitete archetypische Vorstellung. Sowohl in den Shamanen-Initiationen wie in tibetanischen religiösen Texten findet sich das Motiv, daß der Eingeweihte über ein Seil oder eine Pfeilkette ins Jenseits hinübergeht. In Tibet gab man den toten Herrschern bestimmte Seile mit, damit sie dorthin zurückkehren könnten, von wo der erste Herrscher einst auf einem ähnlichen Seil herabgekommen war [181]. Das Seil stellt somit einen Erlebnis- oder Sinnzusammen-

---

177. Für die Deutung des funiculus triplex auf die Trinität siehe HONORIUS VON AUTUN: In Ecclesiasten cap. 4. Migne, P. L. 172, col. 339.
178. Vgl. z. B. RICHARD DE ST. VICTOR, Explic in Cant. Cant. Migne P. L. 196, col. 478/479: Quod autem non solum duplicata voce sed etiam triplicata hortatur, ut veniat, immensitatem desiderii et amoris, quem habet ad eam, insinuat et ut trina repetitio immensitatis et firmitatis est attestatio, funiculus enim triplex difficile rumpitur.
179. HELINANDI FRIGIDI MONTIS Monachi, De cognitione sui, Migne, P. L. tom. CCXII col. 728: Binarius, qui sine medio est, sine vinculo est et ipse divisionem significat. Ternarius autem, qui medium habet concordiae et coniunctionis est signum. Est enim primus imparium numerorum et primus totus est impar, unde quasi totus concordia est ... vatem Mantuanum, cum dixit: «Numero Deus impare gaudet», quod idem est acsi diceret: Deus pacem diligit ac dilectionem, quia ipse pax et dilectio est.
180. Vgl. LAMBSPRINCK, wo aber das Paar durch die Vater-Sohngruppe ersetzt ist.
181. Vgl. M. ELIADE, Le Chamanisme et les techniques archaïques de l'extase. Paris 1951. p. 380 ff.

hang dar, durch den das Bewußtsein mit der Basis des kollektiven Unbewußten verknüpft wird. Andererseits bedeuten Seile und Schlingen auch «magische Bindungen [182]», meistens an Dämonen oder Götter, d. h. das Verpflichtetsein oder Verhaftetsein an den Archetypus. Der Sinn vieler Shamanen-Initiationen war es, die Communicabilität mit dem verlorenen Jenseits = Paradies wieder herzustellen [183]. Das Seil bildet in diesem Fall eine Variante zum Motiv des Weltbaumes oder der Weltachse. In einer nordamerikanischen Indianererzählung geht ein Mann seiner toten Frau mittels einer magischen Schnur nach. Hier hat das Seil auch die Bedeutung einer über den Tod hinausreichenden Schicksalsverbundenheit. Es ist auffällig, wie in dieser letzten Parabel sich die Motive mehren, die in anderen mythologischen Bereichen mit der Vorstellung eines postmortalen Lebens verknüpft oder mit Erlebnissen verbunden sind, während derer der Körper des Erlebenden in Krankheit oder Trance darniederliegt. Es handelt sich um die Offenbarung von psychischen Inhalten, die gleichsam an die äußerste Grenze des noch bewußt Erlebbaren grenzen.

575   Hierauf spielt der Text mit den drei Hütten auf die Verklärung Christi auf dem Berge Tabor an (Matth. XVII), was noch einmal den Todesaspekt und die Parallele des Lapis, des Endresultates des Opus, mit dem auferstandenen Christus unterstreicht, darüber hinaus aber ist weiter an Offenb. XXI, 2–3, zu denken, wo das «neue Jerusalem» auch als tabernaculum – Hütte Gottes *bei den Menschen* – «und er wird bei ihnen wohnen» – geschildert ist. Diese Assoziation ist in unserem Text deshalb nahegelegt, weil das dritte Zelt den filiis, den «Söhnen» des Paares versprochen ist. Die «filii» sind aber in der alchemistischen Sprache die Alchemisten. *Letztere haben also irgendwie auf geheime Art an der Coniunctio und Auferstehung des Paares teil, und stehen unerwarteterweise an Stelle des Mediators, d. h. des Spiritus Sanctus oder des Mercurius Senex* [184]! PETRUS BONUS, der etwas später als der Verfasser der Aurora schrieb, hat jenes Auferstehungsmysterium folgendermaßen

---

182. M. ELIADE, l. c. p. 376.
183. p. 420, weitere Beispiele p. 426, p. 428, p. 281 und p. 118.
184. Als eine Parallele zu erwähnen wäre, daß in der Kabbalistischen Deutung Moses, als Symbol des Volkes Israel mit der «oberen Königin» der Sefira Binah eins wird und dadurch mit Gott vereint wird; das ist das «Mysterium der Küsse». KNORR VON ROSENROTH l. c. II. p. 149.

KOMMENTAR 399

beschrieben [185]: «In der Auferstehungskonjunktion wird der Körper völlig geistig, wie die Seele selber, und sie werden Eines, wie wenn man Wasser mit Wasser mischt, da in ihnen keine Verschiedenheit mehr ist, vielmehr Einheit und Identität aller Drei, nämlich von Geist, Seele und Körper, ohne Scheidung in Ewigkeit; so wie es wahrlich offenbar ist von der Identität und Einheit der heiligsten Trinität in Gott, d. h. des Vaters, des Sohnes und des Hl. Geistes, welche in Gott selber Eines und dasselbe sind, zwar mit Unterscheidung der Personen, aber ohne Verschiedenheit des Wesens. Aus diesen Worten können wir direkt erschließen, daß die alten Philosophen dieser Kunst wahrhaftig durch ihre göttliche Kunst Seher waren, und daß sie von der Auferstehung der Seele und ihrer Verklärung und von der Erscheinung Gottes im menschlichen Fleische (nämlich Christi) und seiner Identität mit Gott durch vermittelnden Einfluß und Emanation des Hl. Geistes – wenn auch unklar und konfus – berichtet haben ... *Denn in diesem Lapis wird wahrhaftig die Dreieinigkeit in Einheit* und zugleich mit Unterscheidung der Person, aber ohne Verschiedenheit symbolisch angedeutet, wie für denjenigen sichtbar ist, der ein subtiles Anschauungsvermögen und Wissen besitzt.»

In der Aurora ist nun der Mediator, der das Paar vereint und an Stelle des Hl. Geistes steht, *der spiritus Mercurii, der sich in den vielen einzelnen Menschen offenbart*. Dies bedeutet aber ein Manifestwerden Gottes im einzelnen Menschen; denn die «filii» des Textes sind Individuen, welche durch das Opus selber zu «Göttern und Söhnen des Höchsten» geworden sind und dadurch sogar die Gegensätzlichkeit in Gott wieder zur Ganzheit zusammenfügen. Der Mensch wird zum Erlöser Gottes, zu demjenigen, der seine zwei Aspekte Mann und Frau in Ihm vereinigt.

---

185. Pretiosa Margarita Novella a. a. O. p. 121 ff.: «... et in ... coniunctione resurrectionis fit corpus totum spirituale ut ipsa anima, et fiunt sic unum sicut aqua mixta aquae cum in eis nulla sit diversitas, immo unitas et identitas omnium trium scil. spiritus, animae et corporis absque separatione in aeternum. Sicut vere patet de identitate et unitate sanctissimae Trinitatis in Deo scil. Patris et Filii et Spiritus Sancti, quae sunt in ipso Deo unum et idem cum distinctione personarum absque diversitate in substantia. Ex quibus verbis coniicere possumus directe quod philosophi antiqui huius artis fuerunt vates vere per hanc divinam artem, scil. de resurrectione animae et eius glorificatione, de apparitione Dei in humana carne scil. Christi et identitate ipsius cum Deo mediante influxu et emanatione Spiritus sancti, quamvis indistincte valde haec

577   In der Textpartie von den drei Hütten, die gebaut werden sollen, spielt aber der Autor nicht nur auf die Verklärung auf dem Berge Tabor an, sondern es wird auch wieder besonders deutlich, daß er selber mit dem Bräutigam identisch ist. In der Aurora nämlich fordert der Bräutigam seine Braut zum Bau der drei Hütten auf, in der Bibel hingegen PETRUS, der, wie es heißt, «nicht wußte, was er redete». PETRUS ist der gewöhnliche Mensch, welcher die Verklärung visionär erlebt, nachdem er gerade zuvor «voll Schlafs» gewesen war [186]. Ähnlich ist hier wohl auch der Verfasser «in raptu mentis» entrückt und schaut nicht nur das «mysterium coniunctionis», sondern er ist mit dem Bräutigam eins geworden, und seine Fürsorge gilt darum nicht (wie bei PETRUS) den göttlichen Gestalten, sondern den «filii», den Menschenkindern, die später dasselbe Opus vollbringen werden, oder geistig aus der Coniunctio gezeugt werden.

578   Das Bibelzitat deutet ferner an, daß der Verfasser hier auf etwas Unfaßbares anspielt, welches Christus seinen Jüngern vor seiner Auferstehung zu erzählen verbot – was man wieder als einen Hinweis ansehen könnte, daß es sich um ein Erlebnis handelt, das eigentlich einen postmortalen Zustand antizipiert.

579   Text: Wer Ohren hat... der höre, was der Geist der Lehre... von der Vermählung des Liebenden mit der Geliebten sagt. Denn er hatte seinen Samen gesät, auf daß dreifache Frucht daraus reife; von welcher der *Autor der drei Worte* sagt, es seien dies drei kostbare Worte, in denen die ganze Wissenschaft verborgen liege, die den Frommen, d. h. den Armen weiterzugeben sei vom ersten Menschen bis zum letzten.

580   Diese letzten Worte des Textes kehren zu dem schon öfters vorher angetönten Motiv des Samenkorns und des Reifens dreifacher Frucht zurück. Es scheint mir darin eine Anspielung auf jenen «unus mundus» zu liegen, dessen Bedeutung JUNG in seiner Kommentierung des DORNEUS-Textes darlegt [187]. In jener potentiellen einheitlichen Welt sind – nach dem Text – alle «frommen» Menschen außerzeitlich verbunden, denn diese Welt selber existiert nicht in der Zeit.

narraverunt et confuse... Nam in hoc lapide vere aenigmatur trinitas in unitate et converso cum distinctione et absque diversitate, ut patet subtiliter intuenti et scieni.
186. Lukas IX. 33.
187. Vgl. JUNG, Myst. Coni. Vol. II p. 312 ff.

Das Bild des Samenkorns scheint auf antik-gnostische Ideenzusammenhänge zurück zu gehen. So wird im System des BASILEIDES die *dreifache Sohnschaft Gottes* einem solchen Samenkorn verglichen [188]: «Er (Gott) schuf aber nicht den Kosmos, wie er später in seiner Ausdehnung und Einteilung wurde und weiter besteht, sondern vielmehr einen *Samen* des Kosmos. *Der Weltsame aber enthielt alles in sich, so wie das Senfkorn im kleinsten Raume alles umfassend zugleich enthält:* die Wurzeln, den Stamm, die Zweige, die unzähligen Blätter, Samen zu Körnern, die von der Pflanze erzeugt werden, und dadurch die Fülle immer wieder anderer Samen und anderer Pflanzen. So schuf der nichtseiende Gott einen noch nicht seienden Kosmos, indem er einen einzigen Samen niederfallen ließ und hinstellte, der in sich die ganze Samenallheit des Kosmos enthält. Ich will aber noch deutlicher machen, was sie meinen: Wie das Ei eines recht bunten und vielfarbigen Vogels, etwa des Pfaus oder eines anderen noch vielgestaltigeren und vielfarbigeren, obgleich es nur eins ist, doch in sich viele Arten vielgestaltiger, vielfarbiger und vielfach zusammengesetzter Wesen enthält, so umschließt der *von dem nichtseienden Gotte herabgefallene nichtseiende Same die Samenallheit des Kosmos, vielgestaltig und von vielfacher Wesenheit zugleich* [189].» In dieser gestaltlosen Schöpfung ruht wie ein Keim die dritte Sohnschaft, die dem alchemistischen «filius macrocosmi» entspricht [190].

Denselben kosmogonischen Aspekt des Samenkorns finden wir im *Corpus Hermeticum* im Traktat XIV, worin HERMES dem ASKLEPIOS die Weltschöpfung erklärt [191]: «... und wie er dies macht, d. h. wie das Gewordene entsteht, kannst du ... durch ein herrliches und sehr treffendes Gleichnis schauen: sieh den Bauer an, der den Samen in die Erde wirft, hier Weizen, dort Gerste und dort andere Samen. Sieh, wie er die Rebe pflanzt, den Apfelbaum und andere Bäume – *so sät auch Gott* in den Himmel *die Unsterblichkeit,* in den irdischen Bereich *die Wandlung,* in Alles aber *Leben und Bewegung* [192].» In diesen Zusammenhang

---

188. Vgl. auch C. G. JUNG, Aion l. c. p. 102 ff.
189. Cit. nach H. LEISEGANG, Gnosis a. a. O. p. 215–216.
190. Vgl. JUNG, Aion l. c. p. 103 ff.
191. W. SCOTT, Hermetica a. a. O. Bd. I, p. 260.
192. Nach anderen Tractaten ist der Kosmos ein receptaculum der Ideen Gottes, das ἀγγεῖον γενέσεως (Gefäß des Werdens), welches das Sperma (Same) des Werdens aufnimmt. ASKLEPIOS ebda. p. 288. Vgl. HERMES AN AMMON ebda. p. 438 und die Lehre des HERMES TRISMEGISTOS in STOBAEUS 1. 11. 2. cit. ebda. p. 422–424. Oder der Kosmos

gehört auch das Gebet eines Zauberpapyrus [193] an den *Agathos Daimon:* «Komm zu mir, *oh guter Landmann* (γεωργέ) Agathos Daimon, Knouphi... komm zu mir, Orion [194], Heiliger, der im Norden ruht und die Fluten des Nils dahinwälzt [195] und mit dem Meere eint *und durch den Lebensprozeß verwandelt,* so wie ein Mann *den Samen der Liebesvereinigung* [196]... der auf fester Grundlage *den Kosmos gründet* [197].» Die Vorstellung des alchemistischen Opus als das Säen und Aufgehen eines Samenkornes ist bedeutsam und geht auf älteste Quellen zurück. So zitiert schon ZOSIMOS eine hermetische Schrift, in welcher sich die Anweisung findet [198]: «Geh hin zum Bauer *Achaab* und du wirst lernen, daß wer Weizen sät, Weizen erzeugt... Es sagt nämlich die Schrift: das Färben zerlegt sich in nichts Anderes als in das Körperliche und das Unkörperliche.» Damit ist wohl gemeint, daß die göttlichen Ideen (als das Unkörperliche) in einen Körper eingehend die Schöpfung bewirken. Eine Variante zu dieser Stelle findet sich im Traktat *«Isis an Horus»,* wo es heißt [199]: «Komm herbei und betrachte und befrage den Bauern *Acharantos* und lerne von ihm, was das Gesäte und das Geerntete sei – lerne, daß wer Gerste sät, auch Gerste erntet, und wer Weizen sät, auch solchen erntet. Wenn du dies, oh mein Sohn, als Einleitung gehört hast, *so denke hernach über die gesamte Schöpfung und das Werden nach,* und erkenne, daß der Mensch nur einen Menschen zu säen (zeugen) vermag, der Löwe einen Löwen und der Hund einen Hund... Wie ich nämlich sagte, daß die Gerste Gerste erzeugt und der Mensch einen Menschen, *so läßt auch nur Gold Gold ernten, Gleiches das Gleiche. Hiemit ist das Mysterium offenbar.»*

ist als «zweiter Gott» oder Demiurg geschildert, als der «Sämann des Lebens», der durch Auswerfen des Samens den Wesen Erneuerung gewährt. (SCOTT l. c. Vol. I, p. 179 ff.)
    193. Berliner Pap. 5025 cit. aus KARL PREISENDANZ, Papyri Graecae magicae, Bd. I, p. 5.
    194. Orion gilt in Ägypten als der «Ba» des Osiris.
    195. Das Nilwasser ist das «zeugende Wasser» der Alchemie.
    196. Unlesbare Lücke.
    197. Hiezu gehört auch die antike Janus-Aion-Vorstellung Gottes als «sator mundi» (MARTIAL X. 28.) und PHILONS Kommentar zu 1. Mos. 9. 20. (De plantatione, ed. Cohn Vol. IV, p. 152 ff.): «Der größte und kunstfertigste Pflanzer ist der Lenker des Alls und die Pflanze ist diese Welt...», was auf Plato (Staat 597 D) zurückgeht, der Gott bereits einen Pflanzer, φυτουργὸν, nennt.
    198. BERTHELOT, Coll. Alch. Grecs II, IV, 32, Vol. I, p. 89 f.
    199. I, XIII, 6, Vol. I, p. 30. Vgl. auch dasselbe als Ausspruch eines ἀρχαιότατος bei PELAGIOS, ebda. IV, I, 9, Vol. I, p. 258.

Diese Stellen spielen wahrscheinlich auf das ägyptische Einbalsamierungs- und Totenritual an. Wie mich Prof. HELMUT JACOBSOHN aufmerksam machte, steckt hinter dem Namen Acharantos wahrscheinlich der ägyptische Gott *Aker*, welcher eine bedeutende Rolle im Totenkult spielt. Er wurde als doppelter Löwe oder Hund dargestellt, und in seinen Armen erneuert sich der Sonnengott und mit ihm der Tote. Auch das Säen des Weizens in die Erde ist ein alchemistisches Motiv, das auf die Osirismysterien zurückgeht. Es spielt auf einen postmortalen Auferstehungs- oder Wiedererzeugungsvorgang an, in welchem aus dem *Einen* das Viele hervorgeht und eine geheime Identität (Einssein) des «Gleichen» offenbar wird. Im Samenkorn ist auf die potentielle Einheit des Kosmos hingedeutet; zugleich aber hat dieses Symbol des Kornes auch eine innerseelische Bedeutung: als der Keim der Bewußtwerdung des Selbst. So feierten z. B. die *Markosier* einen Hieros Gamos, von welchem IRENAEUS berichtet [200], daß *Markos* zu den Frauen, mit denen er sich vereinte, sprach: «*Die Gnade möge deinen inneren Menschen erfüllen und ihre Gnosis* in dir völlig werden lassen, indem sie das Senfkorn in die gute Erde sät.» Und [201]: «Schmücke dich wie eine Braut... Empfange in deinem Brautgemach den *Samen des Lichtes*... Siehe die Gnade ist auf dich herabgekommen usw. [202].»

In der Symbolsprache der Kirchenväter blieb ebenfalls vieles von jenen Bildern und ihrer antiken Deutung erhalten; auch dort ist das «Korn» speziell nach Joh. XXII das «Weizenkorn», das «sterbend tausendfache Frucht trägt», ein Bild des Gottessohnes, d. h. Christi. So nennt EPHRAEM SYRUS in seinen Hymni in Festum Epiphaniae [203] Gott

---

200. IRENAEUS, Haer. 1. 13. 2. (von mir übersetzt). Vgl. auch W. BOUSSET, Gnosis a. a. O. p. 315.
201. Ebda. 1. 13. 3. (BOUSSET p. 316).
202. Auch die *Valentinianer* scheinen eine ähnliche Feier gekannt zu haben. Vgl. IRENAEUS 1. 13. 4. TERTULLIAN, Adversus Valent. cap. 1. Vgl. W. BOUSSET, Gnosis a. a. O. p. 317. Im 9. Tractat des *Corpus Hermeticum* heißt es ähnlich, daß Gott im menschlichen Nous (Geist) die Tugend, Vernunft und *Gnosis* «säe» und im 13. Tractat ist die innere Wiedergeburt des Menschen geschildert, welche aus der intelligiblen Weisweit und *den Samen des Guten*, der von Gott stammt, hervorgeht. W. Scott, *Herm.* a. a. O. p. 479 und p. 238.)
203. Hymni et Sermones ed. Th. Lamy, Mechliniae 1902, Bd. I, p. 21–22. Ad annum decimum sextum laudet granum frumenti spiritualem agricolam, qui corpus suum agro sterili ut semen commisit. Corpus illud granum fuit, quod omnia praerumpens mox ortum est et panem novum praebuit. Vgl. auch Joh. XV. 1: Ich bin der wahre Weinstock und mein Vater ist der «agricola» (Pflanzer).

einen «spiritualem agricolam», der «seinen eigenen Leib dem unfruchtbaren Acker wie ein Samenkorn anvertraute und jenes Korn war, was bald hernach alles durchbrach und aufging und das neue Brot brachte [204]». *«Wie das Weizenkorn in die Erde fällt, so fiel Christus in die Unterwelt hinab und stieg empor wie ein Ährenbündel und wie das neue Brot – gesegnet sei seine Darbringung* [205].» – «Christus wurde von seinen Mördern wie das Weizenkorn vom Bauern in die Tiefe eingesenkt, um dort zu auferstehen und Viele mit sich zu erwecken [206].» Die Saat ist in diesem Falle die Vielheit der Gläubigen – ein Bild, das man auch bei den Manichäern und Mandäern vorfindet: die gerechten Menschen sind Perlen des Unsichtbaren, welche vom «Sohn des Lebens» in den vom Pflug aufgerissenen Boden (die Körperwelt) gesät wurden. Sie sind die «Lebenssaat», welche aus dem Reich des Lebens, Lichtes und Geistes kommend in das «Land des Feuers und Wassers» gesät wurde [207]. Auch Christus, das «neue Brot», ist eigentlich zusammengesetzt aus einer Vielheit von «Körnern», welche die Gläubigen darstellen. So sagt HONORIUS VON AUTUN in seinem *Elucidarium* [208]: «Und wie das Brot aus vielen Körnern gemacht wird, so wird auch das Corpus Christi aus vielen Auserwählten zusammengesetzt...» Das Corpus Christi ist hier die Kirche [209] oder genauer die «ecclesia spiritualis [210]».

204. Ebda. Bd. II, p. 526. Vgl. auch p. 554 und p. 546. Auch Maria ist »der Acker, der die Furche des Bauern nicht kannte» und doch «die Frucht hervorbrachte». «Der Herr goß aus seinen lebendigen Tau und Regen über Maria, die dürstende Erde.»
205. Ebda. II, p. 744. vgl. auch p. 360.
206. Ebda. Bd. I, p. 166. In anderen Gleichnissen EPHRAEMS ist die Sapientia Dei beschrieben, wie sie «den Samen der Wahrheit» austeilt (ebda. I, p. 574) und Christus als «plantator vineae suae ecclesiae (Pflanzer des Weinbergs seiner Kirche) (ebda. I, p. 388).
207. Vgl. REITZENSTEIN, Das iran. Erlösungsmysterium, p. X. und HERM. USENER, Die Perle. Theolog. Abhandlungen ed. Weizsäcker 1892, p. 201 und p. 219.
208. Migne P. L. tom. 172. col. 1129: Et sicut panis ex multis granis conficitur, ita Christi corpus ex multis electis colligitur... Vinum etiam ex multis acinis eligatur et in torculari exprimitur ita corpus Christi ex multis iustis compaginatur quod in praelo crucis torquetur; quod vinum in sanguinem Christi vertitur ut anima nostra; quae in sanguine est, per hoc vivificetur. Vgl. auch col. 457 und 463.
209. Vgl. auch hierzu ANASTASIUS SINAITA: Hexamer, zit. in HUGO RAHNER, Myst. Lunae a. a. O. 1940, p. 76.
210. Für GIOACCHINO DA FIORI war das Gold ein Bild der vollkommenen geistigen Mönchsorden im Gegensatz zum Blei, dem verfallenen Klerus. Concord. IV, 25. Etenim ordo ille qui pro claritate sapientiae dici poterat aurum modo obscuratum est et rursum velut in nigrum plumbum, Cit. nach CHR. HAHN, Ketzergeschichte des Mittelalters, l. c. Bd. III, p. 101.

Die diesen Symbolen zugrunde liegende archetypische Vorstellung ist diejenige des Selbst als einer multiplen Einheit, einer «conglomerate soul», ein Bild, das schon zuvor im Text immer wieder auftauchte und nun hier am Ende sich immer mehr verdeutlicht. Eingetaucht in die Tiefe und Jenseitigkeit eines völlig archetypischen inneren Geschehens, erlebt der Verfasser gefühlsmäßig ein mystisches Einswerden mit allen Gleichgesinnten außerhalb von Raum und Zeit.

Die Tatsache, daß er in den Schlußworten auf CALIDS «tria verba pretiosa» anspielt, beweist, daß er an eine «ecclesia spiritualis» in *seinem* Sinn denkt als Gemeinschaft aller, welche durch den Spiritus Sanctus erleuchtet wurden und an der alchemistischen Wandlung und Einigung der Gegensätze teilnahmen, an die filii artis, mit welchen «Gott in einem Zelte wohnt[211]».

Die Anspielung auf die Verklärung Christi und die Andeutung, daß die Gemeinschaft der Frommen und Armen verborgen lebe, zeigt psychologisch, daß diese Lösung am Ende des Textes einer *inneren, geistigen* Realisierung gleichkommt. Alle irdischen Elemente sind abgefallen und vom überwältigenden Bilde der Unio mystica ausgelöscht. In mancher Hinsicht erinnert dieser Schluß an die letzte Szene im Faust, wo auch der Mensch zum Kind geworden ins Jenseits entrückt, die Mysterien der Sophia schaut. Der luziferische Aspekt des Geistes Mercurius jedoch hat, wie Mephistopheles, daran nicht mehr Teil; er ist wieder in die undurchsichtige Tiefe verschwunden, von wo er kam, d. h. die «verderbliche Feuchtigkeit», die Welt und die dunkle Erde sind wegdestilliert worden. Darum endet der Text mit einem Bekenntnis zu einem trinitarischen Ganzheitssymbol – den drei kostbaren Worten CALIDS.

Zusammengefaßt ergibt sich aus diesem letzten Kapitel der Aurora folgendes Bild: zwei jenseitige, d. h. archetypische Gestalten feiern einen Hieros Gamos, und in ihre Unio mystica ist der Verfasser irgendwie einbezogen. Was schon im Kapitel vom Schatzhaus der Sapientia angedeutet war, daß nämlich diese Vereinigung *das* Bild der Gottheit sei, verdeutlicht sich hier mehr und mehr. Gott erscheint in dieser Zweieinigkeit des Liebenden und seiner Geliebten. Im Gegensatz jedoch zu anderen mystischen Schriften, wie etwa HUGO VON ST. VICTORS Gespräch mit seiner Seele, worin er seine (als Frau personifizierte) Seele

---

211. Am ehesten läßt sich hiermit die Lehre des GIOACCHINO DA FIORI vergleichen von den drei Weltzeitaltern: (Conc. II, Tract. I, cit. aus HAHN III, p. 108–111.)

zu ihrem Bräutigam Christus bekehrt [212], ist das Ich des Verfassers nicht mehr als gesonderte Gestalt vorhanden; als *Mensch* ist er nur noch einer der «pauperes» oder der «filii» des göttlichen Paares – ein anonymer Teil der Menschheit –, in anderen Textpartien scheint er sich mit dem Bräutigam identisch zu fühlen. Der dargestellte Zustand entspricht somit einer *Auslöschung des individuellen Bewußtseins und einem Aufgehen im kollektiven Unbewußten*. Es könnte sich dabei um einen abnormen seelischen Zustand handeln, aber die große Häufung von Motiven, welche in anderen Vorstellungskreisen mit dem Tode verbunden sind, lassen die Annahme nicht abwegig erscheinen, daß es sich um einen in der Nähe des Todes erlebten ekstatischen (oder deliriösen) Zustand handelt. Der Individuationsprozeß, der sich in der alchemistischen Symbolik wiederspiegelt, ist ja in gewissem Sinn eine Vorbereitung auf den Tod, als das natürliche Ende des Vorganges, der eine möglichst vollständige Entfaltung aller in der Persönlichkeit angelegten Potenzen zum Ziele hat.

212. Vgl. B. HANNAH, Hugh de St. Victors Conversation with his Anima. «Harvest» Privatdruck des Analyt. Psych. Clubs. London 1954 p. 23 ff.

IV

IST THOMAS VON AQUIN DER VERFASSER DER «AURORA CONSURGENS»?

Bevor die Frage nach dem Verfasser der Aurora diskutiert wird, scheint es mir angezeigt, daß sich der Leser gewisse Resultate, die sich aus dem vorhergehenden Kommentar ergeben, noch einmal vor Augen hält:

Obwohl die Aurora aus einem Zitatenmosaik einerseits aus der Heiligen Schrift sowie anderen kirchlichen Texten und andererseits aus einigen «klassischen», d. h. frühmittelalterlichen, alchemistischen Texten besteht, wirkt sie wie ein Werk aus einem Guß. Schon vom ersten Kapitel an mit seiner Preisung der Sapientia Dei über die das mystische Geheimnis betonende Zurückweisung der Ignoranten, bis zu den sieben, den Wandlungsprozeß schildernden Parabeln fühlt man eine leidenschaftliche Ergriffenheit des Autors[1], wie sie sonst selten vorkommt. In der letzten Parabel, welche zum größten Teil eine Paraphrase des Hohen Liedes darstellt, steigert sie sich sogar zur Ekstase. Man kann sich des Eindruckes kaum erwehren, daß der ganze Traktat in einem außergewöhnlichen psychischen Zustand verfaßt wurde. Auch lassen kleine Ungenauigkeiten in den Zitaten erkennen, daß diese auswendig wiedergegeben wurden, was für eine rasche Niederschrift spricht. So kann man schließen, daß der Traktat auch unter ungewöhnlichen äußeren Umständen entstanden ist. Der abnorme geistige Zustand scheint in der Hauptsache darin zu bestehen, daß dem Schreibenden in stetem Fluß Inhalte zuströmten und ihm in solcher Art die Feder führten, wie man dies nur in eigenartigen Erregungs- oder Ergriffenheitsintervallen, in denen unbewußte Inhalte das Bewußtsein überwältigen, beobachtet. Der

---

1. Am ehesten ließen sich noch gewisse Zitate bei Hippolytos aus gnostischen Schriften vergleichen, in denen man jene selbe Kettenassoziation archetypischer Bilder antrifft, deren Sinnzusammenhang nur durch psychologische Deutung erweisbar wird.

Ausfall der Bewußtseinskontrolle erklärt hinlänglich die ungewöhnliche Äußerungs- und Darstellungsweise, welcher sich der Verfasser der Aurora unfreiwillig unterwerfen mußte. Nicht nur innerhalb der mystischen Literatur jener Zeit, sondern auch unter den eigentlichen alchemistischen Traktaten bildet die Aurora ein Unikum. Die Vermutung liegt nahe, daß sie nicht von einem Alchemisten, der ausschließlich in der «chemischen» Vorstellungswelt lebte, geschrieben wurde; darauf weist die Tatsache hin, daß nur etwa ein Dutzend der klassischen alchemistischen Schriften, und zwar nur in ihren allgemeinsten theoretischen Sätzen, zitiert sind, daß aber alle Hinweise auf detaillierte Materialkenntnisse sowie auch chemische Rezepte und technische Vorschriften (und nicht zuletzt das Wort «alchemia») fehlen. Bei einem Nur-Alchemisten, also «Chemiker», müßten wir sie beinahe erwarten. Andererseits muß man beim Autor eine relativ gute Bekanntschaft mit der alchemistischen Literatur einerseits und einen täglichen intimen Umgang mit der Hl. Schrift und der Liturgie andererseits voraussetzen. Diese Tatsachen legen den Schluß nahe, daß es sich um einen *Kleriker* handelt. Das Lob der «parvuli» und «pauperes» könnte auf einen Angehörigen des Dominikaner- oder Franziskanerordens hinweisen. Zeitlich scheint mir die Schrift ins dreizehnte Jahrhundert zu gehören.

591 In der Pariser, Wiener und Venediger Version sowie im *Rosarium* ist die Aurora ohne Verfassernamen angeführt (im Zürcher Codex fehlt der Anfang), hingegen ist sie in den Manuskripten von Bologna und Leyden sowie im Abdruck des RHENANUS als Werk des Hl. THOMAS VON AQUINO bezeichnet [2].

592 Zunächst erscheint diese Zuschreibung völlig aus der Luft gegriffen [3],

---

2. Bologna: Aurora... vel Liber trinitatis compositus a S. Thoma de Aquino. – Leyden: Tractatus, qui dicitur Thomae Aquinatis De Alchemia modus extrahendi quintam essentiam. Liber Alchemiae qui a non nullis dicitur Aurora consurgens latine cum figuris. Der Druck des Rhenanus: Beati Thomae de Aquino Aurora sive Aurea hora.
3. In der Liste von J. QUETIF et J. ECHARD: Scriptores Ordinis Praedicatorum, Paris 1721. Vol. II, No. 345 (818) ist die Aurora als Fälschung angeführt, ebenso die «opera chemica falso illi tributa» des Theatr. Chemicum. Es handelt sich um die Schriften *Secreta Alchimiae... De lapide philosophico*, Theatr. Chem. 1659, Vol. III, p. 267 und *Secreta Alchimiae magnalia*, ebda. Vol. III, p. 278 und Vol. p. 901. *Tractatus sextus de esse et essentia mineralium*. Letztere Schrift ist zweifellos eine falsche Zuschreibung, da sie von einem Dominikaner THOMAS A BONONIA stammt, der die Schrift Robert von Neapel, geb. 1275 (!) widmete. Vgl. MARTIN GRABMANN, Die echten Schriften des Thomas von Aquin. Beitr. zur Gesch. der Philos. des Mittelalters ed. CL. BAEUMKER Vol. 22, 1920, p. 104, neueste Auflage 1949, p. 417. GUSTAV MEYRINK hat hingegen

da Stil und Inhalt der Aurora mit demjenigen der uns sonst bekannten Schriften des HL. THOMAS so stark wie nur möglich kontrastiert. Es bleibt aber zu bedenken, daß die Aurora wahrscheinlich – wie oben ausgeführt – aus der Erschütterung bei einer Begegnung mit dem Unbewußten entstanden ist, weshalb die Möglichkeit besteht, daß eine solche Schrift inhaltlich und formal komplementär bzw. kompensatorisch zu einer ganz anders beschaffenen Bewußtseinslage und deren Ausdrucksweise sich verhalten könnte. Zum Beispiel könnte der Traktat eine zu intellektuelle, in logistischen Schranken befangene Einstellung, welche dem Gefühl, der Emotionalität und der mystischen Paradoxie zu wenig lebendige Ausdrucksmöglichkeit bot, kompensieren. In diesem Falle würde die Aurora die Entladung jener Energien, welche durch die Enge des Bewußtseins aufgestaut waren, darstellen [4].

versucht, die Echtheit des Tractates De Lapide philos. nachzuweisen und signalisiert, daß ein Ms. mit dem Incipit: Sicut lilium inter spinas ebenfalls echt sei. G. MEYRINK, Thomas von Aquino Abhandlung über den Stein der Weisen. München, Wien 1925, p. 23. Das Ms. Sicut lilium wurde als *Liber Lilii Benedicti* gedruckt im Theatr. Chem. l. c. Vol. 4, p. 959. – Auch K. CHR. SCHMIEDER, Geschichte der Alchemie, Halle 1832, p. 139, glaubt an die Echtheit dieser alchemistischen Thomas-Schriften. A. E. WAITE (Lives of Alch. Philosophers. London 1888, p. 61–63) hingegen hält den *Thesaurus Alchemiae* für echt, alle anderen Schriften hingegen nicht. JUL. RUSKA, Turba l. c. p. 339, erwähnt ferner einen *Commentum Beati Thomae de Aquino super codicem veritatis qui et Turba phylosoforum dicitur* und einen zweiten Commentar: *In Turbam breviorem*. Der erstere fängt ähnlich wie die Aurora mit einem Salomon-Citat an. Leider konnte ich mir kein Exemplar dieser Schriften verschaffen. Vielleicht ist eine dieser Schriften identisch mit dem im *Clangor Buccinae* citierten Compendium des HL. THOMAS (Artis Aurif. 1610 II, p. 329). Vgl. auch E. v. LIPPMANN, Gesch. der Alchemie l. c. 1931, Vol. II, p. 28. *In keiner dieser Schriften, deren Echtheitsproblem hier nicht discutiert werden kann, lassen sich positive oder negative Verbindungslinien zur Aurora ziehen. Die Aurora ist eine stilistisch und inhaltlich völlig einzigartige Schrift.* – Nur im Tractat, der dem Frater Reinaldus gewidmet ist, Theatr. Chem. 1659. III, p. 278, finden sich der Aurora ähnliche Citate von der Notwendigkeit der Geduld und Bedächtigkeit, aber als AVICENNA- und GEBER-Citate im Gegensatz zur Aurora, wo diese Worte MORIENUS und CALID zugeschrieben sind. Weiterhin spricht dort THOMAS von «seinem Lehrer ALBERTUS» gegen seine sonstige Gewohnheit ALBERT DEN GROSSEN nicht zu erwähnen. Und ebenda (p. 279) steht zusammenhanglos der Satz, man solle in den ersten Tagen früh aufstehen und nachsehen, ob der Weinberg blühe – ein Ausspruch aus dem Hohenlied, der in der Aurora organisch, hier hingegen unorganisch eingefügt ist. Ich wage allerdings nicht zu entscheiden, ob dieser Satz auf die Aurora anspielt, halte es aber für wahrscheinlich.

4. Das scholastische Denken im Allgemeinen und die «Summa» des HL. THOMAS im Besonderen, mit seiner starren, nach den Gesetzen der damaligen Logik aufgebauten Aufteilung in Quaestionen und Responsionen sind ein Musterbeispiel für eine solche Bewußtseinsstruktur.

593 Es lohnt sich daher vielleicht, im Folgenden die Lebensgeschichte des HL. THOMAS psychologisch näher zu betrachten [5]. Er wurde in Rocca-Secca bei Neapel geboren, als Sohn des Graf *Landulph von Aquino* [6] und der *Teodora*, Gräfin von Teano [7], im Jahre 1225 (unwahrscheinlicher 1223 oder erst 1226 oder 1227) als jüngster von vier Brüdern und vier oder fünf Schwestern [8]. Er war der Enkel der *Franziska* von Schwaben [9], einer Schwester Barbarossas.

594 Schon in frühester Jugend (ca. mit fünf Jahren) verbrachte man ihn ins Kloster in die Obhut seines Onkels *Sinnibald,* der damals (1227–1236) Abt von Monte Cassino war [10]. Von Anfang an fiel die ruhige und schweigsame Art des Knaben auf [11]. Wegen politischer Unruhen mußte er Monte Cassino um 1235–1237 (mit ca. zwölf Jahren [12]) verlassen und begab sich etwa 1239 nach Neapel, um seine Studien fortzusetzen. Dort wurde die Lehre der naturwissenschaftlichen Fächer in besonders fortgeschrittener Weise gepflegt [13]. 1231 hatte MICHAEL SCOTUS bereits seine ARISTOTELES-Übersetzungen begonnen [14]. Sein wichtigster Lehrer war dort *Petrus von Ibernia* (Petrus Hispanus), der es

---

5. Vgl. ANGELO WALZ, San Tommaso d'Aquino Rom 1944 und die dort angegebene Literatur (bes. die Schriften von MARTIN GRABMANN) und V. J. BOURKE, Thomistic Bibliography 1920–1940. St. Louis Mo. 1945 und P. WYSER: Thomas v. Aquin. Bibliograph. Einführungen etc. ed. BOCHENSKI. Bern 1950. Für die Quellen vgl. Fontes Vitae St. Th. A. ed. D. PRUEMNER Fasc. I–III 1911–1934.

6. von ursprünglich langobardischer Herkunft.

7. von neapolitanischem Adel oder von Teate, ursprünglich normannischer Herkunft.

8. Vgl. auch A. D. SERTILLANGES, Der Heilige Thomas von Aquin. Hellerau 1928, p. 23 und M. D. CHENU, Introduction à l'étude de S. Thomas d'Aquin. Paris 1950 passim bes. p. 11 ff. Leider konnte ich mir die neuere Arbeit von L. H. PETITOT, La vie intégrale de Saint Thomas d'Aquin. M. ed. Paris 1930 nicht in der Schweiz verschaffen, so benütze ich im Folgenden nur sein Werk: Saint Thomas d'Aquin, La vocation, L'œuvre, La vie spirituelle. Paris 1923. Weniger brauchbar erweist sich M. GRABMANN, Das Seelenleben des Heiligen Thomas von Aquin, München 1924, da es wenig Tatsachen bringt und eher einen Panegyrikus darstellt. Vgl. jedoch die dort angegebene Literatur.

9. PETITOT, St. Thomas l. c. p. 17. Sein Großvater, der Graf von Sommacle, war Generalleutnant Barbarossas.

10. WALZ l. c. p. 11, Sertillanges l. c. p. 25, Chenu l. c. p. 11, PETITOT, p. 16. Tocco, Fontes l. c. II p. 69.

11. WALZ l. c. p. 20.

12. PETITOT, St. Thomas p. 19.

13. WALZ l. c. p. 26. Infolge des Protektorats Friedrichs II.

14. Vgl. HASKINS, MICHAEL SCOT and FREDERICK II. «Isis» IV. 1922. p. 250–275. und WALZ p. 26. Vgl. M. GRABMANN, Methoden und Hilfsmittel des Aristotelesstudiums im Mittelalter. Sitzgsber. der bayr. Akad. d. Wiss. Jahr 1939, H 5, p. 64 f.

vermutlich war, der ihn zum Eintritt in den Dominikanerorden bewegte [15]. Er wurde ca. 1240/41 oder wahrscheinlicher 1243/44 investiert [16]. Seine Mutter jedoch wollte ihn nicht für ihre eigenen sippenpolitischen Pläne verlieren [17], sondern der weltlichen Karriere erhalten, und auf ihr Anstiften und wahrscheinlich mit Zustimmung FRIEDRICHS II. entführten ihn seine Brüder [18] und hielten ihn in dem Kastell Aquapendente auf der väterlichen Domäne [19] gefangen. Die Familie schickte schöne Hetaeren in sein Gefängnis, um ihn zur Welt zurückzulocken, aber er soll eine von ihnen mit einem glühenden Scheit des Kaminfeuers verjagt haben [20], und in der Nacht darauf soll er eine Vision gehabt haben, in welcher ihm zwei Engel den Gürtel der Keuschheit gaben, so daß er vor Schmerz aufschreiend erwachte [21]. Seither verabscheute er den Anblick von Frauen [22]. Inzwischen war sein Vorgesetzter zum Generalkapitel nach Bologna gereist, um zu intervenieren. Am 25. Juli 1243 war auch ein neuer Papst, INNOZENZ DER VIERTE, gewählt worden, und im Juli 1245 erklärte dieser die Absetzung FRIEDRICHS II. Ungefähr zur selben Zeit gab die Familie nach, und THOMAS wurde wieder freigelassen [23], worauf er nach Neapel zurückkehrte. Seine Mutter,

15. Monte Cassino gehört den Benediktinern, sodaß es näher gelegen hätte, er wäre Benediktiner geworden.
16. Vgl. WALZ p. 36. d. h. er wurde Novize für sechs Monate bis ein Jahr. Vgl. auch PETITOT, S. Thomas, p. 24.
17. Nach gewissen Versionen (vgl. PETITOT l. c.) nur nicht an die Dominikaner; sie wollte ihn Benediktiner werden lassen, damit er später Abt von Monte Cassino werde.
18. Die Vorgesetzten hatten in Erwartung des Kommenden ST. THOMAS nach Rom gesandt, um ihn von dort nach Paris weiterzubringen. Der Überfall fand bei Aquapendente statt. (WALZ p. 40 sq.) THOMAS CANTIMPRANTANUS, Bonum univ. de apibus I. 20.
19. PETITOT, St. Thomas p. 27.
20. PETITOT, St. Thomas l. c. p. 31. Tocco l. c. p. 75.
21. WALZ, p. 42, 44, 45. PETITOT l. c. p. 32. PETRUS CALO, Fontes Vitae S. Thomae Aquinatis ed. PRUEMNER. Fasc. I, Tolosa 1911 p. 23/24. Vgl. auch F. PELSTER, Kritische Studien zum Leben und zu den Schriften Alberts des Großen. Freiburg i. Br. 1920, p. 63 sq. bes. p. 71.
22. Tocco l. c. p. 75: mulierum aspectum semper abhorruit. Damit hängt auch wohl zusammen, daß Thomas dachte, die Frau sei eine *Fehlleistung der Natur*, die eigentlich ein männliches Wesen produzieren wollte: femina est mas occasionatus, quasi praeter intentionem naturae proveniens. Vgl. Summa Theol. I. 99 2. ob. 2. und ad 1. S. Theol. I. 92. 1. ob. 1. et ad 1. 2 Sent, 20. 2 1. ob. 1. 3. Sent. 11. 1. 1 c. Ich verdanke diesen Hinweis Dr. PAULUS ZACHARIAS.
23. Vgl. WALZ p. 45-47. Nach anderer Version entrann er. PETITOT l. c. p. 34. Tocco, Fontes l. c. p. 77.

die sehr hart gewesen zu sein scheint, soll ihm seinen Widerstand nie verziehen haben [24].

595 Bald darauf (ca. 1245) begab er sich nach Paris und später (ca. 1248) nach Köln zu ALBERT DEM GROSSEN [25] (ca. 1248). Die Begegnung mit diesem hochbedeutenden Mann scheint ein tief einschneidendes Erlebnis für den jungen THOMAS gewesen zu sein. Es wird erzählt, er sei in den ersten Zeiten in Köln so stumm und in sich gekehrt gewesen, daß seine Mitschüler ihn das «stumme Rind» (bos mutus) genannt hätten. Nur ALBERTUS habe seine Begabung erkannt und prophezeit, daß dieser «bos mutus» noch dereinst in der Lehre mit seinem Brüllen den Erdkreis erfüllen werde [26]. ALBERTUS hat ihn dann zu jener Zeit in die brennenden Probleme, in die ganze geistige Fragestellung jener Zeit, eingeführt und ihm auch die nähere Bekanntschaft der aristotelischen Schriften, der naturwissenschaftlichen Literatur der arabischen Peripatetiker und nicht zuletzt der Schriften des AVICENNA und der alchemistischen Philosophie der Araber vermittelt.

596 Es sind nämlich die Jahre von 1245–1250, also die Zeit des ersten Zusammentreffens mit THOMAS, in der sich ALBERT besonders intensiv mit Alchemie und okkulten Problemen abgab [27]. Man kann sich denken, welchen Eindruck die Persönlichkeit und Vorstellungswelt dieses temperamentvollen, freidenkenden Gelehrten auf THOMAS machte. ALBERTUS scheint psychologisch zum extravertierten Typus gehört zu haben, sein

---

24. PETITOT, St. Thomas l. c. p. 28.
25. WALZ l. c. p. 52–53. Für die Datierung vgl. auch p. 55–56. Evtl. war er 1245 in Köln, 1245–1248 in Paris und nachher wieder in Köln, oder (nach PELSTER) studierte er 1245 unter Albert und nachher wieder von 1248–1252. Vgl. SERTILLANGES l. c. p. 23. CHENU l. c. p. 12. Vgl. ferner: Fontes vitae S. Thomae Aquinatis ed. PRUEMNER Tolosa 1911, 1934–1935.
26. GUILELMO DE TOCCO, Vita di S. Tommaso Aquinate. ed. PRUEMNER, Fontes l. c. p. 77/78: coepit miro modo taciturnus esse in silentio ... coeperunt Fratres eum vocare bovem mutum. Vgl. hiezu FRANZ PELSTER S. J. Kritische Studien zum Leben und zu den Schriften Alberts des Großen. Freiburg i. B. 1920, p. 14. HEINRICH VON HERFORD bringt die Version: tempus erit in quo mugitum bovis istius totus mundus admirabitur. Vgl. PETRUS CALO, Fontes l. c. p. 26/27.
27. Fast alle wichtigen Schriften ALBERTS über dieses Thema sind bei VINCENT DE BEAUVAIS zitiert, also ca. zwischen 1240 und 1245 entstanden mit Ausnahme von «De mineralibus», das aber auch relativ früh ist. Vgl. THORNDIKE Vol. II, p. 524–526. Sogar P. MANDONNET, welcher die Lebenszeit von ALBERTUS spät ansetzt (geb. 1206 statt 1193) meint, daß diese Schriften etwa in jenen Jahren verfaßt sein müßten. Vgl. SERTILLANGES l. c. p. 38. ALBERTUS wollte ARISTOTELES bekannt machen: «omnes has partes facere latinis intelligibiles» wie er sagt.

Interesse ging auf äußere Einzelobjekte und in experimentell-naturwissenschaftliche Richtung [28]. Er nahm sich z. B. sogar die Mühe, herumzureisen, um einzelne Alchemisten und ihre Laboratorien kennen zu lernen [29]. Theologisch begründete er sein Interesse an der Natur mit der Idee, daß Gott durch die Naturzusammenhänge hindurch wirke, und so sei es, wenn man Gottes Wille nicht direkt erforschen könne, wertvoll, die Naturzusammenhänge zu untersuchen, welche Gottes Instrumente bilden. Immer wieder erwähnt er in seinen Schriften, er habe dies oder jenes selber beobachtet oder experimentell nachgeprüft [30]. In den «Mineralia» (III, I, 1 und IV, I, 6) *bekennt er, daß er persönlich in Paris und Köln und an anderen Orten alchemistischen Versuchen beigewohnt habe* [31]. Auch okkulte und magische Experimente führte er aus [32], und zwar wissen wir dies nicht nur aus dem (in seiner Echtheit angezweifelten) *Liber aggregationis,* sondern auch aus *De Vegetabilibus et Plantis* VI,II, 1 [33], wo er z. B. erzählt, er habe experimentell nachgeprüft und für wahr befunden, daß eine Kröte einen Smaragd zum Zerbrechen bringen könne, oder an dessen Anblick sogar sterbe [34]! Er erklärt, viele dieser okkulten Dinge könnten «principiis physicis» nicht bewiesen werden [35], und in «De mineralibus» (II, I, 1) betont er mit Berufung auf AVICENNA, *die Alchemie gehöre eigentlich zur Magie* [36],

28. Wie THORNDIKE (l. c. II, p. 530–531) hervorhebt, ist ALBERT in seinen naturwissenschaftlichen Arbeiten weitaus am originellsten.
29. Vgl. seine Worte in: De causis et probrietatibus elementorum. I, II, 9. (Cit. THORNDIKE II, p. 538). Non autem sufficit scire in universali sed quaerimus scire unum quodque secundum quod in propria natura se habet, hoc enim optimum et perfectum est genus sciendi.
30. Vgl. THORNDIKE l. c. II, p. 538–541.
31. Min. IV, I, 6: Hi autem qui in cupro multum operantur in nostris partibus Parisiis videlicet ac Coloniae et in aliis locis in quibus fui et vidi et experiri ...
32. In: De sommo et vigilia II, I, 1 (Borgnet, Bd. V, p. 24) erklärt er – AVICENNA und ALGAZEL citierend – die Fascination (gleich Hypnose und Suggestion im modernen Sprachgebrauch) und magische Einflußkräfte von Mensch zu Mensch, als aus der menschlichen Seele stammend. Ebenso in: De min. Lib. II, cap. 1 (Cöln 1569 l. c.) p. 23: et hoc modo dicunt animam unius hominis vel alterius animalis egredi in alterum et fascinare ipsum et impedire operationes ipsius. Diese Ansicht stimmt auffallend mit derjenigen im *Liber aggregationis* überein, und bestärkt die Annahme der Echtheit letzterer Schrift.
33. Cit. THORNDIKE, History etc. II, p. 547.
34. Er glaubte an die magischen Wirkungen von Steinen, Pflanzen etc., an Liebeszauber, an Herstellung von Siegeln. Vgl. THORNDIKE l. c. II, p. 557.
35. Min. III, 3, 5. THORNDIKE ebda.
36. Vgl. auch II, 1, 9. Borgnet a. a. O. Bd. V, p. 24.

d. h. sie beruhe *auf okkulten Kräften der menschlichen Seele* [37], welche ihrerseits von den «virtutes coelestes» den Impuls zu solchen Operationen empfange [38]. Die Sterne aber seien die Instrumente Gottes par excellence, durch die er die sublunare Welt regiere [39]. Mit AVICENNA hielt er es zwar für möglich, daß man die Metalle zuerst auf natürlichem Wege reinigen und zu ihrer materia prima, Schwefel oder Mercurius, reduzieren könne. Nachher könne man sie jedoch nur «magisch» – unter Berücksichtigung der Elementen- und Himmelskräfte – zu einem gewünschten Metall verwandeln [40]. Die chemische Analyse wäre m. a. W. physikalisch, die Synthese hingegen nur psychologisch erreichbar. Die meisten Alchemisten, fährt ALBERTUS fort, würden dabei falsch vorgehen und nur oberflächliche Färbungen der Metalle zustande bringen. Dieselbe Einstellung gegenüber der Alchemie finden wir auch wieder in der Einleitung zu dem echten (?) Werk «De Alchemia», worin er erzählt, daß er als «exul» (verbannt? oder: in fremdem Land?) lange herumreiste und vielen Experimenten beiwohnte, die aber alle erfolglos verliefen; daß er aber dann schließlich durch die Gnade des Hl. Geistes

37. Vgl. THORNDIKE Bd. II, p. 558–562
38. De Causis elem. I, II, 7. Borgnet Bd. IX, p. 615. De Min. II, 1, 1. THORNDIKE II, p. 557 ff. Vgl. ferner ALBERTUS, De mineralibus et rebus metallicis. Cöln 1569 Lib. 1, Cap. 2: Et hoc quidem operatur ars cum labore et erroribus multis, natura autem sine difficultate et labore; cuius causa est, quia virtutibus coelestibus certis et efficacibus moventur virtutes in materia lapidum et metallorum existentes, quando materia operatur: et illae virtutes sunt intelligentiarum operationes, quae non errant nisi per accidens et inaequalitate scil. materiae. Teilweise auch citiert in J. RUSKA, *Tabula Smaragdina*, p. 187. – Vgl. auch p. 188: Im dritten Buch, das von den Metallen im allgemeinen handelt, tritt ALBERTUS wieder in den Gedankenkreis der Alchemisten ein: de transmutatione autem horum corporum et mutatione unius in aliud non est physici determinare, sed artis quae vocatur Alchemia. Und ebda.: «Nach der Lehre des HERMES und seiner Schüler hängen die Kräfte aller irdischen Dinge in erster Linie von den Sternen und Sternbildern ab. Sie werden durch den Kreis «alaur» auf die untere Welt übertragen.» RUSKA betont mit Recht den großen Einfluß der arabischen Astrologen und Alchemisten auf ALBERTUS, insbesondere des AVICENNA. Manche Citate des ALBERTUS lassen erkennen, daß er sich auch im Detail für alchemistische Rezepte interessiert hat (Beispiele ebda.).
39. THORNDIKE, History etc. Vol. II, p. 571 und ALBERTUS, De reb. metall. (Cöln 1569) Lib. III, Cap. 2, p. 102: Omnes autem virtutes infundi in inferioribus omnibus per circulum imaginum caelestium. Das ist der Grund «quoniam lapides pretiosi prae aliis habent mirabiles virtutes quia videlicet in substantia magis simulantur superioribus propter quod a quibusdam eorum stellae elementales esse dicuntur.» Nach De min. 1. 4 (p. 30) werden nämlich die virtutes coelestes secundum merita materiae eingeflößt.
40. De min. III, 1, 4.

dasjenige gefunden habe, was die Natur überwinde. Was dieses sei, sagt er traditionsgemäß nicht, sondern deutet es nur symbolisch an.

ALBERTUS war eine eindrucksvolle, lebendige Persönlichkeit von großer geistiger Aufnahmebereitschaft – vermutlich war er ein Intuitiver, insofern ihm weniger an der systematischen Klarheit der Gedanken lag [41], ihm aber dafür ein besonderer Sinn für das Neue, Zukunftsträchtige innewohnte [42]. Seine Intuition war es wohl auch, die ihn die Bedeutung des jungen THOMAS so schnell entdecken ließ [43].

Die Biographie des THOMAS VON AQUINO hingegen legt es nahe, diesen zum introvertierten Einstellungstypus zu rechnen. Schon als Knabe soll er, wie erwähnt, schweigsam und in sich gekehrt gewesen sein [44]. So wissen wir auch sehr wenig von dem, was in ihm vorging. Seine Biographen rühmen nur seinen stillen Ernst, seine liebenswürdige und demütige Einordnung in die Klostergemeinschaft [45] und sein frühreifes Wissen. Schon als Dreizehnjähriger kannte er einen großen Teil der Psalmen, der Evangelien und der Paulusbriefe auswendig und übersetzte die Moralia GREGORS DES GROSSEN usw. [46]. Die Abwehr der Versuche seitens seiner Familie, ihn in die Welt zu ziehen, hat etwas beinahe

---

41. Vgl. THORNDIKE l. c. II, p. 530–531. Vgl. das etwas zu scharfe Urteil von SERTILLANGES l. c. p. 39, der ihm Oberflächlichkeit vorwirft. CHENU l. c. p. 97 spricht von seiner «faconde presque desordonnée»!
42. JUNG beschreibt diesen Typus u. a. folgendermaßen: «... Der Intuitive findet sich nie dort, wo allgemein anerkannte Wirklichkeitswerte zu finden sind, sondern immer da, wo Möglichkeiten vorhanden sind. Er hat eine feine Witterung für Keimendes und Zukunft Versprechendes ... Er erfaßt neue Objekte und Wege mit großer Intensität ... Die Moralität des Intuitiven ist weder intellektuell noch gefühlsmäßig, sondern er hat seine eigene Moral, nämlich die Treue zu seinen eigenen Anschauungen ...» Die unbewußte inferiore Empfindung äußert sich nach JUNG (p. 506) u. a. in Zwangsbindungen an Leute oder Objekte, in Krankheitswitterungen und in neurotisches Verfallen an hypochondrische Zwangsideen, Phobien und absurde Körperempfindungen. Etwas hievon könnte die Altersmelancholie des ALBERTUS und seine fast übertriebene Trauer um ST. THOMAS beleuchten.
43. MANDONNET (Albert le Grand. Diction. de Théologie Cath. Paris 1909 col. 671.) sagt von ALBERTUS: «il joua un véritable rôle de révélateur intellectuel ...» Und WALZ (Angelicum l. c. p. 311) sagt:« sicut *divinans* (!) quondam ingenium splendide increscens fratris Thomae commendavit, ita postea *propheta fuit* de magistri Thomae doctrinae victoria perenni.» (Sperrungen von mir.)
44. GUIL. DE TOCCO l. c. p. 662: Erat autem praedictus puer non verbis garrulus sed meditari intra se incipiens taciturnus.
45. ebda.: erat animo emissus quod modestiam, verecundiam, oboediendi facilitatem habebat.
46. PETITOT, St. Thomas l. c. p. 18.

Ängstliches an sich, was seine Sensitivität verrät [47], vielleicht auch eine gewisse Schwäche gegenüber dieser Sphäre, die er als teuflisch und bedrohlich von sich wies. Seit jener Zeit verhielt er sich bekanntlich ausgesprochen abwehrend gegenüber Frauen [48]. Auch seine jeweilige Unsicherheit vor dem Auftreten in der Öffentlichkeit spricht für eine introvertierte Anlage. Als er z. B. in Paris seine Antrittsrede [49] als Magister halten sollte [50], erfaßte ihn große Scheu. Da erschien ihm im Traum ein greiser Ordensbruder, welcher zu ihm sprach: «Siehe, du bist erhört worden; nimm die Last des Magisteriums auf dich, denn Gott ist mit dir. Für deinen Predigttext aber (THOMAS wußte nicht, über welchen Text er reden sollte) nimm dir folgende Stelle: Rigans montes de superioribus tuis, de fructu operum tuorum satiabitur terra (Ps. 104: ‚Du befeuchtest die Berge von oben her; von deiner Werke Frucht wird die Erde gesättigt werden.') [51].» THOMAS hielt sich an diesen Traumbefehl und predigte über diese Psalmstelle (die auch in der Aurora zitiert ist). Die Traumfigur [52] wies – psychologisch betrachtet – den Träumer darauf hin, sich mehr auf die Inspiration des Unbewußten zu verlassen. Offenbar neigte er im Bewußtsein dazu, sich in intellektuelle Überlegungen und Anordnungen zu verlieren.

Falls die oben abgeleitete psychologische Typenzuordnung richtig ist, wäre die Freundschaft, die ALBERTUS und THOMAS verband, besonders verständlich, indem beide die einander komplementär ergänzenden Einstellungstypen [53] darstellten. Dem Funktionstypus [54] nach bildeten sie allerdings nicht völlige Kontraste, sondern neigten beide mehr zur Denk-Intuitionsseite, aber ALBERT gehörte zum irrationalen, THOMAS zum rationalen Typus, was jeweils ebenfalls eine gegenseitige Anregung und Ergänzung bewirkt. Daß ALBERTUS den Tod seines Freundes telepathisch gefühlt hat, weist auf eine gewisse «participation mystique»

---

47. Vgl. PETITOT l. c. p. 39: «Nous verrons que le Saint était extrèmement, étonnament sensible, ses confrères et disciples plus durs en étaient surpris, miro modo passibilis. Cette délicatesse toute italienne et presque féminine . . . etc.»
48. WH. V. TOCCO l. c. p. 75: aspectum mulierum semper abhorruit.
49. Prolusio.
50. ca. 1256. Vgl. SERTILLANGES l. c. p. 24.
51. TOCCO, Fontes l. c. p. 85: «Ecce exauditus es, suscipe onus Magisterii, quia Deus tecum est. Pro tuo autem principio nihil aliud proponas nisi hoc: Rigans montes» etc.
52. Eine Personifikation des Archetypus des «alten Weisen».
53. Einstellungstypen: extravertiert – introvertiert.
54. Funktionstypen: Denken, Fühlen, Empfindung, Intuition.

hin, wie sie im Falle intensiver und bedeutungsreicher Projektion und Beziehung oft entsteht.

Während ALBERTUS als klein, zart, beweglich, lebhaft und äußerst liebenswürdig beschrieben ist [55], wird THOMAS als ein großer, langsamer, etwas schwerer, grobknochiger Mann geschildert mit langem Gesicht, niederer Stirn und großem, rundem und kahlem Kopf [56]. Er soll ein Magenleiden gehabt haben [57], das vielleicht auf nervöser Grundlage beruhte. Falls es sich hierbei um ein psychogenes Symptom handeln sollte, so würde dies darauf hinweisen, daß er irgend etwas schwer oder gar nicht «verdauen» konnte. Infolge der erschwerten psychischen Digestion verstärkt sich dann in solchen Fällen die Introversion bis zu einer gewissen Einseitigkeit.

Darauf, daß tatsächlich eine tiefgehende innere Praeokkupation und Beunruhigung bei THOMAS vorhanden war, weist folgende Geschichte hin: Als er einmal an einem Hofdiner bei König Ludwig IX. teilnahm, versank er plötzlich so tief in seine Gedanken, daß er «die Verwendung der Sinne verlor und selbstvergessen, einem Erschütterten gleichend, unbeweglich verharrte, hingerissen von der Intensität der inneren Betrachtung», um dann schließlich mit der Faust auf den Tisch zu schlagen und auszurufen, er habe nun den (logischen) Schluß gegen die Manichäer [58] gefunden. Damit meinte er wahrscheinlich die damals einflußreiche Haeresie der Neu-Manichäer [59].

Diese Geschichte verrät, daß sein auffälliges In-sich-gekehrt-Sein nicht etwa Auswirkung einer Temperamentlosigkeit oder inneren Ruhe war, sondern daß sich hinter der äußeren Gelassenheit intensive seelische

---

55. PETITOT, St. Thomas p. 51.
56. GUIL. DE TOCCO, Acta Boll. l. c. p. 111: Corpore erat vasto, procera ossium magnitudine ... facie oblonga, fronte depressiori, capite magno et rotundo et non nihil calvo. PETITOT l. c. p. 39 und 73–74.
57. Vgl. daß von seinem Tod berichtet wird, daß er plötzlich nichts mehr essen konnte und an der daraus resultierenden Schwäche starb. TOCCO, Vita, cap. 48. Näheres siehe unten.
58. GUIL. DE TOCCO l. c. Acta Boll. p. 710: ipse suam contemplationem pro more secutus ita sensuum usum reliquit, ut sui ipsius oblitus et attonito similis haereret ductusque contemplationis vehementia excussa pugno mensa in eam notissimam vocem erumpere compulsus est esse scilicet contra Manichaeos iam conclusum. Vgl. Prümner, Fontes p. 116.
59. Über diese vgl. CHR. HAHN, Geschichte der Ketzer im Mittelalter. 1850, Bd. I, p. 55 ff.

Kämpfe abspielten, und daß er von den religiösen Problemen seiner unruhigen Zeit persönlich aufs stärkste berührt war.

603 Als ein weiterer Hinweis auf leidenschaftliche innere Auseinandersetzungen und Zweifel könnten verschiedene von ihm berichtete Traum-Visionen gelten, in denen ihm die Gottesmutter, Christus oder Paulus erschienen. Bezeichnenderweise ging er alle diese Personen als erstes mit der eigenartigen Frage an, ob es recht sei, was er geschrieben habe [60]. Bei einem Menschen, der nicht von Zweifeln am eigenen Werk (mehr noch als an den Glaubensinhalten) gequält ist, würde man eher eine Geste der Anbetung und Verehrung erwarten, als eine solch' ängstliche Frage. Offensichtlich war es weniger die metaphysische Realität jener Personen, an der er zweifelte, als die Form, in der er selber versucht hatte, deren Wesen intellektuell zu definieren.

604 In seinem Werk zeigt sich ebenfalls eine gewisse Doppelheit der schöpferischen Möglichkeiten, hat er doch einerseits seine Hauptwerke im trockenen, logischen, scholastischen Stil seiner Zeit geschrieben (semper loquitur formaliter! [61]), daneben aber religiöse Lieder und Predigten von großer dichterischer Schönheit verfaßt [62]. WILHELM VON TOCCO behauptet sogar, er habe vieles in einer Art *Ekstase* (in raptu mentis) niedergeschrieben [63]. Keine der bekannten Dichtungen reicht allerdings auch nur im Entferntesten an die Gefühlsintensität der Aurora heran. THOMAS muß m. E. ein Mensch von großen Gegensatzspannungen zwischen Gefühl und Intellekt gewesen sein. Vermutlich gehörte er, wie schon gesagt, zum introvertierten Denktypus. Sein Denken ist nämlich nicht objektbezogen, sondern gründet sich auf Ideen. Ihn interessierten z. B. mehr das Systematische, Prinzipielle der Aristotelischen Naturauffassung als die Detailfragen [64]. Man könnte sich darum vorstellen, daß

60. GUIL. DE TOCCO l. c. Acta Boll. p. 664. Fontes p. 106–107.
61. Dies sagte von ihm CAJETAN, cit. nach M. D. CHENU, Introduction l. c. p. 93.
62. PETITOT erwähnt seine Predigt vor dem Consistorium für die Institution des Festes des Altarsakramentes: «il est tout lyrique en exclamations et d'une seule venue sans distinctions, divisions.» St. Thomas d'Aquin 1923, p. 143.
63. Vita di S. Thomaso l. c. p. 665. Er spricht sogar von einem «continuum mentis raptum». Vgl. WALZ, Angelicum l. c. Anm. 44, p. 316.
64. Vgl. auch die Bemerkung von E. GILSON, Pourquoi St. Thomas etc. Archives etc. Vol. I, p. 125, wonach der Entstehungsprozeß der Gedanken von Thomas undurchsichtig sei: «St. Thomas ne nous a laissé ni ,Discours de la méthode', ni ,Confessions' et rien ne nous permets de deviner par suite de quelle évolution se sont constitués les principes de sa philosophie... cette Minerve est sortie toute armée du cerveau de Jupiter...»

er einen Schock erlitt, als er in den Wirbel des extravertiert-intuitiven ALBERTUS geriet, welcher sich in jener Zeit, wie erwähnt, *experimentellpraktisch* für Mineralogie, Zoologie, Botanik und besonders für alchemische und parapsychologische Fragen interessierte [65].

Im Prinzip hat THOMAS von jener Zeit an unter dem Einfluß ALBERTS ebenfalls die mögliche Existenz okkulter Phänomene akzeptiert. So sagt er in der Summa [66], daß die natürlichen Phänomene gewisse okkulte Kräfte besässen, deren rationaler Zusammenhang vom Menschen nicht angegeben werden könne. Er glaubte an die okkulten Kräfte von Steinen [67] und insbesondere *daran, «daß die Alchemie eine wahre, aber schwierige Kunst sei, wegen der okkulten Einwirkungen der Sterne (virtutis coelestis)* [68]». Schon in der Schrift In quatuor libros sententiarum PETRI LOMBARDI, einem frühen Werk, betont er, daß er im Prinzip an die Möglichkeit alchemistischer Metallverwandlung glaube, daß aber die meisten Alchemisten nur Scheingold durch Feuer herstellen, während das echte Gold an gewissen Orten in der Erde durch die Sonne entstünde «ubi viget virtus numeralis», wo die Zahlenkraft praedominiert [69]!

---

65. Deshalb nannte ihn sein Zeitgenosse ENGELBERT VON STRASSBURG einen «expertus in magicis». Vgl. PETER V. PRUSSIA (1621) p. 126, cit. nach L. THORNDIKE, History etc. Vol. II, p. 549 ff. Die Magie beruht nach ALBERTUS auf Dämoneneinwirkungen (THORNDIKE, Hist. II, p. 551), wobei die Dämonen von den Sternen unterstützt werden. Es gibt eine «richtige» oder positive Magie. Ihrer Meister (magistri) sind Leute, die über die Sterne und Naturzusammenhänge philosophieren. (Vgl. In Evang. Math. II. 1, wo er die Weisen aus dem Morgenland als solche «magistri» bezeichnet und In Daniel I. 20: Magi dicuntur... quasi magistri qui de universis philosophantur.)

66. II, II, 96 Art. 2: Res autem naturales habent quasdam virtutes occultas quarum ratio ab homine assignari non potest. Vgl. THORNDIKE l. c. II, p. 603 und 607.

67. Zu diesen können nach seiner Ansicht noch astrologische und Dämoneneinwirkungen dazukommen. Vgl. L. THORNDIKE Hist. l. c. II, p. 603.

68. Meteor. III, 9. «Unde etiam ipsi Alchemistae per *veram artem alchimiae* sed tamen difficilem, propter occultas operationes virtutis coelestis...» Vgl. THORNDIKE l. c. II, p. 607 ff. Vgl. ebda. die Belege für St. Thomas, Glaube an die Astrologie: Es gibt nach ST. THOMAS eine «impressio formae a superioribus» d. h. durch die Sterne, welche so wirkt «wie der Magnet das Eisen anzieht». Cod. Vat. Urb. 1491, fol. 76–77. (Auch über Hypnose und Fascination hat THOMAS ähnliche Ansichten wie ALBERTUS. Vgl. Contra Gent. III. 103. und Summa theol. I. 117. 3.) Die Sterne werden nach THOMAS von den Engeln bewegt. (THORNDIKE II, p. 608–609.) Gott benützt sie zur Lenkung der untern Welt. Vgl. auch F. BOLL, Sternglaube etc., p. 39 und 112. Auch die humores des Menschen werden von den Sternen beeinflußt. (De Veritate XII. 10 und Summa theol. II. II. 95. 6. ad 1.)

69. In quattuor libros sentent. PETRI LOMBARDI: Alchimistae faciunt aliquid simile auro quantum ad accidentia exteriores: sed tamen non faciunt verum aurum quia *forma*

Die astrologisch-magischen Kräfte scheinen demnach für ihn das Wichtigste bei der Alchemie gewesen zu sein [70]. (Was er unter der «Zahlenkraft» verstand, ist mir nicht sicher erklärbar [71].) Seine Überzeugungen in dieser Hinsicht scheinen sich mit dem Älterwerden eher noch verfestigt zu haben [72]. Diese aus beglaubigten Schriften stammenden Zusicherungen sind ernst zu nehmen. Was wir aber in ihnen vermissen, ist der emotionale Faktor: wie und bis zu welchem Grad war THOMAS auch *gefühlsmäßig* von diesen Tatsachen beeindruckt? Die bos-mutus-Anekdote scheint mir darauf hinzuweisen, daß bei ihm Eindrücke tiefer gingen, als man ahnte, aber daß er sie in sich verschloß. Sein so stark formal-logisch eingeengtes späteres Denken könnte vielleicht eine Abwehrreaktion gegenüber diesen und ähnlichen Eindrücken darstellen, denn der Versuch, die bedrohliche Objektwelt durch gedankliche Bewältigung zu meistern, ist bezeichnend für das introvertierte Denken, und «okkulte» Objekte mußten besonders numinos auf einen mittelalterlichen Scholastiker wirken. Auch die Unsicherheit, die THOMAS gegenüber den Erscheinungen seiner eigenen Träume und Visionen empfand, indem er sich quälte, ob er alles richtig formuliert habe, läßt auf die typische Abhängigkeit des Introvertierten vom «subjektiven Faktor» schließen [73], andererseits zeigt diese Tatsache auch, daß das formulierte Denken von ihm als außerordentlich wichtig empfunden wurde, vielleicht weil es als eine Art Schutz gegen mögliche, anders

---

substantialis auri non est per calorem ignis quo utuntur alchimistae sed per calorem solis in loco determinato ubi viget virtus numeralis, et ideo tale aurum non habet operationem consequentem speciem et similiter in aliis quae per eorum operationem fiunt.

70. Ähnliche Anschauungen finden sich in der zweifelhaft echten Schrift: De Lapide Philosoph. Vgl. G. MEYRINK l. c. p. 3 und bei ROGER BACON, De speculis comburentibus. ed. LITTLE l. c. p. 394. Vielleicht liegt in allen Fällen eine Quellengemeinschaft mit WITELO vor.

71. Die natürlichen Zahlen spielen, wie wir heute wissen, eine essentielle Rolle bei allen Methoden, welche zur Erfassung des *Synchronizitätsphänomens* erdacht wurden. Vgl. C. G. JUNG, Naturerklärung und Psyche l. c. bes. p. 43. Vielleicht dachte ST. THOMAS an solche Zusammenhänge?

72. Es ist zu bemerken, daß die Schrift «De occultis operationibus naturae ad quendam militem» relativ spät ist, und daß die (späte) Summa der Alchemie günstiger gesinnt ist als der frühe Sentenzkommentar. THORNDIKE l. c. II, p. 602 ff.

73. Es ist mir in diesem ganz anderen Zusammenhang nicht möglich, die JUNGsche Typenlehre im Detail wiederzugeben und ich muß daher den Leser prinzipiell auf C. G. JUNG, Psychologische Typen, verweisen.

geartete Impulse und Deutungen diente [74]. Falls THOMAS ein Introvertierter war, muß es um so mehr auf ihm gelastet haben, daß ihn seine Erfolge als Dozent mehr und mehr in äußere Verpflichtungen und Tätigkeiten hineinzwangen, denen er sich infolge des Gehorsam-Gebotes nicht entziehen konnte. Nach seiner Funktion als Baccalaureus und dann als Magister in Paris (ca. 1254–1260) [75] wird er vom Generalkapitel in Neapel zum «praedicator generalis» ernannt. Schon vorher mußte er an viele Kongresse und Kapitel reisen, an denen er gelegentlich ALBERTUS wiedertraf [76]. Im Herbst 1265 weilte er in Rom, 1267 am Generalkapitel in Bologna. In jener Zeit war er irgendwie (evtl. als lector?) am päpstlichen Hof tätig [77]. Über jene ganze Zeit erstreckt sich außerdem eine ungeheure schriftstellerische Tätigkeit [78]; 1266 hatte er die Summa Theologiae begonnen [79] und den De-anima-Kommentar [80]. 1268–1272 weilte er zum zweitenmal in Paris. Er stand mit vielen bedeutenden Persönlichkeiten der Kirche in seiner Zeit in Kontakt: VINCENT DE BEAUVAIS, ST. BONAVENTURA, WITELO, WILHELM VON MOERBECKE usw. In die zweite Pariser Zeit fällt der berühmte Averroïstenstreit und am 10. Dezember 1270 wurde die Verdammung einiger Thesen des HL. THOMAS ausgesprochen. Vielleicht fällt das Ereignis am Hofdiner bei LUDWIG IX. auch erst in diese Zeit [81], in welcher er mehr und mehr zum offiziellen Verteidiger des katholischen Glaubens gegen die zeitgenössischen Haeresien wurde.

Der Dominikanerorden, dem THOMAS angehörte, sowie der Franziskanerorden, welche man zusammen als die Bettel- oder Mendikantenorden zu bezeichnen pflegt, waren nämlich durch eine tiefgreifende religiöse Krise der Kirche ins Leben gerufen worden [82]. Von außen war

---

74. Der Bruder von St. Thomas Raynaldus war ein bekannter Dichter von Liebesgedichten und Erzähler pikanter Geschichten. Die Schrift von St. Thomas scheint sehr «pâteuse» gewesen zu sein. (PETITOT p. 31 und 42). So wäre ein gezügeltes sinnliches Temperament bei St. Thomas denkbar.
75. Vgl. WALZ l. c. p. 98.
76. So in Anagni 1256 (WALZ l. c. p. 93/94), in Valenciennes 1259 (WALZ l. c. p. 97/98) etc.
77. WALZ l. c. p. 101–103.
78. Für die Reihenfolge etc. der Werke vgl. WALZ passim.
79. WALZ p. 114.
80. WALZ p. 117 ff.
81. WALZ p. 146.
82. Vgl. bes. CHENU l. c. p. 34.

diese durch den Druck des Islam und der Tartaren [83], von innen durch den Verfall der Adelsgemeinschaft und die Städtebildung begünstigt. Die Bettelorden betrachteten es als ihre Aufgabe, die Kirche zu reformieren, sowie die in Sektiererei und Heidentum abgleitenden Volksmassen wieder zu ihr zurückzuführen. Die Franziskaner übernahmen dabei mehr die praktische Seelsorge im Volke, die Dominikaner hingegen betrachteten die wissenschaftliche Bekämpfung der Haeresien als ihre Hauptaufgabe, wobei sie sich selber in einem Wortspiel als domini canes – Wachthunde Gottes – bezeichneten. Da keine ernsthafte Auseinandersetzung ohne teilweise Angleichung an den Gegner möglich ist, scheint es begreiflich, daß ein Teil der Franziskaner in eine haeretisch-religiöse Volksbewegung abglitt, welche sich Tertiarier nannte, und welche sich später fast ununterscheidbar mit den sog. Beginen und Begharden, den Fratres pauperes oder «Brüdern des Freien Geistes» und anderen Sekten verschmolzen [84]. Auch die Dominikaner und gerade THOMAS, sowie sein Lehrer ALBERTUS, gerieten in Konflikt mit engstirnigen Vertretern der Kirche (wie WILHELM VON ST. AMOUR), weil sie angeblich allzuviel arabischen Aristotelismus [85] in ihre theologischen Anschauungen aufgenommen hatten und den freiern Richtungen der Bettelorden zuviel Schutz gewährten. THOMAS allein hat drei Verteidigungsschriften für die Bettelorden verfaßt, und er, wie auch ALBERTUS MAGNUS unternahmen verschiedene Reisen nach Rom, um ihren Orden zu verteidigen [86]. Von ALBERTUS ist sogar ein wesentliches Dokument über die Beginen und Begharden erhalten, das er offensichtlich notiert hatte, um diese Bewegung, deren Zentrum sich in Köln befand, gegen die Inquisition in Schutz zu nehmen [87]. Er und ebenso THOMAS weisen

---

83. Vgl. CHENU l. c. p. 11 und p. 35 ff.
84. Vgl. Tocco, Acta Boll, l. c. p. 666 über die «Pouvres de Lyon» und J. H. KROENLEIN, Amalrich von Bena und DAVID VON DINANT. Theol. Studien und Kritiken, Hamburg 1847, p. 479–481.
85. Vgl. P. MANDONNET, SIGER DE BRABANT et l'Averroïsme latin au XIIième siècle, Louvain 1910.
86. Vgl. hiezu LYNN THORNDIKE, History of Magic and Experimental Science a. a. O. Bd. II, p. 525.
87. Vgl. W. PREGER, Geschichte der Mystik im Mittelalter. Vol. I, p. 466 und H. HAUPT, Zwei Tractate gegen Beghinen und Begharden. Zeitschr. f. Kirchengeschichte XII, Heft 1, p. 85. CHR. HAHN, Geschichte der Ketzer, a. a. O. Vol. II, p. 472 und J. VON DOELLINGER, Beitr. zur Sektengesch. des Mittelalters, München 1890, Vol. II, p. 403 und 702.

eine erstaunliche Kenntnis vieler «moderner» philosophischer Sekten auf, wie z. B. die des AMALRICH VON BENA, des DAVID VON DINANT usw. [88]. THOMAS erwähnt sie als «quidam moderni philosophi [89]». Weiterhin ist als wichtig zu verzeichnen, daß er Protest erhob, als WILHELM VON ST. AMOUR die Lehre des Abtes GIOACCHINO DA FIORI als Lehre des Artichrist bezeichnen wollte [90]. Er kannte den sogenannten *Liber Introductorius,* eine Zusammenfassung der Lehre JOACHIMS, und sagte von dieser, es sei zwar manches daran nicht richtig, aber sie als eine Lehre des Antichrist zu bezeichnen, sei falsch [91]. Demnach ist THOMAS also nicht nur mit dieser geistigen Bewegung bekannt gewesen, sondern hat ihr auch gerecht und nicht völlig ablehnend gegenüber gestanden [92].

1272 verläßt THOMAS Paris und reist (vermutlich über Florenz) nach Neapel, wo ein «studium generale» eingerichtet werden sollte, und wird dort Hauptdozent. WILHELM VON TOCCO berichtet, daß er aber nicht nur in der akademischen Welt wirkte, sondern daß er in Neapel auch mit geschlossenen Augen ekstatische Predigten vor dem Volk hielt, zu denen jeweils eine große Menge herbeiströmte [93]. Absenz-

---

88. Summa I, quaest. 3. Art. 8. Vgl. hiezu J. H. KROENLEIN, Amalrich von Bena und David von Dinant. Theol. Studien und Kritiken, Hamburg 1847, Heft 2. p. 282. DAVID VON DINANT scheint von JOH. SCOTUS ERIGENA und dessen pantheistischer Lehre beeinflußt. (ebda. p. 284 und p. 303) Vgl. ferner G. THERY: Autour du decret de 1210: Bibliothèque Thomiste VI et VII, Kain (Belg.) 1925, 2 Vols.

89. Sec. sent. lib. dist. 17 quaest. 1 art. 1 solutio. Über AMALRICH VON BENA vgl. KROENLEIN a. a. O. p. 282 u. 284. DAVID VON DINANT war ALBERTUS wohl durch BALDOUIN bekannt, vgl. seine Summa I, Tract. 4 quaest. 20 membr. 2. und II. 12. 72. 4. 2. Vgl. KROENLEIN a. a. O. p. 302–303, 311–314. Vgl. THOMAS v. AQUIN Summa theol. I Quaest 3. Art. 8.

90. Vgl. PETITOT St. Thomas p. 71.

91. THOMAS VON AQUIN, Opera ed. Ven. 1754 XIX Opusc. XVI (Contra impugnantes), Ich citiere es aus CHR. HAHN, Geschichte der Ketzer im Mittelalter, Stuttgart 1850, Bd. III, p. 159: Unde cum quidam iam Christi Evangelium mutari conentur, in quoddam Evangelium, quod dicunt aeternum, manifeste dicunt instare tempora Antichristi. Hoc autem Evangelium de quo loquuntur (nämlich von Wilhelm von St. Amour und seine Anhänger) est quoddam introductorium in libros Joachim compositum, quod est ab Ecclesia reprobatum, vel etiam ipsa doctrina Joachim, per quam ut dicunt Evangelium mutatur, unde cum doctrina praedicta, quam legem Antichristi dicunt, sit Parisiis exposita, signum est tempus Antichristi instare. *Sed doctrinam Joachim vel illius Introductorii quamvis alia reprobanda contineat, esse doctrinam, quam praedicavit Antichristus, falsum est.*

92. CHENU nennt Gioacchino da Fiori ein «echo sonore des aspirations de son temps» p. 39 ff.

93. WALZ l. c. p. 169.

zustände, wie sie die Geschichte von dem «Schluß gegen die Manichäer» berichtet, wurden in jener Zeit immer häufiger [94], einmal erlitt er einen solchen «raptus mentis» sogar in Gegenwart eines römischen Kardinals, wiederholt auch beim Lesen der Messe. Während letzterer brach er auch oft über das Leiden Christi in Tränen aus. Zeugen berichten sogar von Levitationen [95]. Auf innere Konflikte mit dem Schatten weist folgender Bericht WILHELM VON TOCCOS hin [96]:

Als einmal ein neapolitanischer Richter den Heiligen besuchte, und die beiden auf einer offenen Terrasse beim Meer auf und ab gingen, sah der Richter einen schwarzgekleideten Äthiopier sich dem Heiligen nähern. ST. THOMAS aber ballte die Faust gegen ihn und rief ihm zu: «Wagst du es noch, mich wieder zu versuchen?» Der schwarze Teufel, der wohl der Dämon des Mittags war, entfloh hierauf. (Man denke an die Äthiopier als Symbol der Nigredo in der Aurora!)

Berichte solcher Art, die teils historisch, teils legendär sind, dürfen als «ambiente» einer eindrucksvollen und spannungsreichen Persönlichkeit gelten, deren Tiefen vom gewöhnlichen Menschen kaum geahnt und noch weniger verstanden werden. Schon die großartige Einseitigkeit seines der Welt zugewandten Bewußtseins verbürgt die Existenz einer ganz anders gearteten Innenwelt, welcher die Aufgabe zufällt, das Gleichgewicht der Gesamtpersönlichkeit zu erhalten. Berichte über ungewöhnliche biographische Tatsachen, wie die Verzückungen und die Legenden über wunderbare Unbegreiflichkeiten geben Kunde von diesem unsichtbaren Hintergrund, von dem sie ein andeutungsweises Bild entwerfen. Sie gehören mithin zur Erscheinungsweise einer überragenden Persönlichkeit und ergänzen ihr Bild nach der Seite der unbewußten Psyche, welche sich meist nur indirekt zum Worte meldet. Der Prominenz der Ratio in diesem Falle entspricht eine ebenso eindrückliche Gegenposition der natürlichen Psyche, welche in umgekehrter Entsprechung zu der weltweiten Ausstrahlung des Bewußtseins in die Tiefen der seelischen Vergangenheit und Zukunft reicht und gegensätzliche archetypische Inhalte belebt. Da alles belebte oder auferweckte Unbewußte zur Bewußtwerdung drängt, so kann es nicht an Andeutungen

---

94. Vgl. WALZ, l. c. p. 171.
95. PETITOT, St. Thomas l. c. p. 133. PETRUS CALO, Fontes l. c. p. 36–38 TOCCO, Fontes l. c. p. 107, 108.
96. PETITOT, l. c. p. 146–147. PETRUS CALO, Fontes l. c. p. 38.

fehlen, welche den Konflikt offenbaren. Auf alle Fälle kann sich das Bewußtsein der inneren Ahnung auf die Dauer nicht entziehen, sondern wird sich veranlaßt sehen, mit seinen rationalen Mitteln, d. h. in diesem Falle mit scholastisch-theologischer Formulierung, das andrängende Gegensätzliche zu bewältigen. Dieser Versuch kann in Anbetracht des notwendigen Vorhandenseins und der ebenso nötigen Gleichgewichtsfunktion des Gegensatzes nicht gelingen. Jedenfalls hat sich im Leben des HL. THOMAS der Kontrast der beiden Seelenhälften nicht ausgeglichen, sondern womöglich verstärkt. PETITOT spricht sogar von seiner Befähigung zu einem «dédoublement [97]». Er konnte sich z. B. durch geistige Konzentration schmerzunempfindlich machen, und in ausgesprochenen Absenzzuständen konnte er noch zur Umgebung sprechen und sogar diktieren, «wie in einem hypnotischen Zustand». Ein englischer Zeuge behauptet, er habe von THOMAS Diktate niedergeschrieben, *während der Heilige schlief* [98]. Nach der Lebensmitte führte dann diese Spannung zu jener krisenhaften Erschütterung, von der sein Freund REGINALD VON PIPERNO berichtet. Es ist auch nicht als unmöglich anzunehmen, daß sein früher Tod eine direkte oder indirekte Folge der allzugroßen seelischen Belastung war [99]. Da THOMAS wahrscheinlich zu jenen Menschen gehörte, bei denen das hochdifferenzierte Denken und die intellektuelle Konzentration den natürlichen Menschen mit seinem Gefühlsanspruch verdrängt haben, geriet das Gefühl mehr und mehr in Gegensatz zu der geistigen Haltung des Bewußtseins und errichtete eine förmliche Gegenposition. Von hier aus wird die Überzeugung des Bewußtseins beständig angegriffen und unterhöhlt. Damit wird ein «sentiment d'insuffisance» erzeugt – wovon bei THOMAS deut-

---

97. PETITOT l. c. p. 130, TOCCO, Fontes l. c. p. 107, 108, 121.
98. TOCCO, Fontes l. c. p. 89.
99. Hier besteht ein Streitpunkt zwischen A. WALZ, De S. Thomae Aq. e vita discessu, Xenia Thom. Rom 1925 tom. III, p. 41–55, und H. PETITOT, La mort de S. Thomas d'Aquin. Vie Spirituelle X. 1924, p. 313–336. Vgl. auch die Besprechung im Bulletin Thomiste. Jahr II No. 6, Nov. 1925, p. [17]. WALZ und andere sehen keinen Kausalzusammenhang zwischen der Vision des 6. Dez. 1273 und dem Tode des Heiligen, während PETITOT annimmt, daß mit der Vision ein physischer und geistiger Erschöpfungszustand begann, der in Kausalzusammenhang mit dem Tode steht. Psychologisch betrachtet und auch im Lichte der oben erwähnten kleineren Visionen (von *Marotta* und P. ROMANO DA ROMA) gesehen, scheint mir wohl! ein *psychologischer Zusammenhang* zu bestehen. Leider konnte ich mir kein Exemplar von WALZ' Arbeit in den Xenia Thomistica 1925 verschaffen.

liche Spuren vorhanden sind. Die Gegenposition wird aber in solchen Fällen immer durch die Anima personifiziert, und daraus erklärt sich z. T. sein «horror mulierum». Solcher Art sind vermutlich die psychischen Tatsachen, die – wahrscheinlich zusammen mit einer nicht mehr genau feststellbaren physischen Erkrankung [100] – jene Zustände von «absences» und später die bekannte Depression verursachten, von der unten zu berichten sein wird. Allmählich traten bei ihm Todespraemonitionen auf. Schon einige Zeit vorher war ihm seine verstorbene Schwester *Marotta* in einer Vision erschienen und hatte ihm angekündigt, daß sie ihn bald im Jenseits wiedersehen werde [101]. Als er 1273 eine Einladung zum Generalkapitel von Lyon für das Jahr 1274 erhielt, verstärkte sich das Vorgefühl des nahen Todes, obwohl er noch nicht das fünfzigste Lebensjahr erreicht hatte. In einer Vision erschien ihm der verstorbene Pater *Romano da Roma* und teilte ihm mit, er habe das «eigentliche Wissen um die göttlichen Dinge» erhalten, nach einem Durchgang durchs Purgatorium [102]. THOMAS fragte ihn hierauf, ob dem Menschen die wissenschaftlichen Kenntnisse, die man in diesem Leben erworben habe, im Jenseits verblieben, aber Romano antwortete nicht direkt («in forma») auf seine Frage, sondern verwies auf die Tatsache der «Visio Dei». THOMAS fragte wieder: «Wie sieht man Gott sine media vel mediante similitudine [103]?» Und Romano antwortete mit den Worten von Ps. 48, 9: «Wie wir gehört haben, so sehen wir's an der Stadt des Herrn Zebaoth [104]...» Dieser Traum gab THOMAS etwas Freude und Trost. Dann aber – mitten in seiner Summa, seinem streng intellektuell-logisch formulierten Hauptwerk – hat ihn, als er an einem Abschnitt über die Buße arbeitete, jenes bekannte innere Erlebnis übermannt, welches seiner schriftstellerischen Tätigkeit und vier Wochen hernach seinem Leben ein Ende setzte. Der Bericht darüber steht in den Acta Bollandiana und geht auf das Zeugnis des BARTOLOMAEUS VON CAPUA [105]

---

100. Nach TOCCO (Vita 48) verlor er jeden Appetit und konnte gar nichts mehr essen und starb dann an Schwächezuständen (er begann «nimia debilitate deficere...»). Nach dem Tode kam ein Gerücht auf, daß der Heilige vergiftet worden sei. Vgl. PETITOT, St. Thomas l. c. p. 155.
101. WALZ l. c. p. 122/123. TOCCO, Fontes l. c. p. 118.
102. WALZ l. c. p. 176. TOCCO, Fontes l. c. p. 118/119.
103. ohne Zwischenelement oder vermittelndes Gleichnis.
104. Fontes l. c. p. 119 des Herrn der Tugenden.
105. Über diesen vgl. P. MANDONNET, Des écrits authentiques de St. Thomas d'Aquin II. Aufl. Fribourg 1910, p. 32.

zurück, der es seinerseits direkt von REGINALD VON PIPERNO, dem besten Freund und Vertrauten des HL. THOMAS, erfahren hatte [106]: «Und es sagte jener selbe Zeuge (scil. BARTOLOMAEUS VON CAPUA): als der besagte Bruder Thomas in der sog. St. Nicolaus-Kapelle in Neapel die Messe zelebrierte, wurde er von *einer wundersamen Veränderung* betroffen, und nach jener Messe schrieb er weder, noch diktierte er mehr etwas, sondern legte sogar die Schreibutensilien weg, im dritten Teil der «Summa», im Traktat: De Poenitentia. Und als jener selbe Bruder Reginald sah, daß Bruder Thomas aufgehört hatte zu schreiben, sagte er zu ihm: ‚Pater, wieso hast Du dieses großartige Werk aufgegeben, das Du zum Lobe Gottes und zur Erleuchtung der Welt begonnen hast?' Und ihm antwortete Bruder Thomas: ‚Ich kann nicht.' Und jener selbe Bruder Reginald begann zu fürchten, daß er infolge seiner enormen geistigen Tätigkeit *in einen Wahnsinnszustand geraten sei* (!) und drang immer weiter darauf, daß Bruder Thomas weiter schreiben solle,

---

106. Acta Bolland ebda. 712 ff. Item dixit idem testis quod, cum dictus Frater Thomas, celebraret Missam in dicta capella S. Nicolai Neapoli, fuit *mira mutatione commotus* et post ipsam Missam non scripsit neque dictavit aliquid, immo suspendit organa scriptionis *in tertia parte Summae in tractatu De Poenitentia*. Et dum idem Fr. Raynaldus videret, quod ipse Fr. Thomas cessaverat scribere, dixit ei: Pater, quomodo dimisistis opus tam grande, quod ad laudem Dei et illuminationem mundi coepistis? Cui respondit dictus Fr. Thomas: Non possum. Idem vero Fr. Raynaldus *timens ne propter multum studium in aliquam incurrisset amentiam* instabat semper quod idem (p. 713) Fr. Thomas continuaret scripta et similiter ipse Fr. Thomas respondit: Raynalde non possum, quia omnia quae scripsi videntur mihi paleae. Tunc Fr. Raynaldus stupefactus ... (effecit) quod dictus Fr. Thomas iret ad Comitissam S. Severini sororem suam, quam caritative diligebat; quo properavit magna cum difficultate et cum illuc accederet ipsi Comitissae sibi ocurreret vix locutus est. Tunc Commitissa dixit dicto Fr. Raynaldo cum magno timore: Quid est hoc, *quod Fr. Thomas totus est stupefactus et vix mihi locutus est?* Respondens idem Fr. Raynaldus ait: *A festo B. Nicolai circa fuit in isto statu et ex tunc nihil scripsit.* Et idem Fr. Raynaldus coepit instare apud dictum Fr. Thomam ut diceret illi, qua de causa scribere recusaverat et qua re ita stupefactus erat. Et post multas interrogationes omni importunitate factas per ipsum Fr. Raynaldum, respondit Fr. Thomas eidem Fr. Raynaldo: *Ego adiuro te per Deum vivum omnipotentem et per fidem quam tenetis Ordini nostro et per caritatem quo modo stringeris, quod ea, quae dixero nulli reveles in vita mea.* Et subiunxit illi: Omnia quae scripsi videntur mihi paleae respectu eorum quae vidi et revelata sunt mihi. Praedicta vero Commitissa remanente multum desolata, recessit Fr. Thomas et rediit Neapolim et deinde assumpsit iter eundi ad Concilium iuxta vocationem sibi factam penitus nihil scribens. Et in itinere invasit eum infirmitas in castro Magentiae de Campagna, de qua post modum decessit. Postea vero elapsis aliquibus annis dictus Fr. Raynaldus infirmitate gravatus, de qua mortuus fuit, confessus est in extremis suis Fr. Joanni de Judice de Ordine Praedicatorum oriundo Anagnia, viro utique antiquo etc. Nach anderer Überlieferung fand die Vision nicht in Neapel und etwas später statt.

und Bruder Thomas selber antwortete immer ähnlich: ‚Raynaldus, ich kann nicht, *weil alles, was ich geschrieben habe, mir wie Stroh vorkommt* [107].»

610 Dieser Zustand von Stupor oder verstörtem Schweigen dauerte ziemlich lange, und Reginald versuchte ihn daraus herauszureißen, indem er ihn «unter großen Schwierigkeiten» zu seiner von ihm geliebten Schwester, der Gräfin Theodora von Marsico, in das Kastell von San Severino [108] brachte; aber sogar mit ihr sprach er kaum ein Wort. Die Gräfin war über sein Benehmen tief erschrocken [109]. Später soll er auf weiteres beharrliches Insistieren dem Bruder Reginald den Inhalt des Erlebten oder Geschauten bzw. den Grund seines Zustandes unter dem Siegel der Verschwiegenheit und mit großen Beschwörungen, nicht darüber zu reden, anvertraut haben unter der Beifügung: «Alles, was ich geschrieben habe, scheint mir Stroh im Verhältnis zu dem, was ich sah, und was mir offenbart worden ist.» Nach seiner Rückkehr nach Neapel im Laufe des Januars 1274 befiel ihn dann auf einer Reise nach Rom, von wo er sich auf Wunsch Gregors X. zum Konzil von Lyon begeben wollte, jene medizinisch unabgeklärte Krankheit, an der er sterben sollte [110]. Auch stieß er sich, geistesabwesend auf einem Maulesel dahin-

---

107. Prot. von Neapel p. 79; Vgl. Tocco cap. 47. Vgl. Walz l. c. p. 178. Er sagte auch etwas später: «Für mich ist das Ende der schriftstellerischen Tätigkeit gekommen, so hoffe ich, daß ich bald das Ende dieses Lebens erleben werde.» Vgl. Sertillanges l. c. p. 27 und L. H. Petitot, La mort de St. Thomas d'Aquin. Vie spirituelle X, 1924, p. 318 ff.

108. Walz l. c. p. 179. Reginald sagt zur Gräfin (Tocco, cap. 48): «Frequenter in spiritu rapitur, cum aliqua contemplatur, sed ex tot tempore sicut nunc numquam vidi ipsum sic a sensibus alienatum.» Vgl. Bulletin Thomiste 1925 p. [18] l. c.

109. Sie frägt «cum magno timore» Reginald warum Thomas so «stupefactus» sei. Petitot l. c. p. 320.

110. Walz l. c. p. 181. Vgl. ferner Tocco, Acta Boll. l. c. p. 800: Item dixit dictus testis, quod, quando quidem Fr. Thomas incepit gravari infirmitate in eodem castro Magentiae petiit cum multa devotione quod portaretur ad monasterium S. Mariae de Fossanuova, sicque factum est. Et cum dictus Fr. Thomas intrasset monasterium infirmus et debilis, adhaesit per manum posti et dixit: haec est requies mea in seculum seculi etc. ... Et stetit in eodem monasterio pluribus diebus infirmus cum patientia et humilitate multa et voluit sumere Corpus Salvatoris nostri. Et cum Corpus ipsum fuit illi portatum genuflexit et cum verbis mirae et longae adorationis et glorificationis salutavit et adoravit ipsum et ante sumptionem Corporis dixit: Sumo te pretium redemptionis animae meae, sumo te viaticum peregrinationis meae, pro cuius amore studui, vigilavi et laboravi et praedicavi et docui, *nihil unquam contra te dixi*, sed si quid dixi; ignorans, *nec sum pertinax in sensu meo*, sed si quid male dixi, totum relinquo correctioni Ecclesiae Romanae. Et subsequenter mortuus est et sepultus prope altare magnum ecclesiae ipsius mona-

reitend, an einem Ast am Weg den Kopf an und wurde einen Moment lang ohnmächtig. In Maënza [111], wo er bei seiner Nichte *Franziska* von Aquino weilte, bat er dann, daß man ihn in das Zisterzienser-Kloster S. Maria de Fossa-nuova bringe, was auch geschah [112]. Und als er schwach und krank jenes Kloster betrat, lehnte er sich mit der Hand an den Türpfosten und sagte: «Dies ist meine Ruhestätte in Ewigkeit [113]...» Er verbrachte seinen letzten Lebensmonat in diesem Kloster. WILHELM VON TOCCO berichtet:

«Und er blieb in jenem Kloster, krank mehrere Tage lang in viel Geduld und Demut und verlangte nach einer confessio generalis und nach dem Abendmahl. Bevor er es [114] unter vielen Gebeten zu sich nahm, sprach er: ‚Ich nehme Dich als Preis meiner Seele, ich nehme Dich als Reisekost meiner Wanderung, Dich, aus Liebe zu dem ich wachte und mich mühte und predigte und lehrte; *nie habe ich etwas gegen Dich gesagt,* aber wenn ich es tat, dann aus Unwissenheit, *ich beharre nicht auf meinem Sinn,* sondern wenn ich etwas nicht recht gesagt habe, so überlasse ich es ganz der Korrektur durch die römische Kirche.' Und danach starb er am 7. März und wurde begraben, nahe beim Hochaltar der Kirche jenes Klosters, beim Klostergarten, wo ein Fluß fließt, aus dem man das Wasser durch ein Wasserrad schöpft und so den ganzen Ort bewässert, wie dies besagter Zeuge (Bartolomaeus von Capua) sich häufig und sorgfältig besehen hat [115].»

Da keine beglaubigten Berichte vorliegen, welche uns über den Inhalt der offenbar überwältigenden letzten Vision unterrichten, können wir nicht abklären, weshalb er sein Werk abbrach und wieso er kurz darauf starb. (Er war erst 48 oder höchstens 49 Jahre alt [116].) Aber die Reaktion

---

sterii in loco palustri prope quoddam viridarium ipsius monasterii, ubi est fluvius, ex quo perducitur aqua per rotam, per quam totus locus ille humectatur, sicut ipse testis frequenter et diligenter inspexit.

111. Oder Faenza (PETITOT).
112. Er hatte jeden Appetit verloren, las aber noch unter vielen Tränen selber die Messe (PETITOT, p. 323). Nur Heringe aß er auf dringende Bitten Reginalds, da er diese Speise sehr gern hatte.
113. Vgl. WALZ l. c. p. 186 (TOCCO, cap. 57).
114. am 4. oder 5. März. Vgl. WALZ l. c. p. 184.
115. Man vergleiche das: Rigans montes etc.!
116. Vgl. SERTILLANGES l. c. p. 27. Später wurde in Gegenwart REGINALDS VON PIPERNO der Leiche ein Daumen und der Kopf abgetrennt, in Wein gekocht, more Teutonico, und der Gräfin von San Severino übergeben. Vgl. Bulletin Thomiste Année I No. 1, p. [20].

seinem eigenen Werk, der «Summa», gegenüber, daß sie ihm wie Stroh vorkomme, scheint mir anzudeuten, daß diese letzte Vision (d. h. eine unmittelbare Erfahrung des Unbewußten) ihn in einer Schicht seines Wesens berührte, der gegenüber sein scholastisches Denken sich als inadaequat offenbarte [117]. Auch seine Äußerung beim Nehmen des Viaticums ist eigenartig, nämlich daß er zu Christus sagte, *er habe nie bewußt etwas gegen ihn gesagt* – psychologisch legt dies die Vermutung nahe, daß die *innere Möglichkeit,* etwas Unorthodoxes über Christus zu sagen, bestanden hat.

613 Vielleicht enthält die Tatsache, daß die Biographen berichten, er habe auf seinem Sterbebett den Mönchen von *S. Maria de Fossa-nuova* das Hohelied interpretiert [118], einen Hinweis auf die inneren Vorgänge jener letzten Tage, nämlich daß *diese* Dichtung der Hl. Schrift dem in der Vision Geschauten am nächsten kam oder am adaequatesten Ausdruck verlieh. Das Hohelied hat die Mystiker innerhalb der Kirche immer fasziniert (HONORIUS VON AUTUN, GREGOR DER GROSSE, TERESA, JOH. A CRUCE, die VICTORINER [119], um nur einige zu nennen), und es ist auch kein Zufall, daß sich die mittelalterliche Alchemie im Abendland, *beginnend mit der Aurora,* später der Hohelied-Symbolik in besonderem Maße bemächtigt hat: der Archetypus des Hierosgamos (der mystischen Hochzeit) fand durch diese alttestamentliche Schrift am ehesten Eingang in die formulierte Gedankenwelt des Christentums und diente ebenso auch den Alchemisten, die christliche Ideenwelt an ihre Vorstellungen der alchymischen Coniunctio anzugliedern. Zugleich fällt auf, daß die Zeugen merkwürdig schweigen über den Inhalt dieser Hoheliederklärung [120]. PETITOT bemerkt: « Il consentit à faire un dernier effort de pensée, et à exposer aux religieux le plus mystique des écrits de l'Ancien Testament. N'avions-nous pas bien raison d'avancer que les dernier moments de l'homme, du Saint qui meurt en pleine connaissance sont toujours suggestifs? Saint Thomas sur son lit de mort,

---

117. SERTILLANGES l. c. p. 27, spricht von «tiefer Entmutigung».

118. MARTIN GRABMANN, Die echten Schriften des Hl. Thomas von Aquin, Beitr. zur Gesch. der Philosophie des Mittelalters, ed. CLEMENS BAEUMKER, Bd. 22, Münster i. W. 1920, p. 189 ff. und 1949 p. 254 ff.

119. HONORIUS, P. L. tom. 172, HUGO DE ST. VICTOR, P. L. tom. 176, GREGORIUS MAGNUS, P. L. tom. 79.

120. PETITOT, La mort etc. p. 325, wundert sich sehr richtig über dieses Schweigen der Zeugen.

alors qu'il a laissé la Somme inachevée se met a commenter le Cantique des Cantiques... On n'a pas assez remarqué que Saint Thomas d'Aquin était mort d'avoir contemplé Dieu dans une vision d'extase [121].» Ich stimme PETITOT zu, daß diese letzte Hoheliedinterpretation vermutlich in einem Zusammenhang mit der Vision zum 6. Dezember 1273 und auch dem Tode des Heiligen steht.

Daß sich Thomas auf seinem Sterbebett mit dem Hohenlied beschäftigt hat, steht um so wahrscheinlicher in einem Zusammenhang mit seinem Erlebnis, als einerseits diese Vision ein Prodromalsymptom seines Todes ist, und andererseits die Coniunctio-Symbolik überpersönliche archetypische, über Raum und Zeit hinausführende Vorgänge widerspiegelt, wie sie in besonderem Maße in der Nähe des Todes erlebt werden. In der Kabbala z. B. wird der Tod als das Erlebnis einer mystischen Hochzeit beschrieben. So hörten Jünger beim Begräbnis des Rabbi SCHIM'ON BEN JOCHAII eine Stimme, welche sagte: «Auf und kommet und versammelt euch zur Hochzeit des Rabbi Schim'on: Es komme der Friede, sie mögen ruhen auf ihren Lagern [122].» ST. AUGUSTINUS hat den Kreuzestod Christi als «Hochzeit» gedeutet [123]: «Christus trat hervor wie ein Bräutigam aus seiner Kammer, in der Vorahnung der Hochzeit trat er ins Feld der Welt hinaus, er durcheilte wie ein Riese triumphierend seinen Weg bis zum Lager des Kreuzes, und dort erstieg er es und vollzog die Hochzeit... er gab sich hin als Gatte und verband sich die Gattin in ewigem Rechtsbündnis.» Die Kreuzigung ist eine tödliche Liebeswunde, die Christus für die Kirche empfängt, um sie sterbend zu seiner Braut zu machen [124]. Solche Deutungen sind Thomas zweifellos bekannt gewesen, doch steht dahinter ein Urerlebnis, das sich jederzeit wiederholen kann, und es dürfte m. E. letzteres sein, das ihn veranlaßte, sich im Angesicht des Todes mit dem Hohenlied zu beschäftigen. Auch im Folklore findet sich das Motiv der sog. Todeshochzeit in vielen Variationen wieder, d. h. die unbewußte Psyche stellt

---

121. St. Thomas l. c. p. 154.
122. *Der Sohar*, ed. E. MUELLER, Wien 1932, p. 390. Vgl. auch p. 113.
123. Appendix Serm. 120 (8), Pariser Ausgabe tom. V, col. 2662: Procedit Christus quasi sponsus de thalamo suo, praesagio nuptiarum exiit ad campum saeculi, cucurrit sicut gigas exultando per viam usque venit ad crucis torum et ibi firmavit ascendendo coniugium... commercio pietatis se pro coniuge dedit... et copulavit sibi perpetuo iure matronam. Ich verdanke Prof. JUNG diesen Hinweis.
124. HONORIUS VON AUTUN, Exposit in Cant. Cant. MIGNE P. L. tom. 172, col. 419.

den Tod oft als eine Vereinigung der Gegensätze, d. h. als eine innere Ganzwerdung dar [125]. Es scheint mir deshalb möglich, daß Thomas die lange verdrängte Anima in jenem Erlebnis vor dem Tode in Gestalt der Sapientia Dei und Sponsa gegenübertrat. Ein Bericht des (späteren Papstes) SIXTUS VON SIENA [126] sagt, daß er mitten in einem Zustand von Ekstase bei den Worten «Venite, dilecti filii, egredimini in hortum...» gestorben sei [127]. Er verschied im anbrechenden Morgengrauen [128].

615 ST. ALBERTUS, der bekanntlich seinen Schüler überlebte, soll telepathisch den Todesmoment von THOMAS gefühlt haben [129]. Als später die bestätigende Nachricht eintraf, soll er in großer Erschütterung geweint haben, und immer, wenn hernach sein Name erwähnt wurde, brach er so heftig in Tränen aus, daß sogar Leute in seiner Umgebung meinten, er sei einer «senilis hebetudo» verfallen [130].

616 Diese biographischen Gegebenheiten lassen es mir als möglich erscheinen, daß wir im Traktat «Beati Thomae de Aquino Aurora sive Aurea hora» ein Dokument vor uns haben, das tatsächlich von THOMAS stammt und gleichsam die «andere Seite» des großen Doctor Angelicus enthüllt, indem es aus einem Einbruch des Unbewußten heraus verfaßt ist [131]. In diesem Falle ließe sich selbstverständlich keine sti-

---

125. Vgl. daß auch in der altpersischen Religion dem Frommen im Todesmoment seine Seele als schönes Mädchen gegenübertritt.
126. Bibliotheca sancta Venetiis 1566, p. 478. Vgl. M. GRABMANN, Die echten Schriften des Hl. Thomas von Aquin, Münster i. W. 1920, p. 189, 1949 p. 254.
127. Nach ANTOINE TOURON, La vie de S. Thomas d'Aquin, Paris 1737, p. 686 (zit. Grabmann l. c.) wurde, was er dann sprach, von den Mönchen niedergeschrieben. Was an Canticum-Kommentaren bisher unter dem Namen von ST. THOMAS zirkulierte, ist nicht echt. (Vgl. GRABMANN l. c. p. 178 ff.) Leider konnte ich die von M. GRABMANN (p. 191) signalisierte einzige unpublizierte Handschrift der Bibliothèque von Salins (France) nicht einsehen. Incipit: Donum sapiens poscens... Explicit postilla super Cantica ed. a S. Thoma de Aquina quadruplici sensu exposita Scripta per manum fratris J. Berlueti provinciae Turoniae 1393. Vgl. W. VREDE, Die beiden dem Hl. Thomas von Aquin zugeschriebenen Commentare zum Hohenlied, Berlin 1913.
128. Vgl. TOCCO, Acta S. Martii 7. 1. 678 p. 66 ... ut ... hora matutinali diluculum aenigmatice visionis finem acciperet et plenae lucis sanctus diem gloriae inchoaret.
129. Vgl. F. PELSTER l. c. p. 18 und bes. p. 39.
130. Vgl. A. WALZ. De Alberti M. et S. Thomae Personali Relatione. «Angelicum» Jahr. II, Fasc. 3, Nov. bis Dez. 1925 (Rom), p. 299 sq. Vgl. ferner PTOLEMAEUS VON LUCCA, Hist. Eccles. XXII, 9. und L. THORNDIKE l. c. II, p. 523. Albert soll etwa im Alter von 80 Jahren gestorben sein.
131. MARTIN GRABMANN hat in seiner grundlegenden Erforschung der Schriften des Heiligen erwiesen, daß die von P. MANDONNET als ausschlaggebend angesehenen Verzeichnisse der Schriften von Thomas von Aquin nicht als vollständig anzusehen sind.

listische Übereinstimmung mit seinen sonstigen Werken erwarten [132]. Immerhin ist ein stilkritisch bedeutsamer Faktor hervorzuheben: in der vierten Parabel «Vom philosophischen Glauben» kam ich aus inneren, durch den Text gegebenen psychologischen Schlüssen zum Ergebnis, daß in diesem einen Kapitel der Verfasser seinem Bewußtseinsstandpunkt zu erkämpfen versuche und es ihm auch z. T. durch Zuhilfenahme des Hl.-Geist-Begriffes gelungen sei. Die dortige Darlegung der «operationes» des Hl. Geistes stimmt stilistisch und inhaltlich völlig mit seinen Erörterungen über den Hl. Geist in der «Expositio in Symbolum Apostolorum» überein [133], wo er sogar die in der Aurora stets verwendete Schlußformel von Apok. 11, 7: Qui habet aures audiendi usw., verwendet. Wo somit der Verfasser sich relativ bewußt äußert, schreibt er tatsächlich im Stil von ST. THOMAS, wo er hingegen, ins Unbewußte entrückt, seine inneren Erfahrungen ausspricht, äußert er sich in einer kompensatorischen erregten Sprache, die nicht mit ST. THOMAS' üblichem Stil übereinstimmt. Da wir wissen, daß er «in raptu mentis» redend starb, könnte es sich auch bei der Aurora m. E. um eine (vielleicht von anderen später ausgearbeitete) *Wiedergabe seiner letzten Worte handeln.* Oder ist es in einer früheren ähnlichen Phase seines Lebens «in

---

(M. GRABMANN, Thomas von Aquin, München 1912, p. 14, ders., Die echten Schriften des Hl. Thomas von Aquin, Beitr. zur Gesch. der Philosophie des Mittelalters 1920, Vol. 22 und II. Aufl. München 1931 und Münster i. W. 1949), und zwar wurden dort besonders Schriften naturwissenschaftlichen Inhaltes nicht angeführt. («Die echten Schriften etc.» 1949, p. 13–14. So z. B. die zweifellos echten Tractate: «De natura materiae» und «De dimensionibus interminatis».)

132. GRABMANN betont, daß uns keine eindeutigen stilistischen Kriterien für die Scheidung echter und unechter Schriften zur Verfügung stehen und daß inhaltliche Widersprüche gelegentlich im Werk des Heiligen vorkommen. (Ebda. p. 6–7 und p. 18, neue Aufl. 1949 p. 8 ff.) Daß wir keinen Canon für die Schriften von ST. THOMAS besitzen, betont auch F. PELSTER, Zur Forschung nach den echten Schriften des Hl. Thomas von Aquin. Philol. Jahrbuch XXXVI 1923, p. 365 f.) So sind wir letzlich auf dokumentarische und psychologische Kriterien angewiesen, wenn wir eine Schrift St. Thomas zu- oder absprechen wollen. Auch existieren von St. Thomas Nachschriften und Stenogramme seiner Vorlesungen. (Z. B. das erste Buch des De-Anima-Commentars ist eine Vorlesung, die von Reginald von Piperno notiert wurde. Vgl. SERTILLANGES l. c. p. 26.)

133. Sanctorum Patrum Opuscula selecta ed. HURTER Oeniponto 1887. Vol. VI, 2. Ausg. bes. p. 227 ff. Über die Echtheit dieser Schrift vgl. M. GRABMANN, Die Werke des H. Th. v. A. etc. 1949, p. 318. Nach BARTHOLOMAEUS VON CAPUA gehört dieses Werk in den «Reportata», gäbe somit eher den mündlichen Vorlesungsstil von ST. THOMAS wieder. Da, wie ich unten zeigen werde, die Aurora auch ein «opus reportatum» sein könnte, wäre die Übereinstimmung umso einleuchtender.

raptu mentis» geschrieben? Falls es sich, wie ich glaube, um sein letztes «Seminar» handelte, könnte es kaum von ihm selber niedergeschrieben sein; denn dazu war er wohl bereits physisch zu schwach. Schon ANTOINE TOURON [134] (1737) meinte, daß von dieser letzten Hoheliedinterpretation auf dem Sterbebett nur ein von anderer Hand aufgenommener Text erhalten sein könnte [135]. Persönlich vermute ich, daß die «Aurora» dieses letzte Seminar wiedergibt, und daß *gerade deshalb* seine kostbarsten letzten Worte unerwarteterweise nicht offiziell erhalten blieben [136], wie man es sonst unbedingt erwarten müßte, sondern «apokryph» weiterüberliefert wurden, weil in ihnen sich die «andere» unbewußte Persönlichkeit des Heiligen offenbart hat [137], welche ihn schon vorher zeitweise in den Absenzen überwältigt hatte und nun in der «mystischen Hochzeit» des Todesmomentes hervortrat. Ich wage allerdings nicht, dies als gesichertes Resultat vorzubringen, aber die Gegebenheiten scheinen mir immerhin bedeutsam genug, um sie dem Urteil meines Lesers zu unterbreiten.

134. La vie de St. Thomas d'Aquin, Paris 1737, p. 686.
135. Auch SERTILLANGES l. c. p. 27, spricht davon, daß St. Thomas auf dem Sterbebett einiges diktiert habe.
136. Es mag den Leser immer wieder skeptisch stimmen, daß die Handschriften der Aurora Consurgens, die bisher gefunden werden konnten, selten und alle relativ *spät* datiert sind. Doch muß man sich vor Augen halten, daß es sich hier um ein Dokument handelt, das vermutlich unter außergewöhnlichen Bedingungen entstanden ist und einen dem damaligen Zeitgeist und der herrschenden weltlichen und kirchlichen Machtkonstellation entgegenstehenden Inhalt hatte. Es ist daher bedauerlich, daß dem wissenschaftlichen Interessierten im Vatikan kein Einblick in das handschriftliche Material gestattet wird.
137. Einerseits bestehen zuverlässige Nachrichten, daß St. Thomas einen Hoheliedcommentar verfaßt hat. (GRABMANN, Die echten Schriften 1949, p. 255-256), andererseits scheint nachgewiesen, daß zwei erhaltene Commentare mit den Incipits: «Salomon inspiratus» und «Sonet vox tua» nicht von St. Thomas stammen. GRABMANN sagt (p. 256): «Der echte Kommentar des Aquinaten ist uns also unbekannt, und es besteht wenig Aussicht, denselben feststellen zu können.»
Die Kanonisationsbulle des Heiligen erwähnt diese Episode nicht, obwohl alle anderen Details des Todesmomentes wiedergegeben werden. (Vgl. «Divus Thomas» Jahrg. I. 1923. Freib. in Schweiz, p. 210 ff.) Dies ergibt ein gewichtiges Argumentum e silentio. Auch L. H. PETITOT: La mort de St. Thomas d'Aquin (Vie spirituelle X. 1924) betont mit Recht die Eigenartigkeit der Tatsache, daß einerseits die Exposition des Hohen Liedes als sicheres Factum überliefert ist, und andererseits die kostbaren letzten Worte des Heiligen nicht erhalten blieben (p. 325). Er erklärt dies dadurch (p. 331), daß St. Thomas auf dem Bette liegend nur *breviter* (nach TOCCO) und zu Wenigen gesprochen habe. Wenn, wie ich annehme, diese letzten Worte in einem deliriösen Zustand geäußert und mit alchemistischen Sentenzen vermischt waren, wie die Aurora zeigt, kann man sich über das Schweigen allerdings nicht wundern.

ERGÄNZUNGEN ZUM APPARAT

Es wurden folgende Variationen und Auslassungen nicht erwähnt:
1. *die Kapitelüberschriften,* welche durchwegs in D fehlen;
2. *alle Auslassungen der Codd. bei dem stereotypen Schlußsatz der Parabeln:* Qui habet aures audiendi etc. Meistens fehlt entweder «doctrinae» oder «disciplinae» oder beides; im Wiener MS (V) steht durchwegs: «quid dicat spiritus filiis doctrinae».
3. *Eine Quelle ist durchwegs im D als «Liber quintae essentiae» angeführt,* in den anderen Ms. unlesbar als σ̄χto oder σ̄ee sexto? secreto? secretorum? Im V als lφᵉ und daneben ausgeschrieben als «sexagesimae». Diese Variationen werden sich erst bei Auffindung der Quelle erklären lassen.
4. *Morienus heißt in D und V immer Morigenes,* in BLRh: Morienes, in DMP: Morienus.
5. *Bisweilen wurden eindeutige Fehler,* wie absturimus für abstulimus (p. 78, Z. 4, cod. L) oder igno P (p. 78, Z. 8), wenn sie isoliert dastehen, sowie Varianten, wie aministratio für administratio P (p. 80, Z. 3) *nicht erwähnt.*
6. *wurden im Apparat weggelassen: die großen Lücken von B.* B ist kaum als ein brauchbares Ms. anzusehen.

Diese Auslassungen sind:
p. 30, Z. 6: me / Z. 12: a iumentis ∾ Et / p. 32, Z. 5: exigua / Z. 10: operationes pulchrae et / Z. 11: neque deformes / p. 34, Z. 1: quia scientia ∾ peribit / Z. 1: ait enim / Z. 8: Hoc idem vult / Z. 8–9: cum dicit / p. 38, Z. 3–7: vobis enim ∾ conversabitur / Z. 8: et non abscondam. Et namque / Z. 9: a sapientum / Z. 11: neque cum invidia ∾ habebo / p. 40, Z. 1: homo, et, illius / p. 42, Z. 3: mittendus est ∾ manducandum / Z. 10: ait / p. 44, Z. 1: De nomine / Z. 4: aureum / Z. 12: summa / Z. 14: De illa ∾ est: ut dicit nϑ / p. 46, Z. 9: sapientiam hanc / p. 48, Z. 5: ingeniose et constanter: etc. / Z. 12: mei / Z. 13: a facie iniquitatis meae / p. 50, Z. 5: mecum / Z. 9: quod est valde, non / Z. 9–10: super omnia ∾ quae est / Z. 10: tota pulchra ∾ laeserit / Z. 12: sapore convalesco / Z. 14: cuius ∾ exinanitur / p. 52, Z. 1–3: sapiens qui ∾ aeternum / Z. 5–6: non apponet illi / Z. 7: nivis. Omnibus ∾ erit / Z. 9: quia ∾ comedit / p. 54, Z. 4–7: condemnabitur ∾ Talis / Z. 7: filius / Z. 8–9: speciosum ∾ mirantur / Z. 11: autem / p. 56, Z. 13: meus a tactu dilecti mei / p. 58, Z. 1–2: mei, postquam / Z. 3: omnes, et / Z. 4: et sol ∾ apparuerit / p. 58, Z. 5: sicut ∾ est / Z. 6: olim / Z. 7: ab oriente ∾ pretiosa / Z. 9: quia / Z. 10: Hodie / Z. 12: amplius / p. 58, Z. 13 – p. 60, Z. 2: inventa ∾ integratus / p. 60, Z. 3: ullus dolor: luctus, cetera om. / Z. 5: philosophi innuunt, cetera om. / Z. 13: meos / p. 62, Z. 6: meis / p. 64, Z. 2–4: extento ∾ Syon / Z. 8: est ∾ Jerusalem / Z. 10: nostrorum / p. 64, Z. 10 – p. 66, Z. 1: qui scriptus ∾ intellectus / p. 66, Z. 5: innuunt / Z. 11: et super ∾ Israel / p. 68, Z. 1: in veritate / Z. 5: talis ∾ sunt / Z. 11: sunt ∾ iudicia / p. 68 – p. 70, Z. 1: attribuitur ipse ∾ id / Z. 2–4: qui ∾ restauravit / Z. 5: vegetando / Z. 7: sicut ∾ Nam / Z. 8: cum / Z. 9: descendit / Z. 11–12: quoniam ∾ terram / p. 78, Z. 8–9: Igne ∾ idem / p. 84, Z. 2–5: Et ∾ testatur / p. 86, Z. 4: illum ∾ mecum / Z. 6: domum hanc / p. 88, Z. 2: et iuvenescentem / Z. 4: si autem / p. 90, Z. 1: ierit / Z. 2: est / Z. 5: et / Z. 7: de / Z. 8: ecce ∾ generationes / Z. 12: et iterum ∾ eius. Et / p. 94, Z. 6–7: quod ∾ nominavit / Z. 7: autem / Z. 13: anima / p. 96, Z. 5: sic / Z. 5: Et / p. 98, Z. 10: et fovet / Z. 12: autem / p. 100, Z. 5: vestrae / Z. 7: utrum ∾ deficiens / Z. 8: O quam ∾

laborem / Z. 11: scribitur: dicitur / p. 102, Z. 1: et dictis / Z. 2: et proveniunt / Z. 2: Domino / Z. 8: quam / Z. 14: terra / Z. 15: cum / p. 106, Z. 2: fatuorum / Z. 8–9: per ∞ mundum / Z. 11: testante / Z. 12–13: non ∞ saeculi / p. 110, Z. 5–6: Ubi ∞ victoria, ibi ∞ gratia / Z. 8–9: vivificab. ∞ advenit / p. 112, Z. 1: Ut / Z. 6: aeternum est / Z. 9: Adam / p. 114, Z. 11: vocavi ∞ nemo / p. 116, Z. 3: pulcherrimam veste / Z. 5: tunc / Z. 7–8: toto ∞ desid. ∞ / Z. 9–10: quid ∞ mihi, omnes / p. 118, Z. 1: et laetitiae / Z. 4: me / Z. 9–10: quia audit ∞ tuus / Z. 13: et agnit. ∞ spei / p. 120, Z. 1: et flores ∞ -tatis / Z. 4–5: respiciens ∞ mei / Z. 7: aromatizans / Z. 7: et myrrha electa / Z. 8–9: progrediens ∞ latet / Z. 11: et laetitiae quia / p. 122, Z. 1: Et abstulit / Z. 6: et (faciens) / Z. 15: namque / p. 122, Z. 16 – p. 124, Z. 1: et laud. ∞ saeculum / Z. 4–5: quod siccum ∞ illud / Z. 6: tota / Z. 7: lex ∞ propheta et / Z. 7: Ego / Z. 8: Ego ∞ eruere / Z. 10: et nemo / Z. 12–14: quae dulcis ∞ Esebon / p. 126, Z. 1: venter ∞ poculis / Z. 7: et erunt ∞ vineae / Z. 7: mi / Z. 10: tua / Z. 11: servavi / Z. 11–12: et utamur ∞ celeriter / p. 126, Z. 12 – p. 128, Z. 2: et nos impleamus ∞ amore / p. 128, Z. 4: quia / Z. 9: danda /

7. *Alleinstehende und unwichtige Auslassungen der übrigen Manuskripte sind ferner:*

p. 30, Z. 11: in viis V, corr. V₂ / p. 32, Z. 1: «et» Deus L / p. 32, Z. 2: eam L / Z. 6: et sine causa non est L / Z. 7: illius V / Z. 12: vitae L / p. 34, Z. 2: eius V / Z. 4: milia L / Z. 9–10: et augmenti P / Z. 12: in D / p. 40, Z. 1: infinitus omnibus L / p. 42, Z. 4: sunt L / Z. 5: hic enim ∞ scientia V / Z. 5: esset L / Z. 9: cum dormiente loquitur V / Z. 11: ultra L / p. 44, Z. 6: in P / Z. 7: in P / Z. 11: et ultimo D / p. 46, Z. 2: et V / Z. 3: Intelligite M / Z. 3: parabolam et L / p. 48, Z. 6: nigra L / p. 50, Z. 3: me L / Z. 11: mihi V / p. 52, Z. 1–2: et ipse ∞ laetificat patrem hunc D / Z. 4: meam L / p. 58, Z. 13: drachma L / p. 60, Z. 3: erit D / p. 62, Z. 3: me L / Z. 6: meis B / p. 64: Z. 3: suis L / Z. 8: est L / p. 66, Z. 1: et P / Z. 9: et eiecerit M / p. 68, Z. 2: et (Spir.) P / Z. 3: est M / p. 70, Z. 5: et (fl.) M / p. 72, Z. 1: est (in) P / Z. 2: in aqua P / Z. 4–5: quia ignis ∞ vitae P / p. 74, Z. 13: unius P / p. 76, Z. 1: alterius. Et ∞ frigidum L / Z. 13: Et L / Z. 15: et (in) D / Z. 15: nam D / p. 78, Z. 3: scribitur P / p. 80, Z. 4: et Rh / Z. 7: hanc L / Z. 9–10: infima ∞ visceribus, transpos. V / Z. 10–11: de quo ∞ vinctos V / p. 82, Z. 4: et in ipso L / Z. 8: Et D / Z. 11: et D / p. 84, Z. 3: dictum est Rh / Z. 4: in L / Z. 10: quam L / p. 86, Z. 1: hac M / p. 90, Z. 1: ipsi L / Z. 10: cum isto ∞ Si M / p. 92, Z. 8: dicitur L / Z. 9: est L / Z. 12: sua P / p. 98, Z. 3: pro bono Rh / Z. 4: sed bonitas ∞ pro parvo P / Z. 6: Et D / Z. 10: et L / Z. 14: ne L / p. 100, Z. 7: an deficiens L / p. 102, Z. 12: est M / Z. 13: etiam D / Z. 15: sit L / p. 104, Z. 2: sacro eloquio L / Z. 4: auri V / p. 106, Z. 4: prohiberet ∞ vult V / Z. 6: terrae L / p. 108, Z. 3: producens L / Z. 10: anni M / Z. 14: in D / p. 110, Z. 5: ubi est ∞ victoria L / Z. 11: homo L / p. 114, Z. 4: decoloravit ∞ operuerunt L / Z. 5: est D / Z. 9: me D / Z. 11: quaesivi L / p. 116, Z. 4: mihi L / Z. 9: et P / Z. 10: mea L / Z. 11: te L / Z. 12: meam P / Z. 12: et P / p. 118, Z. 11: meus L / Z. 11: locutus V / p. 120, Z. 8: valde L / p. 122, Z. 8: et granum ipsorum L / Z. 15: pane L / p. 124, Z. 2: non (paveo) M / Z. 2: meo L / Z. 3: sum M / Z. 4: est L / Z. 5: et illud ∞ viceversa M / Z. 13–14: O quam ∞ Esebon M / p. 126, Z. 1: non M / Z. 2: nive, nitidiores L / Z. 3: est L / Z. 3: atque desiderabile D / Z. 7: eius P / Z. 9: et D / p. 128, Z. 3: quam D / Z. 10: homine L /

8. *Für die Beurteilung der Handschriften wichtige Varianten, welche jedoch nicht für den Text in Frage kamen:*

p. 30, Z. 5: illa: prima D / Z. 8–9: confundantur D / Z. 9: concupiscite D / Z. 10: sapientiam B / Domini DL / «et» om. MPVF, corr. V₂ / Z. 11: dixit P / homines: omnes L / p. 32, Z. 2: etiam eam: ex causa M / Salomonem M / Z. 3: composuit B / posuit et omnem pulchritudinem L cetera om. / Z. 4: illi: huic L, illo M / comperavit M / Z. 5: existimabitur M / Z. 7: negacione L / Z. 8: «huius» om. BL / modi M / Z. 9: dextra DV / Z. 10: «vero» om. BL / Z. 10–11: pulchra et laudabilis P / Z. 10: difformes L / Z. 11–12: moderata L / Z. 13: iis D / illam B / p. 34, Z. 1: quia: quare M / Z. 3:

quod: quia L / viveret homo: unus L / Z. 4: mille L / Z. 7: cui quantum et quando vult L / «et» om. BD / Z. 8: «libro» om. BL / cum: tantum M / Z. 9: terminus: unius VD / Z. 10: cessit in finitum M / Z. 11: invenit PB / Z. 12: viis: vicis M / ipsam M / gressos L, egressus B / p. 36, Z. 1: dicit: docet DL, ait B / autem: enim L, autem L₂, om. B / Z. 2: quando: quoniam D / fuerunt D, fuerit M / Z. 3: anima L / sequitur: servat D / Z. 5: Sapientia M / Z. 6: providentiam D / Z. 6: namque: numquam L, enim inquam quod M / est: et L / Z. 7: naturale et subtile M / proficiens P / vigilaverit MD / Z. 8: securi: secum D, cum L / illum M, illa D / Z. 9: nec: et BL / iis D / p. 38, Z. 3: regnetur M / omnes: eius D / qui: quae M / Z. 4: librorum natura est infinita M / estis infiniti VP, imbuti B / scientiam D, sapientia M / Z. 5: prophetiis DL / Z. 5–6: parabolorum MP / Z. 6: interibit D / exquirat MP / discutit DL / abscondite M / Z. 7: parabolorum MP, enigmatum L / conversatur MP / Z. 9: res: vos P / a: ad MPV / Z. 10: est: et P, est et D, om. L / triplicis M / occulta LV, obculatata M / pone in luce P / «eius» om. DL / Z. 11: iterum MPV / habeo ML / Z. 13: est MP / «Et» om. MPV / in mirabiles D. in minerales M / Z. 14: mihi: me D / fixione P, ex fine fixione M / p. 40, Z. 1: quam MP / cum homo invenerit DL / Z. 2: dicit: debet D / laetari velim et D / Z. 4: didicit B / qui: quoniam L / Z. 5: illud D / Z. 6: post: praeter L / homo «certissime» habet, add. L / Z. 7: negantibus: refutantibus BL / Z. 10: sanctorum: secretorum D / Z. 12: ignorant MPL / Z. 12: volunt D / Z. 13: discet imperitus M / «qui est» om. LD / p. 42, Z. 1: enim: omnium D / «sapientiae et» scientiae add. B / Z. 2: causa: eam V / eis: illis L / Z. 3: neque: nam M / Z. 4: margaritas P / Z. 5: scientiae: sapientiae L / p. 42, Z. 6: archanum D / huius: illius L / Z. 7: intrabit D / huius: illius L / Z. 8: carpere D, capere BL / Z. 9: insipientibus: nisi sapientibus L / qui enim: quia qui B / insipiente: eo B / Z. 10: haberent L, habet V / Z. 11: «ultra» om. L / locutus M / Z. 12: neque: et B / globulo M / noverci M / moralium B / Z. 13: medias modicis L / augustas P / deflent P, defloret L / p. 44, Z. 1: De titulo huius libri cap. quart. Aurora consurgens L / Z. 2: volumine M / baptisatus L / haec M / Z. 5: diem ac noctem D / Z. 5–6: rubee et citrine MP / Z. 7: album: rubeum L / in: ut V / Z. 9: laborantes LV / inficientem MPV / Z. 10: ut philosophus ait D, propheta B, in Psalmo PMV / Z. 11: ultimo «modo» add. L / Z. 12: nostra: vero MP, om. B / Z. 13: eam MP, cum mea V / Z. 14: offenditur P / Z. 15: eructas P / p. 46, Z. 1: fatuorum B, «et stultorum» add. L / Z. 3: librum MPV / clamat V / Z. 4–5: interpretationis D / Z. 5: enim: vero MP / Z. 6: usi: visi MP / Z. 7: super L / globolo luminari M / Z. 8: autem: igitur D, om. L / autem «hanc» add. B / intellegit L / Z. 9: intelligemus M / Z. 11: nec non: et BV / videmus M / Z. 12: manum D / «et» virtus add. P / p. 48, Z. 3: regnans: regnanter D / Z. 4: «me» om. BL / Z. 5: et: ac L / Z. 7: qua P / Z. 8: magnam: nigram L / Z. 10: putruerant D / Z. 11: inferiorum L / et quia umbra (L: umbrae) mortis et tempestas dimiserunt me DL / Z. 12: procedent MP / «Ideo» om. DL / Z. 13: «et» om. DL / p. 50, Z. 1: Ergo: ego DL / Z. 3: «meam» om. MP / inferni MP, de Inferno L / Z. 5: offenderit V / acquisiverit DL, om. B / Z. 6: turbavit L / Z. 7: vestimentum quoque L / amiserit DL, arserit M / poculum B / Z. 8: «vitiaverit et» foedaverit add. L / Z. 9: super L / Z. 11: «et» add. L / «mihi» om. V / Z. 14: cum dormitione P, condormitatione M / p. 52, Z. 1: ipsi P / in patre M / in filium: filius BL / Z. 2: in excelsum P, in excelsis D / Z. 5: custodiverint L / Z. 5–6: opponet D / Z. 6: illi: ei L / ambulaverint L / Z. 9: comedet D / p. 54, Z. 1: illius: illis M / habent M / Z. 3: crediderunt ∞ bene fuerunt baptizati D / fuerint M / Z. 3–4: «salvus erit ∞ sunt haec» om. M / Z. 11: habent L, audient L / dicit D / p. 56, Z. 4: videntur P / Z. 6: Particula M / Z. 8: «et» femina add. L / Z. 9: fuit / maris: avari M / Z. 10: sagipte M / Z. 11: horreum meum L / Z. 13: «et postea venter meus a tactu dilecti mei intumuerit» om. LVB / p. 58, Z. 1: pessulio M / p. 58, Z. 6: «olim» om. B, aliquando V / Z. 7: tria: tanta D / Z. 8: illo D / Z. 9: aspexit L / Z. 10: regnatio D, regeneraturus L / feminam intulit M / Z. 11: mors enim: ores eius M / Z. 12: nec: et B / eam: vos (eos?) L / p. 60, Z. 3: Quia non ∞ clamor P / Z. 6: anima M / Z. 7: quia corruptio: corruptio autem DL, om. B / Z. 10: parabola: particula M / Z. 11: et vecte: perfecte M / Z. 14: quocumque P / movit B / p. 62, Z. 2–3: congregabant PV / Z. 3: terrae M / effundant: efficiant M / «me» om. L / Z. 5:

Ideoque DL / Z. 8: ut: ne D / habitet V / Z. 10: «et praeterit ∞ mittendus est qui» om. LD / iugum: Migrum L / Z. 11: nostrae: meae D / sedabamus P / septem L / p. 64, Z. 1: quia elevati L / Z. 2: ambularunt D/ Z. 3: «suis» om. L / composita M, incomposito D, in composito L, recomposito V / decalundabit M, et calvabit V, om. L / Z. 4: «ergo» om. MLVP / «ergo ∞ Sion» om. M / Z. 7: cooperimus BD, non cooperimus L / defundimus M / Z. 9: recepit L / Z. 10: impleatur L / quo scriptum P / Z. 11: salvabitur «et salvus vocabitur» add. DL / Z. 12: sordum L / p. 66, Z. 1: tum D / Z. 3: «in aeternum» om. DL / Z. 4: septem L / annis L / Z. 5: philosophus insinuat L / Z. 7: Parabola: Particula M / Z. 8: trinario V / Z. 9: eieceritque L / «et eiecerit» om. M / Z. 12: cognoscunt L / p. 67, Z. 2: Spiritum sanctum: in spiritum M / Z. 4: aequalitatis L / Z. 9: est procedens: procedit B / Z. 11: iudicia «eius» add. D / p. 70, Z. 2: ex: ab L / Z. 3: «et» peccato add. M / Z. 3–4: deperditum D / Z. 5: flumen L / Z. 6: quando: quoniam D / alluit M / Z. 10: imminenti V / ad haec M / Z. 11: haec est aqua M / Z. 12: spirat M / Z. 13: cum: quando D / Z. 14: portavit L / Z. 3: in qua «sibi» consistit add. MPV / autem: vult V / Z. 6: prius: mihi M / «qui prius» om. L / «erat» om. DL / Z. 8: fructum V / Z. 9: praeteribit onus D / Z. 10: «et» om. MP / ipse: is B, om. L / p. 74, Z. 1: suis M / munere MP, numeris D / Z. 2: operandi L, operandam M / terra L / Z. 3: prophetam M / calcavit P, conculcavit L / Z. 4: operationem meam P / Z. 10: adusionem M / Z. 11: quo DL / Z. 12: terram L / Z. 13: «et» in aestu add. M / Et: unde D, om. L / p. 76, Z. 1: Res est in qua D, rex in qua M / adusio M / Z. 2: quae: quo V / et dignior: est indignior et V / virtus V / Z. 3: id est: et M / Z. 5: sancti: seu D, sanctus B / Z. 6: liquefaciat M / Z. 7: quia: quod D / Z. 9: haec M / mollificat «id» add. D / et: ac L / Z. 9–10: spiritus L / Z. 11: quo canitur: coquando M / horrendas L, arridas M / purgat P / tenebrosas M / Z. 12: attende P / sensibus «infunde» add. L / «nocte» om. L / «in» om. LM / Z. 14: omnem M / rubeus L / p. 78, Z. 1: propter hoc: propterea D / Et: Unde L / Z. 2: in Turba Rh L / Z. 4: dealbuntur L / Et: unde D / Z. 6: quinto: eruto D / quando: quoniam D / Z. 7: sic D / Z. 8: erogenia P / ob hoc: quoniam B / igno P / Z. 10: «et» eduxisti add. V / et: in D / Z. 11: subtilia B / Z. 12: liquescit P / «et» om. M / Z. 12 – p. 80, Z. 1: «aqua liquescit ∞ glorificatam» om. BL / p. 80, Z. 2: quod: tunc L / postremae operationis operationem D / Z. 2–3: praecedit: percipit MP / Z. 3: purificabit L / quae a: quo L / Z. 3–4: «vel mundificatio» om. B / rectificatio «nuncupatur» add. L / Z. 4–5: «a quibusdam ∞ nuncupatur» om. BD / Z. 5–6: muneris D / Z. 9: quando: quoniam D / Z. 10: propheta «dicit» add. L / ducit L / Z. 11: victos M / Z. 13: fecit DL / noverit Rh / p. 82, Z. 3: Nisi: ubi D / ascendit BD / Z. 4: opus: corpus L / Z. 5: quando: quoniam D / qua PD / Z. 6: esse: omnes D / Z. 7: «Unde» et propheta add. D / Z. 8: nimime minimum L / levia L / nisi: cum D / Z. 9: nisi: cum D / Z. 9–10: detendi D / Z. 10: in non corporea B / Z. 11: adimplicatur M / quia: quare M / p. 84, Z. 1: potest facere: facit D / Z. 2: ananiam P, naminam M / Z. 3: lava te L / Jordano LD / «et» om. MP / Z. 4: prophetae L / testatur P / Z. 5: Qui: Quia L, qui L₂ / Z. 6: quo: quia P / Z. 7: adimpletur L / destilla D / Z. 9: Particula M / Z. 11: introiverit L / Z. 12: inebriabunt L / Z. 13: atriis: domo L / p. 86, Z. 1: eam M / Z. 2: Nam: ut B / Z. 3: audiverit M / Z. 4: intrabo L / satiebor L / Z. 6–7: hominum D / Z. 7: quae decet: quam docet B, quam decet VP, om. D / Z. 10: ut: et D / Z. 11: ac: et D / sitiant B / p. 88, Z. 1: inveniat L / Z. 3: procul dolore M / pauci: praerumper D / Z. 4: reservant M / qui: quia: V / ut (parvuli): ita p. B / sapiunt: sentiunt D, et sapiunt M / Z. 5: Seniorem M / ipsius M / Z. 7: lunae: lucem D / Z. 8: «enim» om. MP / habet D / Z. 9: ligaverit et solverit D / fiat L / p. 90, Z. 2: inenarrabiles P / Z. 4: potentiales D / Z. 5: quo RhDL / Z. 7: Alex. «dicit» add. M / isto: ipso P / Z. 12: quo DL / prophetae V / eris «etc.» add. L / p. 92, Z. 2: delēs Rh / volutates MP / Z. 3: qua noiam M, quam veram B, vocavi V / Z. 6: «Unde» om. RhL / Z. 7: dicit: ait L / Quidam: quid D / p. 94, Z. 1: Et: item L / superiorem P / inferiorem P / Z. 2: penetrativum M / Z. 3: sufficissem D, suffecisset P / Z. 4: quo D / Z. 8: «et» om. MVB / Z. 10–11: loquitur L / Z. 11: «Et» fides add. L / Z. 14: terram et aquam M / «scilicet» om. MDV, videlicet L / scilicet aer: puta aer RhL / p. 96, Z. 1: confunditur M / Z. 2–3: credit D / Z. 4: beatificat P / Z. 5: consequere M / Z. 6: eo D /

Z. 9: Aldephonsus BDRh, Adelphonsus L / verus D, vero M / Z. 10: desinit MPV / Gregorius: allegorico P, allegorice MV / Z. 11: «Et Job» om. MPBD LRh / «Et» omnia add. MPB / Z. 12: «isto» om. MP / Z. 13: et: etiam D / p. 98, Z. 1: benignus: benignitas M / Z. 2: reddat L / Z. 3: parvum: maximum L / Z. 5: scripturae L / Z. 5–6: habemus D / Z. 7: necessaria: noia M / Z. 10: quod: quia L / temperantia vero bñ est temperantia M / et (in): id est (in) D / conservet P / Z. 11: anima: nam M / Z. 12: cum: quando D / Z. 14: temperantur M / excedit L / Z. 15: cave L / Z. 16: convertatur L / cave P / p. 100, Z. 1: supra: per L / Z. 2: temperanter D / posite M / Z. 3: tredecima Rh / seu DRh / qua L / «dicitur» Apostolus add. L / Z. 6: spirituale D / Z. 7: proficiens L / Z. 8: intelligent M / Z. 9: ii D / Z. 10: propter D / Z. 11: quo P / Z. 12: «factus» om. BM / «oboediens» om. P / p. 102, Z. 1: oboediatis V / Z. 2: perveniunt V / Z. 5: regnum P / Z. 9: reserare L / elementa «etc» add. Rh / Z. 10: Particula M / Z. 14: vero: ubi L / notantur L / Z. 15: aliorum «omnium» add. B / et mater: terre materia M / Z. 16–17: «Initio ∾ id est» om. MB / Z. 17: a terra: cetera P / p. 104, Z. 1: separando L / Z. 2: sancto D / Z. 4: commiscere D / promanente L / Z. 5: aurum: anima B / Z. 7–8: ascendet D / p. 106, Z. 1: quae est D / Z. 2: Et: ut M / Z. 3: ire in aliquo loco ne D, ne «hoc» add. B / «vel» scriptotenus add. B / ponantur D, proponerent L / lucidae L / gloriam M / Z. 6: terrae: reñe (?) P / advenit P / 3. id est: et D / Z. 8: destillaverunt D / Z. 9: ut enarrat gloria D / solum L / Z. 13: stabant M / Z. 14: rigantis P / Z. 15: de fructu: defectu P / p. 108, Z. 1: virtutes «terrae» add. M / ibi: coeli L / Z. 2: germina D / coelorum D / et fructum educens D / Z. 3: et: in P / Z. 4: inquit B / Z. 5: artum P / Z. 8: egrediemur D / Z. 9: serviant L / Z. 10: eius: ipsius B / septem L / Z. 11: Turba L / Z. 12: sustinet L / Z. 13: quia L / Z. 14: rubeo L / p. 110, Z. 1: et: est L, corr. L₂ / Z. 2: sicca L / Z. 4: fiat L / Z. 6: ibi: ubi P / dilectum M / Z. 10: sumpserat V / Z. 10–11: conceptum D / Z. 12: transivit D, infundavit M, transiverunt L / p. 112, Z. 2: moritur: mortuum D / Z. 3: fuit L / Z. 5: dicet D / Z. 6: possidete B / Z. 10: habuerit M / Z. 11: tum D / Z. 12: habemus D / p. 114, Z. 1: Particula M / Z. 2: ad dilectam Rh, ad dilectam L / Z. 7: fimo P / Z. 9–10: in manum suam D / Z. 10: in: cum M / Z. 11: nemo: non L / p. 116, Z. 1: Surgam: Qtϑ L / ergo «ego» add. L / Z. 3: pulcherrima L / Z. 4: eo M / coelum L / Z. 5: quiescam L / Z. 6: varietate: veritate L / ergo: quaeso D / Z. 7: toto: te L / Z. 8: et M / Z. 12: in regionem V / purpurata M / p. 118, Z. 3: signo: sum P / Z. 5: faciat M / Z. 7: sponsa: speciosa V / Z. 8: tuo: meo L / vel: et D / Z. 9: quiesces D / Z. 10–11: habitate Jerusalem M / Z. 12: Ego: et L / floris M / p. 129, Z. 2: abierunt MB / Z. 3: «nocturnos vel» nocturnales add. L / Z. 4: perspiciens L / Z. 5: vulneratum D / Z. 6: odorem M / Z. 7: Ego: et L, ergo M / Z. 8: electa: coruscans D / Z. 9: «Et» ego add. L / Z. 11: sponsationis V / Z. 12: Ego: Et D / p. 122, Z. 2: quae DL / Z. 3: inmissit P / «secunda» om. RhL / «et» tertia «et» sexta add. D / Z. 8: seminat P / eorum D / Z. 9: illud: id V / Z. 10: aufert D, afferat L / Z. 11: quidem: quod L / terra bona L / Z. 12: quia: quare D / filiorum D / in decem millium D / Z. 13–14: granis et fructibus D / p. 124, Z. 2: reficio L / Z. 5: illud: id D / Z. 7: sermo: primus V / Z. 8: occidam quod vivere D / Z. 9: ipsius: impius P / ipsa P / Z. 10: separabat M / quia: quare P / Z. 11: dilectio nostra: dilecto meo L / nostra: mea M / sonat L / Z. 14: piscm ei neschebon P / aureae P / p. 126, Z. 1: poculo L / Z. 2: tuas P / Z. 3: dilectabile M / Z. 4: Israel B / «et» dicite add. M / Z. 4–5: faciam consorori D / Z. 7: electa D / Z. 10: parrutuerunt D / ori meo: mods me P / ubera: verba M / Z. 11: poña P, ponam L / Z. ergo: et B / Z. 12: «et» vino add. D / Z. 13: praeteriat Rh, «praetereat nos flos temporis» cetera om. V / quin: quoniam L / Z. 15 – p. 128, Z. 1: relinquimus L / hac D / Z. 1–2: coitu et amore D, amoris M / Z. 3: duobus: fratres L / Z. 4: secundum: unum L / Z. 6: dicat: loquitur L / ad filios L / disponsatione M, dispositione D / desp. ubi dil. ad dil. semen suum V / Z. 7: marcescat M, maturescit B / eam D /

AUTOREN- UND TEXTREGISTER
VON DR. M.-L. VON FRANZ
UND DR. MELANIE STAERK

Abaelard 165[125]
Abu'l Qasim al Iraqi 11, 136[15], 137[24], 141[36], 178[176], 297[109]
Abu Aflah 136[14]
Abu'l Hasan 'Ali ibn Abdulla 14
d'Achery 274[32]
Acta Philippi, Thomae etc. s. Bibel, Apokryphen, N. T.
Adamus 375[71], 378[87]
Addam et processum sub forma missae, s. Cibinensis
Aeschylos 228[117]
Aetius 357[76]
Agathodaimon 201[8], 340
Agobardus v. Lyon 369[45]
Agrippa v. Nettesheim 164[125], 328[90]
Alain de l'Isle s. Alanus
Alanus de Insulis 23[1], 133[4], 190, 196[12]
Albareda, A. M. 12[54], 24[4]
Albertus Magnus 3, 6, 7, 8, 8[28], 10, 13, 14[70], 18, 20, 21, 23[1], 24[6], 24[7], 36–37[21], 38–39[4], 60–61[21], 78–79[39], 78[42], 80–81[48], 82–83[55], 96[52], 134, 134[8, 10], 140[34, 35], 143[42, 43, 44], 144[47, 48], 146, 146[55], 147[62], 155, 157, 158, 160, 161, 164, 165, 165[126, 128], 179, 179[2, 3], 203[13], 212[53], 216[70], 222[90], 270, 270[14], 275, 327[85], 330, 331[103, 106], 395[172], 396[173], 408[3], **412–432**
Albertus Magnus (Ps-) (s. auch Scriptum Alberti) 8[28], 134[8], 140[35], 165[126], 179[3], 203[13], 216[70], 222[90, 94], 230[122], 237[27], 239, 239[36], 240[44], 245[64], 246[44], 251, 252[7, 8], 300[120], 313[11], 352[60], 356[73], 375[76], 378[88], 378[93], 387, 395
Alcides s. Alphidius
Alcuin 166[132], 313[12]
Alexander (Rex) 138, 357[75]
Alexander v. Lykopolis 355[70]
Alfarabi 188[10], 210[40], 230[123]
Alfred v. Sareshel 5
Algazel 413[32]
Al-Gazzali s. Algazel
Allegoriae super librum Turbae 183[21], 381, 384
Allendy, R. 291, 292, 328[90]
Alphidius 3[1], 11[46], 12, 13, 13[58], 13[59], 19, 30–31, 308[8]–31[8], 32[1]–33[1], 34–35, 46–47[3], 52–53[10], 78–79, 82–83, 82–83[56], 90–91, 90[27a], 92–93[30, 33], 100–101[62], 102–103, 102–103[72], 137, 140, 297[109], 301, 303, 308, 308[1–2], 309, 309[3–4], 311, 320[39], 328, 333, 334[1]
Alphonsus 4, 14, 96–97
Amalrich v. Bena 273, 354[68], 364, 422[84], 423, 423[89]
Ambix 18[91]
S. Ambrosius 210[40], 216[68], 322, 372[67], 391[151], 394
Anastasius Sinaita 187, 246[69], 256[34], 295[106], 404[209]
Anaxagoras (Ps.-) 176[171]
Anselmus Laudunensis 325, 328[92]
Apollo 189
Aphrodisias, Alexander 283[65]
Aptowitzer, V. 299[114]

Apuleius 173, 174, 371[62]
Aquarium Sapientum 22, 180[5], 199[28], 237[28], 304[134], 307[142], 354[66], 360[6]
Arca Arcani, s. Grasseus
Archelai (Acta) 371[60]
Areios Didymos 283[65, 68]
Arislei s. Visio
Aristoteles 5, 34–35, 142, 144[47], 213[58], 216, 283[65], 342, 410, 412[27]
Aristoteles (Ps.-) 4, 6, 7, 19, 36[21], 37[21], 42–43[5], 80–81[48], 82–83[60], 90–91, 90–91[27], 92–93[34], 94–95[36], 100–101[67], 104–105, 104–105[6], 112–113[36, 38], 180[18], 188[10], 258[42], 330[102], 338, 343[26], 357[74, 75], 363[20]
Arnaldus da Villanova 20, 256[32]
Ars Chemica s. De Arte Chemica 1566
Artefius 14[63], 257, 257[36]
Artis Auriferae etc. I u. II. 1610: 3[1, 4], 4, 8[28], 9[32], 11[46, 47], 12[53], 15[72], 20[3], 21[13], 32–33[8], 42–43[3, 7], 72–73[23], 74–75[26], 74–74[28], 78–79[41], 80–81[46, 48], 82–83[55], 90–91[24], 92–93[34], 94–95[36, 38], 104–105[3, 6], 106–107[9], 112–113[38], 128–129[73], 132[1], 183[21], 189[12], 212[52], 215[64], 229[119], 233[6], 252[14, 15], 255[28, 31], 256[32], 329[96], 332[107], 340[17], 349[52], 357[74, 75], 362[15], 368[43], 370[51, 53], 375[75], 377[86], 381[108], 382[117], 383[118, 119], 384[122], 384[124, 125], 393[154], 409[3]
Ascensio Jesaiae s. Bibel, Apokryphen A. T.
Asclepius lat. 13, 170[152], 171[155], 187[5], 284[68], 315[23], 320, 337[6], 342, 357[76], 401[192]
Assiduus s. Alphidius
S. Augustinus 143[44], 161[111], 163[119], 188, 232[4], 233, 238[33], 270, 271, 337[6], 348[45], 362[15], 377[85], 355, 355[70], 431
Aureum saeculum redivivum s. Madathanus
Aurora consurgens II 15, 74–75[28], 90–91[24], 94–95[36, 38], 132[1], 209[35], 255, 323
Averroes 14, 143[44], 184[4]
Avicebron s. Gabirol, Salomo ibn
Avicenna 3[1], 8, 8[27], 9, 9[36], 10, 15[76], 23[1], 32–33, 32[8], 33[8], 40–41[9], 58–59[11], 76–77, 76–77[31], 80–81[53], 82–83[60], 92–93[34], 98[57], 143[44], 145, 145[53], 146, 146[55, 57], 147, 147[61], 148, 150, 154[90], 156–157, 158[101], 159, 160, 163[122], 164, 164[125], 167, 178[176], 207[31], 235, 295, 408[3], 412–413, 413[32], 414, 414[38]

Bacon, Roger 7, 10, 15[76], 16, 17, 20, 42–43[3], 147[62], 165[126], 166[131], 184, 275, 325, 325[73], 382, 420[70]
Baeumker, Cl. 6[16], 162[116], 408[3], 430[118]
Bardenhewer 363[20]
Bardesanes 315[22]
Bartholomaeus v. Capua 426, 427, 429, 433[133]
Basileides 269[8], 299[114], 371, 401
Basilius 322
Basingstoke, John of 15[76]
Baudouin, Erzbischof v. Canterbury 234[12], 423[89]
Baur, der s. Walch
Baur L. 166[131], 167[133]
Belinus 384[125]
S. Bernhard v. Clairvaux 162, 188

Bernard v. Cluny 210[43], 369[47]
Bernardus Magnus 22[1]
Berthelot M. 4[1], 8[28], 13, 13[58], 13[59], 15[71], 21, 60–61[21], 66–67[24], 100–101[63], 136[16], 139[29], 141[36], 153[82], 167[139—140], 168[142], 180[5], 183[21], 184[2], 185[5], 189[13, 15], 190[17], 201[6—8], 209[35—36], 220[83], 228[116], 230[124], 232[1], 233[5, 7], 237[25, 28], 248[79—82, 84], 249[88], 260[48—49], 269[8], 270[11], 278[48], 281[55], 282[58—60], 283[61—63], 301[123], 303[127, 129], 312[9], 315[19—21], 318[34], 319[37], 320[39], 326[78], 329[97] 330[101], 336[3], 340[16], 342[20, 22, 23], 343[25, 26], 346[36], 349[51], 351[57], 362[15], 366[35], 367[40, 41], 376[77, 79], 384[127—128], 389[139], 390[140], 393[158—159], 393[160], 393[162], 402[198—199]
Bibel
– Altes Testament
– – Baruch 54–55[23], 226, 247, 306, 314[16]
– – Chronik I, 52–53[10]
– – Daniel 212[56], 223[99], 306
– – Deuternom. 56–57[3], 104–105[5], 116–117[15], 122–123[45], 124–125[52], 234, 306
– – Exodus 86–87[13], 122–123[45]
– – Ezechiel 62–63[5], 80–81[52], 306
– – Genesis 58–59[15], 62–63[13], 72–73[22], 104–105[4], 246, 258, 282, 283
– – Hiob 46–47[4], 84–85[62], 96–97[51], 104–105[4], 331
– – Hohelied 46–47[4], 50–51[9], 54–55[21], 58–59[9], 114–115[2], 116–117[11], 118–119[21, 23, 26, 27], 120–121[30, 31, 32, 33, 36, 37, 39, 40], 124–125[53, 61], 135[12], 187, 188, 195, 210–218, 213[59], **359 ff.**, **391 ff.**, 431 ff.
– – Hosea 30–31
– – Joel 56–57[4], 114–115[1], 234[13]
– – Jonas 56–57[2], 114–115[3]
– – Jeremias 124–125[51]
– – Jesaias 40–41[7], 56–57[1], 60–61[9], 62–63[5], 64–65[15, 17, 20], 66–67[22], 67[2], 68–69[8], 70–71[13], 80–81[52], 84–85[63], 88–89[14], 106–107[11], 110–111[27], 134[9], 224[102], 233, 250, 263, 303, 306, 317, 360[6], 373
– – Jesaiae Ascensio s. Apokryphen A. T.
– – Klagelieder 114–115[8], 126–127[63]
– – Könige 84–85[64]
– – Leviticus 86–87[12]
– – Maleachi 46–47[6], 58–59[9], 238
– – Numeri 86–87[13]
– – Prediger 62–63[12], 128–129[72], 165[126], 258, 397
– – Psalmen 30–31, 40–41[2], 44–45, 44–45[1, 3, 4], 48–49[1, 2], 50–51[3, 4], 52–53[11, 15, 16], 54–55[12], 54–55[20, 22], 56–57[2], 58–59[8, 14], 58–59[16], 60–61[3], 62–63[6, 8, 9], 64–65[1, 18], 66–67[23], 70–71[13, 15], 74–75[25, 29], 76–77[33, 36], 78–79[43, 44], 80–81[50, 51], 82–83[54], 84–85[3, 4], 86–87 [8, 9, 10], 88, 89[17, 18], 90–91[23, 26, 28, 29], 96, 97[45, 46, 48], 102–103[2], 106, 107[11, 12, 14], 108–109[15, 16, 17], 108–109[19, 20, 21, 22], 110–111[25], 110–111[26, 27], 114–115[4, 6, 7, 10], 116–117[14, 16, 17, 18], 118–119[25], 122–123[48], 124–125[49], 128

–129⁷⁰, 191, 218, 226, 232³, 233¹⁰, 240⁴¹, 279, 297, 336, 346, 348, 365, 372, 397, 416
– – Sacharja 30–31, 88–89⁵, 136¹⁹
– – 1. Samuel 122–123⁴¹
– – Sprüche 30–31, 32–33, 34–35, 36–37, 40–41¹, 46–47¹, ², 50 51⁷, 52–53¹¹, ¹⁵, ¹⁶, 56–57⁴, 84–85¹, 96–97⁴⁸, ⁴⁹, 106–107¹³, 112–113³⁷, 132, 208, 311, 312, 327, 337
– – Weisheit 30–31³²⁻³³, 32–33, 36 –37, 38–39, 40–41⁵, 68–69⁷, 76 –77³⁶, 82–83, 82–83⁵⁸, 110 –111²⁵, 128–129⁶⁹, 132, 136, 137²⁵, 164, 270, 271, 304¹³², 392
– Neues Testament
– – Kolosser 212⁵⁶
– – I. Korinther 86–87⁹, 88–89¹⁷, 88–89¹⁹, 96–97⁴⁷, 110–111²⁹, 110–111³¹, ³², 112–113³³, 314, 320, 372⁶⁴
– – II. Korinther 96–97⁵², ⁵³, 100 –101⁶³, 116–117¹²
– – Epheser 100–101⁶⁴, 213⁵⁹
– – Galater 58–59¹⁰, 100–101⁶⁶, 100–101⁶⁷, 240³⁸, 273²⁵
– – Hebräer 52–53¹, 58–59¹¹, ¹², 100–101⁶⁸, 108–109²³, 140, 216, 240³⁹, ⁴⁰, 350
– – Jakobus 68–69³, 98–99⁵⁸, 134¹⁰, 165¹²⁶
– – Johannes 44–45², 62–63¹⁰, 72 –73¹⁷, 84–85², 88–89¹⁴, 94 –95⁴⁰, 96–97⁴⁴, ⁴⁸, 102–103¹, 122–123⁴³, 122–123⁴⁶, ⁴⁸, 124 125⁵⁴, 165¹²⁷, 258, 269⁴, 280⁵², 281, 281⁵⁴, 312, 403
– – Lukas 46–47⁵, 48–49⁹, 60–61¹⁹, 62–63⁴, 80–81⁵², 90–91²⁵, 114 –115⁵, 244, 400, 400¹⁸⁶
– – Markus 54–55¹⁹, 88–89¹⁶, 108 –109¹⁸, 116–117¹³, 322, 348⁴⁶
– – Matthäus 30–31, 40–41⁶, 42 –43⁴, 46–47⁵, 56–57⁵, 58–59⁷, 58–59¹³, ¹⁸, 62–63¹⁰, 66–67¹, ², 86–87⁶, ¹¹, 88–89⁶, ¹¹, 92–93³², 94–95³⁹, 96⁵¹, 120–121³⁵, 122 123⁴⁴, 128–129⁷¹, 182, 184, 212⁵⁶, 235, 258⁴¹, 311, 312⁹, 383, 398
– – Offenbarung 48–49⁷, ⁸, 50–51⁶, 52–53¹⁰, 54–55¹⁷, ¹⁸, ²⁰, 56 –57²⁴, 60–61²⁰, ², 64–65¹⁹, 66 –67¹, 86–87⁷, 88–89¹⁴, ¹⁸, 90 –91²¹, ²², 94–95, 94–95³⁷, 114 –115⁹, 122–123⁴⁴, 124–125⁵⁰, 128–129⁷¹, 195, 195⁴, 196, 197, 198, 205, 208, 212, 212⁵⁶, 221, 223, 251, 261, 263, 314, 315, 316, 323, 323⁵⁸, 356, 398
– – Philipper 102–103⁶⁹
– – Römer 58–59¹⁷, 68–69⁸, 82 –83⁵⁶, 96–97, 96–97⁴³, 98 –99⁵⁴, ⁵⁵, 110–111³⁰, 122–123⁴², 124–125⁵⁵, 126–127⁶⁶, 134¹⁰, 135¹³, 165¹²⁶, 209³⁹, 353, 353⁶⁵
– Apokryphen und Pseudepigraphen des A. T.
– – Ascensio Jesaiae 371⁶³
– – Jesus Sirach 30–31, 38–39, 42 –43⁶, 50–51⁵, 66–67²¹, 70–71¹⁶, 76–77³², 104–105⁴, 118–119²⁰, 118–119²⁸, 120–121²⁹, ³⁴, ³⁸, 132, 134¹⁰, 185, 280, 366, 375
– – Henoch 260, 346, 371⁶³, 379⁹⁷
– – Salomons Oden 250
– – Salomonis Testament. 260, 260⁵²

Bibel, *Forts.*
- des Neuen Testamentes
- - Acta Cyriaci 253
- - Acta Philippi 371[63]
Acta Thomae 171[155], 172[158], 356[72], 372[63]
Biblia Mariana s. Ps.-Albertus
Bilqîs 136[15]
Blochet, E. 328[89], 334[1]
Bochenski 416[5]
Boehme, Jacob 22, 291, 299, 299[116], 328
Böhmer, F. 204[16]
Boll, Fr. 195[11], 198[24], 261[55], 327[85], 419[68]
S. Bonaventura 182[16], 421
Bonus, Petrus 11, 23[1], 32, 33, 36 –37[26], 42–43[7], 46–47[3] 52–53[10], 62–63[11], 66–67, 74–75[27], 78–79[42], 92–93[33], 100–101[65, 67], 104–105[3], 108–109[17], 116–117[14], 126–127[68], 138, 167, 181[12], 193[2], 228[114], 230[122], 258[43], 270, 315[23], 330[99], 336[4], 363, 398–399
Bourke, V. J. 410[5]
Bousset, W. 168[142], 171[155], 172[157], 172[158, 159, 161], 213[59], 226[107], 242[50], 243[51, 52], 244[61], 246[67], 247[75, 77], 251[6], 254[25], 260[51, 52, 53], 261[55], 314[16], 315[22], 351[59], 355[69—71], 356[72], 357[76], 366[31], 367[39], 370[52], 371[60, 63], 372[63], 374[69], 379[96, 98—100], 381[110], 384[126], 403[200, 201, 202]
Brandt, Whm. 172[162]
Brewer 15[74]
Bruno v. Asti 246[71]
Buch (s. auch Kitāb)
Buch der Alaune und Salze s. auch Rasis 8, 34[14], 124–125[50], 138[27], 139[29], 142[39], 176[169], 209[36], 226[110], 249[88], 307, 315[23], 320, 330[102]
Buch des Krates, s. Krates
Bücher Jeu 172
Buch über die Erde und den Stein 60–61[21]
Budge, E. A. Wallis 285[73]

Calid 4, 7, 8–9, 9[34], 10, 10[39], 11[46], 19, 22[1], 72–73[23], 74–75, 74–75, 74–75[26], 76–77, 98–99, 128 –129[73], 282, 284[68], 285, 294, 368, 384[123], 386, 405, 408[3]
Campout, Henri du 23
Carmina Heliodori s. Heliodori
Carini 13[58]
Celsus 168[142]
Chenu, M. D. 410[8, 10], 418[61], 421[82], 422[83], 423[92]
Christianos 232, 233, 312[9], 320[39], 343[25]
Chrysipp 283[65]
Chrysologus 232[4]
Chwolsohn, D. 390[142]
Cibinensis, Nic. Melchior 206[26]
Clangor Buccinae 11[46], 21[13], 80 –81[46], 306, 384[122], 408[3]
Clavis maioris sapientiae 14[62], 246
Clavis Philosophorum 13[58]
Clemens Alexandrinus 198[24], 210[44], 355[71], 355
Coislin, Duc de 23
Colonna, Francesco 174
Compendium S. Thomae (Ps.-) 408[3]
Compositum de Compositis 21
Consilium Coniugii 8, 11, 13[58], 30[8], 31[8], 34–35[14], 40–41[9], 42–43[7], 60 61[21], 72–73[20, 23], 74–75[27], 78 –79[42], 80–81[46], 82–83[54, 55], 92

−93[30], 92–93[33], 102–103[72], 106
−107[9], 112–113[34], 162[115], 253[15],
309[4], 390[140]
Corbett 23[2]
Corpus Hermeticum 169[152], 170[152],
170[155], 187[5], 204, 210, 243[52],
261[55], 283[68], 295[106], 307, 315[23],
315[24], 320, 337[6], 340[12], 342,
357[76], 390, 401, 403[202]
Cyranides 299[114]
Cyriacusakten s. Acta (Apokryphen
des N. T.)
Cyrill v. Alexandria 315[17]
Cyrillus, Bischof 34–35, 42–43[8]
Cyrillus v. Jerusalem 238, 245[64],
366

Dähnert, Ulrich 134[8], 165[126], 203[13]
Damianus, Petrus 253[15], 295[105]
Dante 220
Darmstaedter, E. 10
Datin 78–79[41]
David v. Dinant 273, 278[47], 422[84],
423, 423[88, 89]
De adhaerendo Deo s. Albertus (Ps-)
De Alchemia 3
De Arte Chimica 42–43[7], 106–107[9]
De Arte Chemica (1566) 8[23], 11[46],
13[58], 30–31[8], 34–35[14], 40–41[9],
42–43[7], 60–61[21], 72–73[20, 33], 74
−75[27], 78–79[42], 80–81[46], 82–83[55],
92–93[30, 33], 102–103[72], 106–107[9],
112–113[34], 253[15], 309[4], 370[51]
Declaratio Lapidis Physici s.
Avicenna
Degenhardus, Magister 21
De lapide philosophico 13[58]
Delatte, L. 299[114]
Delisle, L. 23[2]

De mirabilibus mundi 18, 19, 19[92],
155
Demokritos (Alch.) 80–81[46], 180[5],
201[6], 329[97], 393, 393[159, 160]
De Perfecto Magisterio 4[1], 11[45], 19
De re recta ad Hasen, s. Avicenna
(Ps.-)
De secretis mulierum 18, 19[92]
Didache 266[69]
Didymos s. Areios Didymos
Die acht Gräber 315
Diels, H. 342[21], 392[152]
Dieterich, Alb. 229[118], 372[66]
Dietrich, Meister 292[97]
Diogenes Laertius 283[65], 342[21]
Doelger, F. J. 238[31], 295[106]
Döllinger, I. v. 422[87]
Dorn, Gerhard 152, 161[114], 168, 169,
177[173, 175], 282[56], 298, 299[144], 321,
321[49], 322, 324[64], 335, 345[33],
346[37], 347, 364, 378, 393[153], 396,
400
Dun, Joh. Scotus Erigena 133[3, 5],
179, 184, 278, 354[68], 364, 364[25],
423[88]
Dionysius Areopagita 163[121]

Eckhardt, Meister 133[2], 135[11], 143[44],
163[122], 213[58], 214, 214[61], 216,
322[54], 360[11]
Eisler, Robert 172[157]
Eliade, M. 397[181], 398[182, 183]
Engelbert v. Straßburg 419[65]
Euthice s. Rosinus
Ephraem Syrus 139, 141[36], 144[48],
187[1], 190[20], 222, 222[92], 223[98],
225[104], 226[109], 230[125], 237[26], 238,
238[35], 245, 245[63], 246, 253[19],
256[34], 257[40], 262[58, 59, 60, 61, 62],

284⁶⁸, 295¹⁰⁶, 301¹²³, 306¹³⁶, ¹³⁸, 312⁸, 314, 314¹⁴, 315²², 321⁴⁸, 322, 324⁷⁰, 329, 345³¹, 351⁵⁸, 356, 356⁷², 369, 369⁴⁶, 372⁶⁷, 373, 376, 380, 394, 395¹⁶⁹, ¹⁷⁰, 403, 404²⁰⁴⁻²⁰⁶
Epikur 357⁷⁶
Epiphanius 207³⁰
Erigena s. Duns Scotus
Eusebius 347⁴²
Evangelium Aeternum (Introduct. in) 273
Evangelium Mariae (Kopt.) 355⁶⁹
Evans-Wentz, W. Y. 365²⁸
Exercitationes in Turbam 255, 370⁴⁹
Experimenta Alberti 18
Expositio Epistulae Alexandri Regis 393

Ferckel, Chr. 5²
Ferguson, J. 12, 14⁶⁸
Ficinus, Marsilius 42⁷
Fierz, Linda 174¹⁶⁶
Fihrist 372⁶⁴
Fiori s. Gioacchino
Flamel, Nicolas 80–81⁴⁶
Flodius 11⁴⁴
Flos florum 256³²
Flügel 384¹²⁶
Foerster, R. 6¹⁶
Forest, A. 155⁹⁰, 166¹³⁰
Franz, M. L. v. 297¹⁰⁸, 374⁷⁰

Gabirol, Salomo ibn 188¹⁰
Galen 283⁶⁵
Garlandia, Joh. de 24⁶
Geber 3, 10, 20, 24⁶, 34–35¹⁵, 66 –67²⁴, 96–97⁵⁶, ⁵⁷, 408³

Gellius, A. 16, 17, 20, 42³
Genza 363¹⁸
Georges, C. E. 16⁷⁸
Gerhard v. Cremona 4¹
Gilbert de Hoy 234¹²
Gilson, Etienne 142⁴², 145⁵³, 146⁵⁶, 146⁵⁷, ⁵⁸, 147, 147⁶¹, ⁶², 148⁶⁷, 154⁸⁴, ⁸⁵, ⁸⁷, ⁹⁰, 162¹¹⁷, 166¹³¹, 188¹⁰, 353⁶⁵, 418⁶⁴
Gioacchino da Fiori 136¹⁸, ²², 195, 195⁹, 200³⁰, 225, 255, 256⁷¹, 267⁷¹, 271, 272, 273, 277, 277⁴⁴, 326, 326⁸², 327, 327⁸⁶, 332, 344²⁸, 349, 352, 353, 354⁶⁸, 368, 386, 404²¹⁰, 405²¹¹, 423, 423⁹¹
Glauber 298¹¹¹
Goldschmidt, G. 25, 201⁹, 209³⁷, 215⁶⁴, 285⁷⁴, 329⁹⁷
Grabmann, Martin 6¹⁶, 133⁶, 146⁵⁶, 147⁶², 346⁴⁰, 408, 410⁵, ⁸, ¹⁴, 430¹¹⁸, 432¹²⁶, ¹²⁷, ¹³¹, 433¹³², 433¹³³, 434¹³⁷
Grässe, T. G. 34–35¹², 42–43⁸
Grasseus, Joh. 21, 153⁸², 213
Gratus 24⁷
Gregor der Große 19, 96–97, 96⁵⁰, 97⁵⁰, 136, 136²⁰, 137²³, 188⁷, 190²², 204, 204¹⁵, 210⁴⁰, 220⁸¹, 224¹⁰¹, 242, 252⁹, 254²¹, 262⁶⁰, 264, 295¹⁰⁵, 352⁶², 360¹¹, 415, 430, 430¹¹⁹
Gregor v. Nyssa 322
Greßmann, H. 236¹⁸⁻²¹
Grimm, J. 215⁶⁶
Gundalissinus 150⁷², 167¹³³, 188¹⁰, 193³

Hahn, Chr. 16⁷⁹, 136¹⁸, ²², 195¹⁰, 200³⁰, 225¹⁰⁵, 255²⁷, 267⁷¹, 272²⁰,

272^{22}, $273^{23, 24, 27-30}$, 274^{31-35}, 275^{37}, 277^{44}, 326^{82}, 327^{86}, $332^{108-110}$, 344^{28}, $349^{54, 55}$, 352^{63}, 353^{64}, 354^{68}, 364^{24}, 368^{44}, 386^{132}, 404^{210}, 405^{211}, 417^{59}, 422^{87}, 423^{91}
Haly 297^{109}
Haneberg, P. 158^{101}, $146^{55, 57, 62}$
Hannah, B. 406^{212}
Harmoniae imperscrutabilis ... Decades duae 3, 25, 28
Haskins, Ch. 5^{10}, 6^{11}, 410^{14}
Haupt, H. 272^{22}, 422^{87}
Heisterbach, Caesarius v. 273^{26}
Helinandus (v. Froidemont) 397^{179}
Heliodori Carmina 201, 205, 209, 215^{64}, 233^{8}, 269, $269^{9, 10}$, 270, 270^{11}, 283^{62}, 285, 301^{123}, 319, 319^{38}, 324^{65}, 329^{97}, 342^{23}, 361, 361^{13}, 376, $393^{155, 161}$
Hennecke, E. 250^2
Herakleitos 146^{60}, 342, 392, 392^{152}
Heinrich v. Herford 412^{26}
Hermannus de Mynda 18^{88}
Hermes Trismegistus 7, 8, 24^6, 34–35, $34-35^{14, 15}$, $70-71^{12}$ 78–79, 80–81, 94–95, 104–105, $104-105^{6, 3}$, 182^{16}, 189, 201^8, 228, 258^{42}, 269^8, 301, 328^{89}, 330^{102}, 336, 336^3, 341, 346^{39}, 401^{192}
Hermogenes 337^6
Herrard v. Landsberg 334^1
Hertz, Martin 16^{77}
Hidayat Husain Shams etc. 13
S. Hieronymus 137^{26}, 360^{11}
S. Hilarius 232
Hildegard v. Bingen 334^1
Hime, Lt. Col. 15^{76}
Hippolytos 229^{117}, 243^{54}, $247^{76, 77}$, 248^{83}, 284^{70}, 295^{106}, 299^{114}, 329^{97}

359^2, 360^{11}, 365^{29}, 371^{61}, 372^{63}, 375^{71}, 378^{87}, 379^{96}, 381^{110}, 407^1
Hoghelande, Theob. de 13^{58}, 42^7, 90^{17a}, $92-93^{30}$, 220^{83}
Hohenheim, Theophr. v. s. Paracelsus
Holmyard, E. J. 9^{32}, 11^{48}, 136^{15}, 137^{24}, 178^{176}, 201^5, 297^{109}
Honorius v. Autun 54^{22a}, 133^2, 136^{17}, 139^{33}, 144^{48}, 172^{163}, 187, 188^7, 191^{24}, 204^{15}, 210^{43}, 213^{59}, 217^{73}, $226^{106, 107}$, 228^{113}, 236^{17}, 240^{42}, 254^{22}, 261^{55}, $262^{58, 60}$, 277^{44}, 278, 282^{57}, 306^{137}, 312, 313, 315^{17}, 320–321, 334^1, 359^5, 360^{11}, 370^{50}, 375^{71}, 376^{83}, 377, 377^{87}, 378^{90}, 379^{101}, 380^{105}, 382^{115}, 389, 391^{149}, 395^{169}, 396^{176}, 397^{177}, 404, 430^{119}, 431^{124}
Horten, M. 230^{123}
Hugo v. St. Victor 54^{21}, 133^{4-7}, 210^{43}, 225, 295^{106}, 354^{68}, 405, 406^{212}, 430^{119}
Hurwitz, S. 190^{19}, 243^{54}, 317^{30}, 318

Ibn Roschd s. Averroes
Ibn Sina s. Avicenna
Introductorius in Evangelium Aeternum s. Evangelium
S. Irenaeus 161^{111}, 172^{157}, 242, 242^{50}, 247^{75}, 354^{66}, 381^{110}, 403, $403^{200, 202}$
Isaak v. Antiochia 369
Isidor v. Sevilla 222^{93}
Isis (Journal) 13^{60}, 13^{61}, 136^{15}, 137^{24}, 178^{176}, 297^{109}, 410^{14}
Isis an Horus 170^{152}, 189^{16}, 340^{12}, 342^{21}, 357^{76}, 394, 402

Jacobsohn, H. 328[87], 403
Jamblichos 243[54], 342[21], 357[76]
Jebb 15[73]
Jesaia s. Ascensio
S. Joh. Chrysostomus 161[111]
S. Joan a Cruce 430
Joh. Damascenus 317[29], 369[45]
Joh. Diaconus 313[12], 390[145]
Joh. Dun Scotus s. Dun Scotus
Johannes Hispalensis 7
Johannes Lydus 243[54]
John of Basingstoke s. Basingstoke
Jourdain 6[16]
Jundt, A. 322[54]
Jung, C. G. 1, 32–33, 32[8], 33[8], 48–49[10], 131–132[1], 136, 139[32], 141, 141[37], 142[38, 40], 143[45], 145, 145[50], 145[52], 146, 146[60], 150, 150[73], 151, 151[77], 152[81], 153[82], 155[92], 157[100], 158, 160[108], 161[114], 163[122, 123], 164[125], 167[137], 168, 168[143, 144, 148], 169, 169[149, 150, 151], 170[153], 173[164], 177[175], 178[175], 180[5], 181, 181[13], 182[18], 183[20—22, 23], 185[7], 189[11], 190[18], 191[25], 193[4], 196[14, 15, 16], 197, 197[17—23], 198[24], 200[1], 203[14], 205, 205[20, 21], 206[26, 27, 29], 207[30], 207[32, 34], 210[44], 211[45—47, 51], 212[54], 213, 213[60], 215, 215[65, 66], 216, 216[69], 217, 217[72, 74], 218, 219[77, 79], 220[84], 221, 221[86, 87], 223[95], 224[100, 102], 227[111], 228[114], 233, 233[5, 9], 236[22], 237[24, 28], 238, 238[29], 239, 239[37], 241, 243[54], 245[62], 246[72], 247[75], 249[89], 252[12], 253, 253[16], 256, 256[35], 257, 257[37], 258[44], 259[45], 260[46], 263, 263[63], 264, 265, 265[65—67], 266[68, 69], 267[70], 269[8], 270[12, 13], 271[19],

272[20], 275, 275[36, 39], 275[40], 276, 276[41], 279, 279[50], 280[52], 281[53], 282[56], 286, 286[76—78], 287, 287[79—81], 288, 288[82—85], 289, 289[86—90], 290[92], 292, 293[100, 101], 295, 295[104], 296[107], 297[108], 298[110], 298[111], 299, 299[114—117], 300, 300[119], 302, 302[124], 303, 303[128], 307[145], 309[5], 310, 310[6], 311[7], 311, 314[13], 316[27—28], 317, 318, 318[34], 321[49], 322[57], 324[62, 64], 325[72], 326, 326[81], 327, 329[95], 330[100], 335, 335[2], 338[8], 339, 339[10, 11], 340[17], 341[18], 342[20], 345, 345[32, 33], 346[37], 347[41, 44], 350, 351[58], 354, 354[67], 360, 360[8, 9, 12], 364[21], 365, 365[26—28], 366[34], 370, 370[48], 372[65], 374[70], 375[72], 375[73, 74], 378, 378[91], 378[94], 380[104, 105], 381, 381[111, 112], 382, 382[116], 383, 383[120], 385[129], 389[138], 390[140], 390[146, 148], 393[153], 393[155], 396, 396[174, 175], 400, 400[187], 401[188], 401[190], 415[42], 420[71, 73]
Junker, H. 324[70]

Kabbala denudata s. Knorr v. Rosenroth
Kalid s. Calid
Kallisthenus 24[6]
Kautzsch, E, 184[2], 284[71], 346[35]
Kern, O. 141[36], 243[54]
Khalid s. Calid
Khunrath, H. 153[82], 183[23], 298[111], 299[114]
Kibre, Pearl 23[3]
Kitâb Al-Habib 281[55], 282[58]
Kitâb al'ilm al muktasab 201[5, 6]
Kleomedes 342[21]

Knorr v. Rosenroth 137[23], 185[7], 252[10, 11], 253[18], 292[97], 298[113], 306[140], 321[47], 325[71], 340[13], 378[95], 398[184]
Komarios 185, 237, 237[28], 260, 283, 330, 342[20], 346[36], 351[57], 366, 367, 393, 394
Kore Kosmou 170[152], 189[16], 261, 394
Krates 209[36]
Krebs, E. 292[98]
Krönlein, J. H. 275[35], 422[84], 423[88], 423[89]
Kyraniden s. Cyranides

Lacinius s. auch Bonus Petrus 395
Lactanz 389[137]
Lambsprinck 349[52], 397[180]
Lavaud, B. 322[54]
Leisegang, H. 170[155], 171[156], 172, 172[158], 175[167, 168], 228[117], 242[48], 242[49], 246[67], 247[74, 76, 77], 251[6], 254[23], 261[55], 283[67, 68], 284[70], 320[44, 45], 324[70], 325[76], 337[6], 351[57], 376[78], 379[96], 390[145], 395[168], 401[189]
Lerbecke, Hermann v. 18[88]
Liber aggregationis 17 ff., 19, 19[92], 36–37, 153, 155, 155[92], 160, 161, 413[32]
Liber Alternationum 66–67[24]
Liber Alzë 185[6], 219[79]
Liber de Causis 363[20]
Liber divinitatis 66–67[24]
Liber Introductorius 423
Liber Methaurorum 13[58]
Liber Platonis Quartorum 64–65[14]
Liber Quintae Essentiae 4, 74–75, 76–77, 78–79, 94–95
Liber de Septuaginta 15[71], 66–67[24]

Liber Sexagesimae (?) 15
Liber Sextarius (?) 15, 21[13]
Liber Sextus (?) 15
Liber Sextus naturalium s. auch Avicenna 158 ff.
Liber de Spiritu et Anima 275[40]
Liber Trinitatis 3
Liber trium verborum s. Calid
Lilium (Lilius) 46–47[3], 193[2], 298[11], 408[3]
Lippmann, E. v. 4[1], 5[8], 8[27], 8[29], 9[31], 9[32], 11[48], 11[50], 14[68], 14[69], 136[14], 136[16], 167[139], 183[21], 189[14], 199[28], 199[29], 200[4], 201[9], 260[51, 53], 261[55], 282[58], 283[66], 284[70], 329[97], 342[23], 357[74], 366, 367[38], 372[65], 390[140], 394[145], 408[3]
Little, A. G. 15, 15[76], 24[4]
Locustor 177[175]
Logion Jesu 210
Lohmeier, E. 379[97]
Löwenthal, A. 188[10]
Lucilius 16[78]
Lucretius 357[76]
Lukian 390[145]
Lullus, Raymundus 20, 24[7], 275
Lumen luminum s. auch Rasis 4[1], 5, 11, 42–43[7]
Luther, M. 26

Macrobius 283[65], 384[126], 390[145]
Madathanus, Henr. 211
Maimonides 146
Majer, Michael 21[7], 34–35[13], 298[111]
Mandonnet, P. 412[27], 415[43], 422[85], 426[105], 432[131]
Mangetus, J. J., Bibliotheca Chemica curiosa 4[1], 8[23, 24], 10[38], 10[41], 11[46], 13, 13[58], 13[60], 14[62], 16, 16[80], 20[3],

$21^{12, 14}$, 22^{16}, 30^8, 31^8, 34–$35^{13,}$ 34–$35^{15, 16}$, 42^7, 48–49^{10}, 72–73^{23}, 80–81^{48}, 82–83^{60}, 90–91^{27a}, 92 –93^{30}, 98–$99^{56, 57}$, 100–101^{67}, 104–105^{25}, 112–113^{38}, 138^{27}, 221^{87}

Mani 243^{51}, 372^{64}
Mansi 274^{32}
Mapeus, W. 16^{79}
Marchos (Alch.) 318, 349^{49}
Maria die Jüdin (Maria Prophetissa) 7, 104–105^6, 136, 201, 201^8, 248, 278, 303^{129}, 340, 384^{127}
Markos (Gnostiker) 242–243, 403
Martial 402^{197}
Maximus v. Turin 222^{93}, 342^{21}
Medjmael-Bahrein 334^1
Meier, Math. 234^{12}
Menander 315^{24}
Mennens, Joh. de 21, 228^{112}, 268^2, 271, 271^{18}, 292^{97}, 326^{80}, 348^{48}, 362^{14}, 382^{114}, 383^{121}, 384^{128}, 393^{153}
Merculinus 362^{15}
Mersad el-ibad 334^1
Methodius v. Philippi 187^2, 194^8
Meyrink, G. 408^3, 420^{70}
Michael Scotus 5, 410
Milo 319^{36}
Moerbecke, Whm. v. 6^{12}, 421
Molberg, L. C. 24, 24^5
Mohammed ibn Umail s. Senior
Moret, A. 324^{70}, 328^{88}
Morienus 4, 5, 9^{34}, 10, 11, 11^{46}, 12, 19, 32^8, 33^8, 42–43, 78–79, 78 –79^{41}, 82–83, 96–97, 98–99 104 –105^3, 185, 301, 303, 304, 336, 340^{17}, 408^3
Moses (Alch.) 336
Musaeum Hermeticum 22^{17}, 132^1,

180^5, 185^6, 211, 219^{79}, 237^{28}, 260^{46}, 300^{122}, 304^{134}, 307^{142}, 354^{66}, 360^6
Mylius 153^{82}, 298^{111}

Nemesios 283^{65}
Nettesheim s. Agrippa v.
Neumann, E. 173^{165}
Ninck, M. 371^{62}
Norden, Ed. 349^{53}
Noaker der Stammler 70–71^{11}, 76 –77^{34}, 82–83^{57}, 187, 279, 297
Novum Lumen Chemicum 132^1
Nymwegen, Rudolf v. 18^{88}

Olympiodor 100–101^{63}, 153^{82}, 189, 201^6, 209^{35}, 233^5, 260^{48} 278^{48}, 281^{55}, 303^{129}, 315^{20}, 336^3, 342^{23}, 384^{127}, 389^{139}
Opusculum authoris ignoti 189^{12}, 301^{123}, 349^{52}
Orakel des Apollo 141^{36}
Origines 135^{12}, 137^{26}, 145^{52}, 172^{158}, 237^{28}, 262^{57}, 295^{106}, 321, 345, 352, 359, 360, 360^{11}, 377^{86}, 378^{92}, 395, 395^{171}
Ostanes 139^{29}, 167, 183^{21}, 248
Ostanes an Petesis 367^{38}

Paneth, F. 165^{126}
Paracelsus, Theophrastus v. Hohenheim 152, 164^{125}, 256, 338^8, 396
Paradisus animae 270
Partington, J. R. 18^{91}
Pauli, W. 146^{60}, 150^{73}, 155^{92}, 157^{100}
Pelagios 209^{36}, 402^{199}

Pelster, F. 5[3], 6[14—15], 16[84], 18[88], 134[8], 141[35], 203[13], 411[21], 412[25], 412[26], 432[129], 433[132]
Petasios 233[5] (167[38])
Peter v. Prussia 419[65]
Petesis 167
Petitot, L. H. 410[8, 9, 10, 12], 411[16, 17], 411[19, 20, 21, 23], 412[24], 415[46], 416[47], 417[55, 56], 418[62], 420[74], 423[90], 424[95, 96], 425, 425[97, 99], 426[100], 428[107, 109], 429[111, 112], 430[120], 431, 434[137]
Petrus Bonus s. Bonus
Petrus Calo 211[21], 412[26], 424[95—96]
Petrus Hispanus 146[57], 410
Philippus v. Tripoli (Salerno) 7
Philo v. Alexandria 170[155], 229[117], 229[120], 246[66], 260[51], 326, 337[6], 340[12], 342[21], 357[76], 371, 402[197]
Philostrat 357[76]
Picinellus 319[35]
Pistis Sophia 172, 241[6], 244[61], 251[6], 261[55], 325
Pius XII. 196, 245[64], 317[29]
Plato 342[21], 390, 402[197]
Plotin 283[65]
Plutarch 357[76], 384[126], 390, 390[143]
Porphyrius 210[40], 390[144]
Practica (Alberti) 19[92]
Proclus s. Proklos
Preger, W. 133[3, 4], 274[34, 35], 278[47], 354[68], 364[23], 422[87]
Preisendanz, K. 402[193]
Pretiosa Margarita novella s. Bonus, Petrus
Proklos 228[117], 243[54], 390[145]
Prümner, D. 410[5], 411[21], 412[26], 417[58]
Ptolemaeus v. Luca 432[130]
Pythagoras (Ps.-) 243, 243[56]

Querfeld, A. H. 5[11],
Questio curiosa de natura solis et lunae 24[6]
Quétif, J. − Echard, J. 408[3]
Quispel, G. 141[38]

Rahner, Hugo 187[2], 188[7], 190[22], 194[8], 205, 207[30], 216[67, 68], 222[93], 224[101], 232, 232[2, 3, 4], 238[30, 33], 246[69], 254[22], 256[34], 262[57], 282[57], 295[106], 315[17], 321[49], 322[54—55], 348[62], 352[62], 357[76], 362[15], 375, 378[87], 384[126], 391[151], 394[167], 404[209]
Rases s. Rasis
Rasis 4, 8, 42–43[7], 62–63[11], 66–67[24], 80–81, 82–83, 124–125[50], 233, 257[39], 269[7], 301[123], 302, 305, 329[96], 382[113]
Raynaldus s. Reginald
Razi s. Rasis
Reginald v. Piperno 425, 427[106], 428, 429[116], 433[132]
Reitzenstein, R. 11[48], 204[19], 209[39], 229[117, 120], 243[52], 246[68], 250[2], 251[3, 6], 254[20], 260[50], 261[55], 283[61], 284, 285, 299[117, 120], 315[24], 324[66], 327[84], 330[102], 334[1], 355[68a, 69], 363, 363[16—18], 366[34, 35], 370[52], 371[62], 372[64], 380[105], 391[150], 404[207]
Rhabanus, Maurus 220[83], 300[121], 306[139], 386, 386[131], 389, 389[136]
Rhenanus, Joh. 3, 408
Rhine, J. B. 157[99]
Richard v. St. Laurent 134[8]
Richard v. St. Victor 202, 210[43], 295[106], 300[121], 377[87], 397[178]
Ripley, George 22, 220[82], 224, 307[146], 324, 349[52], 350[56], 352[61]

Robert v. Chester 12[52]
Robert de Grosseteste 166[131]
Roquetaillade s. Rupescissa
Rosarium Philosophorum 3, 8, 20, 21, 21[7], 22, 26, 30[8], 31[8], 32–33[9] 32–33[10], 34–35[13, 15, 16], 48–49[10], 80–81[48], 82–83[55], 92–93[30], 96 –97[56, 57], 100–101[67], 104–105[6], 112–113[38], 194[5], 195, 198[24], 297[109], 298[111], 304[130, 131], 328[94], 332[107], 340[17], 362[15], 370[51, 53], 375[75], 381[108], 382, 383, 384[125], 408
Rose, Valentin 6[16]
Rosencreutz, Chr. 206, 265
Rosinus 32–33[8], 78–79[41], 212, 212[52], 215[64], 229, 233[7], 246[65], 252, 269[7], 329[96], 340[17], 377[86], 382[117]
Rufinus 137[26], 360[11]
Rulandus 376
Rupescissa, Joh. d. 275
Ruska, J. 3[4], 4[1], 5, 5[6], 5[9], 8[25]ff., 9, 10[38], 10[40], 11, 12, 12[52, 55, 56], 13[60], 20[2], 21, 136[15], 165[126], 176[171], 199[27], 200, 200[2, 3], 201[5, 10], 212[56], 215[63], 243[55, 56], 281[55], 320[40—41], 329[96], 381[109], 408[3], 414[38]

Salomon v. Basra 285[73]
Salvatore, Fr. 346[40]
Sanchuniathon 347[42]
Sareshel, Alfred v. s. Alfred
Sarton, George 5[11], 6[14], 13[60], 165[126]
Scala Philosophorum 80–81[48]
Scott, W. 169[152], 170[155], 187[5], 189[16], 204[19], 210[41], 212[56], 243[52, 53, 54], 260[51], 261[54, 55], 283[65, 68], 284[69], 295[106], 307[144], 315[23, 24], 320[42, 43], 326[79], 329[97], 337[6], 340[12], 342[21], 342[24], 343[21, 24], 357[76], 371[61], 390[141, 143, 147], 394[164], 401[191, 192], 403[202]
Scotus s. Duns
Scotus s. Michael
Scriptum Alberti super arborem Aristotelis 206
Secreta Alberti 19[92]
Secreta Alchimiae 9, 10, 408[3]
Secreta Alchimiae magnalia 408[3]
Secreta Secretorum s. Aristoteles (Ps.-)
Sellin, E. 170[155]
Semita recta 19[92]
Senior 7, 8, 9, 13, 13[60], 14, 19, 22, 30–31, 32, 32[9], 33[9], 32–33, 34–35, 34–35[15], 36, 36[21, 22], 37[21, 22], 40 –41, 40–41[8, 9], 56–57, 56–57[25], 68–69[6], 70–71[12], 72–73[18, 21], 74 –75, 74–75[27], 76–77, 76–77[37], 78–79[38], 84–85[1], 86–87[12], 88 –89[18], 90–91[24], 102–103, 102 –103[71], 104–105, 104–105[6, 7], 106 107[8, 9], 108–109[17], 112–113, 112 –113[34], 116–117[14], 122–123[42, 47], 135[12], 138, 141[36], 153, 153[83], 154, 161, 162, 176, 180, 182, 183, 187, 199[27], 204, 204[15], 212, 214, 222[91], 227, 230, 237, 237[26], 243[56], 244[57—60], 246[65], 248, 248[85], 253[15, 17], 257[39], 258[42], 269, 269[3], 269[5, 6], 279, 282[58], 283[63], 285[75], 294, 297[109], 298, 303[127], 307[142], 308, 316, 316[25], 318, 318[34], 324, 328, 328[91], 329[96], 333, 340, 343[25], 344[27], 345[29, 31], 346, 349[49, 50], 351[57], 354, 357[75], 362, 362[15], 370, 370[53], 380, 381[109, 113], 384, 384[123], 386, 386[133], 389[139], 390[142], 393, 393[157]

Sertillanges, A. D. 142[41], 410[8, 10], 412[25, 27], 416[50], 428[107], 429[116], 430[117], 433[132], 434[135]
Servius 349[53], 390[145]
Shems ed-Din 334[1]
Siewerth, G. 148[65]
Silberer, H. 219[80]
Simon Magnus 171, 175, 283, 284[70], 320, 337[6], 395[168]
Singer, D. W. 9[34], 10[40], 11[51], 12[55], 13[61], 14[64]
Sirr-al-asrar s. Aristoteles (Ps.-)
Sixtus v. Siena 432, 432[126]
Sohar, der 211, 211[50], 316[28], 317, 317[31], 318[32], 321[47], 431[122]
Sophe, Buch des 168[142], 393[160]
Speculator 15, 42–43
Speculum Alchimiae 16
Speculum (Journal) 12, 23[3]
Speculum secretorum Alberti 19[92]
Speculum s. Thorndike
Speculum naturale s. Vincent de Beauvais
Speculum Sapientiae 34–35, 42–43[8]
Splendor Solis 22
Suleiman (Buch des) 136[14]
Summa Perfectionis 10, 98–99[57]
Symmachus 355[69]
Synesios (Alchem.) 303[127], 329[97], 393[159, 160]
Schim'on ben Jochai 431
Schmieder, K. Chr. 408[3]
Scholem, G. 136[14]
Stanghetti 155[90]
Stapleton, E. 13, 14[62—67], 56–57[25], 153[83], 161[112], 324[63], 346[38]
Steele 7[19]
Steinbüchel, Th. 163[118]
Steinschneider, M. 4[1], 6[16], 11[44], 13[58], 66–67[24]

Stephanos (Alch.) 329[97]
Steuer, R. 379[100], 300[118]
Stobaeus 284[69], 315[23], 340[12], 342[21], 357[76], 401[192]

Tabula Smaragdina 4[1], 5[6], 6[16], 8[29], 20[2], 21[5], 78–79[45], 80–81[49], 94–95[36], 165[126], 199[27], 258, 282[58], 285, 336, 345[29]
S. Teresa v. Avila 430
Tertullian 283[65], 337[6], 403[202]
Theatrum Chemicum:
 – **1604**: 80–81[46], 92–93[33]
 – **1613**: 235[15]
 – **1622**: 13[66], 17[85], 21[10], 42–43[3], 64–65[14], 138[28], 228[112, 114], 268[2], 271[18], 292[97], 326[80], 348[48], 362[14], 382[114], 383[121], 384[128], 393[153]
 – **1659**: 4[1], 5[5], 8[24, 26], 9[37], 21[8], 32[8], 38–39[4], 40–41[9], 58–59[11], 60–61[21], 76–77[31], 80–81[48, 53], 82–83[60], 96–97[52], 98–99[57], 112–113[36], 153[82], 182[16], 257[36], 258[42], 343[26]
 – **1660–1661**: 13[60], 21[11]
Theodor bar Kunai 260[52], 324[68]
Theodoret v. Kyros 188[7], 224, 224[101], 315[17]
Théry, G. 133[2], 135[11], 143[44], 163[122], 213[58], 214[61], 423[88]
Thomas v. Aquin 2, 6, 6[13], 9, 25, 60–61[21], 94[40], 98–99[56, 57], 126–127[67], 133[6], 139, 140[34], 142, 142[42, 44], 144[46, 47], 147, 147[62], 148, 148[65—71], 149, 150, 154, 157, 161[111], 162[116], 163, 166, 166[130], 179, 179[4], 181[15], 184[4], 204[17], 213[58], 234, 249, 249[90], 277, 298[111], 315, 331[105], 337, 339[9],

343^{25}, 345, 345^{34}, 346, 346^{40}, 347^{43}, 353^{65}, **407–434**
Thomas a Bononia 408^3
Thomas v. Chantimpré 5, 411^{18}
Thonensis, Joh. 23^1
Thorndike, Lynn 5^3, 6^{16} ff., 12, 12^{54}, 15, 16$^{81-84}$, 18, 18^{87}, 18^{89}, 19^{92}, 20, 21^6, 23, 23^3, 24^4, 155$^{90-91}$, 164^{125}, 165, 165^{126}, 275^{39}, 412^{27}, 413$^{28, 30, 33-35}$, 414$^{37, 38, 39}$, 415^{41}, 419$^{65-68}$, 420^{72}, 422^{86}, 432^{130}
Titus v. Bostra 355^{70}
Tocco, Wilhelm v. 410^{10}, 411$^{20, 22}$, 411^{23}, 412^{26}, 415$^{44, 45}$, 416$^{48, 51}$, 417$^{56, 57, 58}$, 418, 418^{60}, 422^{84}, 423, 424, 425$^{97, 98}$, 426$^{100-104}$, 427^{106}, 428$^{108, 110}$, 429, 429^{113}, 432^{128}, 434^{137}
Touron, Antoine 432^{127}, 434
Tractatus Aureus Hermetis 228^{115}, 370, 381
Tractatus Aureus de lap. phil. 300^{122}
Tractatus sextus de esse et essentia min. 408^3
Trevisanus, Bern 221^{87}
Trismosin, Salomon 21
Turba Philosophorum 5, 5^9, 13^{58}, 14, 19, 21^6, 21^{12}, 50–51^8, 52–53^{10}, 70–71^{14}, 74–75^{26}, 78–79^{40}, 82–83, 82–83$^{54, 61}$, 92–93, 92–93^{31}, 94–95, 94–95$^{41, 42}$, 96–97$^{59, 60}$, 98–99^{59}, 100–101^{61}, 108–109, 108–109^{24}, 112–113^{33}, 136^{15}, 138^{27}, 139^{29}, 176, 177^{175}, 180^5, 181^{14}, 200, 201, 206^{25}, 209$^{35, 36}$, 212, 212^{56}, 215, 233^7, 243, 243$^{55, 56}$, 248, 250^1, 260, 279, 279^{51}, 281, 281^{55}, 283$^{63, 64}$, 300, 303^{127}, 304, 304^{131}, 315^{23}, 319, 319$^{40-41}$, 320,

329, 340, 350, 351, 351$^{57, 58}$, 367, 368^{43}, 370, 371$^{57-59}$, 381^{109}, 384^{125}, 390^{140}, 393, 408^3

Ueberweg-Baumgartner 6^{16}
Usener, H. 404^{207}

Vacant-Mangenot 161^{111}
Valentinelli, J. 20^1, 24
Valentinus (Gnost.) 284
Vandier, J. 234^{14}
Vergilius, Maro 174, 349
Victoriner s. Hugo, Richard, etc.
Viemon 32^9, 33^9
Villanova s. Arnaldus
Vincent de Beauvais 5, 8, 10, 15^{71}, 412^{27}, 421
Visio Arislei 24^6, 207^{32}
Vrede, W. 432^{127}

Waite, A. E. 408^3
Walch, Joh. 375^{74}
Waldkirch, Conr. 4
Walz, Angelo 410$^{5, 10, 11, 13}$, 411^{16}, 411$^{18, 21, 23}$, 412^{25}, 415^{43}, 418^{63}, 421$^{75-81}$, 423^{94}, 425^{99}, 426$^{101, 102}$, 428$^{108, 110}$, 429^{113}
White, V. 140^{34}, 149$^{69, 70}$, 179^4
Wilhelm v. Auvergne 15^{76}, 154^{87}, 146, 164, 164^{125}, 166^{132}, 167^{138}, 234^{12}, 252
Wilhelm v. Conches 165^{125}
Wilhelm v. St. Amour 422
Wilhelm v. Thierry 234^{12}
Witelo 162^{116}, 420^{70}, 421
Wittekindt, W. 358^1
Wolbero, Abbas 213^{59}

Wunderlich, Eva 373[68]
Wüstenfeld, F. 4[1], 6[16]
Wyser, P. 410[5]

Zacharias, P. 411[22]
Zigabenus, Euthymius 369[45]
Zosimos v. Panopolis s. auch Rosinus

13, 139, 141[36], 153[82], 167[140], 180[5], 201, 201[6, 8], 230[124], 233[7], 248, 249[88], 269, 269[8], 281[55], 282, 315, 318[34], 319, 319[37], 326, 329[97], 340, 342, 343, 343[26], 349[51], 362[15], 367, 372, 376, 384[127], 389[139], 390, 390[147], 393[160], 402
Zolento, Petrus de 24[6]

SACHREGISTER

Abaissement du niveau mental 147
Abendmahl s. Eucharistie
Abgrund 114–115, 247
Ablution, s. Waschen
Absenzzustand 423 f, 434
Abwaschung s. Waschen
accidens 204, 213
Achaab 402
Achamoth 172, 195
Acharantos 402
Acht 265, 291
Adakas s. Adam
Adam 285, 328, 355, 376
– erster und zweiter 110–111, 112–113
– zweiter 348, 352–354, 356–358, 364
Adamas 165[128], 319–320
Adler 102–103, 198, 244, 333, 344, 349
Adoniskult 236
Aegypten 297, 359
Affekte 156, 211
afflictio animae 185, 191
Agathos Daimon 402
Agnosia s. auch Unbewußtheit 210
Aker (aeg. Gott) 403
Albedo 44–45, 54–55, 56–57, 76–79, 108–109, 126–127, 186, 188–189, 219–221, 223, 227, 230, 237, 258–259, 282–283, 300, 306, 347–349, 359, 375, 377, 392
Albertus Magnus 412 ff.

Alchemie 18, 134[10], 135, 157, 169, 170, 173, 175, 180–182, 197, 229, 275, 277, 287, 295, 365, 367, 413–414, 419, 430
– Symbolbildung der 1, 286, 293, 406
– Wesen der 19
– – als Raub der Engel 184[2]
Alchemist 1, 355
Aletheia 172, 242, 355[69]
Allah 212[56]
Allegorie 194
Altar 390
Alte der Tage 223
Aelteste (24) 88–89, 102–103, 212, 323 ff.
amaritudo s. Bitterkeit
Amalrizianer 274[35]
Amnaël 184
Amor und Psyche 173
Anazopyresis s. Feuerbeseelung
Aeneas 174
Anima s. auch Seele
anima s. auch Seele
Anima (im Jungschen Sinn) 2, 133, 134, 137, 138, 144, 173–175, 190, 192–195, 205, 209–211, 213, 219–220, 223, 231, 234, 245, 247, 249, 251, 254, 257, 259, 265–266, 289–290, 293, 298, 311–312, 331, 333, 361, 364, 368, 370, 379, 381–382, 388, 426, 432
– Menschwerdung der 174
anima (alch., tingens) 370, 386
anima Christi 133

anima (scholastisch) 6, 142 f, 153
    –154, 156–160, 251, 355, 363
– anima mundi s. Weltseele
Anthropos 110–111, 173[164], 257,
    310–311, 348, 350, 353 f., 355,
    358
– als Pflanze 141[36]
Antichrist 197–198, 349, 423
Antinomie Gottes 216, 218, 220
Apfel 376[83]
Aphrodite 254[23]
Apokatastasis 245, 335
aqua doctrinae s. auch Wasser 266
âql s. Erkenntnis
Arbeit 32–33
Archē 102–103, 171[155], 246, 336 ff.
Archetypen 133, 144, 150, 152, 157,
    160, 206, 249[91], 175, 179, 215,
    314, 345, 347, 430
Archetypus der Dreiheit s. Drei
Archetypus mundus, s. mundus
Arkane 199
Arkansubstanz 169, 246, 382
Asche 104–105, 338, 340–341
Assumptio Mariae 365
Astrologie 195, 419
Aethiopier 48–49, 206–207, 221[89],
    253, 265, 293–294, 424
Atman 385
– Aufgehen im 335
Auferstehung 44–45[4], 58–59, 62–63,
    108–113, 116–117, 122–123, 185,
    188[7], 191–192, 257–258, 282,
    348, 358, 362–367, 368–369,
    394 f., 398, 403
Auferstehungsleib s. corpus glorificationis
Auflösung 76–77
Auge 120–121, 378–379, 382
Augenwasser 40–41, 200[30]

Aurea hora 188
Aurora 44–47, 108–109, 120–121,
    126–127, 187–188, 189, 195, 387,
    392
Aussatz 306
auster 46–47, 135–136, 172, 187
    –188, 193, 256
Averroistenstreit 421

Babylon 64–65, 66–67, 250, 253 ff.
Bad 307
Balsam s. Salbe
Barbaren 232
Barbarossa 410
Barbelo 172, 195, 355[69]
Bardesanes 172
Bauer 402
Baum 32–33, 52–53[10], 120–121, 126
    –127[65, 68], 141, 141[36, 37], 219, 246,
    285[73], 380–381
– des Lebens 50–51
Becher s. Kratēr
Befreiung innere 389, 392
Begehren 153–154, 157, 160–163,
    216, 254, 319, 355, 391–392
Beginen 273, 422
Begharden 273, 422
Begrenzung 34–35
Belebung 70–71
benedictio fontis 256
Berge 70–71, 106–107[11], 261, 346,
    381, 387
Berissa 375
Bethlehem 58–59, 234, 238
Bett 50–51, 114–115, 120–121, 212,
    377
Bettelorden s. Mendikantenorden
Bewußtsein 150–151, 294, 382, 407
    –408, 425

Bewußtsein, *Forts.*
- Neuaufbau des -s 347
- Verstärkung des -s 271, 286
Bewußtseinsähnlich 146
Bewußtseinsfeld 148, 177
Bewußtseinsschwelle 110
Bewußtseinsstandpunkt, höherer 266–267
Bewußtwerdung 307, 310, 391, 403
- der Anima 312
- Gottes 133, 388
Beya 207[32]
Beziehung 396
Bibel 1
Bibelzitate 26
Bild, archetypisches 240
Bilder, symbolische 24
Bitterkeit 185, 213–214
Blei 233
Blitz 291
Blume 126–127, 375 f., 381[109], 392 –396
- des Feldes 118–119
Blut 56–57, 70–71, 72–73, 86–87, 189–190, 280–281, 281[55], 283, 322–323, 376
Blutbad 233–235, 238, 261
Blüten 237, 393 ff.
Bocksblut 86–87, 165[128], 318–319, 322–323
Bodensatz 244
Böse, das 225, 292–293
Braut 48–49, 118–119, 193–196, 228, 359 ff., 366, 368, 369, 371 –375, 377, 378, 380, 387–389, 391, 394, 403, 431
Bräutigam 48–49, 56–57, 116–117, 193–194, 196, 218, 235, 359 ff., 361, 366, 368–369, 372–374, 388 –389, 391–392, 394, 431

Brot 42–43, 122–123, 404
- des Lebens 385
Brüder des freien Geistes 274
Bruder-Schwesterpaar 34[14]
Brüste 124–127, 391
Buchstaben 326
Bund 52–53
Bundeslade 387

Caduceus s. Stab
calculus 330, 331[104]
cambar 82–83
carbo (Kohle) 331
carbunculus s. Karfunkel und carbo
cauda pavonis 299, 347
causae primordiales 133
Chaldaei 64–65[14]
Cheiri 396
Chrisam 257
Christus 100–101, 133, 139, 145, 192–193, 196–198, 215, 218, 224 –227, 239–241, 250, 257–258, 264, 268–269, 278, 281, 305, 311 –312, 317, 312–322, 329–330, 330[99], 331, 339, 348, 350, 355, 358, 361, 364–365, 372, 376, 380, 391, 403–404, 406, 429–431
- innerer 377
Chymische Hochzeit 265
cibus aeternus s. Speise (ewige)
circulatio 78–79, 112–113, 212, 301, 341–342, 357–358
citrinitas 44–45, 186
clavis s. Schlüssel
coagulum 7, 104–105
Coagulation 311
collyrium s. Augenwasser 183
conceptio immaculata s. auch Ohr 365

concupiscentia s. Begehren
Conglomerate soul 405
Coniunctio 76–77, 88–89, 88–89[8],
  89–100, 114 ff., 116–117[14], 124
  –125, 126–129, 196–197, 210,
  212, 214–215, 222, 226, 314–318,
  324, 326, 355–356, 359 f., 362
  –363, 366, 367, 369, 377–381,
  384, 389, 395–398, 400, 430–431,
  434
Corpus Christi 385, 404
corpus glorificationis 62–63, 258,
  270, 330, 348, 361 f., 364–368
corpus mysticum 266[69]
Credo s. Glaubensbekenntnis
Cypresse s. Zypresse

Daimon 173
Daimonion 330[102]
Daemon des Mittags 62–63, 172,
  256–257
Daemonen 232
Dampf 44–45, 82–83, 187, 283, 303
  –304, 304[132], 384
Daena (pers.) 355, 363, 391
David 66–67, 120–121, 382
Declaratio sollemnis 2
dédoublement 425
Deifikation der Materie 283
– des Menschen 219–222, 274, 281
Dekade s. Zehn
Demut 90–91
Denken 147, 164
– kreisförmiges 166–167
– vorbewußtes 148, 289
Denktypus 418, 420
Depression 186, 293, 426
Destillation 84–85, 307, 344, 346
Diadem s. Krone

Diamant s. Adamas
Dido 174
Dieb 265
Diener 221
Dionysos 392
dîn s. Glaube
Diskrimination 231, 303, 308
Dissoziation 207, 254, 265–266, 338
Dodekas s. Zwölf
Dogma 135, 365
Dominikaner 326–327, 375, 389,
  408, 421 f.
Drache 201, 205, 382, 301[123]
Drachme 58–59
– verlorene 242 f.
Drei 66–69, 128–129, 243, 266 ff.,
  397 ff.
Dreieinigkeit s. Trinität
Dreiheit 385–386, 399
Drei-Vier 265–266, 287–288, 301,
  325
Dreißig 266–267, 383[121]
Duft s. auch Pneuma 50–51, 120
  –121, 124–125

Ecclesia 136, 139[30], 187, 190, 194,
  194[8], 216, 246, 262, 266[69], 272,
  277, 373, 375, 377, 378[87], 380,
  389, 391, 394, 431
– spiritualis 267[71], 272, 274, 352,
  386, 404–405
Edelsteine 32–33, 90–91, 94–95, 116
  –117, 230[123], 316, 328 ff. 330–331
Edem 247
Ehe 397
Ei 270[11], 248, 315, 347[42]
Einbalsamierung 367
Einbruch des Unbewußten 133, 152,
  178, 203, 265–266, 286, 293, 432

Eines, das Eine 216, 266, 386, 403
Einheit, multiple 405
Einheitserlebnis 335
Einsicht s. auch intellectus spiritualis 182, 259, 298, 304
– Geist der 66–67, 266
Einswerdung 244, 264, 270[11], 278, 365–366, 386–387, 392, 405
Ekpyrosis 209[35]
Ekstase 146[57], 156–157, 188[10], 407, 418, 423–424, 432–433
Elemente, vier 3–4, 78–79, 94–95, 102–107, 112–113, 176–177, 269, 285, 301, 315, 340, 342–343, 357–358, 364
Elixier 35[15]
Embryo 72–73, 255, 282–283
Emotion s. auch Affekte 156, 298, 382, 395
Empyraeum 315
Enantiodromie 205, 302, 386
Endzeit 193
Engel 184[2], 212, 411
– abgefallene 260–261
Engelssturz 242–244
Energie 145–146, 162
Ennoia 171–172, 172[157], 174
Epilepsie 307
Episemon s. Sechs
Erbsünde 305
Erde 102–103, 106–109, 114–115, 176–177, 190, 200, 207, 228–229, 287, 290, 293–294, 296, 336–337, 339, 340–345, 349–351, 358, 370, 383–385, 387, 392, 394, 404
– drei Arten von 122–123
– dürstende 222–223, 262
– glorifizierte 7
– als logos 108–109
– schwarze 48–49

– verfluchte 262, 366
Erfahrung, religiöse 275
Ergriffenheit 407
Erkenntnis 118–119, 176 f., 205
– Gottes 164
Erkenntnistheorie 146, 148–149, 166
Erleuchtung 76, 77, 147, 187[1], 187[5], 194, 298, 367, 373
Erlöser 62–63, 215, 241, 258, 259
Erlösung 58–59, 259, 360
– Gottes 229, 263
Ernährung s. nutritio
Eros 173, 298–300, 381, 383
Erneuerung 100–101, 215, 248–249, 307
Erz 68–69[6], 201, 232, 250–252, 269, 319
Esel 15 ff., 42–43
esse in actu (und in potentia) 142–143, 153, 155–156, 161
Essig 92–93, 98–99, 248, 329, 368
Eucharistie 72–73, 86–87, 314, 355 356, 429
Euphrat 64–65[14]
Eva 245–246, 249, 259, 376
exinanitio 216
extraneae res 220

Farben 303[127], 347, 370–371, 402
Farbenspiel 11, 298–299
Faszination 162
Faulheit 52–53
Fäulnis s. putrefactio
Faust (Goethes) 405
Feind 52–53
Felsen 84–87, 102–103, 318–320, 321–323, 335–336, 351, 387
fenestra s. Fenster
Fenster 120–121, 378, 387

Fessel 60–61
Fett s. pinguedo
Fettiger Dampf 384
Feuchtigkeit 60–61, 84–85, 248–249, 249[88], 255, 257
Feuer 34, 35, 76–79, 80–81, 100–101, 104–107, 142, 144–145, 150[72], 209, 209[35], 212, 257, 281–283, 291, 294
Feuerbeseelung 281 ff., 366
Feuerkraft 76–77, 78–79
– Gottes 320
– der Liebe 136
Feuerstein 144
Feuertaufe 72–73
Filius Macrocosmi 263, 339
Filius philosophorum 134, 198, 223–226, 240–241, 244, 258, 268, 297, 305, 329, 336, 348, 353, 358, 372
Finsternis 108–109, 114–115, 126–127[66], 187, 190[20,] 191[24], 201, 203, 203[13], 204, 206, 361, 367, 377, 387
Finsternisse des Geistes 76–79, 297
Fischaugen 152
Fixatio 260, 309, 311, 313, 335, 343, 352, 391
Fließen des Geistes 160–161, 216
Flügel 116–117, 198, 362, 362[15], 364
Fluß 254
Flüssigkeit, blaue 364
Fluten 56–57, 204, 228, 231–232, 237
Freundschaft 96–97
Form (thomist.-aristot.) 143, 150[72], 158–159, 249[90]
Foetus s. Embryo
Franziska v. Aquino 429

Franziskaner 273, 275, 408, 421 ff.
fratres spirituales 273
Frau 76–77, 294, 362
Friedrich II. 411 ff.
Frühling 349
Funken s. auch Lichtteile 256
Funktionen, vier 286 ff., 290, 309–311, 343
– inferiore 287, 290
Funktionstypen 416
Furcht Gottes 220

Gabricus 207[32]
Ganzheit 197, 217–218, 220–221, 266, 286–287, 310 ff., 313, 343, 365
– multiple 328
– vorbewußte 265
Ganzwerdung 241, 244, 338
Garten 317, 393
Gatte 265
Geburt 297
– neue 234–235, 238–239
Geduld 9, 98–99
Gefangenschaft 62–63, 66–67, 80–81, 250–251, 253–254, 258–259, 260
Gefäß 98–99[59], 212, 378, 389 ff.
Geflügelter 285
Gefühl 298–299, 395, 425 ff.
Gegensätze 76–79, 82–83, 98–99, 124–125, 189[12], 198, 202, 225, 228, 241, 249, 294, 296, 299, 302, 305, 312, 333
– jenseits der 357–358
– Vereinigung der 292–293, 316–317, 333–341, 365, 377, 386, 395, 399, 432
Gegensatzproblem 425 ff.

SACHREGISTER

Gehege 320
Geheimnis 40–43, 106–107, 128–129
Gehorsam 100–101
Geist s. auch Nous 68–69, 100–101, 160–161, 269
– Befreiung des 161, 161[114]
– der Einsicht s. Einsicht
– als Feuer 294
– als Heiliger 68–71, 76–78, 80–81[47], 136, 145, 171, 195, 200, 255–256, 274 ff., 278 ff., 288, 300, 302, 304, 328, 330, 361, 379, 397–399, 405, 414–415, 433
– – Bewegungen des 271 ff., 422 ff.
– – als Feuer 294–295
– – feminin 281 ff.
– Mercurius 330
– schwarzer 202
– im Stoff 275
– der Weisheit 42–43
Geister 54–55, 230, 260, 393–394, 396
– Klärung der 34–35
Geisteskrankheit s. Wahnsinn
Geisthauch s. auch Pneuma 70–71, 76–77, 80–83
– roter 371
Gelb s. citrinitas
Gerechtigkeit 118–119
– Rock der 373
Gerinnungsmittel s. coagulum
Gerüche 78–79, 187
– üble 44–45
Geschlechtsregister Jesu 327
Gesetz 52–53
Gesundheit 32–33, 90–91, 98–99
Getreidefeld 266
Gewand 48–53, 116–119, 126–127, 209–210, 210[40, 43], 211, 368, 371–372, 372[64], 373

Gewebe 210
Gewicht 68–69, 270–271
Gift 248
Giganten 233
Glaube 54–55, 66–67, 94–95, 176, 226
Glaubensbekenntnis 68–69, 84–85[65], 268 ff., 433
Gleichmaß 98–99, 257, 294–296, 331 f.
Gleichnis 38–39, 242
Glorifikation s. Verklärung
Gnosis 138, 141, 141[38], 170 ff., 174, 175, 205, 217, 283 ff., 355[69], 379, 381, 401, 403
Gold 32–33, 54–55[23], 104–105, 226–227, 253, 319, 340, 366, 375, 377, 381[109], 384, 419
Goldene Stunde 44–45
Golderde 122–123, 383–384
Goliath 120–123, 382
Gott als Braut 387–388, 391
Gottheit im Stoff 263, 360, 365, 387
Gottesbild 145, 152, 177, 217, 223, 224, 229, 234, 312 f., 314, 317, 333, 373–374, 387 ff., 391, 405
Gottesfreunde am Rhein 273
Gottesfurcht s. Furcht
Gottesstadt s. Jerusalem himml.
Gottmensch 218–219
Grab 116–117, 210, 237[28], 361, 365, 366, 368, 371
Grabstein 366
Gradus 317, 324–325, 378
Gras 387
Greis 215
Groschen s. Drachme
Grünen 394 ff.
Güte 98–99
Gute, das 163

Haar 378
Hadesfahrt 366
Häresien 272, 377, 389, 417, 422 f.
Harfe 64–65
Hast 10
Haus 13, 102–103, 212, 308 f., 311–312, 320–321, 343
– der Weisheit 84–85, 90–91
Heiden 207
Heidnische Phantasien 232, 239, 253
Heiligkeit 90–91, 118–119
Heilmittel 40–41
Heilsbedeutung 182
Heiratsquaternio 243[56]
Helena 171 f., 174
Hermes 351
Hermon 120–121[38]
Herodes 58–59
Hesbon 124–125
Hetaeren 411
Heuresis 170[152]
Hierosgamos 235, 236, 316–318, 333, 336, 356–357, 366–367, 373, 380, 389, 403, 405, 430
Himmel 102–103, 106–107, 336 ff., 338, 344–345
Himmel und Erde 228
Himmelreich 40–41[6], 102–103, 235–236
Himmelsgewand s. Gewand
Himmelsozean 247
Hiob 293
Hiranyagharba 325
Hochzeit s. coniunctio
Hoffnung 96–97, 118–119
Hohelied 430 ff.
Höhle 390
Hölle 48–51, 58–59, 80–81, 204, 210, 251–252, 261–262, 303, 365

Honig 60–61, 106–107, 122–123, 255–256
Horizont der Ewigkeit 363
Hostie 385
Hundert 58–59, 386
Hure 50–51, 164[123], 171, 174
Hütten, drei 128–129, 397 ff., 400
Hydrargyros anatolike 189
Hydrophobie 307
Hypomanisch 132
Hyle, s. Materie
Hypostase 132, 171[155], 271, 288

Ich 218, 231, 280, 406
Ichbewußtsein 147, 150–152, 240–241, 347–348, 367
– verdunkelt 265
Ichkomplex 151, 177
Ideen 133, 149, 215, 402
Ideenflucht 132
Identifizierung 179
Identität von Ich und Selbst 265
Ignoranten 40–43, 46–47, 184
Imagination 154[90], 159–160, 202–203
– aktive 168–169
– Gottes 169[152]
Imperium 386
Individuation 1, 137, 197, 259, 302, 341, 406
Individuum 264, 267, 274, 350, 365
Inflation 175, 184–186, 192, 205, 207[34], 219, 221, 333, 374
Inkarnation 52–53[10], 70–71, 220, 264, 282, 305, 312, 331, 365, 369, 380
Inkarnation Christi 278
Innozenz IV 411
Inspiration 180, 303–304

SACHREGISTER

Instinkt s. auch sensus naturae 149[21], 151–152, 164[125]
Integration 175, 181, 207[34]
– des Selbst 310
intellectus spiritualis s. auch Einsicht 100–101, 166[131], 167[134], 167[138], 179[3], 255, 332
intelligentia, s. Nous
Introvertiert 415, 420–421
Intuition, geistige 287
Intuitiv 415
Inzest 34[14], 380–381
Invidia 38–39, 181
Isis (Göttin) 184[2], 195
Israel 66–67, 122– 123

Jaldaboath 264
Jerusalem 40–41, 48–49[8], 64–65, 118,119, 124–125, 128–129[71]
– himmlisches 110–111, 198–199, 200[30], 314, 316, 352
Jesse 122–123
Jessod 317
Joachinismus 272 ff., 423
Jordan 84–85, 305–307
Jungfrau 116–117, 120–121
– kluge und törichte 56–57, 235 –236, 379
– Sternbild der 195
Jungfrauenmilch 92–93, 249[88], 329
Jungfräuliche Geburt 92–93, 285[73]
Jungfräulichkeit 329
Juno 174

Ka (aegypt.) 328
Kabbala 253, 306, 317, 321[47], 325, 328[28], 378, 392

Kahl 64–65
Kälte 219–220
Kanonisation 434[137]
Karfunkel 298, 331
Katoche 260
Kathedra s. Thron
Kausalität 157, 158
Keim 281, 403
Keimwasser 346, 351, 392–393
Kelter 56–57, 234–235
Kenosis 216
Kerker s. auch Gefangenschaft 60 –61, 210, 378
Kerze 256
Ketzer 306
Kether 378
Keuschheit 92–93
Kind 72–73, 196, 281–285,
Kindermord 58–59, 234, 238
Kindschaft 88–89
Kirche s. Ecclesia
Kleid s. Gewand
Klugheit s. prudentia
Kollektive Inhalte 221
Kollektivmeinungen 137, 191
Komma Joanneum 269, 280
Kommunion s. auch Eucharistie 281, 356, 359
Kompensation 2, 134, 197, 241, 388, 409
Komplex 173[164], 307
Komponenten, kollektive, der Persönlichkeit 266–267
Konflikt 233, 425
König 54–55, 112–113[36], 215, 222, 255[29], 265, 282, 298, 345, 355, 359, 364, 368, 370, 372–373, 381
Könige, zwei 342
König und Königin 98–100, 196
Königserneuerung s. Erneuerung

Königsherrschaft 46–47, 46–47[6]
Königskrone s. Krone
Königin 46–47, 46–47[5], 48–49, 118
 –119, 136, 193, 195, 368–369,
 374, 387
Königin v. Saba 135–136, 153[82],
 172, 187, 193–195, 387
– des Südwindes, s. auster
Konstellation 264
Kontamination 207, 231, 359
Kontemplation 195, 200, 203[13]
Konzentration 425
Kopf 390
Korn 384 f., 403
Körper 50–51, 68–69, 82–83, 104
 –105, 169, 169[149], 176, 201–202,
 209–210, 222, 258, 262, 269, 320
 –321, 338–340, 348, 350, 361 f.,
 363–364, 368, 370–371, 373, 378,
 385, 389, 390–392
Körper Christi 365, 369
Körper des Erzes 209–210, 213
– sublimiert 278
Kosmos 334, 335, 342, 389–390,
 401–402
Kraft 94–95
Kranke 44–45
Krater s. auch Mischkrug 124–125,
 389 ff.
Kreisförmiges Denken s. Denken
Kreuz 431
– als Baum 141[36]
Kreuzigung 361, 431
Kristallgitter 150[72]
Kristallisationsprozeß 311, 333
Krone 48–49, 48–49[7], 118–121,
 139[23], 227, 317[29], 326, 369–370,
 372[64], 373, 378, 380–381
Kronos 247, 247[74], 248
Kröte 413

Kugel 390
Kukäer 260[52]
Kuß 124–125

Laborant 44–45
lac virginis s. Jungfrauenmilch
Lamm 90–91, 315–316
– Gottes 314, 323
Lampen 235–236, 387
Land der Verheißung 104–105, 122
 –123, 339, 383–384
Landmann s. Bauer
Lapis 94–95, 134, 137, 178[176], 183,
 191, 193, 197–198 297[109], 309
 –311, 315–316, 318–321, 326,
 328, 330, 330[99], 331, 333, 334,
 339, 346, 365–366, 370, 372, 382,
 385[129], 393, 399
– verworfen 30–31
– weißer Stein 13
Lattich 42–43
Leben 246, 248
– Dauer des 267
– ewiges 50–51
– als Seele 282
Lebendigkeit 395
Lebensbaum 32–33
Lebenselixir 32–33
Lebensquell 316, 318, 320–322, 352,
 387
Legenden 424
Leiche 210, 260, 362
Leiden 96–97
Leinwand 52–53
Lepositas, s. Aussatz
Leuchter 60–61, 250–252
Leviathan 254[22]
Levitation 80–81, 424
Libanon 306

SACHREGISTER

Libido 205
Licht 32–33, 58–59, 68–69, 78–79, 140–142, 146, 156, 167[137], 177[175], 202, 253, 297, 300, 309, 315–316, 319, 321, 324, 347, 370[52], 371, 372[64]
– der Wissenschaft 38–39
Lichtjungfrau 242
Lichtpneuma s. Pneuma
Lichtsamen 403
Lichtsiegel 371
Lichtteile 256
Liebe 50–51, 54–57, 96–97, 118–119, 138–139, 149, 162–163, 213, 213[58], 214, 216–217, 233–234, 298–299, 379–380, 387
– zu Gott 162–163
Liebeswunde 431
Liebhaber, illegitimer 265
Lilie 118–119, 126–127, 375, 392, 395
Limbus 365
Logia Jesu 145[52]
Logos 133, 215, 242, 284, 296, 350, 355[69], 369, 377
Löwe 402–403
Ludwig IX. 417
Luft 70–73, 72–73[20], 76–79, 279[51], 283–284, 296
– als Seele 283 f.
lumen naturae 142, 147, 149, 164–165, 167[137], 177, 193, 196, 253
– scientiae 321
Luminosität 150–152, 178[175], 190, 252, 347
Lunaria 372, 375
lutum sapientae 212
luxuria 319

Magenleiden 416
Magie 156, 158, 184[2], 413, 420
Magier 58–59
Magnet 168
Mahlzeit 86–87, 112–113, 314, 355–356, 377
Makel 50–51, 120–121
Malchuth 317, 340
Malter 266
Mana 373
Mandäer 172, 324, 373
Manichäer 362, 364, 372, 404, 417
Manichäismus 285
Mann 67–77, 294, 362
Mann-Frau 228
Manna 94–95, 122–123, 257, 330
Märchen 173, 213[57], 215[66]
Maria, Assumptio der 2
Maria B. V. 68–69[4], 133–134, 190, 196, 213, 216, 238–239, 245–246, 249, 252, 259, 262, 288–289, 317, 319, 356, 360, 365, 369, 375–378, 380, 387, 389
Markos (Gnostiker) 242
Markosier 325, 374[69], 379, 403
Marotta 420
Märtyrer 261
Märtyrium 263
Maß 68–69, 270–271
mater alchemia 3, 132[1]
materia prima 224, 229, 360, 382
Materie 146, 154[90], 159, 163, 169, 170[152], 171[155], 173, 175–177, 205, 208, 263, 337[6], 339, 385, 388–390
– Projektion in die 1
posteriora Dei 292
Mauer 391
Maya 229
medicina 40–41, 168[148], 183, 191, 255

Meditation 167
Meer s. auch Himmelsozean 201, 204 -205, 232-233, 237, 247-248, 253 -254, 284-285
- Menge des 56-57
- rotes 110-111, 306, 351, 359
Mendikantenorden 272-273, 275, 277, 326-327, 421 ff.
Mensch s. auch Anthropos 256, 406
- Erlöser Gottes 399
- Erz 269
- der innere 352-353, 355
- vom Meere 284 f.
- vollendeter 254
Menschwerdung s. Inkarnation
Mercurius 205, 249[88], 252, 270[12], 320, 330, 339, 351, 381, 384, 397 -398, 405, 414
- als Lebenselixir 8
Meßopfer 281
Metall 70-71, 202-221, 227, 260, 264, 279, 414
Metallseelen 210, 267
Metallverwandlung 419
Methode 383
Mikrokosmos 320
- lapis als 328, 334-335
Milch 50-51, 122-123, 126-127, 255, 258, 281, 329
mille nomina 178, 193
Mischkrug s. Krater
Mist s. sterquilinium
Mithras 315, 372
Mithrasmysterien 324
Mittag s. auch Süden und auster 172, 201, 256, 424
Mitte 225
Mohr s. Aethiopier
Moly 375
Monade 269[8]

Mönchsorden 195, 225, 327
Mond 108-109, 187, 194-195, 194[8], 216, 224, 226, 239, 252, 348, 380, 386
- kreis 42-43, 193
Monte Cassino 410
Morgen 44-45
Morgenröte s. Aurora
Morgenstern 114-115
Moses 145
Multiplicatio 377 f., 385 f.
mundus archetypus 133
- potentialis 178[175], 347
mundus unus s. unus mundus
Mutter 171-173, 196, 229, 246, 260[52], 343, 347[42], 356[72], 380-381
Mutterleib 285
Myrrhe 120-121, 379
Mysterien 149, 314-315, 373, 403
- kult 324, 371
Mysterium s. auch coniunctio
Mystik 132, 430
Mythen 160, 173[64]

Naaman s. Naëman
Naassener 254
Nabel 389
Nacht 44-45, 191-192, 200[30], 349, 391-392
Naëman 82-83, 305-307
Name, neuer, geheimer 94-95, 120 -121
Nahrung 70-71
Namrus 172
Natron 78-79, 300
Natur 194-196, 196[12], 277, 392
- verborgene 167, 167[140], 176 ff., 176[169]
Naturprozesse 291

SACHREGISTER 469

Naturwissenschaft 39
Nebel 187, 210, 387
Neid, Neider s. invidia
Neumond 360
Neun 242
Neunundneunzig 242
Nigredo 2, 44–45, 76–79, 114–115, 186, 188–189, 201–206, 208–209, 211, 218, 231, 235, 237–238, 297–298, 348, 359–360, 377, 382
Norden 189, 220
Nothelfer 327
Nous 145, 145[53], 146–148, 150, 171[155], 229[117], 243, 315, 390
Numen 381, 387
nutritio 255, 280

oculi piscium s. Fischaugen
Odem 70–73, 281
Ohr 116–117
– Konzeption durch 369
Okkultismus 412, 414, 419
Oel 62–63, 257, 381, 381[113], 382, 387
oleum s. Oel
Operationen, alch. 30–31, 112–113
Ophiten 172
Opus 44–45, 56–57, 96–97, 124 –125, 185–191, 199, 220, 232, 241, 255, 277, 328, 330–332, 349, 355, 363, 372, 375, 386–387, 402
– Länge des 32–33
– als Weltschöpfung 334 ff.
Orient s. auch Sonnenaufgang 46–47
Orion 402
Osiris 189[16], 236, 367, 403
Osten s. Sonnenaufgang
Osterexultet 191–192

Ostern 240
Ouroboros 247[74], 249[88], 304, 344, 349, 381[109]
Ozean s. Meer

Palast s. auch Haus 321[47]
Parabel 38–39, 46–47
Paradoxon 139, 293, 300
Paraklet s. Geist, Heiliger
Parapsychologie 157
parvuli s. auch Mendikantenorden 326–327
Patriarchal 135
Patristik 132–133
Paradies 50–51, 364
participation mystique 416
Paschamahl 62–63
pauperes 405 ff., 422
Penetrationskraft 62–63, 256–257, 330
Peraten 246, 248
Perfectio 162, 163
Perlen 14[62], 90–91, 152, 227, 229, 230–231, 265
– vor die Säue 42–43
Perlenerde 122–123
Persona 373
Persönlichkeit, Komponenten der 266–267
petra, s. Fels
Petrus, Apostel 321, 400
Pfau 401
Pfauenschwanz s. cauda pavonis
Pfeil 56–57
Pfingstsequenz 295, 297
Pfingstwunder 304
Pflanzen 141[36], 394
Phantasien 207, 207[31], 211
Pharao 328

Pharmakon, s. auch medicina 248, 330, 367
Physik 146, 150, 154
Physis 339, 341
pinguedo 252, 257
Planeten 48–49, 108–109, 152, 172, 199–200, 221, 227, 260–261, 264, 327, 345–346, 349, 377
Planetensphären 146
Plejaden 264
Pneuma 137, 170[155], 172, 200–201, 229[117], 283–284, 304, 366, 367, 379
– weiblich 171–172
Pneumata s. Geister
Pneumatiker 254
Polyphem 382
Pouvres de Lyon 273–275
Primitiv 145, 151, 157–158
Primitives Denken 289
privatio boni 163, 163[122]
Projektion 1, 131, 169–170, 173, 175, 177, 193, 197, 207[34], 242, 263, 312, 364, 385
Propheten 38–39
Prophetie 146, 149, 154, 159, 160[106]
prototypi s. typi
Prozeß, chemischer 279
prudentia 46–47
Prunikos 171
Psyche 259, 388, 431
– personifiziert 173–174
psychoid 150
Psychose 132
Purgatorium 426
Punkt, goldener 168
Purpur 52–53, 372, 377
Putrefactio 48–49, 100–101

quaternär s. vier
Quaternität 286 ff., 291–292, 325, 343, 359
– des Selbst 309 ff.
Quecksilber 201[8], 248, 249[88]
Quelle 319–322, 352
– des Lebens 88–89
Quintessenz 357–358

Rad 342
Ratio 424
rationes s. auch Ideen 147[62], 152
– aeternae 133, 133[6]
Räuber 210, 279
Rauch 70–71, 279, 285
Realisation des Selbst 310, 313
Realität des Psychischen 336
Rebe, s. Traube und Weinstock
Reduktion 266
Regen 70–71, 76–77, 104–105, 222, 296, 344–345
regimen 382
Reich 48–49, 112–113, 208
Reinheit 110–111, 230
Reinigung s. auch Waschen 62–63, 80–85, 92–93, 210, 268, 301–302, 308, 396
Relativität 342
– von bewußt und unbewußt 150–151
– von Zeit und Raum 314
Religiöser Wert der Alchemie 184
– des Steines 183
religio 217
Renaissance 174
Rex s. König
Rex gloriae 196, 221, 355, 359, 364
Rezeption 139
Richter 223–225, 231

Richter (Gott) 263
Riegel 60–61, 250–251, 253[15]
Rind 412
Ring 118–119
Romano da Roma 426
Rose 126–127, 375, 392, 395
Rost 307
Rot s. auch Rubedo 351, 370, 372–373
Rote Sache 232
Roter Mann 118–119
Rubedo 44–45, 76–77, 108–109, 116–117, 126–127, 186, 188–189, 191, 219–221, 258, 259, 298, 347–348, 359, 370, 371, 371[58, 59], 372, 375, 377, 392
Rubin 77–79, 298–299, 370
Ruhâ d'Qudsâ 172
Ruhelager s. Bett
Rund 389

Saba s. Königin
Sacerdotium 386
Säen 7, 104–105, 122–123, 383, 402
Sakrament 38–39, 181
Salbe 62–63, 120–121, 126–127, 380–381
Salbung 257
Salomon 120–121[30, 39], 134[8], 153[82], 211, 377
Salz 282, 300, 383
Samen 128–129, 266, 394, 402–404
Samenallheit 401
Samenkorn 122–123, 255, 383 ff., 400 ff.
Samenkraft 346
Sammeln 254, 256, 264, 266
Sand 384[127]

Sapientia Dei 2, 30 ff., 46–47, 68–69, 84–87, 132–133, 138, 140–141, 140[35], 142, 144, 147–149, 152–153, 163, 166, 168, 169, 170, 171 ff., 171[55], 171–179, 186–189, 189[11], 192–194, 199, 205, 208, 214–219, 222, 224–225, 229, 231–232, 247, 253, 259, 266, 268, 271, 277, 277[44], 279, 286, 288–289, 290, 293, 308 ff., 311–314, 319, 327, 333–334, 337 ff., 354, 354[68], 355, 358, 360–361, 366, 368, 373–374, 381, 388–389, 396
Satan s. Teufel
Saturn 34–35, 153
scientia s. Wissenschaft
Sechs 242, 244, 377
Sechzig 120–121, 377
Seele s. auch Anima und anima 34–35, 50–51, 60–61, 68–69, 80–81, 82–83, 94–99, 104–105[6], 143, 156–157, 213, 242, 245, 249, 255, 260, 269, 279, 366–368, 371, 388, 393–394, 397, 405
– im Blut 70–73
– Definitionen 283
– Einfluß auf Materie 146[57], 158–159
– färbende 298
– als Form 6, 142–144
– multiple 325
– schöpferische 154
– des Steines 319
– im Stoff 2, 134, 168[142], 169, 173, 253, 280, 304, 360, 381
– vegetative 281
– als vinculum 304
– als Wasserdampf 283
Seelenbräutigam 265
Sefira s. gradus

Segen 40–41
Seil, dreifaches 128–129, 397 ff.
Selbst 135, 152, 177, 190, 193, 197
 –198, 231, 240, 259, 264–265,
 281, 298, 304–305, 310–311, 313,
 316, 325, 330[102], 333, 335, 343,
 348, 353, 369, 374, 383, 386, 388,
 405
Selbsterkenntnis 189[11]
Selbstreflexion 174
– Gottes 388
Selene s. Mond
Seligkeit, ewige 377
Senfkorn 401
sensus naturae 164
Separatio 78–79, 80–81
Sephirot s. gradus
Serien, progressive 291
Shakti 229
Shamanen 397 ff.
Shitil 285
Sieben 48–49, 54–57, 64–65, 199
 200, 221, 224, 227, 229–230,
 260[52], 264–265, 267, 291–292,
 304–305, 313, 327,
– Gaben des Hl. Geistes 62–63, 80
 –81, 84–85, 256
Siebzig 108–109, 267
– Vorschriften 66–67
Sieg 94–95
Siegel des Himmels 42–43
Silber 189, 375, 377, 384
Silbererde 7, 383–384
Simon Magus 171, 174–175
Sinn 146, 157, 298, 395, 397
– Herausarbeitung des –s 266–267,
 275
– Verstehen des –s 304
Sinnibald 410
Sixtus v. Siena 432

Sklave, roter 381
Smaragd s. auch Edelstein 413
Sohn 52–55, 58–59, 68–69, 218
 –220, 240, 270
– als Symbol 276
– von Sonne und Mond 88–89
Sohnschaft, dreifache 269[8], 401
Söhne, Gottes 398
solificatio 371–373
Solve et coagula 311, 323
Sonne 44–45, 72–73, 108–109, 114
 –115, 177[175], 187, 195, 224, 226,
 238–239, 252, 257, 372, 380, 386
 387, 419
– belebend 282–283
– der Gerechtigkeit 58–59
– unsichtbare 298
Sonnenaufgang 46–47, 189, 190,
 190[23], 191[24]
Sonnenweib 48–49[7]
Sonne und Mond 54–55, 88–89, 120
 –121, 314–316, 324, 336, 347
 –348, 356
Sophia 171 ff., 195, 229, 289, 366,
 381[110], 388
– Absturz der 172 ff., 206, 208, 242,
 261, 264, 364
soror mystica s. Schwester
species s. rationes
Speise 122–123, 124–125, 140–142
– ewige 8, 34–35
spiraculum aeternitatis 378
Sponsa s. Braut
Sponsus s. Bräutigam
Sublimation 70–71, 106–107, 137,
 200, 303–304, 344, 364, 393–394
Subtle body 48–49, 62–63, 258, 340
Süden s. auch auster 30, 31, 137
Südwind s. auch auster 30–31, 46
 –47

Sulphur 265, 279, 297[109], 414
Sünde 48–49, 110–111, 353, 382, 396
superfluitates 268, 279
Symbole 139–140, 157, 160, 169, 178–179, 276, 334
– Christi 395
– zentrales 266
Symbolische Auffassung 168
Symbolsprache der Alchemie 131, 175, 180
– der Bibel 179
Symbolum s. Glaubensbekenntnis
Synchronizität 146[60], 157, 158
Synthese 168
Szepter 382
Schaf 58–59
– verlorenes 242 ff.
Schatten 2, 48–49, 197, 205, 207, 207[34], 225, 239, 254, 265, 279, 293, 333, 424
– des Erzes 209
– Gottes 292
Schatz 38–39, 50–51, 139[31]
– im Acker 40–41, 40–41[6], 182
– in Tiefe 285
Schatzhaus 84–85, 102–103, 308, 312–313, 320–321, 323, 333–334
Scheffel 66–67
Scheiden s. Separatio
Scheidewasser 279
Scheidung 84–85, 223–224, 307
Schizophren 132
Schlafende 42–43, 366
– im Hades 185
Schlange 247[74], 249[88], 261[55], 311
Schleuder Davids 382
Schlüssel 146[62], 122–123, 211, 308 f., 382–383
– des Himmelreichs 88–89

– vier 102–103
Schlüsselgewalt 88–89
Schmutz 62–63, 279
Schnee 52–55, 126–127, 219–220, 223
Schöpferische Macht Gottes 153, 154[90], 169[152], 171[155]
Schöpferkraft der Seele 158
Schöpfung 102–103, 133, 242–243, 269, 269[8], 279, 315, 344, 347, 349, 394, 401–402
Schöpfung, Opus als 334 ff.
Schöpfungsmythen 177
Schöpfungen, zwei 177[175]
Schoß 124–125, 389 ff.
Schrecknisse s. Finsternisse
Schuh 118–119
Schuld 263–264
Schuldgefühle 207
Schwangerschaft 235, 237
Schwarz s. Nigredo
Schwefel s. Sulphur
Schwester 124–127, 164, 380, 387, 391
Schwert 120–121, 377
Stab 351–352
Stab Mosis 318, 321–322, 351–352
Statue 367
Stein s. auch Lapis 40–41, 101[65], 120–121, 138–139, 189[12], 212, 227, 255, 281, 319–321, 328, 385[129]
– des Anstoßes 96–97
– dreieinig 269
– Feuerstein 34–35
– irdisch und geistig 270
– als Kind 285
– viele Namen des –es 46–47[3]
– als Seele 96–97
– weißer 94–95
Sterile Frau 261–262

Sterne 48–49, 54–57, 160, 187, 193, 195, 224, 227, 260–261, 265, 326, 396, 414, 419
– in der Erde 228
Sternenhimmel 152, 228
Sternenweib s. Weib
sterquilinium 32, 40–41, 139, 139[30, 33]
Stil 433
Stoa 283
Stoicheia 326
Ströme s. Wasser

Tabernakel 387, 398
Tabor 400
Tao 146[60]
Tartaren 422
Tau 190, 222, 366, 387
Taube 50, 54–55, 116–117, 153[82], 205[23], 211, 213, 213[59], 225–227
Taubenaugen 379
Taufe 54–55, 62–63, 84–85, 230, 295, 323
– Preafigurationen der 306
Telepathie 432
Tempel 320–321
Temperantia s. Gleichmaß
Ternarius s. Drei
terra foliata s. Silbererde
Tertiarier 273, 422
Tetras s. Vierheit
Teufel 205, 219–220, 223, 225, 257
Thalamos 387
Theoria 168–169
Thomas v. Aquin 410 ff.
Thron 38–39, 50–51, 66–67, 208, 212, 387
Tiere 108–109, 349
Tif'eret 317

Tinctura 153, 393
Töchter Zions 64–65, 259, 261–262, 264, 266, 293
Tod 56–59, 104–105, 110–111, 116 –117, 122–125, 204, 210, 231, 237, 240, 245–247, 337–338, 358, 365, 367, 388, 391–392, 396, 398, 406, 426 f., 431–432, 434
Totenritual, ägyptisches 324, 367, 403
Todeshochzeit 236, 431, 434
Todesschatten 48–49
Trance 157, 313
Tränen Gottes 185[7]
Traube s. auch Weinstock 376
Trauer s. afflictio
Traum 132, 211, 227, 283, 346, 416, 418, 426
Treppe 387
Triade 268 ff.
– geistige 296
Trieb 295, 350
Trinitarisch 356
Trinität 68–69, 135, 268 ff., 270 ff., 285 f., 287[80], 335, 387, 399, 405
– im Menschen 281
– untere 383 f.
Tugenden 328 ff.
Türe 60–61, 312
Typen 416
typi 133, 179
Tyrus 171, 174

Uebersetzung, arab. Traktate 4
Unbewußtes 131–132, 147–148, 150 –152, 157, 169, 173, 190, 203, 208, 222, 241, 252, 253, 294, 296, 302, 346–347, 361, 365, 373–374, 385, 389, 424, 430

Unbewußtes, *Forts.*
- Aufhellung des -n 298
- Erfahrung des -n 2
- Geist des -n 281
- kollektives 133, 135, 150, 160, 207, 213, 287, 293, 398, 406
- Projektion des -n 1, 2
- als schöpferisches Prinzip 318
- Sinn des -n 275

Unbewußtheit 204–205, 353
Unerschütterlichkeit 66–67, 266
unguentum s. Salbe
unio corporalis 364
unio mentalis 322
unio mystica 316, 374, 378, 388, 405
Unsterblichkeit 110–113, 116–117, 240–241, 258, 313–314, 318, 352 –353, 357, 363–364, 367–368, 379, 390, 401
Unterscheidung s. auch Diskrimination 377
Unterwelt s. Hölle
unus mundus 267, 335, 400
Unverweslichkeit 373, 379
Unwissende s. Ignoranten
Unzerstörbarkeit s. Unverweslichkeit
Urmensch s. Adam

Valentinianer 172
vapor s. Dampf
vas, s. Gefäß
Vater 52–53, 270
Vatergott, als Symbol 276
Vater-Mutter 217
Vater-Sohn 217–218, 220
Veni creator spiritus 80–81, 297
Veni sancte spiritus 295
Venus 173–174
Verborgenes sichtbar machen 80–81

Verbrennen 209[35]
Vergeistigung 304
Vergiften 50–51
Verjüngung 352
- des Selbst 311
Verklärung 62–63, 80–81, 110–111, 128–129[71], 350, 364–365, 374, 399, 405
- des Weiblichen 385
Vielheit 225
- Reduktion der 266–267, 270[11]
Vier 243, 327
Vier Funktionen 177, 308 f.
Vier Schlüssel 308 f.
Vierheit s. Quaternität
Vierte, das 296, 336 ff.
Vierundzwanzig (Aelteste) 102–103, 323 ff. 326
Vierzehn 90–91, 102–103, 327, 328, 333
Vierzig 253
vilis (wohlfeil) 139, 140
vinculum 397
virtus 94
Vision 227, 317, 333, 336, 390, 418, 426, 429 f., 431
Vision Gottes 86–89, 188, 203[13], 205, 222, 336
Vogel des Hermes 104–105[6]
Vögel 106–107, 344–346
Volatil s. Flügel

Wahnsinn 233, 427
Wahrheit 166–167, 172, 176–177, 177[173]
- im Stoff 169, 277
Waldenser 16
Wandlungssubstanz s. auch Arkansubstanz 200–201

Waschen 70–71, 78–81, 84–85, 255–257, 264, 266, 279, 280, 362, 376
Waschmittel 211
Wasser 62–65, 92–93, 104–105, 110–111, 183[23], 204, 207, 232, 237, 247[74, 77], 248, 254, 257, 260, 279–280, 293, 299, 307, 321–323, 339, 344–346, 346[36], 351–352, 366–368, 375–376, 381, 384, 393 ff.
– vom Fels 86–87, 88–89
– als Geist 76–77, 296
– keimendes 108–109
– als Sapientia 279, 288
– Seele im 72–73, 78–79
– der Weisheit 70–71
Wasserflut 48–49
Weib 245 f., 250
– apokalyptisches 194, 196, 205, 316
Weibliche Herrschaft 233, 235, 250
Wein 56–57, 124–127, 258, 266, 324, 346, 350, 375–377
Weinberg 66–67, 122–123, 126–127, 266, 383
Weinlese 376
Weinstock 118–119, 126–127, 375–376
Weise, der 38–39, 42–43, 46–47
Weisheit 378
– Gottes s. Sapientia Dei
Weiß, s. Albedo
Weizen 56–57, 60–61, 402, 403
Weizenkorn 122–123, 384–386, 403–404
Welt, wegwerfen der 66–67, 268
Weltbaum 398
Weltseele 165[125], 170–171[155], 229, 246–247, 278, 355, 371, 390
Weltzeitalter 272
Weltuntergang 338

Wiedergeburt 192, 194[8], 240, 256, 367, 371
Wind 136–137, 285
Winter 44–45
Winzer, Hermes als 376
Wirbel 342
Wissen, absol. 146–147, 178[175], 216
Wissenschaft 38–39, 40–47, 124–125, 128–129, 148, 160, 171[155]
– Gottes 30–31
Witwe 190, 262
Wohlgeruch, s. Duft und Pneuma
Wolke 48–49, 78–79, 200–201, 201[8], 205, 209, 228, 237, 366, 387
Wolkenkleid 285
Worte, drei 386, 405
Wurzel David 376
Wurzeln 48–49

Zahl 60–61, 64–65, 68–69, 261, 270–271
Zahlenkraft 419
Zalmon (berg) 54–55, 223
Zeder 120–121, 381
Zehn 56–59, 66–67, 235–236, 243–245, 327, 386
Zeit 108–109
Zeitqualität des Archetypus 160
Zeit-Raum-Kontinuum 150
Zeugung 237
Zinnober 82–83
Zion 64–65, 66–67[23], 118–121, 259, 261–262, 381
Zodiakalzeichen 198–199, 198[24], 242, 243[52]
Zwei 242–243
Zwölf 48–49, 193, 195, 198–199, 242 ff., 324–325, 327
Zypresse 120–121, 381